南沙風雲

蕭萬長

中華民國九十八年十二月

南沙風雲

The Nanshas (Spratlys) Disputes
——南沙群島問題的研判與分析

蕭曦清 著

臺灣 學て書局 印行

一、南沙太平島國碑

二、太平島的海灘

三、太平島上的觀音堂

四、太平島上的土地廟

五、東沙島的國碑

六、東沙島碑

作者簡介

蕭曦清，筆名「海嘯」、「瀟湘」、「一凡」、「凡夫」、「蕭蕭」、「光照」、「立杰」等，國立台灣師範大學英語系、菲律賓馬尼拉大學英國文學學士、聖托瑪士大學研究院政治學碩士、以優異成績（benemeritus）獲國際關係博士。早年在國防部新聞局任新聞編譯官暨外事連絡官，公費赴美進修，外交領事人員特種考試及格，外交領事人員訓練所第一期。歷任外交部北美司二、一科薦任科員，一科科長；中華民國駐菲律賓共和國大使館三、二等秘書、中華民國駐美國波士頓領事，北美事務協調會西雅圖辦事處領事，北美事務協調委員會業務組組長，中華民國駐馬拉威共和國大使館副館長參事，中華民國駐利比亞代表處代表，兼任淡江大學經濟系、公共行政系、中國文化大學觀光系副教授、聖托瑪士大學研究院、馬尼拉大學政治研究所論文指導教授，聖托瑪士大學研究院教授講授國際關係，各國政府政治、亞洲研究等課程，菲律賓中正學院（Chiang Kai-Shek College）教授，講授中菲關係史，曾先後應邀至諸如美國西雅圖 Kiwanis Club、菲聖托瑪士大學研究院、聖拉薩大學中華研究中心、湖南人文科技大學演講、並受邀參加諸如中美關係研討會、美

國伊利諾大學中華民國國際關係研討會、愛達荷州國際交流會議、馬尼拉亞太理事會年會、中央研究院近史所部分學術研討會、南京紀念鄭和下西洋六百周年國際學術論壇等多項國際學術研討會，中央研究院近代史研究所個案特約研究，菲華歷史學會會員，菲聖托瑪士大學在華校友聯誼會副會長。現為自由作家，美國北加州華文寫作協會會員，榮獲頒贈菲聖托瑪士大學研究院全球優秀校友獎、美國華盛頓、愛達荷、俄勒岡、蒙大拿、懷俄明、南達科他、北達科他、阿拉斯加等州州長頒授榮譽公民證書，旅居美國。作品常見於台灣報章雜誌及美國《世界日報》等報刊。

著有：

《*Chinese-Philippine Diplomatic Relations*》

    1946-1975, (Bookman Printing House, Manila)

    First Edition, 1975;

    Second Edition, 1997.

《*History of Chinese Philippine Relations*》

    (Bookman Printing House, Manila)

    First Edition, 1997.

《*The Nanshas (Spratlys) Disputes*》

    (Bookman Printing house, Manila)

    First Edition, 1997;

    (Colorlithographic Press, Inc. Manila)

    Second Edition, 1999.

《中菲外交關係史》（中文版）

（台北，正中書局，1995 年初版）

《酒國春秋》

　　（台北，台灣新生報出版社 1993 年初版；牧村圖書有限公司
　　2003 年修訂版）

《外交風雲》

　　（台北，台灣新生報出版社 2000 年初版；牧村圖書有限公司
　　2004 年修訂版）

《中東風雲》

　　（台北，牧村圖書有限公司 2003 年 12 月初版）

《日本風雲》

　　（台北，牧村圖書有限公司 2003 年 12 月初版）

《美國風雲》

　　（台北，牧村圖書有限公司 2003 年 12 月初版）

《中東風情》

　　（台北，牧村圖書有限公司 2004 年 1 月初版）

《日本風情》

　　（台北，牧村圖書有限公司 2004 年 1 月初版）

《國際趣聞知多少（一）、（二）》

　　（台北，牧村圖書有限公司 2004 年 2 月初版）

《國際笑話──說話的幽默藝術》

　　（台北，牧村圖書有限公司 2004 年 2 月初版）

《開懷暢飲話啤酒》

　　（台北，牧村圖書有限公司 2004 年 5 月初版）

《非洲風雲》

（台北，牧村圖書有限公司 2004 年 6 月初版）

《英國人的幽默》

（台北，牧村圖書有限公司 2004 年 7 月初版）

《美國人的幽默》

（台北，牧村圖書有限公司 2004 年 8 月初版）

《日本人的幽默》

（台北，牧村圖書有限公司 2005 年 11 月初版）

《鄭和船隊創世奇航——中國海權的崛起與沒落》

（台北，牧村圖書有限公司 2006 年 2 月初版）

《日本人入門》

（台北，書泉出版社 2008 年 12 月初版一刷，2009 年 1 月初版二刷，2009 年 11 月初版三刷）

推薦序之一

前外交部長

錢復

　　二十一世紀最大的特質是全球化，由於交通通訊的發達，地球變小了。跨國企業的發達，企業家往往用甲國的原料，乙國的勞工，在丙國發貨，行銷全球以獲取最豐厚的利潤。此外地區整合的結果，以往傳統國際法中主權的觀念逐漸模糊，同一地區的若干國家的國民和貨物可以自由來往，沒有護照簽證的需要和關稅的壁壘。

　　人們生活在這樣的世界上，不能像過去的「雞犬之聲相聞老死不相往來」。不但每個人國外旅行增加，對於世界上任何一個角落發生的事件，都有可能對於自己的工作或生活發生直接的衝擊。所以在二十一世紀成長的人都需要具有國際觀，多瞭解世界各國的問題、風俗、人情。

　　我在外交部的老同事蕭曦清君在服公職時足跡遍及亞、美、非、歐等各大洲，他博學強記，手不釋卷。退休後回到母校菲律賓馬尼拉的聖托瑪士大學任教，前後六載。授課之餘寫了幾本學術性的專著，如中菲外交關係史等。這些年他在美國頤養天年，但是好

學的本性，仍然促使他不停的筆耕。這次他將多年來先後在各報章雜誌發表過的著作編輯為《外交風雲》、《酒國春秋》、《中東風雲》、《中東風情》、《日本風雲》、《日本風情》、《非洲風雲》、《美國風雲》、《國際笑話——說話的幽默藝術》和《國際趣聞知多少》、《英國人的幽默》、《美國人的幽默》、《日本人的幽默》、《日本人入門》、《南沙風雲——南沙群島問題的研判與分析》等一系列叢書，實在是一件難能可貴的工程。

這一系列叢書中有若干部分是探討國際問題，也有一些是國外的采風習俗，更有一些是引人入勝的趣味小品，可以說是老少咸宜，雅俗共賞。其中尤以《南沙風雲——南沙群島問題的研判與分析》大多是第一手資料，是他繼一九九五年在正中書局出版《中菲外交關係史》之後，又一極具價值歷數十年完稿最完整的學術性專著。

基於此系列叢書屬國際性，據網際網路透示，美國國會圖書館、哈佛燕京圖書館、紐約、波士頓、西雅圖、台北市圖書館、中央研究院近代史研究所圖書館、菲律賓國立總圖書館及分館有全部或部分收藏。

在這個全球化的時代，我們又面臨由於網際網路而誕生的資訊爆炸，受不了長時間面對電腦的朋友們也許樂意閱讀這一套可以很輕鬆就能取得許多國際資訊的一系列叢書。

推薦序之二

中央研究院近史所研究員

李恩涵

　　蕭曦清教授是位既有實務經驗，又富理論基礎的高級知識分子以及職業外交官。對世界，他在美、亞、非各洲的國與國之間，折衝樽俎前後四十多年；對國家，他擔任過大使級的代表等職務；對學術，他著作等身，既用中文，也用英文來撰述；對生活，他也洞察入微，隨時隨地用一顆體貼的心，來感觸與記述。

　　我曾拜讀過他所寫的《中菲外交關係史》，以及涉及南海諸島主權爭議的《The Nanshas (Spratlys) Disputes》（《南沙爭議》），也讀過他發表在學術刊物上其他硬梆梆的文章。對他治學之勤、視野之闊以及胸襟之廣，還有分析之深入，原已極為佩服，卻萬萬沒想到，他另外還有幾扇窗，開向不同的天地：對曾經到過的地方的風情、國家與國家間的風雲和風情也有所觀察，並予以記述。

　　今天，他呈現給中文世界的讀者的，就是有關外交的種切：地方性介紹的，廣包美國、日本、非洲、中東等地的風情與風雲。但不止此，他還旁及往返國際的許多見聞。細觀這些文章，可以在字裡行間找到作者的智慧、知識、以及用心。以「眼明」、「手

快」、「心細」的高明手法，再加上勤勉用功，作者累積了數十年的經驗和智慧，在這一系列風雲、風情錄中開花結果。

每一本書裡，讀者都可以品味到流暢優美的文字。而各族群詳實的風俗、習慣和禮儀，各國不同的外交運作方式，還有社會問題、宗教問題，特別是伊斯蘭教對全球的衝擊，來自何種文化。總之，美、非、亞洲以及其他地方，在二十世紀下半葉有些什麼特色，都可在這一套書中找到。

蕭代表最特別的，當今世上極少人擁有的資源，其為出使利比亞。在利比亞擔任我國代表期間，蕭博士與利比亞高層時相往來。透過利比亞，他又進入伊斯蘭世界的心臟地帶，從埃及、以色列、阿拉伯到伊拉克。他也曾在菲律賓、美國工作多年，同樣深入的觀察，再擴展到其他的國家與其他的文明。

美國政治學大師韓廷頓（Samuel Huntington）多年前一再放言，各大文明將起衝突。果然在二○○一年發生九一一攻擊事件，伊斯蘭教文明真的如他的預言，槓上了基督教的歐美文明。這一衝突的內在理路是什麼呢？蕭教授也有一些觀察，值得讀者閱讀與深思。

我祝賀他出這一套集子的同時，也恭禧讀者，在閱讀這一系列的文章當中，透過智慧的交流，開出心靈的另一片天。

推薦序之三

菲律賓大主教辛海綿序（英文版序）

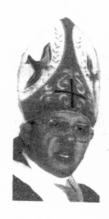

It has been the constant appeal of the Holy Father and the Catholic Church for humanity to strive and work for peace and development among all peoples. Regardless of creed or race, we all share in this noble cause. We must find the courage of reconciliation. Harmony, solidarity and love must prevail over the many forms of pride and deceit. But before any attempt can be made, there should be dialogue.

Dr. Hsiao Shiching (also known as Dr. Robert Hsiao), in his scholarly work, *The Nanshas (Spratlys) Dispute,* allows us to move a step further towards dialogue. He makes use of history in order for us to really understand the much disputed claims of countries around the islands. This is a welcome gesture for all of us who aspire for a peaceful solution to this problem. It is our hope that all of us, especially the concerned authorities will be aided by this veritable and impartial literature.

May God enlighten the consciences of those responsible, so they will put the defense of every person's right and solidarity among nations above other consideration. As Pope John Paul II writes, "everytime that hatred and violence triumph, it is man who is defeated." May the Lord prevent any bloodshed and violence. May we bring about dialogue and cooperation and may we be constantly guided along the right path and the way of peace!

+ JAIME L. CARDINAL SIN, D.D.
(Archbishop of Manila)

September 25, 1999
Villa Sam Miguel
Mandaluyong city,
Philippines

自 序
（英文版自序）

Of late, the centuries-old Chinese Nanshas sovereignty is facing the challenges and provocations from "late" claimant countries such as Vietnam, the Philippines, Malaysia and Brunei, etc. International attention has been increasingly shifting to the Nanshas as a new locus of regional tension. This is brought about by the contention of occupation, militarization, internationalization and intensification of competition for economic resources exploration and exploitation. Conflicting claims over these normally non-habitable and agriculturally non-productive barren, tiny islands, islets, reefs, shoals, atolls, cays, rocks and waters become problematic. Adding to an already confused situation are ambiguous provisions of the United Nations Convention on the Law of the Sea (UNCLOS).

If it is not managed, the Nanshas could become a very serious flashpoint in the region that may erupt into armed conflict. As the noted scholar, world-wide known historian, Dr. Teodoro A. Agoncillo, in his "Foreword" to the author's "History of Chinese-Philippine Relations", he warned:

For the world, though smaller than it used to be, is torn with hate expressed in deadly terms. In face of this tragic scene, what with Asians fighting savagely against each other with sophisticated weapons of death, it is necessary to emphasize the peaceful solutions to solve disputes among Asian nations before the merchants of death disturbed the balance of peace and order for their selfish interests.

The need to preserve the Nanshas historical grounds and its legal bases is urgent in view of the dangerous tendency of men today to forget, or ignore, their past. In an era of turmoil, this is the way to reassure the integrity of territory sovereignty of the respective countries. For instance, the Philippine archipelago inherently belong to the Filipinos, despite the Spaniard invasion (but not "discovery") and 333 years occupation of the Philippine islands. It has been also the same way, the Chinese inherent Nanshas sovereignty continued almost uninterrupted through the patina of centuries to this day.

The Nanshas disputes have become imperative since President Ferdinand Marcos signed the Decree NO. 1956 on June 11, 1978 declaring to annex 53 islands, islets, reefs, shoals, cays, and atolls with an area of 64,976 square miles of the Nansha Islands Group as a. part of the Philippine territory and "constituted as a distinct and separate municipality of Palawan with a name "Kalayaan" or "the Kalayaan Islands Group" (KIG).

The author, in his determination to bring about a peaceful solution and settlement, has undertaken this task to get to the root of the problem. This work is being prepared in the hope that all the involved parties will realize what the others think and feel China, in particular and from this, understand the others better. Towards this end, the present study is therefore, important for the following reasons:

1. It may help acquaint the public with the presentation of the problem and its salient basic facts, significant documents, opinions of authorities which forms the basis of judgment in dealing with the problem presented. It may be of assistance to the political scientist, historian, educator, or anyone who might wish to make further study on the problem. At least, it may serve as a useful supplement to them.

2. It is sincerely hoped that this study will open a wider field for developing a greater understanding between the Chinese people and the people of other "come late" claimant countries and the others who are interested in this respect. It may serve as an instrument for conciliation, thus help in enhancing friendly relations between them and strengthen the traditional bonds of friendship and the cause of mutual amity and mutual aid and cooperation in humanity's quest to better and richer life.

3. It is also the author's fond hope that his avowed objectives would serve as an aspiration for finding our appropriate ways and means to solve the disputes. Recently, when the disputes become escalated, the need to present the Chinese view became important. This study is an attempt to answer this need.

The present study is mostly limited to the consideration and examination of the problem in general from the Chinese points of view. It covers and traces the Nanshas historical development and the changes. Thus, the present study would be useful as a systematic and manageable scheme for analysis of the integrative process of the Nanshas disputes.

This view point, coupled with the broadness of the subject matter, made him decide to leave the study of the other specific aspects to other deserving researchers and experts. As of now, as a matter of fact, many noted scholars have indeed, already done it with merits, such as, in the Philippines, two roundtable discussions (RID) had been organized and held in 1992 and 1995 respectively to shed light on the RP's claim to "the Kalayaan Islands Group (KIG)" of the Convention. Several papers were presented for discussions, their collective recommendations though even not necessary of the least confrontation or common acknowledgment have been submitted to their respective authorities for formulation of their policy on the Nanshas. In the meantime, Merliza M. Makinano's "Understanding the South China Sea Dispute" was published in 1998 by the Office of Strategic and Special Studies, Armed Forces of the Philippines (AFP) and Ruben O. Cananza, Jr.'s "The Kalayaan Islands Group: Legal Issues and Problems for the Philippines" appeared in the world Bulletin, Vol. 10, September-December, 1994. Some of their enlightening points of view and valuable ideas therein are appreciatedly cited in this study. The author feels that the reader may therefore, obtain broad opinion and unbiased judgment from the studies on the similar subjects.

Hence, the author would like to mention that the inspiration of this work is not entirely his own.

Being a Chinese in nationality, as a retired diplomat, in his capacity as a professor at the Graduate School of the four century-old University qf Santo Tomas, he handles classes such as Asian/Chinese

Studies, Political Science and International Relations, the author, unavoidably has his own judgment on the problem. However, in the process of the study presentation, he has tried his best to be as impartial as possible and has endeavored to detach his nationality from his academic study. The author is concerned with presenting the facts and in analyzing as well as shaping his judgment based on facts. Whether the judgment confirms his national stand or not, is of no moment. Notwithstanding, therefore, his past and present capacity in Manila, the views expressed herein and whatever inaccuracies, shortcomings or errors there may be, are solely and entirely his own and do not necessarily reflect the views or policies of the UST Graduate School or the Chinese Government. Actually, they are not based upon any conclusions of the foreign policy making body.

The author hopes that this modest work may contribute to the cordial international understanding in this part of the world. Should his ideas in any way contribute towards the formulation of solutions with the least confrontation and common acknowledgment and a peaceful settlement of the Nansha disputes, he shall have good reasons to feel doubly gratified for the modest efforts he has exerted.

HSIAO SHI-CHING

Manila, October, 1999

南 沙 風 雲
南沙群島問題的研判與分析

目 次

圖　次

前　言

　　位處歐亞非三洲往來咽喉地帶的南中國海，不僅被視為亞太地區區域衝突的引爆點，也是目前世界上爭議面積最大、爭端國家最多的海域。南沙群島，因居於南海的中央位置，可控制南海的重要航線，更是整個南海爭議的衝突焦點所在。而南海諸群島領土主權的爭執拖延時間之久，及在外交上影響之大，在中國歷史上甚至世界史上都鮮有前例。然則南海諸群島是中國的固有領土，這是千百年來有目共睹舉世皆知的鐵的事實，何以如今竟紛爭迭起，枝節橫生，使大好的國土落魄至如此地步？對菲、越等國的侵略何以未能及時制止？

　　首先，對菲國而言，自日本投降後，菲國力薄弱，中國駐軍南沙，非僅在保衛中國此一國防上最南疆的前哨，亦有助於菲國防安全的維護，依理而論，菲自應尊重中國領土主權的完整。

　　就菲政府對中國南沙群島的立場而言，羅哈斯及季里諾兩任總統均已注意及之，對中國南沙主權並無異議，事實上業經默認，對中國駐軍從未反對，且曾謂基於中菲友好關係，有有助於其國防安全，及至美、菲狂人米茲及克魯瑪先後製造所謂「人道王國」及「自由地」滑稽事件時，菲總統麥格塞塞採取不介入政策，猶如隔岸觀火，讓其自生自滅。賈西亞由財長、副總統兼外長繼任總統，

因與克魯瑪有特殊關係，蓄意偏袒，公開主張南沙不屬於任何國家，所有戰勝日本的盟國都有權利前往開發。最後馬可仕總統因南沙地區蘊藏石油，竟出兵強行霸佔南沙六個島嶼，且始終堅持「南沙地位未定，不屬任何國家，須由盟國決定，任何對日戰勝國有開發該群島之權利」之說，而對此群島屬於中國的確鑿史實及其後隨東北、台、澎等日本所竊據的中國領土一併歸還中國的法理依據一筆抹煞。由於菲方對上述各節置若妄聞，一味固執己見，以致歷次交涉均屬徒勞。雖經中國鄭重告菲政府，只要菲官方公開承認中國對南沙的領土主權，中國政府願本中菲友誼，隨時與菲研討有利於在該地區合作的可能性，亦經菲方拒絕，因此形成中菲關係中的暗礁。

一九七五年一月，南越出動飛機，掃射西沙環航島，引發了南越與中國的西沙主權爭奪戰的火燄，造成了中國南海的緊張情勢。世人當時所共同關切的是，南越何以不惜擺出如此強硬的高姿態，甚至還主動先開火，其內在因素居多，就中國的應戰而論，中國軍隊長時期不作戰，戰鬥意志必然日益低落。因此，對中國而言，進行一次有限度的小型戰爭，如能獲勝，則可對民心士氣起鼓舞作用。此外，在外交上，由於中國在軍事行動上所表現出的決心，無論就赫阻對方或與對方談判，均屬有利。而且，就南越在西沙的挑釁而言，南越首先開火，背上了使情勢升高的罪名，使中國輕易地獲得了國際的同情，並利用此一外力的挑釁來激發民族意識，團結內部。

北越統一全越後，好戰成性，而當時又有俄國撐腰，其對南海西、南沙群島的橫蠻態度，亦不亞於當日的南越，而國際局勢詭譎

莫測，加上南沙爭端各當事國內外各種因素的介入與激盪，演變的結果，將來南沙的局面，隨時都有爆發劇變的可能。

就經濟面而言：東亞長期持續性的高度經濟成長，已使得世界經濟天平漸漸向本地區傾斜，隨著經濟發展，東亞各國的國力日益雄厚，帶來的是對自已政治角色的覺醒、發言權的提升以及區域政治經濟地位的擴張。中、印及東南亞國家已超越四小龍，成為世界上重要的貿易國家，因此，資源豐富攸關各國賴以生存發展和貿易通路的南海，就成為爭奪的標的。其次，石油是非再生能源，在其日漸枯竭的情況下，誰能掌握能源，誰就能掌握下一世紀，因此，世界各國無不努力研究各種替代性能源，但也不忘繼續探勘、開採有蘊藏但未開發的油源。東亞地區的高度經濟發展也帶來高度的石油依賴，據日本通產省綜合能源調查會的研究，亞洲各國包括中、日、韓、台、港和東南亞國家聯盟等六個地區的石油需求量，到二〇一〇年時將達每年九・八億公噸，是一九九二年的一・六倍，尤其是中國將達三・三億公噸；而整體亞洲的對外石油依賴程度，將由一九九二年的百分之五十四・六，增加到二〇一〇年的百分之六十九・二，在亞洲石油需求量大增的二十一世紀，南海的石油蘊藏，更是周邊諸國爭奪的重要資源。

再就政治面而言：越南已於一九九五年七月正式加入東盟組織，在南沙問題上，東盟各國會協同合作，防止中國獨大，因此中國任何進一步的舉動，均會導致東盟或其他外力的介入，並且促成渠等國家採取統合的行動，迫使中國陷入四面受敵的困境。而中國目前正全力以赴地進行中國本土的經濟建設，希望國際上以及周邊國家、地區能有個比較安定、和平的環境。但東盟各國不斷在各種

場合向國際社會呼籲，希望聯合國介入仲裁，甚至於希望美國勢力重新返回，以填補南中國海的權力真空。另外，希望進入南中國海區域進行政治角力的並非只有東盟各國，其他諸如美、日、俄等國的石油公司早已與當地國家以合資的方式，在有爭議的南沙群島進行探勘、開採，並且不願自已的經濟利益因為可能發生的武力衝突而受到損害，故常以和事佬的面目出現，聲稱自已對南沙群島沒有主權要求，最適合當調停人，其目的無非是重返南海角逐而已。

中國外交部及駐菲越等國大使館首當其衝，審慎戒懼，臨深履薄，曾諸多潛心研析，竭智盡忠，迭次交涉，無奈國際政治詭譎多變，形勢逼人，加上地理等因素，以致迄今未能妥善解決。

自一九七五年菲與台灣斷交而與中華人民共和國建立外交關係後，多年以來，台灣與菲國的關係，更是一直就處在冷漠疏遠狀態中，但與北京亦因南海爭端時起衝突，因中國政府秉寬大胸襟與容忍的精神，所以始終保持兩國現有的這種微妙關係。然而菲政府侵佔南海島礁變本加厲，把中國這種息事寧人顧全大局的忍讓視之如敝屣。他們在南海地區經常濫捕中國大陸及台灣漁船，扣押及殺害中國漁民，掠奪漁獲錢財，後又宣佈二百浬領海，企圖霸佔中國人在南海地區的漁業命脈，並蓄意挑釁，曾迫使海峽兩岸自一九八〇年代迄今派遣海軍在中菲邊界領海巡航，保護中國漁民。而越南、印尼及馬來西亞等國群起傚尤共侵佔南沙數十個島嶼，開採石油，爭奪南沙油礦，使南沙局勢因而更加複雜與緊張。凡屬涉及這一爭端的當事國，遲早必須面對現實，正視這一問題。

中國向無侵略鄰邦的野心，但中國對保衛領土主權的傳統觀念卻非常強烈。一個國家的外交政策，原以維護其本國的最高利益為

前提。一般認為：這些國家的政府，既然罔顧中國政府的再三規勸與忠告，得寸進尺，竟以武力霸佔及掠奪島上及海域資源，全不尊重中國的尊嚴與地位，此等政府，既不尊重自已，也難望他國尊重，理應以牙還牙，以眼還眼。

南海暨諸群島為中國的固有領土，中國海峽兩岸為了向歷史負責，其對南海主權不容侵犯的堅決態度不可能有轉環的餘地。這不僅涉及各該群島在戰略上、軍事上及經濟上的權益，也涉及國家的尊嚴與國家在國際上的威望。

台灣長期駐軍南沙的太平島，及其後，中華人民共和國長期進駐永署、南薰等島礁，並非一定要進行戰鬥，主要是對來犯的敵對者以赫阻和鎮壓作用，達到孫子兵法上所稱「不戰而屈人之兵」的最高目標。但另一方面，中國所駐防的軍隊，守土有責，他們不僅有寸土必守的決心，也有為捍衛國疆，在必要時不惜一戰的充分準備。他們並不因菲、越等毗鄰國家對南沙有「近水樓台」之利，並屢次要求中國軍隊撤出而有所動搖；或因越南的武力威脅而屈服、低頭。因此，中、菲、越、印、馬等各方互不相讓而形成僵持之局，戰爭隨時都有爆發的可能。當菲律賓、越南、馬來西亞、印尼等悍鄰步步進逼，侵佔南沙島嶼並加強其所駐防軍力之際，中國亦加強南海駐防軍力及南海巡航，俾繼續保持均勢及優勢，防止戰爭在此一地區發生，以期此一南海爭端能早日透過理性談判，和平解決。

·南沙風雲·

第一章　概　論

一、領土的涵義

　　一個國家所擁有的領土，同時具有多種層次的涵義：一為戰略上的涵義，如某一蕞爾荒島，寸草不生，更無礦產資源，但由於形勢險要或地處要衝，戰略上繫一國或多國的安危，如直布羅陀（Gibraltar）是遠離英倫三島位於西班牙南端的英屬港口兼要塞，論面積只有二點五平方哩，論人口只有兩萬八千人，論地質，只是幾堆岩石，既無農作物，亦無礦藏，但因位於安達路西亞省的最南端，與非洲摩洛哥的休達遙遙相望，在軍事上扼封住地中海通往大西洋的唯一孔道，故其地位不亞於經濟上在亞洲稱雄號稱「小龍」的香港與新加坡。

　　直布羅陀係第八世紀回教徒入侵西班牙時以回教軍統帥之名命名。一七〇四年，英國自西班牙手中奪取這個岩石港口後，一七七九年，英與西、法爭霸，由於英國封鎖直布羅陀咽喉，得以將法、西強大海軍阻隔於大西洋與地中海兩處。一九〇四年，日俄為爭奪中國東北而啟戰爭，日以先制奇襲摧毀蘇俄在太平洋旅順等地海軍，蘇俄即遣波羅的海艦隊馳援，但由於英據英日同盟關係，拒俄使用直布羅陀這條經地中海通往東方的捷徑，使蘇俄艦隊不得不遠

繞非洲南部的好望角，長途跋涉，不堪疲憊，戰力損耗殆盡，使日軍以逸待勞，以靜制動，輕易擊敗俄軍。

直布羅陀在第一次與第二次世界大戰期中，更是發揮了在戰略上瓶頸孔道的阻隔功效，尤以在第二次世界大戰期間，大英帝國本已頻臨危亡，但因在東、西兩面把持及掌握了直布羅陀海峽與蘇黎士運河兩條孔道，使英國得以使東方的屬地沒有被德國在大西洋的潛艇所截斷而渡過危局。

第二次世界大戰後，英屬地紛紛獨立，西班牙提出歸還直布羅陀的要求，英斷然拒絕，不僅如此，在過去兩世紀中，英國不惜鉅額軍費，以大軍據守，使西班牙數度試圖以武力奪回，均未成功。西班牙採窒息政策，將其與直布羅陀接壤地區全部封鎖，並停止淡水等一切日常必須物質的供應，連續十五年之久，英國不得已，又不惜鉅資以船團供應，使西班牙的窒息政策失卻效用。至一九八五年二月五日，英國表示願意談判，以和平方式解決直布羅陀主權問題，西班牙才將封鎖解除。

英國為了防守直布羅陀，每年在這幾堆岩石上所耗費的守軍軍費，高達六千六百萬英磅，在英國經濟極為不振的情形下，負擔奇重。但基於直布羅陀戰略險要形勢，英國認為即使在今日核子時代仍極具重要性，英國為控制地中海，就必須毫不猶疑的繼續控制直布羅陀。

同樣，位於西西島之南的馬爾他島（Malta）是地中海的心臟；波里木（Perim）握紅海之口及海里哥蘭（Heligoland）等面積都不大，卻在大戰中發揮驚人的效用。

太平洋上，亦有許多島嶼在戰略上極具戰略價值，如中途島及

威克島，論面積微不足道，但在第二次世界大戰末期卻是盟軍反攻擊潰日軍的跳板。金門與馬祖在地圖上看，雖只是中國大陸邊緣的幾顆小紅豆，卻是中華民國固守台、澎的屏障，中華民國不僅以此扼住台灣海峽的咽喉，而且無異是面對大陸的兩隻觸鬚。同樣，中國南海中諸群島，若以陸地面積而論，並無可取，卻是中國大陸及台灣的後衛，其中尤以南沙位於胡志明市的西南方，在此設觀察站，正可嚴密監視俄羅斯及越南來往的航道。

二、太平洋世紀的來臨

十九世紀末葉，美國國務卿海約翰（John Hay）曾說：「地中海是過去的海洋，大西洋是過去的海洋，未來的海洋是太平洋。」一九八四年十一月，美國總統雷根在第二次總統競選電視辯論中指出：「太平洋地區為美國未來希望之所寄。」一九八五年十一月初，美國「亞洲基金會」主席海登・威廉斯接受《今日美國》日報的訪問時亦指出：「二十一世紀將屬於太平洋地區……太平洋地區在二十一世紀將成為注意的重心。」美國海軍太平洋艦隊司令傅列（S.R. Foley, Jr.）在〈太平洋的戰略因素〉（Strategic Factors in the Pacific）一文中亦認為由於太平洋盆地經濟快速成長而逐漸成為世界商業重心，加以太平洋蘇俄海軍勢力大增，遂使太平洋戰略價值隨之大增，並主張由中、日、菲聯合抗俄，顯示傅列將軍所強調的是中國南海邊緣的太平洋地區。太平洋區資源豐富，經過二十世紀以來一百多年的演變，地中海及大西洋的開拓與利用已接近窮途末路的時候，太平洋這一大片向不為人所注意的處女地，如今開始受到世人的重視。因此，太平洋也就開始不太平起來。中國南海靠近南太平

洋邊緣，蘊藏資源豐富，因係中國世代相傳的內湖，故更引起舉世矚目。

三、海島爭執的起因

由於世界人口日趨稠密；交通日趨發達，空間日趨縮小，國際貿易日趨頻繁，促使工業突發猛進，大陸土地的利用及資源的開發，亦均日益達到飽和點，不得不從陸地逐步移向海洋發展，海島因此成為各國爭奪的對象。

時至今日，世界各先進國家莫不在積極從事海洋及海島的研究，諸如海底石油的開發，海上各種化學原料如鹽、石膏、硫酸鈉、硫酸鎂、氯化鎂、氯化鉀等的提煉，海上漁場的選擇，魚期的測定等技術的增進，在在均在研究之列。美國洛克斐勒基金曾以百萬美金的鉅款贈予加州大學司格利浦斯海洋生物研究所，以謀海洋生物的增產，即為其例。原子能的發展，以使人類能深入二千三百五十六公里以下的海底用新法提取石油及液體硫磺，過去人類所認為不可能開發的地區，諸如荒僻的海島，浩瀚無際的海洋或遼闊的沙漠、冰原、現在都可能變為極為有用之地。阿剌伯地方全無魚類亦無舟楫之利著死海，過去人們視為無用，現在卻因為這個鹽海蘊蓄無量礦物質，而受到舉世矚目。據德國科學家研究，其價值當在五億元馬克以上。今後海洋與海島對國計民生關係的密切，由此可知。

世界上一切生物無時無刻不在作生存競爭，國家像有機體的生物，同樣須要擴展。無人居住的疆域，首先成為爭奪的對象。一國的海上疆界，在往昔各國均漫不經心，現在都因重要性增加而莫不

極為注視。

　　自二十世紀中葉以來，隱伏性的海島主權及邊界問題相繼演變成雙邊或多邊衝突的焦點，如英國因阿根廷軍隊於一九八二年四月二日拂曉出擊，攻佔了遠在南大西洋靠近阿根廷的一塊不毛之地，福克蘭群島，英國認為福克蘭群島主權屬於英國，不惜與阿根廷攤牌，大動干戈，毫無保留地動員了全英國最精銳的海空雄師，傾全力以赴，即為一例。亞洲太平洋地區亦復如此。中國南海諸群島，包括南沙群島在過去也許被認為是茫茫大海洋中的幾個蕞爾而偏遠的荒島，若以現代的眼光來透視，我們將發現那正是無數顆光芒四射的鑽石。

四、南海諸群島爭端的焦點

　　南海諸群島是中國孤懸最南端的國土，由於離中國本土及台灣較遠，防衛巡航自較困難，每值中國國勢面臨殆危之際，鄰國如菲、越、印尼、馬來西亞等國爭相覬覦，其中菲越等國曾先後受中國技術、農業及軍事援助，就像一個受過恩惠的鄰居，不知感謝，反而乘人之危，回頭越牆到後院巧取強奪，因他們詳知施主家底細，防不勝防，危機四伏，肆應困難。

　　南海諸群島的爭端，多年來眾所週知，不僅迄今未獲解決，而且隨著歲月的增長而更形複雜。由於此一群島介於在地緣上、人文上、經濟上、文化上及軍事上都有密切關係的中、菲、越三國之間，因菲、越不顧道義，三國政府也就都面臨一項不快而且可能十分殘酷的事實。我們如果為了片刻的寧靜，只是暫時把頭伸到沙堆裡而完全漠視這些事實，則將來難免會有無比的災難。油礦專家都

認為在中國南海地區礦產蘊藏豐富，在此地區的探油熱一再引起世界各國的注意。由於有關國家缺乏正確的資料及認真的研究，南海諸群島的歸屬，在許多方面，仍然受到甚多東方人士及西方人士不必要的誤解，爭端亦由此而起。

為了從這些南轅北轍的三種不同觀點中獲得一個正確的瞭解，我們首須從南海諸群島的背景資料中諸如地理位置、歷史背景、國際法則、國際會議及國際條約等的依據、問題的由來、發生的經過、各當事國所持的論據及我們當前所需採取的迫切措施等一全面性深入而有系統的分解剖析，提供有志於此項研究的學者專家及有關當局參考，俾有助於此一多年來極為棘手的懸案早獲解決，使在積極方面促進此一地區有關國家間的和協、合作、和平、繁榮與安定，至少在消極方面有關當事國不再無理取鬧，相互撕殺，而使另一正在窺伺的侵略者坐收漁利。

第二章　為南海暨四群島定位

　　當我們翻閱一份中國地圖，不論新舊，在中國南海的心臟地帶，介於中、越、菲海域之間有一串串黃色珠子般的蠅頭小點，映入眼簾，從飛機上鳥瞰，有如飄泊在一片汪洋大海中破碎的黃色玫瑰花瓣，這就是中國的南疆——東沙、中沙、西沙和南沙，中、菲、越等國爭執多年而未獲解決的南海諸群島。

　　中國領土，最東至黑龍江與烏蘇里江主航道會合處（東經一三五度五分），最西至新疆維吾爾自治區烏河縣以西帕米爾高原東部（東經七十三度四十分），最北至黑龍江省呼瑪縣莫河鎮以北，黑龍江主要航路中心線（北緯五十三度三十一分），最南至南沙群島南緣曾母暗沙（北緯四度十五分），為中國向南突出的最遠部分，為中國南疆國界。

　　中國人所習稱的「南海」，係中國大陸邊緣四大緣海（渤海、黃海、東海、南海）之一，中國南海與中國的渤海、黃海及東海比較，居於最南，故稱南海。中國大陸以南，菲律賓以西，婆羅洲以北，越南和馬來西亞以東的廣大領域，都是它的範圍，依據中華民國內政部方域司一九四七年所公佈的南疆國境線，由巴士海峽中線起進入南海，沿呂宋島及巴拉灣島外一路延伸至婆羅洲岸外，繞過曾母暗沙南緣後折向西行，經印尼納土納群島再折往北行，最後沿

越南海岸外一路伸回東京灣，與西方國家所習稱的「南中國海」
（South China）相當。

曾母暗沙（北緯四度）以北，印尼納吐納島（Natuna I.）與越南南
部海岸（東經一百零八度）以東，馬來西亞沙勞越、北婆羅洲及菲律
賓巴拉旺島、呂宋島海岸（東經一百二十度）以西，台灣海峽南端及
廣東南部海岸（北緯二十三度）以南。

此一水域約略與中國「海南特區」相當，其面積當在二百萬平
方公里。周邊國家為中國、越南、菲律賓、馬來西亞及印尼。

西方人慣稱此一水域為「南中國海」（South China Sea）用以指
位於亞洲大陸東南方，介於中國大陸、中南半島、婆羅洲、巴拉旺
島、呂宋島與台灣島之間的一片廣大水域。此一形式相當獨立而封
閉的水域，經由巴士（Bashi）海峽、巴林丹（Balintang）海峽與太平
洋相通，經由明答諾（Mindaro）海峽、巴拉巴克（Balabac）海峽與蘇
祿海（Sulu Sea）相通，經由台灣海峽與東海相通，經由麻六引
（Malaca）海峽與安達曼海（Andaman Sea）相通，並經由卡瑞馬塔
（Karimata）海峽、蓋斯帕（Gaspar）海峽與爪哇海（Java Sea）相通。

一九六八年版的《大英世界地圖集》（*Britanica World Atlas*）中，
記載此一包括了廣闊的暹羅灣（Siam Gulf）與婆羅洲海（Burneo Sea）
在內的「南中國海」的面積為八十九萬五千四百平方哩。一九六九
年十月修訂版《美國國務院地理公報》（*U.S. Department of State
Geographic Bulletin*）中，也記載了「南中國海」的面積為八十九萬五
千平方哩。上述二相近數字，換算為公制時，約為二百三十二萬二
千平方公里。南海深度大部份為一萬呎，有的更深達到一萬三千
呎。

環繞著南海底盆地的大陸礁層，是由台灣南端開始（稱為「台灣淺灘」），西南沿中國大陸廣東外海一帶延伸，整個海南島均位於大陸礁層上，再向南沿著越南東部海岸不遠處，一直延伸下去，而與整個暹羅和婆羅洲西方廣大的一片大陸礁層——「松達陸棚」（Sunda Shelf）相連接。然後此一大陸礁層的外緣復向東伸展，到達婆羅洲北部與巴拉旺島西部。更北方的呂宋島西側則幾乎沒有大陸礁層，海岸陡峭，突入深水。呂宋島與台灣島之間的巴士海峽，海水深邃，也沒有大陸礁層相連接。

所謂「群島」一詞原本是一地理學上的名詞，最早乃源自希臘文 aegeonpelagos，原先的涵義乃「多島海」之意，其對象乃係指「由多數島嶼所散佈的海域」，而非指「群島」本身。然因傳統國際法對領域主權的概念當時仍以陸地為考量的中心，並認為國家的管轄水域只不過是陸地領土的附屬物或謂僅係陸地管轄權的延伸。因此這種以「水域」為中心的「群島」定義，在當時並不為國際法學者所接受。因此在《韋氏大字典》（Webster's International Dictionary）中，Archipelago 的意義除了原先所指「由多數島嶼所散佈的海域」外，復另外增加「一群島嶼」的定義。而 Archipelago 在中文上亦譯為「群島」，顯見我國係採後者的解釋。

著眼於群島與大陸本土間距離的遠近，群島可區分為：㈠鄰接大陸本土的「沿岸群島」（Coastal Archipelagos），如挪威外海的 Skjaergaard，中國沿岸的舟山群島、廟島群島、嵊泗列島及芬蘭、格凌蘭、冰島、瑞典等國沿岸外羅列分佈的群島即是。㈡遠離大陸本土的「洋中群島」（Outlying or Mid-Ocean Archipelagos），如印尼、菲律賓群島、斐濟群島、東加、馬爾地夫、巴哈馬及中國的南海諸群

島等即是。

再者，「洋中群島」又可依據其本身是否單獨形成一個國家領土的觀點，而可分以下二類：㈠單獨形成一個國家領土的「洋中群島」，稱之為「獨立性群島」，亦即條約中所稱的「群島國」。㈡隸屬於非群島國的「洋中群島」，稱之為「非獨立性群島」南海諸群島即屬後者。

就南海諸群島中的小島名稱而言，有稱為「島」者（如東沙島——Paratas I.）、有稱為「灘」者（如禮樂灘——Reed Band）、有稱為「礁」者（如南通礁——Louisa Reef）、有稱「巖」者（如南巖——Searborough Shoal）、有稱為「堡」者（如蓬勃堡——Bombay Castle）、有稱為「暗灘」者（如莪蘭暗灘——Lord Ankland Shoal）有稱為「暗沙者」（如永登暗沙——Ankland Shoal）、有稱為「沙洲」者（如安波沙洲——Amboyna Cay）、有稱為「連礁」者（如石塘連礁——Hardy Patches）。此外，數島距離相近者，有稱為「群島」者（如永樂群島——Crescent Group）、有稱為「群礁」者（如鄭和群礁——Tizard Bank and Reefs）。

此一百二十七小島的高度均極低，面積亦極小，與一般習見之島有差異。一般而言，稱為「島」或「沙洲」者，係指不論高、低潮，均始終露出於水面上者。所謂「沙洲」係所露出海面之「島」，其成因與珊瑚礁同，均係以珊瑚之骨骼碳酸鈣為基盤，雜以泥沙和其他海洋生物之介殼、骨骼等堆積而成。只以出海面不久，還只是淺沙平舖，海拔甚低，雖然高潮時尚能露在海面之上，有大風浪，則時有被浸沒之虞。因年代較新，多無鳥糞層之堆積。土多礫質砂土，甚少植物。所謂「島」則係沙洲久積而成，植物繁密，高度雖超過沙洲，亦多不過海拔四、五公尺，鮮有超過十公尺

者（南沙最大之太平島海拔亦不過四公尺），海上遠望，十浬之外不得
見。

　　至於稱為「灘」、「暗沙」或「礁」等，則係指接近水面，而
時時突出或隱伏於水面下者。其在水面下較深，且呈廣闊之台狀
者，謂之「灘」。由大灘而向上生長，高突至水面者，謂之「暗
沙」。至於「礁」則係指隱伏於水面下近處的珊瑚礁而言。礁上偶
有大塊礁巖露出水面之上，而礁本身有時亦於低潮時露出。

　　國立編譯館出版的教育部部定大學用書《中國地理》一書說：
台灣海峽以南、婆羅洲以北，均屬西方人所稱「南中國海」，亦即
我國簡稱「南海」的範圍，而此一顯然未將暹羅灣包括在內的水域
面積，竟被記載為三百六十三萬八千平方公里。

　　一九四八年和一九七一年出版的《中華年鑑》，說明位於北緯
四度曾母暗沙（James Shoal）一帶以北的「南海北部」，面積約為二
百萬平方公里——此一數字與前述英美地理文件中所記載的「整個
南中國海」的面積相當。

　　但是，重要的是，為中國主張享有主權，一九四九年四月一日
列為「海南特別行政區」者，則係指中國廣東省海岸以南，包括東
沙、中沙、西沙、南沙四群島在內，最南僅及於北緯四度曾母暗沙
一帶的水域。至於婆羅洲西方、印尼北方，以及暹羅灣廣闊的水
域，均不在內。

　　在中國的四大緣海中，南海與其他三個緣海——渤海、黃海、
東海的地形全然不同。後三者海底地勢平緩，均係幅圓廣大的大陸
礁層。以三者中面積最大（七十萬平方公里）的東海為例，除去其東
部有一寬約二百浬、深約一千至二千五百公尺不等的「琉球海槽」

（Okinawa Trough）外，其餘均為水深不及二百公尺的大陸礁層，其寬度由二百八十浬至六百浬不等，地質學上稱之為「台灣冥道摺疊區」（Taiwan sinzu Folder Zone）。但是南海則完全不同。

整個南海海面上，小島零散，如星羅棋佈。根據內政部一九四六年至一九四七年間所作的一次詳細調查統計，共有一百五十九個小島或礁嶼，散佈在南海中，大體上分佈的為東沙、中沙、西沙、南沙四群。所有小島中，絕大多數為珊瑚礁，除極少數有井泉，可施農植者（如太平島——Itu Aba I.）外，餘均屬荒枯不毛之地。

由此一近乎環狀的大陸礁層外緣，向中央的海底探去，地勢突降，形成了底部不平整的「中國盆地」。除去東沙附近的海底較平淺（約為四百公尺）外，中沙和西沙附近，四周水深約在一千公尺左右。南沙位於西沙東南方約二百三十浬外，附近水深更深達三千公尺左右。在整個盆地的南部，自巴拉旺島西南方外海延伸至婆羅洲北方外海，距大陸礁層外緣不遠處，則有一「婆羅洲海槽」（Borneo Trough）或稱「巴拉旺海槽」（Palawan Trough），長約四百公里，深約二千五百公尺。

南海海底為一極深的盆地——「中國盆地」。盆地的邊緣與四周的陸地間，才有狹寬不一的大陸礁層。南海中的四大群島：東沙群島（Patratas Is.）、西沙群島（Paracel Is.）、中沙群島（Macclesfield Bank），和南沙群島（Spratly Is.），從海底觀之，只是此一大盆地中突起的四群山峰而已。

第三章　南海諸群島的正名、位置、面積、土質、氣候、現況

　　南海的位置北起廣東、台灣澎湖群島，西以中南半島、馬來半島為界，南接印尼加里曼丹島，東鄰菲律賓群島。地處太平洋和印度洋之間，自古至今都是交通運輸要道。

　　南海諸群島東西距離約一千三百公里、南北距離約二千四百公里，涵蓋海域面積約三百五十萬平方公里。包括四個主要島嶼群及礁灘沙洲，分別為東沙群島（Pratas Islands）、中沙群島（Macelesfield Islands）、西沙群島（Paraceles Islands）及南沙群島（Spratly Islands）。我國古代祖先稱南海為「漲海」。

　　早在漢代，中國人民就開始在漲海（即今南海）航行，在長期的航行和生產實踐中，先後發現了南海諸群島。

　　東漢時，楊孚《異物誌》一書記載：「漲海崎頭，水淺而多磁石。」三國時，萬震《南州異物誌》在講到漢代從馬來半島到中國的航程時，也作了如下的記述：「東北行，出漲海，中淺而多磁石。」上面所說的「崎頭」，就是古代我國人民對包括西沙、南沙群島在內的南海諸島的島、礁、沙、灘的稱呼。所謂「磁石」，指航行南海的船隻遇到礁灘而擱淺，就好像被磁石吸住一樣。三國時

代的康泰在東吳孫權時，與朱應奉派到扶南（今柬埔寨）等國去，回來後著有《扶南傳》對南海諸島的形態和成因作了相當精確的描述，說：「漲海中倒珊瑚洲，洲底有盤石，珊瑚生其上也。」書中的「珊瑚洲」，就是指南海諸島。「珊瑚生其上」，是說島嶼和沙洲是由珊瑚礁組成。這是西元三世紀初記述南海諸島的第一手資料，是十分可貴的歷史資料。

唐宋以來，隨著航海事業的發展，中國船舶經常往返於中國和東南亞、南亞以及東非各國之間，人們對西沙、南沙群島的認識加深，從而把西沙、南沙群島相繼命名為「九乳螺洲」、「石塘」、「長沙」、「千里石塘」、「千里長沙」、「萬里石塘」、「萬里長沙」等等。在南海諸群島漁民的「更路簿」中，還出現了西沙、南沙群島各島礁至今仍在習用古地名：如稱西沙群島的永興島為「巴峙」、珊瑚島為「老粗峙」、甘泉島為「圓峙」、中建島為「半路峙」；南沙群島的太平島為「黃山馬峙」、南威島為「鳥仔峙」等。所有這些形象生動的古地名，都有一定的含義，反映出這些島嶼的自然特徵或漁民們的美好願望。

南海諸群島的這些古地名，在歷史上長期為外國航海家所採用。有的意譯，有的音譯，有的音意兼譯。十六世紀時，葡萄牙人叫永興島為 Paxo，顯然是從漁民所稱的「巴峙」音譯過去的。日本人岩生成一所著「朱印船貿易研究」一書，對西沙群島即採用中國命定的古名「萬里石塘」。十九世紀英國航海圖稱鴻庥島為 Namyit，景宏島為 Sincowe、太平洋島為 Ituaba，也是從漁民所稱的「南乙」、「稱鉤」和「黃山馬峙」音譯過去的。

如果從東漢楊孚《異物誌》開始記載南海諸島算起，中國人民

發現南海諸島的歷史已二千多年之久。如果從宋代以「九乳螺洲」命名西沙群島，以「石塘」命名南沙群島算起，中國人民正式命名西沙、南沙群島的歷史也已有一千多年之久了。

一、東沙群島（Tung Sha Chun Tao）

東沙群島舊名「大東沙」，西方人稱 Pratas，位於北緯二〇度三〇分至二一度三一分，東經一一六度至一一七度之間，居南海的最北，為南海諸群島中最北的島群是由東沙島、北衛及南二珊瑚礁和潟湖所形成的環礁系列。橫跨海域長一百五十公里，寬約三十公里，總面積約一百平方公里，相當於台灣省彰化縣的大小。絕大多數的環礁，都位於海平面下一至兩公尺，唯一露出海平面的陸礁島嶼只有東沙島，外形像馬蹄，約一百六十八公頃，東西長約四至五公里，南北長一公里，環島一周，約八公里，用小跑步約半小時可跑完全程。因陸地面積只有一點七四平方公里，島上只有一條柏油路——忠誠路。

東沙島古名蒲拉他士島、月牙島、月塘島，台灣於一九八九年六月三十日在該島樹立界碑，全島充滿了原始的美，島上閃爍著潔淨的白沙和濃鬱的灌木，從衛星空照圖看，有如海上一顆藍寶石，因此有人稱它是「南海明珠」。

東沙群島的機場在東沙島馬蹄形環礁的中央，機場跑道比馬祖機場的跑道長，約五千呎，規模與台中水湳機場相近，且四周一片平坦。東沙條件比香港飛航情報區好。可容 DASH8 型飛機和 C-130 運輸機起降，島上有十萬加崙的水庫一座，並設有一座氣象站，是南海氣象觀測預報的重要前哨站。

　　東沙群島適當大陸架的邊緣，群島南面為一千公尺以上的深海，距廣東汕頭約一百四十浬，最近，距香港一百七十浬，距澎湖二百三十浬，距高雄二百四十浬，距馬尼拉四百浬，係香港與馬尼拉之間航線必經之地。由於東沙群島地近中國大陸，其附近海底與大陸沿岸的大陸礁層自然相連，過去從未聞有外國提出主權上的主張。

　　東沙島因設有機場，每隔十天有一班運輸機起降，負責運送人員及書報文件；由於無法接收國內的電視訊號，運輸機每隔十日所運抵的報紙雜誌，就是東沙駐軍獲得外界訊息的唯一管道。對他們而言，一次看完十天份的報紙，感覺上好像在閱讀歷史。東沙島上裝設有三十六線的電話，可以直撥台灣；且電話費也特別優待，無論日夜，每十二秒新台幣一元（大約等於台北到台中的長途電話費率）。於是人手一張電話卡，幾乎成為島上官兵排遣孤寂的唯一慰藉。

　　東沙群島海洋生物非常豐富，魚類有六百多種，鳥類有五十多種，珊瑚有三百多種，海藻有一百二十多種，約一百平方公里面積的珊瑚礁佔全世界百分之三十四珊瑚面積。

　　東沙島原由海軍陸戰隊駐守，一九六四年成立東沙守備區指揮部後才開始有建設，二○○○年由海岸巡防署官兵接手，島上地標──一九四五年設置的「東沙島碑」以及一九八九年重申南海主權而建的「南海屏障」國碑，以及東沙大王廟，都有一段可訴說的歷史，還有官兵開設的「東沙郵局」、迷你餐廳、福利社、醫院。

　　行政院從一九八二年起將東沙群島委由高雄市政府代管，市政府一九九九年五月十六日起派兩名建設局人員常駐島上為漁民服務，接著設籍，行政區編為「旗津區中興里十八鄰卅一號」，當時

市長謝長廷還率團前往勘查，認為海洋資源豐富極具開發價值，決定全力推動東沙群島觀光。

　　二〇〇〇年，高雄市政府結合高雄市觀光協會、金行海運公司共同推動「東沙群島觀光」，希望藉觀光活動宣示主權，但為避免破壞海洋生態，市府採取「總量開發方式」，觀光與環保兼顧，二〇〇〇年五月廿一日第一批觀光客一百人登上東沙群島為觀光邁出歷史性的第一步。

　　但因東沙島為軍事管制區，碼頭簡陋，又有潮汐問題，由高雄港到東沙島約二百四十浬，客輪航程單程約十四個小時，極為費時，遇海象不佳時旅客更累，尤其島上無法住宿，旅客只在島上停留四小時就登船返航，使原計畫二十個航次，只跑了五趟就停航。

　　東沙島上有一座小型機場，目前有立榮航空公司每周由高雄飛東沙包機，單程約一小時，因此如果島上能再建設，由民間投資蓋旅館，旅客服務中心，以及興建碼頭，高雄市府認為有信心把「東沙島」開發成台灣成台灣的「馬爾地夫」。

　　高雄市府建設局指出，曾委託顧問公司評估觀光的可行性，建議從事海釣、潛水等休閒，但學者調查發現，東沙群島海域有百分之九十五的生態已遭破壞，為了保育東沙海洋資源，才進一步爭取籌設成為海洋型國家公園。

　　從觀光資源面而言，近年來中國國民生活水準提高，工作之餘的休閒旅遊逐漸受到重視，赴國外，（尤其是熱帶氣候地區）做定點式的休閒度假已呈熱門趨勢，因此八里島（印尼）、蘭卡威（馬來西亞）、八淡島（印尼與新加坡之間）、芭達雅（泰國）等風景地區都是國人喜愛的景點，而上述地點與東沙島的氣候、緯度相去不遠，因此

若能開發東沙島成為類似的觀光勝地，必可吸引大量中外人士前往旅遊，不但可賺取外匯，更可宣示中國對該處海域的主權，有關當局允宜優予考慮。

二、中沙群島（Chung Sha Chun Tao）

中沙群島西方人稱 Ma cclesfield Bank，日人稱「金輪堆」，居東，位於北緯十五度二十四分至十六度十五分、東經一一三度四十分至一一四度五七分之間，居南沙之北，西沙之東南，與西沙群島相去不遠。維持兩群島之間的橋樑關係，範圍由東北而西南，灘長七十五浬，寬三十三浬，經我政府正式命名者有西門暗沙、石塘連礁、排洪灘等二十九個，然全部為隱伏在水面之下的珊瑚暗礁，或大灘。因此，我雖對此島群主張主權，惟一九八二年聯合國海洋法公約第一二一條第一項明訂：「島嶼是四面環水並在高潮時高於水面的自然形成的陸地域」，故此種主張，在國際法上並無根據，過去亦從未有外國爭執此群島主權。

一九九三年三月十日，行政院審查會，由新任政務委員丘宏達主持，相關部會副首長或首長率官員出席。由於丘宏達曾對於內政部將絕大部份處於海平面以下的中沙群島也納入我領土範圍，表示違反國際法慣例，並要求提出說明，而三月九日內政部常次李本仁與地政司長王杏泉、方域科長蔡日升特別在會中陳述，中沙群島列入中國版圖是根據歷史文獻，尤其滿清時代中法條約中，也明定列舉中沙群島是中國領土，因此，我國沒有理由或法理依據將之輕易放棄，更何況北京早已將中沙群島列入領土範圍，如果中國不將中沙納入領土範圍，將來便沒有籌碼去和外國交涉有關領土主權維護

事宜。

　　王杏泉更在會中指出，中沙群島劃入中國領土在先，國際法訂定在後，如果說是違反國際法慣例，是有些牽強，充其量只能說與現行國際法的認定觀念不同。丘宏達於聽取內政部官員報告後表示，他同意這項補充的說法，全案於是在無太大爭議情況下，順利完成審查。

　　中沙群島所屬的黃岩島（Huangyan Island）菲律賓稱為Scarborough Shoal位於中沙群島東端，東經一百一十七度四十三分四十六秒，北緯十五度八分十六點二浬，離菲本土一百三十五浬，在高潮時高於水面自然形成的陸地區域，並非終年藏於水底的沙洲或暗礁，黃岩島及附近歷來十分平靜的海域自一九九七年以來隨著菲海軍圍堵、扣押在那裡正常作業的中國漁民、漁船，人為地起了「風波」，中菲之間發生了不該發生的爭執。

　　中國以歷史為依據對黃岩島擁有主權，早在十三和十四世紀（1271－1368）中國元朝時，歷史文獻已顯示黃岩島是中國領土的一部分；自一九三五年以來，黃岩島一直列入中國的教科書；中國政府還分別於一九三五、一九四七和一九八三年三次正式公佈對此島的命名和名稱更改，一八九八年的美（國）西（班牙）巴黎協議，一九〇〇年的美西華盛頓協議及一九三〇年的英美條約均明確劃定菲領土西部邊界為東經一百一十八度，黃岩島不在其中，菲國歷來出版的地圖也將黃岩島視為其國土以外，黃岩島的法律地位早已確定，中國對其擁有主權已得到了國際社會的普遍承認，菲方從未表示過異議。

　　但自一九九七年以來，菲方不承認黃岩島是個海島，並以距離

其本土很近為由，引用國際海洋法公約關於二百海里專屬經濟區之規定，將黃岩島劃在其專屬經濟區範圍內。自一九九七年四月底以來，菲方軍艦和軍用飛機多次在黃岩島及其附近海域活動，並對在那裡參加民間組織的無線電探險活動的船隻進行跟蹤、監視干擾。

　　一九九七年四月三十日，菲國兩眾議員還搭乘海軍艦艇登上黃岩島，在島上豎旗立碑。

三、西沙群島（Hsi Sha Chun Tao）

　　西沙群島：昔稱「千里石塘」，西人稱 Chienli Rocks 或 Islands and Reefs，越南擅改稱 Hoang Sa，居南海中北部，北起北礁，南迄先驅礁，東自西渡灘，西至中建島，南北長約八十六浬、東西長約一百零四浬，距海南島榆林港東南一百五十浬的海域，總面積五十六平方公里。位於北緯十五度四六分至十七度八分、東經一一一度十一分至一一二度五四分之間，與中國之海南島及越南中部海岸，大致等距。主要由三十四個島嶼、七個淺灘組成，分東西兩群，即東北方之宣德群島（Amphitrite Group），有七個較大島嶼包括永興島；及西南方的永樂群島（Crescent Group），有八個較大島嶼。其中以永興島最大，約一點八五平方公里。永興島又名巴島、武德島，位於西沙群島東部的永樂群島中部，距中國大陸六四〇公里，距峴港四二〇公里，距東沙島三五〇浬、距南沙太平島四〇〇浬、西距榆林港一八〇浬、南距南沙永暑礁四四四浬，扼南海要衝，為通往新加坡及南亞諸國海空航線必經之地，亦為中國支援南沙作戰之重要前進基地，而永興島則是中國在南海的行政、政治中心，設有軍港、漁港及機場，也是中國南海艦隊的前進基地。該地

已建有艦艇補給設施。

　　一九九八年，中國在永興島建立了首座衛星地面站，以解決西沙邊防的通訊問題。衛星地面站的開設，不僅使公安部海上報警網由海南省向南延伸了三百多公里，而且基本上解決了駐守中國最南端邊防部隊的通訊問題，為進一步加強南海海域的治安管理，加大海上緝毒，緝槍和緝私的力度提供了有力保障。國際移動衛星組織亦於一九九八年在永興島上開設了西沙首座 IC 智能卡公用電話服務站。這項電話服務具有接通率高、覆蓋面廣、音質清晰等特點，能直接撥國際聯網電話，南沙、中沙，也同時設立了 IC 卡電話服務站，IC 卡的開通進一步促進了海南通訊業的發展。

　　永興島機場跑道長七三一一呎，足以供蘇愷二十七型或其他戰鬥機、轟炸機、加油機等飛機使用。

　　西沙氣象台每天三次準確預報西沙、南沙、中沙群島海域的天氣變化情況，並在永興、琛航、珊瑚等島上建有避風港，雨水接收系統、籃球揚、排球場，溜冰場、圖書館、乒乓球室、卡拉 OK 室等。永興島上設有一家「人民醫院」和「人民海軍醫院」其他島礁亦有醫務室。

　　綠色是西沙群島的主色調。當地駐軍自一九八二年一月發起「西沙將軍林」綠化運動，凡前往視察的將官或高幹，都要親手種植一棵椰樹並掛牌寫上名字，現綠化率已達百分之九十。香蕉、木瓜、椰子等樹遍處可見。

㈠中國永興島機場概況

　　1.中國自一九八八年三月十四日與越南在南沙海域發生軍事衝突後，即構想興建長約九百公尺跑道的西沙永興島機場，於是自一

九八九年四月起開始在永興島南端修建機場及水上飛機降落場，後續擴建至二千七百公尺，於一九九〇年十一月完工，其各場站設施（油庫、後勤設施）工程亦陸續於一九九一年三月完工啟用。

2.一九九〇年十一月二十三日，中國海航第二獨立團安二十四空運機一架由海南陵水飛西沙永興島，擔任該機場竣工後首次空運機試降與機場導航測試任務後返降，此後陸續有殲擊機正式短暫進駐，在配合機動或轉場進駐情況下可支援南沙作戰。

㈡中國永興島興建機場之利點

1.就地理位置而言

永興島機場距廣東遂溪機場三一二浬、海南島海口機場二三〇浬、陵水機場一八〇浬、樂東機場二二八浬，可供空降兵力進駐，延伸作戰半徑，對中國海軍執行南沙任務及支援作戰構成相當之助力。

2.就兵力因素而言

永興島機場自啟用後，中國即陸續以各型戰鬥、轟炸機進駐實施短期駐訓，該機場可能暫為「南航」之輪訓基地，狀況提升後將可大量進駐各型戰、轟機（含 SU-27），以西沙為基地，延伸其作戰半徑，再配合西、南沙駐防的海軍兵力，對緊急支援南沙作戰任務有足夠的因應能力。

3.就時間、空間而言

永興島距東沙島三五〇浬、南沙太平島四〇〇浬、機場可起降戰鬥機、轟炸機，其轟炸機以時速五百浬計算，分別於四十二及四十八分鐘可達東、南沙；殲擊機以時速一二〇〇浬計算，分別於十七點五及二十分鐘可到東、南沙，在其他申索國無空優及地區防空

火力薄弱狀況下，難以抵擋中國空中攻擊。若其他申索國艦隊支援南沙作戰，以 DDG/FFG 最快需五十小時方可到達，中國若以永興島為中繼基地，可於中沙群島附近對其他申索國實施海空攔截。

4.就後勤設施而言

中國永興島已完成擴建二七〇〇公尺主跑道一條，寬五十四公尺（兩端各有約一六七公尺的衝出區），主滑行道一條、連絡滑行道一條、停機坪三塊、棚場四座、導航設施一處、雷達站及儲油區各一處，其場站人員已完成進駐，支援該機場的場站後勤、指揮、通信、航管設施，已可滿足其各型機種進駐的各項後勤支援需求。

(三)中國永興島興建機場之缺點

1.就地理位置而言

機場跑道位於該島東北方臨海區域，無天然屏障，易暴露目標而遭偵獲或破壞。

2.就兵力因素而言

中國觀通和偵察系統均部署於大陸沿海，雖西沙及南沙（永署礁）已建立雷達站，而東、南沙島礁作戰，可由西沙轉進至離岸三五〇浬至四〇〇浬海域，但已超出中國觀通、偵察能力。中國海航部隊雖配備有長程電子干擾機，可進行電子反制，然執行護航之殲擊機航程短無法提供遠岸海區作戰長期空中掩護，其航空兵力遠至東沙、南沙支援作戰，戰管能力無法配合，影響指管。

3.就時間、空間而言

永興島機場雖為中國支援東、南沙作戰之「前進基地」，惟受時間、空間限制。空中兵力雖可迅速到達，然目前中國空中加油技術與設備尚不完全成熟，殲擊機無法長時留空支援以海軍為主之島

礁作戰。

4.就後勤設施而言

永興島機場後勤設施現雖有停機坪三塊、棚場四座、導航設施及貯油區各一處，以及港口、碼頭等設施，未來投入戰場的空中兵力之油、彈、物質消耗量必然龐大，相對地增加後勤支援的複雜性，地區能否滿足需求，有待觀察。中國對此辯稱「絕不以武力解決南沙問題，興建該機場主要為支援經建開發」，此一舉動雖已造成周邊各國的緊張態勢，但足以維護東、南沙的安全，而且可以防止南海地區在未來成為局部戰爭可能爆發的區域。

四、南沙群島（Nan Sha Chun Tao）

南沙群島英文譯名為 Nansha Gunto 亦作 Nasha Qundao 或 The Nanshas 或 the Nansha Island Group。

南沙群島的涵義位於中國南海中最南端的一群島礁，它尚有其他名稱，古稱「七洋洲」，或稱「團沙群島」，西人稱它為「史勃拉特列群島」（Spratleys 或 The "Spratley Lslands"）史勃拉特列是英國的一名海軍上校製圖官，曾於一八六○年代赴中國南海勘測此一群島，西人為紀念此一事蹟，故以此命名。日本人於侵佔南沙後，擅自更名為「新南群島」（Sinnan Gunto 或 New South Islands）；越國人稱南沙為「長沙群島」（Truong Sa Islands 或 Long Islands）；美國人稱它為「人道王國」（Kingdom of Humanity）；菲律賓人稱「自由地」（Freedomland）或「卡拉揚群島」（Kalayaan Islands）；西方的油礦勘察人員，在探勘過此一地區後，將南沙群島地區劃定為「蘆葦岸區」（The Reed Bank Area），並以此相稱。

　　南沙群島處於新加坡、香港及達爾文港三角地帶的中心，在軍事上稱為「南洋心臟」，具有戰略價值。

　　所謂「人道王國」或「自由地」，在全世界任何地圖上都不曾有過。所謂「史勃特列群島」，實際上只是由中國南沙群島中一系列七個小島所構成的群島；所謂「人道王國」，實際上完全是美國一不肖之徒憑空捏造，用來招搖撞騙；所謂「自由地」是菲人克魯瑪（Tomas Cloma）用以形容他「在距巴拉灣（Palawan）以西三百哩、距亞洲大陸四百哩處所「『發現』的一群島、嶼、礁、灘。」範圍約六萬四千九百七十六千方哩，共五十三個島、嶼、礁、灘及其鄰近的領水；所謂「卡拉揚群島」，乃是菲政府蓄意吞併此一地區的中國領海及領土，以菲語「大家樂」腔調命名，故弄玄虛，妄圖混淆視聽，深值我們注意與警惕。

　　所有南沙地區一百一十多個島嶼，長久以來，早已是中國南海中四大群島的一部份，儘管侵略者及野心份子用其本國文字作不當命名，並將群島中數十個島嶼的個別名稱，也擅自更改，以圖魚目混珠，達到吞併的目的，但這種荒謬舉動掩蓋不了「南沙群島是中國領土」的這一事實。

　　南沙群島位於北緯四度至十一度三十分東經一○九度三十分至一一七度五十分之間。

　　南沙群島居西沙東南，居南海中的最南端，全部水域面積共六萬四千九百七十六平方哩，相當於八個江蘇省的面積。地位適中，大小島嶼及礁灘共一百多個，星羅棋佈，均為珊瑚構成的低平小島，島面超過高潮面二公尺的這些小島陸地面積咸在一萬六千平方公尺至四十三萬平方公尺不等，幾乎佔滿南海南半部，群島周圍暗

礁密佈作環狀，其最南的曾母暗礁，遠達北緯四度。但由於菲越海岸向中央逼近，群島東西部分與菲越成了近鄰，東南距巴拉灣（Palawan）約四百公里，距馬尼拉九百公里，南距婆羅洲五百公里，西距新加坡一千五百公里，北距香港一千四百公里，距榆林港一千一百公里，東北距台灣高雄一千七百公里，西北為泰國與越南，距西貢八百公里。南沙群島面積之大居四群島中的翹楚。群島中的太平島，西方正對西貢，相距四百四十哩，這正是南沙群島遭菲越侵略的主要原因之一。

若以北緯五度東經一百度的曾母暗礁為中心點，在兩千公里的圓周以內，東面為菲律賓，南面的終點為印尼，西面的終點為越南泰國及緬甸，西南面為馬來西亞，北面的終點為台灣。南沙群島便橫亙在這個地域的十字路口，以其凹陷的一面正對亞洲大陸（請詳附圖）。這一連串的島嶼中，有不少可用來設置雷達站、無線電台及海軍艦艇的加油站及補給站等而作為海軍的前哨，其中數個主要島嶼便曾在太平洋戰爭期中被日軍用作由台灣進攻菲律賓的跳板。

全世界各海洋中諸島嶼，依其地體的構造與地質，可分為陸島與洋島兩大類。洋島又可分為火山島與珊瑚島。南沙群島，一如中國南海中其他各群島，是由珊瑚礁及介類殘骸風化所構成。因而含有高度成份的石灰及鹽分，可謂全部屬珊瑚島。珊瑚島係由珊瑚礁所構成。珊瑚礁為珊瑚蟲的遺骸堆積而成，珊瑚蟲為熱帶淺海中體小性喜集體生活的軟體動物，群居在溫度攝氏二十度以上深度約一百五十呎的清澄海水內固定的土石之上，逐漸向上發展。珊瑚蟲用體內所排除的碳酸，組成其骨骼，軟體即附在骨骼的外層，幼者甫生，老者即死，逐漸向上續長，其孔隙為泥沙及其他海生動物之介

殼屍體充填漸厚，再經自然的壓力，復經溫暖海水為之膠結，而成為石灰岩，廣平的礁台形成後，再經海波鼓溢衝擊堆積漸高而露出水面，則成珊瑚島。以珊瑚蟲不能離海水而生活，故島礁多是拔出海面很低。然水面下的礁盤多甚大，這是珊瑚島所獨具的特殊地形，與習見的陸島或火山島均不相同。

珊瑚礁的形狀，因其最初固著海底的岩石分佈狀態而分為裙礁、堡礁、環礁三種：珊瑚沿島嶼邊緣生長，是謂裙礁。若島嶼下沉或海水上升因珊瑚有一種向外延伸的特性，脫離島陸成一環狀，圍繞島嶼，是謂堡礁，若海水面積繼續上升，淹及島嶼或島陸下沉至海面下只餘四週的堡礁成一環形是謂環礁，環礁為裙礁的一種特殊發育結果，南沙群島均屬環礁。

南沙各島嶼基層地質主要為石灰石，上層土壤全為泥沙、海上動物的骨骼與石灰質土聚集化合而成，既無池塘，更無河流。島上遍處磷礦，主要是由於成千上萬的鰹鳥所排泄的糞便，鳥獸遺骸，樹木枯草殘渣混合風化變為褐色或灰色的土壤，復與礁盤的碳酸石灰混合而成，經雨水沖入地層中，起化學作用而形成。土質肥美，植物繁茂，但蓄水力其差，不適種植。而各島邊緣沙濱純為流砂。磷酸礦不僅可作人造肥料，亦可作蜜絲佛陀化妝品的原料。

南沙群島的地形與中國沿海所見的其他島嶼不同，其特徵為海拔低，面積小，由海上瞭望，只有十浬以內才有發現可能，正因各島海拔過低，又無向山屏障，船舶無法在島側停靠避風，亦由於各島面積過小，無法容納大量居民，也不宜屯駐過多軍隊。各島嶼周圍全是淺灘，嶙峋暗礁密佈，低潮時水深僅及兩呎，其面積常為島嶼的數倍或數十倍，海岸曲折無天然港，大船航近極為危險，只有

漁船才能停靠，整個南沙群島可泊船之處共可停泊百噸左右小漁船一百二十艘。在龐大礁盤以外，則又為無底深洋，錨不見底。行者視為畏途。

南沙多雨，年達一千八百至二千二百公厘，雨季為每年五月至九月，冬季值北風時令，雨量較少，是為南沙的乾季。七月至八月大霧瀰漫。因接近赤道，故為無風地帶，很少受颱風侵襲，此實得天獨厚，為常受颱風侵襲的東、西、中沙及菲律賓所不及。每年二至五月為南沙地區氣候最適宜的季節，六至十一月氣候較為惡劣，由於高溫多雨，故奇卉異果，四時俱備，景色宜人。

南沙群島居南洋的心臟地帶，而中國南海又當北回歸線附近，故南沙一如其他三個群島，全部屬熱帶氣候。其特徵為全年高溫，少有變化，平均溫度為攝氏二十七度左右，五至八月最高，約三十度，冬季約二十六度。溫度差雖小，日差卻大，約十度左右，此點與一般地區相反。

第四章 南沙群島的 主要島礁概況

　　南沙群島所包括的島、礁、灘、沙洲、暗沙共一百二十二個，經廣東省政府根據各方資料查證確定及實地勘察並經國民政府內政部於一九四七年十二月一日正式命名核定公佈屬中國領土者共有九十八個，區分為四大部分：第一部份為危險地帶以西，共有卅八個，為南沙群島的主要部份，主要島嶼如太平、中業、南子、北子、南鑰、南威等均在此部份以內。第二部份為危險地帶以東，僅有四個，三個為海面以下的暗沙，只有一個海馬灘露出水面。第三部份為危險地帶以南，共十六個，大多為水面以下的暗沙或略露海面的灘礁，中國最南疆土的曾母暗沙，即屬此一部份。第四部份為危險地帶以內，共有四十個，為南沙四大部份為數最多的一部份。在此區域內遍處礁灘，基盤相連，海流複雜，水產漁類寄息最多，其中黃信、馬歡、西月、安塘、景宏、玉諸等島，島面寬平，樹林密茂。整個南沙群島中認為特別重要經詳予測量勘察存案者共十個：

一、太平島

太平島位於東經一一四度二三分，北緯十度二三分，即南沙群島中心，漁民俗稱黃山馬峙，西名伊圖阿巴（Itu Aba Island），日人擅改稱「長島」一九四七年更名為太平島，以紀念與南沙群島接收工作的太平軍鑑。太平島成扁圓形，係南沙群島中最大島嶼，島平均海拔三點八公尺高。全島是由珊瑚礁所組成，四周為珊瑚礁所形成環形的破浪堤。島東西長一千三百六十公尺，南北寬約三百五十公尺，低潮時四周有二百至三百公尺不等寬度的礁盤露出水面。島面積零點四八九六平方公里，相當於台北的中正紀念堂，超出高潮面二點八公尺，環島一周僅需三十分鐘。島上無山亦無河，島的北側礁盤平坦而廣闊，可作為建設機場之用。島上現有二至三層的新式水泥營舍數棟，七層樓觀測用高塔及雷達、氣象台、發電廠、圖書館、禮堂、活動中心、差假中心各一座。島上有十餘口井，島東的一口出水量最大，可充分供應全島飲水，是南沙群島中面積最大，且唯一可供應淡水的島。

太平島上並建有瞭望哨一座，置三十五倍望遠鏡一具，可藉以觀測監控全島及週邊海空領域，並可遠眺六浬外越南所侵佔的敦謙沙島。

島上有一處郵政代辦所，隸屬於台北郵局管轄，使用「台灣台北南沙群島（代）」郵戳，負責傳遞南沙守備部隊人員的家信及包裹，此為當前台灣最長的郵件直接傳遞路線。

為了維護島上守軍的健康，太平島上設有一座設備齊全的醫療站，一般傷痛疾病均可在此得到妥善醫療，開刀房並有冷氣設備。

若遇嚴重急性病症，當地醫療設施不足以解決問題時，島上指揮部立刻打電報通知台灣本島速派軍艦前往救助，以確保生命健康無虞。島上設有發電廠，全島電纜地下化已可供電，故有電視錄影機及電風扇、電冰箱及冷凍庫等。

　　氣象站為一正方形三層樓房。一九六〇年十月建成，為紀念一九五六年率領海軍特遣部隊巡弋南海各群島的黎玉璽將軍，取名「玉璽樓」。高空氣象自動測報系統，每天播報海洋及高空天候四次，對飛航南海地區的飛機及船隻咸稱便利。此外，政府更大力開發完成南沙群島遙測多光譜衛星影像圖及衛星通訊系統等。

　　太平島上現有公路三條，最長的一條為中山路，東西縱貫，全島為一長達三公里的水泥路。另一條為南疆路，南北橫貫，長一點二公里，用磷酸礦塊堆砌而成。此外，尚有一條環島公路，沿海岸環繞全島，為沙石路面，全程步行約四十五分鐘。此外島上有：永清堡：為紀念桂永清上將派揚威支隊於一九四六年十二月十二日進駐太平島而建，一旁立有一碑刻：「太平艦到此」字樣。觀音堂：一九五九年由國軍建築，內供奉由台灣「割火」的千手觀音，六十一年曾重修，是島上官兵精神寄託之一。郭純直墓與黃郁堂墓：郭墓據說是中國船醫郭純直病死於此島，墓碑為其子孫所立；黃墓可能係近代漁民墓；皆具有歷史存證價值。土地公廟：祀土地公，亦具有安定人心的作用。

　　「新南群島漁港設施地碑」：高約五十公分，為日本人所立，可作為日本侵佔南沙之證據。

　　日本人曾在太平島上築有可駐陸戰隊一團的鋼筋建築物，太平島珊瑚礁盤上闢有港口，並有約百公尺的防波堤，小火輪可以碰

泊，堤上還有輕便鐵道直達島的腹心。

由於所在深入南沙，為南海航線必經之地，亦為馬尼拉、新加坡、香港航線交匯的樞紐。在第二次世界大戰期間，日軍在此建築要塞、軍械庫、補給站與潛水艇基地。日軍佔據之後曾在島上修建一小型飛機場，跑道長僅一千公尺，利用其距菲、越、印尼（婆羅洲）三國均等的位置，曾發揮極大戰果。島上有小型港口，另有一防波堤道，堤上有輕便鐵道直達島腹心。堤長五十公尺，可供小火輪碇泊及登陸艇登陸之用，當時島上有六口水井，並有無數貯水池。淡水水量充裕，為各島之冠，日本人侵佔後曾派遣三百人在島上擔任建設及生產工作，在島東修有兩層樓馬蹄形的鋼筋水泥建築物一座，可駐紮海軍陸戰隊一團的兵力，島南係日本民營漁業公司所建的水泥曬魚場和藏魚庫，水電設備完善，後經盟軍轟炸破壞。

島東原日軍墳場附近建有「觀音亭」，相傳此處常有鬼魂出沒，鬼話頻傳，謂有夜見日籍女理髮師的來兜生意者，繪聲繪影。一九五九年，駐軍指揮官將其隨身攜帶的千手觀音建亭供奉，據說從此島上不再有與鬼魂相遇之說。一九七二年，駐軍指揮官劉鴻魁中校鑒於觀音亭年久失修，便著手整建，於同年八月十五日完成，並在此亭入口處另建一亭碑留誌，現四周花木成林，香火鼎盛。許多年以來，駐過南沙的官兵回台灣以後，太太一定幫他生男，屢試不爽。因此，在太平島時，莫忘拜望南海觀世音，有求必應，甚靈。

一九四六年，中華民國海軍自日本手中收復南沙後，重建營舍，設南沙群島管理處，營區廣場建有「中山樓」，第二層水泥建築是南沙守備區指揮部所在。並修築海軍設施，包括七層的觀測高

塔、氣象台、雷達、無線電台、碉堡、圖書館、禮堂、活動中心、娛樂中心及一些紀念性建築物等。此外，政府更大力開發分別完成多項重要的軟體設備，如：南沙群島遙測多光譜衛星影像圖、高空氣象自動測報系統及衛星通訊系統等。並在太平島中央司令台東側豎立了兩塊刻有「中華民國」國名及青天白日國徽的紀念國碑。國碑正面書「衛我南疆」四字，為南沙最具歷史價值的精神標語，另增鑿水井八口，使島上水井總數達到十四口，以確保淡水的供應無缺。當每年漁季十一月至翌年四月，中國漁民通常前往南沙地區捕魚，並在此島休息，取得淡水供應及修補漁船。

　　在氣候方面，因南沙群島位於南洋的中心，整個南沙群島全在南、北迴歸線之內，全屬熱帶氣候範圍，氣溫大約在 25℃，日夜溫差大約 10℃；雨量充沛，年約 1,800～2,200 公釐，每年 5～9 月是雨季；又因接近赤道無風地帶，很少受颱風侵襲。

　　太平島上滿覆熱帶喬木，間雜著香蕉樹及高聳的椰子樹、野芒果樹、木瓜樹，樹多形成密林，林外亦多灌木、雜草，野花，成為當地船隻航行最遠眺望的美好標幟，自上空鳥瞰，太平島就像是一大片藍色天鵝絨上陳列著一塊扁圓形的綠色翡翠硬玉。這裡沒有都市空氣與水源的污染及車禍等問題。島上現有各類菜蔬園圃面積九千坪，七至十二月為盛產期。

　　島的南側建有兩座棧橋，偏西的一座是目前正在使用的，靠東的一座廢棄多時，橋面已塌落，只留下橋墩。兩座棧橋突出海岸約二百公尺，棧橋間建有一座碼頭，可惜不能接觸到礁盤邊較深水域，船隻泊靠不便。

　　這一長列延伸到海中央的匚字型結構物，就是舊碼頭的的橋

墩。原本覆蓋其上的平台早已沖毀流失，袛賸下橋墩屹立不搖。歲月的侵蝕，使這些巨大的水泥柱竟然散發出類似古希臘神廟的歷史況味。

交通上唯一對外聯繫的管道是船運，但由於運卸貨的棧橋碼頭早已遭海浪侵蝕毀損。就連余政憲登島，軍艦都還只能停靠在約一海浬外的礁盤外，在大浪中依靠小艇在浪頭上顛簸接駁上岸，海象惡劣時可以說是險象環生。

島上官兵說，曾經發生過運補船停泊在島外側，連續三天卻都無法停靠卸貨的事情，而為了閃避海中暗礁，連官兵駕船都得小心翼翼，因為「不時會有新的硬化礁岩產生。」目前太平島僅依賴每半年，約十一月、四月各一次的大型物資運補，其餘小型物資或信件傳遞，則由海巡署與漁船簽約運送。

一九四五年日本戰敗投降。一九四六年十二月，國民政府派軍駐守太平、中業、永興、中建等艦，抵達南海諸島，設立「西沙群島管理處」、「南沙群島管理處」，此一南沙群島的主島，派官兵五十九人進駐，遂以太平二字為此島命名。一九四七年十二月一日，內政部正式核定各島名稱，並將東沙、中沙、西沙、南沙等群島歸劃廣東省政府管轄。一九四九年六月六日，南沙群島改隸海南特別區，由海軍立有國碑，並設立氣象台無線電台，從事氣象測報履行國際義務，一九五〇年，國軍撤離海南島，太平島駐軍亦曾一度徹守，後因菲、越、馬來西亞等國政府對此群島有妄作主權所屬之言行。國民政府為維護領土主權完整，除向國際宣告外，並於一九五六年，由海軍設立「南沙守備區」，派艦南巡，並再派部隊駐守，同時恢復氣象台作業。現島上設有氣象觀測站、發電廠、漁產

資源調查站、碼頭及完善之道路網。

一九八〇年，中國版圖最南端的地方自治機構宣布成立。

名稱：「中華民國南沙地區國民自治會議」成立時間、地點：一九八〇年九月，太平島太平漁村。成員：十二人，台灣省水產試驗所八人，退輔會南海開發所二人，中油公司二人，當時戶籍均已自台灣遷往南沙的太平島太平漁村。

太平島有居民的事實，已隨著世界人口普查正式進入聯合國資料檔中。太平島的首批落籍居民成立「南沙地區國自治會議」，戚桐欣也是首任自治會議主席。自治會議成立後，島上「老百姓」十二人，理所當然採行「直接民主」，每年都鄭重其事召開大會，太平島上的指揮官與政戰官也都出席了解「民意」。大會召開了三屆後停擺，因為島上居民為了投票權與「被拉票權」紛紛遷籍回台。唯獨戚桐欣頂著自治會議主席的頭銜，始終不改其志。

有關當局曾研議將南沙委由高雄市代管，考慮成立區公所，將之正式納入行政體系。惟因各種因素，迄目前為止，仍暫由國防部代管。一九九〇年一月十二日，內政部繼一九八九年六月三十日於東沙島立國界碑後，亦在太平島上立國界碑，以示主權所屬。

南沙太平島與台灣本島間國內長途電話，於一九九五年十月三十日通話了，台灣與南沙間直撥電話通話除大幅減少軍事及氣象在通訊上的不便，紓解服役官兵思鄉之情，更重要的是宣示著我國對南沙群島的主權。南沙到台灣本島的電話是透過衛星傳送到高雄的南區電信管理局，再轉上本島的通訊光纖網路，接通到每一個用戶家中，由於經過多次轉接，發、收話間出現零點八秒的時間差。

由於南沙群島目前除了駐軍及氣象人員或臨時前往補給的漁民

外，無固定的居民，為了表達對官兵戍守前線的崇高敬意，電信總局指出，雖然通話距離超過一千三百公里，原應按照超過一百四十公里地區的最高級話費收取，但都以獨立的話價區收費，區域號碼為「0827」，使用一般電話撥號每日上午七時到二十三時為每分鐘三元，其他時段每分鐘一點七元，以公共電話撥接則正常時段每一元通話十五秒，其他時段每一元通話二十秒。南沙太平島電信建設，一九九一年十月規劃，工程由南區電信管理局與長途電信局共同辦理，一九九四年四月電信總局與軍方相關人員前往太平島作實地勘查，並開始設計、選料，一九九五年四月正式前往太平島施工，目前南沙太平島到高雄間，初期建設八路音頻電話，分別裝設軍方獨用電話兩部、卡式公用電話五部及機房測試用電話一部。電信網路由南沙經衛星電路、光纖電路連接至十全市話局構成。

太平島上雖然有一間「南沙醫院」，但只有一名醫師、一名醫官和三名醫務兵，無法提供緊急重大傷病照護。若要將病患後送治療，通報後至少要等四十七到五十六個小時，救護船才能抵達太平島，緩不濟急。

因此，海巡署規劃的建設項目，包括「興建碼頭」、「修繕官舍」、「開發太陽能利用」、「島東保育」與「建設雷達站瞭望台」等軟硬體設施更新，初步估算約需新台幣兩億元經費（約合六千萬美元）。

太平島上官舍建築是海砂構造，許多都已殘破不堪，常常出現漏水、龜裂現象，極需撥款進行興建與繕修工程。另外，提供漁民服務是海巡署重要功能之一」，但島上服務所只能容納十人休憩，相當簡陋。

　　常有人提到太平島上的南海風光遠勝墾丁，即使與舉世聞名的度假潛水場馬爾地夫相比，太平島的海岸景觀多元，包括沙岸、礁岸與海草海岸，也還要更勝一籌。太平島靜靜吐露它成為馬爾地夫的潛力。然而，島小，無居民與缺乏鄰近離島配合，也是此地發展觀光的弱點。太平島上現有南沙群島中唯一一口淡水井，電力則依靠柴油發電，供給官兵還不成問題，若要發展觀光，只有仿效馬爾地夫旅館一般自備發電設備與海水淡化設備的做法。

　　台灣每年前往馬爾地夫渡假的估計約有一兩萬人之多，日後太平島若跑道築成，以國內航線計算，將有潛力以少於馬爾地夫三分之一以上的價格發展為離島觀光點。

　　然而，開發太平島，豈只是觀光的理由而已。

　　南海海域蘊藏的石油與其它未知礦藏恐怕才是週邊國家虎視眈眈，相互監控，甚至不惜動武的主要理由。遙遠的太平島，是否也會因各國的覬覦而演出台灣的福克蘭事件？

　　一九八二年的福克蘭戰爭點出了太平島的潛在危機，因為兩者都還算遠離祖國的領土，更讓台灣警惕，如何去扮演高唱凱歌的英國？

　　台灣與南沙一千六百公里的遙遠距離，及現行海、空軍裝備的效能，是現行南海防衛的基本困難。但是衡諸事實，英國境，在福克蘭島爭奪戰中軍能橫越一萬四千四百公里，空間能從中繼站亞松森島，以十二架空中加油機支援一架火神式焱炸機，來回穿越一萬四千公里直接轟炸史坦利港的成功史實，所展的早已超越科技武器裝備性能，而將英國海、空軍戰略、戰術、訓練等推至登峰造極之境。因此，今天我們在面對如何將海、空軍實力延伸至南沙的問題

上，固然有其現實困難處，但是比之英國，我們還只是小巫見大巫吧。

在南沙防衛上，嚇阻應是一項可行的戰略指導，但是卻需以實力為後盾。

熟悉太平島形勢的退役將軍指出，太平島小，闢建跑道固然可以大幅縮短補給時間，卻未必能保證守得住。如果刻意攻取，太平島可能守不過一日，而環南海諸國忌憚兩岸聯手，料想也不會先動干戈。從軍事的角度看，闢建跑道雖然戰略意義不大，但卻可以擴充我監視南沙的範圍。

更何況，保有太平島還可維護台灣在南海方交通線與漁場。換言之，保有太平島實乃保有台灣在南海問題上的發言權，沒有了太平島，台灣將自此失去南沙的主權。

南海周邊諸國以先佔擁有權來合理化自己強佔島嶼的行為，其間更有區域外的澳洲提議以南極模式來處理南沙問題。南極模式是以無人擁有為前提，以一定期限開放世界各國實驗、探勘之後再討論決定其主權歸屬。以上兩種情況都對台灣不利，加緊經營太平島，使之在軍事守備之外也有相當的居民活動應該比武力的宣誓更切合當今的環境。

宣示南沙主權、規劃太平島的未來，最迫切的要求，不外未改善交通、居住等軟體和硬體設施。拉法葉艦的性能一流，最適合當作往返高雄港與太平島之間的運輸工具，但一艘法拉葉艦高達新台幣一百五十億元的（十億美元）的昂貴造價，令人咋舌。

太平島目前最急切需要改善的是交通建設，島上西南與東南方的兩座棧橋都已損毀，不論是每年四月、十一月的例行軍艦運補，

或每廿天一次的商船運補，都必須停在距離島嶼相當遠的地方，再以膠筏慢慢運送到島上，有時候光是一次卸貨就要耗上三天功夫，十分不便。

近年來南海周邊國家處心積慮經營南沙島礁，根據非正式的資料，越南在南威島上就有二百人駐守並維修其已築成的碼頭與跑道。不過，軍事專家也估計，台灣在太平島經營多年前的軍備應該僅次於在西沙永興島有戰鬥機跑道與在南沙永暑礁上設有潛艇補給站。太平島真正的缺憾是：距離遠，補給線長，孤懸南海中，四周又分有菲律賓、越南、甚至馬來西亞所佔的島礁環伺。處於各國軍機航程和大砲射程內的太平島，確有前後無援易攻難守的困境。

太平島距台灣一千六百公里，約五倍於台北到高雄的距離。早些年，島上除了漁民之外，就只有補給船一年三節到訪，後來補給船改為一個月一班，但漁民則已不去。

至於身繫補給重任的航艦每每是戰戰兢兢地進行每月一次的「危險之旅」。太平島附近看似風平浪靜，但實則各國暗自鴨子划水。除了補給船之外，台灣海軍軍艦每半年巡航太平島一次，由於太平島礁盤廣闊，島上尚無港口，軍艦只能遙停外海，依靠快艇接駁。

快艇是太平島唯一的海上交通工具，但除補給卸貨外，平時備而不用。島上官兵通常只在岸上驅離闖入六浬之內的外籍漁船，並不出海巡邏。太平島的未來，除了目前每月一班的補給船之外，一座機場跑道和相繼而來的經濟活動，是否可能因此塑造出完全不同的明天？

太平島上究竟適不適合興建機場？政治環境可能遠比自然條件

複雜。

　　台灣雖在一九八九年在南沙太平島建碑，宣示主權，但在戰略地位及石油礦藏的雙重誘因下，南海周邊國家，在這些年已經悄悄占領南沙其他小島，數十個較大島礁無論是否適合人居，全被瓜分一空。

　　南沙諸島比鄰環布，台灣在太平島上建機場，立即面臨的考驗就是航路與空域問題，南海諸國在利益考量下，一定會全力阻撓台灣飛機通過其「領空」，而在主權維護意識之下，很可能連太平島上起飛、降落都遭遇「入侵他人空域」的困擾，更遑論航程中所經過的地區和國家。

　　中國開發南海，已在西沙建機場作為根據地；台灣在東沙雖有機場，但距離太平島有一千公里以上的距離。太平島距離高雄大約一千六百公里，一般的中小型飛機根本沒有一次飛越的能力，即使在東沙島上中途降落、加油，也很難克服此一困難。

　　初步評估認為，太平島上不可能建中大型機場，也不可能起降百人座以上的飛機，因此，未來太平島可能成為大飛機降不了、小飛機飛不到的一個「鞭長莫及」的航點。

　　太平島上的自然條件究竟適不適合建機場，目前無定論，而觀光資源及石油礦藏的開發也都不確定，而在國際局勢複雜，暗藏危礁的情況下，台灣要在太平島上花費鉅資興建機場，一般認定應審慎行事。

　　根據太平島的自然地形闢建長約一千公尺長的跑道，包括建築、土木與助航設施三項，內政部估計經費約數十億。相當於在台北市蓋一座二十層的大樓或一座可消化九百噸垃圾的焚化爐。如果

不看立即的投資報酬，而著眼於長期的政治、經濟利益，則在政府財政許可之下，應可著手興建。

　　此外台北交通部民航局也已經初步完成在南沙群島的太平島上興建機場的規劃，根據民航局的規劃指出，政府未來可以依照當地風向及未來經營的客機機型，考慮在太平島興建一條兩千公尺長的東西向跑道，根據粗略的預估，興建機場總經費約需新台幣三十七億餘元，相當於一億多美元。

　　民航局指出，由於未能實地會勘太平島的地形地質，且未取得太平島的氣象水文資料，因此無法確定未來太平島跑道的方向，但依照日本衛星照片攝得中國在西沙群島所建的南北向跑道方向研判，該地的風向所適合的跑道方向應該為南北向。

　　而根據太平島的地形研判，要興建南北向的機場跑道，其長度最多約一千公尺，只能供目前飛航綠島、蘭嶼的二十二人座多尼爾二二八型小客機起降，但多尼爾客機的續航力有限，油料補給可有困難，如果要興建一條可以供 ATR-72 型七十人座的客機起的跑道，則可能要考慮在太平島上興建一條兩千公尺長的東西向跑道。

　　根據民航局的規劃指出，如果台灣決定在太平島興建機場，包括跑道、道路、停機坪、海堤、塔台、候機室、氣象及助導航設施等經費大約要花新台幣近三十八億元，這不包括把建材、器具從台灣本島運到太平島的運輸成本。

　　然而，太平島畢竟太遠，這座小島是否可能在跑道修好後落入「敵手」，恐怕誰也不敢打包票。正負面並存也許正是興建跑道案一九九二年內政部即初步議定卻始終一無下文的因。在野黨以政府有無捍衛太平島的決心做為支持興建跑道與否的根據，看來也將是

太平島有無機會成為台灣馬爾地夫的重要變數。

在太平島興建跑道的困難可能還有國際抗議與施工、飛航條件兩項。前者由於台灣並非始作俑者,料想問題不大。但為減少疑慮及阻力,興建跑道以一千公尺左右,刺激性較小的短跑道為宜。一千多公尺跑道可滿足 C-130 型運輸機起降需要。C-130 是台灣現有機種中滿載航程唯一足以往返台灣與太平島之間的飛機,在太平島初步開發之時,應該是不錯的選擇。在飛航上如能商得菲國飛航識別區協助導航,未來台-太間之空中交通將可真正發揮作用。

南沙太平島距台灣過遠,戰機無法提供護航,所以空運機不能前往空投運補。太平島距台灣近九百浬,然 C-130 運輸機可飛達空投,但無戰機護航,目前空軍還沒有作這種任務。至於長程水上飛機,也需要長程護航兵力才可行,而台灣戰機作戰半徑到不了南沙。台灣海軍半年一度例行南沙運補,支隊由兩艘陽字號驅逐艦及一艘中字號登陸艦編成,海軍雖半年一次例行運補南沙,但並不固定在某個月分前往,且有時佐以租用商船進行,台灣海軍實力雖位居世界前茅,但不會在南海問題上,太露鋒芒,一是不必要提升緊張程度,二是不要影響台灣漁民在東南亞作業。

二、中業島

舊名帝都島,英文名 Thitu Island,日人稱三角島,菲名為巴格沙(Pagasa),意為希望之島,為菲國所宣稱的卡拉揚群島的首府。位於北緯十一度〇二分卅秒,東經一一四度十六分五十秒,為一低窪沙島,中業島距巴拉望約二七七哩,距越南金蘭灣約三一一哩。島長一點六公里,寬六二五公尺,面積約二十二公頃。礁石自

該島之西延伸約二公里，海拔三·四公尺，形為三角，於島之西南方，可覓得優良的錨位，水深約七六公尺。島上有水井一個，亦有香蕉、椰子樹及高約三公尺的灌木，昔日無人居住，為中國漁民補給淡水之所。

中國於一九四六年十二月九日派太平號、中業號、永興號和重慶號四艘艦艇前往西沙群島和南沙群島接收並測繪詳圖，同時即以艦名命名當時我國漁民稱呼的鐵峙或鐵島為中業島。英文稱中業島為 Thitu，即鐵島的音譯。

菲國從一九七一年七月起至一九七八年連續出兵佔領南沙群島中的中業島、馬歡島、費信島、西月島、北子礁、南鑰島、楊信沙洲等七個島礁。一九七二年四月，菲國將其佔領的南沙島礁併為巴拉省之一部分，稱之為卡拉揚群島（Kalayaan）（指自由之地），成為一個市鎮的行政單位。

島上建有機場長跑道約一千七百公尺，因此一部分跑道是延伸到海中，由填海而成。

島上有海軍、陸軍和警察的建物，房舍不高，形成一個小聚落。島上雖有民房數間，但並無平民。據該市市長波里卡畢（Gill Policarpie）之說法，島上有一百四十名選民，但平常都住在巴拉望島。在五月十四日舉行國會及地方選舉時，選民才臨時來島上投票。

島上基礎設施不足，房舍老舊，因此菲國招募工人在中業島上修築防禦工事，裝置一台一二五千伏特的發電機，修理營房、道路、建造發電廠房、安裝電線柱、建造一艘玻璃纖維船、修理房舍周圍的籬笆。菲國並撥出一億七千八百萬批索在其佔領的其他六個

島礁上建燈塔。

　　由於當地季節的關係，在每年一月到四月當天氣較穩定，以及附近海中盛產龍蝦時，才有漁民前來該島作業。其他時間則很少到該島。島上沒有女性和小孩，是一純男人的天堂島。

　　一九九三年菲國在該島建一座燈塔，跑道已年久失修，只能供小型飛機起降，從該島到巴拉望約二小時半航程，坐船要三天。目前中業島的機場已成為菲國空投補給品到其他菲國佔領的六個小島的基地。菲國已在島上整修機場跑道，進駐戰鬥機。

　　島上有駐軍約八十人，每六個月換防一次。島上配置有老舊的坦克車及機關槍，菲國於一九九五年三月通過國防現代化計畫，其中有一部分經費將用來加強巡邏南沙海域所需的海空軍。

　　菲國為了滿足國際法上的有效佔領原則，在中業島上進行投票選舉，顯示菲國民事行政管轄權已在該島實施。但誠如上述，這不過是種假象，因為平常時期居民並不住在島上，而是在投票時才臨時來應景的。菲國這種作法是難以取得國際法上的「取得領土」的法理基礎的，它的侵略事實是難以消除的。

　　一九九五年五月，菲律賓國防部安排三十八名菲國及外國記者前往南沙群島的美濟礁了解情況，同時也安排這批記者到中業島觀察在島上舉行的國會及地方選舉的投票情形，而使得菲國與中國之間出現緊張關係。中業島的情況亦再度受到關注。

三、南威島

　　西名史巴特島（Spratley Islsnd），亦稱「暴風雨島」，在第二次世界大戰期間曾經日人建設為海軍基地。中華民國接收時改為南威

島，寓威震南海之意。島面低下，面積一四七、八四〇平方公尺，海拔二點八公尺。島上無樹木，無水井，亦無居民，為一不毛之地，但磷礦豐富，鳥卵遍地，龜鱉成群，尤以六、七月間為最多。

四、西月島

英文名 West York Island，日人稱西青島，位於北緯一一度〇七分，東經一一五度〇二分卅秒，面積島長一公里，寬半公里，共一三八、四〇〇平方公尺。島上常有中國漁民居住，有小廟一間，墳墓三座，舊式砲一門及沉破船隻的遺物，有水井一個，椰子樹數株，鳥糞不多，但盛產龜、海參、螺類。一九〇五年有艦隻沉沒於該島附近。

五、雙子礁

包括南子礁與北子礁，又稱北危島，西名 North Danger，日人稱「北二子島」或「北險礁」，位於南沙群島最北端及中業島之北約卅五至五十二公里處，面積長約十六公里，寬八點三公里。兩礁遙遙相對中隔約五千公尺，此二島連同尚在水面以下的東北礁，三個礁盤彼此延伸得差不多連成一個大圈兒，中間則是數百尺深的平靜碧綠的海面，但在東、南，西、北四方面，卻各有一個狹隘的深水道，可供船隻出入，北礁茂密的熱帶灌木，高達約十公尺；南礁則全屬稀疏的椰林，但樹頂散發的長葉和纍纍滿樹的椰實，則又密密的接連在一起。西北端昔日中華民國海軍建立的十五公尺高的雷達反射鐵塔，矗然獨立，更增幽美景色。當艦船停泊南北二子礁之間，水天一色，近樹遠波，宛如置身夏威夷。島上有水井一口，蔓

草及灌木樹頗盛，並產海參、貝類。雙子礁周圍有極具危險的破波礁，島外水深一八〇公尺以上。

六、鴻庥島

西名 Namyit Island，日人稱「南小島」或南依島，位於北緯一〇〇度〇二分，東經一一四度二一分四二秒，在太平島正南，相距二二公里，海拔六‧二公尺，為南沙群島中海拔最高者，面積七五二〇〇平方公尺，島長六百公尺，寬二百公尺，周圍以礁石伸向兩邊約二公里，島上小樹叢生，灌木茂盛，但無水井，亦無居民。

七、道明群礁

西名 Loaita Bank，亦稱賴德島，日人稱「中小島」，位於北緯一〇度四〇分四六秒，東經一一四度二四分五四秒，海拔二公尺，為南沙群島中海拔最低者，島的直徑二百公尺，面積六二、七〇〇平方公尺。島上小樹叢生，灌木茂盛，無水井亦無居民，一如鴻庥島。

八、安波沙洲

西名 Amboyna Cay，日人稱「丸島」，位於北緯七度五〇分，東經一一二度五五分，海拔二‧八公尺，面積一五八四〇平方公尺，為南沙群島中最小之島。島面滿積鳥糞，島上無水井，但有石子及珊瑚堆砌而成之小屋，足證曾有人居住過。並曾有外輪駐此避風，在島的東北寄碇該處水深約九公尺，沿岸其他地區，陡峭峻巖，波濤拍岸甚猛。

九、敦謙沙洲

又名沙島，英文名 Sandy Cay，日人稱「北小島」，位於北緯一○度二二分五○秒，東經一一四度二八分三六秒，島的直徑四百公尺，島上白桃樹生長頗為茂盛，樹木最高者達五公尺，島的北邊水深七‧四公尺，敦謙沙洲與圓礁的水道，水深十三至十八公尺，為一良好錨位。

十、永興南島

亦稱武德島、林島、多樹島、巴島，英文名 Woody Island，日人稱「南二子島」，位於北緯一一度二五分五○秒，東經一一四度一九分三五秒，海拔四‧六公尺，面積一二五、四○○平方公尺。島上綠草成茵，盛產海參、貝類，鳥糞堆積約數千噸，雖無水井，卻為中國漁民常往之地。另有永興北島，有水井，二島相距約二公里，為姊妹島，日人曾在此二島挖掘鳥糞，運返日本。

第五章　南海諸群島在現在及未來的價值

一、在地略及海空航運交通上的價值

　　南海位於太平洋通往印度洋之間，是重要的國際航道，亦是極具戰略重要性的水路要衝，往來貨運在全球海洋貨運中佔百分之二十五。此外，也是美國和其他國家間，尤其情勢緊急時，海軍艦艇重要航線的必經之地。

　　自波斯灣的石油經由麻六甲海峽運往日本、香港、台灣、韓國必經南海，所以南海對日本、東南亞國家以及亞洲新興工業國家具有極重要的戰略位置，也是這些國家經濟發展的生命線。日本每年進口約一千八百萬桶石油，百分之七十來自中東的石油必經南海運往日本。據統計，每日通過南海的船隻多達二百七十艘，任何對此航道的中斷與阻撓行動必使日本經濟陷於癱瘓。在南海附近區域中有若干重要海峽如麻六甲海峽、龍目海峽、巽他海峽、新加坡海峽，其中尤以麻六甲海峽最重要，每年約有四萬艘船次通過該海峽，其中包括八千艘油輪及海軍船隻，平均每天約有一百五十艘次的船經過該海峽。超過二萬噸大型油輪則借道印尼的龍目海峽及巽

他海峽，自麻六甲海峽東行可行駛二條航線之一：一條是沿中南半島外海北上，由雙子島北折經中沙群島之東而趨香港；另一條是經龍目海峽北上，再經錫江海峽、西里伯斯海、菲律賓東海岸到日本。

歷史上，南海的航路是沿著中國東南沿海至中南半島沿岸的港口，再轉往印尼的雅加達、萬丹、巨港、泗水、新加坡和麻六甲。近代以來，航行路線大抵不變，但因船隻噸位增大，所以改航行較深海域，目前船隻都行經中南半島至南沙群島之間的海域，再經南沙群島和西沙群島之間的海域往北至香港，或往東北經巴布煙海峽或巴士海峽，沿著台灣東海岸到日本。另一條航路是經印尼的龍目海峽北上，再經錫江海峽、西里伯斯海，沿著菲國東海岸到台灣或日本。

南沙群島位於東南亞地區的腹地，是周邊國家進入南太平和印度洋的海上咽喉，南沙地區礁灘暗沙星羅棋布，不適於航行，除非有特殊需要及瞭解該一地區海域情形，才會行經該地區，否則一般商船都是行經上述第一條航路。因此南沙島礁的爭端地區，因距前述第一條航路還有一段距離，不致會影響在第一條航路的船隻自由通行權，除非戰爭國擴大戰區，針對對沿岸國進行物資運送的外國船隻採取扣捕或封鎖行動。

前述的第一條航路是目前主要的國際航路，各國船艦都可自由通行，此已形成國際間的一種共識，沿岸國若欲制定法律限制他國船艦通行，將引起國際糾紛。其情形一如麻六甲海峽和龍目海峽，印尼、新加坡和馬來西亞都不能片面制定一項法律，禁止他國船隻通行。因為即使海洋法公約賦予沿岸國擁有領海及專屬經濟區的權

利，但也應尊重船隻通行國際航路的權利。

　　南中國海自海運發達以後成了南洋及歐亞航線的要衝，新加坡、香港、馬尼拉間的航線，其西線（主要航線），即經南沙雙子礁之西與越南之間，而北航香港；東線則經南沙雙子礁與菲律賓之間，折經中沙之東而達新加坡，成了兩條南北幹線，西線以直而捷，輪帆接踵。赴馬尼拉的航線，亦經雙子礁而後折轉東行，是以南沙這個往昔被稱為鰹島之鄉的群島，實處於港、新、菲航線的交點，而南沙西側各島以居西線路邊，點滴礁石都成了淡水與燃料的供應站，遇風可作避難所，第二次世界大戰期中成了兵家必爭之地。

　　此外，海洋法公約的規定亦值得重視。根據一九八二年海洋法公約的有關規定，群島國家的群島地區海域或沿岸國宣佈二百浬專屬經濟區的海域，不得禁止他國船隻自由通行，外國船隻享有「無害通過權」。當然有些國家特別對軍艦有所限制，例如「無害通過」時不得舉行演習、不得拆下炮衣、艦上飛機不得舉行演習起飛、事前需知會沿岸國等規定。就此而言，國際船隻「無害通過」南海航路應受到國際法的保障。

　　自一九九五年於三月發生菲律賓和中國對美濟礁的爭執後，南海地區的航行自由權受到國際的關注，當時關切的焦點是一旦發生軍事衝突，不能影響川行該一水域的國際船隻的自由航行權，而未注意到平時的海域管制問題。美國眾議員班傑明·吉爾曼呼籲，為了美國和其他盟國的利益，美國眾議院應當宣佈各國在南海有「通行權」。五月十日，美國國國防部主管國際安全事務的助理防長奈爾（Josephy Nye）發表強烈談話，他說「中國的蠶食兼併（creeping annexations）是不能容忍的。」五月十一日，美國國務院發言人雪萊亦發表聲明說：「維持南海的航行自由，是美國的基本利益。船艦在南海無阻礙的通行，是整個亞太地區，包括美國的和平繁榮的基礎。」

新加坡總理吳作棟於一九九五年五月十一日訪問北京及資政李光耀於五月十二日都提到南沙問題，二人都認為應同時並重南沙領土主權和海空航道主權，且二者應分開解決。李光耀認為南沙的衝突不應該影響各國船艦在該一地區的通行自由。

在空運方面，凡航經南中國海的飛機，亦均經過南沙群島上空。從理論上言，佔有南沙，即可直接或間接控制由麻六甲海峽至日本，由新加坡至香港及由廣東至馬尼拉的海空要道。

二、在軍事及戰略上的價值

南沙群島位於南海中央部份，在島礁數量上為南海四群島之冠，面積亦遠較其他三群島為廣。如以南沙群島最南端的曾母暗沙以西東徑一百度及北緯五度的交點作為輪軸，以二千公里為半徑作圓，則南洋各國，除緬甸外，盡入範圍。由這個輪軸依時針方向所幅射出去的國家，南沙之東有菲律賓，南有印尼及東印度群島，西南有馬來西亞，西有越、泰、緬等國，北屬中國大陸海南島，東北則為台灣，周瞻遠矚，不啻位於各大勢力的中心，在軍略上有重大的價值。其中有些島嶼有安靜的海灣，可作魚雷潛艦的根據地。英國人稱南沙群島為「防衛三角」的中心，原因是南沙正處於新加坡、香港及達爾文這一三角地帶的中心。從戰略的角度而言，南沙是東南亞的心臟地帶，誰控制了南沙，誰就控制了南太平洋與麻六

甲海峽，也就可以進而控制其他地區。尤其從「太平洋是二十一世紀的海洋」這一層面去看時，其重要性益顯突出。

南沙群島可以用作軍事作業的跳板。第二次世界大戰，日本亦曾經利用太平島，攻擊菲律賓、荷屬印度尼西亞與馬來西亞。同樣地，美國亦曾利用南沙群島，作為攻擊日本舶船的秘密潛艇基地。

日本人亦認為南沙群島為南洋的心臟。《南支那年鑑》上說：「若利用『新南群島』（南沙群島）為軍事據點，則東京灣法國『極之東艦隊』必陷於孤立，更由於日軍攻陷廣東而佔據海南島後，英國勢力不能不自香港退出至新加坡。若日軍佔據『新南群島』後發揮其『無敵艦隊』的威力，則法國的『東洋艦隊』即成甕中之鱉，且對後退至新加坡的英國艦隊亦將予絕大威脅。……於是日本乃可完全確立太平洋之制霸權」。日本人對南沙群島軍事及戰略上的價值估計是如此。中國若能將南沙建設為一海軍基地，戰時據之可為海軍補給站及情報前哨。任何國家的海軍，如欲在南海作不利於中國的活動，中國駐軍可迅速佈署制敵於機先，展開反擊行動。使中國南海恢復為中國的內海。

英國人和日本人差不多，認為南沙群島是「防衛三角」的中心，他們引據日本的「南支那年鑑」說：「南沙正處於新加坡、香港和達爾文港這一三角形地帶的中心上。」

美國柏克萊加州大學教授詹姆斯葛瑞格，在為華盛頓傳統基金會所作的研究報告中說：「在一九七〇年代，東南亞，尤其是南海的情勢日益緊張，南海為東北亞的主要貿易國家以及為蘇俄對在其遠東各省的軍事基地進行軍事再補給的船隻，提供了航運通道。」

這些船隻所通過的航道，駛經重要的咽喉地帶；一旦進入戰

時，則可以水雷和海岸防禦加以封閉。對南沙這個衝要地帶和水道的控制，端視乎由誰擁有南海的這些島嶼和礁灘。

這些島礁的戰略價值，嚴格說來，在天然條件下受下列限制：㈠因各島的分散不相連貫，面積窄狹，既無良好港灣可以泊船，復無高山可以障風。㈡沿海礁盤，近則太淺，遠又太深，很難找到良好錨地。㈢各島海拔過低，難於瞭望，尤以天氣惡劣或多霧時為甚。㈣礁灘暗伏，航行方向難擇，加以氣候變化無常，水流常以風向而定。對中國大陸和台灣而言，南沙群島孤懸遠海，交通連絡補給，均感不便。以現代軍事戰略家的眼光來看，由於按鈕戰爭及太空戰爭時代的來臨，核子武器及衛星監視系統的發展，這些島嶼的戰略價值相對減低。

雖然如此，惟一般仍認為佔據這些島嶼作基地，即可就地監視及攔截通過此一地區的艦機。基於此一考慮，中國在西沙駐有強勁的海軍守備部隊，而菲、越亦不惜冒犯中國主權，派兵侵佔南沙群島中部份島嶼。

總之，群島的地略位置及海域的礦藏是構成南沙群島戰略價值的重要因素，也是有關國家提出對此海域主權要求的主要導因。有了此等導因，再加上其他政治敵對因素，問題便變為非常複雜化，此地區的爭端極易昇高，不獨侵佔南沙主權的菲、越造成與中國對峙，馬來西亞、印尼、日本等國也屢圖染指，彼等一旦參與，衝突便會更形擴大。當一九七四年越南向中國挑釁發生熱戰前後及海空戰正激烈進行之際，強大的蘇俄太平洋艦隊，虎視眈眈，出現在中國南海，以威脅往返於海南島至西沙群島之間的中國海空軍，即為明顯的例證。簡而言之，俄國對越南的幕後支持及對中國的監視，

與美國在菲海的權益，都可能引發超級強權的正面衝突，使此一地區的均勢發生重大變遷。

三、在經濟上的價值

㈠在漁業資源方面

　　南海諸群島周圍海域的熱帶海洋資源非常豐富。南中國海總面積達五百萬平方公里，五十公尺以內的海域面積約有二十萬平方公里，雖已開發；但五十～五百公尺之海域約佔二十六萬平方公里，絕大部份尚未開發；五百公尺深之海域除表層之部份魚類外，皆未曾開發。南中國海漁業資源總潛能概略之估計每年約一千一百萬噸至一千二百萬噸之多，其中底棲魚類約四百萬噸，外洋性魚類約四百五十萬噸，甲殼類約五十萬噸，軟體動物約十萬噸，據 Aron R. Tussing 認為與北太平洋、北大西洋、非洲西北外海相同之漁獲努力對南中國海，仍不會影響其資源，因此深具開發價值。

　　根據菲律濱三軍參謀本部戰略暨特別研究室準備的一份簡報文件顯示，南中國海，尤其是南沙群島海域，乃世界最豐富的漁場之一。

　　且看該文件的一些數據：「魚類三一四種，其中六六種屬於商業魚類，全球魚穫量的百分之八，來自此一海域，亦是高商業價值的黃鰭鮪魚迴游必經之地。南沙群島豐富的漁場，面積覆蓋三十九萬平方公里，具有每平方公里出產七噸半的魚穫量的潛力。南沙群島鄰近的海域，從巴拉灣至沙巴，亦是非常豐富的漁場，每年魚穫量千萬噸以上，價值一百五十億美元。」

　　一九五六年二月，台灣海慶號試驗船作業調查報告顯示：經在

中國南海底曳漁場調查結果，總試網二十八回的漁獲量為四百七十五箱，每箱平均為二三點六六公斤，每網平均漁獲量為一九點二箱，在各次試網中的漁獲量，最高者有六十六箱，次者四十四箱或三十九箱，相當可觀，可見蘊藏魚量之豐。

國立菲律濱大學海洋科學研究所初步研究顯示，菲律濱聲索主權的南沙群島中的一部份亦即「加拉耶安」群島（包括美濟礁），估計可以創造七百九十億美元的魚種量潛力。

幾乎南海四個群島都是珊瑚島礁構成其基台的一個個像煎餅埋在淺水下的泥沙大礁盤，礁岩起伏，洞穴滿佈，海水清澈，適合魚類生長而其周圍又係熱帶深水海溝，水產種類繁多，漁產豐富。溫暖的氣候，使魚蝦介貝繁殖格外迅速，而且種類繁多。最常見的有鯨、鮫、鯛、鯧、章、石斑、鱸占、青衣、沙魚、旗魚、白魚、飛魚、鰻魚、墨魚、烏賊、魷魚、鮑魚、玳瑁、飛魚、江鰩柱、三鬚、馬友、側目魚、鶴魚、海參及玳瑁、海龜等，蝦類有大龍蝦、巢蝦；貝殼類有蚌、螺、蛤、蚧，海產類有海藻、海菜、海星、海膽、海綿等，應有盡有。海參大者數公斤，曬乾亦有半公斤，一個大干貝有十幾公斤，海龜大者二、三百公斤，每當春夏四月至九月夜幕低垂，母龜由雄龜陪同把風，上沙灘下蛋，極易捕捉，龜肉、蚌肉味道鮮美，龜甲可製藥，蚌螺殼可製鈕扣及各種精美紀念品。因此，南沙成為中國漁人遠洋漁業最大中心。台灣漁業界人士認為：中國大陸及台灣沿海的漁產，遠不及南海地區豐富，普通一艘漁船，在大陸及台灣沿海作業十天的收獲量，往往比不上在南海作業三天。中國漁民每年於東北風起，便乘風破浪前往，留居島上半年，每船滿載而歸。基於漁獲，增加漁民及國家的財富，南海也成

為沿岸國家必爭之地。

　　南沙群島，史書記載自宋朝之後，即為南海漁場之一，海南島漁民順季候風，每年必定期來島兩次捕魚，以此地為中間休息站，加添淡水，躲避風雨，南沙群島早已被人發現為一個良好的漁場。在一九一七年日本人宮崎進等乘漁船發現南沙群島為極有希望的漁場，後來日人不斷來此捕魚，日人在太平島上設有民營漁業公司，並在該島上建築了約可停泊三十噸的漁船港口、廣大的水泥曬漁場。第二次世界大戰期間，日軍侵佔南沙，日人在南沙各主要島嶼設有民營漁業公司及三十噸漁船的漁港，水泥曬魚場、貯魚冷凍庫等。

　　另外，聯合國駐曼谷的海事專家卡班女士表示，依據研究，南沙群島水域，每年可生產七點五噸／平方公里的漁獲，南沙群島水域面積約三十九萬平方公里，若每噸以八百美元計算，當地水域是一個每年可生產數十億美元的漁業寶藏。加上聯合國公海捕魚新公約目前獲得各會員國踴躍簽署，雖然該公約鑑於中國在遠洋漁獲的實力，特別增訂「漁業實體」條款，使中國享有漁業配額的分配利益及繼續從事公海捕魚；但因國際漁業人士對中國遠洋漁船業者持負面的印象，認為中國漁民不守法，不注意國際資源養護之規定，橫行公海，因此，該公約生效後，中國將是各國關注是否違反公約規定的對象。

　　有鑑於此，中國除了應從嚴規範遠洋漁船業者外，也應積極尋求新漁源，而南海的漁業寶藏無疑地給我們帶來希望；依據蔡日耀先生之調查報告指出，我們應可使用不同之漁具、漁法開發尚未利用之深海漁業資源，以擴大近海漁撈作業範圍。所以太平島可設立

漁業調查站以調查漁源、漁類、適合的漁具及進行保育、養護等工作；並可利用太平島上已減少使用或廢棄的磷礦粉碎加工廠，將之改建為漁類冷凍廠，直接與東南亞國家之漁市場互通，將可達到更高的經濟效益。

東沙島包圍著潟湖，潟湖可以整建為養殖漁場；東沙環礁包圍著珊瑚礁群，珊瑚礁海域可以開發為遊釣漁場；如果有「東沙漁港」，漁民就可以用東沙漁港為前進基地，去開發附近的大陸棚漁場和深海漁場。

以往到東沙捕魚的漁民多來自粵東與香港，而赴西沙、南沙大都為海南島漁船。近半個世紀以來，南海漁場大都為大陸和台灣漁船所獨佔，但中國漁船到南沙捕魚時常為菲律賓、馬來西亞所逮捕。因為菲、馬佔領南沙群島若干島嶼後即主張對該島嶼的主權與專屬經濟區（EEZ）。雖然海洋法公約第 121 條第 3 項明定：「不能維持人類居住或其本身之經濟生活之岩礁（Rocks），不應有專屬經濟區或大陸礁層」，不過如屬島嶼仍可有其領海，專屬經濟區和大陸礁層，如台灣所佔領的太平島亦可劃出專屬經濟區。

南海沿岸國家尤其菲律賓、越南、馬來西亞所以要佔領南沙群島，主要的目的在爭奪島礁的主權，因為佔有島礁才能主張對該島礁的主權及島礁下的海底資源，專屬經濟區（EEZ 二百浬）與專屬捕魚權。因此佔領島礁越多，EEZ 的範圍越大，EEZ 的範圍越大，得自海洋或海床的財富也越大。最簡單從 EEZ 獲利的辦法就是宣佈這區域的專屬捕魚權，因此可將 EEZ 出租給外國漁船捕魚而收取租金，例如，俄國與澳洲談判漁業協定使俄國漁船能利用澳洲的EEZ，又如所羅門群島將其 EEZ 租給日本漁船公司八年。將 EEZ

租給外國漁船可說是一本萬利，因為主權國一分錢也不花卻可以增加政府鉅額的歲收。

㈡在農業資源方面

南沙群島島面寬平，處於高溫多雨地帶，農業產品有椰子、鳳梨與木瓜等，冬季並可種植蔬菜，但因地方面積限制，產量不多，惟一有開發價值的農業資源——鳥糞與新磷礦二種，均可製為自然磷肥。首先我們來談海鳥糞（gcano）：

海鳥有集體生活的習慣，因此，其排泄物、屍體、羽毛常堆積而成為地層，此物不僅可直接作肥料用，亦可加工後再作肥料用。此種海鳥糞稱磷酸海鳥糞（Phosphotic Guano），此物用於製造過磷酸石灰，在南沙群島所產即為此種海鳥糞。海鳥糞之外貌類似腐植，其中含有多量之草酸及尿酸。

磷酸礦之成因，係千萬成群之鰹鳥遺糞於島上之後，由於南沙地區雨量豐富，鳥糞成棕色粉末或灰色塊狀，經雨水分解，產生磷酸化合物，溶於水滲於地中，與地下瑚礁的碳酸石灰起化學作用，因成糞化石磷灰土，內含磷酸石灰、窒素、加里，為製人造肥料的重要原料。南沙各島地表面易於開發的磷酸礦，單就太平、南威兩島而言，即有蘊藏量六十萬噸以上。

南沙所產者為天然磷，其品質遠較礦質為優。

磷酸質（Guano）主要用以製造過磷酸石灰上氮質（Guaoo）直接可作肥料。亦可作輕鬆土壤之基肥用。可與三倍之土混合、堆積，使其酸酵而用為追肥。

鳥糞對台灣農業經濟的價值：台灣的耕地面積，占全省總面積之百分之一四・二七，農業人口約占總人口的百分之五一・九三，

台灣主要產業為農業，主要之居民為農民，故農業之發達與否，實維繫台灣之繁榮，而農產品成果之好與壞，又滋源於農作物生命營養要素：肥料、水利；在肥料中不可少的是氮、磷、鉀三要素，台灣肥料依據近期統計，每年消耗量要六十萬噸，其中十五萬噸要靠美國、日本輸入。

不過，由於當地環境變遷，磷礦生產減少，加以台灣勞力缺乏，運輸困難，成本太高，經濟效力已顯著減低。

㈢在礦業資源方面

南海一帶海域被海洋學家認為是世界三個最大貯油區之一，尤以南沙為最，並蘊藏豐富之磷、錳、鈷等礦產，南沙群島及週邊海域，蘊藏豐富的石油與天然氣資源。

南中國海海底，蘊藏世界第四大的碳氫化合物，據估計，南沙群島海床下蘊藏的巨量油礦與天然氣，總值至少五億美元到一兆美元；而中國一份內部文件更指出，南海蘊藏的天然資源總值高達一兆美元以上。北京「中國海洋石油總公司」就曾估計，光南沙海域可供開採的石油與油氣至少有兩千億桶油當量，相當於全球殘存油藏的百分之十二以上。俄羅斯估計大陸架包含三百地理結構，擁有一百一十桶原油潛力，中國估計更多而為一千六百億桶，南沙群島估計有一百億公噸原油及一萬億立方公尺天然氣，中國估計此一區域的碳氫化合物資源相當於一百七十一億桶原油，較科威特的一百三十億桶為高，南沙群島附近的巴拉灣已經發現大量石油及天然氣，暗示南沙群島可能是一個潛在的超大油田。菲軍的評估顯示，南沙群島大量的炭氫化合物蘊藏值數十億美元。

晚近各大陸邊緣的淺海大陸棚，多傳蘊藏大量石油，因此，淺

海而島多之區頓成世界視線集中的焦點。中國南海各島礁中，絕大多數海底地質仍屬處女未開。根據中外新的地質調查資料顯示，南沙群島附近地層構造高區與各小島間的海底小盆地正是油氣貯集地帶。一九六七年間，聯合國東南亞大陸礁層探測團提出報告說，中南半島跟南中國海地區大陸棚油礦豐富，有二百一十萬立方公里的藏量，相當於中東各國或委內瑞拉加上墨西哥海灣附近與美國東南部沿海油藏之總和，而且含硫量少，品質優良。其他的各種調查報告，也都有類似的結論。聯合國亞洲經濟會議即曾為此數度研究，籌劃勘探。美國亨特號探測研究船在美國海洋研究所指揮下，並曾於一九六九年六至八月間，五度在中國南海地區進行探測。根據其探測報告顯示，此一海域均以基盤為火成岩的海底山為主。山與山之間均有由沉積物形成的盆地。海坪周圍的地層封閉，有儲積大量油氣的可能性。雖此次探測所用僅為普通性質的閃電反射法震測，必須作更詳細的地球物理勘測，始可確定，但此項消息傳出後，立即引發菲律賓及越南武力侵佔南沙地區島嶼的動機。

據地質調查，南沙群島海域位於菲越之間有三十三個島嶼、沙洲及礁巖，認定有豐富的石油。在今日各國求油日殷的情形，菲越對此一天然富源的南沙各島自是分外眼紅。

另據中國海洋石油總公司的估計，南中國海可供開採的石油蘊藏量約有二千億桶的油當量，但由於南中國海此巨大沈積盆地的中央多是深達二千～三千公尺的深海，所以環繞在南中國海週邊的大陸棚，深約二、三百公尺盆地區就成為主要探勘和開採的目標，目前各國主要以南海南、北兩端的盆地為各國探勘開採的重點，北部是珠江口岸的珠江口盆地以及海南島附近的北部灣盆地、鶯歌海盆

地及瓊東南盆地等；南部是曾母盆地、沙巴一汶萊盆地和馬來盆地
等（現在馬來西亞、汶萊及印尼已在這些盆地開採作業多年，年產量約三億桶油
當量），在主權問題未定的情況下，該等國家已在中國傳統堅持的
主權區域內強行開採；由此可知，主權未定的時間拖延愈久，對中
國（兩岸）南海主權的主張愈不利。所幸，目前的探勘技術和能
力，無法在南海中央的深海作業，因此，有必要在太平島設一石油
探勘調查研究中心，藉著尖端的科技來完整、詳細的調查整個南中
國海海域石油蘊藏狀況。

　　海洋學家認定南沙群島為亞洲大陸棚三個最大貯油區之一，可
以採儲油二、三十億噸，地質學家更認為越南所侵佔的曾母暗沙，
及柏礁等七島嶼石油和天然氣蘊藏最為豐富，其中尤以曾母暗沙盆
地面積大而沉積厚，使席捲南越而喪失美國許諾四十億美元復興建
設援款的越南更加覬覦此一黑金儲量豐富的土地，而無視於台北與
北京的警告。

四、南海資源眾說紛紜

　　南沙群島到底有沒有石油及天然瓦斯，直到如今，仍是未解之
謎。

　　一九九五年四月中，澳洲的資深地質工程師杜吉（E.F. Durkee）
以及夏威夷大學「東西中心」的石油專家費夏拉吉（Fereideun
Feshnaraki）都分別指出「南沙群島之下沒有躲藏著一個沙烏地阿拉
伯」。他們認為南沙群島祇在少數地區蘊藏著少量油氣，也正因
此，它不可能鑽探出具有商業價值的油井。他們的說法和以往認為
「有一兆億桶以上石油」的說法完全異轍。

　　不過，縱使南沙群島真的沒有油氣，它也不可能打消諸如中國大陸、菲律賓、越南、台灣、馬來西亞、汶萊等六個當事國對南沙群島的主權要求。

　　而且也都自行其是的做著不同程度偷偷摸摸的「開發」。

　　菲外交部負責外勞事務的副部長棉仁．馬雅朗那卻引據南蒙地質觀察處與德國地質調查的一項報告，表明南中國海可能有蘊藏二千二百五十億桶石油的潛力，及一九九五年俄羅斯的外國地質研究學會估計南沙群島海域可能有六十億桶油藏，或者相等數量的天然煤氣。

　　馬雅朗那引據的德國與俄羅斯兩項地質報告對南中國海油藏潛能的估計，相差四十倍，顯見都是臆測之言，沒有實際勘測的根據。

　　事實上，原先多次勘測南中國海的地層與地質，存油的可能性不大，充其量是個未知數。

　　南中國海海底是不是蘊藏有石油，究竟蘊藏多少石油，至今沒有科學勘測確定。

　　馬來西亞則已將它所佔的一個島嶼開發成觀光據點，甚至還建了小型的觀光旅館。

　　這就是南沙群島的現況：各當事國在此區域相互牽制，沒有一方可以在此區域為欲為的進行開發，中國大陸與台灣距離南沙都遠達一千二百公里，鞭長莫及；而另外四個遴近的當事國，或因實力不足，或因無暇他顧，也都以防衛性的心態看待南沙群島。也正因此，也就形成了六個當事國相互監視，但也各有不甘，因而經常做出一些偷偷摸摸事情的局面，包括菲律賓在所佔小島上建機場跑

道，越南則在小島上建燈塔等等，所有的當事國均在暗中擴充，以作為未來在此區域發言或分配利益時的資本。

　　但必須注意的是，依據中國能源委員會的最新資料，全球初級能源的蘊藏日漸枯竭，原油僅餘一萬億桶，天然氣僅存一點四百萬億立方米；若以當前的耗用率估算，這些殘存有限的石化燃料，原油能再用四十年，天然氣六十一年。而南沙海域的石化燃料，卻佔全球殘餘藏量的百分之十五油當量！如何有效化解資源的掠奪與兵戎相見，共同合作開發所剩無幾的南沙原油與天然氣，必需得先爭取國際合作與互信尊重。

第六章　南海諸群島自古即爲
中國領土的考證

一、南海──中國的內海

南海諸群島的主權歸屬，與中國南海的歷史息息相關。中國南海在中國人的心目中而且事實上，自古爲一個單純而不被干擾的中國內海，也是連接中國南方與東南亞的主要水路通衢；直至十七世紀歐洲人控制海上貿易，中國南海仍然是中國對外貿易的主要門戶，與橫越中亞細亞的陸上對外交通等量齊觀。

二、南海古稱漲海

從歷史的典籍中，證明這塊土地是我祖先遺留下來的，中國古代先民很早就已經經營南海諸島了。可以從古籍文獻中看出，我們的祖先早在先秦時代公元前二四九至二〇六年就已經發現南中國海（以下簡稱爲南海）及南海諸群島之存在，並陸續到此開發經營，當時稱南海爲「漲海」《左傳・僖公四年》中有載：

　　四年春，齊侯以諸侯之師侵蔡。……子使與師言，曰君處北

海，寡人處南海。按南海大海之別有漲海。

「漲海」不僅專指今日南海的海域，而且還包括中國南海諸群島。
現存文獻中，較早記載「漲海」名稱如下：

> 汝南陳茂，嘗為交阯別駕。舊刺史行部，不渡漲海。刺史周
> 敞，涉（漲）海遇風，船欲覆沒。茂拔劍訶罵神，風即止
> 息。（見《太平御覽》卷六十引文）

> 交阯七郡貢獻，皆從漲海出入。（見於《初學記》卷六）

後人謂南海被稱為「漲海」的原因係「炎海善溢」，或曰「漲海多
瘴，飲其水者腹漲」。其實，南海諸群島都是珊瑚島礁，且在不斷
成長中，潮汐的漲落使許多島嶼、沙洲、暗礁等，時而露出海面，
時而又隱藏在海水面之下，時而如臥牛，時而露出尖尖的頭角，所
以這一帶的海就叫做「漲海」。自漢代起中國先民對於這種海洋地
形已有深刻的認識。東漢楊孚《異物志》便提到：

> 漲海崎頭，水淺而多磁石，徼外大舟，錮以鐵葉，值之多
> 拔。

這裡的「漲海」是當時中國人民對南海的稱呼，「崎頭」則是當時
對包括西沙群島和南沙群島在內的南海諸群島的島、礁、沙、灘的
稱呼。

　　中國南海東沙、中沙、西沙、南沙諸群島成為中國版圖的一部份，可溯及漢宣帝甘露元年，即紀元前五三年，相當於羅馬時代，伏波將軍馬援率領一支由兩千艘船隻所組成的船隊，征服交趾（亦稱濟南），即現今的越南，將中南半島及南海諸群島全部列入版圖。此後，中國船隻在南海出入頻繁，歷代疆域書誌文獻迭有記載。王莽時代的錢幣曾在西漢發現。

　　據史書記載早在西元一一一年，漢武帝元鼎六年中國平定南越，大軍分水陸兩路併進深入南海，當時即納入中國版圖。晉、唐、宋代時我商船縱橫閩、粵、南洋、西洋之間，商賈、僧侶、使節絡繹不絕於南海諸島。

　　三國時代的吳萬震在《南州異物志》中記述漢代從馬來半島到中國大陸的航行路線時寫道：「……東北行，極大崎頭，出漲海，中淺而多磁石」。漲海即今南海。這裡所說的「磁石」，包括西沙、南沙群島當時尚未露出水氣的暗沙、暗礁，由於船只碰到這些暗礁就擱淺遇難，無法脫身，故稱之為「磁石」。

三、南海諸群島中國人最早發現和命名

　　三國時代《外國雜傳》中又說：

> 西洋漲海中，可七八百里到珊瑚洲，洲底大盤石，珊瑚生其
> 上，人以鐵網取之。

說明當時中國先民早已認識到這種珊瑚礁地形，並認識到珊瑚賴以生長的海下地形「大礁盤」的存在，以及珊瑚蟲形成的礁、灘、島

嶼等對航海之威脅,輕則擱淺,重則翻覆,好像磁鐵把船吸住似的,使船舶難以脫身。珊瑚洲就是南海諸群島。

雖然南海諸群島對航海有很大的威脅,但是並沒有扼阻中國先民在南海諸群島從事捕魚和採珊瑚的經濟活動。例如,晉代《廣州記》中說:

> 珊瑚洲,在東莞縣南五百里,昔人於海中捕魚,得珊瑚。

隨著中國人民對南海諸群島的開發經營,中國先民對它的認識也越來越透徹。唐代地理學家賈耽記述了從廣州經西沙群島附近海面,到波斯灣的海上航線。北宋曾公亮在《武經總要》一書中稱西沙群島為「九乳螺洲」。成書於十三世紀的《瓊管志》將南海諸群島稱為「千里長洲」和「萬里石塘」。除此而外,唐宋年間,許多歷史地理著作相繼將西沙和南沙群島命名為「九乳螺洲」、「石塘」、「長沙」、「千里石塘」、「千里長沙」、「萬里石塘」、「萬里長沙」等,宋、元、明、清四代以「石塘」、「長沙」為名,記述南海諸群島的書籍多達上百種。

自宋代以後,南海諸群島即為中國漁場之一,史稱「十二石子」的,就是指西沙、南沙等群島而言。「宋史紀事本末」以來,對南洋四群島也歷有紀載,古籍中所謂「七洋洲」、「七黑洋」、「九州洋」、「長沙石塘」、「千里石塘」等名稱,即指南海四群島而言。

明朝黃衷(1474-1553)著有《海語》一書,說明南沙與西沙的地理位置,此書下卷載「萬里長沙在萬里石塘東南」。

明代丘浚在《南溟奇甸賦》中也說：

> 在南溟中，邈輿圖之垂盡，綿地脈以潛通。（見康熙年間《廣東通志》卷二十七）

汪大潤和丘浚兩人都主張南海諸島島底盤（大陸棚）係大陸地脈的延伸，見解正確。

明朝的黃衷則認為是西南流沙河的延伸，他在《海語》卷下裡說：

> 萬里長沙在萬里石塘東南，即西南夷之流沙河也。弱水出其南，風沙獵獵，晴日望之如盛雪，舶誤衝其際，即膠不可脫，必幸東南風勁乃免陷溺。

這種見解也很正確，因為南中國海底多溺谷，乃沉在海底之昔日陸地河谷。

明清時代，中國先民對南海珊瑚島嶼的不斷成長亦有所認識，例如清代劉玠在《海槎餘錄》中說：

> 千里石塘，在崖州海面七百里外，相傳此石比海水特下八九尺，海舶必遠避而行，一墮即不能出矣。

明清時代持此說者甚眾，因為南海諸群島都是珊瑚島礁，海拔很低，故亦有「潮至則沒，潮退方現」的現象（明代章潢的《古今圖書

編》卷五十九）。正因為這些珊瑚島礁時現時沒，給人一種「善溢」的假象，故名南海為「漲海」。

在海南島漁民的《更路簿》中，還出現了西沙、南沙群島各島礁至今仍在習用的具體名稱：如稱西沙群島的永興島為巴峙、珊瑚島為老粗峙、甘泉島為圓崎、中建島為半路峙；南沙群島的太平島為黃山馬峙、南威島為鳥仔峙等等。所有這些形象生動的地名，都有一定的含義，反映出這些島嶼的自然特徵或漁民們的美好願望。

南海諸群島的這些古名稱，在歷史上長期為外國航海家所採用。有的意譯，有的音譯，有的音意兼譯。十六世紀時，葡萄牙人叫永興島為 paxo，顯然是從漁民所稱的「巴峙」音譯過去的。日本人岩生成一所著《朱印船貿易研究》一書，對西沙群島即採用中國命定的古名「萬里石塘」。十九世紀英國航海圖稱鴻庥島為 Namyit、景宏島為 Sincowe、太平島為 Ituaba，也是從漁民所稱的「南乙」、「稱鉤」和「黃山馬峙」音譯過去的。

如果從東漢楊孚《異物誌》開始記載南海諸島算起，中國人民發現南海諸島的歷史已將近二千年之久。如果從宋代以「九乳螺洲」命名西沙群島，以「石塘」命名南沙群島算起，中國人民正式命西沙、南沙群島的歷史也已將近一千年之久了。

四、中國的海權全盛時代

圍繞中國南海四周的陸地，菲律賓、越南、馬來西亞、印尼及婆羅洲等在歷史上莫不居民稀少，文化落後，惟獨中國自秦漢開始，即早已是個文明大國，人口稠密，經濟繁榮。漢代疆域大開，海權亦盛；政治組織自秦以後，日趨完善，反觀中國南海邊緣其他

地區，截至第二次世界大戰結束為止，皆尚居於殖民地位而分屬於法、英、西、美、荷等國，如菲律賓，就是至一九四五年起才有自己的國家。在此之前，南洋的海權及此一地區的經濟權，完全掌握在中國手上。而在政治影響力方面，則唯中國的馬首是瞻。

從公元十二世紀開始，中國的官船與商船及漁船，便經常航行於南海廣闊的水域，早在十四世紀以前，中國福建、廣東、台灣、海南島等沿海地區人民即紛紛移殖南洋，開發南海地區經濟，其勢力的伸展，遠至爪哇及蘇門答臘、南海諸群島，包括南沙在內，係必經之地，早為中國人足跡所及，從南沙各島所發現的中國廟宇、墳墓及古炮等遺物，足可確證。

就南海西岸的安南（越南）而言，因與中國土壤相接，受中國文化薰陶最深。越南人自稱神農之後，自秦始皇三三年（紀元前 214 年）置郡縣起就成了中國領土的一部份。漢武帝所設的日南郡，遠及今日越南中部。因超越了回歸線，故取名「日南郡」。

後漢時土民作亂，光武帝派馬援進討，討平後馬援豎立兩大銅柱於日南郡的南界山上。此山名大嶺，向東入海成岬，即在一九七〇年代越戰中聞名的瓦勒拉岬（G. Varella）。經五胡亂華，唐朝經營邊疆復盛，特設安南都護府，兼轄沿海的西沙、南沙等近岸諸群島。史書有「海中蠻夷諸國居大海洲上。相去三、五百里，三、五千里，遠者二、三萬里。乘船舉帆，道里不可詳。」等的記載。

從歷史考證，漢代日南為中國一郡，勢力達於日南以南。後漢書郡國志說：「日南郡，秦象郡，武帝更名，碓陽南萬三千四百里。」又後漢書南蠻西夷列傳說：「元始二年，日南之南黃支國來獻犀牛。凡交趾所統，雖置郡縣，而言語各異，……，人如禽獸，

後頗徒中國罪人，使雜居其間，乃稍知言語，漸見禮化。」

漢代交趾御史所統，包括南海各地，南沙群島自亦在交趾御史統領之列。晉書上也記載：「林邑國……，其南則馬援鑄柱之處也，去南海三千里。」梁書上記載：「……伏波馬援將軍開漢南境，置象林縣，其地縱橫可六百里，城去海可一百廿里，日南界四百里，……其南水步道二百餘里……」。

十二世紀初，金兵征服北宋王朝，一一二六年橫過邊界，佔領汴京，迫使南宋遷都杭州。由於杭州靠近海港，刺激中國進入海權擴張時代延續了四百年之久。根據地則在南海。十二世紀末葉，南宋的商船開始獨佔經營中國南海這條主要運輸航道。中國船隻，遍及整個南海領域。

宋朝的船隊於一二七九年（宋祥興二年）夏季在中國南海被颱風摧毀後，約半個世紀，這一海域便由另一更強大的元朝蒙古船隊所取而代之，及至十五世紀初，元朝的海上強權勢力，又為明朝的強大船隊所接替，其中尤以鄭和戲劇性的征服南洋影響最大，藉羅盤的幫助航海技術日新月異。

在一四二〇年（明永樂十八年）前後，為中國海權巔峰時代，明廷海軍共有船隻三千八百艘，其中包括巡邏船及戰船各一千三百五十艘，遠洋戰艦及運輸船各四百艘，從事南洋地區貿易的珠寶船二百五十艘。自一四〇五年（明永樂三年）至一四三三年（明宣德八年），中國政府先後派遣鄭和、費信、馬歡、尹慶、王景宏、楊信等高級將領，率領強大艦隊七次出海，經南海遠航，揚威非洲。東西文化交流盛極一時，阿拉伯商人東來亦愈增多，南洋地區愈見開拓。當時南海航線係自海南島出海，首站即為「七洋洲」（屬西沙

群島）。再由「七洋洲」前駛，或西航順化，沿越南東岸南進；或向正南，貫穿南沙群島西側各島直趨南洋，再經新加坡轉入印度洋。因此，南海諸群島早已在中國歷代海權掌握之中。

南沙各島中，以鄭和群礁中的太平島開拓最早，鄭和群礁中國古籍稱「堤閘灘」，英譯為 Tizard Bank，西人至今沿用。

根據明史鄭和傳的記載，鄭和艦隊擁有六十二艘艦船，船員三萬七千人，規模宏大，影響所及，不獨擴大了明代的海域及貿易，而且也因南海成了中國的內海，因此提高了國威。

至一四一一年（永樂九年），大運河供水問題解決後，內河運輸遠較海上運輸經濟，加上此時儒家輕商主義思想盛行，而滿族亦在此時自北方入侵，導致明廷末期海權萎縮，海防解體。至明朝末年，更由於海上對外貿易不振，及龐大船隊的建造與維護所費不貲，國庫虧損，迫使明廷改變其海洋政策，至一四七四年（明成化十年），戰艦劇減了百分之六十五。至一五〇〇年（明宏治十三年），明廷為節約開支，頒令停止雙桅或三桅船隻的建造，海權從此沒落。

五、中國人最早期開發和經營南海諸群島

中國人民在發現西沙群島、南沙群島之後，克服種種困難，陸續來到這兩個群島，辛勤開發經營。中國宋代的《夢梁錄》，元代的《島夷志略》，明代的《東西洋考》、《順鳳相送》，清代的《指出正法》、《海國聞見錄》以及歷代漁民的《更路簿》等著作，記載了中國人民千百年來到西沙群島、南沙群島航行、生產的情況和這兩個群島的位置及島礁分佈狀況。中國歷代政府對南海諸

群島進行了管轄。

早在北宋（公元 960－1127 年），中國的海軍就已巡海至西沙群島一帶。北宋仁宗皇帝（公元 1022－1063 年）親作「御序」的「武經總要」記載：北宋朝廷「命王師出戍，置巡海水師營壘」於廣南（即今廣東），「治舠魚入海戰艦」，「從屯門山用東鳳西南行，七日至九乳螺州」。「九乳螺州」就是今天的西沙群島。這表明北宋朝廷已把西沙群島置於自己的管轄範圍內，因而派出海軍戰艦去該處巡邏。

遠至元代，南沙群島已歸我國管轄。「元史」地理誌和「元代疆域圖敍」記載元代疆域包括了南沙群島。其中「元史」記載了元朝海軍巡轄了南沙群島。

元代初年在全國二十七個地方進行了天文測量。至元十六年（公元 1279 年），元世祖忽必烈親派著名天文學家、同知太史院事郭守敬到南海進行測量。因此元代對南海諸島地理位置的記載更為詳細。汪大淵所著《島夷志略》中有「萬里石塘，由潮洲而生，迤邐如長蛇，橫亘海中……原其地脈。歷歷可考。一脈至爪哇，一脈至渤泥及古里地悶，一脈至西洋遐昆倉之地」。其中「萬里石塘」指包括今南沙在內的南海諸群島。

一八七六年三月六日 W.P. Groeneveldt 在 Batavia 出版的 *Notes on the Malay Archipelago and Malacca*, P.25-26 中節譯元史之史弼傳（1211－1297）稱元帝忽必烈派史弼出征爪哇，道經七洋洲、西沙群島及萬里石塘（Long Reefs）等地。

郭守敬在當時元朝疆域範圍內主持建立天文測量點。「南海」這個測點「南逾朱崖」，就是在海南島以南。當時測得「瓊州北極

出地一十九度太」（即 19.75 度），「南海北極出地一十五度」，說明南海測點遠在海南島上的瓊州測點以南四度多，正好在今西沙群島一帶。由於當時的科學技術條件所限，二十七個測點所測「北極出地」（相當於今天的北緯）數值大都和現代緯度相差一度左右。從一圓周 365.25 度的元制換算成現代的 360 度制，南海這個測點「北極出地一十五度」應為北緯 14°47'，加上一度左右的誤差，其位置也正好在今西沙群島。據元史記載，南海測點「南逾朱崖」，「測得南海北極出地一十五度」。「南海」這個天文點就在今天的西沙群島上，這說明西沙群島在元代在中國的疆域之內。元朝以後，中國學家地理學家和旅行家，開始對南海諸島的自然地理進行研究和探討，他們認為南海諸島島礁底盤（大陸棚）之形成，係中國大陸地脈的延伸，或者是西南流沙河的延伸。

明代〈海南節指揮僉事柴公墓志銘〉記載：「廣東瀕大海，海外諸國皆內屬」，「公統兵萬餘，巨艦五十艘」，巡衛巡轄了西沙、中沙和南沙群島。

明朝末年，歐洲人開始來華遊歷。歐洲地理學家利馬竇（Matteo Ricci）及維爾畢斯特（Ferdinand Verbiest）所測繪的歐洲地圖曾攜來中國印刷出版。西方人士有關中國南海及菲越地理已很熟悉。中國的地理學者開始測繪包括中國南海四大群島在內的中國版圖。

南沙群島在我國明、清兩代的航海輿圖上即有記載，「萬里石塘」、「萬生石塘嶼」等地名。

明、清時代，由中國官方修纂「廣東通志」、「瓊州府志」和「萬州志」，都在「疆域」或「輿地山川」條目中記載：「萬州有千里長沙，萬里石塘」。這表明，西沙群島和南沙群島當時屬廣省

瓊州府萬州（今海南島萬寧、陵水縣境）所有。

　　清代「更路圖」記載了中國海南島漁民所習用的南沙群島各個島、礁、灘、洲的地名具體方位，其中南沙計七十三個地名。

　　在清代，中國政府將南沙群島標繪在權威性地圖上，對南沙群島行使行政管轄。一七二四年的「清直省分圖」之「天下總輿圖」、一七五五年「皇清各直省分圖」之「天下總輿圖」、一七六七年「大清萬年一統天下全圖」、一八一〇年「大清萬年一統地量全圖」和一八一七年「大清一統天下全圖」等許多地圖均將南沙群島列入中國版圖。

　　中國人民遠至明初就到南沙群島從事開發漁業生產了。早在明代，有海口港、鋪前港和清瀾港漁民及文昌縣漁民到南沙群島去捕撈海參等物。

　　一八六八年「中國海指南」，記載了中國漁民在南沙群島活動情況，鄭和群礁有「海南漁民，以捕取海參，貝殼為活，各島都有其足跡，亦有久居礁間者，海南每歲有小船駛往島上。攜米糧及其他必需品，與漁民交換參貝。船於每年十二月或一月離海南，至第一次西南風起時返。」清末以來，中國海南島和雷州半島各地漁民都有人到南沙群島去捕魚，其中以文昌、瓊海兩縣最多，每年僅從此二地去的漁船就各有十幾艘到二十多艘。

　　清康熙四十九年至五十一年（公元 1710－1712 年）間，廣東水師副將吳陞曾率領水師巡海，「自瓊崖，歷鋼鼓，經七洋洲、四更沙，周遭三千里，躬自巡視」。這裡所稱七洋洲即今西沙群島一帶海域，當時由廣東省海軍負責巡邏。一八七六年赴任的清朝駐英國公使郭嵩燾在其所著《使西紀程》中記載：「（光緒二年十月）二十

四日午正行八百三十一里，在赤道北十七度三十分，計當在瓊南二、三百里，船人名之曰齊納細（按即 China Sea），猶言中國海也。……左近柏拉蘇島（按即 Paracel Islands 即西沙群島），出海葠（參），亦產珊瑚而不甚佳，中國屬島也。」

　　光緒九年（公元 1883 年），德國曾對西沙、南沙群島進行調查測量，清朝政府提出抗議後，德國不得不停止調查。

　　西沙群島、南沙群島自古以來就是中國的領土，這不僅見諸大量的史籍志書記載，而且有許多官方輿圖可資佐證，如清乾隆二十年（公元 1755 年）繪製的《皇清各直省分圖》、嘉慶十五年（公元 1810 年）繪製的《大清萬年一統地理全圖》和嘉慶二十二年（公元 1817 年）繪製的《大清一統天下全圖》等。此外，近些年來，在西沙群島發現了中國唐、宋時代的居住遺址和陶瓷器皿、鐵刀、鐵鍋等生活具用，以及明、清時代的水井、廟宇、墳墓等歷史文物。這些事實證明南沙諸群島早在中國管轄之下。

六、滿清的「海洋政策」

　　明廷自萬曆後期政治開始腐敗。萬曆四十四年（1616 年），清世祖順治入北京；清順治二年（1645），陷南京，入主中原，採「大陸政策」，而忽略海洋，招致歐洲海權勢力東漸，中國南海遂由「中國內海」而淪為公海。明永曆十五年（清順治十八年，西元 1661 年）六月，明廷總兵鄭芝龍之子鄭成功入據台灣，清廷採封鎖南疆海岸政策，並切斷其海上補給線。清康熙元年（1662 年），鄭成功卒於台灣，子經嗣立。

　　清康熙二十年（1681 年），國勢大盛，海軍經十餘年磨礪以

須，亦已至爐火純清階段，一月，鄭經卒於台灣，由次子克塽繼位，清康熙皇帝遂頒下詔書，命猛將提督施琅著手準備集大軍攻打台灣。施琅奉聖旨後歷時兩年，集結大型戰艦三百艘，精兵兩萬，終於康熙二十二年（1683 年）八月攻陷澎湖，同年十月攻陷台灣，鄭克塽降；同年十二月，清廷解除海禁，重開澳門、廣州、彰化、廈門及寧波等海口，中國南海在對外貿易方面的重要性遂再度受到重視。

清廷於台灣歸降後，康熙皇帝下詔勘測中國南海。雍正八年（1730 年），學者陳鼎炯出版《海國見聞錄》，廣泛記載南洋包括南海諸群島狀況及英、日等國的海洋活動情形，並繪製《四海總圖》，將南海劃分為「廣南灣」及「七洋洲」兩大區域及標明「七洋洲」（西沙）及「石塘」（南沙），整個地區成半月形，並註明：「萬里長沙」及「萬里石塘」等位居廣東與菲律賓間的海島及航路為十八世紀初西方國家東來廣東貿易的主要門戶，足證南海諸群島早已是中國在南海中一系列的重要疆土。

「七洋洲」，據海國見聞錄載，係在海南萬縣東南有七洲浮海面故名，往南洋者必經之，亦即西沙東北的宣德群島，包括趙述、北、中、南、永興、石，七個小島，七島中永興島最大，所遺古跡最多，中國珊瑚學者馬廷英博士根據海南漁民曾在西沙群島活珊瑚礁下約五公尺處發現中國「永樂通寶」銅幣，銅幣甚多，各種年代都有，永樂是其中最新者，採證係明代海南旅客、漁民在西沙居留時的遺物。

宣統元年（公元 1909 年）四月，由於日本人之凱覦我南海中各島嶼，兩廣總督張人駿派遣廣東水師提督李淮率領海軍官兵一百七

企圖侵佔南沙之前，中國早已因「私人使用」的事實而對南沙有了某種「原始性權利」（Inchoate Title）。此種權利，為十九世紀的中國政府所深切瞭解，並自信足以防阻其他國家的主權主張。

就先佔的客體而言，必須是真正的無主而被拋棄的土地。法、日、菲、越妄指南沙為「無主地」而出兵「佔領」的侵略行為，絕對不可用來對抗中國千百年來事實上的主權。那些向中國政府繳納賦稅的中國漁民，常年往來居住於南海諸島，已充分顯示了中國這些島嶼主權的持續和完整。

至於菲政府先後於一九六八年及一九七一年趁越戰正酣及中華民國退出聯合國的混亂形勢未及兼顧之際，偷偷地派兵竊據南沙地區六個島嶼，並公然頻頻宣揚其南沙群島的主權主張，企圖藉此造成「既成事實」，這種用明目張膽的侵略行為，所奪得的主權不僅不能成立，而且理應受到應得的懲罰。

菲律賓提出對沙巴（Sabah）及馬利安娜群島（Marianas）的主權要求時，是根據「歷史權利」的觀點。假如菲律賓當時期待其所提出對沙巴及馬利安娜群島的主權要求獲得他國承認與尊重，菲政府便沒有理由要忽視中國對南沙群島的歷史權利。菲人克魯瑪早前對南沙提出其「發現」與「先佔」之說，其實那只是趁中華民國軍隊撤離期間他所作較為成功的「偷渡入境」而已。事實上，南沙群島一直是在中國管轄之下。至謂「無居民」，其情形亦恰與菲之甚多島嶼相同。全菲律賓七千零八十三個島嶼中，有人居住之島嶼，共僅七百四十個，無人居住之島嶼佔六千二百四十三個，其比例約為十分之九，但其他國家並不能以菲律賓此等島嶼無居民而遽爾侵佔。

㈡領土的主權，非以距離遠近而決定

國家領土的統一性，決非指地理的統一性而言。事實上，國家的領域，常為空間中若干不相接攘的部份所構成，而為他國的領土所隔斷。諸如美國的阿拉斯加及波多黎哥，雖與美國本土重洋遠隔仍為美國所稱之領土。反之，古巴之於美國，近在咫呎，美國卻不能因卡斯楚親共，窮兵黷武構成對美國國防安全的近迫威脅而據以出兵佔領。又如香港為英國的殖民地，雖在地理上與英國無任何聯屬，但法律上仍構成英國地隸屬關係，中國直至一九九七年租約屆滿才正式收回。

㈢就地形上而言

南沙群島為中國大陸延伸的沖積層，其地理位置雖靠近菲律賓西部領土邊界，但整個南沙群島均遠在菲領土以外，它是在巴拉灣以外中國南海的中心，在南沙群島與巴拉灣之間，有深海溝相隔。此海溝深達一千二百公尺至二千六百公尺不等，與國家陸地領土自然伸延之原則不符，證明南沙在地緣上與菲領土根本無關連。礁層之說，不能成立。

中華民國立法院一九七〇年八月二十一日院會通過「大陸礁層公約」及中國對該公約第六條「保留條款」。大陸礁層公約為適應中國國情，對第六條提出保留條款，並對劃定大陸礁層界線的規定提出兩點主張：㈠海岸毗鄰及中國大陸礁層界線的劃定，應符合其國家陸地領土自然伸延的（或）相向的兩個以上國家的原則。㈡就劃定中華民國的大陸礁層界限而言，應不計及任何突出海面的礁嶼。此兩點均在強化陸地領土自然延伸的原則。

二、國際組織會議紀錄的依據

㈠國際氣象會議

　　一九三〇年國際氣象會議（International Meteorological Conference）在香港開會時，曾討論並決議由中華民國於西沙群島設立氣象台，以便利海上航行，中華民國政府於一一九三六年撥款二十萬元在西沙群島設立觀象台、電台及燈塔等。同年，印支氣象局（Indochina Meteorological Service）在南沙群島太平島設立氣象站，國際編號四八九一九，運作達三年之久，直至一九三九年日軍侵佔南沙為止。

　　世界氣象組織編頒之 No.9, T. P. 4 Volume A 氣象觀測站名錄中列有中國部分，其中東沙島及南沙島亦羅列在內，又該組織 1968－1971 年推行 World Weather Watch 三 W 計劃，援助建立東南沙島探空站二處，如此，世界氣象組織方面既已列冊多年並未有會員國（如菲律賓）提出異議。

㈡開羅及波茨坦會議

　　一九四二年十一月，中華民國軍事委員會委員長蔣中正、美國總統羅斯福（Franklin Roosevelt）英國首相邱吉爾（Winston L. S. Churchill）在開羅會商三國對日軍事行動及勝利後對付日本的方案，發表舉世矚目的「開羅宣言」（Cairo Declaration），其中最重要的一段是：「日本應被剝奪自一九一四年第一次世界大戰開始後在太平洋中所佔的一切島嶼，並應將自中國竊奪的所有領土如滿洲、台灣、澎湖歸還中華民國。」（It is their purpose that Japan shall be stripped of all the islands in the Pacific which she has seized or occupied since the beginning of the first World War in 1914, and that all the territories Japan has stolen from the Chinese, such as Manchuria, Formosa, and the Pescadores, shall be restored to the Republic of China.）此段文字中「例如」（such as）二字甚為重要，因滿洲、台灣、澎湖僅係例舉，其他自中國竊奪的所有領土——例如南海中各群島，均應歸還中華民國；更重要的是：當時日本佔據的南沙群島，係隸台灣省高雄州（縣）高雄市管轄，當然在台灣歸還中華民國時一併歸還，自不待言。一九五四年七月二十六日，波茨坦宣言（Potsdam Declaration）重申前議。

一九四五年八月二十六日，在盟國協議下，盟軍最高統帥下令：凡位於北緯十六度以上的越南境內日軍，應向中國投降。此舉使越南北部被置於中國軍事管制之下。由中國派軍佔據接收。原駐西沙及南沙的日軍向海南島集中投降，等待遣送。

一九四六年三月，中國將戰後軍事接管的越南北部交還給法國。法國當時並未要求將西、南沙主權一併接收。

中華民國於一九四六年十二月派兵接收南沙群島，將太平島上的氣象站恢復作業，由海軍氣象中心派氣象官士三員經常駐守，每日兩次播報當地氣象動態。

㈢國際民航組織會議

一九五五年十月二十七日，第一屆國際民航組織（International Aviation Transport Association）太平洋地區飛航會議在馬尼拉召開，計有中、美、英、法、日、菲、越等十六個會員國代表參加。大會主席由菲代表團首席代表菲民航局長柯杜薩（Col. U. B. Coldoza）擔任，第一副主席由法國代表團首席代表莫維赫茲（B. R. Movehez）擔任。此項飛航會議的氣象委員會（Meteorological Committee）主席由菲國代表佛洛爾斯（T. F. Flors）擔任，副主席由法國代表巴貝朗（J. P.

Barberon）擔任。

一九五五年十月二十七日，英國代表團及國際航運協會代表團聯合提出一項正式提案，要求中華民國政府在南沙群島的一個島嶼上修建一座氣象台，蒐集並發佈當地地面及高空氣象。此項提案經提交氣象委員會審查及討論。鑒於噴射飛機即將定期飛越此一地區，迫使此地區氣象情報蒐集必須擴及四萬至五萬呎的高空，而東沙、西沙及南沙各群島位於太平洋的要衝，此一地區每日四次的PIBAL 氣象報告，攸關國際飛航至鉅，故與會各國一致要求中華民國政府竭力設法，俾使獲得上項資料傳送各地應用，氣象委員會就此項提案稍加討論修正後即提交大會採納，列為第二十四號議案，於獲得大會全體會員一致通過後，列入會議最後報告書第二節「報告及建議」，其中有關此事的重要記載為：「中華民國應補充南沙群島每日四次的高空氣象觀測。」原文如下：

Section 2. Report And Recommlendations on Facilities Recommendation No. 1: Recommended Amendments to Surface and Upper Air Observations Network Plan.

a) That the network as recommended in resolution 2 of RA V, 1st session, and in resolution 4 of RA II, 1st session of WMO, be considered as constituting the required surface and upper air synoptic networks in so far as they apply to the Pacific Region, with the following changes: (RW –Radiowind; RS-Radiowind; P-pilot ballon)

Add

British North Borneo			Upper Air observation		
96479 kudat	0553N	11651	03 09	15	21
CHINA					
(Taiwan)					
46752	2200N	12045	RW	RW	
Hengchun					
46734	2414N	11910	REW/RS		RW/RS
Pescadores					
46902 Nansha	1023N	11422	REW/RS		RW/RS
Islands					
Delete:					
China (Taiwan)			EPP	RW	
46743 Taiwan	2300N	12013E	RE/RS	RW/RS	

(Requirement met by other stations-geographic displacement slight)

　　此項會議，菲、法（越南當時為法屬地。故由法代表出席）均有全權代表出席或擔任主席、副主席，均未提出任何異議。嗣中華民國於一九六○年將該氣象站擴建為氣象台，除地面觀測外，並增建高空站房及有關設備，及依國際民航會議之決議，每日四次播報有關該地區之地面及四萬至五萬呎高空氣象以利國際民用航空。在以後歷次國際民航及氣象會議中，中華民國代表均有關於南沙群島氣象資料之報告提出，並經大會列有紀錄，可資參考。

　　除上述氣象台的擴建外，中華民國政府為履行地主國的義務，

便利世界航運，復於一九六一年在南子礁建雷達反射鐵塔一座，高達十五公尺，支架均用鋼筋水泥墩建，上豎塔燈，故各國飛機輪船行經南沙地區者，莫不知其為中華民國領土。

㈣一九六五年亞洲及遠東製圖會議

一九六四年十一月，聯合國亞洲及遠東區域製圖會議第四屆會議，在菲京馬尼拉召開，菲政府先提出國際合作勘測中國南海議案，在其案由內層有：「本區域已往之未經詳細勘測，或因經費不敷，或因技術欠缺．或因本區域之不屬於任何一個國家之領域範圍……以往未經詳細的勘測……」中華民國代表團首席代表張維一先生即因此語不當，在會中說明：「在中國南海領域內，——南沙群島為中國領土，國際合作勘測一節，本代表團未受政府指示，未便表示意見，但必須聲明，此項勘測工作的進行不得損及中國的領土權益」。同時據此以備忘錄致大會主席及菲出席此會議的代表團。嗣蘇俄代表發言：「依本代表團現有資料，本區域似有『中華人民共和國』之領土存在，若實施勘測，應事先徵得北京政府之同意」。中華民國代表團當即予以駁斥：「祇有中華民國政府才是唯一的合法的中國政府，應該徵得中華民國政府的同意」。後來將案由內「不屬於任何一個國家之領域範圍」一語刪除，另增加一語：「勘測範圍應將已有領土主權部份除外」，此案始獲通過。

㈤世界氣象組織

一九六八至一九七一年，世界氣象組織為加強中國南海地區氣象的蒐集與發佈，特援助中華民國在東沙群島及南沙群島設立探空台三處。在世界氣象組織所編印發行的 No.P, T.P.4, Vol.A 氣象觀測站名錄中中華民國在東沙群島及南沙群島所設氣象台均編列在

內，多年來並無任何會員國提出異議。

㈥中國南海勘測會議

一九七〇年七月，聯合國中國南海勘測案通信工作小組在日本東京舉行會議，中華民國政府指派內政部土地資源研究所副所長張維一代表出席。張副所長會前準備充分，在會議中根據有關南沙的甚多實際資料。包括南沙地區的自然實況，詳加闡述，對中華民國在南沙的諸項設施，更舉照片多種以為證明，並在會中展示中華民國內政部方域司一九六四年十二月印製的《南海諸島圖》、《南沙群島圖》及張其昀先生於一九六三年主編的《中華民國地圖集》第四冊第十九圖，逐一說明各島位置、名稱及重要設施，並將「中華民國南沙群島各島名稱及位置表」當場分送出席會議的日、菲、越、美、澳等五國代表。另將中華民國政府預先草簽的書面聲明，備函送交小組會主席日本代表長谷實，復經長谷實將該函影印分送各與會代表。此項聲明以堅決肯定的語氣說明：「中國政府對南海勘測案極為贊成並願參加合作勘測，但卻不得損及中國對南沙群島之領土主權，實施勘測時，並應事先徵得中國政府之同意」。各與會代表對於此項說明及函件，咸表欣然接受，無任何一國代表提出任何異議。

㈦一九七〇年亞洲及遠東製圖會議

一九七〇年十月，聯合國亞洲及遠東區域製圖會議第六屆會議在伊朗德黑蘭召開，該南海勘測案分由第五委員會討論，中華民國代表團曾數次發言。並遞書面意見，重申中華民國政府在東京通訊工作小組會中的立場，並要求將此意見列入會議紀錄。在決議起草委員會所擬的決議案初稿，將中華民國政府的聲明摘要附註，並經

印送各國代表。但在正式會議時,則因英、印等國代表的堅決阻撓
而終被「劃去」。惟其被「劃去」的理由,則為「此乃技術性會
議,不談政治問題」,雖然反對的實在理由,不一定如此,但在三
十餘個國家代表的印象中,中華民國對南沙領土主權的聲明,殆無
異議。

三、國際條約的依據

㈠中法界務條約

　　中國對西、南沙群島的主權主張,有兩項條約,可作為明確依
據,那是中法界務條約及中日和平條約。

　　中國最早對中國南海主權及其法律地位所提出的官方主張並納
入國際條約予以確定的,為一八八七年(清光緒十三年)六月二十六
日中法兩國所簽訂的「中法越南續議界務專約」(The Sino-French
Demarcration Treaty 1887),其關於中國廣東省與越南界線於第二條規
定:「……海中各島,照兩國勘界大臣所劃紅線,向南接劃,越茶
古社(越文中文名為「萬注社」,在芒街以南,竹山西南)東邊山頭即以此
線為界,此線以東的海中各島嶼歸中國,此線以西海中九頭山及各
小島歸越南。」南沙群島即在此紅線以東的範圍以內。

　　中、法雙方政府當局均認為此項條約的規定相當明確,可用以
論定及確認中國西沙群島及南沙群島主權屬於中國。嗣法政府企圖
在西沙建立霸權,清廷於接獲情報後,立即詔令廣東省政府在行政
上急謀對策,將西沙群島併入其轄區。

　　一九〇二年,清廷首次派遣三艘戰艦,由海軍將領李準統率,
吳敬榮輔佐,赴西沙及南沙群島巡航並駐防近一個月之久,曾登陸

各島豎立滿清帝國黃龍旗幟，修建石碑。此事後來雖並未受到西方的重視，惟確係清廷為實施一八八七年中法界務條約所執行的首次武裝巡防。

㈡美西巴黎條約

菲律賓群島原為西班牙的屬地，美西戰爭，西班牙戰敗，將菲律賓群島割讓給美國。一八九八年十二月十日，美、西往巴黎簽訂關於菲律賓的巴黎條約（Treaty of Paris between the United States and Spain）第二條；及美、西於一九〇〇年十一月七日和華盛頓所訂的條約（Treaty of Washington between the United States and Spain）；及美、英於一九三〇年一月二日於華盛頓所簽訂有關菲律賓領土轄區的條約（Treaty of Washington between the United States and Great Brfitain）為明定疆界，曾繪製地圖，即沿菲律賓群島的外線劃一個大圈子，圈子內的島嶼即係西班牙割讓給美國的地域。以後菲律賓便以此圈子內領土及領水為其領域。南沙群島雖與菲律賓的巴拉灣接近，卻在圈子以外。亦即不在菲土範圍以內。一九三三年「法國侵佔南沙九小島」發生在中、日、法三國外交折衝之際，美政府發表聲明：美國不認為南沙群島屬於菲律賓領海，且南沙問題無關菲律賓的權益。

菲國獨立未幾，發現在此圈子南端接近英屬婆羅洲海域有一個叫「龜島」的小島，屬英國管轄，面積甚小，島上僅有中國漁民十一人居住，以捕龜及撈龜蛋為生，菲人認為此島應歸菲所有，向英政府提出交涉，英國以此蕞爾小島，既無軍事或經濟價值，且巡守困難，即作個順手人情，拱手相讓，菲人以獨立伊始牛刀小試即能「擴張」其版圖，甚感欣奮，滿以為今後可在鄰近地區，只要是看得中的島嶼，便可大顯身手，撈將過來，據為己有。某日，菲副總

統兼外長季里諾與孫碧奇大使談及龜島事，季里諾頗有得意之色，座中忽有人提及巴拉灣以西甚多無人居住的島嶼，似可如法泡製，孫大使即趕緊表明此係南沙群島，乃中國領土，並將開羅宣言的內容及中華民國接收駐防的經過情形詳為闡述，季里諾聽罷乃說：「我們似可派人去看看。」孫大使則謂，菲政府欲派人前往，必須先獲中華民國的簽證並先由中國政府通知當地中華民國駐軍，否則當地駐軍不明真相，恐遭不測，事非所宜，季里諾頷首稱是。

㈢金山對日和約

南沙群島雖曾一度被日本侵佔，但在一九四一年十二月八日中國對日宣戰並鄭重昭告世界廢棄中日之間所簽訂的一切條約，日本對侵佔中國所有領土的統治，自是即喪失其法理的根據。開羅會議宣言規定戰後日本應將其所竊據的中國領土如東北與台澎等地歸還中國。此項規定，以後不獨構成波茨坦宣言的一部份，且亦為日本所接受的投降條件之一。美國總統羅斯福於其一九四三年二月二十四日的廣播演說中亦謂將台澎等日本侵佔的中國領土歸還中國。

一九五一年八月十五日，在金山對日和會行將召開之前，中華人民共和國外長周恩來在「關於美英對日和約草案及舊金山會議的聲明」中，嚴厲指出「西沙群島和南威島，正如整個南沙群島、東沙群島一樣，向為中國領土，不可侵犯。不論英美對日和約有無規定及如何規定，均不受影響。」

一九五一年九月八日，同盟國在金山所簽的「金山對日和約」第二章（領土部份）第二條第一項：「日本承認韓國獨立」。第二項規定：「日本放棄對台灣及澎湖之一切權利、權利名義與要求。」第三項規定：「日本放棄對庫頁島⋯⋯之權利⋯⋯。」第四項規

定：「日本同意托管日屬太平洋各島。」第五條規定：「日本放棄對西沙、南沙之一切權利、權利名義與要求。」從措詞看，頗為含混，對西沙及南沙主權在日本放棄以後的歸屬及交還原屬國並無明確交代，因此，有人說這反映了有關主要盟國對中國南海權益亦圖染指，故蓄意將南海諸群島置於「主權未定」的地位。

參與金山和平會議的五十二個國家中，蘇俄、波蘭及捷克三個共產國家拒絕簽署這項和約。北京和台北均未參加。海峽兩岸之未能參與是由於各主要戰勝國間所形成的僵持局面所造成，美國主張「應由中華民國代表中國參加」，蘇俄則主張「應由中華人民共和國代表中國」，相持不下。互不相讓，至使問題無法圓滿解決。當時蘇俄代表團並曾提出一修正案，欲將和約第二條第二、五兩項合為一項，將詞句改為：「日本承認『中華人民共和國』對『滿洲』與台灣及其鄰近諸島——澎湖列島、東沙群島、東沙群島、中沙群島、南沙群島（包括史勃萊特列群島）的完全主權；並放棄對上述各地的權利、權利名義與要求。」蘇俄的修正草案在金山和會第八次會議中以四十六票對三票（一票缺席），遭到否決。

這項蘇俄所提的和約修正草案遭多數國家否決的事實，被越南歪曲為「此事足以顯示各國一致不承認中國對西沙群島及南沙群島的主權主張」。其實，當時蘇俄提此修正案的用意，主要是在促成日本承認中共。然權衡當時美蘇對峙的國際情勢，蘇俄修正案遭到以美國為首的多數與會國家反對，係意料中事。這也顯示出越南對國際事務故意或無意的無知。

金山和約將西沙、南沙群島列入第五項而未列入第二項，越南認為係受到「日本當時不認為西沙、南沙群島屬於中國」的意見的

影響，此點可由日後日本與中國談判雙邊和約初期的態度可以看出。越南並以「在一九五一年九月七日金山和會第七次大會時，越南代表曾宣稱越南對西沙、南沙的主權主張，獲得世界性一致承認」。事實上，當時北京和台北均未應邀參加和會，北京早已於一九五一年八月十五日發表聲明在先；後來，一九五二年，台北與日本在台北簽訂雙邊「中日和約」，對西沙、南沙主權有同樣規定，當時越南已經獨立，對此雙邊和約卻未見提出片紙隻字或口頭表示反對。

　　至於菲律賓，則妄謂；由於一九五一年金山和約只規定日本放棄對西沙及南沙的主權，並未放棄給何國，故南沙是在「所有第二次世界大戰戰勝國的託管之下」，應由這些國家或聯合國來共同決定其歸屬。

　　只要我們稍加思索，便可辨識出菲政府的這項理論完全是無稽之談。如果一如菲政府所說，南沙主權已由日本對不特定國家「放棄」，那麼，南沙在理論上即已成了「無主地」（Terra Nullius），則中國自可因在戰後的「先佔」而取得其主權。何況日本已於一九五二年中日和約中將西沙及南沙放棄給了中國。至於所謂「託管」之說。金山和約中只有「託管日屬太平洋群島」的規定。亦無南沙「託管」的任何記錄，只有中國才是自戰後一直管轄自日軍手中接收的南沙群島的國家。

四 中日和約

　　台海兩岸中國由於未能於一九五一年參加金山對日和約，中華民國乃於一九五二年四月二十九日在台北單獨與日本簽訂一項雙邊和平條約。

　　日本與中華民國和約第二條對西沙及南沙主權有與金山和約第二條相類似的規定：「茲承認依照一九五一年九月八日在美利堅合眾國舊金山市簽訂之對日和約第二條，日本業已放棄對於台灣及澎湖群島以及南沙群島、西沙群島之一切權利、權利名義與要求」。

　　此項雙邊條約對主權的轉移雖仍與多邊的金山和約一樣，在措詞上頗為含混。但因為已能將西沙及南沙與台澎稍提併論，這種語味則是金山和約所不曾有過的，使西沙與南沙主權屬於中國的推論更為明確具體。當中華民國與日本就和約事進行談判時。日方代表亦曾表明第二條所指的領土「應以中華民國為交涉對象」，中華民國代表堅決表示西沙及南沙係中國固有領土，日本因而同意將西沙及南沙與台澎一併納入和約第二條之中。雖至最後日本仍未明確承認西沙與南沙屬中國領土，但因同意列入和約第二條，則表示日本業已默認這一事實。

　　據中日和約談判紀錄顯示：日本起初妄稱西沙與南沙係「非與中國有關」的地區，不同意列入中日和約，一如日本戰前的一貫狂妄態度，認為西沙及南沙係日本的領土，非中國所有，亦非越南所有，後因中方代表胡慶育堅持此兩群島係中國固有領土，日方為形勢所迫，不得不同意列入。

　　另一方面，中華民國官方的觀點，一向認為：日本確已承認中國對南海中各群島的主權主張，日本係為因應中國內政之便，而用此權宜之計，僅作「放棄」主權的聲明，並無不妥。

　　一九七二年為中華民國與日本簽訂中日和約二十周年，是年九月二十九日，日本與中華民國中止外交關係，承認中華人民共和國，並在北京與中華人民共和國簽署「聯合公報」。公報中未提及

西沙及南沙群島,卻闡明「日本遵照波茨坦宣言第八條,將台灣及澎湖歸還中國。」這是日本對其過去所侵佔他國的領土表示放棄最明確的一次聲明。

至此,就日本的立場而言,因其已先後在一九五二年及一九七二年兩度表明對西沙及南沙主權的態度,故已確認南海中諸群島係中國領土,主權屬於中國,所剩下的問題僅止於台北與北平何方能真正代表中國而有權繼承這些群島的主權而已,但畢竟這是中國的內政問題,應由中國人自己解決,與日本或菲、越等國無干。

一九七一年,菲總統馬可仕對「南沙群島問題」發表聲明,引述一九五一年盟國所簽署的金山對日和約,認為日本僅表示「放棄」南沙主權,未言明放棄後的歸屬,故應屬「盟國託管」,顯是故意斷章取義,無視中日和約係雙邊條約。雙邊條約規定締約國一方之日本放棄原由日本侵佔現已由另一方的中國收回的固有疆土,當然亦有中國收回此等疆土的主權。況且,依當時日本竊據西沙及南沙期間,直至一九四六年交還中華民國,因日本政府曾於一九四一年三月三十日以官報正式明令劃歸台灣總督府高雄州高雄市管轄,並更名為「新南群島」,係屬台灣總督府轄下的高雄州的一部份,中華民國於戰後收復台灣,又何獨不能收復原構成台灣一部份的南沙群島?不言可喻。況事實上,南沙群島在戰後之歸屬於中國,一如菲律賓群島於戰後罷脫日本的控制歸復於菲律賓共和國,朝鮮擺脫日本統治,歸復於韓國,同為歷史發展之當然結果。乃是根據最簡單之基本原則,即將被歹徒掠奪的財產物歸原主。

第八章　外國確認中國擁有南海諸群島主權的論據

一、南海諸群島主權屬中國
得到許多國家的廣泛承認

　　中國對南海諸群島的主權，得到了世界上許多國家的政府和政府官員以及輿論界的尊重和廣泛承認。

　　在一九五一年九月舉行的舊金山會議上，當時的蘇聯代表葛羅米柯提出，在「對日合約」中應寫明西沙、南沙群島等歸還中國。他說：「中國多少世代以來的領土，如台灣島、澎湖列島、西沙群島、南沙群島及其他仍被和中國割開的領土，應該歸還中華人民共和國，這是無可爭辯的」。並建議「日本承認中華人民共和國對滿州、台灣及附近一切島嶼、澎湖列島、東沙群島以及西沙群島、中沙群島及南沙群島（包括南威島在內）的完全主權，並放棄對本條所述各領土的一切權利、權利根據和要求。」

　　一九五八年九月四日，北京關於領海的聲明，其中明確指出中華人民共和國的領土應包括東沙群島、西沙群島、中沙群島和南沙群島。同月，越南、蘇聯、保加利亞、匈牙利、捷克斯洛伐克、德

意志民主共和國、蒙古人民共和國以及羅馬尼亞等國家的政府或官方報刊都先後發表聲明或評論，表示「完全支持中國政府關於領海的決定」。也就是承認中國擁有南沙群島在內的南海諸群島的主權。

南海諸群島歷來屬於中國領土這一歷史事實，長期以來得到了世界上很多國家（包括越南、菲律賓）的政府及其官員、國際會議和各國輿論的廣泛承認；同時，世界上許多國家（包括越南）出版的重要書刊和地圖，也都記載和標註南沙群島的主權是屬於中國的。下面將以大量的歷史論據說明這一問題。

一九七一年，英國駐新加坡高級官員也承認南沙群島是中國領土。他說：「斯普拉特利群島是中國屬地，為廣東省的一部分。」

一九七四年一月，南越西貢政權不顧中國政府的多次警告，對中國西沙群島發動武裝進攻，引起了朝鮮（北韓）等國家的官方報刊輿論的強烈譴責。當時的印尼外長馬利克和美國參議員曼斯菲爾德等人都明確表示南沙群島屬於中國領土。

朝鮮民主主義人民共和國外交部發言人於一九七四年一月二十三日發表聲明說：「南越傀儡集團在強佔中華人民共和國的神聖領土——西沙群島和南沙群島的企圖下，一月十五日出動海軍和空軍，對這些島嶼進行野蠻的砲擊和轟炸……這是對中華人民共和國領土完整和主權的犯罪侵略行徑，是對中華人民共和國的蠻橫無理的挑戰。」

當時的印尼外長馬利克認為：「如果我們看一看現在發行的地圖，就可以從地圖上看到帕拉塞爾群島（即西沙群島）和斯普拉特利群島（即南沙群島）都屬於中國的。而且從未有人對此提出異議。」

一九七四年美國參議員曼斯菲爾德建議給中華人民共和國「最惠國待遇」的聲明中，認為中國對西沙群島和南沙群島主權的要求「都是非常有理的」。

二、國際會議和有關國際條約對
中國南海諸群島主權直接或間接的確認

中國擁有南沙群島的主權和中國政府在南沙群島的行使管轄權，在世界上，也得到國際會議和有關國際條約直接或間接的承認。

在馬尼拉召開的國際民航組織會議通過的決議，說明南沙群島屬於中國領土得到了參加該國際會議的國家公認。一九五五年十月二十七日，在菲律賓的首都馬尼拉召開第一屆國際民航組織太平洋地區飛行會議。出席這次會議的共有十六個國家和地區。除澳大利亞、加拿大、智利、多明尼加、日本、老撾、南韓、泰國、英國、美國、新西蘭、法國等國外，當時的菲律賓、南越和中華民國也都派代表出席了會議。大會由菲律賓首席代表擔任會議主席，法國首席代表為大會第一副主席。會議認為南海諸群島中的東沙、西沙和南沙群島位於太平洋要衝，這些地區的氣象報告對國際民航關係很大。所以，與會代表通過第 24 號決議，要求中華民國在南沙群島加強氣象觀測（每日四次）。當時，通過這項決議時，包括南越和菲律賓代表在內，沒有任何一個國家的代表對此提出異議或保留意見。

涉及中國與日本的國際條約和有關文件，也都間接承認南沙群島的主權屬於中國。

　　一九四三年十一月間，中國、美國和英國在開羅會議結束後發表的《開羅宣言》指出：「三國之宗旨在剝奪日本自一九一四年第一次世界大戰開始以後在太平洋得或占領之一切島嶼，在使日本所竊取中國之領土，例如滿洲、台灣和澎湖群島等歸還中華民國。」一九四五年七月，中、美、英三國促令日本投降的《波茨坦公告》再度指出：「開羅宣言之條件必將實施，而日本主權必將限於本州、北海道、九州、四國及吾人所決定其他小島之內。」根據上述精神，當時的中華民國政府已於一九四六年十一月至十二月間，派遣官員前往西沙群島和南沙群島進行接收，並將這兩個群島劃歸廣東省管轄，這是大家所共知的事實。

　　一九五二年四月二十八日，在台灣的中華民國政府當局與日本單獨簽訂雙邊條約，其中第二條說：「茲承認依照一九五一年九月八日在美利堅合眾國舊金山市簽訂之對日和平條約第二條，日本國業已放棄對於台灣及澎湖列島以及南沙群島及西沙群島之權利、權利根據與要求。」但由於日本和中華民國政府當局簽訂的和約乃是雙邊條約，日本聲明放棄西沙、南沙群島，只能認為把這些島嶼歸還締約對方即中國。而日本與其他國家簽訂的雙邊和約，都未提到南沙群島問題，說明日本政府認為南沙群島屬於中國，所以向當時它承認的中國政府聲明放棄過去侵佔過領土的權利。在簽署舊金山對日和約的第二年，即一九五二年，由日本外務大臣崗崎博男簽字推薦出版的《標準世界地圖集》的第十五圖《東南亞圖》，就明確地把日本規定放棄的西沙、南沙、中沙和東沙群島全部標註歸屬中國。

　　一九七二年七月，中華人民共和國與日本正式建立外交關係。

區散布著七百個以上的大小島嶼，其中最大的島是海南鳥和幾個群島（東沙群島、西沙群島、中沙群島、南沙群島）。」

地圖是國際上確認領土歸屬的一種證據。現代世界上許多國家，無論是官方出版的或權威性的地圖集，都清楚地標註西沙群島和南沙群島歸屬中國。從而承認它是中國領土不可分割的一部分。

日本一九五二年出版的《標準世界地圖集》以及一九七三年平凡社出版的《中國地圖集》，英國一九六八年出版的《今日電訊歷史集》，法國一九六八年國家地理研究院出版的《世界普通地圖》和一九六九年巴黎出版的《拉魯斯現代地圖集》（法文版）；西班牙一九七〇年出版的《阿吉拉爾大地圖集》和一九七五年出版的《綜合世界經濟地理地圖集》，以及德意志聯邦共和國一九五四年慕尼黑出版的《世界大地圖集》等的有關圖幅中，對南沙群島都標有歸屬中國的注記，表示屬於中國領土。

羅馬尼亞一九五七年由國家出版局出版的《世界地圖集》和一九六四年由教育出版社出版的《亞洲自然地理地圖》，以及一九七四年出版的《地圖集》中，南海諸群島都標註歸屬中國。

蘇俄在一九五〇年以後，官方出版了許多地圖，幾乎所有地圖集，如一九五〇年由蘇俄海軍部出版的《地圖集》，一九四五～一九六七年出版的《世界地圖集》，一九七四年由國防部海軍艦隊出的《海洋圖集·太平洋圖卷》，以及一九七五～一九七六年出版的《袖珍世界地圖集》等，無一不是把南海諸群島標註屬於中國的。

從一九五〇年代到一九七〇年代，東歐許多國家出版的地圖，也同樣明確標注南海諸群島的主權是屬於中國所有。如保加利亞一九五九至一九六〇年出版的《亞洲中部、東部和南部地圖》，捷克

斯洛伐克一九五八年、一九五九年和一九六五年出版的「袖珍世界地圖集」，匈牙利一九五九年出版的《亞洲》（掛圖）、一九六一年出版的《世界政治經濟地圖集》、一九六五年出版的《袖珍世界地圖集》，以及一九七四年出版的《插圖本世界政治經濟地圖集》，德意志民主共和國一九五七年出版的《世界地圖集》、一九六八年出版的《哈克世界概要地圖集》，波蘭一九五七年出版的《亞洲政區地圖》（單幅掛圖）、一九六〇年出版的《東南亞》（掛圖）以及一九六八年出版的《培加蒙世界地圖集》等等。

四、越、菲承認南海諸群島主權屬於中國的歷史資料

㈠越南

在一個相當長的時間內，越南方面無論是其政府的聲明、照會等官方正式文件，還是在報刊、地圖和教科書中，都曾多次承認南沙群島自古以來就是中國的領土。看看下列歷史事實就很清楚了。

一九五六年六月初，南越吳廷琰政權接連發表聲明，叫嚷它對西沙群島和南沙群島擁有「傳統的主權」。為此，越南民主共和國外交部副部長雍文謙於同年六月十五日接見中國駐越南大使館臨時代辦李志民，就向中國鄭重表示：「根據越南方面的資料，從歷史上看，西沙群島和南沙群島應當屬於中國領土」。當時在座的越南外交部亞洲司代司長黎祿進一步具體介紹了越南方面的資料，指出，從歷史上看，西沙群島和南沙群島早在宋朝時就已經屬於中國。雍文謙副外長還進一步表示說：越南政府「準備根據越南方面搜集到的有關資料，在報刊上公布，以配合中國的鬥爭」。

　　一九五八年九月四日，北京發表關於中國領海的聲明，宣布中國的領海寬度為十二浬，其中明確指出：「這項規定適用於中華人民共和國的一切領土，包括……東沙群島、西沙群島、中沙群島、南沙群島以及其他屬於中國的島嶼。」越南「人民報」於九月六日報導了中國政府有關領海聲明的詳細內容，九月十四日，越南總理范文同給周恩來總理的照會中表示：「越南民主共和國政府承認和贊同中華人民共和國政府一九五八年九月四日關於規定中國領海的聲明，越南民主共和國政府尊重這一決定」。當時，越南「人民報」對中國政府聲明作了詳細報導，並發表社論表示支持。指出，誰侵犯中國的領海，誰就是侵略者。范文同致周恩來照會中譯文如下：

　　越南民主共和國　總理府
　　尊敬的總理同志：我們鄭重的向總理同志聲明：
　　越南民主共和國政府承認和贊成中華人民共和國政府於一九五八年九月四日所作的關於中國領海的決定和聲明。越南民主共和國政府尊重該項決定並指示具有相關責任的國家機關在與中華人民共和國處理各種海洋關係時澈底尊重中國的十二哩領海。
　　我們向總理同志致以誠摯的敬意！
　　一九五八年九月十四日於河內
　　敬致北京，中華人民共和國國務院總理周恩來同志
　　　　越南民主共和國政府總理　范文同（簽名　蓋章）

　　一九七四年以前，越南出版的書刊和官方出版的地圖，也都把南沙群島劃為中國版圖。

　　一九六〇年越南人民軍總參謀部地圖處編繪的「世界地圖」，按中國名稱標註南沙群島並在其中括註屬於中國。一九六四年由越南國家測繪局出版的《越南地圖集》，不但用中國名稱拼寫中國東沙、西沙和南沙群島——Quan dao Dong-sa，quan dao Tay-sa，Quan dao Nam-sa。而且，南沙群島圖上顏色和中國所著顏色一致，和越南本國的顏色不同。一九七二年由越南國家測繪局出版的《世界地圖集》的「菲律賓、馬來西亞、印度尼西亞、新加坡」圖幅中，也用中國名稱拼寫西沙群島、南沙群島作 Quan dao Tay-sa，Quan dao Nam-sa，以示西沙島和南沙島群屬於中國，從未標過象徵越南當局現在所稱的「黃沙群島」和「長沙群島」，以代替我「西沙群島」和「南沙群島」。

　　一九七四年越南教育出版社出版的地理教科書《中國》一課中，也承認南沙群島屬於中國。教科書說：「從南沙、西沙各島到海南島、台灣島、澎湖列島、舟山群島形成的弧形島環，構成保衛中國大陸的一道『長城』。」

　　此外，越南出版的「越南」地圖也沒有把南沙群島列入它的版圖範圍，這又從另一個方面證明南沙群島係屬中國領土。諸如一九五八年出版的《越南行政地圖》，把南沙群島標屬越南國外部分。一九六四年越南測繪局出版的《越南地圖》圖內也不包括南沙群島。一九六六年國家地理局出版《越南地形與道路圖》和一九六八年越南教育出版社出版的《越南行政區域圖》，圖上都沒有把南沙群島列入其範圍。

　　甚至在一九七〇年越南教育出版社出版的《越南自然地理》和由越南科學技術出版社出版的《越南領土自然地理分區》都明確指出，越南領土的最東點為東經 109°21'。其實，早在一九五七年黎春芳主編的《越南地理》一書，談到越南的地理範圍位置時指出：「約在北緯 8°35' 至 23°24'，東經 102°8' 至 109°30'」。中國的西沙群島和南沙群島最西南的萬安灘位於東經 109°55' 以東。因而說西沙群島和南沙群島是越南領土根本是站不住腳的。

(二)菲律賓

　　南沙群島歷來不屬菲律賓版圖範圍（從一八九八年一直到二十世紀七〇年代中期）。這在一八九八年十二月十日美國和西班牙簽訂的巴黎和約，一九〇〇年十一月七日美國和西班牙在華盛頓簽訂的《關於菲律賓外圍島嶼割讓的條約》以及一九三〇年美英兩國簽訂劃定英屬婆羅州與菲律賓之間的邊界條約，都可以得到證實。同時菲律賓出版的大量地圖和書刊，也未將南沙群島劃入菲律賓版圖。請看以下事實：

　　十九世紀末，美國和西班牙為爭奪殖民地發生戰爭。美國占領了菲律賓。一八九八年十二月十日，兩國簽訂了巴黎和約，該和約第三款寫道：

　　　　西班牙割讓給美國的號稱菲律賓群島並包括下列界限內的島嶼：這一條界線從西到東沿著或者靠近北緯 20° 並通過巴士可航行的水道中央，從格林尼治東經 118° 到 127°，從那裡沿著格林尼治東經 127° 到北緯 4°45'，再從那裡沿著北緯 4°45' 到格林尼治東經 119°35' 的交叉點，可從那裡沿著格

林尼治東經 119°35' 到北緯 7°40'，從那裡沿著北緯 7°40' 到
格林尼治 116° 的交叉點，從那裡以一直線到北緯線 10° 與
格林尼治 118° 的交叉點，並沿著格林尼治東經 118° 到起
點。

可見，按巴黎和約規定，菲律賓西部領土是在四個交叉點（其經緯
度分別為 119°35'E 和 7°40'N；116°E 和 7°40'N；118°E 和 10°N；118°E 和 20°N）
接連，由這四個交叉點連結的直線，清楚地表明，中國南海諸群島
不在此條約線內。當然也就不是菲律賓領土了。

一九〇〇年十一月七日，美國和西班牙又在華盛頓簽訂了《關
於菲律賓外圍島嶼割讓的條約》，該條約表明：「西班牙讓與美
國，在巴黎和平條約締結時間以前，也許曾經有過的全部所有權和
所有權的要求，讓與美國屬於菲律賓群島外的該條約第五款所規定
的界限內任何和全部的島嶼。」根據此款條約規定，南沙群島也不
在菲律賓版圖之內。

一九三〇年一月二日，美英二國簽訂關於劃定英屬婆羅洲與菲
律賓之間的邊界條約，根據該條所劃定的界線，也表明南沙群島是
在菲律賓和在北婆羅洲的邊界線之外。

一九三五年菲律賓憲法和一九四六年七月四日美菲一般關係條
約中，再次肯定了上述條約的效力。也就表明中國的南沙群島是在
菲律賓版圖之外，不屬菲律賓領土。一九六八年九月十八日菲律賓
政府規定菲領海基線的（修正）法律中，也再度申明上述條約的效
力。修正法律表明：根據菲律賓憲法，「國家領土包括：美國依據
一八九八年十二月十日美國和西班締結的巴黎條約所割讓的全部領

土，其界限載於該約第三條，連同一九○○年十一月七日美國和西班牙華盛頓締結的條約和一九三○年一月二日美國和英國之間締結的條約所包含的一切島嶼，以及菲律賓政府在憲法製成時行使管轄權的全部領土」。

　　同時，菲律賓出版的許多地圖和書刊，也都沒有把南沙群島列入菲律賓版圖之內。如一九四○年菲律賓出版的多卷本「菲律賓調查統計地圖集」對南沙群島沒有任何表示；一九四四年美國軍事地圖局出版的《菲律賓群島》圖用紅墨線標明菲律賓的疆域，明確將我南沙群島標在菲律賓疆域之外。一九五○年和一九五八年馬尼拉出版的《菲律賓地圖》，也沒有把南沙群島列入其版圖之內。一九六九年馬尼拉調查委員會、南岸和大地測量局出版的菲律賓《地圖集》，也是用紅色虛線標明菲律賓疆域，明白無誤地將中國的南沙群島標在菲律賓「國防條約界線線」之外。至於菲律賓許多重要書刊，如《菲律賓百科全書》以及 E・H・布萊爾等人合著《菲律賓群島》等書及其附圖，都沒有包括南沙群島。

　　上述資料表明，菲律賓的疆域範圍始終有明確規定，中國的南沙群島從來就不是也沒有列入其疆域之內，而是在其疆域範圍之外。

　　上面的大量歷史證據說明：中國擁有南沙群島的主權，得到了越南和菲律賓政府官方的文件和公開出版的地圖和教科書的直接、間接承認。可是，近幾年來越南當局硬說南沙群島「很久以來」，「就是越南的領土」。越南當局這種出爾反爾的惡劣行徑，毫無國際信譽，完全是對國際法原則的公然踐踏和破壞。菲律賓政府對南沙群島的主權要求被菲律賓社會輿論認為是「缺乏歷史根據」的。

　　總之，我們從上述外國確證中國擁有南沙群島主權的論據，自然可以得出客觀而公正的結論：中國擁有南沙群島主權是得到眾多國家和國際輿論廣泛承認的。今天，越南和菲律賓當局背棄它們以前一向公認南沙群島是中國領土的立場，公然派兵侵占南沙群島一些島礁，對中國提出領土要求。它們在南沙群島主權歸屬問題上製造的所謂論據和謊言，只能暴露它們侵略的野心。我們相信，今天世界上許多國家和國際輿論，還是站在公正的立場，公認及支持中國對南沙群島擁有主權。

　　菲律賓原為西班牙的殖民地，美、西戰爭之後，西班牙將之轉讓給美國，一八九八年美、西媾和條約第三條所規定之菲律賓界線範圍，並未將南沙群島劃入菲方範圍。又經查菲律賓總統府地圖勘測委員會（Board of Technical Surveys and Maps）一九七〇年再版（初版為一九六四年）之菲國地圖並未將南沙群島劃入菲國疆域之內，此可作為菲國主張南沙群島為其領土時中國有力之反證。

五、歐美出版的圖集書刊明示南海暨請群島屬中國

㈠ *Larousse International Atlas Political and Economic Librairie Larousse*, Paris 1965 版 Map 13B (SE Asia)，對此西沙和南沙兩群島分別註明屬中國：Hsisha Tao (Paracel Is.) (Chungkuo)、Nansha Tao (Spratly Is.) (Chungkuo)。其他地亦同，如：Pergamon World Atlas, Pergamon Press (Oxford, London, N.Y., Toronot, Syney, Paris, Braunschweig. Tokyo)；P.W.N.-Poland Polish Scientific Pubishers, Warsaw, 1968 版索引第 441 頁註明 Hsisha Ch'untao (Paracel Islands), isls,

China。第 472 頁註明 Nansha Ch'untao (Nansha Islands), isls, China. Gran Atlas Aguilar, Aguilar, S. A. de Ediciones Juan Bravo, 38-Madrid, 1970 版第 222 頁地圖上註明 XISHAQUNDAO (Islas Paracel), (China) 及 NANSHAGUNDAO, (China)。

㈡ *Hammond's Ambassador World Atlas*, C.S. Hammond & Co. Six Printing, Feb. 1958 版本索引在該兩群島下，亦均註明主權屬於中國（China）。

㈢英國海軍部第 94 號地圖（British Admiralty Chart 94）第一條附註之尾端，即有「西沙群島於 1909 年併入中國版圖」等字樣。時越南之宗主國法國及其他各國亦未曾提出異議，足證國際間確認中國對上述群島的主權。

㈣英國與美國測量局 1923 年出版之《中國航海指南》（*The China Sea Pilot* Vol. III, Page 60 & *The Asiatic Pilot* Vol. IV, P.119）兩書皆謂西沙群島經中國政府於 1909 年併入版圖，其第一卷第 124 頁有中國漁民在南沙群島居留之記載，其原文為：Tizard Bank……Fisherman from Hainan usually visit the island annually in December and January and leave again at the commencement of ths South-West Monsoon.

㈤ 1952 年日本外務大臣岡崎藤男親筆推荐《標準世界地圖集》第十五圖「東南亞圖」就把南海四沙群島全部繪屬於中國。

㈥ 1963 年美國《威爾德麥克各國百科全書》，1973 年《蘇聯大百科全書》，1979 年日本共同社出版的《世界年鑑》，

1954 年德意志聯邦出版之《世界大地圖集》，1954 年蘇聯出版之《世界地圖集》，1968 年德意志《哈克世界大地圖集》，1970 年西班牙《阿吉拉爾大地圖集》，1973 年日本平凡社《中國地圖集》均將西沙與南沙群島標註為中國領土。

㈦ Rand NcNally-World Atlas-Good's Edition 索引內 Spratly Islands（南沙群島）項下 Region 欄註明主權屬於中國（China）。

㈧地理辭典 *Coulmbia Lippincott gazetteer of the World*, 1962, 2nd print 內有記載如下，足可作為國際公認的憑據：Spratly Islands.-Chinese Nanweinan-wa), Chinese dependency in South China Sea, part of Kwangtung Province, 111°55' E 8°38,N; 500 yds long, 300 yds wide. Sea-birds' eggs, turtles. Occupied by France 33-39; and by Japan during 39-45, when it was developed as submarine base. Also called Storm Island.

㈨另一地理辭典中 *Webster's Geographical Dictionary*, Revised Edition, Copyright (c) 1966, by G. & C. Merriam Co.版第 853 及 1076 頁，及 *The Columbia Lippincott Gazetteer of thw World*, Copyright 1952, 1962, by Columbia University Press, 2nd 1962 Printing 版第 1426 及 1814 頁內，對於該兩群島隸屬中國也都有明確記載。

六、英國海軍否定菲對南沙主權

一九九八年十一月，英國皇家海軍上校山銀勒發表的一篇有關

南中國海的調查研究，表明唯有中國與越南有歷史依據，可對南中國海諸島礁聲索主有權。菲律濱的要索是沒有根據，只是基於海洋法的自我解釋。

英文岷里拉時報頭版引據這篇英國海軍軍官的論文，全文譯出，供各方參考：

> 一個島嶼什麼時候「發現」的，及一個國家在什麼時候有權聲稱這個島嶼是它的呢？自從哥倫佈聲稱發現美利堅及麥哲倫代表西班牙皇室聲稱主有菲律濱以來，這些問題一直困擾著史學家。這是因為遠在這些歐洲「發現者」以前這些土地上就有著原住民的存在。
>
> 英國海軍上校山銀勒一九九八年初為英海軍就南沙群島爭端撰寫的調查研究，也再度提到這些問題。
>
> 根據馬尼拉時報取得的這份研究報告，唯有中國與越南對南沙有著歷史主權聲索。這項研究說，歷史上主權是包括菲律濱的其他四個聲索者所沒有的。菲律濱、中國、越南、台灣、馬來西亞與汶萊在爭奪散佈在南中海中間的小荒島群的控制。這些聲索具有戰略與經濟價值，因它位於主要航海線上。此外，這地帶相信蘊藏著好幾兆億噸石油與天然煤氣。
>
> 根山銀勒說，自從中國在漢朝發現了這些島嶼後，中國漁民許多世紀以來便棲息在南沙群島。漢朝是從公元前二〇六年到公元後二〇〇年。漢朝在亞洲擴展版圖及統一了四分五裂的中國神洲大地。
>
> 另方面，越南對南沙主權的聲索是依憑其與法國的歷史關

係，以及其十五世紀以來的考古與一八六二年以來的地圖，
表明這些島礁是那國家的一部份。山銀勒的結論是其他的聲
索只是「依賴對不斷改變的海洋法的不同詮釋」，以及其他
非歷史因素來「作為他們聲索的辯解。」菲律濱叫南沙為加
拉耶安島嶼，山銀勒在他的研究報告中說：只是「以這一地
帶對其安全與經濟生存的重要性來提出其聲索。」

馬尼拉說，這島群依照聯合國海洋法是在該國的二百哩經濟
專區範圍內。菲律濱是在一九六八年派兵駐紮，但菲航海家
克魯瑪在第二次世界大戰後代菲律濱聲稱這些島嶼的主權。
但是遠在克魯瑪在南沙群島登陸前，已有別的國家聲索這些
島嶼的主權。山銀勒說：日本一九三九年佔領這些島嶼，但
在一九五一年中日和約被迫放棄其主權聲索及承認中國對南
沙群島擁有完全主權。是在一九五〇年代，前南越官方領袖
兩度承認中國對這些島嶼的主權。二十年後南越與北越統一
了後，推翻了這項立場。

台灣一九五四年聲索對太平島主權，太平島是南沙群島的最
大島嶼。但因為不願牽涉進入一九七四年開始的中越對抗，
那導致數次血腥戰，台灣未兌現其聲索。汶萊也聲索這島群
主權，但沒有任何駐軍。這項研究也說，中國早在一九七四
年便開始在南中國海進行軍事行動，使用所謂「香腸策
略」，山銀勒說中國派遣漁船與有高級軍政官員在船上的海
洋勘查船舶到這受爭執的地帶巡邏。山銀勒認為「這些行動
確切表明中國有意使用軍力維護其在南沙群島的海洋與疆土
利益，及表明其在未來年間所欲採取的行動路線。」這項研

究指出在一九七四年中國對越南用兵，奪取南沙群島以北約三百五十哩的西沙群島，南越一艘炮艦在那裡被擊沉，兩艘驅逐艦受損。越南在一九七五年作出回應，佔領南沙群島的六島嶼。中國一九九五年到達其最南端的軍事據點。海軍在美濟礁建造房舍。菲律濱聲稱這礁嶼為其所有。中國不顧菲律濱的反對，逕行擴建其在這礁嶼上已有的建築物。

第九章　列強悍鄰侵略
南海諸群島的回顧

　　多災多難的中國，自十九世紀國勢積弱，列強悍鄰不斷侵略中國邊疆藩籬，不是被割讓就是被窺竊，外蒙古、琉球及中俄邊疆即為其例，終至偏遠幾個在茫茫大海中的荒涼小島，不若滄海一粟，也不得安寧。早在十九世紀，英、德、美、法、日等國即曾先後覬覦侵佔我國的南海島礁，茲分述其痛史如下：

一、英、德、美覬覦南海諸群島

㈠英國

　　一七〇一年，南海主權首次受到外來挑釁，英船馬塞勒斯號（Macelesfield）竄入我中沙群島，圖謀不軌。一八〇二年，英船窺測我隱盾暗沙。一八〇八年，英人羅斯和莫漢進入我西沙群島擅自測量。一八一三年，英國船長羅斯竄入我東沙島探測。一八一五年，英船調查號船主莫漢潛入我中業島進行測量。一八一七年，英船發現號船主羅斯潛入我華光礁進行調查。一八二六年，英船窺測我逍遙暗沙。一八四〇年，英船台圖號潛入我西渡灘。

　　一八四四年，英船主貝修恩（C. D. Bethune）、貝爾徹（E.

Belcher）、巴特（W. T. Bate）、沃德（J. Ward）、理查德（C.J. Richard）、理德（F. W. Reed）、堤閘（T. H. Tizard）等擅自調查包括我西、南沙在內的南海諸群島。英船七艘亦窺測我中沙群島。一八五一年，英船窺測我南通礁等。一八五八年，英船潛入我中沙群島西北角探測。一八六○年，英船竄入我北沙洲等地調查。一八六二年，英船主堤閘、裡德、沃德擅自測量我西、南沙群島。一八六四年，英船來福門號潛入我南沙群島進行調查。一八六五年，英船主堤閘發表測量我東沙島、琛航島、晉卿島的報告。同年，英船來福門號擅自調查中礁、伊慶群礁、華陽礁等。

一八六六年，英人蒲拉他遇風漂流入東沙島，並擅自改名為蒲拉他士島。英船來福門號調查我北康暗沙等島礁。一八六七年，英船來福門號窺測我中沙群島。一八六七年，英船來福門號調查我大現礁等島。一八六八年，英船來福門號調查我南鑰島等島。一八八○年，英船孟賣號測量我浪花礁。

一八八一年，英船埃爾斯肯號（Elsken）竄入浪花礁失事。一八六七年，英船來福門號測量我華光礁。一八八八年，英船潛入南沙群島進行活動。一八八九年，英船得爾號潛入安波沙洲一帶進行活動。一八九二至一八九三年，英船又竄入我中沙群島作局部測量。一九一一年四月，英人莫禮士與啤立竄入我東沙群島勘探磷礦。一九二三年，英國竟向我國提出請准在東沙島設氣象台，遭拒絕。一九二六年，英船一艘入侵我永興島調查。一九三四年八月，英輪劍橋號竄入我東沙島觸礁。一九八○年，英船孟賣號竄入我高尖石。

㈡德國

一八八一年，德艦佛列拉號（Frera）及炮艦埃爾蒂斯號（Iltis）

前往我西沙群島、永興島等進行非法測勘。一八八二年，德艦佛列拉號勘測我北島、東島等島。一八八四年，德艦佛列拉號勘測我西沙群島、珊瑚島、甘泉島等島。一八九五年，德艦勃洛那號竄入我西沙群島失事。

㈢美國

一八三五年，美國測量船 David Scott 至我南沙群島奧援暗礁一帶測量。一八四二年，美國文森斯號考察艦至我南沙群島中部進行測量。一九五五年，一位美國陸軍軍官率領一幫人至我南沙群島活動。美機一架至西沙群島盤旋進行偵察。一九五六年六月七日，美國第七艦隊司令公開聲稱要至南沙群島「視察」。一九五六年六月，美國水上飛機數次飛入我太平島等地作低空偵察。一九五七年五月，美國軍隊侵佔了我南沙群島中的三個島嶼。並建立雷達站。一九五七年五月二十四日，美國公開揚言要在我南沙群島上建氣象站。一九五九年二月二十二日，美機至我西沙群島上空進行偵察。一九五九年二月二十二日～一九七一年十二月二十五日，美機、艦至我西沙群島領空、領海偵察。一九七四年一月二十一日，美機飛入我西沙群島進行偵察。

二、法國侵犯我西、南沙群島主權

因南海西、南沙群島距安南較近，正西直距西貢僅二八三浬，故法人垂涎已久。一八六七年，法國水路調查船萊芙爾海號船曾到太平島地區測量製圖。一八九八年十二月，法國殖民者沙布里埃向殖民部提出，欲在我西沙群島上為漁民搞個供應站來做買賣，此企圖未實現。一八九九年六月，法國印度支那殖民總督杜梅向殖民部

提出，為了不讓另一個列強在我西沙群島立足，他主張在那裡建一座燈塔，作為對日後提出主權的根據。一九二〇年十月，法船弗拉納昂（Phranamg）竄入我中建島擱淺。一九二〇年，法國殖民者船隻侵入我西沙群島。

一九二三年九月，法國出版《世界著名的殖民小島──中國海之小島嶼》（*Le monde coloniale Illusts Vivielle: Les Ilots desmers de Chine*）記載：九島之中，惟有海南人（只中國海南島居民）居住，除海南人而外，並無其他國人。當時西南島上共有居民七人，其中有孩童二人，帝都島上共有居民五人，斯伯拉島上共有四人，較一九三〇年增多一人，羅灣島上有華人所留的神龕、茅屋、水井，伊都阿巴島上雖不見人跡，卻發現中國字牌，大意謂「運糧至此，尋不見人，因留藏於鐵皮之下。其他各島上漁民居住之遺跡亦隨處可見。」

一九二五年四月，法國殖民當局派平和芽庄海洋研究所所長克洪氏率艦得蘭遜號到我西沙群島進行非法測繪活動。一九二五年七月，法艦一艘入侵我永興島，三天後離去。一九二六年七月，法國殖民當局派出軍艦到我西沙群島上進行非法活動。一九二九年七月，法國殖民者叫人查檔案尋找材料，以圖霸占我西沙群島。一九三〇年四月十二日，日人退去後，法人乘虛而入。駐安南法軍當局派馬利修斯號（La Malicieuse）等四艘戰艦，載運法軍及部分安南軍前往南沙勘測，強佔太平島和南威島，在島上豎立法國國旗。當時中國因內亂頻繁，無暇兼顧，亦未引起國際上的注意。

一九三一年，法國殖民政府喉舌西貢《輿論報》兩次發表社論，要求佔領我西沙群島。一九三一年三月，法國小艇「不永久」號（Inconstant）竄入西沙群島進行非法活動。插上國旗，妄圖霸佔。

一九三一年十二月四日，法國致中國駐巴黎使館節略中公然聲明其對我西沙群島擁有「主權」。一九三二年三月，法國公然派兵佔領我西沙群島的永興島，建墳墓一座。一九三二年四月二十九日，法國致中國外交部節略中，對中國開採西沙群島鳥糞表示異議，反說自古以來這些主權是屬於安南的。一九三二年六月十五日，法國印度支那總督頒布 SC-152 號議定書，公然決定把我西沙群島歸屬越南承天省。

法軍入侵南沙。未受中國抗議，食髓知味，一九三三年法政府一面向中國政府交涉，欲合法取得西沙離島主權，即同時於同年四月七日至十二日，陸續以「南海海路建設不足，有礙安南商務航行」為詞，派遣戰艦載運大批陸戰隊人員，進佔南海中另八個較大的島礁。

一九三三年四月七日，法艦阿斯特羅拉布號、拉內桑號、阿拉特號侵佔安波沙洲。一九三三年四月十日，法艦侵佔我雙子礁（北子島和南子島）和太平島，並要求中國住島漁民替其看管所插法國國旗，即遭致中國漁民的反抗。一九三三年四月十一日，法艦侵佔我南鑰島。一九三三年四月十二日，法艦侵佔我中業島在島上掛旗、埋標記，即遭中國住島漁民搗毀。一九三三年四月十三日，法艦復佔我南威島，在島上掛旗，遭中國住島漁民反抗，並把法國旗更換為中國旗。一九三三年七月十九日，法國外交部公然發表佔領南沙群島的公告。

一九三三年七月二十六日，法政府發表公報，正式向世界宣佈佔領「南海九小島」，此即舉世皆知的法侵佔中國「九小島事件」。所謂九小島，三個屬西沙群島，六個屬南沙群島，即今之南

子島、北子島、中葉島、太平島、南鑰島及南威島。

　　法國政府於七月二十六日所發佈的此項公報，其第七八三七頁所刊載宣佈佔領南沙「六主要島嶼及其附屬島嶼」的文件末尾，有一行「附註」稱：本聲明取消了一九三三年七月二十五日公報第七七八四頁中的原先聲明。」此一「原先聲明」概略內容為：「在法屬印度支那與菲律賓西北方中國海內之『九個小島』，現已在法國主權之下，各該小島係於一九三三年四月上半月先後由法國軍艦豎立法國國旗，作出佔領⋯⋯。」中國駐法大使館將法政府四月二十五日的聲明與翌（二十六）日的聲明兩相對比，發現法國顯然意圖再把佔領地區繼續擴大至整個南沙群島地區，乃即依據歷史證據照會法外交部提出異議。翌日，即二十七日，即獲法外交部覆照詭辯，略以越南早在一八一六年（嘉隆王）即已宣稱對南海諸群島主權，中國卻遲至一九〇七年才派水師提督李準巡勘西沙，欲將之併入版圖；一九三〇年中國依國際氣象會議決議在南沙建氣象台，法方代表未提異議，係因此為純科學性質不涉政治；一八八七年，中外界務條約僅具當地性質，不能將位於分界線以東二百浬之西沙群島亦適用於此條約內，否則依此一分界線南伸，越南中部部分土地也將因位於線東而歸屬於爭國矣等語。

　　一九三三年八月。法政府再度發表官報。宣佈其當時佔領南沙群島的經過情形稱：「⋯⋯在安南與菲律賓群島間有一群珊瑚島，浮沙暗礁錯縱其間，航行者視為畏途，不敢輕近，惟各島上亦有草林繁生之地，瓊崖的中國人有住於該群島，以從事漁業者。一九六七年，法國水路調查船萊芙爾滿號曾到北區測量製圖。一九三〇年砲艦馬利休斯號正式佔領丹伯特島，一九三三年四月，法艦亞斯脫

洛拉卜號（Astrolable）及亞列特號（Alerte）復與調查艦達勒遜號（De Lanessan）訪丹伯特島豎立法國國旗，當時島上有華人三名……四月七日亞斯脫絡拉卜號又佔領安布哇島，其地無人……四月十日佔領地薩爾（即鄭和群礁）及依秋伯島（即太平島）其地有樹葉搭蓋之屋，復有奉祀神人之像……四月十一日佔領洛依塔（即南鑰島）……各島情形，大率相同。地薩爾與幾爾島，有由瓊州渡來之華人居住。每年有帆船載食品來島供華人食用，而將龜肉與龜蛋轉運以去。」

　　法政府所製造的「九小島事件」及其所發佈的公報，成為法國及以後越南共和國與越共政府主張南沙群島主權的張本。

　　此外，這二艘法國戰艦的航行日誌亦有以下的記載：

Fishermen from Hainan were found upon the majority of the islands of the Tizard Bank.

The (Hainanese) fisherfolk sometimes spent years in these regions fishing for tortoises and sea slugs. Junks would come in December to bring them provisions and would return Laden with tortoise-shell.

Further north still at the the Level of Nhatrang, in the atoll named "North Danger", the Alerte took possession of two sandy islands (cays)...... These cays are frequented by the fishermen of Hainan, who collect holothurians and tortoise-shell there; they get water from a well dug in the center of the Northern Cay......

中國政府自外電及駐法大使館電報獲知法政府於一九三三年七月二十五日及二十六日所發佈的公報內容後，於八月四日，正式照會法駐華大使，要求將法政府所發佈佔領的各島名稱、位置及經緯度詳細查覆，外交部同時聲明：「中國政府在未經確實查明以前，對於法政府佔領的宣告，保留其權利……。」

一九三三年八月十日，法外交部照會中國大使館，略以南沙中有九個小島係屬安南，應由法國統治。同日，法駐華大使覆照中國外交部告知法軍所侵佔的各個島嶼的名稱及其位置等。

至此，中國政府據以向法政府交涉力促法艦撤退，交還所佔島嶼，並曾提出嚴重抗議：「……蓋既稱有瓊崖之中國人住於該群島以從事漁業，又謂當時島上住有華人三名，復謂其地有樹葉搭蓋之屋，有奉祀神人之像，並謂有由瓊洲度來的華人居住，每年有帆船載食品來島供華人食用，是九島者早有華人居住，並非無人之島，法人已代我證明矣。依照國際公法與慣例，凡新發現之島嶼，其住民係何國國民，即證明其主權屬於何國。今該群島上全為華人，其主權應屬於我，自無置辯之餘地矣。」

法方既狡辯在先，中國政府雖再三抗議，字正詞嚴，法政府置若罔聞，拖延了事。

一九三三年十二月，法國石克斯在《地理雜誌》上撰文，陳述便利航行、氣象、經濟和軍事原因，而合併西沙群島說什麼為今之計，甚盼政府於最短其間決心佔領西沙群島，說西沙群島應為法國所有。一九三三年十二月二十一日，法國殖民政府強行把我南沙群島劃入巴地省管轄。一九三四年三月一日，，法國殖民者在我永興島上建立黃沙寺一座。一九三八年七月三日，法派軍佔據我西沙

群島，擅自建立氣象站。一九三八年三月三十日，法國殖民政府保大公然頒佈十號旨令，把我西沙群島劃入越南承天省。一九三九年五月五日，法國印度支那總督頒佈決定公然把西沙群島分成兩個不同的行政單位。

　　直至一九三九年日軍侵占該群島為止，島上法軍才被日軍驅逐出境。至中國抗戰勝利後，島上日軍接受中國命令撤至愉林港集中，此時，法軍又乘中國尚未派兵員進駐前，派少數法軍及安南人至該群島駐留，並經常派有軍艦在西沙、南沙群島外圍海面上巡邏。一九四六年七月二十七日，中國又曾發現不明國籍之船隻侵據西沙以南等群島。中央社自台北發出電報「我海軍總部決定派軍艦在南中國海作接收後的第二次巡邏」，所有此種神秘的不明國籍船隻，聞中國政府之決定後，終於二、三日內自動撤離。

　　法國對西沙及南沙群島野心未泯，於一九四六年夏，再遣派其海軍陸戰隊強佔西沙第二大島的甘泉島得逞。未幾，又派兵侵入西沙最大島永興島，終因中國守軍奮勇迎擊，未克得逞。

　　鑒於法國對中國南海諸群島的不良企圖日趨明顯，中華民國政府為顯示守土決心，遂於一九四六年七月二十七日由中央社發佈聲明：中國已決定派遣戰艦首途南海，執行第二次巡防任務。中華民國政府於一九四六年十月二日由內政部、國防部、海軍總司令部及廣東省政府分派代表及技術人員數十人，乘海軍太平、永興、中建、中業四艘戰艦，自南京出發，前往南海各群島正式接收，十一月二十八日接收西沙，十二月十二日，由太平、中業兩艦接收南沙並勘察、測圖、建碑、鳴炮慶祝，至此完成進駐防守南沙的任務，中華民國國防部命令海軍駐防部隊在太平島設立「南沙群島管理

處」，任命海軍少校嚴炳芳為首任處長執行防衛任務。

　　事有湊巧，正當中國海軍艦艇在南沙海域巡防之際，又發現法國的海軍部隊也正在駛入南沙，並陸續將甚多越兵運送至各個島嶼。一九四六年十月五日，法國 Cheureud 號戰艦載運陸戰隊登陸南威島及太平島豎立石碑，嗣又再派 Tonkinois 號戰艦巡航南沙，顯示其有重返南沙群島竊據的野心。

　　一九四六年十月，中法雙方代表就南沙及西沙群島主權問題開始談判，又由外交部召開會議，並約海軍總部高級官員參加報告，說明我軍於一九四六年十二月進駐戍衛情形，此一未決之懸案，相持一年，至一九四七年，法方提不出主權的有力證據，未達成任何協議，後因越南戰局緊張，乃於同年自動放棄對該群島的談判，從此，法國政府未再對西沙及南沙主權提出任何異議。自動放棄對南沙群島的談判。

　　鑒於法軍對南沙群島的長此窺伺，蠢蠢欲動，中華民國乃索性派遣海軍陸戰隊立即佔據太平、南威兩島，作為對法國野心的明確答覆。

　　一九四七年一月九日，法國外交部在巴黎聲稱西沙群島應屬越南謬論。一九四七年一月十六日，法國飛機一架飛入西沙群島上空進行偵察。一九四七年一月十八日，法國軍艦竄入西沙群島並在珊瑚島登陸。擅自架設無線電台。

　　一九四七年一月，中國海軍特遣部隊勘測西沙、南沙工作甫告竣事，法國軍機數度臨空南沙偵察，法國戰艦亦接踵而至，碇泊南沙群島海域，聲言昔日日軍自法軍手中奪去南沙，如今理應歸還法國，來勢洶洶，大有強行登陸，興師問罪之概，不可理諭。但因中

國守軍此時戒備森嚴，堅拒不納，法軍無隙可乘，只好夾著尾巴，悶聲不響，駛回金蘭灣。嗣越戰吃緊，原竊據西沙甘泉島的法軍也隨即撤離，至此，中國始全部接收西沙群島。一九四七年三月十五日，中華民國內政部頒佈處字第四四二號令，正式核准「南沙群島管理處暫行交由海軍管理」。

一九四七年八月十六日，中華民國政府頒處字第一三七一號令核准同年九月四日由內政部以內方一字第〇八八〇號公佈東沙、西沙、中沙、南沙四群島及所屬各島嶼礁灘的新名稱，並正式將此四個群島併隸屬廣東省管轄，昭告中外。當時並無任何國家提出異議。

一九四八年，佔據中國珊瑚島法軍在島上建屋和供水設備，不准中國漁民前往該處捕魚。一九四九年四月，法艦公然炮擊甘泉島，驅逐中國漁民，並入侵晉卿、琛航、金銀和甘泉等四島，建立主權石碑。一九五〇年四月，法軍六百多人侵佔我西沙群島中的永樂群島。一九五〇年十月十五日，法國政府悄悄地正式將西沙群島控制權移交給越南接管，南沙群島則無類似轉移情事發生。

一九五三年六月，法艦五艘登陸琛航、晉卿、甘泉等島和羚羊礁等處搞航標。

一九五五年六月，法艦七七五號登陸我永興島建起墳墓一座。一九五五年六月，法艦在永興島、琛航島、南島和北島等處偷偷建立水泥碑。一九五五年八月十三日，法艦九〇一九號強登永興島，對海南水產公司住宿進行非法搜查和拍照，並威脅中國漁民。一九五五年八月二十二日，法艦 L9006 號強登永興島，令中國漁民即返海南，並將中國所建紀念碑搗毀。一九五六年五月，法艦侵犯南

鑰島,並在該島西南角石上寫上「一九五六年五月有法國人來此」的中文字跡。一九五六年六月,法駐菲律賓代辦雅克·布瓦塞叫囂說南沙群島應屬於法國。不過,也只是說說而已。

三、日本入侵南沙群島主權

早在十九世紀末,日本即已覬覦我南海諸群島。

一八九四年(光緒二十年)八月,中日甲午戰爭爆發,陸戰決於平壤,海戰決於黃海,清廷軍隊望風披靡,八月退出朝鮮。九月,日軍侵入遼東,十月佔大連旅順,一八九五年一月陷威海衛,清廷議和,訂馬關條約,割台灣與日。日本吞併台灣後為了向中國南海及南洋地區擴展其軍事、經濟及政治勢力的根據地,乃開始鼓吹其「南進」政策,並提出所謂「水產南通」的口號。

一九〇一年(光緒二十七年)夏,日本商人西澤吉次自高雄至東沙島,竊取磷質肥料回基隆化驗。翌年(一九〇二)西澤吉次竄入我東沙島竊取磷肥、鳥糞土回基隆出售。一九〇六年,西澤和日商「長風丸」侵犯我東沙島竊取島上資源圖利。一九〇七年(光緒三十二年),日侵據台灣十二年,西澤糾合百餘工人乘「四國丸」載運建築器材竄入東沙群島的主島東沙島,毀中國漁船和太平廟,驅逐中國漁民據為己有,建碼頭、倉庫、宿舍、豎旗,刻石立碑,並擅改島名為「西澤島」,大肆開採磷酸礦,這是有史以來中國南海諸島資產首次遭到外國人掠劫。連帶中國對東沙群島的固有主權也被牽扯出問題來,而首次成為中日間的重大交涉事項。

清廷據報後,向日本政府提出交涉,經過兩年的折衝,日本始允由中國出資十三萬元向日商贖回東沙島,西澤吉次輕而易舉地獲

得此鉅款後於一九〇九年（清末帝溥儀宣統元年）撤出，至此，中國對東沙群島的主權才再度被世界各國所肯定。詎料西澤返回高雄後，向日人竭力鼓吹南海諸群島漁礦產蘊藏豐富，加上日人受了西澤在東沙不勞而獲的鼓勵，便紛紛向南海各群島進發，出入各主要島嶼，大事掠刮漁礦，據估計：單就太平島而言，極盛時期，日本磷礦工人多達三百餘人，未及一年，太平島磷礦蘊藏量被盜拓三分之一。清廷據廣東省總督張人駿奏報，以衛土有責，乃詔令水師提督李準及副將軍吳敬榮、劉義寬等人，分乘伏波、琛航兩艘戰艦，於一九〇九年四月二日首途西沙及南沙等諸群島宣揚國威，勘測島土製圖，豎立界碑及黃龍旗，日人聞風而退。至四月二十六日完成巡航任務。

　　李準在其呈奏清廷末代皇帝溥儀的巡防報告中提及南海各群島上仍有海南人前往居留，並在結尾強調「中國仍一直擁有南海中各群島的主權」。

　　迨至一九一七年中國在南沙群島的主權再度受到日本的挑釁，日本和歌山縣人宮崎的化學企業公司在日本政府「水產南進」號召下，集結大批磷礦工人，至南沙各島嶼蒐括磷礦，返日後極力鼓吹南海各群島是日人未來最有希望的漁場，日本漁船自此陸續南下竄入南沙各島，並以此為根據地，在南中國海四出活動。

　　一九一七年六月，日商平田末治等組織開取磷礦公司，乘「南興丸」到西沙群島的主島永興島等十二個島擅自探測和調查，並竄入我南沙群島的主島太平島等數十個島礁進行非法活動。一九一七年八月，日本人池田舍造、小松重利等先後竄入我太平島活動。一九一八年日本海軍中佐（中校）小倉何之助（Navinosuku Nokura）率水

手十六人乘「報效丸」號舊式帆船航行我西南沙群島一帶，在南沙的南子礁遇中國漁民，其後小倉著有《暴風雨之島》（*The Tempestuous Islands*）一書，記載南沙群島上中國居民及漁民的各種活動。

一九一八年三月，日商平田末治、小柳七四郎和齋藤庄四郎竄入西沙群島，擅自調查我西沙磷礦。

一九一八年七月，日本議員橋本竟向日外相呈請將我南沙群島劃入日本版圖。一九一八年十二月，日本拉沙磷股份有限公司派海軍中佐小倉卯之助等組成第一次探查隊，竄入我南子島、北子島、中業島、紅草峙和太平島調查磷礦。一九一九年，平田末治與植哲氏等成立「南興實業公司」，偷採我西沙磷礦。一九二〇年十二月，小倉卯之助組織二次探查隊，非法調查我鴻庥島、景宏島和安波沙洲。與小倉同行之恆藤規隆竟把我南沙群島改名為「新南群島」。一九二一年十月，日本拉沙磷公司招員百餘人在我太平島竊取磷礦。同年，日商「南興實業公司」通過奸商何瑞年組織「西沙群島實業無限公司」，承辦開採我西沙群島資源。一九二二年三月，日人小野勇五郎、高橋春吉等到我西沙群島進行非法調查。一九二三年，拉沙磷公司在我南子島竊取磷礦。一九二三年三月，何瑞年先後勾結日商平田、齋藤、安原美佐雄等出賣中國西沙資源。一九二六年三月，偷採中國東沙島海產多年的日商石丸庄助，又雇員六十人乘「友德丸」輪到我東沙竊取海產；偷採東沙海產多年日商松下嘉一郎率雇員一百多名乘「第三竹丸」輪到東沙竊取海產。一九二八年六月，日大阪大西宇兵衛與小煙政一到我西沙竊取磷礦三千七百多噸，回大阪出售。一九二九年四月，因世界經濟危機，

拉沙磷公司暫停竊取磷礦。此時，我因國民革命工作仍在繼續加緊進行，或因民國初立，軍閥割據，國內尚未安定，故無暇顧及外海諸島嶼的權益，致使日人在我南沙對磷礦的侵刮達十多年之久，至一九二九年因中國政府正式向日本政府提出書面抗議，始告終止。詎料未及一年，故態復明，一九三〇年，日商仲間武男糾集百餘人，乘船數艘到我東沙掠奪海產。一九三二年十一月，日商在東沙偷採海產，毀中國馮德安船一艘，打死中國船員多人。一九三三年八月，平田末治創辦開洋興業公司，派三好、松尾乘「第三愛媛丸」到南沙群島擅自勘查。一九三三年八月二十一日，日本竟發表南沙群島「應屬日本」的聲明。一九三六年十二月，平田末治的開洋興業公司派員到我太平島探查磷礦。一九三七年，日商再度在我西沙群島竊取磷礦。日本漁船亦來西沙放魚炮捕魚，並搶奪中國漁民財物而去。一九三七年九月，日軍侵佔我東沙群島。

　　一九三八年七月，日本「南洋興發股份有限公司」在我南沙群島盜取鳥糞。一九三八年十一月，日本在我西沙群島豎立石碑，詳刻侵犯西沙經過。一九三九年三月三十日，日軍侵佔我南沙群島，並宣布將其歸屬台灣高雄市管轄。一九三九年四月，日本軍隊佔據我西沙群島，趕走法軍。

　　當「九小島事件」中法進行外交折衝一度陷入緊張狀態之際，世界各國除日本外，甚少注意及此。

　　日本早已深恐法國勢力擴大將對台灣造成嚴重影響，同時，日本亦從未放棄其「南進」的野心，經常在伺機而動，日人自認在南沙有「先佔權」。法軍吞併中國南海九個主要島嶼，為日本所不能容忍，因此，以「日本遺留有產業在南海諸島」為藉口，以日本的

肥料公司在南沙開採磷礦有年，法國佔領此等島嶼，係對日本在南沙的權益構成侵害」，向法國提出「嚴重抗議」，才使「九小島事件」一時遠近轟動。

一九三七年，日軍發動侵華戰爭，又加速推行其所謂「南進計劃」，席捲中南半島，至一九三九年（日昭和十四年），中國沿海各岸已完全為日本海軍所封鎖。一九三九年三月一日，日本軍隊侵入西沙，順勢兼併，三月三十日，驅逐法軍，侵入南沙。同日，日駐台灣「總督府」發佈第三十一號令，將西沙及南沙（日政府合併命名為「新南群島」）歸屬高雄州的高雄市，由日駐台總督統轄。至四月九日，日本政府始正式宣佈完全佔有東沙、西沙及南沙各群島，至中國南海的四大群島盡入其手。

日本軍國政府於侵佔我南海諸群島得逞後，於昭和十四年（1939）《台灣年鑑附錄》南支那概觀第三六頁，除說明西沙及南沙位置外，並詳述日人「發現」經過，並妄謂「此群島由高雄平田末治氏在大正六年（1917）「發現」，並錄下平田末治的談話。以下是平田氏發表的談話：

> 西沙群島是越南與香港交通之扼喉，最大的永興島（Wood Island）周圍有七哩。其森林浮於海面，其氣候很溫暖。我最初發現西沙群島是大正六年（1917），亦到過東沙、新南群島（南沙群島）。在群島上採了磷礦之樣本，知其為良質後，三年開始準備開發。向外務省通商局局長田申報告。政務局長芳澤謙吉（前任駐華大使）說：「此係無人島，如果某一國的人民在此居住及工作十年，如無他國抗議，當然屬此的

屬地。」當時向香港交涉的結果，答覆是所屬國不明，故我們就安心從事開採礦業了，「其間常受中國人之阻礙」，一直到大正末期（1926）開採了百萬噸的磷礦，其後受到了震災，一次大戰後，磷礦的銷路已少，因而不得不停止開採。法國軍艦就利用此機會到達西沙群島，而發出佔領新南群島的宣言。其後受日軍的抗議，此宣言就自然而然的撤消了。昭和九年（1934），由槙哲氏創設開洋興業株式會社，再度開發新南群島的磷礦，西沙群島亦在次年（1935）十月開始大規模的事業，現在有二百四十名的工作人員，可能有每月五、六千噸的磷礦的產量。十二年（1937）十月，法國軍艦瑪路內號徘徊於此，有進取之野心，很明顯的西沙是日本的領土，法國無任何可有的要求權。

從這一篇談話中，我們不但看出日本侵佔中國領土的野心，更看出此土地非無主土地，，乃是由中國人在不斷的抗議收回的國土。悍強竟對中國領土互訴，企圖分割中國領土，這真是中華兒女的奇恥大辱。

　　日本於侵佔西沙及南沙群島後，毀去原有中國所立之石碑，改立「大日本帝國」石碑，並修築碼頭、公路、營房、修護所，建設頗多，規模宏大，類皆鋼筋水泥工程，曾利用為榆林軍港前哨的南威島等作為其海軍基地，停泊魚雷潛艦等，發揮極大效用。在經濟方面，日本在南沙各島進行大規模的磷礦開採，直到大正末期，開採達百萬噸。

　　一九三九年四月四日，法國外交部針對日本以武力逐退法軍吞

併西沙及南沙之舉提出強烈抗議。

到了第二次世界大戰期間，日本佔據南沙群島並改稱為「新南群島」（Sinnan Gants），劃歸「台灣高雄州」管轄。日本將太平島（日人稱「長島」）作為海軍基地，他們認為佔據南沙群島，在戰略上日本完全確立了太平洋的制海權（日本昭和十四年印行的《南支那年鑑》載）。到抗戰末期，日本更開闢南威島建設為海軍基地。

一九四五年八月十日，日本戰敗，決定向盟國無條件投降。盟國聯軍最高統帥麥克阿瑟乃下令所有在北緯十六度以北的日軍均向中華民國投降。此項命令表示峴港及南海西沙群島以北的領土均由中華民國接收。聯軍統帥的命令雖未包括南沙，惟中華民國政府基於中國歷史上對南沙的固有主權，保土有責，仍命令所有留駐南沙等待受降的日軍，隨同西沙的日軍同時向海南島榆林港集中，聽候中華民國處理。中華民國政府自一九四五年九月九日開始辦理接受日軍投降事宜。

中國軍隊，在盟軍最高統帥命令下，接收了北緯十六度以北的越南，予以管轄，直至一九四六年三月始交還給法國。此時法國並未亦無理由與立場要求中國給予西沙及南沙的主權。

一九四六年十一月，中華民國政府接收西沙群島並派兵駐守。一九四六年十二月，中華民國政府派太平、中業兩艦接收南沙群島。失去的南沙，從此歸還祖國。

一九四七年十二月一日，中華民國政府正式核定東沙、西沙、中沙及南沙等群島及其所屬各島嶼、礁、灘等名稱。宣告中外，當時並無任何國家（包括括法國、越南、菲律賓等國）提出異議。一九五一年，美國在舊金山召開對日和會，中國政府未獲邀參加，然越南卻

獲邀參加該會議，並於會中主張其對西沙與南沙群島之主權。一九五二年四月二十八日，中華民國與日本雙方簽訂中日和約，其中第二條規定「日本國業已放棄對台灣及澎湖群島以及南、西沙群島之一切權利、名義與要求」。

· 南沙風雲 ·

第十章　菲乘虛竊據南沙群島

一、菲人意圖染指南沙的序曲

(一)季里諾首倡其議

　　菲律賓政府企圖染指南沙群島，係在一九四六年初，財政部長季里諾（Elpidio Quirino）向羅哈斯（Manuel A. Roxas）總統建議佔領南沙群島中一部份島嶼，美國政府於聞及此一建議時，頗感驚訝。' 這是菲律賓政府表露侵略南沙意圖的首次，後來，季里諾當選副總統，並兼任外長職。一九四六年七月，外長季里諾曾宣稱菲國擬將南沙群島併入國防範圍以內，但當時雖無任何行動支持其說。一九四六年九月十一日，季里諾以外長身份，致函盟軍統帥麥克阿瑟（Douglas MacArthur），正式提出由菲律賓兼併南沙主權的要求。惟美國當局並未因此採取任何行動，故亦未因此引起中菲關係上的不快。

　　一九四八年七月，季里諾因羅哈斯去世而繼任總統後，利慾薰心，妄圖憑藉總統職權逞其侵佔南沙群島的野心，乃於一九四九年下令加強菲律賓群島的海岸巡邏，並訓令國防部長康列旺（Kuperto Kangleon），派遣海軍准將安德拉達（Jose V. Andrada）赴太平島及附近地區視察。安德拉達於視察南沙返菲後在內閣會議報告南沙近況，

於提及菲巴拉灣漁民經常前往太平島時，部份內閣閣員亦附和季里諾之議將南沙群島歸併菲國版圖。

㈡中國公使館的因應

事為中華民國駐菲公使館聞悉，乃即正式向菲政府表明：太平島，一如南沙地區其他各島，是構成南沙群島的一部份，主權屬於中華民國。菲律賓外交部於收到中國公使館此項照會後，一面覆照中國公使館表示菲政府認知（acknowledged）「太平島為南沙群島的一部份，主權屬於中華民國」，另一方面則向菲內閣會議提議由菲政府對太平島周圍領海捕魚的菲國漁民加強保護。這是菲政府首次捲入南沙問題的漩渦，也是中菲兩國政府有史以來首次就南沙問題所進行的外交接觸。

㈢中國撤出南沙駐軍菲輿論表關切

一九四九年，中國大陸情勢急轉直下，中華民國面臨重大變局。一九五○年五月，中華民國政府為節約軍事開支，在將駐海南島、西沙守軍撤至台灣的同時，鑒於南沙補給不易，亦將「南沙群島管理處」暫時撤銷，將在太平島上所建的基地亦暫時放棄。在此真空狀態下，南海諸群島遂成為菲越等鄰國爭奪的焦點。

中華民國原駐西沙、南沙部隊撤離未幾，菲國朝野對中國南海的情勢深表關切，輿論主張菲政府應立即派兵佔領南沙群島。一九五○年五月十三日，《馬尼拉論壇報》及《馬尼拉紀事報》均發表社論，以南沙群島距菲甚近，為保衛菲國領土，主張菲政府立即佔領南沙群島。菲國防部長康列旺旋即發表談話，謂將與外交部長討論此一政策問題。中華民國政府當即針對此點發表嚴正聲明，指出南沙群島為中國領土，不容外人染指，菲方始放棄佔領的企圖。

㈣季里諾再度覬覦南沙

一九五〇年五月十七日，季里諾總統在記者招待會上稱：南沙群島屬於菲律賓。各報競相報導，然而終於經菲總統府發言人所否認。經中華民國政府再度重申對南沙群島的主權後，季里諾總統始改口謂：中華民國政府現仍駐守南沙群島之說，如屬正確，則菲國政府不要求南沙群島的主權，因中華民國係菲律賓的友邦。

嗣季里諾總統並謂南沙群島雖影響菲國安全，但主權屬於中華民國政府，菲國與中華民國有友好關係，不便採取何種行動。

儘管如此，季里諾總統似乎仍處心積慮，一心一意要兼併靠近民答那峨（Mindanao）以南靠近塞列柏島（Celebes）的一部份事實上屬於南沙群島的島嶼，並欲採取法律步驟，將這些島嶼置於菲律賓旗幟之下。兼併的藉口是「南沙群島距巴拉灣僅四百哩，靠近菲律賓」。

二、「人道王國」的始末

㈠荒謬的信

南沙群島原本是中國內海的一個安靜的世外桃源，也是中國的後院，鮮為外界所知，儘管在二十世紀上半葉，日寇乘人不備，闖入中國這個後院，竊去不少魚類和鳥糞。被法國人察覺，也來巧取豪奪，甚至這賊盜兩造居然在中國的後院刀槍相見，法方敗北。但畢竟由來有是，在報紙上爆光不多。惟獨所謂「人道王國」（Kingdom of Humnanity）這件荒唐無稽的怪事在南沙發生後，世界各地報刊，爭相騰載，使南沙群島亦受「盛名」之累，引起各國注意，而成為亞洲問題的焦點，其鄰近各國更因此對它發生濃厚興

趣，招來後患無窮。

　　一九五四年六月五日，有自稱「人道王國政府外交部長」安德生（Victor L. Anderson）的狂人致函中華民國蔣總統，宣稱甫成立「人道王國」，位於東印度群島及法屬中南半島之間，即越南附近，由一群小島所構成。「人道王國」係前具有美國籍的「國王」及其他數名美國人士，受聖靈感召所手創，他們的行動是秉承天意，「人道王國」願支持中華民國政府光復大陸，但請中華民國政府先予承認，並割讓西沙群島，將來彼可進一步向中華民國商洽價購中華民國海南島及給予財政上的援助問題等語，通訊地址為馬尼拉第一○九四號信箱，經總統府函外交部審查認為其所稱各節荒誕不經，嗣外交部函國防部查明中國在南海所屬各島嶼中雖無此一所謂「王國」的組織，並電飭駐菲大使館，查明亦未聞有此「王國」。

　　一九五四年七月廿七日，復有自稱「人道王國」的「行政部長」威立德（Paul A. Williord）的狂人致函蔣總統，重申「價購海南島」的要求，內容的荒誕，無分軒輊，發信地址是所謂馬尼拉孟尼特島「親睦大廈」Amity Hall, Manity Islands (through Manila)，國府外交部同樣未予置理。

　　一九五五年六月，復有自稱「人道王國領事」者在菲各地詐財，被菲警方拘捕，查明係一美籍商人，名米茲（Morton F. Meads），自其身上搜出所謂「人道王國」的地圖等件，經研判地圖界線，南沙群島包括在內，此人承認捏造「人道王國」，真相乃告大白，但菲政府據此迭派空軍按圖偵察，發現其中一島有屋宇跡象，認為可能係走私或共黨活動的根據地。菲政府召開祕密會議，部份菲政府官員主張立即佔領，以固菲防務，後因中華民國政府重

申南沙主權，立場堅決，未便造次，其議遂寢。

其後不久，又有一具名鍾斯（James Jones），於一九五六年六月十六日及七月十九日，兩度致函中華民國外交部葉公超部長謂願協助中國政府解決南沙群島案，並為中華民國建立南沙群島防衛系統，索取年薪五萬美元，及保衛費每年五十萬美元，此函經台北外交部研判仍可能係出自美旅菲不肖商人米茲的手筆，未予置理。

一九七一年七月底，中華民國駐美國大使館收到美國飛虎石油公司（Flying Tigers Oil Co., Inc.）董事長赫弗納（John Hivner）七月十三日寄自馬尼拉請求轉呈蔣總統的掛號函一件，略以飛虎公司已由某一聲明對南中國海中數小島有主權的國家，獲得此地區周圍廿萬平方哩的油礦租約，因悉中國亦曾對這些島嶼有所主張，故通知中華民國此一公司決維護其合法取得的權利，盼獲知中華民國對此案是否遵守國際法，如六週內未獲覆，視為否定的答案，此一公司將採取任何必要的行動以維護其既得的權益云云。

一九七一年八月五日，中華民國駐美大使館再度收到美籍人士米茲七月卅日發自馬尼拉請求轉呈蔣總統函一件。略以中華民國政府近已侵入並使用其在中國南海中的島嶼，茲課以每日五百萬美元的租金，屆期不付，將向美國法院提出訴訟等語。此函末尾並有「副本抄送美國總統尼克森」等字樣，顯係米茲一手杜撰，兩函打字機字體相同，顯屬同一來源，而所謂「飛虎石油公司」董事長海弗尼爾（John Hivner）來函，亦實係米茲之流假借該石油公司名義偽造，因亦未予置理。

一九七二年三月十四日，米茲又自馬尼拉以「通函」分寄中華民國總統、聯合國祕書長、安全理事會主席、菲總統及中共主席，

略以：

1. 菲律賓出席聯合國海床及海底和平使用委員會代表所稱米茲「人道王國」的南沙群島曾於一九四七年為一菲人所佔據，乃一無人擁有，無人曾作要求及無人承繼的島嶼」一事係屬謊言。蓋彼自二次大戰以來曾對此一群島及其附近水域不斷地行使其唯一所有權的一切權利與權力，且可追溯至其數代祖先，均有紀錄可考。

2.「兩個中國」均聲稱「自始」即擁有此一群島一節，亦屬荒謬之言。蓋「當時」菲律賓、北婆羅洲、西里伯島、澳大利亞、紐西蘭、新幾內亞等地亦皆為無人之地，而中國何以捨此等地方而寧取離中國千里之外而並無多大利用價值的小島？

3. 彼為美國公民，美國定將保護其財產，否則至少有蘇俄及日本等國為之保護。

4. 請即下令停止對此群島油礦的不當要求及非法使用。

中華民國認為此函內容更是荒唐，同樣不予置理。

㈡「人道王國」的幕後人物

所謂「人道王國」，究係何種造化？而「米茲」其人又是何方神聖？引起中華民國及其他有關國家極大興趣。

一九五五年，菲京各報刊開始報導所謂「人道王國」的神祕故事，意謂「人道王國」係一君主政體，位於菲律賓以西的中國南海，人口三千多，都是法國、美國、中國、日本、印尼及馬來後

裔……。

　　中華民國駐菲大使館根據這些報導的鱗爪追跡調查，發現捏造這一連串荒謬絕倫故事的主角正是一九一〇年出生於美國賓夕法尼亞州的米茲，未婚，曾於第二次世界大戰期中在美國陸軍中擔任過隨軍牧師，略通法律，詭計多端，而於一九四六年三月自駐菲美軍中退役後流落馬尼拉，不務正業，前曾於一九五四年自稱「人道王國」領事，據有南沙群島，並發行郵票圖利，但不為國際集郵社會所承認，嗣在關島籌設麥克阿瑟礦產工業公司（MacArthur Mineral Industries Co.），未遵關島規章註冊，而擅發股票，持以賄賂菲國政要，促請承認其公司在菲國鄰近各島開採油礦的權利。菲國甚多政要均受騙為其鼓吹，但迄無成就。飛虎石油公司亦僅以同樣方式游說菲國會議員策動菲方以立法程式確定菲國在其外島的採油礦權利，麥克阿瑟礦產公司未在菲國註冊，是否在美國註冊，則未可知，然並無董事長赫弗納其人，可能是米茲的化名，菲鉅商蘇里安諾公司（Soriano & Co.）前招標開採鎳礦，米茲投標未得，乃向法院控告，結果敗訴。又米茲控告他人事件甚多，一九七一年九月曾以藐視菲法庭罪被罰款一千批索，米茲既無正當職業，又無收入，寄寓馬尼拉市區黎刹街一皮鞋店樓上，家徒四壁，一貧如洗，身無長物，鄰人常發現其在房內練習演說，似有神經病狀，復以瑣細事故，屢次控告房東，素為菲、美人士所不齒。

　　米茲向新聞界妄稱他曾於一九四五年出海探險，朝中國南海方向航行，兩天後「發現」一些島嶼，他將這些島嶼命名為「孟尼特群島」（Manity Islands），並在其中一個最大的島上登陸，隨即命名這個島為「親睦島」（Amity Island）。他後來才知道這些島礁早已由

一名叫雷安特（Willis Alva Rvant）的國王及其行政部長安德森（Victor Anderson）依據憲法行使統治權，這是一個「君主立憲」政體，米茲雖向新聞界出示這個所謂雷安特「王國」的「憲法」的影印本，煞有介事。

米茲自稱雷安特「國王」曾任命他為「領事兼商務專員」，並賦予他以尋求世界各國對這個新「國家」的承認及建立「王國」居民所需物資的供應系統，為了達到此一目的，他已設立了一家「菲律賓巴拜朗公司」（Philippine Pabulum Company），及「麥克阿瑟公司」（MacArthur Corporation），從事椰乾的製造及珍珠的開採與經營。經米茲推薦，「國王」雷安特已任命菲前國會參議員奧西亞斯（Camilo Osiass）為其「王國」駐菲「公使兼總領事」。

後據菲治安單位調查，獲悉「菲律賓巴拜朗公司」，實際上係一九四九年六月組成，經菲政府核准的資本額是五萬披索，在菲律賓科大巴多省（Cotabato）從事農業經營；「麥克阿瑟公司」係一九五二年二月成立，經菲政府核准，資本額為一百萬披索，從事煤礦及石油探拓，但均與米茲毫無關係，米茲自美軍中退役後第一年，主要從事軍事剩餘物資零售的行業。

㈢荒誕的郵票

這一所謂「人道王國」真相大白於世，及南沙群島首次引起國際間注意，主要肇因於米茲所印製發行的「人道王國」郵票。由於馬尼拉市面突然出現一連串怪誕郵票，菲律賓郵政當局乃據以追蹤，查出原由，係來自所謂「人道王國」，卻遍尋米茲無著，菲郵政總局立刻將此一疑案分別通知國家調查局（National Bureau of Investigation）海岸警衛局（Bureau of Coast Guard）及地質測量勘查隊

（Geodetic Survey sleuthing）進行調查，而南沙群島被視為「人道王國」的所在地，麥格塞塞總統乃下令菲國三軍派遣軍隊至南沙群島搜索，菲空軍總司令部並派遣偵察機群包括兩棲巡邏轟炸機及情報人員，由赫爾蘭德茲（Godofredo Hernandez）少校率領，自三寶娘（Zam-boanga）省起飛，直航中國南海，在南沙群島上空進行偵查。

　　菲空軍情報單位先後經過將近三週的空中偵察結果，並未發現此等島嶼上有任何居民出現，太平島上雖有碼頭及軍事設施如營舍等，卻空無人跡。菲海岸防衛部隊在經過數週的海上搜索後，亦一無所獲。因此菲軍事當局在報告中所作的結論是：「並無米茲所謂的王國存在」。

　　然而，菲副總兼外長賈西亞於細閱空軍偵察人員的報告後，即簽請麥格塞塞總統提出菲律賓對南沙群島的主權要求。

　　根據「人道王國駐菲領事」所發佈的新聞顯示，所謂「人道王國」顯然是指南沙群島，中華民國政府鑒於此一侵犯國土主權的陰謀不容坐視，乃於一九五四年七月，派遣軍隊及地質勘察人員赴南沙群島進行實地調查，並由駐菲大使館以照會將「人道王國」侵犯中國領土主權的事實通知菲律賓外交部。

　　米茲並異想天開，意圖發行「人道王國」紙幣，但未成功。一九五五年六月五日，《馬尼拉紀事報》的一項報導揭發「有一個集團以一個理想中的中國南海王國名義發行價值一百萬美元的假郵票圖利。這些以「人道王國」為名發行的假郵票完全是米茲按照他自己的幻想設計印製。其中一種郵票，圖案是一架美國超音速 F-86 噴射戰鬥機，戰鬥機的前面是一名全副武裝的美國空軍飛行員與一名日本飛行員，票面值一美元，下端印「親睦郵票（Amity Postage）

一元整」。另一種郵票圖案設計是一枚氫彈在太平洋爆炸的景況，文字與票面值相同。

㈣米茲被捕下獄

此等未經國際郵政聯盟承認的怪誕郵票一再在市面上出現後，菲國家調查局人員追蹤一些可疑的來往信件，終於查出米茲所租用的信箱號碼及大批與此等非法郵票有關的信件，乃將米茲逮捕到案。米茲向菲政府當局及新聞界妄稱他以「王國」的「領事」身份奉派與外國政府交涉，爭取外國政府對「王國」的承認。他並妄稱「『人道王國』的人民，因反對『王國』的暴虐統治，發生反叛，有兩名日本人因此被殺。島上的白人已創立一家公司，以麥克阿瑟將軍的名字命名，監督島上的珍珠開採及椰乾的製造企業，漁業開發亦在進行。「王國」備有一艘巨型雙桅縱帆式帆船，在新加坡等地推銷其產品，當他抵達「親睦島」時，島上的白人企圖逮捕他並將他擊斃，他設法說服這些島上白人統治者，並保證他無意篡奪他們的權力，但讓他離開「親睦島」去菲律賓充任一名「王國」駐菲商務專員，並與其他國家連繫，爭取世界各國對「王國」的承認，他協助他們完成「憲法」草案後即離開這一「王國」，以後便從未再回去過等話，完全是一派胡言。

菲國家調查局於搜獲米茲所印製的「人道王國」郵票及信封後，便將米茲拘押，並開始進行偵訊。米茲辯稱他印製這些「人道王國」郵票主要是售與集郵者，並無其他用意。

紐約前鋒論壇報特派「郵票暨硬幣版」編輯克爾（Ernest A. Kehr）飛馬尼拉會見米茲，才把這位「領事」的假面具揭開，並將米茲妄圖以「人道王國」為名發行郵票欺騙全世界集郵者的不良動

機公諸於世。

　　一九五五年六月，菲國家調查局人員將米茲帶到菲前參議員奧西亞斯（Oslias）辦公室，然後又將他交給菲陸軍部克魯茲（Pelagio A. Cruz）准將辦公室訊問，這可能與菲軍方要確定南沙群島的軍事價值有關。米茲在供詞中堅稱中國南海中有一「王國」，只是「王國」所在地的正確位置不能確定·他認為可能是在中國南海的南沙群島。

　　米茲反對菲軍方派遣探險隊前往偵察，如須派遣，須由他事先做好必要的安排，由「王國」的統治者出面接待。米茲於受到克魯茲准將親自訊問之後。翌日，馬尼拉督察局便以刑事及民事有關的多項罪名，將米茲依法提起公訴，諸如「擾亂社會秩序」、「散佈猥藝刊物」及「財物糾紛」等，但所有這些指控，後來都被菲法院駁回，判決不成立。

㈤導致菲政府對南沙再度注意

　　當菲國家調查局人員逮捕米茲時，自其身上搜出「人道王國」的地圖等，經報章雜誌大肆喧染，廣受大眾注目，經研判其所劃界線，南沙群島概括在內。米茲承認捏造「人道王國」，真相乃告大白。但菲政府對「人道王國」頗感興趣，因而據此迭派空軍按圖偵察，發現其中一島有屋宇跡象，認為可能係國際走私集團或共黨活動可能利用的根據地。菲政府召開祕密會議，部份菲政府官員主張立即佔領，以鞏固菲國防務，後因中華民國政府重中南沙主權，立場堅決，未便造次。菲空軍偵察報告中稱「太平島正被走私份子利用，一艘可能來自台灣的漁船引起猜疑。」

　　菲空軍偵察報告促使菲副總統兼外長賈西亞（Carlos P. Garcia）建

議麥格塞塞（Ramon Magsaysay）總統提出對南沙群島的主權要求。當中華民國宣佈南沙為其領土的一部份米茲的所謂「人道王國」進行調查時，菲政府也正就要求「佔領這一群島中一部份島嶼作為觀測站」妄加思索。

一九五五年，菲政府收到中華民國大使館公使周書楷的照會，照會中述明所謂「人道王國」的位置就在南沙群島地區，係屬於中國版圖。其後，菲外交部於同年七月，宣佈「菲政府鑒於中國聲明所謂『人道王國』是中國領上，菲政府將不再准許菲國海軍登陸此等島嶼探險。」

(六)「人道王國」悲劇收場

一九七二年三月十四日，米茲自馬尼拉致函菲總統馬可仕，略以米茲家族自其祖父之前即已擁有南沙群島的所有權而且世代相傳。自第二次世界大戰結束以來，他的父親即繼續經營這些島嶼，而且曾與三個不同的國家有過文件往返，可資佐證。

米茲致馬可仕的此項函件副本分致中華民國蔣總統、聯合國大會祕書長及安全理事會主席等人。

三個月以後，米茲另函「自由地總統兼發現人」克魯瑪，要求南沙群島的主權。米茲在函中說：南沙群島早已有人先佔，故絕非無人之島，更非係新突出海面的礁灘，而係米茲家族歷代以來所繼續佔領。早在十九世紀，他的曾祖父詹姆士·米茲任海軍上校時即曾率軍駐守這些島嶼，推向全世界宣佈這群島為「人道王國」，以防西班牙及其他國家侵襲。那時菲律賓共和國尚未誕生，但這在菲律賓歷史上都有紀載。

一九七二年七月十八日，《馬尼拉每日鏡報》（Daily Mirror）透

露，南沙群島中的「人道王國」「國王」黎安特（Willis Alva Ryant）
在康辛（Konsing）颱風來襲時，在岷多洛（Mindoro）海灣因帆船仰覆
與其他五人，多數為美國人，同遭淹斃。另據菲律賓新聞社記者康
明思（Bob Cummings）事後報導稱，他曾訪問過那次災難中的一名倖
存者，據告以黎安特「國王」等一行十一人，於一九七二年六月二
十五日在訪問馬尼拉後，乘一艘五十噸的雙桅帆船，返中國南海的
群島「王國」途中，遇康林颱風來襲傾覆，當時曾放下救生艇，但
全被巨浪沖走，黎安特國王與其他五名內閣閣員未能登上救生艇致
十一人中有六人慘遭沒頂，只有五人生還。六名罹難者除「國王」
黎安特外，為「郵政局長」魏拉爾德（Pail Willard）、「經濟暨天然
資源部長」查甫林（William Chaplin）、「特命全權大使」胡清遜
（Walter Hutchinson）、「外交部長」維克脫·安德森（Victor Anderson）
及「國家安全部長」查理士·安德森（Charles Anderson）。生還者姓
名為何漢生（Emil Johanson）、賴維英（Herni La Vein）、邱波德（Umar
Bin Tubod）及賴比（Kusmo Labe）。十一人中，除安德森兄弟屬英國
籍外，其他九人均具有美國及「人道王國」的雙重國籍，而且都是
「人道王國」的「政府」官員。

三、克魯瑪唾涎南沙漁礦資源

㈠克魯瑪其人

　　米茲所捏造的荒誕「王國」故事告一段落之後約一年，菲律賓
海事學院（Philippine Maritime Institute）院長湯姆士·克魯瑪（Tomas A.
Cloma.）於一九五六年五月十一日宣稱，他為了欲在南沙群島開設
罐頭工廠，曾於一九四七年率領海事學校學生四十餘人，分佔南沙

十一個島嶼，宣稱他們由「探險」而「發現」，進而「佔領」，成立一個「新的國家」名為「自由地」（Freedomland）。克魯瑪自任總統，並於一九五〇年在群島上安置數批移民。一九五六年五月十五日，克魯瑪發表「告世界宣言」，聲稱對南沙地區六萬四千九百七十六平方浬領域內的全部二十三個島、嶼、沙、洲、礁、灘及漁區享有主權。但從其所附地圖上顯示，所謂「自由地」，實際上是南沙群島的大部份如南威島、中業島、太平島、南鑰島等都包括在內。自此以後，各報章雜誌報導有關南沙群島的爭端時，都無可避免地要提到克魯瑪。然克魯瑪究係何許人？他涉及南沙爭端的歷程如何？他提出對南沙主權要求的意圖及動機何在？頗值研究。

克魯瑪係菲律賓公民，一九〇四年出生，於十二歲時自薄荷（Bohol）省赴馬尼拉市充當童僕，然後在一家裁縫店當學徒，並以半工半讀方式在夜校完成高中學業。一九三九年，他在遠東大學獲法學士學位，並在一九四一年菲全國律師考試及格。他工作勤奮，而且非常克儉，因而經濟情況漸入佳境，乃自創一家商業資訊公司，從此「鴻圖大展」。

克魯瑪並非是個傑出的生意人，但他懂得如何去充分發揮自己的潛力到最大限。菲京新聞界形容克魯瑪「很幽默但並非有趣」。他的朋友們認為他很古怪，甚至批評他掠奪南沙群島所作的努力終將徒勞無功。克魯瑪對朋友們的批評甚不服氣，他預言他自己在有關南沙群島地區的歷史上，將佔一席之地。此言果然成真，菲歷史家哈頓多甫（A. V. H. Hartendorp）在他所著《菲律賓工業暨貿易史》（History of Industry and Trade of the Philippines）一書中，就曾以整個一章敘述他的「自由地」王國。

㈡捲入南沙爭端的伊始

1.初試鋒芒

第二次世界大戰期中，他正值「不惑」之年，積極從事漁業，一九四七年，克魯瑪率領自己所有的漁船隊離馬尼拉灣，祕密航往中國南海南沙群島地區，尋找更佳的漁場。這時候，正是中華民國駐防南沙守軍調離未幾，克魯瑪乘虛而至，如入無人之境，予取予求，最後佔據南沙數個島嶼，作為漁業拓展磷礦的根據地，漁獲量及磷礦拓採均甚豐碩。

2.重整旗鼓

但至一九五○年，克魯瑪認為他的船隊駛往如此遙遠的海域不應只是捕魚而已，因此他的遠洋漁業活動便此中止。同年，克魯瑪在馬尼拉自己手創一所海事學院，命名為「菲律賓海事學院」。然而，他並未因此忘卻中國南海中星羅棋佈的南沙群島，相反的，他是要重整旗鼓，而且腳踏實地從創設海事學院、培養人才、建立組織開始。

3.與賈西亞聯手

一九五六年，克魯瑪於與賈西亞副總統及其他非政府官員及國會議員廣泛諮商之後，決定再作一次「探險」航行。如此，他便到全菲各地去物色船隻。一九五六年三月一日，探險隊組成，出發前夕，他和參與前往南沙群島的同僚在克洛茲（Sta. Cruz）市舉行彌撒及惜別宴，賈西亞副總統、菲國會參眾議員及新聞界人士多人，均應邀為貴賓。在惜別宴上，克魯瑪宣佈他再次赴南沙「探險」的意圖是要「永久擁有這一群島的主權」。

4.四十人三十八天的探險活動

　　一九五六年五月十五日，菲律賓海事學院的一艘 PMI-IV 號訓練船，載著克魯瑪及其學生與船員共四十人，由克魯瑪的胞弟費爾濛（Filemlon Cloma）充任船長，開始其三十八天的中國南海「探險」航行。

　　此一時期，正值中華民國駐軍撤離。按中華民國政府基於戰略關係，經呈奉核准，於一九五〇年五月八日將原設太平島的「南沙群島管理處」及所隸屬的氣象、通信、警衛三組所有人員物資全部撤回，島上設施依舊保存，中華民國國旗照常飄揚高空。其後中華民國海軍經常派遣艦艇至該島附近巡邏。並準備必要時原駐防部隊隨時返防。在此情形下，對中國南沙群島的主權自主毫無影響，但事實上卻予米茲及克魯瑪之輩以可乘之隙。

㈢宣佈佔領

　　就在克魯瑪「探險」隊出發的同一天，克魯瑪以「自由地發現者」名義，致函菲律賓副總統賈西亞說有四十個菲律賓人現正前往中國南海勘察並佔領一片「在菲律賓領水以外不屬於任何國家管轄的領土」，他和他的同僚現正取得這片領土的主權並加以佔領。函中並附上一份油印的顯示他已取得主權的地域圖及一份「給全世界的公告」，要求賈西亞以其兼外長身份，將這份「公告」分送給外交團各國駐菲使領館。所附地域圖上的島嶼名稱，均經克魯瑪擅自更改，原名已不存在。

　　在這項「公告」中，克魯瑪告訴「全世界」說他已佔了這些島嶼，同時尋求菲政府對這些島嶼的保護。這項「公告」並曾以廣告方式，在菲京各報刊出。內容約略如下：

默許克魯瑪作出這些活動。中國人民認為,菲政府沒有理由不發佈這樣一項否認的聲明。只要菲政府發表這樣一項聲明,中華民國將樂於與菲律賓及美國就南沙群島的經濟開發及菲國人民按照規定申請,經核准後訪問南沙群島中任何島嶼進行討論,換言之,此等島嶼主權既屬於中國,中國政府在與任何申請人依照申請條件達成協議後自將開放供外人投資及開發。冒險家如克魯瑪者,倘有意赴此等島嶼作學術研究或經濟活動,屆時自當可以向中國駐馬尼拉大使館提出申請,經過准許後前往。

台北的輿論並且指出,中華民國將不考慮接受任何調停或對南沙群島有所妥協。事實上,此等島嶼主權屬於中華民國,沒有談判的餘地,至於這些島嶼的經濟開發,則是另一問題,當然可依相互協議進行。

3.陳大使第三度晤賈西亞交涉

一九五六年六月二日,陳之邁大使呈奉外交部指示,第二度訪菲兼外長賈西亞,明告以無國際斡旋的必要,並要求菲政府發表聲明,承認南沙為中國領土的事實:(一)菲政府無意對關於中華民國的南沙群島提出任何請求權。(二)菲政府亦無意支持任何菲國人民在南沙群島範圍內的侵佔行為,經菲政府承認後,中華民國政府願本中菲友誼隨時與菲方研討有利於兩國在此地區合作的可能途徑。如克魯瑪有意與中華民國合作開採南沙資源,中華民國政府亦願接納並研擬符合中菲兩國法律的具體辦法。賈氏答稱菲政府現正研究克魯瑪的請求報告,並將參照中方所提各點,建議菲總統裁決。因此,菲政府目下不能接受中方所提的建議,公開發表上述兩項聲明。菲方處理本案將極端審慎,必循外交途徑解決,但不能過急。賈氏告

以菲人現均在屬於巴拉望省的一小島上，並不在太平島上。教廷駐菲大使力勸中華民國不宜操切，以免事態擴大，應研求「共治」（Comdominion）方式，經陳大使解釋中方立場後彼仍強調中菲兩國共同反共的重要性。

4.菲政府主「南沙主權無所屬」

另據中華民國駐菲大使館自菲外交部獲知，菲外交部部際委員會正積極尋找「南沙群島不屬任何國家」的法律根據，以資佐證，並擬從菲國防著眼，設法取得各島主權。即使向中華民國購買亦在所不惜。嗣菲參謀總長飛臨南沙上空實地視察，認為南沙群島對菲國防殊無重要性可言。未幾復據悉菲外交部部際委員會已完成南沙問題的報告，報告中曾列舉種種理由，支持南沙群島主權無所屬之說，但未作任何具體建議。

㈥美、法、越、英、荷、紐、教廷及中華人民共和國的態度

在中華民國因菲律賓妄圖染指南沙群島而向菲政府提出抗議及交涉的過程中，其他國家如美、法、英、荷及越南等國對南沙群島主權的態度如何？頗值重視。

1.美國採取中立

據外電報導，美國駐菲大使館對南沙群島主權問題所採取的立場是「尚未確定」（unsettled），或謂，美國政府迄未公開承認任何國家對南沙群島及（或）西沙群島的主權。菲京各報曾一度刊載一項傳說，謂菲總統府某位主管官員於一九五〇年透露，美國海軍當局曾建議菲政府派兵佔領太平島，但此項傳說並未獲得美、菲官方證實。

一九五六年六月二日，中華民國外交部長葉公超在外交部召見

美國駐華大使藍欽（Kar lL. Rankin）歷述中國數世紀以來擁有南沙群島主權的事實後，對菲政府迄未公開承認中國對南沙群島的主權及克魯瑪向新聞界表示意欲派遣更多人員去此等島嶼表示遺憾，藍欽大使向葉部長保證說：美國政府絕對不願將自己捲入南沙群島爭端。他應允將葉部長的意見向美國國務院呈報，他並將建議美國政府就「以和平友善方式解決此項爭端」的提議進行研究。

據國際新聞社發自美京的報導顯示，美國政府並未亦不欲捲入一部份菲國人民因要求南沙主權所引起的爭執。一部份華府官員認為：此等蕞爾小島，「即使在潮水低落時，亦無實際價值，更何況甚多島嶼礁灘，根本常年都在水平面以下。」

也許有人認為，克魯瑪的幻想力值得讚賞，由於克魯瑪的幻想，攪出了一個引人注目的法律上及哲學上的可能性問題——「他似乎可以繼續涉足此等島嶼，而不致真正影響到任何人。」

美國政府對南沙群島問題採取中立態度（neutralist attitude）一事，在後來獲得證實，美國海軍向中華民國申請，經中華民國政府核准後派遣地質勘測人員自一九五七年二月至一九五八年二月赴南沙群島地區的北子礁及中沙群島的民族礁進行地質勘察。迨美國將地質勘探結果，通知地主國中華民國政府的同時，也將此項情報提供越南及菲律賓。

2.法國謂並未將南沙主權讓與越南

法駐菲代辦波赫爾（A. J. Boijer）向菲政府提抗議，謂南沙群島為法國所有。他並且告訴菲國外交部法律顧問艾利格拉多（Juan M. Arreglado）稱：依據一九三二至九三三年法國「佔領」南沙群島一部份島嶼的「效力」，南沙群島主權屬於法國。並謂：南沙異於西

沙,法國曾將西沙讓與越南,但並未將南沙讓出給越南。

一九五六年六月十一日,法國駐菲代辦波赫爾告中華民國大使館參事田寶岱說:他奉法國外交部訓令,向菲方聲明南沙群島主權屬法,「主要為防止中共萬一進佔,故先作原則上的聲明,但目前無意派兵前往。」

3.越南駁斥法國仍有南沙主權之說,並採軍事行動

一九四六年,南越總統吳廷琰,以法國曾在南沙群島駐軍,而此項權利,隨著法國統治越南的結束,已「移交」給越南為藉口,派艦前往佔領西沙及南沙部份島嶼。於是,中華民國政府一面向越南抗議,一面在太平島加強防禦,下令派海軍陸戰隊增援南沙守備。越南知難倉皇遁去。

雖然越南當時已知難逃出南沙,但西貢政府仍堅持南沙屬越。一九五六年六月五日,南越駐菲公使郭巴(Cao Bai)在宿務表示:南沙群島原屬法國殖民地政府管轄,經法國的轉讓給越南,越南現在有管轄權。他提議越南或許可以基於軍事上的理由,將此等島嶼租給克魯瑪或菲政府。一九五六年六月九日,越南駐菲公使館發言人再度駁斥法國代辦所稱法國對南沙主權之說,認為法國殖民地政府曾於一九二九年將南沙併入越南的巴利亞(Baria)省。由於法國主權轉讓,越南自動取得南沙的主灌。

4.英國認為南沙為中國領土

英國透過其駐菲大使館,數度向中華民國駐菲大使館詢問南沙爭端發展情形,並表示關切。一九五六年六月一日,英駐菲大使告陳之邁大使稱:「英國無意要求南沙群島主權,依照開羅宣言及對日和約,南沙主權應屬中華民國。」

5.荷蘭、紐西蘭、教廷及日本的態度

　　荷蘭透過英國駐菲大使館的協助，分別向中華民國政府及菲政府提出其對南沙群島主權的要求。

　　紐西蘭外交部助理次長皮端認為菲人宣告對南沙群島所有權，荒謬可笑，嗣紐西蘭外交部亞洲司長表示，曾奉其總統指示，紐西蘭政府對菲人有關南沙主權的主張決不予承認。

　　教廷駐菲代辦對陳之邁大使建議，應研究「共治」（Condominion）方式。日本官方全無反應，惟曾傳聞部份日本礦商有意承購南沙磷礦。

6.北京斥菲荒唐

　　一九五六年五月二十九日北京透過「新華社」，發表聲明謂「絕不容許任何國家以任何藉口或任何方式侵犯中國對南沙群島的合法主權。」

　　北京透過無線電廣播，反覆指責克魯瑪是「帝國主義者的代理人」，並宣稱這些島嶼屬於中國。

　　一九五六年六月，據東京電訊報導說，中國大陸各報刊均猛烈抨擊克魯瑪及菲政府。北京光明日報指斥「菲律賓的『開拓者』已經『發現』中國的領土，諸如南沙群島等，而主張其所有權，簡直是胡說八道。」

㈦世界輿論對克魯瑪的抨擊

　　克魯瑪對「全世界」所發表的「宣言」，經外電報導後，不僅惹起中國及其他自認對南沙有主權的國家一連串的抗議與責難，而且受到各方輿論的嘲笑與譏評：

　　美國《巴的摩爾太陽報》對他的評論是：「希望克魯瑪明白他

自己的所作所為及他是否容許自己這樣做。」

《波士頓環球報》的評論是：「假如克魯瑪想保住他的王朝，他最好在驅逐他的戰艦尚未到來之前，先到聯合國去申請立案。」

《紐約時報》在社論中亦說：「……幸菲律賓政府已迅速作出適當表示，……菲政府的意向甚為重要，克魯瑪擅自行動，已使各方難堪。」

早在一九五〇年代早朋，克魯瑪自己去聯合國總部，向祕書處申請立案，登記其對南沙的主權。《紐約時報》將這節新聞放在首版。菲律賓人，即使名人，在《紐約時報》佔此首版位的，絕無僅有。但《紐約時報》對他的評論，毀多於譽。

馬尼拉大眾輿論，對這位「自由地」國創始人的支持，也不如外界所預期的那麼積極。菲京有些報刊譏飄他是「艦隊總司令」，也有些報紙謔稱他是「現代的麥哲倫」。另有一位專欄作家對克魯瑪作了以下的評論：

> ……假如他是英國人，英國女王可能早已封他為武士。可是菲國人民對他的「企業性冒險」頗多嚴厲指責。多年來，他們一直嘲笑他。唯有在忘記了這件事時才停止嘲笑。
>
> 菲政府早已承認克魯瑪對「自由地」的合法權益。但克魯瑪所要求的，似乎比合法權益要多。在他「發現」（南沙群島）之後所要求的，以不止是「主權」而已。有人說：假如他不怕捲起袖子，傾全力從事實務工作，而非只是投機取巧，做白日夢，反而回過頭來，罵自己的菲律賓政府及菲律賓的盟國，說他們「侵犯」他的「自由地主權」；假如他深明大

意，潔身自愛，而不沽名釣譽，施展各種手段，唯利是圖，
他的命運可能較現在為佳，聲譽也不致如此聲名狼藉。

五、克魯瑪第二次南沙「探險」與國旗事件

㈠出發「探險」的前奏

1.菲外交協會支持克魯瑪的決議案

　　一九五六年六月四日，菲律賓由政府首長、學者及退休外交人
員組成的外交協會（The Foreign Affairs Association of the Philippines）通過
一項決議案，籲請菲政府出面支持克魯瑪，但未實現。菲外交協會
乃再度於同年六月下旬，通過另一項決議案，聲稱「南沙群島為無
主土地（res nullius）亦無人佔領，克魯瑪擁有這些島嶼的權益，完全
合法。因此，菲外交協會認為，菲政府應予克魯瑪全力支持，並應
運用政府的影響力，勸導其他國家，承認克魯瑪對其「自由地」所
有權的要求。」此項決議案由會長格雅閣（Manuel V. Gallego）簽名，
分呈菲國總統、菲外長、菲國會參、眾兩院議長等。

㈡賈西亞為克魯瑪掩飾

　　一九五六年六月十日，克魯瑪率領其部屬及大批裝具與糧食，
自馬尼拉灣出發，駛往南沙群島開始其「第二次探險」活動。賈西
亞副總統發表談話，強調這件事並無政治意義，而且他在早前已警
告過克魯瑪「不要做出任何在政治上有不良影響的事情。」

㈡克魯瑪函陳大使並要求接見

1.將「探險」事函告陳大使

　　一九五六年六月十日，克魯瑪致函中華民國駐菲大使陳之邁，

告以他所派遣的第二批探險人員已登陸南沙群島：「我們的第二次探險，業已將『自由地』各主要島嶼勘探完竣。特此奉告。請閣下轉知貴國政府。事實上，我們的行動並非蓄意要侮辱中國人民，亦非蓄意向中國人民挑釁，我們一向對中國人民最為敬重，可是，我們深信，閣下將瞭解，直至這些島嶼的所有權問題有了切實合理的解決之前，我們深感不得不保護我們自己的權益，即使孤軍奮鬥，亦在所不惜。我們深知中菲兩國人民間文化歷史及經濟關係均極為密切，讓我們特此向閣下鄭重保證，我們將珍惜此等關係。」

克魯瑪並向菲京新聞界宣稱他們赴中國駐菲大使館訪陳大使，顯係蓄意對南沙問題再事招謠。

2.要求會晤陳大使

一九五六年六月二十五日上午，克魯瑪果然逕赴中國大使館要求晉見陳大使，由一等祕書王國銓出面接待，首先主動向克魯瑪說明：南沙問題現正由中菲兩國政府商談之中，彼如有意見，可向其本國政府陳述；倘彼有意赴屬中國領土主權的南沙遊歷，可循正常手段辦理簽證。並告以彼致大使館函已收到，此時不予置評，陳大使亦不便接見。克魯瑪答王祕書稱，他對中國政府及人民並無惡意，此來係以一個菲國公民身份，表示對中國的友善。他對南沙的計劃純屬私人經營性質云云，旋即離去。嗣陳大使晤菲兼外長賈西亞談及此事，賈西亞外長力勸陳大使鎮靜，切勿因此驚惶，必可獲得圓滿解決。

3.克魯瑪擴大「自由地」的宣傳

克魯瑪及其同夥，仍繼續策畫如何加強對南沙群島的控制及如何擴大宣傳效果。他派遣海事學校的行政人員赴澳大利亞及紐西蘭

購買帆船及漁船，並招待記者，將所有有關所謂「自由地」的「發現」、「領土所有權」及「政府組織」、「國旗」、「國歌」及「憲法」等各種資料大量供應各報社。他深信世界各國的大眾傳播將對他所導演的新鮮鬧劇感到興趣。這些大眾傳播，為了迎合及滿足社會大眾的好奇心理，將自動大肆為克魯瑪免費宣傳。果然不出所料，世界各地報紙都以顯著版位報導他的所謂「自由地」的一切事物及克魯瑪一幫人員的活動。《紐約時報》甚至在首版刊出克魯瑪的照片，並以大號標題「克魯瑪的果敢行動將造成甚多尷尬場面」刊出有關克魯瑪一行第二次南沙探險活動的細則。的確，克魯瑪這許多越軌行動，已使許多人難堪。

(三)國旗事件

1.克魯瑪擅自從南沙攜帶中國國旗返菲京

一九五六年六月二十六日，克魯瑪的「探險」隊伍攜帶一面從太平島的旗桿上降下來的中華民國國旗，自南沙群島返馬尼拉。這面國旗，是中華民國前駐太平島的守備部隊離此島時有意留置的，用以象徵中華民國對南沙的領土主權。克魯瑪謊稱這面中華民國國旗係在太平島「地面拾起」，承認附近豎有旗桿。

克魯瑪在返抵馬尼拉的第二天，以此國旗招搖，當華爾金公司（Escolta Walking Corporation）員工為他舉行「慶功宴」時，克魯瑪在宴會上當眾出示這面國旗，並委託保管，嗣華爾金公司認為不妥，乃轉交馬尼拉海外記者俱樂部。他說「將往聯合國為他所提對此群島的領土主權要求舉行驗證會時，展示這面國旗。」又稱，現擬將這面國旗送呈菲政府或中國駐菲大使館。

2.中華民國極表震怒

中華民國大使館於翌日，即六月二十七日獲悉克魯瑪等返菲曾妄自將中華民國留置在南沙的國旗攜回等事，甚表驚訝與憤懣。六月二十八日，陳大使訪菲副總統兼外長賈西亞，力陳中華民國政府對南沙國旗事件極度關切，輿論激昂，今後必須約束克魯瑪的行動。賈西亞答以對此事尚未有所聞。經陳大使詳告後，賈西亞謂他曾經不止一次告諭克魯瑪不得採取含有政治性的行動。國旗事件確屬嚴重，對中華民國的極度關切，亦能瞭解，允即徹查，並再諭克魯瑪注意約束其自己及所屬的行動。

3.陳大使提嚴重抗議

一九五六年六月二十九日，陳大使正式以照會致兼外長賈西亞，提出嚴正抗議，鄭重要求菲外交部以莊嚴的態度，將這面中華民國國旗交還給中華民國。內容如下：

> 依照本人日昨中午與閣下在菲外交部之談話，本人頃自報端獲知閣下已立即將克魯瑪取自太平島旗桿上的中華民國國旗帶回在華爾金公司公開展示事下令調查。
>
> 本人憶及閣下曾多次向本人保證，南沙群島問題不致帶來困擾。本人亦憶及閣下曾通知本人謂菲政府已嚴屬警告克魯瑪必須自我約束，不得採取涉及政治之行動。
>
> 本人確信閣下將同意本人之看法，即最近涉及中國國旗之意外事件，係一甚為嚴重之事件。本國政府及大眾輿論均至表關切。因此，對此等不負責任之個人行動，絕不宜輕忽。
>
> 茲奉本國政府指令，向閣下鄭重提出歸還此一國旗之要求。
>
> 此一國旗象徵中華民國，意義重大，允宜畀予禮遇。因此要

求菲外交部向當事人取得此面國旗，並正式將此面國旗交還
代表中華民國之駐菲大使館。本人無須過份強調本人所提交
還此面國旗之重要性，尚望閣下細察。

5. 克魯瑪函陳大使道歉

同日──即一九五六年六月二十九日，克魯瑪致函陳大使：

……除卻等待菲政府對涉及自太平島取下中華民國國旗之事
件採取行動外，請讓本人向閣下，並經由閣下，向中國人
民，致虔誠之歉意。由於本國人民及貴國人民之輕率，才犯
下「將一面國旗留置」及「取下一面國旗」的錯誤……。
這面國旗是在純正的動機下，經過莊嚴而適切的儀式，獻給
菲國家記者俱樂部。此點可由本人在獻旗時演講的錄音帶作
為憑證……。

克魯瑪雖在函中對竊旗事件表示歉意，但亦謬指中華民國留旗南沙
同屬不當，且責備中華民國海軍拆除彼等在南沙各島所豎的「自由
地」標誌。因此，中華民國大使館對克魯瑪這項函件未予置理。

5. 克魯瑪將國旗送呈中國大使館

一九五六年七月七日，克魯瑪在菲外交部安排下，親率菲海事
學校學生三人，著整齊制服，將這面中華民國國旗疊妥掛左肩上，
照預定時間，闖著鵝步大搖大擺到達中國大使館，由一名大使館警
衛引導入內，進到大禮堂，由馮宗尊公使接見。此時，已先在等待
的記者群圍集一堂。儀式開始，克魯瑪致詞：

> 本人謹向中華民國元首蔣介石將軍閣下表達「自由地」對貴
> 國尊敬之意。本人僅將此旗送交閣下（馮公使）。

克魯瑪致詞甫畢，大步向前，兩手平伸，將國旗遞交馮公使。馮公使亦以非常莊嚴的態度予以接受。

嗣克魯瑪補充說：其所屬人員前往太平島時，見此國旗「墮地」，恐有損中華民國國家尊嚴，故而攜回。

菲國外交部當時並未派員陪同克魯瑪至中國大使館，據悉係有意如此，以示此事全屬克魯瑪的個人行為，與菲政府無關。但實際情形實非如此單純，即在克魯瑪本人親將中華民國國旗送呈中華民國駐菲大使館的同日，七月七日，克魯瑪公開宣佈成立所謂「自由地國政府」，並以函件派專人送達中國駐菲大使館。克魯瑪的使者直入大使館，未作任何表示，將函件置於櫃台，未要收據隨即離去。此項函件指責中華民國海軍用武力威脅他的部屬人員，並謂美第七艦隊亦有袒護中國政府的跡象，故在未得菲政府支持前，特組織政府，用以維護其權利。同日晚間，克魯瑪天真地向新聞界宣稱：「你們可以下這樣一個結論：馮公使原可不理睬我。但這是一項明確的『外交接觸』；而且是我宣佈成立的新『政府』首次的官方行動。」

6.克魯瑪在菲外交部的解釋

菲律賓外交部曾召克魯瑪至外交部談話。克魯瑪向外交部陳述他指使其部屬取回這面國旗是基於南沙群島主權現尚在爭論之中。而菲政府迄未正式對這些島嶼提出主權要求。因此，島上如有中華民國國旗存在，菲政府提出主權要求的立場便將極為薄弱。另一方

面，他不欲見到這面中國國旗遭其他人們損毀、褻瀆或污辱。

7. 菲政府的立場

菲外交部對這一國旗事件的態度是：「菲政府並未允許或授權克魯瑪將此國旗自其所在地取下。克魯瑪的行動是在未經菲政府授權、同意或知情的情況下所做出來的。菲外交部曾嚴詞警告克魯瑪不得有使菲政府難堪或惹起國際爭端的舉動。克魯瑪所犯下的任何錯誤，均係他自己以私人身份所應負的責任。」菲政府除已要求他將國旗經由中華民國駐菲大使館送還中華民國政府外，並已要求他向中華民國政府道歉。

麥格塞塞總統曾指示菲政府各有關部會約束克魯瑪的行動。

在一九五六年七月間，幾乎所有菲京各報刊都一致叱責克魯瑪的不當行為，其中一家報紙報導麥格塞塞總統對此事件深表不悅，已指示賈西亞副總統「在這件事尚未演變到真正嚴重之前有阻止克魯瑪這項鬧劇的必要」一九五六年七月十日，菲關務署長孟蘭漢（Manahan）面告陳之邁大使，謂麥格塞塞總統近曾下令查詢克魯瑪船隻何以未經請准私離菲國領海，現正依法追究中。同日，陳大使另據菲外交部顧問尼里（Felino Neri）私下告以他已擬就向菲總統的建議，認為克魯瑪對南沙的企圖，純屬商業推廣性質，菲政府不應予以支持。惟此建議尚待菲內閣集會討論決定。

在陳之邁大使向菲政府表明中華民國政府對此一國旗事件的立場之後，賈西亞副總統致電菲駐華大使館，說明菲政府對此事的立場。電文如下：「……請即向中國政府及中國新聞界說明：菲政府對此一國旗意外事件在中國社會所造成的強烈憤懣情緒深感遺恨。克魯瑪此項舉動，並非菲政府授權同意或知諳，菲外交部已召克魯

瑪到部談話，要求他將此國旗送還中華民國大使館，並由他自己決定連帶向大使館道歉……。」

賈西亞並在同一天發佈一項新聞稿，說明菲政府對此事的立場。

復據外電報導：麥格塞塞總統責令菲外交部要求克魯瑪將國旗送還中華民國駐菲大使館，克魯瑪初時表示拒絕，後來克魯瑪向賈西亞外長表示首肯，但要求舉行隆重的「交旗」儀式，由他以「自由地主權國元首」的身份，將此國旗面交陳大使。

這聽起來是個大笑話，但嗣據菲外交部傳出，這的確是克魯瑪當時所提出的「條件」。

8.菲華僑界的反應

連日旅菲華僑社會興情激昂，反政府者竟誣謂中華民國政府無力守土不值擁護。部份青年更圖毆擊克魯瑪洩憤。菲華僑界各報則對派軍佔領一點加以渲染，用意係圖安定僑心。陳之邁大使原擬登報否認其事，又恐反而弄巧成拙，更為不妥，故未採取行動。迨至中華民國恢復駐軍南沙的消息傳出，使旅菲華僑僑心大為振奮，對政府信心大增，實為南沙問題發展中意外收獲。旅菲僑胞自動捐獻慰勞南沙駐軍款項，自一九五六年七月十二日至十八日，短短六天之中，竟達一千六百餘披索。

六、克魯瑪赴各國活動

㈠克魯瑪向日、紐洽銷磷礦

日本「東洋貿易會社」駐菲代表及日漁業專家宮本及另一名叫芝原的日商，於一九五六年六月二十四日在馬尼拉與克魯瑪洽談購

買南沙群島的磷礦肥料事宜，日商建議由克魯瑪將島上肥料輸至日本，另由日本協助克魯瑪進行島上的經濟開發，此項計劃於提交日通產省及外務省批准實施。

一九五六年七月，有署名「自由地外交部長」杜列萊爾（Donald W. Trayler）者，謂代表克魯瑪致函紐西蘭外交部，洽請紐西蘭政府承認「自由地」（南沙群島）的所有權並購買該地區所產的磷礦，紐西蘭外交部助理次長皮瑞閱函後深覺菲人宣告對南沙群島所有權荒謬可笑。嗣紐外交部奉國務總理訓示，當即復告克魯碼對其所有權不予承認。至於收購磷礦一節，按紐國磷礦，大部均係屋崙英國磷產管理處統籌辦理，進口磷曠亦須事先諮請同意，克魯瑪所請因此落空。

㈡克魯瑪在香港的活動

一九五六年八月廿五日，克魯瑪赴香港為其「自由地」作宣傳，並至長洲訪香港漁會會長吳林衛（Ng Lim Wai）另有一李姓的廣東人隨行充當翻譯。克魯瑪稱久悉吳林衛為香港漁民領袖，其在香港漁業界甚有地位，此次係慕名而來，極盼吳林衛能與他合作，共同致力繁榮「自由地」（南沙群島）的工作，他願聘吳為其「代表」，在香港地區徵召漁民，連同漁船前往南沙群島克魯瑪所謂的「自由地」海域發展捕漁事業，並計劃在九龍長洲（Cheung Chau）建立「貨運基地」及庫房，經常從香港走私蔥蒜、水果等至南沙群島轉運菲律賓圖利。

一九五六年八月二十六日上午，克魯瑪又邀吳林衛在九龍萬邦酒店（Melbourne Hotel）會晤，克魯瑪提出三個條件：

1. 吳林衛負責徵求數艘中國大帆船及船員數百人，船員必須不是共產黨員，也不親中華民國，更非效忠中華民國，而是「視同無國籍的華人」，以克魯瑪的名義邀請及徵召，所有成年男女或其家長須與克魯瑪簽約，並宣誓保證：(甲)彼等將是克魯瑪及其僚屬管轄下的居民，在「自由地」定居。(乙)當克魯瑪或其同僚，不論基於任何何理由，認為不需彼等在「自由地」繼續居住時，彼等必須離開「自由地」。遷徙費用由克魯瑪負責。

2. 克魯瑪同意供應彼等在「自由地」住宅的建築材料費用，但住宅的建築工程（勞力）須由居民自行負責。彼等在「自由地」地區漁捕所獲的漁蝦或生產所獲的產品，概由克魯瑪照雙方議定同意的價格以「擔」為單位，支付港幣收購。彼等如不同意克魯瑪所訂的價格，可逕自向香港等地市場銷售。在非漁業季節，彼等可由克魯瑪僱用，從事墾植開發，付給每人每日工資港幣二元。膳食由克魯瑪供應。彼等亦可從事其他副業賺取額外收入。

3. 凡屬應徵前往「自由地」移民定居的人們，倘遇危難，概由移民者自己負擔風險，克魯瑪不負償付之責。

克魯瑪當場用其隨身攜帶的手提式打字機草擬類似「工作指示」性質的合約一式四份，交吳林衛簽署。經吳當場拒絕。，在吳認為，克魯瑪這些舉措，無異是在香港與菲律賓之間從事走私活動。

　　一九五六年八月二十七日，吳林衛在香港向新聞界透露稱：「事實上每一海員，以常識判斷，全都明白，憑藉一艘小漁船，要

從香港衝破驚濤駭浪，駛往南沙海域，即使可能，亦是非常困難而且險象叢生。對一般中國漁民而言，無論克魯瑪說得如何動聽，都不會接受他所提的這種不值得一顧的苛刻條件，這表示克魯瑪愚笨無知，妄圖用欺詐手段，使香港漁民落入他預設的陷阱。就我而言，即使在任何狀態下，我都不會參與他這種陰謀。當我拒絕在這一項合約上簽署同意與他合作之後，他付給我十元港幣，作為返九龍的車資。我斷然拒收這十元港幣，要他自己留著用。」

(三)克魯瑪在聯合國的活動

一九五六年十月三日，克魯瑪由一名馬尼拉房地產經紀人葛洛培爾（Andrew Gruper）陪同，自香港飛紐約，會晤菲駐聯合國大使華諾（Felixberto Serrano）尋求協助，克魯瑪此行隨身攜帶一捲在南沙群島實地拍攝以「自由地」探險（The "expedition in Fleedomland"）為題的紀錄影片，擬在聯合國放映，招待各國派駐聯合國使館及其他國際機構的官員。克魯瑪說：「我們這捲紀錄影片將消除所有對我們主權要求的合法性的一切疑慮，亦將促使其他要求南沙主權的國家瞭解我們對此有較佳的立場。」

克魯瑪所隨身攜帶的這捲紀錄影片，是由他所延聘的菲律賓紀錄影片公司（Documentary Inc. of the Philippines）演員畢尼維德茲（Bert Teddy Benavidez）在南沙群島實地拍攝，監製人為艾維和娜（Avellana）；影片內容包括在「自由地探險」的經過及各主要島嶼的景觀。克魯瑪稱，他將與好萊塢皮克奧影片公司（PKO Pictures）談判由此影片公司收購此項紀錄影片事，使此項影片能因此在世界各國放映的機會。他並稱將擬訂一項計劃，將「自由地」轉變為「安置自亞洲大陸逃出的難民、日本的漁民及其他地區流離失所的

人民安居之所。

　　另據美聯社電訊，菲駐聯合國大使塞納諾曾予克魯瑪多方鼓勵，但就「自由地」向聯合國檔案處登記事，徒托空言，始終未採具體行動，顯示菲政府並無將此事提交聯合國處理的傾向。後來克魯瑪延聘律師辦理「登記」事宜，亦因未獲菲政府支持，聯合國拒絕其個人的申請。

㈣克魯瑪函陳大使告知售日、紐磷礦事

　　迨至一九五六年十二月中旬，克魯瑪致函中華民國駐菲大使館謂據聞中華民國將遣私商至南沙勘察礦藏，特再重申其對「自由地」之所有權並聲稱渠已在南沙群島從事磷礦的開採，並已與紐、日買主洽售云云。函尾語有威脅字眼，原函副本除指明送菲總統、副總統、國會領袖及各報刊。《馬尼拉紀事報》於一九五六年十二月十六日將原函大意刊載。嗣據獲悉，克魯瑪曾於一九五六年九月六日偕其子乘航機飛抵東京，七日向東京記者宣佈此行之目的在購買一二○呎長的海艇一艘，作供應其在南沙群島屬員乘用，並物色適當日人代表其「自由地之權益」。後復查據悉克魯瑪此次赴日除上述兩項目的外，實則尚望能從日本方面蒐集若干有關日本過去佔領南沙的資料，作為辯駁南沙主權屬於中國的依據。

㈤中華民國加強南沙巡防

1. 第一支特遣隊

　　一九五六年，中華民國政府決定自六月一日至九月二十四日派遣三支海軍特遣部隊，加強巡弋南沙群島，菲政府於聞悉中華民國即將派遣海軍部隊至南沙地區時，惟恐事態擴大，立刻分別以電報訓令其駐台北及駐西貢大使，表明菲政府並不曾對南沙群島提出官

方的主權要求，並要求菲駐華大使館轉中華民國政府無需為南沙的新情勢而感不安。然而中華民國的第一支特遣部隊軍艦兩艘，仍如期於六月一日，由黎玉璽中將率領，啟程首途南沙，作為中國以實力為後盾對南沙主權的侵犯者予以警告的具體行動，此一首支特遣隊，於六月五日抵達太平島巡邏，於仔細檢查各項設施後，六月八日巡視南威島，立碑、升旗及攝影後，十日轉行西月島巡視，六月十四日離南沙返台。嗣據黎中將報告，島上未發現有人居住，僅發現克魯瑪及其團隊所遺留的標誌及告示牌等物。其中約二十個標誌為日本漁民所留，另四個為克魯瑪所留，另有十個來源不明的英文標誌及十一個親中共的標誌。部份島嶼岩石上刻有字跡，歷經風塵雨露侵蝕之後，已模糊不清。

　　一九五六年六月八日發自台北的電訊亦報導說：中華民國在南沙巡航的海軍部隊不曾發現克魯瑪「探險隊」的蹤跡，此項報導並稱：美國海軍第七艦隊司令殷格索（Stuart Ingersoll）於聞悉中共關切南沙情勢時表示冷漠態度。

　　美國駐菲代辦於一九五六年六月八日向陳之邁大使透露：麥格塞塞總統曾於六月四日向他表示，南沙問題現已超出詼諧階段，菲總統曾囑菲外長採取不介入（Hands off）政策，並透露美政府並未指示美駐菲大使館有關南沙問題美方的立場，一九五六年六月十五日，中華民國國防部正式將「南沙群島管理處」改編為「南沙守備區指揮部」，任命陸戰隊第一師三團副團長尹世功為指揮官，恢復駐軍。

2. 第二支特遣隊

　　中華民國第二支特遣隊立威部隊，由謝冠年上校率領，於一九

五六年六月二十九日離開台灣，七月中旬抵達南沙。七月十一日，他們在太平島上重新升起中華民國國旗，並赴其他各島礁巡視，結果未發現人跡，惟確曾尋獲多種證物，證明克魯瑪及其同夥曾重返太平等島並曾開始墾植。

第二支特遣隊人員並在太平島上重建營舍、庫房、增掘水井，部份特遣人員留駐太平島，其餘人員隨艦隊於七月二十九日離島返台。

㈥越南海軍潛往南沙圖謀不軌

一九五六年八月，法國完成自中南半島撤軍，八月二十八日，據巴黎及西貢電訊，及八月三十一日據《馬尼拉公報》刊載八月三十日合眾社西貢電訊，均謂越南海軍 Tug Dong（HQ-04）艦由 Tran Van Plan 上校率領一支海軍陸戰隊特遣隊於八月二十二日正式登陸南威島，樹立越南國旗及石碑後，隨即悄悄撤離，未敢公開提出對南沙的主權要求。台北方面為了追蹤這項電訊，於八月二十九日致電中華民國駐西貢公使館查證，至八月三十日，西貢政府發言人始證實「越南海軍部隊確曾於一九五六年八月二十二日登陸南威島停留數小時豎立越南國旗後離去。

越南此項詭密軍事行動，早經中共測知。據一九五六年八月二十八日一份東京的報紙刊載一篇北京的廣播摘要說：中共評論員指出「南越當局此項行動侵犯中國的神聖領土，是對亞洲和平一項嚴重的挑釁行動，中國人民決不容忍。」

一九五六年八月三十日合眾社報導，越外交部發表公報，聲明任何以武力損害越南南沙主權的企圖，將認為是侵略。」

菲、越對南沙問題並未因中華民國駐軍南沙而罷休，且積極蒐

集對其有利的資料，伺機進佔。菲外交部長於九月一日對記者宣佈：希望麥格塞塞總統對南沙問題作最後決定。由越南海軍登陸南威島，更鼓勵菲人對爭取南沙的野心等語。

㈦中華民國寧遠部隊增防南沙截獲菲船

　　一九五六年九月二十四日，中華民國第二支特遣隊——海軍「寧遠部隊」由胡嘉恆上校率領離台赴太平島，九月二十八日抵達，停留二日後再轉往其他各島巡防。

　　一九五六年九月一日下午五時半，中華民國海軍補給、巡邏艇各一艘在距太平島東北四十五浬的北子礁發現由克魯瑪之弟賀萊蒙‧克魯瑪（Filemon Cloma）所率領的菲海事學校所有的 PMI 460 號機帆船一艘碇泊，相互表明艦船身份來歷後，胡上校邀費萊蒙‧克魯瑪船長至驅逐艦上晤談。當詢及其侵入南沙的行動是否獲得菲政府許可時，費萊蒙‧克魯瑪言語吱唔，見事態嚴重，只承認「僅獲菲政府默許」而已。經派員登船檢查，發現卡柄槍三枝及四五手槍一枝，因克魯瑪曾揚言武力抵抗，恐此船攜帶武器容易引起不幸事端，即將其船上所帶武器扣留，並聲明此純為保護其安全，並無沒收之意。當時雙方態度甚佳，胡艦長邀菲方船員至驅逐艦上用餐，餐後胡艦長念其人尚屬誠實恭順，為顧及中菲邦交，遂令其具結「承認南沙群島為中華民國領土，保證今後不再闖入」並在保證書上簽名後，將人船一併釋放離去。寧遠支隊驅逐艦則繼續在鄰近海域巡航，至十月二日下午始行離去。

　　嗣克魯瑪於獲悉其弟曾遭「解除武裝並具結後驅逐出境」，心甚不快，除向中華民國提出「抗議」外，隨即赴紐約，盼能透過菲駐聯合國大使將此事向聯合國提出，未獲如願。於是，克魯瑪向報

界發表聲明，宣佈「『自由地』全國進入緊急狀態」，並在報端大
肆渲染。

　　一九五六年十月三日中華民國外長葉公超召見菲駐華大使藍慕
斯，除告知上述事實外，並告稱中華民國政府不願報端對此事有不
正確的報導，故先將事實告知。菲大使謂菲政府亦不願將此案作為
新聞資料，允即將事實電呈菲政府，並對中華民國海軍處理此事的
態度友善向葉部長表示感謝。

　　嗣中華民國循外交途徑，將寧遠特遣支隊所扣留菲船的武器交
還菲國政府當局，以昭公信，並向報界發表此事發生經過，附帶將
費萊蒙‧克魯瑪放行前所親筆立下「不再侵犯中國領水」的保證書
原文亦公諸於世，全文如下：

"We assure that we received your friendly visit and check with
no disturbance or anything lost on board of our ship in order to
keep up sincere friendship between the Republic of China and
the Republic of the Philippines. We Will not make further
training voyages or landing in the territorial waters of your
country and will accept your proper disposal after investigation
in conformity with national laws of the Republic of China and
international laws in case we break our promise."

七、賈西亞幕後支持克魯碼掠奪南沙權益

㈠賈西亞答覆南沙問題時故意模稜兩可

一九五六年十一月三十日，菲外交協會會員卡力閣（Callego）及艾福里介（Africa）二人代表該協會由克魯瑪陪同向菲外交部呈遞該會決議案，主張將南沙歸聯合國託管，經陳之邁大使晤兼外長賈西亞說明中華民國政府立場，賈氏答謂菲政府的立場如舊，認克魯瑪的行動為其個人行為，陳大使稱若謂南沙無居民，託管豈非笑話，賈西亞表示同感。

其實，賈西亞副總統對克魯瑪要求南沙主權事的反應是故意含糊，克魯瑪曾先後向賈西亞副總統上函多次，但迄至一九五六年十二月二十日，賈西亞始正式函復。

賈西亞副總統在對克魯瑪函中強調：任何國家所提出對南沙群島的排他性主權要求，只要尚未為其他國家依照國際法上通常可接受的原則予以接受，或者尚未經國際社會所承認，則菲國人民依據國際法，一如其他國家的人民，均有開拓及移殖這些島嶼的同等權利。此外，菲政府鑒於此一群島在第二次世界大戰日本戰敗後在金山和約中放棄南沙主權，而同盟國並未曾對此群島主權歸屬作出任何解決方案，菲國為同盟國之一，鑒於以「自由地」為中心的附近島嶼，其位置與菲律賓群島西部邊界相連接，故在歷史上及地理上均與菲律賓有密切的關係，姑不論其在經濟上的潛在價值，即就菲國防安全而言，亦極具戰略價值，故菲政府對其人民在此等無人居住的無主島嶼上進行經濟開發及定居的合法構益，不能莫不關心。

賈西亞的上述覆函，模稜兩可，除祖護克魯瑪的要求外，對問

題的解決不僅毫無助益，且使問題本身的複雜性大為增加。嗣克魯瑪據此發誓非獲南沙不休，菲政府居幕後，唆使克魯瑪變本加厲，藉使克魯瑪所主張的「自由地」主權，蛻變成菲政府吞併南沙的張本。

　　嗣賈西亞副總統並向新聞界宣佈說：克魯瑪的南沙探險，係屬私人性質，但他補充說，憑藉菲國人民「佔領」及與菲土連接的原則，他看不出這些島嶼何以不能屬於菲律賓。

㈡克魯瑪明目張膽與中國政府爭奪南沙資源

　　一九五六年十二月，菲京各報報導：中華民國政府業已批准數家私人企業公司派員前往南沙群島勘察礦藏及其他天然資源，而此等勘察人員將於年底自台灣啟程。克魯瑪於閱及此項電訊後，於十二月十三日致函陳之邁大使，聲言：

> 基於聖誕季節的人權精神，本人特此請貴館將本人對中華民國將派遣勘察人員前往「自由地」一事的嚴重關切，轉達貴國政府。理由是：「自由地」地區所有的天然資源，尤其是礦產，早經吾人及時勘察、評估及分析，開發工作亦已次第展開，吾人已投下數目相當浩大的資金，且將繼續進行開發。地表面的磷礦開拓早已進行多時，數十噸磷酸礦已集中待運，本人曾就磷礦裝運及銷售等事宜向紐西蘭等國交涉並達成協議；另有一批磷礦，亦祇待一日本進口商簽約，即可交運，裝運設施亦正在準備之中。
>
> 勘探南沙磷礦的工作，早在本人正式提出「自由地」領土主權要求之前即已開始；樣本分析工作係於一九五五年七月經

馬尼拉礦業局完成。此等磷礦樣品亦經分送日本及紐西蘭化驗，實際開採工作亦早已開始進行，已開採堆積待運的磷礦，多達三千至四千噸，早已由紐西蘭訂購。本人派在惠靈頓市的代表早已與紐西蘭有關當局簽署協定，並已安排裝運此等磷礦的遠洋船隻，部分船隻係由本人所提供。

當我們深思熟慮細察當前整個形勢，不難發現，在中華民國政府目下對「自由地」主權要求，加強壓力的同時，菲政府採袖手旁觀態度，吾人顯已孤立無助。然則，吾人既非孤立，亦非無助。

儘管事實上本人手下僚屬不下於兩千人，加上大批朋友及支持本人的社會大眾，本人儘可從中運用，煽動群眾，支持本人的主張。然而，本人深信，當一個人被逼上梁山，尤其是當他生命感受到威脅時，他會不惜挺身而出，背水一戰，勇往直前，為了保全他的尊嚴和榮譽，義無反顧。」

這封信的副本分送麥格塞塞總統及賈西亞副總統，並由克魯瑪分送菲京各報刊及通訊社發表。

㈢克魯瑪函菲總統要求保護

克魯瑪除卻廣發信函及利用新聞媒體大肆宣傳，博取同情外，同時特地以「自由地主權要求者」的身份，正式致函麥格塞塞總統，要求菲政府對其在「自由地」的權益採保護措施，以防止中國「入侵」。他在函中說：

據發自台北的電訊報導，中國政府顯然將利用菲律賓對「自

由地」問題的軟弱態度，攫取吾人目下所經營的磷礦業，剝奪約一千名菲律賓勞工的就業機會。失業問題為每個公民所關切，本人深感有將此問題促請注意的正當理由。……吾人一直對在「自由地」的礦業開發與經營絕對保密，但據最近的台北電訊及數日前台北各報刊所披露的各種情節；迫使吾人不僅惟有將吾人的磷礦經營情形全部公諸於世，而且要促使菲政府及社會大眾共同注視此一情勢的發展，並群策群力，共同維護「自由地」的權益。

菲政府將採何種行動，非吾人所急於關切，本人既已在此函中表明心境，深感職責已盡，但請總統容許本人將此函內容作最廣泛的傳播。

㈣菲外交協會脅迫菲政府採取行動

菲律賓外交協會在會長格葉閣（Manuel V. Gallego）倡議下，於一九五六年十二月二十日通過另一項決議案，內容如下：「鑒於『自由地』問題爭論的結果，克魯瑪等菲國公民已淪為中國海軍計謀下的犧牲品，菲人當時僅在此一地區謀取合法權益，菲政府理應對中國海軍加諸菲國人民的任性行為提出抗議。中國『國民黨政府』佔據南沙群島，除了將招致中共的攻擊外，並將使菲國對華人非法入境的管制愈加困難，而華人的走私活動，如利用此等島嶼作跳板，勢將更為猖獗……茲決議：倘菲律賓行政首長不能如本協會所建議，採取行動，本會得要求菲政府，向聯合國提議，將『自由地』連同南沙群島，提交聯合國託管，並以美國政府為管理當局。倘若菲政府對上述兩事均不能貫徹，則本會將有視實際需要採取任何行

動的自由。」

㈤ **賈西亞支持克魯瑪的苦衷**

　　一九五七年二月八日，賈西亞副總統第二次致涵克魯瑪略謂他個人對其「自由地」的主權要求表示支持，惟菲政府立場則係由總統決定。菲政府迄今未就克魯瑪對「自由地」的主權要求所應持的官方立場作出決定。在美國政府對此爭端亦尚未表明態度之前，他認為菲政府必須將此一爭端交付仲裁，美國因與中華民國及菲律賓均有友好關係，將能在此一爭端中扮演一「公正調解人」的角色。

　　一九五七年二月十五日，賈西亞副總統在例行記者會上答復記者稱：「南沙群島在第二次世界大戰期間為日本所佔領，日本戰敗投降，此一群島即不屬於任何國家所有，基於經濟及商業待遇機會均等原則，對所有盟國公平開放。任何戰勝日人的盟國，均有進行開發的權利」。賈氏繼出示南沙群島地圖，謂南沙群島具有開發的經濟價值。

　　招待會結束後，賈氏曾私下透露他支持克魯瑪，實有不得已的苦衷，因他曾投資與克魯瑪合夥開設公司，準備開發南沙群島的資源。因南沙群島被中國政府派兵佔領，致使其公司無法前往進行開發，而所投下的資本，亦無法收回。因此，惟有支持克魯瑪繼續爭取南沙群島的主權，以圖挽回其投資的損失。

　　據外界傳說，賈西亞與克魯瑪係薄荷（Bohol）省同鄉，且係世交，關係親密，又係南沙群島開發的投資合夥人。賈西亞在克魯瑪的開發「自由地」計畫中曾投下五萬披索。在此情形下，賈西亞不得不利用副總統兼外長的職位，暗中竭力幕後支持克魯瑪，甚至到了最後緊急關頭，不惜公開表示支持。

　　賈西亞與克魯瑪沉溺於傳奇性的冒險事業及其「殖民地主義的實驗」，當然需要錢。據克魯瑪透露，截至一九五七年止，他們已在「自由地」合夥投下十萬美元。他們將資源開發集中於南沙群島中的中礁（Central Reef），克魯瑪稱此島為「扶輪島」（Rotary Reef）。

　　克魯瑪於收到賈西亞上述函件後，至感喜悅，隨即覆函賈西亞表示感謝，並促賈西亞儘速循外交途徑將菲政府此一立場通知中華民國。

　　賈西亞雖曾對克魯瑪及新聞界說明上述立場，卻因麥格塞塞總統有不同看法，他身為副總統兼外長，也只能稱其為個人意見，不代表菲政府，如據以透過菲外交部，將此項立場通知中華民國大使館則有所不妥。

㈥中華民國駐菲大使館的嚴正聲明

　　中華民國駐菲大使館針對賈西亞致克魯瑪的上述函件及其向新聞界發表的談話內容，於一九五七年二月十八日發表書面聲明：

　　　　一九五六年五月二十二日，中華民國駐菲大使館曾就有關南沙群島主權事發表談話，從地理及歷史紀載，詳述此等島嶼數世紀以來構成中國領土的一部份而劃歸廣東省管轄的事實。此一事實，經英、日、法等國，在甚多場合予以確認。在第二次世界大戰期間，南沙群島與其他領土一併歸還中華民國。一九五一年金山對日和約第二條第六款亦有類似規定。

　　　　因此，中國大使館對賈西亞副總統於一九五七年二月八日致

克魯瑪函內容深感驚愕。大使館委實難以瞭解，何以此一群島的一部份竟在第二次世界大戰勝利盟國事實託管之下。聯合國憲章對國際託管制度有特定之程序。此等島嶼從來不曾於任何時候在任何狀況下置於國際託管之下。

大使館尤應指出的是：中華民國軍隊曾在，而現在仍在此等島嶼駐防。因此，此等島嶼怎能謂係無人佔領或無人居住。況且，就所謂無人居住或佔領的島嶼，其經濟開發與移殖係對盟國公平開放而言，菲律賓群島有成千無人居住或佔領的島嶼，何以迄未開放供外人居住或開發？顯然，其所以未開放為外國移民墾植，係因屬菲領土，菲政府未明確許可開放。

基於此等理由，大使館茲再重申：南沙群島有史以來一直是中國的固有領土。中國政府不能承認任何外國對此一群島的主權要求。中國政府向視任何此等要求為侵犯中國領土主權的不友好行為。

㈦克魯瑪要來中國大使館收購「探險」遊艇

一九五七年二月二十二日，克魯瑪的另一胞弟培德樂‧克魯瑪（Pedro A. Cloma）致函陳之邁大使，請陳大使派遣館員與其胞兄克魯瑪洽商由中國政府收購其遊艇事。克魯瑪曾表示要出售其在南沙探險時使用過的 PMI III 號遊艇，藉以阻止其弟費萊蒙‧克魯瑪再往南沙群島地區活動。培德樂並告以此一遊艇現停泊在斯科達（Escolta）市國家銀行後面的巴西河（Pasig River）畔，請陳大使派員前往察看。

三個星期後，培德樂·克魯瑪再度致函陳大使，要求與陳大使面談。他在信中說：

> 約摸三星期前，家兄費萊蒙·克魯瑪船長曾來舍下告以賈西亞副總統曾以電話與長兄湯姆士·克魯瑪談及中國大使館所提議共同開發「自由地」事，我告訴他說，我對此事已不再有興趣，要求毋將我列入。
>
> 大使先生，在我竭力阻止下，我們往「自由地」的活動已大幅減少。我確信你的政府將頒給你獎賞。我可向你保證，只有一個人知道「自由地群島」的確切位置，那就是家兄費萊蒙·克魯瑪船長。我將盡力勸他減少去「自由地」活動的次數。我早前所提議的出售遊艇事，家兄業已同意。假如你同意收購，我願與你就此事單獨晤談，請儘早覆示……。

然而，陳大使基於對此一「遊艇交易」的用意不明，故未加理睬。

㈧菲外次孟格拉布斯的不當談話

一九五七年三月四日，菲外交部次長孟格拉布斯（Raul S. Maiiglapus）訪問香港。當各通訊社記者詢及他對南沙群島的立場時，他秉照賈西亞副總統於一九五七年二月十五日針對此問題所發表的談話內容侃侃而談，香港、台北及馬尼拉各報刊爭相披露，孟格拉布斯於結束訪問返抵馬尼拉後，深覺不妥，便致電菲駐華大使藍慕斯，請他正式致函中華民國外交部長沈昌煥探詢中華民國政府是否覺得他此項答詢內容不合時宜或聳人聽聞。他表示當時因受記者包圍，不得不說，而他只曾重複賈西亞副總統的話，賈西亞自己

亦曾聲明說他的此項談話並不代表菲政府對此問題的官方立場。

　　藍慕斯大使遵照孟格拉布斯次長的意旨，於一九五七年三月六日致函沈部長說明此事。沈部長覆函藍慕斯大使對孟格拉布斯次長澄清其在香港的談話表示感謝，措詞極為客氣。

㈨克魯瑪擬分批出售南沙地產

　　麥格塞塞總統於一九五七年三月十七日因座機失事蒙難，賈西亞繼任總統後，任命塞萊諾（Felixberto M. Serrano）為代理外長。塞萊諾於接任視事後，表示有多項外交問題急待研究解決，「自由地地位」問題為其中之一。

　　此後不久，克魯瑪宣稱，他已將「自由地」分割成好幾部份，使便於分批出售，並表示任何人無分國籍種族均有資格購置「自由地」地產，他將與買主簽約，使買主對土地所有權在法律上受到保障。

㈩菲漁船侵犯南沙

　　一九五七年五月二十三日，菲律賓聖地牙哥漁業公司（Sandiego Fishery Enterprise）路易斯（Don Luis）號漁船在棕灘（Tsung Tan (Brown Bank) Island）附近捕魚，因侵犯南沙主權，經中華民國駐南沙守備部隊台璋（Taichong）號巡邏艇欄截檢查。但中方巡邏人員態度友善，他們循路易斯號漁船的請求，將漁船上兩個受損甚重的蒸汽機連接軸修理竣事，而且贈送一百加侖淡水、一大桶食油及數條香菸，表示友好，當此一漁船於五月二十四日下午離去時，船長萊慕思（Eleuteriode Lemos）、大副聖迪雍（Camelio Santillan）自動要求擬寫具結書，保證今後不再侵入南沙群島或至附近海城捕魚。

　　此項具結書由二副卡爾民（Antoniodel Carmen）起草，除由船長

及大副以具結人身份簽字外，並由船員艾布格（Benjanin Abueg）及皇尼（Isaac Juani）以見證人身份在具結書上副署。原文如下：

> To whom it may concern:
> This is to certify that I Capt. E. De Lemos of M/B Don Luis Philippine Fishing Boat, was friendly apprehended and visited by the Chinese Navy, offered us to help to repair our 2 damaged coupling shaft, also giving us 100 gallons of fresh water and 1 bottle of cooking oil. That I promised not enter and fish in this area of the Nansha Islands and the vicinity any more if not very necessarily.

一九五七年七月五日，克魯瑪在納卯律師協會演講時聲言若中華民國軍隊阻撓其在「自由地」的部屬活動，則馬尼拉的勞工聯盟及海事學校學生，將向駐菲大使館示威。

　　一九五八年五月三十一日，加拿大《多朗多明星週刊》（The Star Weekly）刊出該刊及 CBC 駐遠東記者史蒂文生（William Stevenson）所撰有關南沙群島主權隸屬問題的專文，此一專文透露克魯瑪曾招募一百名菲律賓人移往太平島居住。末尾並刊出「自由地」的關係位置圖及克魯瑪的照片。其後克魯瑪於一九五八年十一月十日乘長江號輪船啟程赴南沙群島所發佈的新聞稿內曾特別提及並強調此一專文所述菲人移居太平島之事。

㈡北京發佈「領海宣言」

　　一九五八年九月四日，北京發表「領海宣言」，宣告將西沙及

南沙群島包括在其中國南海主權之內，延長領海至十二浬之外，並規定以「直線基線法」為劃界原則。宣言中同時聲明「此項規定也適用於西沙、中沙及南沙等群島及其他所有屬於中國的島嶼」。上述連接各海島的直線基線及其外十二浬的海域，遂使中國南海成為中國內海。

㈡越軍艦侵入南沙濫捕中國漁船

令人驚奇的是南越及北越當時都未對中共此項宣告表示反對，更未提出任何官方抗議。北越總理范文同且於同年九用十四日照會中華人民共和國總理周恩來表示「越南民主共和國政府尊重這項決定。」惟至一九五九年二月二十日，一艘南越海軍驅逐艦駛入南沙水域北島，並濫捕數艘中國漁船，後雖經釋放，惟南越軍艦再駛向琛航島，並於二月二十二日逮捕八十二名在島上歇息的中國漁民，越軍於燒燬島上中國人的住屋後，將中國漁民帶往南越訊問，至一九五九年三月九日始行釋放。兩週後，當南越海軍重返琛航島，並發現中國漁民重返琛航島上居住時，越軍威脅中國漁民立即離開，否則將砲轟這個島嶼。此項威脅見效，南越海軍遂於三月二十六日佔領琛航島。中華民國政府針對南越此項侵權行為提出嚴重抗議；北京於獲知此事後，亦發出措詞尖銳的抗議，並警告南越任何進一步的侵略將遭到「中國的強烈反擊」。

一九五九年九月九日，中華民國台灣郵政管理局在南沙群島設立郵政代辦所一處。一九六〇年年底，為了將南沙郵政納入實際行政運作體系，爰宣佈將南沙郵政遞送系統與高雄相銜接。

一九六〇年，北越「越南人民軍總參謀部地圖處」編繪的「世界地圖」，按中國名稱標注西沙、南沙群島，並在此兩群島之後，

括註屬於中國。

　一九六三年五月十九日至二十四日，南越海軍艦艇三艘再度侵入南沙，在六個島嶼上「重建」各島上的「越南主權」石碑。

㈢中華民國政府開發南沙

　由於菲、越兩國對南沙的窺伺，加上中華人民共和國在西沙群島增強其軍事建設，對東沙群島的駐防及台灣南部海防構成威脅，中華民國不得不加強其對南沙群島的防務。

　一九六三年十月六日至二十七日，中華民國海軍一支兼負巡邏及再補給雙重任務的強大特遣支隊，由國防部、內政部、海軍總司令部會同巡視及詳細勘察南沙群島中包括太平、南威、安波、中業、雙子、西月、南鑰、敦謙‧鴻庥等各主要島嶼，加強在太平島上的駐防軍力，慰問島上駐防部隊、氣象台人員及從事開採磷礦的退除役官兵，並建立正規的巡航體系。一九六六年，中華民國並再度派艦赴中葉、南鑰、雙子等島重建國碑。

　中華民國國軍退除役官兵輔導委員會係自一九八二年起，在太平島設立「南海開發小組」，從事打撈廢鐵及磷礦開發工作，至一九六六年結束。一九八八年，將「南海開發小組」擴編為「南海資源開發所」，將工作範圍擴及東沙群島，分設東沙工作站，而將太平島的「南海開發小組」改組為「南沙工作站」，並另在南子礁設工作站，各站均設站主任，下屬技術人員及退役人員，各島經常作業人數在一百五十人左右，專門從事磷礦開採，島上原設有廚房、宿舍、倉庫、水井等設備，自一九七一年開始更增建磷礦粉碎加工廠，並加舖輕便台車鐵軌、擴建簡易碼頭、及新設發電機具等，生產目標大為擴充，工作人員亦隨之大量增加。

㈡ 「自由地」電影欣賞及座談會

　　一九七一年一月十一日，克魯瑪以「自由地發現者兼國家元首」的名義，致函各國駐菲使館、當地各報社及外國通訊社、菲政府各有關機關，邀請他們於一月十五日下午六時前往馬尼拉海外記者俱樂部（Manila Overseas Press Club）參加其所主辦的「自由地紀錄影片欣賞及座談會」。中華民國駐菲大使亦在被邀之列。

　　孫碧奇大使於收到此項邀請通知後，預於一月十四日召集有關人員會商，咸認此純屬克魯瑪個人行為，似未獲官方支持，當經決定不採正面行動，以免壯克魯瑪的聲勢，但分別指由大使館、菲華反共總會、中央社馬尼拉辦事處、大中華日報等單位的有關人員，以馬尼拉海外記者俱樂部會員身份，前往觀看，以探虛實。此項影片放映前，克魯瑪大放厥詞，報告所謂發現及建立「自由地」的經過。片長約十五分鐘，鏡頭顯示菲海事學校學生於一九五六年在太平島登陸、升旗（自由地國旗）並在建築物遍塗 "Freedomn Land" 字樣，並搭建茅屋一所。學生均赤身露背，狀似海盜，經由中央社賴吉容代表發問詰難，克魯瑪答復言語支吾。

　　在電影欣賞會之後的「公開討論會」中，克魯瑪稱：「當前在中國南海的尋油熱使全世界的注意力集中在『自由地』」。他並強調說：他所攝製紀錄「『自由地』這個新國家誕生」過程的影片，耗費鉅資，目的在供大眾傳播及作歷史紀錄。惟最具諷刺意味的是：這項電影欣賞及座談會並未獲各方重視，觀眾寥寥無幾，惟一具有記者身份者僅合眾國際社遠東區主筆帝普爾（Arnold Dibble）中途即退，另《馬尼拉紀事報》記者一人係中途加入。次日，菲京各報除中文《大中華日報》曾略加評論外，其他各報隻字未提。

八、宓特奈競選花招造成南沙風暴

㈠「砲擊」風波

一九七一年七月七日至八日，菲國會眾議院少數黨（自由黨）領袖宓特奈（Ramon V. Mitra）為競選菲國參議員在宣傳上製造高潮，使出絕招。七月七日，宓特奈在菲國會特別會議上發表極為激動的演說，謂他於上個週末駕駛一艘高速馬達遊艇在其故鄉巴拉灣省海面釣魚，兩度受到來自巴拉灣以西「自由地」（南沙）的遠程大砲射擊未中。此時經用望遠鏡朝發砲方向的一個島嶼探視，發現有一座大砲，故而知道要塞的概略位置，證明有「外軍」駐紮。後改駕私人輕型飛機向原處查察情況，又遭到高射砲射擊，經認明發砲位置為馬歡島（Nanshan Island），證明此一島嶼係中華民國軍隊佔據，他並謂「自由地」係菲人克魯瑪發現經他提議隸入菲領土版圖。

宓特奈是宣佈將南沙群島劃入菲國版圖的一項決議案的起草人，這項決議案經眾院多數黨領袖辛芳（Frisco F. San Juan）修正，將巴拉灣省劃分為南、北巴拉灣兩個省，將南沙群島劃規「南巴拉灣省」管轄，經眾院編列為第一七〇號法案並經國會參眾兩院一致通過。宓特奈眾議員製造此一風波時正值亞太理事會第六屆部長會議在岷開幕的前五天，就像一塊巨石投入池塘，蕩漾起滿塘漣漪，並激起高聳的水花。菲京各報騰載，並大肆渲染持續兩週之久，頗使菲政府及亞太理事會會員國難堪。

㈡以撈取選票為目的

一九七一年是菲律賓的選舉年，參選的政客，為了爭取選票，往往使出渾身解數，不擇手段，製造新聞，藉以擴大其知名度。宓

特奈此時正為競選參議員舖路，因為他是巴拉灣選出的國會眾議員，又是眾院少數黨領袖，平素每當國會休會返鄉，便出海釣魚。巴拉灣是與南沙群島相隔最近的陸地（約四百哩），宓特奈置身其境，靈機一動，編造出「釣魚遭受砲擊」的新鮮故事，來駭人聽聞。

㈢菲海空軍出動偵察

菲國防部長殷力利（Juan Ponce Enrile）於一九七一年七月七日據宓特奈電話報告後，立即於當日派遣海、空軍偵察隊分頭出動，展開偵察。嗣據菲三軍參謀總長甄萬雷（Manuel Yan）宣佈：「經過菲海空軍縝密偵察結果，並未發現有砲擊情況發生」。菲外交部並特地為宓特奈安排一項簡報，促使他瞭解菲政府對南沙問題所採取的立場。

㈣羅慕洛外長向孫大使交涉撤軍

一九七一年七月八日下午，菲外長羅慕洛約晤孫碧奇大使，告以宓特奈係反對黨議員，此乃宓特奈為競選參議員蓄意不惜捏造事實以困擾政府，提高其本人聲望，但若中國駐南沙守軍果然動輒見人開火，則殊有挑釁之嫌，馬可仕總統希望大事化小，南沙遠在南海，不致影響台灣安全，請中華民國撤退島上駐軍，免生枝節等語。孫大使當時暗想，既係捏造故事，馬可仕卻據此向中華民國政府要求撤軍，寧非怪事。孫大使因此即答以「南沙屬中華民國領土，毋容置疑，中華民國駐軍南沙群島，對菲國防安全當極有利，一旦撤離，則中共將乘機進駐，真正構成菲國安全的嚴重威脅。」孫大使並指出南沙群島實在巴黎條約所定菲國界以外，盼菲方能約束菲國民及輿論界，俾不致使事件擴大。

㈤台北的明確立場

中華民國政府起初對宓特奈的「指控」保持緘默，但旋即承認確有軍隊駐防南沙，而且早在一九四六年即已開始，並曾經向全世界公告過，聲明中並追述南沙的歷史，證明中國自太古時代即擁有這一群島的完整主權。

一九七一年七月九日，中華民國國防部軍事發言人李長浩少將正式發言否認中國南沙守軍近曾射擊任何外來機船。因此，宓特奈眾議員顯然有捏造事實之嫌。

台北的電訊報導，中華民國自佔領南沙，至一九七一年已達二十六年之久，駐防南沙的軍隊至少有三個連，官兵人數共達四至九百人，配備巨砲及高射砲，分別在各主要島嶼駐防。中華民國這項聲明，很明顯的是一項警告，旨在促使蓄意侵犯者收斂卻步。另一方面，中華民國國防部曾針對宓特奈所言，實地進行調查，發現中華民國南沙駐軍確不曾向宓特奈的快速艇或飛機發砲射擊。

台北官方及民間針對此問題所發出的輿論可分下列六項說明：

1. 中國在南沙群島的全部主權及統治權事實昭彰，不言可喻，依據國際法，這是無可爭辯的事，中華民國政府曾迭次明白宣告，不容質疑。
2. 中國人民絕不容忍外人染指南沙。對外國的無理要求都能力求保持鎮定，卻立場堅決，絕不容忍。
3. 世界各國多年來均已留意到中華民國在南沙群島駐防守軍，或謂菲政府根據克魯瑪的「發現」，認為有了出兵霸佔南沙的合法立場，那是非常幼稚的想法，況且，站在克

魯瑪的立場，他既未將他對「自由地」的主權要求讓與菲政府，也未委託菲政府代為要求，在法律上也就變得極為複雜。是否基於克魯瑪具有菲公民身份就可將其對「自由地」的權益自動取得，這是一個引起爭論的問題，更何況「自由地」也好，「史勃特萊列群島」也好，都是南沙群島中不可分割的一部份。其他國家無論官方或民間要求這一群島中任何一個島嶼的主權或權益，對中國而言，都是違反國際法而且明顯的是對中國領土主權的侵犯行為。

4. 中國三軍將繼續捍衛南沙，保衛領土完整是全體中國人民世代相傳無可旁貸的責任。依據一九四七年十二月二十五日生效的中華民國憲法第四條：「中華民國的領土，依據其現有國界，非經國民大會決議不得變更。」

5. 南沙群島決非是一塊託管地──既不是置於勝利盟國託管制度之下的託管地，亦非置於中國「事實上託管」的託管地，也不是菲律賓的保護領土，任何人都很難想像聯合國將如何能在一群無人居住的島嶼上實施一項託管制度。

6. 菲政府或謂是基於菲國的「國家安全」而要求南沙主權，可是事實上乃是中國南海勘查石油的狂熱才是引發這一爭端的主因。亦正由於這一群島地區有了爭執，除非領土管轄權問題首先獲得解決，除中華民國以外，任何其他國家在此地區進行石油勘查，都是侵權行為。

㈥蘇俄虎視眈眈

一九七一年七月九日，蘇俄的海洋探測船從日本神戶出發，直

駛南沙海域，在時機上正是宓特奈妄稱在巴拉灣海域垂釣，遭南沙守軍砲擊的新聞渲染最熾熱達到顛峰狀態的時候。雖然事後未見蘇俄有進一步的表示，但顯然蘇俄是第二次世界大戰將近結束時的「同盟國」，被認為是對「日本所放棄的土地」，有「託管權」的國家之一。因此，蘇俄此一行動頗不尋常。

(七)馬可仕宣佈菲軍進駐南沙

一九七一年七月十日，馬可仕總統在阿銀那洛軍營召開為時三小時的國家安全會議，聽取菲三軍情報處提出對南沙群島偵察的報告，評估南沙的地位及當時的情勢，參加安全會議的政要計為國會參眾兩院議長、多數黨領袖、國防、外交、財政等部會首長、國家調查局長、情報署長及三軍參謀總長等。

會後，馬可仕總統在馬拉干鄢召開記者會，宣讀國家安全會議的一項公報。公報中謂菲政府已要求中華民國撤離在南沙的守軍及軍事設施，此係於七月八日由菲外交部照會中國大使館，由國家安全會議於十日晨追認。並透露菲國為了自身安全，亦駐軍南沙另外三個島嶼。國安會一致認為南沙地區局勢發展迅速，而因鄰接菲國領域，任何外國軍隊駐守，都對菲國家安全構成威脅。

馬可仕總統宣稱南沙群島應由盟國托管，他國非法佔領，影響菲國安全，中華民國駐守太平島的部隊因未獲同盟國同意，故要求中華民國撤軍。菲政府顯然自知鮮有說服中華民國撤軍的希望，惟其要求在於重申十四年前賈西亞副總統所作的爭論。馬可仕所宣佈佔領的三個島嶼為：馬歡島（Nanshan）及費信島（Flat）二島位於太平島東北約一百哩，中業島（Thiltu）島位於太平島以北四十哩，均在南沙範圍之內。

　　當記者詢及克魯瑪曾提出對「自由地」的主權時，馬可仕總統說：因為基於國際法，私人不能合法取得領土主權，因此，克魯瑪事實上已將其「自由地」上主權讓與菲政府。私人僅能在此等島嶼進行商業性經濟開發，但不能實際獲得一個島嶼的所有權；菲國石油法案亦明文規定所有在菲律賓大陸灘所發現的天然資源及礦藏，屬於菲政府。馬可仕說：「南沙群島係在菲律賓大陸灘以內」。

　　在此項記者會上並放映一部紀錄影片，播映菲海軍陸戰隊在南沙群島中三個島嶼上的軍營升上菲律賓國旗的情景。用以證明馬可仕「在自由地地區內所採取保護菲律賓的適當步驟」。

　　但馬可仕又表示：「菲政府並非有意挑釁」，鑒於南沙情勢的急劇變化，他希望透過與鄰近國家及盟國間友好的關係，儘速循外交途徑解決此一爭端。倘若中華民國政府拒絕撤離其在南沙的駐軍，或要求菲政府撤離其在附近島嶼的駐軍，那就須要在台北或馬尼拉由雙方代表坐在會議桌上討論解決。

　　馬可仕並解釋說，在一九六二年，菲政府由於捲入沙巴（Sabah）及「麥非林托」（Maphilindo）協定太深，而未能在「自由地」採取「佔領」行動。另據菲國防部長殷力利透露：「菲在南沙群島中甚多島嶼上部署了『大量』戰鬥部隊，俾使外國對菲國安全的威脅減至最小限」。

　　菲「民主運動促進會」於一九七一年七月十日指責馬可仕在態度上對中華民國駐軍南沙事保持「沉默」與「勾結」，並妄稱：「中華民國駐軍南沙僅暴露其有佔領土地的嗜好，就像他們退出大陸而佔領台灣一樣」。

　　一九七一年七月十一日，中華民國外交部發表聲明，再度強調

中華民國駐軍南沙為二十六年來世所週知的事實。

菲國會於一九七一年七月十二日經眾議員巴貝樂（Cramelo Z. Barbero）與宓特奈等聯名簽署，通過一項決議案，撥款一百萬披索，供開發「自由地」資源之用。宓特奈認為，菲政府既要行使這一部份主權，便必須開發這一群島。菲眾院外交暨國防聯合委員會亦針對「外國在南沙群島駐軍的情勢及對菲國安全的影響」向菲國防，外交兩部首長提出質詢。

㈧中菲兩國外長在菲京會談

一九七一年七月十二日，中華民國外交部長周書楷率團赴馬尼拉參加七月十四～十六日所舉行的亞洲太平洋理事會第六屆部長會議。此項會議共有九國外長出席。周部長於記者會上重申中華民國對南沙的主權，並表示深信中菲兩國透過雙方晤談必能獲致諒解，而不致影響兩國傳統友誼。

據菲各報透露，周部長在抵達馬尼拉時的記者會上，雖然拒絕答覆任何有關中華民國自南沙群島撤軍的問題，但卻愷切說明，中華民國願意與菲政府商討此一問題。他願意澄清有關誤解。周部長事後並表示兩國對此問題圓滿解決甚為樂觀。當記者詢及此一爭端是否將成為今後中菲衝突的根源時說：「即使是一家人，也經常會有爭論，但希望不致於嚴重。」

此時，中菲雙方都有一共同瞭解，即此一問題，不宜在亞太理事會會期中提交理事會討論，亦不宜在此會期間中菲就此事舉行雙邊會談。這樣做，對亞太理事會的和諧氣氛，勢將蒙上一層陰影。越南外長陳文灡、韓國外長金榕植、日本外相愛知揆一、泰國外長乃他納、澳洲外長波里、馬來西亞外長馬穆均持此看法。為避免對

亞太理事會各會員國之間的團結受到不利影響，惟有在部長會議結束後再舉行雙邊會談。

由於亞太理事會此項會議日程十分緊湊，會後周部長諸事待理，急於返國，未必再有餘裕時間續留菲京，故雙方終於安排七月十三日兩國外長舉行早餐會，由孫碧奇大使陪同周部長出席。早餐會長達兩小時，會後發佈一項簡短聯合公報，內容略以此項會議中兩國政府對南沙主權問題的立場仍各持己見，毫無彈性可言，但氣氛融洽，雙方均表示願意和平解決，基於兩國間的友好關係，雙方同意在友好的氣氛下繼續會商，任何誤解均將循外交途徑予以澄清。

中菲兩國外長早餐會後，周部長旋由羅慕洛外長及孫大使陪同，晉謁馬可仕總統時，就此項聯合公報的內容，向馬可仕總統詳加解釋。到此階段，一切原已圓滿，羅慕洛忽提議為避免誤會起見，最好達成一項秘密協議，彼此承認對方艦艇的旗幟及標誌，免致衝突。孫大使立即表示反對，蓋原則上菲未承認中國南沙群島主權，中華民國政府若承認菲方艦艇旗幟及標誌，任其出入於中華民國領土以內，不加干涉，恐日後貽患無窮。因此，辯論甚久，了無結果，後來周部長與羅慕洛同意互派孫大使與菲外交部次長殷格禮士二人先行會商，草擬此項協議文字，再呈雙方外長決定。於是，孫大使隨殷格禮士至菲外交部共同研擬協議草稿。因孫大使根本反對此事，故待殷格禮士草稿擬妥後，故意在文字上不斷挑剔，以致不能定稿。嗣孫大使回報周部長，說明原委，周部長未以「孫大使未能達成任務」見責，可知周部長亦反對此項協議，祇以當時身為菲國貴賓，在羅慕洛外長面前，不好意思多予辯駁而已。羅慕洛似

亦察出中方意向，亦不再追問，遂作罷論，至於業已同意的有關南沙的聯合公報，則即日發表。由於兩國外長會議的結果，使此一爭端的劇烈性趨於低降，亦因此未使南沙問題影響亞太部長會議的進行。

儘管如此，南越外長陳文瀾仍於一九七一年七月十三日會議中對菲律賓要求南沙主權勢提出異議。

(九)菲輿論界的評論

宓特奈所一手製造的「釣魚」風波傳播後，菲京各報為增加銷數，不惜大肆渲染，但也對這些製造新聞的政客猛烈抨擊與譏諷，如《馬尼拉時報》專欄作家鄺薩萊茲（Pat Gonzales）於七月九日在他的「就事論事」（Here We Go）專欄評論稱：「……一部份政客被『自由地』的草木鳥禽及蜂蝶所吸引，這些島嶼能製造出他們所需要的選票。……事實告訴我們，『自由地』已非處女地，這年頭處女地很難找到……。」

《馬尼拉時報》另一專欄作家蘇里文（Soliven）於七月十日發表評論：「……宓特奈捏造砲擊事件，使我們那位後起的『哥倫布十字軍艦隊司令』克魯瑪注入了新的生命。克魯瑪妄圖把主權屬於中國的『自由地』佔為自己的獨立共和國……我們現在的處境已甚艱困，讓我們先做好家庭作業，然後再放肆去擴展殖民地不遲。」

《馬尼拉時報》另一作家格布林（Jose Caburian）於七月十二日以「自由地——危險地區」為題，引用南沙的「危險地帶」，對宓特奈作一相關的警告：「巴拉灣以西是中國南沙的一個危險地區，世界各國在地圖上都已標明，宓特奈在前往釣魚之前必已早知在此地區活動的危險性……。」

　　菲《每日公報》亦於七月十二日刊出格拉納達（Erneslo O. Granada）以「制止『自由地』的荒唐」為題的專文稱：「……『自由地』的荒唐該是告一段落的特候了。馬可仕政權鼓動此一風潮，無非是要轉移社會大眾對諸如通貨膨脹等甚多緊急問題的注意力。菲要求沙巴主權不成，如今要求南沙主權，令人費解。馬可仕也承認，無論以歷史或法律作依據，菲對沙巴的立場要比對南沙堅強得多，在馬可仕實際上已將沙巴給了馬來西亞之後，菲政府將如何去指望世界其他各國同意菲對南沙的主權要求。……難道我們的外交政策要降格到受人取笑與嘲弄。」

　　菲《每日星報》專欄作家蘇怡柯（H. D. Suyko）在七月十二日「每日一忠言」（A Dose a Day）專欄中評論稱：「……菲對沙巴有強勁的歷史依據，要求主權尚且失敗，菲國又有何理由主張南沙主權而得罪友好鄰邦？」

　　《馬尼拉公報》專欄作家格華拉（Jose L. Guevara）於七月十二日也在「依次道來」（Point of Order），專欄中評論稱：「宓特奈在南沙附近遭砲彈射擊，當你想當國會議員時，你便可以捏造事實。有了『自由地』，聯合國所必須考慮的中國便不只兩個，而是三個。」

　　《香港星報》七月十五日評論稱：「正當日本覬覦釣魚台（Taioyutai or Senkaku）之時，菲一國會議員也覬覦南沙群島。菲政府應該知道這是中國的領土。中國人民對外國的侵略絕不容忍。」

　　同日，《香港華報》嘲笑說：「倘若菲政府不是利慾薰心，便不會甘心使菲國淪為全世界的笑柄。他們應該撤回這種愚昧無知的領土主權要求。」

　　《民報》專欄作家蘇生亦於同日著文嘲笑說：「菲國要求南沙主權，根本不知道什麼叫羞恥。」

　　《馬尼拉時報》七月十五日的另一篇評論卻是：「朋友之間，數百萬桶黑金（石油）又算什麼？我們要求得到太平島，但台灣只給我們菜籽……。」可是時報在同日的社論中強調南沙群島的重要性：「這一群島中任何一個島嶼被走私者佔領及利用，作為其船隻轉運站的可能性不容忽視。此外，其中一個島嶼在太平洋戰爭中曾經像柯雷濟多爾島（Corregidor）一樣，被利用來作為祕密部隊訓練的基地，將訓練好的祕密部隊偷運到菲境，破壞駐菲日軍的軍事統治。當時除了負責訓練的人員外，外界對此一無所知。我們必須當心同樣的可能性再度發生。」

㈩台灣漁船在南沙遭襲擊

　　一九七一年七月十五日，台北兩家大報《聯合報》與《中國時報》相續報導：台灣「泉新」號漁船，於六月三十日在南沙群島附近海面，遭到一艘國際不明船隻的神祕攻擊。《中國時報》說：這艘台灣漁船在南沙群島一個無名小島下錠，船上有十六名船員，其中十三人登島拾螺貝，返回船上時，發現三名看守漁船的同伴失蹤，船上價值新台幣八十萬元（折合美金約二萬元）的漁鮮魚類亦遭洗劫一空。經過一番搜索後，在海上撈到一名同伴飄浮在海面的屍體。

　　《聯合報》則報導稱：「海盜」攻擊此一下了錠的台灣漁船，然後將其擊沉，十三名生還的船員，是由另一艘台灣漁船救起，於七月十四日始送回高雄。《聯合報》並呼籲中華民國政府派戰艦在南沙群島保護台灣作業漁船安全。

(十一)克魯瑪警告馬可仕不得歸併「自由地」

一九七一年七月中旬，馬可仕總統宣佈菲政府提出對南沙群島中某些島嶼的主權要求，克魯瑪警告菲政府，為了避免造成難堪與困窘，應即打消此一念頭。

克魯瑪早前曾請求菲政府將「自由地」置於菲律賓共和國「保護」之下（under protectorate status），但菲政府未對此採取任何行動。另一方面，克魯瑪曾對馬可仕總統所稱「由於私人不能對此等島嶼主權提出合法要求，探險者（指克魯瑪），「實際上已將其權益轉讓給菲政府」之說提出異議，他說他並不曾將「自由地」或此一群島中的任何島嶼讓與菲律賓或任何其他國家。

克魯瑪並謂：「自由地政府」為了保護某些美國人的權益，他已發行一部份「礦業轉讓證書」。由於菲政府對「自由地」部份領土提出主權要求，「自由地政府」為了保護自己在礦業開採方面的權益，可能請美國政府出面干預。

有關方面引述克魯瑪的談話報導說：一旦克魯瑪與美商簽訂合約，「自由地」便可能受到美國保護，甚至將來有將其轉變為美國軍事基地的可能。某些在菲美商私下已經有了這種經濟與軍事的構想與計劃。

克魯瑪暗示，「自由地」依據國際法，可以置於任何保護模式之下，由另一國保護，或以「共同管轄」（joint jurisdiction）、「共同主權」（co-sovereignty）、「聯合國家」（associated state）或「託管」（under trusteeship）的方式為之。

克魯瑪究竟曾否將「自由地」的權益讓與菲律賓或其他國家？曾任菲外交部法律司長及前菲駐埃及大使的艾雷格拉多（Juan M.

Arreglado）表示克魯瑪有此權利。艾雷格拉多更認為克魯瑪可以依據菲律賓新修正的民法條款，基於「佔領」（occupation）及「時效」（prescription）提出對此項權利的要求，而取得菲政府的保護。這與菲民法有關土地條款的規定相符。此等條款允許克魯瑪取得這些島嶼的財產權。可是菲政府中甚多其他官員私下表示，正因為克魯瑪對南沙群島所提出的權利要求，基本上不合邏輯，而且毫無根據，嚴格說來，是非法的。因此，所有這些法規與條款，到了最後，都完全不切實用。

在菲修憲大會聽證期間，克魯瑪指控菲海軍假借「保護」之名，實際上對在此一地區進行石油探勘的人員（oil explorers）及「霸佔」土地的人（landgrabbers）提供協助。克魯瑪並以「自由地國家元首」名義，致電馬可仕總統，斥責菲海軍人員出動艦艇協助「霸佔土地者」及「石油投資商」侵犯他在「自由地」地區的權益。他並猛烈抨擊這些人在「自由地」地區毫無約束的非法行為。

台北方面，中華民國外交部次長蔡維屏於一九七一年七月十五日面告自美、日返國的中國留學生稱：中華民國全面支持聯合國憲章，因此不動用武力解決國際領土爭執。

㈢北京對南沙咄咄逼人的聲勢嚴重關切

南沙群島的爭端，顯然已引起北京的嚴重關切。北京對克魯瑪在南沙群島的所作所為及菲政府蓄意染指南沙甚為憤怒。其所表現的聲勢，咄咄逼人。

一九七一年七月十三日，北京發表措詞強硬的聲明說：「中華人民共和國特此鄭重宣佈，任向國家以任何藉口或用任何手段侵犯中國對南沙群島的領土主權，將絕不容忍。」

一九七一年七月十六日，北京廣播稱：中國三軍總參謀長黃永
勝於七月十六日在北韓駐北京大使的晚宴上，鄭重提出：「菲政府
為配合美國帝國主義者推動其侵略亞洲的計畫，而出兵佔據南沙中
業等數個島嶼」。他要求菲政府立即停止侵犯中國領土並立即撤回
其在南沙的所有部隊。中國並警告南越勿存領土幻想，當心受懲
罰。

同日，中國新華社發表強烈聲明，除抗議菲政府對南沙的主權
主張外，並稱：「西貢傀儡集團公然聲稱擁有南沙主權，並混水摸
魚，派軍侵佔中國領土，這也是中國政府及人民所絕對不能容忍
的。」

美國偵察機發現大批中國軍艦，護送建築材料至西沙群島。美
國五角大廈分析，北京可能在修建海軍基地，作為支援中國駐南海
艦隊的根據地。

菲律賓《商業日報》駐香港記者柯克（Peler Cook）報導，中國
將其領土延伸至菲律賓群島以北及以南，通過呂宋島維沙揚
（Visayan）海岸線數哩以內，一九七一年九月出版的《中國重建》
月刊，有一篇關於中國地理的文章，將曾母暗沙以內的所有島嶼，
全部劃歸中國邊界以內。

中國大陸在香港大量複製及發行中國地圖，引起廣泛的猜疑，
菲駐香港總領事鄺薩勒茲（Rafael A. Gonzales）曾將此情形檢同此項地
圖十餘份呈報菲外交部轉菲政府各有關部會局注意研議。南越、印
尼、馬來西亞等國駐香港的領事館，也將中國地圖劃分國界的情
形，向其政府反應。這些國家也都先後據此發表聲明或提出抗議。

菲《商業日報》並指出，中國一九五四年所編印供各大中小學

使用的教科書，都以巨大篇幅敘述中國現有版圖的疆界，包括從中國南海到琉球（Ryukyus）、蘇祿（Sulu）及南沙群島等地區的劃界情形。

在歷史上，中國一直對毗鄰的國家保持宗主地位。北京為中印邊界問題，曾表示不惜一戰，中俄邊界爭端拔劍弩張，由來已久。菲國中共專家認為，中華人民共和國進入聯合國後將就其邊界問題與其鄰邦舉行一連串的談判。屆時，菲律賓將被捲入南沙爭端。

㈢菲宣佈自南沙撤軍

一九七一年七月十五日，菲國會參議員裴勒茲（Emmanuel Pelaez）基於經濟及安全等理由，要求菲政府將巴拉灣以西包括南沙群島及其海域劃入菲領土疆界以內。

同日，南越政府發表外交公報，表示南越對南沙及西沙兩群島擁有完全的主權。翌日，即七月十六日，西貢政府向菲政府提出措詞強硬的照會，並發表聲明將南、西沙兩群島相提並論，排斥包括中華民國在內的任何其他國家對此兩群島的主權。

一九七一年七月十六日，中華民國外交部發言人魏煜孫復在例行招待會上表示南沙主權屬於中國，不容變更。同日，菲京有菲大學生數百人湧到國際大飯店亞太理事會址示威，指責「中國侵佔」南沙。

北京亦在此時嚴厲警告菲政府不得侵佔南沙。一般揣測中共可能有進軍南沙，使南沙情勢頓時頗為緊張。

一九七一年七月十八日，馬可仕總統向報界發表聲明，澄清菲政府對南沙問題的立場，謂菲軍進駐的島並不屬南沙群島，強調菲不擬對南沙群島中任何島嶼作任何主權要求，惟認此一群島為託管

地，除非由其他盟國同意，即不能受任何國家佔領。馬可仕重申菲要求中華民國軍隊自南沙撤退；因此一群島的接近菲國，中華民國駐軍對菲國安全構成威脅，而中華民國駐軍自南沙撤退並不影響菲國國防安全。馬可仕作此間接答覆而未提及北京對菲政府的指責。菲國防部長殷力利亦於同日宣布菲已自前此佔領的三個島嶼撤軍。

㈥菲修憲大會將南沙併入菲版圖

一九七一年七月十二日，菲修憲大會（Constitutional Convention）代表雷意斯（Carmencita O. Reyes）在大會上提出一項決議案：「……鑒於史勃萊特列群島靠近菲律賓這一事實，及其對菲國家安全的重要性……茲決議，沙巴與史勃萊特列群島歸併為菲新憲法所規定的國家領土的一部份。」

一九七一年七月二十六日，菲國會眾議員溫尼西亞（Jose de Venecia Jr.）亦向修憲大會主席馬嘉柏皋（Diosdado Macapagal）提議將「自由地」列入新憲法為菲國領土。溫尼西亞一廂情願地認為，馬尼拉與台北都在相互尋求友好相處之道，不致因南沙問題衝突。倘中共進入聯合國，北京要求與菲建立外交關係，菲政府便可要求中共承認菲在南沙群島的主權作為先決條件。

嗣菲修憲大會國疆委員會（Committee on National Territory）主席昆特洛（Eduardo Quintero）在菲修憲大會上，原擬將「自由地」，沙巴（Sabah）、馬利安那群島（Marianas）、關島（Cuam）及巴丹島（Batanes），以列舉式條款載於菲新憲法，藉以增強菲日後主張此等領土的宗主權地位，嗣因部份修憲代表及菲政府當局惟恐因此引起國際糾紛，故最後決定改用概括式的文字。

一九七二年二月十七日晚，菲修憲大會以一七七票對十四票二

讀通過國家領土修正條款，即新憲法草案第一條：「菲律賓共和國之國家領土，係由菲律賓群島所組成，此一群島乃菲國人民固有之居住地，其範圍包括整個群島之所有島嶼及環繞各島嶼之領水暨所有其他在歷史上屬菲宗主權或菲合法宗主權之領海、領空、下層土、海床、大陸灘及其他海底地區。在菲律賓群島周圍，介於各島之間及與群島連接之領水，不論其寬度及範圍如何，均屬菲國內水之一部。」

　　上述條款雖非列舉式，在涵義上仍包括中國的南沙群島，菲、馬爭執已久的沙巴及美托管的瑪利安娜群島在內。後來修憲大會因馬可仕宣佈戒嚴法而自動解散。

㈢「自由地」座談會克魯瑪的「轉讓」聲明

　　一九七一年九月三十日，克魯瑪再度在菲律賓老黑人省（Negros Oriental）所屬的杜漫格地市（Dumaguete）詩麗曼大學（Siliman University）最高法律理事會（Supreme Law Council）所主持的一有關「自由地」座談會中，再度放映其有關「發現及佔領」南沙群島的影片並發表演說，表示假如菲政府尊重他對「自由地」的自主權，如升「自由地國旗」、建碑、採礦等，他將願意與菲政府簽訂協定，將其「自由地」的主權在某種條件下移交菲國政府。聲稱如菲國政府尊重其主有權及簽訂合同的權益，可接管其「自由地」，並謂他將在一九七一年十一月菲國地方選舉告一結束後前往晉見馬可仕總統商談此一問題，必要時將此案提交國際法庭處理。

　　關於中華民國軍隊駐南沙群島的太平島事，克魯瑪稱這將使越南及中共望而卻步不致進軍南沙，可使「自由地」地位更為堅強，故對他有好處。

　　克魯瑪於其演說後的座談會中曾提及在美國德克薩斯的油業公司曾與他接觸，討論開發「自由地」油礦的可能性，但他為避免引起此一地區主權的爭論，故拒絕透露他與此一公司討論的詳細內容。克魯瑪這些談話，經菲新社於九月三十日發表，馬尼拉各報除《大中華日報》外，其他各報未曾刊載，足見克魯瑪此舉未引起菲新聞界的重視。鑑於國際法庭受理案件限於國家，除非由菲政府提出。如果由克魯瑪個人提出，自難獲得國際法庭受理。

九、中華民國退出聯合國後的南沙情勢

㈠菲政府趁火打劫派竊據南沙六島礁

　　一九七一年十月下旬，聯合國大會就阿爾巴尼亞提案討論後進行表決，通過阿爾巴尼亞等國所提排除中華民國、招納中華人民共和國的決議案，全世界注意力均集中於紐約這棟高聳入雲的聯合國大廈，菲軍事當局趁此千鈞一髮的國際混亂局勢，派兵進入南沙，竊據南沙群島中的六個島嶼。十月廿五日夜，中華民國外交部周書楷部長在紐約發表「我國毅然退出聯合國」的鄭重聲明。十月二十六日，即中華民國宣佈退出聯合國的次日，菲國參謀總長甄萬雷（Cen. Manuel T. Yan）利用此一千載難逢的機會突然宣佈謂十月二十三日有中華民國海軍第二十五、三十四號驅逐艦兩艘，載蛙人八名登陸中業島（Thitu），島上有菲國駐軍，因言語不通，僅持約十分鐘退去，十月二十六日復有中華民國海軍登陸艇一艘登陸南鑰島（Loaita），在同樣情況下退去，菲軍方希中華民國守軍勿接近有菲軍駐守的島嶼，凡屬有中華民國軍隊駐守的島嶼，菲軍亦不接近，以免引發事端。甄萬雷並透露：菲軍所佔領者，除上述二島外，尚

有西月島（West York）北子礁（North West Cay）南子礁（South West Cay）及馬歡島（Nan Shan Isl.）。中華民國以此等島嶼均在南沙群島範圍，為中華民國固有領土，中華民國軍隊有權隨時駐紮或巡邏各島嶼，盼菲方予以尊重。菲派軍進駐南沙係侵略行為，因向菲政府提出抗議。菲政府則詭辯稱此六個島嶼屬「自由地」範圍，在南沙群島以外，菲方派兵進駐這些島嶼，係因與菲國防有關等語，簡直強詞奪理，厚顏鮮恥。

㈡菲國防部長殷力利的談話

一九七一年十月二十七日，即中華民國宣佈退出聯合國的第三日，菲國甫經卸卸國防部長職參與菲國會參議員競選的菲執政黨（國民黨）參議員候選人殷力利（Juan Ponce Enrile）要求菲國政府從法律觀點就中華民國退出聯合國對菲國尤其對中華民國主張南沙群島主權所可能發生的連帶關係加以研究。他說中華民國退出聯合國大會及安全理事會席位後，不能在聯合國中主張南沙群島的主權，唯中共則將取而代之，菲政府究應如何因應，彼願參與此一問題的討論，以其在國防部長及司法部長任內的實際經驗提供意見。這是殷力利所提出的課題，他是馬可仕總統的親信，歷任財政、司法及國防部長等職，其意見當受菲政府的重視，嗣投票結果落選。至一九七二年一月一日，馬可仕總統再度任命他為國防部長。

㈢馬可仕總統重申菲國對南沙的立場

一九七一年十一月十八日晚，馬可仕總統於馬尼拉海外記者俱樂部記者招待會上答復有關南沙群島問題時略稱，菲未曾對「自由地」（南沙群島）主張領土主權。但承認菲國曾經佔領數個鄰近「自由地」而菲國認為不屬於任何國家的島嶼，他說自菲國觀點而言，

此等島嶼應為「託管地」，受第二次世界大戰的戰勝國托管，唯有這些國家才能處理。馬可仕總統的談話經由菲國第九號電視台播出，既有此說，菲國政客及報章雜誌同聲附和，一致主張託管的理論，菲人善於斷章取義，曲解國際公法及國際條約以遷就對其自身利益，主張關於戰後同盟國於一九五一年所簽署的「金山對日和約」，日本放棄南沙群島及西沙群島一層，菲人說日本確曾放棄該等島嶼，但並未明言放棄後的歸屬，故應屬盟國託管，至於以前的歷史背景，與開羅宣言，中日和約等，菲方一概置若罔聞。

四 菲政府正式將「自由地」歸併菲版圖

菲政府在侵佔南沙群島中六個島嶼之後，因未受到應得的制裁，食髓知味，膽量與野心愈來愈大，一反一九五〇至一九六〇年代的小心翼翼作風，毅然堅持其對這些島嶼的主權立場。

一九七二年三月，菲代外長殷格列斯（Tose D. Ingles）利用聯合國海床委員會第七十二次會議開會期間大肆宣傳，除重申菲政府對「自由地」的主權要求外，並公然抨擊中華人民共和國對南沙群島主權的主張。他說：「吾人對中華民國所作領土主權的主張不能袖手旁觀，尤以菲人所稱奈娃克島（Lawak 係指南子礁）係『自由地』的一部份。『自由地』係由五十三個島嶼組成，並非在南沙群島組合之內。此一群島在過去及現在，均在菲政府有效佔領及控制之下。此種佔領已屬公開，並排除其他國家的主權要求。」

菲政府在不斷加強其在南沙群島地區的軍事實力之後，索性將「自由地」正式劃歸巴拉灣省管轄，在行政上卻設立一個「特別顧問委員會」，受中央政府直接監督，使成為一個單獨的區劃。委員會由十二名巴拉灣籍政客擔任委員，並任命克魯瑪為「主席」，以

示安撫。

㈤克魯瑪要求菲政府與「自由地」締「保護協定」被拒

由於菲代外長殷格列斯在聯合國海床委員會提出其對南沙主權的主張，惹起中國對菲政府野心的猛烈抨擊，使克魯瑪意識到他苦心經營的「自由地」難免有被菲政府吞併或遭受中國攻擊的危險。為維護其既得權益，便不得不找出對策。

一九七二年三月二十九日，克魯瑪透過艾雷格拉多，向菲京新聞界發表談話，表示克魯瑪業已準備就「自由地」與菲政府建立「保護領」關係事進行談判。艾雷格拉多在發表談話時，以「自由地諮議委員會主席」自居，聲稱他曾於一九七二年二月中旬，代表「自由地元首」，致函菲國會參院議長普雅（Gil J. Puyat）及眾院議長兼參眾兩院外交委員會主席未惹拉（Cornelio Villareal），提議就菲政府與「自由地」簽訂「保護」關係協定事進行磋商，使「自由地」早日成為菲律賓的「被保護國」（protected state）。艾格雷拉多認為，此係菲政府在此時獲取國際間對菲國在南沙主權的承認及解決南沙問題的最佳途徑，設若因此引起爭端，菲政府可訴請國際法庭仲裁。

愛雷格拉多最後強調：「在此環境下，為了尋求國際間對保護國與被保護國雙方合法權益的承認，簽訂這樣一項協定，被認為是最為恰當而最有效的方法，而且不致將菲政府捲入與外國武裝衝突的危險，他並稱「國會是憲法賦予權力批准新領土取得的唯一機構，理應及時採取行動。

㈥克魯瑪慶祝「自由地」十六周年受阻

一九七二年四月十二日，馬尼拉英文《鏡報》透露：克魯瑪為

慶祝「自由地」第一次探險十六週年，正計劃發行已加蓋郵戳的「自由地」郵票及「自由地」貨幣圖利。郵票及貨幣都以 Tom 及 Cloma 為單位，Tom 等於菲幣一分，一百 Tom 為一 Cloma，等於一披索，專供郵票及貨幣蒐集者收購而非照幣值通用。四月中，克魯瑪以「自由地國家元首兼國家最高會議主席」名義，率領一批壯漢，前往南沙群島「視察」及慶祝「佔領自由地十六週年」。隨行人員包括：「自由地行政總長」前菲觀光局長卡多薩（Urbano Caldoza）、「祕書長」菲觀光局代表貝利歐（Denis Bello）、「執行長」南海航海員兼船長奎伍安（Narclso Guiuan）、海灣測量工程師巴里肯特（Prescilo Balicante）、南沙地區漁業專家布魯克爾（Catalino Brocal）及其弟「助理行政總長」費萊蒙，克魯瑪。

克魯瑪誇言此行赴「自由地」係為其在半月暗沙修建的機場奠基。他將在「自由地」建立通訊網、冷凍庫房、製冰廠及完成未來的「國家建設」，娛樂設施等方案，擬訂「自由地」觀光計畫，將「自由地」對外開放，使成為「國際漁市及觀光樂園」。克魯瑪並稱，他已在甚多島嶼上安置居民——大部份為漁民。因各島嶼至今僅有漁船可以接近，故他曾邀請菲民航局前局長前往半月暗沙勘察修建機場的可行性。他並計畫在各主要島嶼上修建永久性「國民住宅」，鼓勵菲國人民前往定居。據說菲國會參院議長雅普對克魯瑪這些作為都表贊同。中華民國駐菲大使館照會菲外交部重申中華民國對南沙主權的嚴正立場。

儘管如此，克魯瑪及其同夥慶祝「自由地」探險十六周年的南沙之行，甫抵目的地，即遭菲軍刁難，只好中途折返。當時菲駐防「自由地」的海軍陸戰隊阻止克魯瑪等在「自由地」各島舉行十六

周年慶祝活動，情勢頗為緊張，返抵馬尼拉後，這位「自由地國家元首」立即發佈第七十二號公告」宣佈「全國進入緊急狀態」，並將「自由地流亡政府」自馬尼拉遷至拜塞市（2115 Leveriza Street, Pasay City）。

　　美國名攝影記者雷特尼（Ron Laytner 普立茲獎得主）至馬尼拉，就「自由地」問題與克魯瑪作冗長交談，並攝影，在美國《生活》雜誌專文報導。雷尼特離菲返美前，克魯瑪任命他為「自由地巡迴大使」。

(七) 克魯瑪指控馬可仕派軍侵佔「自由地」

　　一九七二年四月下旬，菲籍漁船三艘，不斷出沒鴻庥島及敦謙沙洲附近，並登陸索取淡水、騷擾及窺伺中華民國資源開發人員的工作，中華民國政府獲報後，為阻遏其進一步的意圖，經透過外交途徑，促請菲政府阻止及防範類似情事的發生。

　　菲聖托瑪斯大學政治研究所一九七二年夏季刊第十四至二十七頁，以十四頁篇幅，刊載菲名政論家雪爾華（Rijalino D. Selva）所著「早日以和平方式達到菲領土要求」為題的專文。雪爾華在專文中建議，菲外交決策當局應依聯合國憲章原則，就南沙問題，以談判、和解、仲裁，或循司法途徑及其他和平方式及早解決。

　　一九七二年五月二十二日《馬尼拉先驅報》載菲作家柏萊茵（Jose C. Balein）所擬〈史勃雷特萊群島攪起中菲爭端〉（Spratleys Stir RP-China Row）專文透露，早在一九七一年七月宓特奈釣魚風波發生當時，菲政府即已趁機派軍進駐南沙群島。迨宓特奈當選參議員，於一九七二年五月例會中也透露菲軍事當局在一九七一年七月調派特遣部隊進據南沙。

　　一九七二年五月二十一日，克魯瑪向新聞界正式指控馬可仕總統派遣菲海軍陸戰隊五個支隊侵佔「自由地」各主要島嶼，興建「馬可仕式軍營」（Marcos-type barracks）。在其「控告書」中顯示：當克魯瑪於一九七二年四月中旬前往「自由地」巡視時，曾在中業（Pagasa）、馬歡（Lawak）、北子瞧（Farola）、南鑰（Patnz）、南子礁（Irenea Island，英文 South West Cay）、景宏（Lorenzo Island，英文 Sin Cowe Island）、西月（Likas，英文 West York）等島嶼，上與菲國的海軍陸戰隊第七連的官兵談話，這些菲軍全部配有現代化武器，包括各式大砲在內。

　　一九七二年七月十七日，克魯瑪向《馬尼拉時報》記者林德丘（Oscar R. Landicho）稱：「自由地政府」成立十六年以來，派有七名「使節」，分駐各地：詹姆士‧李（James Lee，航運企業家）駐香港及中國大陸；威爾遜（Wann Wilson，商人）使美；魏亞特（Thaddeus Wyat，航業管理員）為駐舊金山總領事；馬瑟（Charles Mathe）為駐舊金山副領事；麥伊達（Takeo Meida，商業管理員）為駐東京及橫濱領事；杜拉玻爾（Donald Trayler，煤礦業管理員）使澳洲，駐雪梨；雷特尼爾（Ron Latyner）為巡迴大使。這些「駐外使節」經常向克魯瑪呈報有關各項活動。雷特尼爾自日內瓦報告，謂歐洲國家對「自由地政府」成立的反應良好。

　　一九七二年三月十一日，菲海軍總司令魯茲少將宣稱：菲海軍在巴拉灣省以西二百三十哩的南沙群島中的一個島上的燈塔，已自一九七二年二月二十七日起恢復作業。這座燈塔的性能，每十秒鐘閃光兩次，高二十四呎，能見度十哩。魯茲並於同日指示菲海岸警備部隊指揮官胡密奈海軍代將立即通知國際燈塔協會。

(八)菲與中國在聯合國的「南沙」舌戰

一九七二年，聯合國和平使用海床委員會（the UN Committee on the peaceful uses of the seabed and the Ocean Floor）召開第七十二次會議。一九七二年三月十日，中國代表在會中提出南沙群島的主權問題，聲明南沙主權有史以來向為中國所有，要求委員會列入紀錄。同日，中國駐聯合國大使黃華正式將其政府對香港、澳門地位的立場，提交聯合國登記，指出香港及澳門係中國領土，各國不得視這兩個地區為正在爭取獨立的殖民地。

黃華並利用聯合國和平使用海床委員會議遣責日本蓄意要恢復過去稱霸南太平洋的氣燄，並附和「台灣地位未定」之說，對台灣不壞好意。

菲律賓以代外長身份率團出席此項會議的代表團團長殷格禮士便在會議上即席表示：菲律賓對中國就南沙群島主權所發表的聲明，採取保留態度。他說：

> 本人奉政府指示，對中華人民共和國代表團就關於此群島，菲人稱史勃萊特列群島，包括「自由地」所發表的聲明，菲政府採取保留態度，請委員會列入紀錄。我們認為，此一委員會並非提出此類領土主權要求的適當場合，在此提出此類問題，將延宕一九七三年海洋法會議準備工作的進行。況且，此一委員會並無處理此類爭端的能力，也不宜捲入此類爭端。
>
> 此等島嶼，既非繼承，亦非先佔，而且菲人探險家克魯瑪在一九四七年首先移民定居及佔領，然後由菲政府作有效移民

定居及佔領，況且，此一群島與菲律賓之間的距離，比距亞洲大陸及台灣要近得多……。因此，菲政府決定將永遠不再容許任何其他國家使用這一群島作為與菲國權益及安全相抵觸的目的。」

菲政府訓令所有出席國際會議的代表反對任何國家對南沙群島領土主權的要求。菲律賓在聯合國和平使用河床委員會上聲稱此一委員會不適於討論領土問題，菲國的代表卻利用這個委員會，假「自由地」之名，染指南沙群島。因此北京不甘鵲巢鳩佔，對菲方代表的論調嚴詞反駁。

㈨勞萊爾訪北京談南沙問題自討沒趣

菲國會參議員勞萊爾（Salvador Laurel）於一九七二年三月十二日至二十二日訪問北京。他在訪問期間，與中國高層討論「南沙群島問題」。中國外交部一位副部長向勞萊爾闡明：「中國一向視南沙群島為中國領土的一部份」，當勞萊爾向中國表示菲律賓在這些島嶼上有權益時，這位副部長極有禮貌地回答說：「鑑於中國大陸與菲之間沒有外交關係，討論此一問題為時過早。」

據勞萊爾解釋說：北京在南沙群島問題上所表現的好戰態度，增加了中國對菲國家安全的威脅。中華民國駐軍南沙群島，足以有效阻止共黨侵略菲律賓，這是不容置疑的事實，但菲總統府卻忽視了這一事實，同樣，只要中華民國在此一地區駐軍，北京便不致使用武力強制接收，南沙群島對菲的安全也就無庸顧慮。

㈩中華民國重申南沙主權的嚴正立場

一九七二年十月二十四日，中華民國駐菲大使館致略菲外交

部，重申中華民國對南沙群島主權不容菲國佔領侵犯的嚴正立場，菲軍在南沙的活動係屬侵略行為。詎料菲外交部反而於同年十一月三日向中華民國提出，妄謂中華民國海軍第二十五號驅逐艦曾於一九七一年七月三十一日及八月一日至二日與菲陸戰隊在「自由地」相遇，十月二十三日，艦上蛙人曾登陸南鑰島，一九七二年十月十九日接近「菲自由地」的主要島嶼中業島，此兩島所從屬的「自由地」係菲領土，中國艦艇未經菲方允准，在此地區活動，構成侵犯主權，並違反中菲間以往在巡航活動方面所作的瞭解，要求採有效措施，防止此類事件發生。菲政府自此時起，不僅不再措詞含蓄，而且得寸進尺，強盜進了屋，索性反賓為主，擺出要趕走主人的架式。中華民國政府至此忍無可忍，遂透過外交途徑，再度向菲政府重申嚴正立場後，菲政府始未再置喙。

一九七三年十月，中華民國海軍敦睦支隊訪問東南亞各國，包括菲律賓，七月五日巡航南沙群島，七月二十四日抵菲訪問，未聞菲方對此艦隊巡察南沙群島事有何反應。

㈩馬尼拉向台北與西貢提平行抗議

一九七四年二月五日，羅慕洛外長再度約晤劉鍇大使，以中華民國的戰艦與南越的戰艦幾乎在同一時間進入南沙海域，進行「武力示威」，菲為盟邦，事先未獲通知，菲政府特提抗議，菲政府提議將此問題提交聯合國或第二次世界大戰的盟國解決。劉大使稱報刊所傳中華民國與越方先有默契一節，毫無根據。南沙為中國領土，不容任何他國侵犯。至於中華民國軍艦航巡南沙，早因有駐軍，且有氣象台之設，須經常運送補給及巡邏，菲方早已知之甚詳。

羅慕洛外長在此之前曾先召南越駐菲大使提出抗議，顯示此兩

項召見為象徵性的平行行動。

　　不論菲政府的主權要求，在法律上的地位如何，菲國有意以中業島為中心，在南沙地區部署海軍武力，藉以維護其在南沙地區的永恆利益。菲國釘住南沙地區的外海油蘊藏不放，中華民國及南越的武力在南沙群島地區出現，在菲政府而言，不獨係對菲國利益的明顯挑釁，且可能激起北京的行動，而使菲捲入與中華人民共和國間的直接軍事衝突。

　　菲政府多為上述理由而重申其對南沙主權的主張，除於二月五日由羅慕洛分別向西貢及台北提出正式抗議外，並提出書面抗議，強調南沙地區對菲戰略地位的重要性，其對西貢的抗議內容如下：

> 越南部隊登陸卡拉揚（南沙）地區的報導為菲律賓政府所嚴
> 重關切，乃因菲政府前此已宣佈以先佔權而取得此一地區。
> 菲律賓佔有的島嶼為馬歡（Lawak）、中業（Pagasa）、南子礁
> （Kola）、西月（Likae）及北子礁（Parola）等五個島。
> 上述諸島並非南沙群島的一部份，事實上其位置約在群島東
> 北方二百哩處，此等群島與位於正東之巴拉灣（Paerto Prireesa
> Palawan）島約二五〇哩，距台灣的直線距離約九五〇哩。離
> 開越南河岸線約三五〇哩。僅緣此，其戰略地位對菲律賓的
> 重要性甚為明顯。吾人對該等島嶼係因其為無主地而佔有。
> 因此，有關其主權可依佔有而取得。

　　菲外交部提交台北的抗議照會內容前數段與提交西貢者相同，只是末尾另加一段：

> 本案前此已指出：（一九七二年七月廿八日致台北的照會）卡拉揚
> 對菲律賓戰略安全上的重要性，日本帝國武力於二次大戰期
> 間曾以此地區作為侵略菲律賓的跳板，因此之故，菲律賓為
> 保護其本身安全，具有取得該地區的需要及權利。

　　菲律賓再三重申「卡拉揚係屬無主地的論點，並述明其主權主
張係受到二次大戰盟國之准許。因此，此次馬尼拉另建議將全案提
交聯合國解決。」但亦主張由各有關方面會商解決，其後並說明菲
所佔兩小島係南沙範圍以外的自由島。

　　北京對南越進一步侵略中國領土的抗議及警告於一九七四年二
月六日傳抵馬尼拉——即在馬尼拉、西貢及台北彼此交換抗議的翌
日。由於北京的抗議係由新華社透過東京發出，致未曾招來正式答
覆，乃因當時牽涉南沙問題的國家均與中華人民共和國無邦交，致
對任何事件均不宜做正面答覆。然而當時的問題是：中共是否亦將
攻佔南沙？充分顯示世人對此的關切。

　　答案為何，當時無人能作解答，事實上，中共雖盡量抑制避免
進一步的軍事行動，惟其佔領西沙進而對南沙採取行動的可能性，
對越南和菲律賓而言，委實足以構成近迫的威脅，此事對此地區的
其他國家而言，亦屬同樣關切的課題。

㈓克魯瑪聲明「自由地」排除南沙各島

　　菲人克魯瑪於一九七四年二月五日晚間向菲京《每日快報》發
表談話，謂他將放棄各個位於南沙群島（Spratley Islands）以內島嶼的
所有權，但仍將要求其「自由地」（Freedomland）以內其他各島的所
有權，克魯瑪上述談話係在菲政府向中、越兩國提出抗議後發表，

他自稱：「自始即知南沙群島在日本受降後由盟國托管，可能成為
爭端」。他並稱南沙群島因盟國未能適當處理，為彼所得。但他所
佔的南沙群島中的島嶼面積僅佔整個「自由地」總面積的六分之
一。由於西沙群島問題發生，對「自由地」包括南沙群島，不久即
可能變成南越與中國雙方的另一戰場。《每日快報》透露克魯瑪曾
於一九七四年一月二十一日表示，其本人無所憑藉，唯有靠國際法
庭解決，除非國際法庭能迅速達成解決方案，否則將是強者勝，弱
者敗。按克魯瑪早前曾致函《每日快報》，表明此一立場，克魯瑪
稱：中、越、菲有關「自由地」所有權的爭端應訴諸國際法庭作最
後解決，如不提交國際法庭，此項爭端將永無止境。將「自由地」
的權利給予合法的要求者，為唯一合法與合理的途徑。他本人始終
堅持此一立場。他在一九七一年菲修憲大會上及其他場合，均曾作
此表示。他提議由「對此項領土無合法權利」的菲政府出面，將他
及其同夥對此項領土的要求提交國際法庭。

　　一九七四年二月七日，菲京《每日快報》透露：二月五日有更
多南越海軍突擊隊人員登陸南沙群島中的六個島嶼，但當突擊隊人
員照原定計劃登陸第七個島嶼時，發現菲軍駐紮該島，而突然延緩
登陸。據西貢軍方稱，此項延緩係為避免與菲軍衝突。此點經外電
引述西貢軍方人士談話證實。二月七日，台北外交部長沈昌煥召見
南越駐台北大使，闡明中華民國對南沙群島立場，並對南越在此地
區的軍事活動提出強硬抗議。

　　一九七四年二月九日，菲京《每日快報》報導稱，菲政府高級
官員於二月七日對中華民國及南越對菲就南沙群島所提的抗議書可
能反應咸表樂觀。其樂觀基於菲國與台北及西貢的非常友好關係。

就中華民國而言，菲為亞洲少數仍與其維持特別親切關係而未輕率承認中共的國家之一，並詳細報導沈部長召見南越大使表明立場重申南沙群島為中國固有領土一部份的新聞，另有甚多報刊以顯著標題並配以菲外長照片刊出菲向中、越兩國所提抗議書全文。

一九七四年二月九日，馬可仕總統訓令菲駐聯合國大使將菲外長至中華民國及越南駐菲大使的抗議書照會副本送請聯合國秘書長作為聯合國文件分發各國駐聯合國代表。二月十日，中華民國政府再度照覆菲政府，重申南沙主權。

同日，菲外長復約晤劉鍇大使，告因菲軍方報告，南沙附近有中華民國軍艦，渠個人對中華民國立場自能瞭解，但鑑於目前情勢，盼有關盟邦隨時諮詢。

二月十一日菲總統與澳總理高峰會中曾討論南沙問題，澳總理答以將加以研究。二月十二日，外電報導菲軍佔領南沙另兩個小島，連同前所佔三島，共達五個島；越軍在某小島登陸，豎起越南國旗及標幟後發現島上已有菲軍，立即匆匆離去。二月十三日，中華民國外交部宣布，已飭駐菲大使館復菲抗議照會並重申其南沙固有主權。

同日菲新聞部長泰達德（Tatad）在記者會上稱菲僅繼續行使在「自由地」中業、馬歡、西月、南鑰、北子礁五島的主權。菲國軍事技術人員定期訪問「靠近南沙群島的島嶼」，但否認西貢所報導的曾派遣戰鬥部隊登陸南沙。這些軍事技術人員包括保養修護人員，係派往中業及北子礁兩島，菲在此地區維護一座燈塔及一座氣象台，謂菲有在此地區提供航海安全設施的國際責任。

一九七四年二月十四日，菲總統府秘書長梅楚爾（Alejandro Melchor）電視談話稱：菲因負有提供南沙與巴拉灣間所經各國船隻

氣象航海資料的國際義務而要求該群島主權，因美國已於數年前將其在巴拉灣及巴丹島上的兩長程航行測位雷達站移交菲管理，此站為一航海氣象中心。

㈢菲在南沙備戰

　　馬可仕總統於一九七四年二月十五日，重申菲律賓並非要求此一爭執中的群島中任何島嶼主權。但他強調說，鑒於這一群島與菲國毗鄰，對菲國家安全至為重要，故菲政府極為關心這一地區爭端情勢的發展。馬可仕並再度呼籲有關各國作友好諮商。基於中菲關係友好，菲政府對中菲南沙問題談判頗表樂觀，認為正當其他國家正趕著承認北京之際，而馬尼拉仍與台北繼續保持熱絡關係，中華民國政府對此甚表珍惜。但菲新聞部長泰達德亦於同日表示：中華民國政府是否接受菲方提議，尚有待循外交途徑予以澄清。

　　已退休的前菲駐韓及阿拉伯聯合王國大使阿雷格拉多（Juan M. Arreglado）為菲政府辯護稱，當日本放棄對南沙主權時，並未特別指明這一群島究應歸還何國，這表示這一群島最後如何處理，留待盟國在將來解決，在此情形下菲國人民自亦可在南沙群島從事合法的活動。如果外國在此一群島用兵，勢將直接關連到菲國人民的命運，菲政府對此便不能完全漠不關心。

　　菲政府亦聲明其並無與越南或中華民國作戰的意圖，但主張南沙問題應經由磋商並提交聯合國辯論，作最後決議。一九七四年二月十六日，菲京新聞傳播連續報導中、菲、越之間的三邊談判即將舉行，並謂三國已獲初步協議，即一旦南沙遭受中共攻擊，三國將立即彼此支援。

　　另一方面，菲政府亦在南沙群島積極備戰，加強菲駐南沙的軍

事設施。中華民國派駐菲律賓的蔬菜專家莊順中在巴拉灣地區工作時曾親眼目睹菲政府正積極擴建巴拉灣省會勃尼沙市（Puerto Prineesa）的機場。據悉此項擴建計畫係由菲國防部主持，擴建工程則由菲空軍總司令部及海軍總司令部負責，原機場為黃土地面，僅有一柏油跑道供螺旋槳飛機起降。新建的機場將擴建至海濱，全部為水泥地面，可供噴射軍機起降，主要用途，為在軍事上支援南沙群島中五個島上的菲國守軍及此地區海底油礦開發。擴建計畫地區內的私有土地，限定於一九七四年六月底前全部徵購完畢。

馬可仕總統於一九七四年二月二十一日歡送訪菲西班牙王子卡洛斯（Carlos）離菲後接受記者訪問時提及南沙主權應訴諸聯合國和平解決，並稱菲並非要求南沙主權，而係要求該群島以北若干島嶼（實則菲所佔北子礁、中業、馬歡、南鑰、西月等五島，均屬南沙群島）。

三月十一日，菲海軍總司令宣佈「自由地」（南沙）群島中的北子礁燈塔業經全部修復，並自一九七四年二月廿七日起用。同日越軍方透露，越已完成佔領南沙群島第二階段，南越海軍曾於三月九日載蛙人、工程人員、五百噸修築戰壕建材及若干噸裝備、彈藥、燃料、糧食至越軍所佔南沙五島嶼，。

一九七四年三月十五日，東南亞國家聯盟正式拒絕受理越南所提西、南沙群島問題。四月一日，《馬尼拉時報》以「駐南沙越軍生活孤寂」為題刊載美聯社發自南沙群島鴻庥島（Nam Yit，原名南小島）的電訊稱：越南派駐該島的六十四名民兵及海軍士兵三個月以來，甚感生活孤寂。四月十一日，《馬尼拉快報》刊載越南駐景宏島守軍於四月九日曾逐退來歷不明企圖登陸該島的六十名水兵，未發生意外或衝突。

第十一章　越南侵犯
西、南沙群島主權

一、中越關係歷史悠久

　　越南，在中國人眼中是個長期的藩屬國，甚至在秦、漢、唐幾個中國黃金朝代越南更是中國的一部分。但相對的在越南人眼中，中國是個侵略他們長達一千多年的北方霸權。在亙古時代，當主權觀念還未出現在東方民族之前，無論是中國人或越南人利用季節風前往南海地區採集海產或漁撈，未曾聽說有領土主權之爭。在使用南海海域及島礁的年代方面，中國人遠較越南人早。在歷史上，越南曾經有將近一千年是中國的屬地，即使在公元十世紀脫離中國，仍是中國的藩屬，直至一八八五年中法簽訂「中法越南條約」後，中國承認越南為法國的保護國，越南才真正脫離跟中國之間的宗主與藩屬關係，而進入到以法國人所構築的法屬越南主權時代，越南人前往南海諸島的活動，才開始與中國發生島嶼主權的問題。這種國際法的發展，對於滿清中國是陌生的，因為滿清中國只認識其人民在南海地區的活動是一種人民的活動，而尚未體認到是「國家主權」的活動。換言之，當昧於國際法的滿清時代的中國面對西方國

家以主權觀念發展出來的國家行為時，就註定了中國與第二次世界大戰前強權的法國和日本以及戰後的東南亞國家為南海問題發生紛爭的命運。

一般說來，中、越兩個民族相當長的歷史交往中，是相安無事和友好相處的。在越南現代史上多次抗擊外來勢力的戰爭中，中國都給予幫助。在抗法戰爭中，中國對越南的支援更是不遺餘力，奠邊府戰役中，在越南部隊裡實際上有三分之一是中國士兵，所用的武器也大都是由中國提供的。

一九五○年一月十八日，中國與越南民主共和國（北越）建交，中國是國際間第一個承認北越政權的國家。隨後，一九五○年代初期，中國支持北越進行和法國殖民政府的游擊作戰，並在一九五六年的奠邊府之役中取得絕對勝利，法軍撤出越南，但隨即美國介入南北越戰爭。

一九六○年至七○年代，北越對美國作戰，中國更把自己的白龍尾島讓給北越使用，而且勒緊了中國人的肚皮，把金錢和糧食都拿去支援北越作戰。但是，從一九七○年代初開始，中國為了抵禦來自蘇俄的威脅，放棄了既反蘇而又反美的策略，招致了北越的不滿，因此在內部清算親中派的勢力。

一九七八年十二月，越南入侵柬埔寨，趕走了中國支持的紅色柬埔寨政權，中、越就開始交惡。一九七九年春天，中國派遣六十萬大軍入越進行「自衛反擊戰」，雙方死傷慘重，同年三月六日停戰，同年五月二十一日換俘，但是中國仍將廣西視為前線，調重兵布防，把中越邊境視為「練兵場」，越南因此不得不拉緊神經，時時刻刻備戰。進入一九八○年代，越南開始調整對華政策，對外與

釁，越艦撞毀中國四〇七號漁船的駕駛台，但數日來仍未發生實際戰鬥，惟均不退讓。同日，南越政權致聯合國照會，詭稱「西沙和南沙群島是南越領土。」

一九七四年一月十八日，中華民國政府對於外電報導有關南沙群島及西沙群島地位問題，特再鄭重聲明，重申一九七三年一月二十五日、八月九日、八月二十七日、及十月二十六日以書面及口頭所作的各項聲明，指出中華民國為對此等島嶼唯一享有合法主權國家的嚴正立場不容挑釁：

> 南沙群島及西沙群島為中華民國固有之領土，其主權不容置疑。雖第二次大戰期間，此等群島曾為日本所侵占，唯戰後中華民國政府即於中華民國三十五年（1946）十二月派艦接收，樹立石碑，派兵駐守。中華民國政府復於中華民國三十六年（1947）十二月一日，將東沙、西沙、中沙及南沙群島所屬各島嶼、礁、灘等，經內政部正式核定之名稱：宣告中外，此等島嶼為中華民國領土之一部分，乃一不可爭論之事實。中華民國政府在去年一年間，對於就上述各群島提出任何領土主張之國家，曾先後在元月二十五日、八月九日、八月二十七日及十月二十六日，以書面及口頭提出抗議，並主張中華民國為對批等島嶼唯一享有合法主權國家之嚴正立場。

同日，菲京《每日快報》（Daily Express）刊載菲人克魯瑪致該報函稱，中、菲、越有關「自由地」所有權的爭端應訴諸國際法庭作最

後解決，如不提交國際法庭，此項爭端將永無止境，將「自由地」的權利給予合法的要求者，為唯一合法與合理的途徑，他提議由對此項領土無合法權利的菲政府出面將他及其同夥對此項領土的要求提交國際法庭。

一九七四年一月十九日上午七時許，西貢軍隊竟然開槍打死、打傷中國琛航島漁民多名，中國漁民進行自衛反擊。十時三十分，南越海軍向我琛航島開砲。十時三十分，南越飛機四架轟炸掃射我琛航島。

四、北京第二次警告——戰爭的序幕

北京一九七四年十月十一日的聲明，乃是對西沙採取軍事行動的早期信號；一月十九日晨，中國新華社再度警告稱：「一月十五日以來，越南西貢當局，竟出動軍艦、飛機侵犯我西沙群島領海、領空，強佔我島嶼，向我正在生產的漁民和執行正常巡邏任務的海軍艦艇開槍開炮，悍然侵犯我國領土主權，對我國人民進行猖狂挑釁……，長期以來，南越西貢當局對我南沙諸島懷有領土野心，非法佔據了我南沙、西沙群島中的一些島嶼。一九七三年九月，西貢當局悍然宣佈，將中國南沙群島中的南威、太平等十多個島嶼，併入它的版圖。今年一月十一日，我外交部發言人發表聲明，嚴厲譴責西貢當局對我國領土主權的肆意侵犯，並重申我對對南沙群島、西沙群島、中沙群島和東沙群島享有無可爭辯的領土主權。西貢當局這種肆無忌憚的挑釁行為，激起了中國人民的極大憤慨。我國人民決心保衛自己的領土主權，如果西貢當局一意孤行，不立即停止對我國領土的侵犯行徑，必將自食其果……。」

五、中國與南越的「兩日戰爭」中勝越敗

　　一九七四年一月十九日上午，南越兩個海軍突擊隊共七十餘人以橡皮艇自甘泉、金銀二島向東進攻群島中最大之道乾島。登陸距海南島約一百七十哩的西沙琛航島，與島上中國部隊交鋒。八時三十分，南越海軍陸戰隊在四架飛機轟炸掃射和越艦砲擊下登陸該島。中國一艘載有五六十名官兵巡邏航艦首先向越南海軍驅逐艦「陳慶餘」號開火，十時二十分，越一驅逐艦並以砲火擊沈中國載有一百名左右軍隊的砲艇，中國乃先後集結十四艘戰艦作戰，這些戰艦上配有 KOMAR 及 STYX 導向飛彈。南越艦艇四艘被中國的雷達導向飛彈擊沈。中國並以一加強營約七百人的兵力登陸道乾島驅逐越軍，越軍在戰鬥中死傷各二人，然後西撤至甘泉、金銀、珊瑚等三島。此日中國艦隻增至十四艘，內含導彈快艇四艘。一月二十日上午十時二十分，中國出動米格廿一及廿三型軍機四架，轟炸西沙群島的甘泉、珊瑚及金銀三島，中國地面部隊約五百人在空中轟擊掩護下，進攻這三個島嶼，中國海軍以導彈射擊南越殘餘艦隻，並以約五百人之陸戰隊在海空支援下登陸該三島。歷時約二十分鐘的海陸空聯合軍種戰爭，幾番較量之後，越南守軍慘敗，一百多人陣亡，約四十人受傷，另約十餘人包括一名美國國防部職員當時在美駐越使館武官處工作的科希（Gerald Emil Kosh）被俘，越空軍因性能較差未敢出動，而海、陸軍亦顯然處於劣勢。總計兩日約一百二十分鐘的激戰中，南越被擊沉艦艇二艘、重創二艘、輕微損傷三艘，死十一人，傷三十五人，並有約一百五十人失蹤（大部分被中國所俘），中國則有二艘艦艇被擊沉、二艘受損，對於人員傷亡，

一直密未宣布。當日新華社報導戰況,並對越南提出警告。結果,西沙群島全境為中國控制。越軍將受傷的兩艘驅逐艦和一艘砲艇撤回越南的峴港,戰鬥至此乃告結束。

六、中國控制西沙全境後的聲明

中華人民共和國此次使用武力,有雙重作用,即一面向越南及鄰近國家示威,一面在對台灣實施統戰。一九七四年一月二十日,中國外交部就中國與南越在西沙永樂群島發生武裝衝突事發表聲明:「一九七四年一月十五日以來,南越西貢當局悍然出動海空軍入侵我國西沙群島中的永樂群島。他們出動軍艦撞壞我漁船;派遣武裝部隊強佔我甘泉島和金銀島;特別嚴重的是,一月十九日,西貢軍隊向我琛航島發動武裝進攻,派遣軍艦和飛機向該島進行野蠻的炮擊和轟炸,打死打傷我漁民、民兵多人。西貢軍艦還向正在執行巡邏任務的我國艦艇首先開炮襲擊。我艦艇部隊和漁民、民兵在忍無可忍的情況下,進行了英勇的自衛還擊,給予來犯之敵以應有的懲罰。長期以來,南越西貢當局就妄圖侵佔我國西沙群島和南沙群島。西貢當局不僅把我國南沙群島的南威、太平等十多個島嶼非法劃入其版圖,現在又明目張膽地對我國進行軍事挑釁,以武力霸佔我國領土,真是猖狂已極。中國政府和中國人民對此表示極大憤慨和強烈抗議。⋯⋯中國是一個社會主義國家,我們從來不去侵佔別人的領土,也決不容許別人侵佔我國的領土。為了維護我國的領土完整和主權,中國政府和中國人民有權採取一切必要的自衛行動⋯⋯。西貢當局必須立即停止對我國的一切軍事挑釁,停止對我國領土的非法侵佔活動,否則它必須承擔由此引起的全部後果。」

　　同日。越南外交部命令其駐聯合國觀察員代表團將此事件告知安理會和聯合國秘書長，請求召開緊急會議，但聯合國並未採取行動，安理會亦未計畫召開緊急會議。一九七四年一月十九日和二十日，南越曾兩度向駐南越美大使館要求美國第七艦隊支持，但均遭拒絕。一月十九日，美國國務院發言人說：「我們對此群島或維護任何一方在此的特殊主權要求，都無興趣，美國希望此一事件能以和平談判解決。」美國國務卿季辛吉於一月二十二日的記者會中，對此一事件表示遺憾，美國不願干涉。但美國國務院發言人金恩於二十二日證實，在此次戰鬥中失蹤的美國人是美國國防部的職員，在駐西貢武官處工作，但仍拒絕說明其身分。菲律賓國防部部長於二十二日在記者會中表示密切注意西沙群島的情勢，希望能和平解決，彼在答覆詢問時稱，他不知道中國對西沙和南沙有何企圖？並不願作進一步評論。蘇俄和日本官方均未正式有所表示。

　　事實上，西沙之戰乃係中國自一九五五年以來兩棲部隊的首次成功登陸。西貢及馬尼拉均甚關心中國將以西沙作跳板，攻擊彼等在南沙所侵佔的島嶼。

　　中國於取得整個西沙群島後，立即致力於鞏固西沙的軍事建設。定期以海、空軍運將人員及設備器材自榆林運至永興島，並在永興島設立「西、中、南沙革命委員會」，立即自廣東省博物館派遣考古隊前往考察。

七、河內可怕的緘默

　　在此同時，河內對中國完成對西沙的佔領，初期保持緘默。然而，此種沉默卻造成北京不安，北越急速併吞前南越在南沙所佔的

島嶼，已嚴重挑釁到中國對南沙的主權。令人懷疑的是，河內對中國南海中各群島爭端的長遠意圖。事實上，北越當時正處於維持與中國難以持續的「同盟」關係，立場至為尷尬。雖然如此，河內仍先後在一九七一年及一九七三年明白表示「南沙是屬於越南的領土」。

當中國從南越手中奪回西沙群島之後，北越以「南解」作為觸鬚，急不及待地致中國一封「感謝函」，對「中國同志」為他們趕走了「偽軍」，解放了「黃沙」表示感謝。弦外之音是給中國一個「貼士」，中國應將這一群島交還給河內。中國當然知道這既是北越頭子黎筍的邪玩意，更是俄酋布里茲涅夫的歪主意，也就毫不客氣的把這封「感謝函」原封不動的退還給「南解」，這也意味著他們不領北越的情，不受北越的禮——再一次肯定不讓越共在西沙之戰中揩油佔便宜。中國甚至把所有俘獲的南越海軍及海軍陸戰隊官兵（其中一部份是南越華商）全部交還給阮文紹政府，而非中國所承認的唯一越南政府——河內，理由是「尊重」各人的意願，作人道安排。這自然使北越憋在肚裡，恨在心裡。

八、南越驅軍入侵南沙與菲政府的反應

正當中、菲、越三國的潛伏性衝突急劇升高之際，菲國防部長殷力利於一九七四年一月二十一日發表談話，謂「菲政府正密切注視此一情勢的發展，菲國希望此一問題能循友好方式解決。」但他拒絕與記者就此問題作進一步討論。克魯瑪亦於同日向新聞界表示，盼國際法庭能就「自由地」（南沙）主權問題迅速達成解決方案，否則將是強者勝，弱者敗。

一九七四年一月二十日，中國轟炸甘泉、金銀等島，戰爭尚在繼續進行之際，多數南越部隊，在美國海軍及紅十字會的協助下撤退至南沙。

南越在「兩日戰爭」中在西沙鎩羽之後，阮文紹為了「出番啖氣」，實行「挪翻揸沙」，轉而向南沙下手，親自批准了侵略南沙的計畫，於一月三十一日，派遣一支由「杜春洪」號旗艦及護航艦、驅逐艦、登陸艦各二艘，陸海軍數百人所組成的特遣隊直驅距西沙約四百五十哩的南沙群島，並於二月一日至四日期間，連續在南沙群島中的南子礁及其附近的七個島嶼登陸，中國軍隊當時雖未乘勝追擊，惟再三重複聲明其對西、南沙兩群島的永久主權主張，並警告不容任何國家侵略中國南海中四個群島。

南越對中國的可能進攻南沙反應最為靈敏，自一九七四年一月二十二日起，南越數百名部隊官兵在南沙的六個島嶼上趕築防禦陣地，嗣後又增設「海空護衛隊」，予以機動協防。

一九七四年一月二十四日，菲外交部除照會南越駐菲大使館抗議外，並照會中華民國駐菲大使館表示：「當越軍在南沙群島登陸之際，中華民國驅逐艦兩艘亦在附近地區」，菲政府對此「深表遺憾」。並提出：「任何國家在此地區使用武力將違反聯合國憲章……。」

一九七四年一月下旬，菲駐聯合國大使與中國駐聯合國大使商談聯合國問題時，中國大使忽提及「南沙群島主權屬於中國，此為內政問題」，顯示中國對南沙可能有所行動，一月三十日，羅慕洛外長與劉鍇大使晤談，告以菲國鑑於越南揮軍南沙，中華民國增防南沙，戰爭一觸即發。美國早前在中國與南越兩日戰爭中所採「袖

手旁觀」態度，菲政府對此頗感惶恐，美國原贊成召開聯合國安全理事會，討論西、南沙問題，但因其他理事國反對，故而作罷。

九、阮文紹親自策定入侵南沙計畫

但也有一部份觀察家認為，南越在西沙敗退後進佔南沙若干島礁，是象徵性的。旨在表明其對南沙的主權要求，南越政府當局並曾為此訓令這支特遣隊要避免與中華民國駐防的守軍發生衝突。南越派兵登陸南沙是有史以來越南軍隊首次實際佔領南沙群島。南越軍事人員透露，此項軍事行動，係作失去西沙後，由阮文紹總統親自策劃。雖然在最初，阮文紹傾向於避免與中華民國、菲律賓及其他國家攤牌，但仍然批准入侵南沙的計劃。

十、美國對中國與南越有關
西、南沙主權爭執的反應

美國政府對西、南沙群島爭端，自始即採取嚴正的「坐山觀虎鬥」的袖手旁觀政策。一九七四年一月十六日，美國務院發言人金約翰（John King）於答覆記者詢問時稱：「我們本身無領土主權要求，亦不欲捲入有關爭端。此乃應由領土主權要求的各當事國自行解決。」當西貢記者就南越進軍南沙事向美駐南越大使館提出詢問時，美大使館發言人稱：我們對此事無評論。美國對此等島礁無主權要求，嚴格說來，這完全是南越政府的事。美國正採取嚴格的不插手政策。此一問題應由領土主權要求者間自行解決。一月十九日下午，美國駐南越大使馬丁與越外長晤談約三小時，談話內容未立即獲悉，惟據揣測，係討論中國與南越部隊在西沙群島的戰況，兩

人可能係討論美國將採取何種步驟。同日，美國防部發言人稱：美國防部對美第七艦隊是否有任何艦艇在西沙群島附近一節，此刻無評論。

中國南海地區情勢的劇烈改變，或可由越戰期間美國第七艦隊的任務中明確顯示。美國海軍第七艦隊密切監視中共的全部海空交通，亦曾奉命嚴守中立，至多准許協助南越部隊自西沙撤退的事宜。此外，在越戰正酣期中，所有在西沙及南沙附近的南越艦艇及飛航上作業的美軍技術人員均奉命撤離，其用意亦在避免重蹈一九七四年一月二十日在西沙南越海軍服務的美國文職人員為西沙的中國駐軍逮捕尷尬事件的覆轍。事實顯示：美國為了本身的利益，儘管南越是美國的盟國，美國在西沙之戰中，以及在西、南沙的爭端中，美國始終扮演旁觀者的角色，美國的此一立場，無異默許甚或鼓勵中國在中國南海地區達到其願望。

然而，就南沙群島而言，一般評論家認為，中國如要採取軍事行動，在時間及空間上並非毫無拘束。除卻在國際政治上顧慮，諸如蘇俄的干預及中國在政策上採取與美國和解外。中國顯然不再有一如在西沙可以完全掌握的奇襲優勢。此外。中國事先所作出擊南沙群島的任何準備，亦不可能不被其他國家覺察。同樣，中國如何維持其長達五百浬橫越南海的補給線而不受南越、菲律賓甚至兩國聯合以武力攔阻或切斷，殊值考慮。

再就中國所面臨的邊界領土主權糾紛而言，諸如中蘇邊境、中印及中越邊境的領土主權爭執，都要比南沙問題的重要性大得多，依優先次序排論，中國未必捨近在項背較為迫切的北疆問題，而遷就偏遠的最南疆。但也全視中國對南沙問題的看法而定。

　　正當南越軍開始移駐南沙的鴻庥及南威兩島時，中華民國海軍包括四艘軍艦的強大武力已出現在南沙海域，其主要任務在支援太平島的守軍。中華民國除了要對南越入侵南沙予以設法嚇阻外，自然也關心中華人民共和國武力介入南沙。中國加強其在西沙的軍事設施，已對台灣的安全構成威脅。中共攻佔西沙，自極可能是攻佔南沙的前奏，而西沙更是隨時都可用作進擊東沙或南沙的基地和跳板。從美國對西沙之戰的中立態度，中華民國應能理解，維護國家的安全；唯有依靠自己的實力，而美國在一九五八年支持中華民國渡過金馬危機的彈性態度是否重現，顯然不能作為一項賭注看待。

　　一九七四年二月四日，台北外交部正式向南越抗議其派部隊登陸南沙群島一系列荒蕪島礁的行動；同日，北京亦強烈指責南越，並聲稱在必要時，會像在西沙群島那樣，採取行動。南越外交部發言人則於十一月四日拒絕台灣、菲律賓、中國關於南沙群島領土主權的聲明，但表示希望以和平方式解決爭端，並謂已因台灣「佔據」南沙群島中的一個島嶼（按：指太平島）而提出抗議。

十一、北京意向難以揣測

　　一七九七四年二月四日，北京亦發表聲明，除再度抗議南越入侵南沙外，雖嚴詞譴責南越在南沙的軍事行動已構成新的軍事挑釁，使中國難以容忍，觀察家認為中國的態度迄今仍停留在「警告」、「抗議」階段，主要仍是因「鞭長莫及」，就此時中國的軍事實力而言。尚無「長鞭」足以「斷流」。因此，中、菲、越間的南沙情勢，短期內仍將維持現狀，暫時相安無事，但亦有人認為中國是否將對南沙採軍事行動，頗難揣測，而台北、北京、西貢及馬

尼拉往返爭辯、譴責、抗議的結果，緊張局勢必然隨之升高。

一九七四年二月五日，南越海軍侵佔我景宏島，改名為「生存島」，駐軍一排。同日，西貢政權外交部聲明對西沙、南沙群島擁有「主權」。

一九七四年二月七日，台北外交部依照執政黨中央常會的決議。再度重申：

> 最近越南政府發表有關對南沙群島擁有主權之聲明。為此，中華民國政府曾向越南政府提出嚴重抗議，並重申南沙群島為中華民國之固有領土，其主權不容置疑。南沙群島曾在第二次世界大戰期間為日本所侵占；但戰後中華民國政府於民國三十五（1946）年十二月派艦自日方接收，並派遣國軍經常駐守。中華民國復於民國三十六（1947）年十二月一日將此等島嶼、礁、灘等之名稱予以核定。昭告中外。上述群島為中華民國領土之一部分，乃屬不可爭論之事實。中華民國特再鄭重重申其對南沙群島主權之嚴正立場，而此一立場絕非任何方面所採之措施所能改變。

一九七四年二月八日，南越又派兩艘巡邏艦侵入我南沙群島，並與在那裡活動的四艘南越軍艦組成海陸特種混合部隊。

二月十一日，中華民國駐菲大使劉鍇亦重申中華民國對南沙群島主權之嚴正立場。照會菲外交部。二月十五日，外電報導：「四艘中華民國軍艦進入南沙群島水域。此一南沙事件目前仍在發展之中。」其他有關大國對此問題的態度並不一致，美國國務院發言人

韋斯特在論及越南部隊登陸南沙群島一事時說：「所有這些主權爭執，皆應以和平方式解決。」但蘇俄在一月三十一日的廣播中卻說：「北京最近發行的地圖，曾把亞洲南部廣大的地域列入自己的領土內。這種事實與西沙群島發生的紛爭，使其亞洲的鄰邦惶惶不安。」

十二、南越態度突趨兇悍

一九七四年二月十四日，西貢外電報導，南越軍艦曾緊隨跟蹤中華民國由驅逐艦及登陸艇各兩艘組成的海軍支隊進入南沙。同日，南越政府又惡人先告狀，再度發出嚴厲的警告，由政府發言人、外交部發言人及軍事發言人，在一項史無前例的聯合記者招待會上，共同站在一座石砌的指揮台上，鄭重宣讀一項四百字的「白皮書」聲明：「越南政府認為必須向全世界鄭重宣佈，西沙及南沙是越南共和國不可分割的一部份，無分盟國或敵國……，只要其中（在西沙或南沙）某一島嶼為他國所強佔，（越南）共和國政府及人民將繼續為收回其合法權益而奮鬥。非法佔領者將必須擔負起任何緊張情勢的責任。」

緊接著這項聲明，南越政府發佈外交部早前所備妥的「白皮書」（White Paper on the Hoang Sa Spratly Islands），全文分四章共一○三頁，提出較過去南越政府所發表的任何文件更為完整的資料，歷述越南對西、南沙主權主張的歷史與法律論據。南越政府在發表此項「白皮書」時所採取的態度，即使不是交戰者的態度，也是極不友善的態度。他們不分敵友，一律嚴厲警告說，他們已準備就逐，將隨時隨地可以使用武力對付任何其他要求南沙群島主權的國家。

正當南越政府這項最後通牒式的聲明發佈後的緊張時刻，西貢市議會的鷹派議員火上加油，大肆咆哮，要求南越政府重新檢討南越與中華民國之間的外交關係，為了維護越南對南沙群島的主權，西貢取消與台北之間的姐妹市關係。

十三、中華民國增強南沙防務

在中華人民共和國攻佔西沙群島數日內，中華民國即增強其在南沙群島的守備兵力，於一九七四年一月下旬派遣兩艘驅逐艦至南沙，二月上旬，再增派驅逐艦及登陸艇各兩艘前往太平島加強部署。儘管菲、越兩國強烈抗議，妄指中華民國「顯耀武力」，此項部署持續不變。直至一九七四年八月南沙局勢趨緩，始改為台灣與太平島之間的定期巡防。

當南越軍在西沙戰役中失利自西沙轉進至南沙時，中華人民共和國與南越的交戰狀態並未終止，緊迫追擊南越逃至南沙的敗部，兩國隨時都有再度交戰的可能。南越在鴻庥島建立指揮中心，中華人民共和國一旦發動攻擊，相距不遠的太平島必然捲入其中。

中華民國不獨擔心中華人民共和國的追擊南越敗部殃及池魚，基於越南人好鬥的民族性，對越軍進入南沙後在南沙地區所構成的潛在威脅及挑釁，自亦深表關注。南越此項潛在威脅，在一九七四年二月初短短十天之內，由首次對中華民國佔據南沙提出「抗議」，急劇轉變為對中華民國加強南沙防務的「嚴厲警告」一事完全暴露無遺。

一九七四年二月一日，南越海軍侵佔我南子礁，改名為「西雙子」，並非法樹立「主權碑」，留下一排駐軍（四十人）。同日，

西貢政權令駐倫敦和巴黎使館人員尋找能夠證明越南對西沙群島主權的歷史文獻。

一九七四年二月二日，南越軍隊佔領南沙另兩個島嶼，由四十名官兵組成的陸軍加強排駐守，其中有工程人員、偵察人員及民兵。據在南沙地區的菲軍發現，南越軍並在南沙其他四個無人居住的島嶼登陸，他們將原已豎立在島上標示中國領土主權的碑牌等物拔除，然後返艦離去。南越在南沙地區的軍艦約十艘。這些艦艇在南沙海域往返巡航，展示南越國旗，充分顯示一般所形容的「象徵性佔領」。南越海軍並在南沙地區建立一個直昇機「浮動降落場」（floating landing field），該浮動降落場由數艘登陸艦連結而成，有了這個浮動降落場，用直昇機運送人員及物資自西貢至南沙，只須五小時，南越的直昇機可以在每隔十五天載運補給品供應駐南沙越軍。從南越派遣軍艦，航過驚濤駭浪，到南沙群島，則約須兩天。

一九七四年二月三日，西貢海軍侵佔沙島（敦謙沙洲），改名為「山歌島」。駐軍一排。

一九七四年二月三日，菲京《每日快報》轉載美聯社西貢電訊，謂南越軍艦數艘，於一月三十日啟航，已佔領南沙五個島嶼。同日，南越軍事發言人赫恩（Le Trung Hien）在向記者簡報時稱：「我們有部隊駐紮南沙群島，但我們不能說多少部隊，與駐紮何島，以及多少船舶在此地區活動。」南越外交部發言人毛伍彬（Nguyen Binh Mao）則稱：「毗鄰國家之間，不論關係如何友好，有時會發生爭端。此等爭端，須由和平談判解決，而非用武力。」早前若干觀察家曾云：「南沙距中國大陸的空軍基地及補給線甚遠，中國可能決意避免軍事對峙。」

此外，南越軍事發言人並稱，此等越軍將留駐一段相當長的時間。另據美聯社自西貢報導說，自一九七二年八月起，南越在該群島已駐有部隊，此批部隊係接替或增防，而《馬尼拉時報》轉載合眾國際社電訊稱：「南越政府再度於二月二日稱，南越在與中、菲兩國就控制南沙群島攤牌時，南越意圖避免戰爭，但倘若中國派兵南沙群島，另一次戰爭則有可能。二月四日，北京發出嚴厲警告，表示其對「南越侵略中國南沙領土事決不容忍」。

十四、中、菲主和，美施壓力，南越態度軟化

鑑於此一迫在眉睫的緊張情勢，中華民國、菲律賓與南越隨時隨地都可能發生正面軍事衝突。二月十五日，菲總統透過新聞部長，呼籲有關國家直接友好磋商和平解決南沙爭端。

在南越政府這項「哀的美敦書」式的聲明之前，中華民國已經增派四艘軍艦至南沙執行巡防任務，故儘管西貢對鄰國作出好戰警告，台北發出官方聲明：「中華民國在太平島上的守軍已奉命倘若南越軍隊企圖登陸該島，將儘量將其勸開，俾使雙方將損害減至最小程度。」

美國自二月十五日開始勸告南越息兵，據外電報導，阮文紹總統在美國的勸告與壓力下，決定減少在南沙的駐軍。北越政府亦於一九七四年二月十六日發表聲明，表示南沙群島爭端應循和平方法解決。一九七四年二月十七日，南越海軍侵佔我南威島，改名為「長沙島」。

同日，南越外交部發言人表示原則上同意馬可仕總統「有關南沙爭端的各當事國直接談判」的提議：

……越南共和國政府為了保持其傳統的和平政策，決定透過談判，解決此等島嶼所引起的國際爭端，但決非表示越南政府將放棄任何一部份國家領土……。

一九七四年二月二十日，南越海軍侵佔我安波沙洲，改名為「安邦島」。在島上豎碑插旗。一九七四年二月二十二日，南越新聞社表示南越三軍已完成鞏固南沙主權計畫，並已佔領南沙群島中四個島嶼。二月二十八日，紐約中國學生聯合會在記者招待會上發表聯合聲明，抗議並譴責菲、越入侵南沙，會後派代表數人晤南越駐聯合國常任觀察員，遞交致阮文紹總統函，要求越軍立即撤出南沙。三月四日，中華民國行政院長蔣經國接見美國《時代雜誌》駐香港辦事處主任，聲明「西沙及南沙群島為中華民國固有領土，中華民國駐軍守土有責。」

一九七四年三月十一日，南越部隊把工兵及建築材料和裝備運進所佔領的我南沙群島。三月二十二日，南越外交部長叫嚷「要恢復對西沙群島『主權』。」三月二十三日，南越駐聯合國大使阮友志叫喊「西沙群島是南越領土的一部份。」四月八日，南越有二百名士兵分別佔據南沙群島中的五個島嶼。十一月十一日，越南當局拉攏美國殼牌公司在南海諸島範圍線內（東經一○八度五四分三六秒、北緯八度三八分一○秒）鑽探石油，發現有油氣。

一九七五年二月十四日，南越外交部發表東拼西湊矛盾百出的「關於黃沙（帕拉塞爾）群島和長沙（斯普拉特利）群島的白皮書」，叫嚷對西沙和南沙群島擁有主權。妄圖作為擁有西沙和南沙群島主權的所謂論據。同日，台北對南越外交部發表越南擁有西沙、南沙

群島領土主權之白皮書，提出異議，表示「中華民國擁有西沙群島及南沙群島主權不容置疑及不可侵犯。」一九七五年二月二十八日，南越當局又在南海諸群島範圍線內（東經一○八度二六分二秒、北緯七度二八分二秒）鑽探石油。

十五、台北盡量容忍

中華民國歷年來在處理南沙問題時朝野均有人主張採取軍事行動，制止侵犯南沙群島的任何外國軍隊，即使導致武裝衝突亦在所不惜。但中華民國政府基於與南越及菲律賓兩共和國是盟邦，從「識大體，顧大局」出發，除了發表原則性的聲明之外，盡量採取克制與忍讓的態度，堅持中國對西、南沙群島的主權，但儘可能避免訴諸武力與菲、越軍對峙或衝突。

台北曾先後於一九七三年一月二十五日、八月九日、八月二十七日、十月二十六日及一九七四年一月十八日連續以書面及（或）口頭向要求南、西沙主權的國家提出抗議。一九七四年二月四日，越軍已登陸南沙四個島嶼，中華民國政府隨即於二月六日正式再度向越南提出強硬抗議，沈昌煥部長召見南越駐華大使阮文矯（Nguyen Van Kieu）至外交部面談，重申中國對西、南沙主權，並鄭重勸告西貢政府應以南越國家前途為重，務須以冷靜態度，權衡情勢的輕重緩急，為了獲致南越政府內部本身全面性的穩定，它須先行全力發展經濟，厚植軍事力量，因此，在西、南沙問題上，允宜避免發表刺激性的聲明，尤忌過份渲染，而招致嚴重的不良後果，自陷困境。

在另一方面，台北於一九七四年二月十二日將菲律賓向中華民

國所提對駐防太平島的抗議照會予以駁回。中華民國外交部在復菲
駐台北大使館的照會中,嚴斥菲對南沙主權的主張毫無根據,並重
申中國的固有領土主權。

　　一九七四年二月十二日,台北再度鄭重發表聲明,重申對南沙
的主權,並強調「越南或其他國家的任何主張或措施,均不能影響
中華民國對西、南沙兩群島的主權。」同日,香港親中華民國人士
數百人在南越駐香港領事館前舉行二十分鐘的示威,抗議西貢侵略
南沙群島。

　　一九七四年二月十五日,沈部長再度召見阮文矯大使,重申中
華民國對南沙群島的主權無可置疑,不容侵犯。他除提出嚴重抗議
外,並警告無論菲、越,都不得染指。沈部長稱:「我們不想與兄
弟之邦的南越自相殘殺,我們也不認為南越想與我們打鬥,我們確
信,沒有任何比中、菲、越三國之間開戰將更能使中共高興。」

　　中國歷數千年數十朝代,帝王無數,直至民國,儘管政治結構
歷經急遽轉變,對內對外政策亦各迥異,但對南海中、東、西、南
沙各群島為中國固有疆土的立場,則始終一貫;近者就中國大陸而
言,其在意識型態上,與台灣可謂南轅北轍,但在南海各群島領土
主權在傳統上屬中國,殆無二致。當南越海、陸軍聯合組成的特遣
部隊向南沙群島挺進時,北京對台北維護南沙群島主權的聲明表示
支持。

十六、台北與馬尼拉的輿論及評論

　　中國與南越西沙之戰爆發後,台北各報刊,為了將衝擊減至最
低,沒有將西貢的好戰態度所引爆的熱門新聞據實詳細披露,僅由

《中央日報》於二月八日發表社論警告：

> 如有任何國家侵略我們的邊界，冒犯我們的主權，中華民國三軍為了國家的光榮，為了捍衛我們的領土，將不惜流血，堅決奮戰到底。雖然中國人民在歷史上曾受到外國所加諸我們的無數危機與侵略，我們從不曾向武力低頭。
>
> 維護我們的主權及保衛我們的土地，是政府及人民共同的責任，即使片石寸土，亦不容失去，任何破壞我國領土版圖完整的動機或行為，均屬對中華民國不友好的表現。製造此類危機，徒使親者痛，仇者快。

在菲京，《馬尼拉時報》於一九七四年一月二十一日評論稱：「戰爭對西貢而言，是一項災難，南越尚須保持其後院的平靜。」迨至二月七日，《馬尼拉時報》再度發表社論，警告南越：「任何國家在南沙群島重新引發敵對的氣氛，均唯有導致戰火的蔓延。」要求西貢政府記取中東的教訓，要崇尚理性外交，切毋輕舉妄動。

《馬尼拉時報》在二月十六日的評論中，對南越為爭奪西、南沙所採取的蠻橫態度深表失望。

《每日快報》於一九七四年一月二十三日報導說，台北方面尚未為了要維護南沙主權而以武力作後盾，但亦預測：假如不能達成一項「和平解決」的協議，也很難確保不使出武力。

《今日公報》於一九七四年二月十七日評論稱：「南沙群島蘊藏大量石油，但若因而為爭奪所有權而對朋友不惜一戰，則畢竟不值。石油並非取之不盡，友誼卻不能失而復得。因此項爭端的當事

國都是關係密切的朋友，不應像一群狗一樣，為了一塊骨頭而狂吠不休，甚至相互嘶殺。南越自無需為幾個貧乏小島而漫天叫戰。」

《每日快報》專欄作家宓哈爾斯亦評論稱：「亞洲地區的開發中國家經不起因流血方法解決爭端，亞洲國家彼此相互殘殺，經常分裂。因此，他們的殖民地主子，便用『分而治之』的策略，輕易地達到統治的目的。」

菲京各報於一九七四年二月五日，報導菲政府就「中華民國派遣海軍支隊巡航南沙及越軍登陸南沙島嶼」事提出抗議的情形，並刊出「抗議」照會的全文。

一九七四年二月六日，《每日快報》載阿勒格拉多大使評論南沙問題的專文稱：菲國早於一九五七年即曾對有關菲國人民佔領與移殖南沙群島與「自由地」問題表明立場。關於南沙群島，對日和約未將該群島指定歸屬何國，此群島主權誰屬，有待將來由盟國解決，盟國國民均有在該群島作經濟開發的均等權利，渠並對日和約第廿五條指出「中華民國及南越均非該和約的簽字國，故均非其所稱之『盟國』，無任何權利對南沙群島作主權要求。中、越藉『砲艇外交』對此群島主張排他性的主權，不僅侵犯盟國及其人民之共同權益，且顯然有違聯合國憲章第一條及第卅三條的規定。」菲為和約簽字國，有與其他盟國在此群島從事開發的均等權利而無須經其他盟國同意。基於上述情形，菲政府對其國民在此群島行使其權利或作合法的活動時，尤其當外國使用武力導致的直接後果所可能加諸於菲國人民的命運不得不表示關切。他並指出所謂「自由地」（Freedom Land）包含五十三個島嶼，較史勃列特群島（Spratleys）為廣，而中國認為所有的南沙群島則包含此地區所有島嶼，幾乎已將

南中國海變成中國的內湖。

《每日快報》在社論中稱：外國戰艦及軍隊在南沙群島出現將危及菲國的國家安全，此等戰艦亦可能進入菲律賓群島的內水。由於群島主權問題久懸未決，甚至可能危及菲國在蘇祿海洋地區的油礦開發。因此呼籲菲人必須加強爭取群島領海主權。

一九七四年二月八日《馬尼拉時報》刊登克洛茲（E. Agnilar Gruz）一篇以「訴諸聯合國，誰擁有南沙群島」（Case to UN, Who owns "Spratlys"）為題措詞極不友善的專文稱：

> 第三次世界大戰將不致在南中國海爆發，但目下則必須注視越南海軍的行動，台海的政治前途未定，越南亦復如此，客觀的中國觀察家咸認兩個越南不久將歸統一，兩個中國亦然。換言之，任何一方在此一爭端中獲勝，其所獲的戰利品終將落入共黨之手。
>
> 西沙群島上的越南部隊業經中國逐出，西沙將歸屬北京，南沙群島如果係台灣獲得，亦將歸屬北京。但如果南越在此群島裡得永久性的據點，則將歸於北越。
>
> 菲人並不關心在毛共門階前的西沙群島，嚴格說來，甚至南沙群島亦非菲人份內的事。但當數日前，越南進入此地區，對不屬於南沙群島的島嶼亦採取行動，此等島嶼即菲人要求其佔領權的「自由地」，當越陸戰隊接近時發現有菲軍佔領或巡邏，曾經在越戰中接受過菲國援助的越南遂從「自由地」撤出，得以免除一場尷尬的對峙局面。
>
> 西貢方面曾宣布說越南不欲對菲國採取不必要的敵對態

度，但未表明「自由地」係在其領土野心以外。有一天也許菲、越軍艦艇之間甚至與台灣艦艇之間將有砲戰爆發。我們既不像他們那樣希望此等情形發生，我們將此案訴諸聯合國，由聯合國裁決此群島誰屬。

十七、越南在南沙建造新燈塔探採石油

中國特別在一九七五年前的十年越戰期間，曾提供北越大批的人力、物力支援，才使得北越兼併南越，建立南越人民民主共和國，中國自然認為自己是越南的再造父母，但沒想到越南統一後，立即反過來驅逐華僑，入侵並瓦解北京支持的柬埔寨赤棟政權、並提供其本國領土供蘇俄空軍使用，構成對中國大陸南方安全的重大威脅，是可忍孰不可忍。一九七九年二月，十餘萬中國軍隊在重砲、坦克的掩護下，十六天內進入越南領土百餘公里，摧毀越南北部大城諒山。在這場戰爭中，雙方各自的死亡人數估計二到五萬人，血海深仇自此牢記在每個中國和越南人民心中。

但在一九八○年代末，越南因外貿停滯、國有企業效率低落，經濟已陷於崩潰邊緣；而在外交上蘇俄瓦解失去最重要外援，再加上東南亞國家聯盟及美國對越外交及經濟封鎖，越南被迫選擇新的外交策略。一九八九年越南主動宣布自柬埔寨撤軍，消除了和北京方面改善關係的最主要障礙，在經過兩年的接觸談判後，雙方在一九九一年底宣布關係正常化。

但中、越共間的再接觸實際上暗礁重重，長期間的不信任和南海主權之爭，使雙方關係只是貌合神離。現今中國外交策略以保障

一個和平環境以發展經濟為主，在此原則下，中國和美國、日本、俄羅斯都維持友好關係，在南疆對越南也是如此，而且包括越南在內的東南亞是大陸獲取原材料和擴充市場的最佳地區，北京希望和河內改善關係有大半是出於經濟考慮。但在這問題上，越南和中國卻是衝突多於合作，南海油田如此，在爭奪西方資金投資上更是如此，中國眼見部分台灣和日本資金流入越南即大罵，正反映此問題的內在張力。

在安全考量上，蘇俄曾把越南納入其東亞安全體系中，對中國構成南北合擊的局面，如今蘇聯瓦解，越南失去軍火供應來源，其有限的外匯存底又不足以支持它向西方國家採購軍火，越南的海空軍力正急速衰退。取而代之的是，中國如何填補這個空缺。對越南而言，和中國合作有其愉快經驗，但長期的歷史陰影又使越南對中國存有畏懼。短期而言，瓦解越南和東南亞國家聯盟甚或美國合作的可能是中國對越外交的最重要工作。

一九九四年十一月二十日，中國國家主席江澤民率領龐大的代表團抵達河內訪問，在經過四天漫長的談判後，雙方在聯合公報中提出繼續就海上邊界問題進行談判，以便尋求雙方都能接受的基本和長久的解決辦法，而在問題解決前，雙方均不採取使爭端複雜化或擴大化的行動，不訴諸武力或以武力相威脅。言猶在耳，江澤民前腳剛離開河內，越南外長阮孟就放話稱，越南與中國發生爭議的兩個海上油田，是在越南的大陸棚之上。越方的意思很清楚，沒有什麼好談判的，只有照越方的要求將這些南海上的爭議地區劃歸越南，爭議才能善了。而中國的反應也很強硬，中國外長錢其琛同時放話表示，中國對於南沙群島及其鄰近海域擁有主權。

　　中國與越南是在一九九一年十一月越共總書記杜梅和總理武文杰訪問北京後，正式結束雙方自一九七九年以來的軍事衝突關係，但北京與河內關係的發展進程卻受阻於領土和南海主權之爭。中國和越南間的領土爭議主要有陸地和海域兩個部分，在陸地部分，中國大陸和越南有長達一千一百五十公里的邊界線，其中有十幾處有爭議，但涉及面積不大；在海域部分，雙方的爭議集中在北部海灣（海南島、廣西和越南間的海灣，台灣稱此為東京灣）和南海海域及其間的南沙、西沙兩個群島。

　　在陸地邊界的劃分上問題較少，首輪談判在一九九三年八月展開，一九九四年八月進行第二輪，雙方宣稱願維持陸地的邊界現狀、加速邊界開放、擴大邊境貿易。雙方並一九九三年十月簽署「關於解決中華人民共和國和越南社會主義共和國邊界領土問題的基本原則協議」，同意集中解決陸地邊界和劃分北部海灣問題，與此同時，繼續就海上的問題進行談判，以便取得一項基本和長久的解決辦法，在問題解決前，中、越軍方都避免採取使爭端複雜化的行動，不訴諸武力或以武力相威脅。

　　應該說，影響中國和越南關係進展的關鍵因素是南海主權問題。河內政府原本承認中國對南海及南沙及西沙兩群島的主權，特別在越戰期間需要北京援助時，但後來公然反悔，繼一九七四年南越政府和中國就西沙問題兵戎相見後，統一後的越南也在一九八八年和中國發生海戰。越南之所以敢侵犯南沙，主要是整個中國南海蘊藏豐富的海底石油和天然氣。據中國專家估計，南海石油蘊藏量是全大陸石油的十倍，天然氣是七倍。這麼一筆龐大的財富是任誰都無法拒絕的。石油已經成為越南外銷的主要產品，一九九〇年外

銷二千七百萬桶，一九九一年外銷三千七百萬桶，越南外貿有一半是來自石油收入，可見其重要性。相對的，中國也極需這筆財富，中國從一九九三年起由石油輸出國變成輸入國，陸上油源除新疆塔里木盆地尚在勘探外，原有的東北、黃河出海口等幾個油田都處在衰退階段。因此，中國和越南的南海主權之爭除了歷史感情外，更重要因素是經濟上的誘因。

　　在南海五十三個有人佔領的島嶼中，台灣控制一個（太平島），另外菲律賓佔領了九個，馬來西亞佔領三個，越南可說是在南海問題上最積極的國家，除了在這些島嶼上興建燈塔、漁港，作主權宣示外，並積極的透過國際力量來抗衡中國的反撲。這些年、越南多次開國際標，將海上油田的開發工作交給美國和法國財團。

　　越南非但控制既得島嶼，並多次指控中國和外商簽訂的南海油田開發案是「侵犯」越南主權。一九九五年初，越南外交部稱，中國在離越南本土兩百多公里的萬安海域和美商克李斯通公司的開發案是侵犯越南主權，要求中國自動拆除鑽油平台，中國的反應自然是不加理會。

　　在與中國的抗爭上，越南還獲得東南亞國家聯盟支持，在一九九四年八月的二十七屆東南亞國家聯盟會議上，東盟同意越南加盟。東盟還宣稱，要國際間承認東盟國家佔領部分南沙島與的事實。越南可說成功地利用東盟國家懼怕中國軍備擴張的情緒，為其佔領南沙行動賦予合法的外衣。

　　而中國在一九八五年後也積極的搶佔南沙諸島。在此之前，中國在這些島嶼上只有氣象站、科研站之類的非軍事據點，但在越南及其他周邊國家不斷佔領南沙諸島後，中國也開始在這些島嶼上興

建永遠性的軍事基地，其中包括在西沙的軍用機場和港口。

　　一九九三年一月九日，越南國家主席黎德英訪問中國。在這一年內，中國與越南相互指控對方在其領海內與外商簽訂海上油田開發案是侵犯他國主權。越南並在南威島上修建漁港，並多次驅趕中國探勘船。而相對的中國也在西沙興建軍用機場以為抗衡。

　　一九九五年七月一日，據越南「人民軍報」報導，越南已在南沙群島建造一座新的燈塔。該燈塔是越南自一九九三年以來在南沙所建的第四座燈塔。這項宣布適值南沙群島情勢正告緊張之際。報導說，這座新的燈塔是在一九九二年二月動工，一九九五年二月才完工。位於距越南南方海岸約五百公里遠的安班島。

　　越南「人民軍報」指出，安班島的位置對國際航運「極為重要」，而這座燈塔「不僅具有極大的經濟意義，也是越南對南沙群島擁有主權的一個證明。

第十二章　馬來西亞、印尼、汶萊染指南沙群島

一、馬來西亞

　　一九六八年，馬來西亞政府將我南海諸島範圍以內八萬多平方公里的南沙群島劃為「礦區」。我國南康暗沙、海寧礁、北康暗沙和曾母暗沙等竟被包括在「礦區」內，並出租給美國殼牌公司子公司——沙撈越殼牌公司鑽探石油。

　　一九七〇年，馬來西亞兩艘鑽探船擅自在我南康暗沙和北康暗沙二地分別鑽探。一九七一年三月，馬來西亞在我海寧礁和潭門礁進行非法鑽探。一九七二年，馬來西亞在我康西暗沙進行非法鑽探。一九七三年，馬來西亞在我盟誼暗沙進行非法鑽探。

　　一九七四年十月至一九七五年十月，馬來西亞一年之中在南沙群島海域非法鑽井十一口，在曾母暗沙發現二、三個天然氣田。其中在曾母暗沙以北海域一個最大氣田竟被命名為「民都魯氣田」，儲量達五千億立方米，年產可達一百億立方米，堪稱世界第一流大氣田。一九七六年至一九七七年，又在我南沙群島繼續非法鑽探石油井多口。一九七七年，馬來西亞並在我國曾母暗沙以北的「民都

魯」氣田建造一個年產五百二十萬噸液化天然氣加工廠，並向日本出口。

一九七九年十二月，馬來西亞官方出版的地圖上，公然把我司令礁、破浪礁、南海礁、安波沙洲、南樂暗沙、校尉暗沙一線以南的南沙諸島礁，劃歸馬來西亞版圖。一九七九年至一九八二年，馬來西亞不斷地在我南沙群島一些島礁進行石油鑽產天然氣。

一九八〇年，馬來西亞並宣布彈丸礁（Swallow Reef）與安波揚沙洲（Amboyan Cay）為其領土。所持理由為兩小島位於馬國大陸礁層之上，所以應屬於馬來西亞。但此一主張遭台北與河內的抗議與駁斥。河內稱安波揚沙洲早在一九七七年越南即已佔領。並派有一百多人駐守。台北亦在一九八〇年四月二十五日發表聲明，重申台北對南沙群島唯一享有合法主權的嚴正立場，此一立場絕非任何方面之片面行動或措施所能改變。一九八三年八月，馬國派兵非法佔領我彈丸礁，兵力約有三十人左右。位置在婆羅洲北方，兩島礁幾與海平面同高，其中彈丸礁面積約三個籃球場大小，自一九九四年開放潛水旅遊，並修建一條長約五百米的跑道及度假村，現已成為國際知名旅遊點。

一九八四年十月，馬來西亞政府竟抗議越南一支四十多人的軍隊從一九七八年以來一直占領著我安波揚沙洲，並對我安波揚沙洲提出領土要求。一九八四年十月十日，馬來西亞外交部竟宣布說，已與越南達成協議，共同討論對安波揚沙洲的「爭端」。還引證一九八〇年其新發行的大陸架劃分界線地圖，說這塊地方是「馬來西亞的領土」。

二、印尼和汶萊

　　一九六六年以來，印度尼西亞在海上劃分「協議開發區」，讓外資勘探和開發。其「協議開發區」已侵入中國南海諸群島範圍線五萬多平方公里。並在其內勘探和鑽井。一九六九年十月二十七日，印度尼西亞和馬來西亞訂立劃分兩國之間大陸架協定。印度尼西亞大陸架東線（東經一〇九度五九分、北緯五度三一分二秒和東經一〇九度三八分六秒、北緯六二度一八分二秒等）都在中國南海諸島範圍之內。一九七〇年，印度尼西亞海洋研究所不斷在南沙群島海域內進行測量。一九七一年至一九七三年，印尼海洋研究所數次在我南沙群島海域進行調查和測量。一九七五年，印度尼西亞先後在南海諸島範圍線內鑽井十二口。一九七六年九月七日，又在我南海諸群島範圍線內東京一〇九度二八分八秒、北緯五度三七分六秒處鑽井探油。一九七七年十二月，印度尼西亞和越南協議成立一個工作組，來分割包括我南海諸群島範圍線以內的南沙群島海域。

　　汶萊亦表示在我南沙群島西南端的路易薩島擁有主權，一九七九年曾透過英國對馬來亞稱在此擁有主權表示抗議。

第十三章　南越淪亡後
南沙情勢的發展

一、西貢淪陷，北越乘勝吞併南沙六島

　　中華人民共和國建立後，特別在一九七五年前的十年越戰期間，提供北越大批的人力、物力支援，才使得北越兼併南越，建立越南人民民主共和國，北京自然認為自己是越南的再造父母，一九七五年四月，西貢淪陷，北越兼併南越。但沒想到越南統一後立即反過來驅逐華僑、入侵並瓦解北京支持的柬埔寨赤柬政權，並提供越南領土供蘇俄海、空軍使用，構成對中國南方安全的重大威脅，是可忍孰不可忍。

　　南越進佔南沙六島僅及年餘，由於內鬥激烈，國勢益弱，越共與北越內外夾攻，西貢終被圍困，美軍見大勢已去，急速撤退，南越半壁江山岌岌可危，至一九七五年四月三十日，楊文明政府下令所有南越三軍部隊放下武器，向北越及越共無條件投降，南越從此宣告淪亡，「越南社會主義共和國」控制了西貢及整個越南。當西貢政府全面崩潰，北越軍長驅直入。至一九七五年四月三十日之前囊括整個南越的過程中，南越前此侵略南沙所獲的六個島嶼，亦同

時由越共及北越正規軍於一九七五年四月十一日至二十九日之間直入南沙劫收過來。從此南越所侵佔的南沙六島由河內所控制。

北越統一南越,接管前由南越所占領的南沙各島,並續將西沙與南沙兩群島劃入其版圖。越南所持理由主要是國際法上的發現、先占與時效等原則。另外是依據一八八七年七月六日中法續議界務專約第三條規定「……海中各島,照兩國勘界大臣所畫紅線,向南接畫此線,正過茶古社邊山頭,即以該線為界。(茶古社漢文名葛注,在芒街以南竹山西南)該線以東海中各島歸中國,以西海中九頭山(越名格多)及各小島歸越南……」,以及一八九五年「中法續約界務專條」附章所訂中、越國界規定。按西沙群島遠在該線以東,應屬中國領土無疑。不過越南政府卻以陸界條約延伸千餘里,而為海界依據。顯屬強詞奪理,難以服人。因為中、法兩國在當時訂立界約,應為陸上國界而非南海劃界,牽強附會,不合情理。越南雖宣稱已占領二十一個小島和礁嶼,不過適合人居的僅約有五個島礁,另六個島礁漲潮時全在水下,低潮時才露出水面;另十個島礁情況不明。

一九七五年四月十四日,北越海軍以「解放」名義。派六七三號、六七四號和六七五號三艘艦艇強行登上我南子島,俘擄島上西貢軍隊後,侵占了該島。四月二十五日,北越海軍殲滅駐我沙島南越軍隊,侵占了沙島。四月二十七日,北越海軍在南越軍隊撤離我鴻庥島和景宏島後,占據該兩島。四月二十九日,南越軍隊撤離我南威島後,北越海軍侵占了南威島和安波沙洲。五月十五日,越南刊登越南全國地圖,強行把中國西沙群島劃入其版圖,易名為「黃沙群島」。同日越南黨、軍報整版刊登越南全國地圖,強行把中國

南沙群島劃入其版圖，易名為「長沙群島」。

　　一九七五年五月份發行的「西貢解放通訊」也宣稱「越南人民共和國解放了南沙群島」。一九七五年五月三日，菲軍方正式證實：北越已登陸並接收南沙六島，北越艦艇正加緊運送器材與補給。

　　一九七六年三月八日，越南擅將中國南沙群島劃為其同奈省的一部份。

　　正當一九七六年南北越統一準備工作進行之際，河內機關報「人民報」為了配合一九七六年四月二十五日所舉行的南北越大選，而發行了一份「越南共和國新地圖」。這份新地圖上赫然發現河內已擅將我西沙群島改為「黃沙群島」，並將我南沙群島改為「長沙群島」。這份越南地圖不幸應證了北京早前最壞的揣測。河內悍然將我西沙及南沙兩群島併入越南的版圖，自然休想北越將前南越所侵佔的南沙六島「奉還」給中國。一九七〇年代，隨著北越與俄共勾搭，狼狽為奸，以中國為敵，將中國過去以大量人力物力支援對抗南越的恩怨一筆勾消，變親為讎後，西、南沙群島又頓成中、越共叫罵的話題了。後來這份以歸併西、南沙為目的的「越南新地圖」，又在一九七六年五月十五日的越共「人民軍報」大肆印發。此外，河內又積極與外國各大石油公司接觸，妄想勘探鑽採南海諸群島的豐富油藏，充分揭露了北越擴張領土的野心。

　　一九七六年五月二十九日，越南在南沙群島中多個島礁竊取磷肥，運回越南。七月二十五日，越南發行地圖郵票，把我西沙和南沙群島劃入其版圖。一九七七年四月八日，越南在我費信島上修建機場，並派駐有三百多名部隊。五月二十日，越南宣布了二百浬專

屬經濟區和大陸架的主權，妄圖以此來霸佔我西沙和南沙兩群島。六月，越南二十四艘軍艦在我南沙群島內進行演習。

　　一九七八年四月二十九日，越南電視台首次放映其霸佔中國南沙群島的紀錄片，並附解說詞。七月六日，越南和日本達成協議，就開發南海海底石油進行合作。十二月三十日，越南外交部妄稱對我南沙群島有其主權。重彈其擁有我西沙和南沙兩群島主權的老調。

　　一九七九年二月，中國發動「懲越戰爭」，在短短的十幾天戰鬥中，十餘萬共軍再重炮、坦克的掩護下，十六天內進入越南領土百餘公里，摧毀越南北部大城諒山。在這場戰爭中，雙方各自的死亡人數估計二到五萬人，血海深仇自此牢記在每個中國和越南人民心中。四月十三日，越南派遣三艘武裝船侵入我西沙中建島進行挑釁。八月七日，越南外交部發表聲明，叫囂西沙和南沙兩群島「是越南領土」。九月二十八日，河內外交部針對「越南對『黃沙』和『長沙』兩群島的主權的白皮書」，其中列舉十九項證明資料，全係濃縮一九七五年二月十四日南越政府所發佈的白皮書的翻版，以圖歪曲篡改西、南沙兩群島為中國領土的史實。

　　一九七九年六月，新華社曾報導中國海軍工程人員在西沙群島建設一個「大港口」。西方軍事觀察家認為，中國的所謂大港口，即為一處海軍基地。外電引據中國海南特別行政區官員的談話稱：西沙群島上除中國軍事人員外，尚有居民四千餘人，大部分住在永興島上。

二、菲延伸領海與經濟海域及台北的因應

　　一九七九年六月十一日，菲國發佈第一五九九號總統令，劃周圍二百浬為其經濟專屬海域，並於同年八月生效。在台灣的中華民國此時仍維持三浬海域，未作更張，故菲方此一宣佈，直接影響到中華民國的重要權益，因自一九五六年以來，菲國所採取的「群島主義」，其最北的巴丹群島與台灣南端相隔僅八十浬；菲政府宣佈二百浬的專屬海域，似有獨佔巴士海峽捕漁權之意。

　　中華民國行政院經審慎研究，於一九七九年九月六日宣佈新海洋政策，亦將領海由三浬延申為十二浬，並設置二百浬的經濟海域，呈請總統於一九七九年十月八日明令實施，以期維護台灣應有的漁業與海洋資源。

　　自一九七四年在委內瑞拉舉行的第三屆第四次聯合國海洋法會議上通過了十二浬領海及二百浬經濟海域決議之後，甚多國家，尤其是群島國家及海洋國家，基於維護其本身的權益，都相率採取造成既成事實的方式，從大勢看，已是勢所必然。國府當局基於事實上地處台、澎、金、馬海島地區，對變革中的海洋新情勢，首當其衝，當然非常關注；但由於海洋新法制的實施，將直接間接影響到有關的鄰國，甚至對太平洋及整個世界的海洋新形勢，亦將發生深遠影響；故一直採取穩重態度。但一九七九年六月十一日菲政府步各國後塵，作了這一宣佈，在經濟專屬海域方面，將與台灣發生嚴重的重疊。國府當局為保護海洋資源及漁業的權益，維持國家海權的尊嚴，而決定海洋的新政策，這是極為必要的措施。

　　但這一新政策亦無可避免地有其弊端，因為按照十二浬領海計

算，在台灣的中華民國在中國南海無論如何都不能恢復舊觀，就南沙群島而論。不僅與台灣分離，而且中間隔著一甚為廣闊的公海，假如菲、越、印尼、馬來西亞由於近鄰之利在南沙海域的非法活動也自認為已因此合法化，則簡直不可思議。

　　然而，台北所一貫秉持的和平、睦鄰與互惠的政策並沒有改變。行政院在附帶聲明中特別指出：該專屬海域如與他國有重疊時，其界線由相關國家政府協議，或依公認之國際法劃定之。同時並宣佈：「中華民國政府很願意跟鄰近已宣佈二百浬經濟海域的國家，共同協商，解決彼此海域的重疊區問題，更寄望於有關國家，能相互合作，共同開發海洋的資源」，並由外交部迅速將這項基本立場通知有關國家，菲律賓亦為其中之一。凡此都說明了國府當局政府促進國際合作，開發海洋資源的誠意與作為。

　　按所謂「群島主義」，若在四周四百浬之內，不涉及他國的經濟專屬海域者，則實施時可能較少困難。但以中、菲邊界而言，若菲方堅持「群島主義」的觀點，則幾乎台灣海域的大部份都包括在菲群島內，自與國際法理不符。有待兩國開誠協商，按照國際法所認定的原則，公平合理的劃定經濟海域界線。

　　再就海洋法而言，第一屆海洋法會議於一九五八年召開，開始草擬海洋法，明確劃定領海、公海等界線原則，並對海洋資源及海洋相關事物作一合理的安排。至一九七九年年底，第三屆海洋法會議先後舉行十次諮商，海洋法至此初具規模。迨至一九八〇年三月，與會國家代表就海洋法進行表決，獲致最後協議定讞問世成為國際間多邊協定。然而，無論領海基線如何劃定，都必然與中國現況發生嚴重衝突：

㈠「群島主義」不適於沿海國家，南沙雖為一「群島」，但只是中國領土的一部份，不能引用「群島主義」自成一區，中華民國亦不能因擁有台灣、澎湖、南沙等群島而自稱群島國家。而南沙又因與其祖國隔離，亦不能與中國大陸合併。

㈡海洋法有關「島嶼」定義的規定僅限於島上有淡水可汲適於人類居住的高潮陸地單位，島上無淡水或潮漲時淹沒的島、嶼、礁、灘均不得計入，而南沙群島中符合此項標準的島嶼，只有十四個而已。更有甚者，如嚴格照此標準，中國南疆的極限至少在「法理」上不再是淹於水平面的曾母暗沙，而是縮回二百四十浬的安波沙洲。

㈢海洋法有關「專屬經濟區」的規定，只有「島嶼」才能享有自己的「專屬經濟區」。因此，若嚴格照海洋法的標準，中國在南沙的主權，不能遍及六十萬平方公里海域內的全部海中及海底資源。

㈣海洋法有關「重疊」問題的規定是：若一國的領海或專屬經濟區與鄰接國發生重疊，應由當事國協商解決，在雙方無協議的狀態下，則可引用「尚未定案的分界法」劃分，而中國南疆的國境界，如按海洋法區劃，無論用何種劃界法，南沙群島海域均難免與菲、越、印尼及馬來西亞等鄰國相重疊，而形成支離破碎。

三、美、俄對南海爭端的立場

㈠美國

美國對菲律賓因曾是菲的統治國，基於政治、軍事及經濟等因素，美國在南海爭端中立場甚為尷尬。萬一不幸南海地區發生戰

爭，美國除了保持中立外，很難作出選擇，任何一方的選擇均將導致另一方的不滿，結果對美國不利。

一九七八至一九七九年間，菲政府傳出一種說辭，謂若菲律賓因南海爭端與其他國家發生武裝衝突，美國將依據「美菲共同防禦條約」提供菲國軍事支援。但此種說辭經美國務院官員加以否認。

一九七九年九月七日，美國務院官員說，假如馬尼拉對南沙群島的主權主張演變成一場公開的武裝衝突，美國對菲並無軍事承諾的約束馳援或間接支持的義務。美國一向力圖避免捲入亞洲國家的領土爭執。

(二)俄國

就俄國而言，中、俄或中、越之爭，是共黨內部之爭。南海問題涉及中、越，恰可為俄國利用從中漁利的良機。事實上俄國此時已常派有軍艦在南海地區活動，並利用人造衛星蒐集此一地區形勢發展的情報供越共運用，對南海問題造成隱憂。

菲政府何以要在此時再度強調其「主權主張」令人不解，有一種說法是：菲政府有意乘海洋法多邊會談而條款尚未最後定型之際，採取此行動，意在使其在南海侵犯中國領土主權合法化。

一九七九年九月二十六日，中華人民共和國外交部發表聲明，再度重申其對南海的主權，決不容許任何其他國家侵犯或進行開發；一九八〇年一月三十日，北京再度發表「中國對西沙群島和南沙群島的主權無可爭辯」的文件。

一九八〇年七月四日，台北外交部發言人在評論外電報導蘇俄將與北越開發南沙石油一事時聲稱：「南沙群島為中華民國領土的一部份……絕非任何方面所採的措施所能改變。」

四、南沙群島重歸台灣管轄

　　南沙群島在未歸還中國以前，日治時代原隸台灣高雄州。開羅會議宣言規定戰後日本應將其所竊據的中國領土歸還中國，並特別指明此等領土為中國東北、台、澎等地。中國於抗戰勝利後十月前往接收的當時，南沙既屬台灣省的一部份，接收後自亦以劃歸台灣省管轄為確切適宜。迨至一九四六年底規劃廣東省管轄之後，未及四年，一九五○年六月，廣東淪陷，南沙駐軍亦隨海南島最後一批守軍的退出而撤返台灣，貽外人以「中華民國政府將南沙隨廣東省及海南島一併放棄」的錯誤印象，自宜將南沙群島明令改隸台灣省管轄並恢復駐軍。南沙群島於重歸中國版圖時既隸屬台灣，現今仍隸屬台灣，與台灣同一體系，乃所以促使外人瞭解：南沙群島的法律地位，一如台灣省，且均始終在中華民國實力控制之下，是以中華民國對南沙群島的主權與管轄權，名副其實，絕無外人置喙的餘地。

　　基於上述理由，中華民國駐菲大使館曾採納本書作者建議，於一九七一年鄭重向國府當局建議即明令公佈將南沙群島更名為「南沙縣」列為台灣省的第十七個縣行政區。使其能在台灣省政府統籌照應策劃之下，以相等於或超乎於其他各縣的補助經費，運用省政府所能支援的各種技術，助其迅速成為一個屹立在中國南疆的巨人，否則這個先天不足而又因遭逢戰禍而遠適邊域的孤兒，勢必受人欺凌甚或夭折。

　　直至一九八○年十二月十八日，國府內政部與國防部在行政院會中提出了一項共同議案，擬於東沙、南沙設立鄉公所，使成為行

政管轄的地區，而利建設開發。一九八二年二月初，台北各報同時報導行政院正式決定將東沙及南沙兩群島併入高雄市行政區管轄並擬訂了一個以三年為期的移民開發計畫，開始逐步實施。此一消息傳佈出去後，據法新社一九八二年二月八日發自馬尼拉的報導說，菲政府對這項消息「反應冷淡」。

五、中國總參謀長楊得志訪南沙

一九八〇年六月中國大陸報刊報導說，西沙群島上已建立了兩座太陽能燈塔和一座飛航導向燈。北京電台亦曾於一九八〇年八月詳細報導永興島的概況，謂島上除政府辦公大樓外，尚有銀行、醫院、郵局、百貨店和幾近二十萬平方尺的新居住面積。此外還有海水淡化系統，一天可處理二百噸海水。

中國的戰略顯然是事先鞏固西沙群島，然後再伺機進取南沙群島。北京顯然認為：「在中國南海中這些群島的主權屬中國所固有，根本沒有討價還價的餘地，中國駐防海南島的部隊，隨時保持警戒，懲罰任何侵略者。」

一九八〇年九月三日，越南與蘇俄在莫斯科簽訂協定，由兩國聯合在南沙群島採勘及開採石油和天然氣。

一九八二年一月初，北京除對越南再次發表外交白皮書立予駁斥外，中國人民解放軍總參謀長楊得志偕副總參謀長楊勇於視察西沙群島駐軍之後，至南沙群島進行一項「工作性的視察訪問」。楊得志曾將取自北京「中南海」的一包土壤隨身攜帶到南沙群島，鋪在一個島上的椰子樹旁，並立碑紀念，用以表徵「南沙係中國領土」之意。楊得志當時發現越南所侵佔的島嶼已增至八個，菲律賓

已增至七個。

　　據人民日報的消息說，楊得志一行所訪問的島嶼，是南沙群島中的「雲仙島」，由人民解放軍駐守。「雲仙島」並非出自中國南沙群島各島嶼的傳統名稱。亦非沿用中華民國內政部所命的新名稱，更未註明出處，可能係新名稱，所指究係何島，位在何處，無從查考。這倒顯示出一項新的發展——中國已由駐軍西沙，再進駐了南沙，至少佔據了南沙地區的某些島礁。

　　一九八二年一月十八日，越南再度叫囂擁有西沙及南沙兩群島的主權。同年二月中旬，印尼爆發了一樁蘇俄間諜事件。印尼自俄諜身上搜出的照相底片，赫然發現包括了有關中國南海含南沙群島地區的水道安全資料。

　　蘇俄多年來在蘇俄出版的地圖上都標示西、南沙群島為中華人民共和國所有，後來即使蘇俄與越南結盟，中共與俄共及北越鬧翻，蘇俄地圖標明「西、南沙為中華人民共和國所有」的情形並無改變，這對北越主權伸張到南沙未免是個難堪。

　　印尼所佔據的納土奈島，與南沙群島最南端的曾母暗沙相距甚近。在菲、越掠奪南沙島礁的混亂局面中，印尼亦曾混水摸魚，派兵佔據了南沙南端的數個小島。這些小島，連同納土奈島，由印尼派兵把守，正好扼住南海與暹邏灣之間的孔道，是一處極具戰略價值的地段。

　　一九八二年一月十八日，越南外交部再度發表有關越南擁有南沙主權的白皮書。

　　一九八二年三月四日，越南偵察船一艘共十人侵入西沙群島領海內進行非法活動，被中國部隊抓獲。

　　一九八二年四月，正當全世界的注意力都集中在南太平洋英國與阿根廷的福克蘭群島國際危機之際，菲政府當局故意繼中國總參謀長楊得志訪問南沙之後，公然以行動和言詞，大事宣揚菲對中國南沙群島中部分島嶼的主權主張，充分暴露了菲政府漠視國際法權正軌，而一味巧取豪奪的領土野心。

　　菲政府為了要使菲國對南沙群島的主權主張在世人眼中產生戲劇性的效果，特地安排由菲工商部長那瓦諾率同天然資源部長、工務部次長及十六名技術人員與安全人員，於一九八二年四月二十五日訪問意譯為「自由地」的「卡拉揚群島」（南沙），「視察」菲駐軍及其多年來經營這些島嶼的工事和設施。那瓦諾公然「巡察」這些菲軍所侵佔的島嶼後，於四月二十七日，透過新聞媒介，極力宣揚此行，並利用國際性的通訊社，向全球散發傳真照片，炫耀那瓦諾本人在其所謂「自由地」上的陣地內操作高射砲，以及一條新近完工，長達四千二百六十五呎的水泥機場跑道等鏡頭。

　　那瓦諾並特地刻意發表聲明，除了厚著臉皮，硬說這些島礁不屬於南沙群島外，並表示菲律賓要保衛「卡拉揚群島」。他強調，菲律賓「在憲法上」以和平的方式擁有這些島嶼，任何對「卡拉揚群島」的攻擊行動，都將被認為是「對菲律賓主權的威脅」。這種完全閉著眼睛，漠視事實的片面說詞，其橫蠻無理的態度，與菲海軍經常在巴士海峽公海上胡亂劫捕扣押台灣漁船，誣稱中國漁船侵犯其經濟海域，殆無二致，令人痛恨。

六、台灣加強南沙移民墾殖

　　一九八二年四月二十八日，國府外交部再度發表聲明，重申中

華民國對南沙主權的嚴正立場。四月三十日，立法委員蔡勝邦向行政院提出質詢稱：「菲律賓欲染指南沙群島，中華民國政府，基於國家民族的長遠利益，應將二十餘年來的一再聲明，轉化為具體行動，以維護中華民國對整個南沙群島主權的完整與國家的尊嚴。由於菲律賓霸佔這些島嶼，再證諸其以往經常濫捕在公海上的台灣漁民等海盜行為，中華民國政府不應再沿採駝鳥政策，發表一紙聲明了事，而應迅速循適當途徑協商，甚至採取強而有力的具體行動，以維護國家的權益。蔡勝邦委員建議，由外交部積極透過適當管道，與菲、越談判，促其撤退其在南沙地區的守軍，同時應調遣強大海軍艦隊前往巡弋，增派軍隊駐守太平島以外各主要島嶼；既然南沙群島判歸高雄市，則高雄市政府應迅速積極進行規劃、移民、開發及治理。

一九八三年四月十一日，高雄市政府建設局長劉景星表示，高雄市政府開發東、南沙群島的計畫業已擬妥並已報請行政院核定，經費共新台幣五億餘元，將由高雄市政府配合國防部及市政府漁業局等有關單位執行。

劉局長說，南海漁業資源豐富，中華民國遠洋漁業極須開發新漁場。開發東、南沙，主要也是漁業資源，同時將發展蔬菜水果生產及畜牧事業，開發經費預計為新台幣五億二千三百萬元，市政府將於第一年編列一億九千七百七十多萬元。

根據高雄市政府的施政計畫，一九八四年度開發中國南海漁業資源，將興建工作站、飲水設施、冷凍庫（含發電機）。港灣設施、水產試驗所、辦公大廈，並進行島上綠化造林，開闢淡水湖設施，建造交通船及水產拭驗船等。並據瞭解，高雄市政府開發東、南沙

群島計劃,將實施二年移民計畫,每年移民十至十五戶,由政府給予補助,供應國宅及生活用品,解決食衣住行育樂等問題,並輔導生產。

一九八三年六月八日,據外電報導,越南已派軍佔領了南沙群島的安波沙洲,外交部發言人於同日就此事答覆記者詢問時說:「南沙群島為中華民國固有領土之一部份乃屬不可爭辯的事實。中華民國政府曾迭次發表聲明。重申中華民國為對南沙群島唯一享有合法主權國家的嚴正立場。此一立場絕非任何方面的片面行動或措施所能改變」。

七、亞太專家會議提議爭端國合作開發南沙

一九八二年八月二十七日,亞洲太平洋地區各國五十多名政府官員、公私營石油公司的代表及東西文化中心十二個國家的亞太問題專家,在檀香山夏威夷大學「東西中心」集會研討開發中國南海爭執地區包括南沙群島的資源。這些專家對五個國家爭奪南沙群島的潛在衝突表示關切。

夏威夷大學「東西文化中心」出版的南沙問題分析報告表示:「倘若宣稱擁有南沙主權的各國政府不能達成協議,南沙可能演變成福克蘭群島」。

東西文化中心是由美國聯邦經費補助的一個教育研究機構。以交流方式促進美國與亞太各國的關係為宗旨。據此項分析報告透露:菲律賓在六個島上駐有一千多名陸戰隊員,越南在五個島上駐有三百五十名陸、海軍部隊,馬來西亞亦已出兵佔據南沙附近島嶼,聲言南沙群島南部的一些島嶼,屬於婆羅洲的大陸礁層,主權

屬於馬來西亞。

　　協助主辦這項研討會的東西文化中心范倫西亞說，各聲明擁有南沙主權的敵對政府合作開發南沙資源，將主權問題留待以後解決，「是一個時機可能已經來臨的創新主張」。由范倫西亞與東西文化中心一位李姓職員擔任會議協調人，提出這份報告。報告中列舉了一九七〇年代日、韓、泰及馬來西亞之間對爭執海域達成合作計畫協議的先例作為參考。但事後證明，各爭端當事國反應冷淡，這項分析報告，連同這項研討會議，並未發生絲毫「啟蒙」的作用。

八、馬來西亞對南沙二島礁提出主權要求

　　一九八三年九月五日，馬來西亞三軍參謀總長宣佈馬來西亞曾於一九八三年六月間派軍進駐南沙群島中的杜倫布島（Turumbu Layang），以確保馬來西亞二百浬經濟海域的主權；並謂距此島僅四十浬的安波沙洲（Amboyna Cay），馬來西亞認為係在其經濟海域內，目前駐有越軍約四十人配備小型武器及 20MM 自動武器，距安波沙洲約一百浬的南威島（Spratly I.）越軍則駐有米格二十一型戰鬥機。馬來西亞曾於一九八三年七、八月間在這一地區內初次舉行三軍聯合作戰演習，現又派軍進駐杜倫布島，一般認其有在這一地區建立永久基地以防他國侵越的意圖，杜倫布島究指南沙何島，馬來西亞語焉不詳，因各侵權國擅將南沙各島更名，如不註明原名，甚難查考。

　　在此之前，馬來西亞曾於一九七九年發行「馬來西亞新地圖」，正式將南沙群島列入馬國版圖，座落在它的「大陸棚」上。

一九八三年九月十四日，國府外交部發言人重申中國對南沙群島有無可爭辯的主權，並宣佈任何外國佔據南沙的島嶼或在這些地區進行開發或其他活動，都是非法的。越南外交部則要求馬來西亞立即撤出杜倫布島，謂越南擁有這個島的主權，馬來西亞不得派軍駐此島上。

馬來西亞外交部亦發表正式外交聲明，反駁越南顛倒是非，侵害馬來西亞主權。馬國外交部長阿都卡迪法希指責越南侵佔安波沙洲，謂這一島嶼與杜倫布同為馬來西亞的領土，越軍必須撤出安波沙洲，不容再損害馬來西亞領土主權的完整。越南並且必須明確說明撤出安波沙洲的具體步驟。馬來西亞並表示希望與越南談判，解決領土爭執。

一九八四年六月，越南在我南沙群島上佔領八個島嶼，配備二輛輕型坦克，並在最南的一個島上修建了一個六百米長的簡易機場。一九八四年十月，越南宣稱通過外交途徑同馬來西亞解決對安波沙洲的爭端。一九八五年五月十六日，越南國防部長文進勇竟到我南沙群島上視察越南侵佔軍隊。

台灣海軍六二五七區隊，由區隊長成上校指揮，於一九八五年七月九日自台灣左營發航，沿巴士海峽菲律賓沿海經民主礁、雙子礁巡駛太平島，執行偵巡兼南沙守備區人員瓜代輕便運補及護漁任務。由於南沙位於中國南疆最南端，遠在高雄西南八百五十浬之遙，對台灣海軍任務型態而言，算是一項具有特殊意義的遠航使命。全程一千八百二十五浬，總時數一百五十二小時，於七月十三日晨依預定時間抵達太平島。

此後數年，台灣派遣艦隊定期與不定期巡航南沙海域，倒也相

安無事。

九、中越南沙海戰後的南海情勢

一九八六年十月，越南領導人長征表示，越南願意在任何地點與北京就關係正常化進行任何級別的會談。越南此一提議遭北京拒絕，北京稱，在越軍不撤出柬埔寨前，是不會和河內進行談判的。

中國海軍自一九七八年起加強遠航訓練，至一九八七年，遠航次數增加了三十一倍，航程最遠達萬浬以上而進入印度洋、太平洋和南極海域。自一九八六年起，中國海軍航空遠程轟炸機首次飛臨太平洋後亦增強了海軍遠航陣容；海軍演習已由過去的單一航海轉為以作戰為主的多兵種協同和綜合訓練，包括水下、水面、空中立體攻防戰、遠距離輸送登陸戰及遠洋補給等。

一九八七年，中國除在山東半島新闢規模龐大可容納數十艘導向飛彈驅逐艦的海軍基地及任命以積極能幹著稱的張連忠為新海軍司令員外，並增加一連串規律化的大規模立體海上協同作戰演習。其範圍延伸到最南疆的曾母暗沙。自一九八七年起，中國派軍駐守南沙群島的永署礁，並派艇艦於其附近巡弋。

此外，中國並於一九八八年三月間在海南島建省，計劃將它開發成為一個比特區還要特別的超級特區；同時將「海南軍分區」提昇為「省級軍區」，充分顯示中國已在積極發展遠洋海軍，強化其在亞太地區所將扮演的角色。

自一九八七年十一月起，中國派遣科技人員赴南沙群島進行勘探，深入南通礁等島；十二月，中國在廣州中山大學舉辦南沙群島學術研討會。隨後派遣軍艦十五艘載海軍部隊千餘人，在南沙海域

進行一個多月的立體協同作戰演習，圖藉武力揚威達到嚇阻敵人的目的，遂引起各方注目。

在此同峙，越南在南沙群島中的南威島修建一小型機場，其跑道約五百米，可起降諸如俄製 CN212 型運輸機等小型飛機。越政府並編列越幣十億元（約五十萬美元）作為在南沙的擴建費用。此外，越南並向蘇俄購買兩艘巡防艦，使越南海軍共擁有七艘巡防艦及五十艘海軍攻擊快艇，因而使越南侵略南沙的海上實力增強。越南空軍與海軍密切配合，經常出動偵察機侵犯南沙領空，越南海軍也經常派遣各型艦艇到南沙群島進行海陸空實彈射擊聯合演習的軍事挑釁，有時甚至對中國正在南沙海域進行科學研究及在永暑礁的海洋觀測站的船舶進行偵察與監視。

一九八八年一月十三日，中國戰艦航巡南沙海域及以聯合國教育科學文化組織名義進行勘測南沙工作。一月二十一日，遇越南補給船，中國戰艦隊予以攔截。一月六日，越政府正式抗議中國「入侵其領土」。三月十四日，中國與越南在南沙群島赤瓜礁海域發生武力衝突，中國勘測人員登陸二島礁，與越軍發生正面衝突，爆發海戰，越南三艘艦艇被擊沉，三人死亡，七十四人失蹤；中方十人受傷，雙方互指對方首先挑釁。引起國人關注與世界矚目。此為繼一九七九年二月之後第二次中越海戰，也是中國自一九四九年後所發動的第三次海戰。三月二十三日，越南外交部向北京致送照會，提議在北京舉行雙邊部長級或副部長級談判，北京置之不理。中國副外長錢其琛譏諷越南是在「惺惺作態」。為此，越南在所佔領的比較重要島嶼如南子礁、敦謙沙洲、鴻庥島、南威島、景宏島等，積極布置兵力與軍事設施，以對抗中國可能的襲擊。

　　中華人民共和國與越南在南沙發生武裝衝突時，適值台灣海軍九二六及二一八等戰艦所組成的巡弋運補船團在南沙執行巡弋運補任務及磨鍊戰術戰技，但奉令除非受到越南、中共或其他國家海空軍攻擊，否則一律避免捲入或與其中任何一方武裝對峙。據當時情勢研判，中共倘與越南及台灣海軍同時遭遇，中共可能撇開台灣海軍，卻毫無顧忌的對準越南艦艇開火；越南則可能等待台灣艦隊離開後再伺機向中共艦艇開火。因此，台灣巡弋艦艇原則上採「警戒迴避」戰術。但若北京正式請求協助捍衛南沙疆土以對抗第三者侵佔，台灣海軍將肯定回應，予以協助。因此，國府國防部長鄭為元於三月二十三日在立法院外交委員會簡報「對南沙群島防衛措施」時指出：「我國駐軍對任何方面意圖侵犯我固有疆域，國軍將誓死保衛。」

　　至一九八〇年代後期，越南侵佔我南沙島礁已增達十一個，菲律賓侵佔者亦增至八個，越、菲基於共謀及維護其所盜獲的權益，在此次海戰後，越、菲勾結愈加緊密，除促中、越共以談判解決爭端，並警告雙方不得將衝突擴及其所佔島礁外，菲國會眾院國防委員會主席荷西·雅普於一九八八年三月三十一訪河內，與越外長阮基石簽署協定，闡明：㈠菲、越整個領土不應被外國作為敵對的根據地；㈡不應用武力解決歧見，包括對南沙群島的歧見；㈢菲、越將永遠保持友誼」。四月十日，中國國防部向駐北京各國使館武官簡報海戰經過及海戰後的南沙情勢。

　　一九八八年四月二十五日，越副外長陳光基訪菲與菲副外長甄萬雷達成諒解：以談判解決南沙爭端。

　　五月初，越國防部長黎德安視察越所侵佔的南沙島礁，重申越

南對這些島礁的主權主張。

　　各國對此次中國與越南的南沙海戰反應不一：美國表示一貫的冷漠。一九八八年四月十日，美國主管東亞事務助理國務卿席古爾在香港稱，對中國與越南在南沙的衝突不偏袒任何一方；蘇俄雖與越南簽有和平友好條約，亦僅主張中、越雙方和談；印尼國防部長穆達尼表示不擔心南沙海戰會擴大；只有馬來西亞對中國懷有戒心，馬國防部長李超鎮表示馬國一向對中國的東南亞外交政策極表關切。馬政府為表明其對所佔島礁主權的堅決態度，於四月十五日逮捕了在其南沙島礁的三艘菲律賓漁船和四十九名菲籍船員，指控他們侵犯馬國二百浬事屬經濟區。

　　一九八〇年代末，越南因外貿停滯、國有企業效率低落，經濟已陷於崩潰邊緣；而在外交上蘇俄瓦解，失去最重要外援，再加上東南亞國家聯盟及美國對越南的外交及經濟上的封鎖，越南被迫選擇新的外交策略。一九八九年，越南主動宣布自柬埔寨撤軍，消除了和北京方面改善關係的最主要障礙，在經過兩年的接觸談判後，中、越雙方在一九九一年底宣布關係正常化。

　　但中、越間的再接觸實際上暗礁重重，長期間的不信任和南海主權之爭，使雙方關係只是貌合神離。中國外交策略以保障一個和平環境以發展經濟為主，在此原則下，中國和美國、日本及俄羅斯維持友好關係，在南疆對越南也是如此，而且包括越南在內的東南亞是中國獲取原料和擴充市場的最佳地區，中國希望和越南改善關係有大半是出於經濟考慮。但在這問題上，越南和中國卻是衝突多於合作，南海油田如此，在爭奪西方資金投資上更是如此，中國眼見部分台灣和日本資金流入越南即大罵，正反應此問題的內在張

力。

在安全考量上，蘇俄曾把越南納入其東亞安全體系中，對中國構成南北合擊的局面，如今蘇俄瓦解，越南失去軍火供應來源，其有限的外匯存底又不足以支持它向西方國家採購軍火，越南的海、空軍力量正急速衰退，取而代之的是，中國如何填補這個空缺。對越南而言，和中國合作有其愉快經驗，但長期的歷史陰影又使越南對中國存有威懼。短期而言，瓦解越南和東南亞國家聯盟甚或美國合作的可能是中國對越外交的最重要工作。

一九八九年一月七日，中國外交部表示，歡迎越南宣布至遲在當年九月前從柬埔寨全面撤軍的決定。同月十四日，越南副外長丁廉儒抵達北京會談，中國外長錢其琛重申中國也不希望赤柬重掌大權。

一九九○年一月，印尼在巴里島召開第一屆南海會議，為東盟內部性質會議，初步確定了東南亞國家在南海問題上「聯手抗中」的基調。

一九九○年九月，越南副總理武元甲隨同越南亞運代表團非正式訪問北京。另外在當年二月及九月，媒體盛傳越南總書記阮文靈和總理杜梅秘訪中國大陸，和中國總書記江澤民在成都舉行會談，但未獲雙方證實。

一九九○年十二月上旬，香港大學主辦一項「南海領土爭端」的學術會議，有美、英、加、澳、紐、中等國代表七十餘人參加，包括國立台灣大學政治系俞寬賜教授在內。據俞教授所瞭解及其他資料來源顯示：

㈠至一九九○年十二月，菲律賓至少已在南沙七個島上駐有軍

隊，在中業島上建有一條飛機跑道，並配備有兩棲車輛；越南自統一以來，積極向南沙發展，除原由南越侵佔了十一個礁嶼外，新佔了九個，總共多達二十個礁嶼，並在至少五個礁嶼上駐有軍隊及在南威島上建有機場，一條六百公尺長的飛機跑道，並配備有兩棲輕型坦克；馬來西亞自認對至少五個以上島礁享有主權，並曾派兵登陸設置石碑，以致直接與越南及菲律賓衝突；中華人民共和國也佔領了七個以上的島嶼；惟獨中華民國迄今仍僅佔有太平島一隅，因此有人批評不應自我設限，即使認為太平島係南沙主島，日本侵佔南沙時也曾以太平島為中心，佔有此島即佔有整個南沙群島，仍應加強其在整個南沙海域的巡弋活動。

㈡就領土爭端的區域言，大部份學者及相關言論常將整個南海視為「問題區」。這在法理上是一項嚴重錯誤，必須加以澄清和界定。因南海四大群島中的東沙及中沙在中華民國有效統治之下，根本沒有爭議；西沙在中國統治之下，亦無爭議唯一被多國爭奪而情勢紊亂的地區只有南沙。

㈢就海底礦產資源的探測開採而言，南海的石油和瓦斯等的蘊藏及開採現狀，主要集中在南部和西南部的「異他礁層」及北部的「南中國礁層」。中部由於水深及地質結構複雜和領土爭端等原因，尚少有效探勘。中國科學院南海海洋研究所自一九八四年以來已有較廣泛的探測活動。先後遠達曾母暗沙水域，而曾母暗沙被馬來西亞視為其大陸礁層。

㈣就解決爭端的途徑而言，東南亞國家聯盟六國一九八〇年代一直在就如何促成南海區域合作問題進行半官方分組研究，並已分別對諸如南海的環境生態、運輸交通、資源管理、政治安全、領土

管轄及合作組織等主題獲致初度共識。但北京和台北並未參與。不可能有效決議或執行。

㈤就區域合作而言，南海為一半閉海。一九八二年海洋法公約規定此種海洋沿岸各國應成立或經由適當區域組織，協調海洋生物資源的管理、養護、探勘和開發，協調維護海洋環境及海洋科學研究政策，甚至聯合進行此種研究。李鵬於一九九〇年八月十三日訪問新加坡時宣稱：中國準備將主權問題暫時擱置，與東南亞各國共同開發南沙的礦產資源。但實際上北京並未明確表示南沙群島主權問題亦可擺在桌面與侵佔國家進行談判，因此，東南亞各國當時並無明確回應。基於菲、越等國已侵佔甚多島嶼，他們是否願意放棄既得利益竭誠合作，殊值懷疑。

㈥就南沙群島領土爭端的戰略層面而言，學術研究只評估中、菲等相關國家的海、空實力。南沙爭端如訴諸武力，目前也許尚非其時，但終究唯有賴強大的武力作後盾，方能有所進取。

一九九〇年一月六日，國府內政部地域司司長王杏泉偕同國防部代表作戰署副署長董家超上校及外交部代表研究設計委員會執行秘書許長亨及海軍陸戰隊藝工隊十七人，乘海軍當陽艦、瀋陽艦及中榮運輸艦，自左營出發，航赴南沙群島，一月十二日在太平島舉行隆重的豎立國碑儀式，島上指揮官趙鹿生上校率駐防官兵觀禮，國碑係用白色塑鋼鑄造，重二噸，高五點一公尺，上雕「南疆鎖鑰」四個大字。王司長等一行於一月十七日返台。

台灣省水產試驗所由研究員戚桐欣率「海富」、「海建」兩艘試驗船，自一九八〇年起參加由國防部主辦的「中華民國開發南海資源工作小組」。以極機密方式進行中國南海東、南沙群島漁場調

查及資源研究。並在太平島上設立工作站，至一九八八年八月完成任務。此項研究結果顯示南沙群島係一條件優越的漁場。

　　另一方面，海峽對岸的中國科學院南海海洋研究所自一九八四年至一九九〇年先後對南沙群島進行了十二個航次的考察，就軍事、環境、資源開發及大陸棚權益維護等進行縝密研究考察；中國國務院並自一九九一年起第八個五年計畫期間，繼續對南沙群島進行研究考察。

第十四章　一九九一至一九九五年的南海情勢發展

一、印尼舉辦「處理南海潛在問題研討會」煞費苦心

　　一九九一年一月十五日，一項「南海問題研討會」在台北舉行，由內政部與國立中山大學聯合主辦。此項會議主要係以宣示中華民國對南沙群島主權及開發南海資源為目標。會中發表學術論文十篇，從國際情勢、政治、經濟、交通及觀光資源等各層面來深入探討。開發南海的本身即象徵國家領土與主權的維護延伸，藉國防需要增強海空交通運輸補給，以鞏固南海基地，擴展維護國疆的安全。

　　一九九一年五月初，中華人民共和國海軍在太平洋海域首度舉行由直昇機伴隨飛彈驅逐艦的遠航作戰演習。據五月二十八日《中國解放軍報》及五月二十九日日本《產經新聞》報導，演習是在距大陸三千浬外的西太平洋邊緣進行，一直持續至五月上旬，中國海軍直昇機在假想使用核子、化學武器的情況下，操演了搜索潛水艇、飛彈攻擊與補給等九個項目，為中國海戰提供了新方法，也提

高了中國海軍整體作戰能力。西方軍事學家認為,這項演習顯示中國海軍極欲組成一支正式的機動部隊,藉以擴大其有領土紛爭的南沙群島周邊海域的影響力。他們也認為中國海軍擁有遠洋作戰能力,中國直昇機除了進行反潛作戰之外,還可以配備海鷹二型飛彈攻擊水面艦艇,對已派遣數百噸級艦艇巡弋南沙群島的越南等國形成威脅。

一項由印尼外交部主辦的「處理南中國海潛在衝突研討會(Workshop on Managing Potential Conflicts in the South China Sea)」於一九九一年七月十六日至十九日在印尼爪哇省會萬隆舉行,為期四天,十個環繞南中國海的國家包括台灣海峽兩岸、菲、越、泰、寮、印尼、新加坡、馬來西亞、汶萊等派官方主其事者或法學專家為代表,以「私人」名義出席,且均「有備而來」,美、俄、加亦應邀派「觀察員」列席。加拿大海洋研究局是幕後贊助者,更傳聞有美、加石油公司介入。曾是南沙群島侵略佔領國的日本,雖未應邀派大員參與,亦出動大批替日本政府蒐集情報資訊的「記者」前往「採訪」。

台北代表團以駐印尼代表鄭文華為團長,團員包括學者國立台灣大學法律系副教授傅崑成、政治系教授俞寬賜。

北京派外交部亞洲司司長前中國駐菲律賓大使王英凡為代表團團長,團員包括外交部條約法律司副司長唐承元、副處長趙偉宏、交通部廣州海上安全監督局局長葉嘉畲、國家海洋局第二海洋研究所教授金翔龍、中國駐印尼大使館一等秘書胡守勵。

印尼外長阿拉塔斯(Ali Alatas)在研討會上致開幕詞(keynote address),他強調說,印尼期望在這個潛伏衝突的區域內擴大諮商

合作，避免眼看著發生公開衝突。

印尼以東南亞國家聯盟大國自居，循它過去處理高棉問題的手法，將南沙群島問題搬上國際檯面，予以凸顯，並擴大層面，廣邀不相干的美、俄、加、泰、星、寮、汶萊等國與會，以昭大信，使產生公平與公信力；又刻意挑選萬隆亞非街為研討會地點。萬隆亞非街曾是一九五五年二十九個第三世界不結盟國家召開第一次「亞非會議」的地點，也是「亞非街」街名的由來。印尼因此項會議由一個默默無聞的落後國家躋身國際舞台。

印尼外交部為避免此項會議因觸及主權的敏感問題而中途流產，煞費苦心，特別將技術性議題如「環境生態及科學研究」、「船運航運及電訊」及「資源管理」分別列為第一、二、三天議題，用作「開胃菜」，最先上桌，到第四天也就是最後一天，才把五味雜陳的「主菜」──「政治與安全問題」、「領土與管轄問題」、「合作機構的成立」及「南、西沙群島問題」，最後上桌。儘管菲、越、馬來西亞等國堅持擁有對南沙的「絕對主權」，但由於印尼外長嚴格限制發言時間，稍有超越就立即制止，且在各國代表說其立場後即以「時間已到」為由阻止各國代表發言討論，並隨即宣布散會，藉以使敏感的「南沙主權」問題技巧地「偷渡」過關。

姑不論印尼主導此項會議是否有從中沾些「油」水的謀略，縱然完全出於「善意」，我們也不能不正視中國在南沙的主權。

台北代表傅崑成、俞寬賜教授僅被安排充任第二場「航運及電訊」議題的引言人，但以其高深的英語造詣、豐富的專業知識與充份的準備，不僅能激盪其他學者多發言，而且自始至終，縱橫全

場。

台北首席代表鄭文華嚴正重申「南沙諸島為我國固有疆域」，並要求各國減緩獨自開發行動，包括石油、漁業、天然氣、觀光資源等，獲得泰國代表的支持。新加坡代表國際研究所所長李賴托（Lee Lai-to）呼籲各紛爭當事國停止在南沙群島所佔島礁上的軍事建設。馬來西亞代表戰略暨國際研究所所員漢札（B. A. Hamzah）亦主張各紛爭當事國不應再增派南沙駐軍。

中國首席代表王英凡在媒體包圍下鋒頭十足，對中國擁有西、南沙主權立場堅定明確。他表明在不觸及主權原則下和其他國家探討合作開發的善意。他說：只要菲、越等國不企圖佔有南海各島礁，一切都好談，他並正式聲明「將來中國不會在此地區使用武力解決有關主權在內的紛爭，包括對越南在內；也強調海峽兩岸一體，立場一致。台北外交部亦針對印尼此項會議再度鄭重發布聲明：「南海為中華民國管轄之海域，中華民國擁有一切權益，任何國家或團體，不得以任何理由主張或佔領南沙各島嶼。」

此項研討會於七月十八日下午閉幕，與會各國代表發表六點共同聲明：㈠在不影響各國領土管轄權主張前提下尋求在南中國海合作範疇。㈡上述合作範疇應包括促進航海及交通安全、協同搜救、打擊海盜及武裝搶劫、促進生物資源合理運用、保護養護海洋環境、進行海洋研究、消除非法走私毒品行為。㈢在領土主權主張有衝突之地區，相關各國得考量採取互惠合作之可能性，包括資訊交換及聯合開發。㈣任何領土管轄權糾紛應以和平方式談判對話解決。㈤不應使用武力解決領土管轄糾紛。㈥促請此類糾紛當事國自我抑制，避免情況複雜化。

　　截至一九九一年八月底止，台灣仍僅駐守南沙群島中之太平島；中國則駐軍南薰島、赤瓜島、永暑礁、渚碧礁、華陽礁等五個島礁；菲律賓侵佔西月島、費信島、馬歡島、中業島、南鑰島、司令島、北子礁、禮樂灘、楊信沙洲等九個島礁。

　　越南侵佔南沙島礁最多，共二十一個，計為南威島、景宏島、鴻庥島、南子礁、奈羅礁、安達礁、大兜礁、畢生礁、天門礁、舶蘭礁、金輪礁、蓬勃礁、大現礁、小現礁、鬼喊礁、華礁、中礁、東礁、瓊礁、敦謙沙洲、安波沙洲。

　　此外，馬來西亞也侵佔四個島礁，計為彈丸礁、南海礁、光尾仔礁、菲、越、馬三國除與西方先進國家聯手開發石油、天然氣等礦藏外，並在計劃開放南沙為國際觀光區。

　　一九九一年八月，蘇俄反戈巴契夫政變失敗，中、越加速正常化進程，十月越南外長阮怡訪問北京，《時代周刊》擬文報導南沙群島問題發展情形稱：南沙主權爭執並未降溫，僅將實力對決場由海上轉移到談判桌而已。《時代雜誌》將爭執的誘因歸咎到一九八二年國際海洋公約草案，該公約規定，任何擁有外海島礁的國家，均可宣稱擁有自島礁等起海岸線外三百七十公里周圍的經濟海域，菲、越、馬等國侵佔南沙島礁，即存此種用心，只要繼續佔據，日後交付「國際仲裁」，也可插上一腳，強詞奪理；何況在此之前，只要與其他先進國家勾結，先行開發油礦，便可確保既得利益不容侵犯。該項公約規定須有六十個國家簽署同意始克生效，現已有四十七個國家簽署同意。

　　在此同時，甚至有人主張依據「北海公約」原則，妄圖按地理位置，由各爭執當事國瓜分各島礁，簡直橫蠻無理，與海盜無異。

基於這許多複雜因素，北京處心積慮，在南中國海增強軍事實力。據台灣《民眾日報》一九九一年八月十二日引據「負責對大陸軍情蒐集官員」談話報導稱：中國潛艇於六、七月以來在南中國海南沙附近及台灣東部海域活動頻繁，美、日、台情報單位偵蒐所獲資料顯示。中國漢級核子潛艇及 G 級配有洲際彈道飛彈的潛艇，常在南中國海東、南沙群島海域及台灣東部海域活動。

中國以汕頭為基地的飛彈護航驅逐艦隊三艘、旅大級飛彈驅逐艦亦加入南中國海巡戈。中國並計畫於一九九二年在廣東、廣西及浙江等東南省份部署四架 SU27 型戰機，一九九三年再增加十二架 SU27 型戰機。

二、中越舊恨漸消，南沙爭端新仇又起

越南在一九七九年，被中華人民共和國出兵「教訓」的仇恨，經過十幾年的折衝，雙方簽訂「和平協定」後，頗有一筆勾消之勢。豈料好景不常，雙方又為了南沙群島的主權問題，再起齟齬。

蘇聯的瓦解，減弱了越南控制柬埔寨的強硬態勢，相對也和緩了中、越為柬埔寨問題所造成的衝突，並提供了雙方和解的契機。一九九一年十一月，越共總書記杜梅率團訪問北京，並和中共總書記江澤民發表聯合公報，宣告雙方關係正常化。

隨後幾個月，雙方往來頻繁，中國外長錢其琛於一九九二年二月十二日抵河內訪問，並和越南簽署經濟合作協定與互免簽證協定，並敲定總理李鵬一九九二年下半年訪越。越南則在三月派中央政治局委員兼書記黎福壽訪北京，會見了江澤民，五月四日越共中央顧問阮文靈訪問中國大陸十五天，並與江澤民晤談。五月北京派

出一九七九年來第一個軍事代表團訪越，象徵雙方關係更加融洽。

在此友好氣氛下，雙方的邊境貿易一片繁榮，東興已成最大的邊境貿易據點之。廣西憑祥通往越南諒山省同登的鐵路已於一九九一年四月修復通車。滯留在金蘭灣的五百至一千名蘇聯人員，在二月被越南限令離境，金蘭灣也由軍港改為商港。

一九九一年十一月五日，越共總書記杜梅和總理武文杰訪問中國，雙方正式宣佈關係正常化。中、越之間的友好關係發展非常順利，直到一九九二年前為了南沙群島主權再起紛爭。不過，北京對南沙群島主權的要求非常堅持，除一九五八年公布領海宣言外，一九九二年二月制定「領海暨毗連法」，宣示其陸地領土包括南海諸群島，馬越訂解決南西沙爭端四項原則。一九九二年一月二十三日，越南同意和馬來西亞聯合開發南沙群島。

一九九二年四月二十二日，馬來西亞外交部長巴達威表示，馬國和越南兩國對解決南沙、西沙領土爭議問題，已擬訂四項解決原則。兩國外長一致主張，各國對南沙、西沙的爭議，必須透過外交及談判途徑，避免軍事對抗及脅迫用武。

巴達威對馬新社說，馬、越兩國同意：㈠決定在南沙、西沙爭議領土的實際面積。㈡僅在兩國發生爭議的區域進行談判，未有爭議的區域不談。㈢在發生爭議的區域，著手聯合發展（如探勘石油），以確保兩國有共同的利益。㈣共同發展有爭議的區域，但不可影響日後劃定領土（包括海底暗礁）的結果。

兩國除於同年五月針對上述事項舉行高階層會議、進行詳細討論外，兩國並將組成聯合委員會協調及促進兩國簽署之協定的實施。

巴達威當時正隨馬國總理馬哈迪在越國進行官式訪問。

三、中國與美公司合作探勘南海石油

一九九二年五月，中國海洋石油總公司和美國的克勒斯頓能源公司簽約，在南海萬安灘盆地北部廿一礦區合作探勘石油，探勘地點位在傳統 U 型疆界線內，與越南正在開採石油的青龍油田（位在萬安西盆地）為鄰。在開始時，越南只在口頭上批評中國的作法是侵犯其大陸架的權益，雙方進行一陣子的外交抗議戰。

一九九二年六月三日，越南政府發表聲明抗議，認為該合同侵犯了越南主權，也帶給該地區不安定的因素。因中國未加理會，越南在六月十日宣布，延期開放河內通往北京的鐵路，並關閉邊境貿易。

一九九二年六月十日，《紐約時報》引據美國科羅拉多卅丹佛市的克勒斯頓石油公司董事長湯普森的話說，在談判此合約時，「中國高級官員向我保證，他們將以海軍全力保護我們。」北京的亞洲外交官指出，「這表示中國改變其對爭議地區的政策，採取較積極的立場，美國這家石油公司與中國簽署石油開採合約時，有一位美國外交官在場，這並不表示美國支持中國對南海有爭議海域的主權。」

美國國務院發言人塔特懷勒女士在每日新聞簡報上，談到南海的主權糾紛，她說：「美國的立場是，此一領海糾紛的爭議國，應該和平解決彼此岐見，並維護航行自由。」

　　周劍輝指出，王永慶原本預定在一九九二年四月間，訪問南沙經濟開發區，該區管理委員會也已做好接待的準備，但後來王永慶並未成行，原因他們並不了解，而代表王永慶來訪的是台塑第一、三廠的高級主管。

　　訪問團團長石齊平也證實台塑集團確曾於一九九二年四月份派員考察南沙經濟區的投資環境。他說，台塑集團兩位代表考察了珠江三角洲的投資環境及港口設施，南沙經濟區只是其中一站。

　　石齊平又說，台塑集團派員考察珠江三角洲前，曾知會海基會，並向海基會索取了一些有關當地投資環境的資料。

　　兩位代表結束考察返台後，也曾就珠江三角洲的投資環境問題與海基會交換意見。

　　石齊平說，台塑集團派員考察珠江三角洲的主要目的，是要了解該公司中、下游客戶在當地分佈情況。他強調，海基會只是把所知道的狀況提供給台塑集團參考，沒有向台塑集團作出任何投資建議。

　　位於珠江出口的南沙經濟區，是中國「八五」計劃和十年規劃的重點建設項目，中國有意將該區發展為珠江三角洲的交通樞紐，在區內建設港口和開發轉口貿易、外向型工業區和旅遊服務業等。南沙經濟區自一九九〇年開發以來，迄今已建造完成虎門汽車渡輪碼頭。香港著名商人霍英東是南沙經濟區的最大投資者，參與投資區內的一切海運設施。他也計劃在區內設立造船廠。

　　南沙經濟區目前尚在建設階段，但已有外商簽訂合約，準備在工業區設廠。訪問團並參觀當地設立的蓮花山保稅加工區，以及初雨洋傘、金發窗簾、麗暉塑料等台商。

七、南海學術會議台北重申南海諸群島主權

一九九二年六月二十九日第三屆南海學術會講在爪哇中部的日惹舉行，由印尼外長何拉斯主持，討論如何化解南中國海可能發生的武裝衝突的問題，特別是有關南沙群島的主權爭執，台北循例由台灣大學教授俞崑賜及二屆國大代表傅崑成與會，傅宣讀「中華民國對南海諸群島的主權聲明」。

一九九二年七月八日，越南聲稱「中國已在南沙群島一個珊瑚礁上豎立領土界碑，侵犯了越南的主權」。同日，越南總理武文杰曾致函中國總理李鵬，要求就南沙問題高層會談。一九九二年七月十日，越南呼籲中國撤回派至南沙群島的軍隊，並以談判解決問題。

八、錢其琛外長提議擱置爭議共同開發南海資源

一九九二年七月二十一日，馬來西亞外交部長巴達威呼籲爭執南沙群島主權及疆域重疊的國家自制，而本著理性，克服任何歧見。巴達威是在第廿五屆東盟外長會議致詞時，作以上表示，他同時是開幕式的主席。

另一方面，關心南沙爭執的印尼外長阿拉塔斯私下表示，印尼盼望找出方法，避免使南沙潛在衝突惡化，進而使各造合作及擬就聯合管理南沙的辦法。

阿拉塔斯對大馬記者說，南沙問題可仿照南極洲爭議的解決辦法，即將主權誰屬的爭執擱在一邊，而先研討有關的安全航道、聯合開採資源、潛在性環保問題等，至於主權之所有問題，則在某一

特定領域作解決。

　　一九九二年七月二十一日，東南亞國家聯盟外長會議閉幕，與會代表通過一項決議，敦促爭奪南沙群島所有權的海峽兩岸、越南等六造，能和平解決南沙群島領土糾紛。北京顯然向東盟外長保證不以武力主張南沙群島主權。

　　菲律賓外長曼格拉普斯告訴記者說：「北京表明其無意使用武力。」東盟發言人指出：「中國支持擱置主權問題，致力區域合作活動。」他說：中國外長錢其琛在秘密會議中告訴東盟，中國願與其他國家共同開發南沙群島資源。

　　中國外長錢其琛在談及南沙群島問題時說：「在南沙問題上同我們存在爭議的國家都是中國的友好鄰邦，我們重視同這些國家的友好合作關係，不願看到因為存在分歧而發生衝突，影響國家間友好關係的發展和本地區的和平與穩定。我們提出擱置爭議共同開發的主張，願意在條件成熟時同有關國家談判尋求解決的途徑，條件不成熟的可以暫時擱置，不要影響兩國關係。我們相信，只要本地區有關各國共同努力，南中國海地區不僅不會成為新的衝突熱點，而且沿岸國之間還可望開展廣泛的互利合作。」

九、台北行政院通過「南海政策綱領」

　　一九九二年十二月三日，國府內政部南海小組召開首次正式會議，會中確定「南海政策綱領」為南海問題最高指導原則，明確宣示南海為中國固有領土一部分，其主權屬於中國，不容置疑，未來中國願在和平理性的基礎上，及維護中國主權原則下，開發此一海域。為達上述目標，未來台灣將透過籌建海域巡邏警方、籌開南海

問題國際研討會，及主動針對其他國家對南海的立場及主張研擬因應對策等行動，展現台北維護南海主權決心。

一九九三年二月二十八日經行政院會審查通過的「南海政策綱領」共分為「前言」、「目標」、「實施綱要」三部分，其內容如下：一、前言：南沙群島、西沙群島、中沙群島及東沙群島，無論就歷史、地理、國際法及事實，向為中國固有領土之一部分，其主權屬於中國，不容置疑。南海歷史性水域界線內的海域為中國管轄的海域，中國擁有一切權益。中國政府願在和平理性的基礎上，及維護中國主權原則下，開發此一海域。

目標：㈠堅定維護南海主權。㈡加強南海開發管理。㈢積極促進南海合作。㈣和平處理南海爭端。㈤維護南海生態環境。

實施綱要：㈠內政事項：辦理土地測量與登記；籌建海域巡邏警力；加強漁民服務；籌開南海問題國際研討會或兩岸及港澳多邊會議。㈡國際合作事項：針對各沿海國或其他國家對南海的立場及主張，研擬因應對策；積極透過適當管道，研究爭端之防止及解決；促進南海區域合作。㈢安全維護：研析潛在衝突問題；加強護漁、護航及海上開發作業安全；強化戰備整備，捍衛南海諸島加強巡戈。㈣交通事項：建立衛星通訊設施；加強氣象台設施與功能；設立導航及助航設施：興建機場及碼頭設施；研究開放南海觀光之可行性。㈤衛生事項：強化衛生醫療設施。㈥環保事項：建立環境資料庫及環保設施；加強公害防制及生態保育。㈦兩岸關係：配合國家統一綱領研擬相關對策及計畫：研究兩岸涉及南海問題有關事項。㈧學術研究：研究有關南海之戰略、政治及法律問題；海洋科學及自然資源調查研究；蒐集及編譯南海史料；其他研究調查事

項。㈨資源開發：探勘及開發可利用之資源；探討合作開發之可行性；研擬開發計畫。

十、羅慕斯提議南沙群島「非軍事化」

一九九四年三日二十六日，菲律賓總統羅慕斯在拜會越南黨政首腦時提議，宣稱擁有南沙群島主權的六國應捐棄成見，互助合作，共同為南沙群島「非軍事化」努力。

羅慕斯在會見越南頭號領導人共黨總書記杜梅、主席黎德英與總理武文傑時，提出南沙群島非軍事化的合作建議，並獲得他們的正面回應。

羅慕斯與越南領導人同意此一地區有合作的需要。他也同時表示，菲律賓全力支持越南成為東南盟的正式會員。

羅慕斯表示，他同意越南領袖所提，南海地區需要設計「建立信心的機制」，譬如發展合作事業，以使宣稱主權國與其他國家相信，南海地區能從紛擾之境轉化成合作的區域。雖然羅慕斯並未就「非軍事化」提出詳細的計畫，但他建議，主張擁有南沙主權的六國與其它東南亞國家共同研究如何達成非軍事化的相關事項，諸如凍結所有「造成不安的行動」從事海洋研究與環境保護，與共同開發事業等能使眾人獲利的合作事宜。

羅慕斯之所以選擇訪問越南時，提出南沙群島的問題，是因為越南對中國增加在南沙群島軍力感到不安，提出抱怨。同時，羅慕斯企圖以支持越南及早日加入東南亞為餌，拉攏越南，希望越南能與菲律賓同一步伐，支持羅慕斯的南沙群島非軍事區的主張。

菲律賓提出南沙群島的另一盤算，是如果南沙群島發生紛爭，

美國是否會插足涉入？

　　按照菲律賓的想法，這個問題的答案，應是肯定的，因為，根據菲律賓外交部的研究，「就美國而言，南中國海是波斯灣航行駛往美國西海岸油輪的路線之一，南中國海地區是中東、東亞與美國物資運輸的樞紐，日本石油進口的百分之九十，韓國絕大多數石油進口的必經通道。」

　　由於菲律賓認為，一旦南沙群島發生紛爭，美國必將介入，而越南卻認為美國在東南亞已無足夠的利害關係，絕不該捲入南沙紛爭，在兩國基本上看法相異的情形下，自然談不攏。因此，當三月廿八日羅慕斯提出南海非軍事區的主張後，越南並不表示支持。而且，最主要的原因，是越南武力佔據了二十五個島嶼，當然不願同意「南沙非軍事區」的主張。

　　羅慕斯返菲後，對這件鎩羽而歸的外交，始終難以遣懷。於是，在菲政府舉行的國家安全會議中，特別由外交部長羅慕洛報告，認為中國增加南沙軍力的一些動作已為南沙周邊各國所共同關切的焦點，但卻不至於破壞與東南亞各國的關係，引致不良的反應。因此，菲律賓總統羅慕斯在三月二十八日訪問越南期間所提南沙群島「非軍事化」的建議，在遭到北京的反對之後，已經胎死腹中。

　　不過，羅慕斯已經改變口風，由「非軍事區」改為「各國凍結在南沙駐軍，保持各國主權之主張不變」。

　　一九九四年三月二十九日，菲律賓總統羅慕斯證實，菲律賓部隊已摧毀部分中國在南沙群島私立的界碑，並拒絕釋放遭菲國扣押的六十二位中國大陸漁民。

　　菲方這兩項行動，顯然使因南沙主權爭議陷入低潮的中菲關係更形惡化，羅慕斯還要求各國譴責中國漁民在南海破壞自然生態的行徑。羅慕斯表示，這些漁民的行為不但觸犯菲律賓法律，也違反了國際環保公約，「應受到國際社會的譴責」。

　　不過羅慕斯說，為表示菲律賓和平解決美濟礁爭議的誠意與希望，菲國部隊並未在此島礁上採取行動。羅慕斯強調，中華人民共和國破壞南沙的自然生態，才招致國際間對他們在此地區活動的關注；如果中國在南沙島礁上所搭設漁民蔽護所，竟是供給那些只圖謀利不惜破壞自然生態的漁民使用，那麼菲國就更有理由把這些建築物從菲律賓領土上除去。

　　一九九四年三月三十日，中國外交部發言人吳建民在例行記者會上說，「中國對南沙群島及附近海域擁有無可爭辯的主權，這一事實有充分的國際法基礎。」

　　吳建民說，中國的公司與外國公司簽署有關上述海域的石油合同，是在中國主權範圍內的行動，是完全合法的。吳建民指出，「越南近年來在中國海域內進行了大量油氣開發活動，這些活動侵犯了中國的主權、權益是非法的。對此，中國政府重申了中方的嚴正立場。」

　　一九九四年七月十九日，北京再度警告河內，越南將為在南沙群島鑽油活動的後果付出代價。北京稱「此等行為嚴重侵犯中國的主權及海洋利益。」

　　越南在南中國海的南沙群島西側萬安灘上設置鑽油設施，進行鑽探。

　　中國外交部發言人說：「中國已要求越南立即停止鑽油，並為

此舉引發的後果負責。」

十一、菲越指控中國佔領美濟礁

一九九五年二月八日，菲律賓指控中國佔領其宣稱擁有主權的南沙美濟礁，並在礁上興建數座永久性建築，附近海域也有多艘中國軍艦活動。對此指控中國外交部表示，中國確實在該島上建立一些漁船避風設施，但非軍事設施。按中國和菲律賓的國土劃法，雙方都擁有該礁主權。而向來覬覦南沙群島的越南，也在二月八日重申擁有南沙主權。由於中國、菲律賓與越南再次以堅決態度表示對南沙的主權，已引發了此一地區的緊張情勢。

菲律賓國防部長戴維拉於二月九日出示數張空照照片，顯示中國已經在其宣稱擁有主權的南沙美濟礁上興建永久性建築，海面上有數艘中國海軍戰艦。馬尼拉為此指控北京方面此舉，是根本「無視」於國際法的存在。

而中國外交部發言人陳健於同日對此表示：「我從有關單位獲悉，地方漁政部門已在南沙群島的美濟礁建立了一些漁船避風設施，提供漁船避風，建立這些避風設施，主要目的是確保在南沙群島海域作業的漁民的生命安全及作業順利。」他否認中國在該礁上建立軍事設施。

當被問及菲律賓是否會因此和中國發生軍事衝突，戴維拉表示：「目前，菲律賓並未朝此方向設想。」

據戴維拉所出示的空照照片顯示，中國在距馬尼拉市西南六百四十公里的美濟礁上興建四座顯然是永久性的建築物，在這些建築物上都飄揚著中國五星國旗。在附近海面上，還有三艘大型船隻、

五艘較小型船隻和數艘小艇，其中幾艘被判別出是中國海軍戰艦。

美濟礁離菲國最近的巴拉望島僅一百三十浬。菲國已宣稱實行二百浬經濟海域，同時擁有對美濟礁的主權。但按台北和北京海峽兩岸對南海 U 型領域的劃法，全部南沙群島，其中自然包括美濟礁，都是在中國領土範圍內。

中國外交部承認其地方漁政部門在美濟礁上建立了一些「漁船避風設施」，但否認其為海軍基地。

一九九五年二月九、十日，越南河內當局在二十四小時內發出兩份聲明，對中國在菲律賓宣稱擁有主權的美濟礁建立漁船避風設施一事表示抗議，並稱之為「擴張主義的侵略行為」。

越南外交部二月九日發表一項聲明指出，中國在南沙海域礁上構築設施是一項「嚴重的發展」，越南堅決反對任何可能導致南沙情勢「更形複雜」，並足以危及南沙「區域和平、穩定、合作及發展」聲明說：「業經中國外交部發言人證實的中國舉措相當嚴重。越南嚴正抗議任何意圖兼併南沙諸小島，並可能導致南沙情勢更形複雜的行為。」

繼二月九日的聲明後，越南外交部於二月十日再度發表聲明指出，「中國在南沙群島的美濟礁建立漁船避風設施，是一項嚴重事件的發展。」

越南外交部發佈的這份聲明說，「越南反對可能促使南沙群島地區形勢益發複雜，且威脅本地區和平、穩定、合作及區域發展的任何擴張主義行動。越南呼籲所有國家，在維持現狀的前提下，透過和平途徑解決所有爭端。」

一九九五年二月十日，美國駐菲律賓大使奈格羅龐第表示，美

國對南沙群島主權爭議的立場一向是，支持一九九二年簽定的馬尼拉宣言，該宣言強調，所有宣稱擁有南沙群島島礁主權的國家，同意以和平方式解決因島礁主權所引起的紛爭。

奈格羅龐第與菲律賓外長羅慕洛舉行會談後表示，「我們的立場是，我們全力支持一九九二年簽署的馬尼拉宣言，宣言呼籲所有簽署國以和平手段解決領土主權爭議，並在爭議事件中表現自制。」

美國和菲律賓自一九五一年以來簽署了共同防禦條約，但菲律賓官員表示，如果因為島嶼主權導致菲律賓和中國發生軍事衝突，美國也不見得會插手干預。菲律賓國防部長戴維拉表示，南沙群島的島礁並未在美菲共同防禦條約的覆蓋範圍之內，而美國也從未承認各國各自宣稱的島礁主權。

馬尼拉戰略發展研究中心研究員莫拉達表示，馬尼拉在處理此一主權衝突事件當中，應表現得更加謹慎。這位研究員說，「由於亞洲外交自有其模式、在這模式下，菲律賓表現得過度驚惶就沒有必要。因為，按照這項模式，我們不用把中國逼到牆腳，讓他面子掛不住；如此一來，也等於提供中國一條可能出路，這就是檯面下外交的途徑。」

一九九五年二月二十日，馬來西亞宣布，將不會介入菲律賓與中國之間的南沙群島主權糾紛，並稱軍事手段不能解決問題。

馬來西亞國防部長納吉布說：「我們不準備介入衝突。我們認為只有循外交管道和援引國際法，才能圓滿解決南沙群島主權爭端，軍事對抗根本解決不了問題。」

一九九五年二月二十三日，針對南沙群島主權爭議連日所產生

的劍拔弩張氣勢，中華人民共和國外交部發言人陳健表示，中國一貫主張通過和有關國家的雙邊談判，和平解決南沙問題上的爭議。他同時表示，在一時達不到最終解決問題時，中國所採取的立場是「擱置爭議，共同開發」。

關於南沙群島主權爭議，有關國家準備主辦研討會。中國外交部發言人陳健在記者會上表示，現在對南中國海的問題的討論，有一些是屬於非政府間、非官方、帶有學術的論壇。據了解，中國一些法律工作者、學者或專家也參加過有關這方面的討論，中國也願意繼續參加這方面的討論，從學術上進行共同的探討。

陳健對南沙群島的主權爭議表示，中國一貫主張和有關國家通過雙邊談判，和平解決在南沙問題上產生的爭議，在一時達不到最終解決辦法的時候，大陸也準備和有關國家協商，擱置爭議，共同開發。他說，北京在南沙問題上所採取的立場，和在任何國際爭端問題上所採取的立場是一致的，即一貫主張國家之間建立在和平共處五項基本原則之上，通過磋商和談判，來和平解決有關的爭端。

十二、菲炸毀中國島礁界碑扣留中國漁船風雲再起

一九九五年三月二十五日，中國對菲國拆除其在南沙島嶼上的標識物一事作出反應，稱菲國此舉對解決爭端毫無助益，也無損中國對南沙的主權。與此同時，菲律賓政府宣布扣留了四艘在該國經濟海域作業的大陸漁船，再度引發南沙群島主權爭議。

中國外交部發言人沈國放表示，南沙群島歷來屬於中國領土，對中菲雙方存在的爭議，應以冷靜和建設性的態度尋求妥善的解決。菲國海軍拆除中方前些年在南沙一些島礁上留下的測量標誌的

行為無益於問題的解決，也無損於中國對南沙群島的主權。

沈國放是在回答關於菲律賓三軍參謀長安瑞爾宣佈菲軍拆毀了中國在南沙群島一些島礁上樹立的標識物，中國對此有何反應的問題時作上述表示。

與此同時，菲律賓政府宣佈，菲國海軍在其宣稱的兩百浬經濟海域內逮捕並扣留四艘中國大陸漁船。

菲國總統府發言人表示，一艘菲國海軍巡邏艇和十艘運輸船在兩百浬經濟海域內一處菲國宣稱擁有主權的南沙島嶼附近巡邏時，逮捕並扣留了四艘中國漁船。

一九九五年四月一日，中國在港媒體「中通社」就南沙問題發表長篇評論文章，強調菲國「炸毀南沙群島中國碑石不能改寫歷史」的強硬立場。

文章稱：

> 菲律賓在一九九五年二月八日南沙美濟礁風波發生後，中菲兩國外長在北京會談達成四點共識，同意回到「擱置爭議，共同開發」的諒解上。但兩天後，即三月二十五日，菲國海軍即強行扣留在南沙海域作業的中國五艘漁船並拘留七十名中國漁民，同時又登上半月礁、五方礁等四五座島礁，炸毀中國海洋科學考察隊在八○年代豎立的標誌碑石。
>
> 菲律賓是在一九七○年代初佔領南沙六個島礁的，後來逐步蠶食，迄今已佔領九個島礁，並把它們改了英文名字，一度對外招標勘探和開採這些島礁的海底石油。菲律賓將這九個島礁納為己有的理由之一是「南沙距離菲律賓最近」，此說

不堪一駁。

菲律賓佔領南沙的第二個理由，是引用一個傳說做根據，據說在五〇年代，菲國航海學校校長克魯瑪，率領一批學生乘船出海遠航，在外海看見六島礁，便斷定這是「無主荒島」他回航後便宣佈在此六座島上建立一個「自由邦」，並且自封為王。不久，克魯瑪把六島「獻給」政府，而官方則命名「自由島」，於是，菲律賓政府移花接木，把它佔領的南沙島礁，說是原來的「自由島」。

菲律賓佔領南沙中業島，馬歡島、大硯礁等九個島礁，都是非法侵佔，但中方一直低調處理，並提出與有關國家「擱置爭議，共同開發」的主張。一九九二年東盟六國的「南海宣言」基本接受中國的主張，菲律賓總統羅慕斯在一九九三年訪問北京時也表示接受中國主張。

一九九五年四月一日，另據《南華早報》報導，刻在華府進行訪問的中國總參謀長助理熊光楷中將在向美國官員說明中國的國防現況時曾強調，台灣和南沙群島都是中國的領土，並指責美國不應對台軍售和在南海地區製造不安情勢。

十三、太平島守軍驅離越運輸船

在菲律賓扣留中國大陸漁民並逕行拆除中國在南海島礁的設施，造成南海情勢緊張之際，國府海軍總部發布新聞指出，南沙太平島駐軍曾於一九九五年三月二十五日下午，對擅闖該地區之非本國籍中型漁船，按防區戰備規定，實施四發對空警告性射擊驅離。

越南政府於一九九五年四月二日，由越駐台代理代表向外交部抗議太平島駐軍砲擊其運輸船。其後，四月四日，越南外交部進一步發表措詞強硬的抗議聲明，指控台灣砲擊行為嚴重侵犯越南領海主權，必須為砲擊行為的後果負責。

越南外交部的一名女發言人並表示，越南當局要求台灣將其人員及機械設備自太平島撤回，並停止在該處海域的軍事活動。台北外交部已拒絕接受越南政府的抗議。

海軍總部表示，太平島指揮部曾於三月二十五日下午，發現不明國籍中型漁船一艘，於進入該島限制海域後，即予監視：至下午三時三十分，該船續接近距離該島三千七百公尺處，守軍即按戰備規定，對該船實施四發警告性射擊。海軍總部強調，太平島駐軍對進入防區水域的上述不明國籍船舶實施警告性射擊，係按國防部一九九二年十月七日公告的金門馬祖東沙、南沙等外島周邊海域的戰備規定辦理。

軍方人士指出，此次太平島駐軍警告驅離越南籍船舶，係因其他闖入該防區四千公尺的「禁止海域」，遂在三千七百公尺處予以對空射擊警告，此舉於法理上，都是正當防衛的行為，完全站得住腳。依據國防部公告，東沙島和太平島周邊海域，向外海面六千公尺為限制海域，距離海岸四千公尺為禁止海域。「非本國籍船舶及人員」擅闖這兩個海域時，依據國防部頒令的戰備規定，當船舶進入限制海域時，將予以監視，並視狀況實施警告射擊；進入禁止海域者，實施驅離射擊；驅離無效或有敵對行為，予以擊毀。

海軍總部同時呼籲：凡未經許可之非本國籍船隻或大陸飛機、漁船，請勿進入上述防區四千至六千公尺的週邊海域活動，以免危

險。

據軍方人士透露，太平島駐軍三月二十五日是以四〇砲，警告
驅離闖入防區「禁止海域」的越南船舶。據了解，太平島有各式口
徑火砲，負責不同的射擊區域。

國防部在公告限制海域和禁止海域，台澎地區限制海域為二十
四浬，禁止海域為十二浬；東沙和太平島因考量該區域國際主權的
爭議，故限制海域僅為六千公尺，禁止海域為四千公尺。此次我太
平島守軍向越南運輸船發射砲彈雖未擊中，但落點距離船隻不到一
呎。越南政府所提抗議，外交部次長房金炎予以嚴正拒絕。外交部
於四月四日再度強調：「我國對包括南沙群島在內的 U 型歷史疆
域擁有主權，不容置疑；而我國在太平島上駐軍亦為眾所周知的事
實，我國在該地區的活動及對接近的他國船隻予以驅離都屬於主權
行為，因此，有關越南提出的任何抗議，我國政府都不能接受。」

一九九五年四月四日，美國國務院說：「美國政府對南海南沙
群島領土主權爭執，沒有特定立場。雖然如此，美國政府明確表
示，這項主權爭執，應以和平方式解決。我們認為任何一方沒有理
由做出威脅或動用武力，我們認為威脅或動武是嚴重的事情。」

一九九五年四月五日，台灣海軍陽字號及相關運輸艦抵達南沙
太平島；海軍此舉，兼俱南海主權宣示、巡弋與補給，提振民心士
氣之意。

十四、菲將台灣漁船通行航道縮減為一條

南海主權爭議未了，菲律賓政府已向台灣提出修改中菲航道協
定的要求，欲將台灣漁船通行菲國海域的航道由兩條縮減為一條。

　　據了解，由於中、菲海域重疊，台灣每年經由中、菲重疊海域前往其他地區作業的漁船，根據統計，每年高達兩千餘艘次，而由於中菲海域重疊，中華民國國籍漁船經由菲國海域附近，常遭菲方以入侵該國海域扣押，造成雙方漁事糾紛頻傳，也使得中菲雙方關係緊繃。因此，一九八九年由農委會在雙方沒有邦交的情況下，與當時菲律賓總統羅慕斯助理文官長羅伯特·拉發爾·魯西拉代表首度簽署中菲海道通行協定，由菲方劃定兩條海道供台灣漁船往返其他海域作業時無害通行。

　　一九九四年底，菲國向台北提出修改航道協定的要求，此事和南海主權爭議無關。不過，菲國原定一九九五年三月中旬來台談判，卻臨時將時間延後，台北並不清楚延期的原因，當時正是中國和菲律賓為南海主權發生齟齬之際，因此也引起一些揣測。

　　此時台灣漁船通行菲國海域使用中菲海道通行協定所協議劃定的兩條海道，以東港地區、台東地區及小琉球地區漁船最頻繁，去程只繞經菲律賓群島外圍兩、三個島嶼，但由南太平洋回航，則穿越菲律賓群島中心地帶，菲國認為這條回程航道有威脅感，希望廢除，只保留去程航道。

　　台灣漁船前往南太平洋，菲律賓是必經之路，台灣漁船也常在菲律賓附近漁場作業，但過去二十年間，國際法的變動很大，導致兩國漁事糾紛不斷，雙方因而在一九九一年簽署「海道協定暨農業合作備忘錄」。

　　一九七〇年代各國領海只有三浬，之外就是公海，目前許多國家以十二浬內為領海，菲律賓是一個群島國家，島跟島之間原本有很多公海，但後來聯合國海洋公約將群島國的水域認定為一個整

體，各島的外緣連成一線所成的水域成為「內水」，由該國管轄，台灣漁船過去通行的公海成為菲國管轄的水域，但船隻仍依過去「習慣」航行，因而不時發生漁船被菲國海軍扣押的情事。

在簽署航道協定後，台灣漁船獲准「快速不停留的穿越」菲國水域，兩國的漁事糾紛減少很多，但部分漁民仍「習慣」到菲律賓群島水域的漁場捕魚，漁船被扣押的案件仍零星發生。因此，台灣和菲律賓的漁業關係只能說「互有往來」，稱不上「友好」。

十五、台保警南海巡航忙盲茫

「四月，是最殘酷的季節」，這是英國現代詩人艾略特的名句。對台灣而言，一九九五年四月，尤為殘酷。李登輝總統的中東沙漠之旅，與保七總隊的南海之旅，都是風風光光啟航，但都以黯淡無光結束。究其原因，兩次遠行都沒有經過慎重的策劃。

在中東之行還未出發前，就已發生洩密之說，黨務系統與政務系統都相互指責。緊接著，又出現「華航」與「長榮」之間的抗衡，最後冒出被訪國家的元首不在家的問題。儘管李總統在返國後宣稱，「裡子比面還重要」；但是，此行計畫這落空則是不爭的事實。同樣的保七警艇南沙行敲鑼打鼓出發、卻灰頭土臉返航。

一九九五年三月三十一日愚人節前夕，保七總隊特遣隊乘四艘巡護船從高雄敲鑼打鼓浩浩蕩蕩啟航準備前往南沙海域巡弋，開始時意氣風發，強調此行是「護漁」並宣示主權，便當聽到菲律賓的空軍少將德內伽（Carlos Tenega）宣稱：「任何一方船隻祇要進入我們水域，一定予以攻擊！」主動掉頭就逃，未到南沙即在國人的錯愕中半途停航待命，始則中途改航至東沙島登陸待命，繼而滯留於

東沙海面而進退失據，終於已在接獲新的指令之後，回航駛往澎湖水域。據「上上級」表示：這支船隊是前赴澎湖水域，「繼續」執行護漁任務！

這種畏首畏尾的軟弱風格引起各方不滿，追究撻伐的聲浪四起，說宣示主權乃是國軍的職責，輪不到保七總隊去蹚渾水，而有關當局的南海政策則是敵情不辨是非不分。

警政署保安警察第七總隊的前身為「淡水水上警察巡邏隊」，創設於一九六九年。當時朝鮮半島發生軍事衝突，北韓快艇打算自漢江口突擊漢城，台灣為防止中國大陸以此模式，溯淡水河攻打台北總統府，於是在淡水設水警隊，阻截水上來敵。

隨著政治解嚴與社會情勢轉變，台灣沿岸走私與偷渡的情形日益嚴重，淡水水警隊的巡邏範圍擴及基隆迄新竹的海域，但限於人力裝備，一直有捉襟見肘之慨。

一九九〇年元月一日，警政署將保安警力重新整編，分設保警第一到第七總隊及台灣省保安警察總隊。警政署長盧毓鈞當時出任保二總隊長，淡水水警隊則擴編為保七總隊，成立初期，保七總隊的任務為在沿海商、漁港及河口附近六浬內，執行安檢任務，查緝偷運械彈、爆裂物、毒品，防止走私及偷渡；另配合農委會「漁業巡護船隊」，執行漁業警察任務（後來正式納編為護漁中隊）。

一九九二年，行政院因應兩岸情勢變化，為避免軍方介入兩岸漁事糾紛，將保七巡邏查緝的範圍，擴大為沿海十二浬，保七總隊成為台灣海上執法者的主要角色。

一九九三年，行政院「南海小組」正式賦予保七總隊巡航南海的任務，並於一九九四年四月首度成行。

問題是，南海巡弋烏龍事件發生後，軍方和外交部都說事前毫不知情，而且擺出一副「我早已不以為然，你看現在出事了吧」的觀望態度，即使行政院本部連日來也不願對這個燙手山芋表示態度。另一方面，朝野立委炮聲隆隆，民進黨說是喪權辱國、無力護土，但矛盾的是既然連金馬都主張撤軍，遠在南海一隅的主權要如何維護，卻又說不出個所以然。

一場南海風雲造就一次主權宣示的烏龍之旅，也在台灣內部引發一場風暴，更在朝野政壇上演一齣自相矛盾、奇形怪狀的鬧劇（關於保七總隊為了護漁的目的到南沙或東沙，李登輝說，護漁不要跑那麼遠嘛）。

一場南海鬧劇掀出了政府有關部門的輕率、缺乏擔當、不可信任，乃至於相關部門之間的各自為政，以及民代面對問題時的夸夸其談。這才是鬧劇之外潛存的更大危機。

保七南海巡弋在「宣示主權」的大目標下啟程，但卻在「避免國際衝突」的理由下折返，除產生「外損國權、內傷民心」的惡劣效果外，此種丟人現眼的「國家行為」為何會發生，恐惶不僅應該檢討相關官中的政治與行政責任，更應徹底檢視決策背後許許多多錯誤的認知與理念，而整個南海政策的本質與定位，似乎亦應加以重行審視與確認。

就此次保七巡弋事件而論，吾人可以發現，決策人士對「任務本質」認識不清，「政策工具」使用錯誤，「政策目標」輕重不分等決策層面上的重大失誤，是直接造成保七進退失據的主因。

「護漁」一詞是「炮艦外交」領域下的國家行為，其本質就如同「炮艦外交」一般，是藉「海上武力」此一政策工具的使用，在

具有國際爭議的水域與事件上，彰顯國家在國際（海洋）法與外交的立場，並謀獲取或維護國家的權益。故「護漁」的真正意義是藉海軍武力的使用，保護在有國家主權或管轄權爭議之水域中作業的本國漁船隊，用以凸顯國家的國際（海洋）法與外交立場。其目的是爭取國家在外交、法律、海洋與漁業等諸多層面上的權益，其手段是採行軍事武力，其過程則隱含武力衝突對抗，絕不是和平的。一九六○、七○年代冰島與英國的「鱈魚戰爭」，西班牙與加拿大的「大比目魚戰爭」莫不如是。但「護漁」一詞卻在台灣被廣泛地濫用與誤用，並因觀念的錯誤導致決策的錯誤。

南沙水域目前存在著島嶼與水域主權的國家際爭議，但卻並無涉及台灣之國際漁業爭議出現，故無「護漁」之必要，但若台灣政府當局為宣示在該水域之主權，則其任務本質即屬於「炮艦外交」，政策工具就應使用集軍事與外交功能於一身的海軍船艦，在準備昇高緊張衝突的布局下，創造「海上艦長對艦長，岸上外交官對外交官」「藉實力談判」的環境。或者，台灣可藉南沙水域中任何一項他國侵害台灣漁民權益的事件，以「護漁」為由，由海軍武力執行炮艦外交的政策目標，同樣可以達到宣示主權的目的（中國即曾有此機會以護漁為名對付菲律賓）。然而，國府決策人士對「護漁」本質認識不清，錯誤地使用一警察性的海域武力，又無貫徹政策目標的「膽與識」，終於導致全盤盡墨的結果。此外，決策人士辯稱保七海域執法力量時，不涉及「主權」，亦是錯誤的認知。保七在本質上是「海域執法武力」，行使國家的「執法管轄權」，本身即代表「國家主權」，只是此一力量應該用於國家管轄海域中，執行國家的海域法規（譬如漁業法），較不適合用於「炮艦外交」下的

「護漁」任務了。整個決策均建築在決策人士錯誤的理念之上，焉有不敗之理。

十六、台海軍籍例行運補宣示主權

台灣保七靖海船隊因國際局勢而被迫中止南海巡弋，引起國內譁然後，由兩艘運輸艦、兩艘驅逐艦組成的海軍艦隊隨後出發前往南海運補太平島，達成任務後，一九九五年四月二十二日上午返回高雄左營基地，海軍總司令顧崇廉親自在碼頭迎接。

海軍艦隊是由平底運輸艦中建號、中訓號，以及驅逐艦邵陽號、正陽號組成。艦隊於一九九五年四月八日從高雄左營出發，距保七靖海船隊四月四日返航僅四日。

艦隊於四月十二日晚間抵達太平島海域。四月十三日上午登上太平島。在島上停留五天之後，四月十七日起錨返航。四月十九日艦隊曾經發現不明國籍的飛機在上空盤旋，同時也收到來自東南方向的雷達波，但沒有進一步的狀況發生。

海軍運補艦隊於離開左營軍港之後，即以菱形隊形前進。運輸艦中建號在前、中訓號在後，驅逐艦邵陽號及正陽號分別在左右兩側護衛；航行途中各種戰鬥演習不斷地在艦上舉行。

海軍艦隊這次運補任務，還有前往太平島考古的中央研究院史語所副研究員陳仲玉、研究海龜的海洋大學教授程一君，此外還有電信局人員。海軍估計此次運補行動，共花費一千七百餘萬元。

十七、美國首次正式發布「南中國海聲明」

一九九五四月十九日美國國務卿克里斯多福在華府表示，「中

國副總理兼外長錢其琛已經向他保證,中國無意使用武力解決南沙群島主權紛爭。」

克里斯多福與錢其琛於四月十七日,在紐約出席聯合國有關禁止核子擴散條約會議,四月十八日在紐約舉行記者會的錢其琛,提到南沙問題時也指出,南沙不應發生任何衝突,「現在也沒有發生衝突的基礎」。他說,北京對南海問題主張和平談判,如果和平談判條件不成熟,可以等待,以「創造條件」。一時不能進行和平談判,可以擱置一些爭議,這樣就不會有發生衝突的可能。他說「實際上(南沙)現在也沒有發生嚴重的問題」。

一九九五年五月十日,美國政府發表聲明,強烈反對使用武力或以武力威脅,作為解決南沙群島及南中國海問題的方式。美國同時呼籲對該地區有主權要求的各方,實施自制,避免採取使用該地區情勢超於不穩的行動。

國務院發言人雪萊女士,在簡報中,主動宣布了美國的這一立場。她說,在南中國海區域,有片面採取的行動,有針對這些片面行動所作的反應,使得該區域的緊張情勢日有增加,美國對這種情況深為關切。

雪萊女士說:在維持南中國海的和平與穩定上,美國有其持久的利益。因此,美國呼籲對該區域有要求的各方面,加緊在外交上的努力,把所有各方的利益都列入考慮,這樣作,會有助於該一地區的穩定。聲明全文如下:

美國對南中國海地區因片面行為與反應已造該一地區情勢之緊張表示關切。美國強烈反對使用武力或武力威脅解決主權

爭端，並敦促所有主權爭端自制及避免危及地區穩定之行為。

美國對南中國海地區和平與穩定之維持有其長久利益。美國呼籲各主權爭端國，加強外交努力，考量所有相關國之利益，處理相關之爭議主張，以促進此地區之和平與繁榮。美國願意就各爭端國視為有助解決紛爭之任何方法予以協助。美國重申歡迎 1992 年東盟南中國海宣言。

維持航行自由係美國的基本利益。南中國海地區所有船舶及航空器之無礙通行，對整個亞太地區，包括美國在內的和平與繁榮，乃至為重要。美國對各爭端所宣稱南中國海各島、礁、環礁及沙洲之主權主張，並未採取任何法律論點之立場。惟美國對南中國海地區任何違反國際法——包括一九八二年聯合國海洋公約——之海洋主張或限制海上活動，均給予嚴重關切。

台北針對美國政府對南海政策的正式聲明，對南海緊張情勢升高表示關切，外交部於一九九五年五月十日發表聲明表示：中國對南沙群島問題，在涉及中國歷史性水域主權方面，中國堅持主權立場絕不改變；對區域內以和平方式解決爭端之作法，外交部表示支持。

並就南海問題重申台北立場如下：

一、對於南沙群島問題，在牽涉我國歷史性水域（所謂 U 形線）主權方面，我國堅持主權之立場，絕不改變。二、對區

域內以和平方式解決爭端之作法表示支持。三、對任何足以引發新爭端之挑釁行為表示反對。四、目前「擱置主權爭議,共同開發資源」之觀點,已在各南海邊國家漸獲共識,我政府對此表示支持。五、我將繼續積極參加「南海潛在衝突管理研討會」之相關國際會議,並與南海周邊國家充分合作,避免引發潛在衝突。

十八、菲海軍護駕記者團訪美濟礁引發爭議

一九九五年五月十二日,三十八名外國及菲律賓記者搭乘一艘包租的民間船隻出發,航向南沙群島中中國據有但菲律賓聲稱擁有主權的美濟礁進行參觀活動。菲律賓政府安排的這項活動已遭到中國當局強烈抗議。

上述船隻從菲律賓西南部的巴拉旺島出發,由菲律賓海軍護航,於十三日早晨抵達美濟礁外的水域。該船在美濟礁外的水域停留六小時,在這段停留期間,一架直升機載著船上的記者飛過美濟礁上空,觀看美濟礁上的四座裝有衛星碟形天線的八角形建築物,這些建築物上還飄揚著中國的五星旗。

中國當局強烈譴責菲律賓政府安排的這項參觀活動,認為這是一項將會使南沙群島問題「國際化」的「挑釁」行為。

中國駐菲大使傅瑩曾試圖要求菲律賓當局取消這項活動,但未如願。

菲律賓新任外長席耶容說,這項參觀活動「純粹是民間性質」,這也是菲律賓新聞自由的一種表現。他說,由外國記者要求

菲律賓當局允許他們前往美濟礁參觀一事看來，外國記者顯然支持菲律賓主張擁有美濟礁主權的立場。

一九九五年五月十二日下午，中國外交部發言人沈國放，針對菲律賓邀請外國記者前往南沙群島採訪一事聲明說，中國不會無限度容忍自己國家的主權和尊嚴被「肆意侵犯和挑釁」，菲律賓外長席耶容則拒絕取消這項採訪活動。

沈國放表示，菲律賓國防部日前邀請外國記者前往南沙海域採訪，是一項挑釁的行動，中國向菲律賓嚴正交涉中，「希望菲律賓本著冷靜、務實、建設性的態度處理這個問題」。

台北外交部亦於五月十二日表示：「南沙群島問題，在牽涉中國歷史性水域（即 U 形線）的主權方面，我方堅持擁有主權，絕不改變；我國支持以和平方式解決區域爭端，但反對任何會引發新爭端的挑釁行為。」

一九九五年五月十七日，越南外交部就台北表達對南海歷史水域主權主張斥之為荒謬無稽的說法。同日，國府外交部發言人冷若水 重申，中國民國政府對於包含南沙群在內 U 型線歷史疆域擁有不容置疑的主權。

五月二十五日，中國外交部發言人沈國放在例行記者會上指出，「我們希望南沙水域能保持和平及穩定，不希望看到發生什麼緊張情勢。因此，我們希望菲律賓政府避免採取任何行動，使當地情勢更加緊張。」

十九、印尼宣稱擁有納土那群島主權

一九九五年六月三日，印尼外長阿拉塔斯表示，中國為證明部

份印尼納土那群島應屬中國領土而出示的一張海事地區，只不過是個概括性的地圖。納土那群島位於南沙群島西南約四百浬，蘊藏豐富的天然氣和石油。雅加達「安塔拉通訊社」引述阿拉塔斯的談話說，對於這張地圖並不需要太過在意，因為這張地圖既未標明座標也無任何解釋性符號。阿拉塔斯在接見來訪的菲外長席耶容後發表的談話說：「他們不能只標明幾點，就說這是是張地圖。因此這是張概括性的地圖，而不是張真正的地圖。」

印尼空軍傳出納土那群島被中國海事地圖畫入版圖後，即加強巡邏該地區。印尼空軍總司令譚金曾表示，印尼空軍已準備保護納土那這個蘊藏豐富石油的列島。他說：「納土那群島屬於印尼是十分明確的，印尼空軍有責任保護任何屬於印尼的領土。」

二十、美參院表達對
南中國海和平與穩定的關切

一九九五年六月二十二日，美國國會參院外交委員會修正通過一項決議案，促請中國、越南、台灣、菲律賓、汶萊，馬來西亞等南沙群島主權爭議的當事六方自我節制，避免以武力伸張在南海水域的主權，從而釀成軍事衝突，威脅到東亞地區的和平與穩定。全文如下：

（1995 年 3 月 30 日提出，1995 年 6 月 22 日議院修正通過）
第 104 屆國會第 1 會期第 97 號決議案
美利堅共和國參議院——表達參議院對南中國海和平穩定之關切；

鑑於南中國海係重要戰略之航道，全世界百分之二十五之海洋貨運，包括將近百分之七十之日本石油供應量，皆川行於此地區。

鑑於南中國海為美國及其他國家船艦之極重要海上航線，特別於緊急情況時；

鑑於中華人民共和國、菲律賓共和國、越南社會主義共和國、台灣之中華民國、汶萊王國及馬來西亞，咸對南中國海部分地區有重疊及排地性之主權主張，特別是南沙群島島群；

鑑於此等競相宣稱之主權主張已引發部分爭端國間之武裝衝突；

鑑於此等衝突危及整個東亞地區之和平與穩定；

鑑於東南亞國家聯盟一九九二年馬尼拉宣言，同時為中華人民共和國及越南社會主義共和國所承認，乃呼籲爭端國自制及尋求和平協商解決衝突；

茲本院爰決議如下：參議院

⑴對南中國海各爭端國重申，美國對任一方之主權主張未採取任何立場；

⑵呼籲所有主權爭端國，避免使用軍事武力或類似之激進行為，以宣稱或擴張在南中國海之領土主張；

⑶敦促行政部門聲明，美國積極支持東亞國家聯盟一九九二年馬尼拉宣言之立場，並呼籲所有爭端國忠實遵守該宣言條款；

⑷對南中國海地區任何不符合國際法之海洋主張或限制海上

活動，將給予高度關切，且不表贊同。

二十一、中國—東盟對話討論「南中國海問題」

喧騰一年的南中國海問題，東盟與中國對話之後，終於有個暫時性的解決，這個解決辦法也是很東盟式的，即經由不斷的再對話，實事求是的討論得到各方能接受的方案。

雖然中國仍然宣稱對南沙群島及其附近南中國海域「擁有無可爭議的主權」，但是在一九九五年七月三十日舉行的東盟與中國的雙邊對話中同意，將南海問題列為日後繼續對話的議題，中方並保證此區域航道的安全與自由暢通。同時，東盟與中國也同意，討論此問題時，美國不應介入，而南海問題也不應成為東盟區域論壇的議題之一。

中國副總理兼外交部長錢其琛與代表東盟的印尼外長阿拉塔斯進行對話，據阿拉塔斯會後表示，會中同意日後繼續與東盟就南海問題進行對話協商，這與過去中方堅持以國與國雙邊談判來解決爭端的立場不同，代表了中國願意與東盟就此問題進行集體多邊談判。

然而在對話前，中國發言人沈國放仍堅持，現階段最有效切實可行的途徑，是「通過雙邊友好的方式」，來磋商解決。

中國副總理兼外交部長錢其琛就南沙領土主權爭執課題表示，願意和有關國家根據公認的「國際法」和現行的「海洋法」，包括「聯合國海洋法公約」所確定的基本原則和法律制度，通過和平談判妥善解決有關爭議。

　　錢其琛在與東盟外長會議的各國代表進行對話時指出，南沙群島並不是無主的島礁，中國歷來對南沙群島及其附近海域，擁有無可爭辯的主權。第二次世界大戰結束時，日本將其占領的南沙群島交還當時的中國政府。直到七○年代以前，並無爭議。然而由於南海地區是國際航海、航空交通運輸的要衝，錢其琛在對話中對東盟國家保證，「中國高度重視南海國際航道的安全和自由暢通，在這方面一向不存在任何問題，相信在今後也不會發生任何問題」。

　　對於中國提出的保證，阿拉塔斯代表東盟表示「滿意」，並同意中國的看法，東盟區域論壇不應把南海問題列為議題之一，阿拉塔斯表示，論壇僅是一個諮商、表達意見的管道，不是要來「解決」什麼問題，但是他也強調，這並不能夠避免人們在論壇提出此問題。

　　此外，對主權問題，錢其琛在會談中強調，南沙群島並不是無主的島礁，中國歷來對南沙群島及其附近海域擁有無可爭辯的主權，換言之，這是無可討論的。

　　這個方式對解決南海問題有幾個意義：其一是東盟爭得了多邊對話，而且對話制度化的結果：中國一向拒絕與東盟個體協商南海問題，只肯各別雙邊協商，在一九九五年四月於杭州舉行的首次東盟與中國資深官員安全對話上，中方拒絕把南海問題放在議程中，只肯與東盟在非正式的晚餐場合討論，如今東盟至少一年有一次機會集體的與中方就此問題討論。

　　其二是中方聲明向東盟保證南海地區國際航道的安全和自由暢通，這本是新加坡與美國、日本最在意的，東盟既對此表示滿意，別的國家也沒什麼話說。

其三是，中方藉對東盟的小讓步，同時也避免了問題擴大的危險，南海問題沒有東盟的支持，無法提到區域論壇中進一步討論，而中國所強烈警告的美國與其他「無關」的國家，也就很難找到插手的藉口。

一九九五年七月三十日，印尼外長艾拉塔斯說：「中國同意以現行海洋法為基礎，解決有關南中國海領土爭執的問題。」這是中國非常重要的立場重新聲明。由於有一九八二年聯合國海洋法公約為本，這是一個非常清楚的文件，不應該會有任何誤會及誤解。

中國非常明確的表示，有關南海的任何爭執或歧見，中國都願意根據為國際間所接受的國際法進行談判。

印尼乃是南海爭端中的非正式調停國，該國外長艾拉塔斯在和錢其琛進行的這場秘密會談結束後，發表了樂觀的談話。他告訴記者們說：「如果各國都能有一個共同的基礎，那麼我認為，這是一件好事，因為你可將彼此出現重大歧異的可能性，減至最低。」

越南副外長武國安說：「這是非常重要的一個決定，我們很高興大家有了一個討論的基礎。」印尼戰略暨國際研究中心的瓦南狄說：「中國以往未表示，他們願在南沙群島問題上遵行國際法。」

東盟各會員國外長對錢其琛有關南沙問題的表態表示讚揚，不過，他們感覺並不新鮮，因為已經聽了許多次了，何況仍附帶「大前提」，使人有原地踏步之感。

同時，有關如何劃分海域的問題，沈國放說，那是法律範圍內的問題，使東盟產生茫然之感。

某些東南亞國家認為，雖然中國看似仍然堅持一貫的南沙主權立場，但中國此一立場似乎已有變化。

　　菲律賓副外長塞維里諾表示：「當國與國進行談判時，妥協的空間總是有的。」東南亞各國的外交人員說，他們在私下會談中，察覺到中國的南沙主權立場似乎已有改變，因為中國官員在這些場合中聲稱，中國願意透過多邊諮商的方式解決南沙問題，而不是以往一貫堅持的雙邊諮商。

　　儘管中國官員似乎已經鬆口，各方仍然認為，南沙海域的主權爭議短期內可能仍然無法解決。問題是，如果某些國家因此爆發軍事衝突，東南亞國家將是主要的受害者之一。

　　中國外長錢其琛率團前來此間出席東盟區域論壇會議，隨行者包括中國外交部發言人沈國放。在發表公開談話期間，他們兩人難免藉機當眾宣傳或澄清中國的南沙立場。絕少露出笑容的沈國放在被新聞記者追問時一貫聲稱：中國對南沙擁有不容置疑的主權，中國此一立場從未改變，中國主張以雙邊諮商方式解決問題，中國贊成按照國際法、海洋公約，以及各項相關法律的規定和精神，妥善解決南沙主權爭議。另外，錢其琛也一再重複這些論調。

　　儘管如此，菲國外長席耶容在談到錢其琛的閉門談話內容時指出，中國的南沙立場較諸一年前甚至幾個月之前，已經「有所進展」，因為，在此之前，中國一再聲稱僅可能在它對南沙擁有歷史性主權的基礎上，與相關各國進行雙邊諮商，如今，中國官員已經改口聲稱，中國願意在國際法和聯合國公約的基礎上與各國進行諮商，兩種說法已經稍有不同。

　　越南於一九九五年七月二十八日正式加入東南亞國家聯盟，成為東盟的第七個會員國。越南的加入東盟對東亞情勢、對越南本身、以及對中國與越南的關係，皆會產生不可忽視的影響，而東盟

未來的發展，尤其值得我們密切注意。

　　東盟在經濟發展和軍事安全上的力量，將會因越南的加入而增加。

　　此外，中國外交部發言人沈國放表示，要特別警惕與南海問題無關的國家，來插手此問題，因為這些國家插手，會使得此問題更複雜化，隨後他並指明美國就是與此無關的國家之一。

　　阿拉塔斯外長對此也表示，討論南海問題僅限於主張國之間，美國雖然表示關切此問題，但關切並不表示可以參與。

　　至於在台灣的中華民國也是南沙群島的主張國之一，中國會不會與其商談南海問題，沈國放表示，「台灣與中國在此領海、領土問題上，與我們立場一致」，言下之意，沒有商談歧見的必要。

　　第二屆東盟區域論壇於七月三十日正式展開，台灣欲參加東盟成為該區域論壇部分對話伙伴，仍有困難。

　　針對台灣爭取參與東盟論壇部分對話伙伴一事，參加這兩天東盟外長會議的各國均不願表態；中國外交部發言人沈國放則表示，東盟國家外長與中國接觸時，均明確表達，不會與台灣發生任何官方關係。

　　沈國放表示：「東盟各國外長對有關台灣問題的看法十分清楚，也都一致表示願意早日看到中國的統一。另一方面，中國也向東盟各國強調，反對任何與中國有正式外交關係的國家與台灣發生正式的官方關係，任何國家和台灣發生正式形式的官方關係，都會影響該國與中國的關係。」

　　台北自一九九〇年起即向東盟國家積極表達參與東盟部分對話行列的意願，但除一九九一年新加坡曾為台北發言外，自此以後均

未再被提出討論。

二十二、解決南沙問題中菲達成共識

　　一九九五年八月十一日，中國與菲律賓針對南沙問題發表聯合聲明，指雙方已在解決南沙爭議上，就不訴諸武力、不以武力相威脅和最終透過談判解決等問題上達成共識，並同意繼續磋商解決分歧。

　　新華社報導，中國外交部部長助理王英凡和菲律賓副外長塞維貝里諾，於一九九五年九月九日至十日在馬尼拉就南沙問題舉行磋商。在會後發表的聯合聲明中，雙方同意遵守下列原則，以做為解決爭議前在南海地區的行為準則：

　　㈠領土爭議不應影響雙方關係的正常發展；雙方將努力建立互信，不訴諸武力或以武力相威脅解決爭議；雙方承諾循序漸進地進行合作，最後談判解決雙方爭議；同意根據公認的國際法，包括「聯合國海洋公約」，解決雙方的爭執。

　　㈡雙方對本地區國家，為尋求適當時候在南海開展多邊合作所提出的建設性主張持開放態度；雙方同意在海洋環境、航行安全、打擊海盜，海洋科研、減災防災、搜救、氣象等方面進行合作，並同意上述某些領域，最終可進行多邊合作。

　　㈢爭議應由直接有關國家解決，不影響南海航行自由。儘管中國長期以來始終聲稱南中國海為其內海水域，但是中國仍同意尊重這個水域內的自由航行權。

　　㈣中國與菲律賓在結束兩天會談後發表聯合聲明，同意這個區域的主權爭執應予解決，但「不應該影響在南中國海的自由航行

權」。

二十三、英澳紐馬新南海聯合演習

　　一九九五年九月十日，英國、澳洲、紐西蘭、新加坡、馬來西亞五國的戰機與戰艦，在星、馬兩國外海展開年度聯合海空軍事演習，以考驗該地區唯一涉及非本區國家的多邊防衛條約。

　　這項代號為「海星一五／九五」的年度演習，有卅艘船艦，卅二架飛機及兩艘潛艇參與，在南中國海進行海空模擬戰鬥。

　　這項為期兩周於九月二十三日結束的演習，係根據「五國防衛安排」（FPDA）舉行，這是東南亞地區唯一有區域外國家參與的多邊防衛協定，不過它並非約束性的同盟協定，五國只有在星馬兩國受到外來威脅的狀況下，才需「共同磋商」的適當的回應措施。東南亞目前並無明確的安全威脅，但有人憂心柬埔寨的和平難以持久，若干國家也擔心美國削減在本地區駐軍。將使中國、日本、印度等區域強權趁虛而入。

　　「五國防衛安排」於一九七一年簽署，當初是由於英國一九六〇年代末從新加及馬來西亞撤出其駐軍，英國為免此地區出現權力真空，遂與星、馬、紐、澳四個大英國協成員國商定這項協議，好讓星、馬兩國有時間建立自己的國防武力。不過在兩國都已具備國防自主能力的今天，五國又藉由這項協議作長期的軍事及政治合作，從而使這項原則只是過渡性的協議發揮了始料未及的長年合作功能。

　　中國原來在西沙群島的永興島建有小型機場，至一九九五年底，完成擴建，跑道長達二千六百公尺，已進駐殲六、殲七戰鬥

機，還準備進駐配備有巡航導彈的轟炸機，同時加強南海艦隊的軍力，支援在南沙九個小島礁上的駐軍。另外在永署礁已建立雷達設備，並在南沙完成地質科學調查工作，而且一再對外宣稱擁有南沙領土主權，反映中國無意在南沙問題上讓步。

第十五章　一九九六至一九九八年的南海情勢發展

一、印尼南海演習中國反應審慎

　　一九九六年九月二日，印尼動員近兩萬名兵力在南沙群島附近展開大規模演習，馬來西亞、新加坡、英國、澳洲、紐西蘭組成的五國防衛集團近日也將在馬國及新加坡外海進行演習，兩項演習的目標似都隱約指向中國。

　　中國對這些演習的反應十分審慎。外交部發言人重申中國對南海領土爭執的立場，並表示希望有關國家不要採取任何使情勢複雜的行動，以維持南海地區的安定與和平。

　　印尼軍方於九月二日起展開的陸海空三軍聯合演習，總共動員一萬九千多名軍警部隊，五十艘海軍艦艇、四十一架噴射戰鬥機，規模之大，為印尼獨立以來所僅見。演習從印尼首都雅加達附近的一個基地開始，九月十九日在蘊藏豐富石油及天然氣的南海那土那群島結束。

　　那土那群島是由三百個珊瑚礁和小島組成的群島，位於馬來半島和婆羅洲之間，距南沙群島不遠。印尼國營石油公司已與美國艾

克森石油公司簽約，將投資約三百五十億美元開發該地區的油氣。

　　但中國在一九九三年出版的地圖已把那土那群島附近部份海域劃入版圖，引起印尼警惕。

　　記者問指揮演習的韋蘭托將軍，這次演習是否故意選在那土那群島舉行，以警告中國。但韋蘭托笑而不答，只表示，那土那群島很適合演習，而且是印尼領土。

　　印尼軍方發言人伊斯康達說，舉行這次演習，用意在確保該群島的開發計畫安全實施。但印尼也保證，無意藉演習向其他國家挑釁。

　　演習項目包括部隊搶灘、傘兵空降、突擊隊突擊等。印尼已邀請東南亞國家聯盟會員國，以及日本、澳洲、美國等國軍事武官參觀演習。另一方面，上述五國防衛集團的戰機及軍艦也在馬來西亞和新加坡外海舉行演習，演習持續到九月十五日。新加坡國防部發表聲明說，這項自一九八一年即展開的年度演習，一九九六年共有廿一艘軍艦、二十多架飛機及一艘澳洲潛艇參加。

　　五國防衛集團是東南亞地區唯一有域外強國加入的多邊防衛協定，一般認為是英軍撤出星馬後的過渡性安排，用意在使星、馬兩國有時間建立可靠的武力，以免出現權力真空。

二、江、羅會談南沙問題簽署官方協定

　　中國國家主席江澤民於一九九六年十一月二十六日至二十八日向菲律濱獻議合作開發具有主權爭議的南中國海島嶼。江澤民是首位來菲律濱作國事訪問的中國元首，同時也向羅慕斯總統保證，一九九七年香港主權回歸中國上千成萬菲律濱外勞就業不受影響。

　　但是南沙群島的問題，成為江澤民與羅慕斯總統在總統府會談的主要課題。

　　菲律濱外交部次長施維仁諾說，有關中國在菲律濱聲索主權的南沙群島美濟礁建造設施的問題，在會談中曾有提及，但拒絕透露內容。

　　羅慕斯總統強調繼續遵守北京與馬尼拉同意的南沙群島「行為規範」，雙方勿以武力解決領土之爭。兩國元首同意互駐武官，而國防部長黎美惹透露菲方將探討中國一九九六年獻議提供菲律濱價值三百萬美元的軍備以鼓勵今後更多的軍售開路。

　　羅慕斯總統與江澤民主席亦見證由菲外長謝順和其對等官員錢其琛簽署兩項政府協定，以及兩國貿易官員簽署兩項商業合約。雙邊協定之一是增加互設領事館，菲方將在廣州設領事館，中方保留在納卯市設領事館的權利，另一協定是一九九七年七月一日以後，菲方在香港的總領事館照常運作。

　　商約是上海電力公司對麥哲倫公用設施公司提供一百八十萬美元的供應者信用，另一菲國家電力公司與國家投資信託財團和哈爾濱簽署以興建－經營－移交（BOT）途徑，由中方公司在岷蘭佬美斯日社興建二○○百萬瓦的火力發電廠。

　　江澤民表示中國將盡力協助解決雙邊貿易菲方的赤字問題（前九月已達二億五千五百五十萬美元）。羅慕斯總統重申菲律濱保持「一個中國」的政策，並形容中、菲的關係，可以成為亞太地區的典範，而且共同致力於加強地區社區的精神。

三、菲總參謀長視察中業島修建機場

一九九六年十二月二十五日聖誕節，菲武裝部隊總參謀長亞西黎拉攜其總參謀部的人員，乘坐 C-130 飛機，訪問中業島（Chung Yeh. Zhong Yeh、英文名 Thitu、菲文名 Pagasa、越文名 Dau Thi、菲文「巴牙沙」含義是「希望」，故又名「希望島」，菲人俗稱「加拉耶安」，含意是「自由」，故又稱「自由島」）。在慰勞島上一百零七名駐軍的聖誕晚會上，亞西黎拉說，他將在該島興建旅遊點。

這次視察引起了中國駐菲大使館的抗議，中國駐菲大使館在一份聲明中說：「中國對南沙群島及附近海域享有無可爭辯的主權。中國希望菲國停止任何有害中菲友誼的舉動。」菲武裝部隊總參謀長亞西黎拉說，巴牙沙島「是我們的」，所以盡管中華人民共和國抗議，軍方仍將陸續開發該島。亞西黎拉說：「我們不會因此放棄在該島駐軍。」

一九九七年一月二日，菲政府電視台報告，菲國計劃在南沙群島的其中一島建立飛機加燃料設備。該電視台援引菲軍參謀總長亞西黎拉中將的話，謂菲國計劃在南沙群島中最大的「自由島」設立飛機加燃料站。有人援引西亞黎拉的話說：該加燃料站將為商業航機及軍機服務，並且可能由飛行馬尼拉及河內的越南飛機所使用。並謂菲國將刷新及擴充其在「自由島」的要塞，拓闊機場，以使大型的飛機能在該島降落。

菲軍方占據的島中最大的「加拉耶安島」上的軍用機場被延長百分之七十三，達到一點三公里。現在它能夠起降大型飛機，如 C-130 軍事運輸機。改建後的機場將使馬尼拉能夠在兩小時內將軍

隊從首都地區送到卅二公頃寬的該島。中國大使館警告菲國不可採取任何行動以打岔雙方的承諾，以免加重南沙群島緊張的氣氛。

四、中、菲軍艦海戰？真相撲朔迷離

　　一九九六年一月二十六日，菲律賓軍方人士表示，一艘菲律賓海軍巡邏艇與侵入菲國海域的兩艘不明船舶的其中一艘互相開火。據稍早消息指出兩艘船舶懸掛中國旗幟，但稍後菲國軍方則指這兩艘船舶可能是海盜船，而中國外交部亦否認有中國船舶涉及這項衝突事件。

　　據稍早來自菲國海軍的消息指出，兩艘懸掛中國旗幟的船舶於一月二十日駛入菲國海域，菲國海軍炮艇與其中一艘互相開火。此事件發生在前美國海軍基地蘇比克灣附近的卡斯島海域，雙方交戰了九十分鐘，這兩艘外國船舶隨後逃往公海，菲國海軍並未有人傷亡。

　　雖然這項未獲證實的報導指稱此一事件涉及兩艘懸掛中國旗幟的船舶，不過菲律賓外交部次長塞維里諾則表示，「沒有跡象顯示他們是中國人」；菲國國防部長維拉亦表示，這可能是一起海盜事件，事件發生時入侵的船隻企圖攔截一艘貨輪。

　　稍後菲國海軍發言人山度士在一項記者會上，對稍早菲國軍方指稱有中國船舶涉入此一事件也提出質疑。他表示：「這起事件我們正在調查中，當時天色很暗且雙方互相持續開火，當時可能情勢緊張有人太激動了。」他還指稱，目前菲國海軍人員並無法確認入侵船舶的身分。

　　中國外交部亦否認有中國船舶涉及這起發生在南海的衝突事

件，中國外交部發言人向記者表示：「我們已獲悉此事，中國方面與此一事件並無關係。」

據菲國軍方總部稍早一項報告說，這件開火事件發生在一月二十二日晚上十時三十分左右，地點在前美國海軍基地蘇比克灣附近的南海卡彭斯島外約十二浬處，其中一艘掛有中國的旗幟，船首漆著〇四四二號的標誌。

報告還說，菲律賓快艇首先對空鳴槍警告，隨後在第二艘船企圖衝撞快艇時，菲律賓快艇以機槍加以掃射，入侵船舶迅速逃到公海，相信已被擊中，並有人傷亡。

一九九六年二月十四日，針對相關各造在南海主權問題上僵持不下，《亞洲華爾街日報》引據國際海洋公約表示，中國大陸、台灣、菲律賓、馬來西亞、越南等國為確保其主權宣誓陳兵於此，可能只是白費心機。

報導首先以馬來西亞為例指出，固定於領海巡邏的大馬皇家海軍，一旦發現任何船舶偏離公海走廊十六公里，便以無線電警告該船已闖入軍事海域，必須立刻離去。遭警告船舶通常會識趣地離去。這種「貓捉老鼠」的遊戲於南中國海屢見不鮮。在這片據稱原油蘊藏豐富的水域內，馬來西亞及周圍其他五國為確保其利益，所用的策略雖不盡相同，但是均以武力為其主權做後盾。

五、中國軍艦出現南沙水域引發爭議

一九九七年四月二十五日，菲武裝部隊總參謀長亞西黎拉將軍向羅慕斯總統匯報，三艘中國戰鑑靠近巴拉灣附近加拉顏社的兩座島嶼——科達和帕納沓。

菲國在這兩個島礁駐有軍隊。

馬拉干鄢的一份聲明表示，其中一艘編號為四二七的戰艦屬於蘇光四級。這艘中國艦軍正護送兩艘漁船——而它們正拖著另外兩艘船舶。他說，其中一艘編號為四二零的軍艦屬於海級。一架菲空軍 F-Z 七巡邏機還發現了新近建造在一個島礁上的建築物。這架飛機拍下了這兩艘中國驅逐艦和那座新建的工程照片。馬拉干鄢已命令外長舍順就此向北京提出外交抗議。菲國還通知所有其它東盟成員國。隨著事態的發展，亞西黎拉已命令公主港的西軍區密切觀察該地區的動靜。

權威的簡氏戰艦雜誌認明這些船舶是研究和調查船，不是護船艦，但羅慕斯說，軍方官員「已做了他們的努力和研究，他們得出結論這些是海軍艦艇」。

菲律濱外交部於四月一十七召見中國駐馬尼拉大使關登明，抗議這些艦艇的出現。

就在菲外交部就所說的中國艦艇駛近兩個菲佔據的島礁向北京提出正式抗議之際，菲空軍每天派出陳舊的 F-5 戰鬥噴射機在有爭議的南沙群島巡邏。

一九九七年五月一日羅慕斯總統說，政府的「各個行動機構」已處于警戒狀態，以確保菲律賓的領土完整和國家主權受到正確及有效的保護。

但他在總統府的定期新聞發布會上說：「菲律賓在三艘中國驅逐艦于南沙群島中兩個駐有菲律賓軍隊的島嶼附近出現的事件上，將會遵循中華人民共和國所協議的行動準則進行處理。」

他強調說，根據該行動準則，向北京進行外交抗議，「將可以

履行我們對凡發生此種爭議應以和平方式解決的一九九二年馬尼拉東盟公告的規定義務。」

一九九七年五月二日，菲軍方表示，三艘中國武裝戰艦已經從靠近菲律賓駐防的島嶼附近撤離。同日，菲外交部亞太司司長羅薩爾稱，關登明大使對菲外交部表示，此等中國船隻，是在進行「科學活動」。

針對新聞報導所稱，有三艘中國軍艦駛近南沙群島，可能再度引發南海領土爭議，美國國務院表示，美國贊成以加強外交談判方式解問題。美國國務院說：「美國強烈反對以武力或威脅使用武力的方式解決南海的領土主權糾紛，並且已將美國對此事的看法傳達給所有聲稱擁有主權的國家。

六、羅慕斯總統在美演講談南沙問題

一九九七年五月七日，羅慕斯總統在洛杉磯會議中心召開的亞洲社會與世界事務理事會會議發表主要外交政策演講說，中國咄咄逼人，製造了焦慮，改變了對地區安全的關注。

羅慕斯說：「南中國海南沙群島的每個聲索者對別的聲索者對他們自己安全的看法必須『極為敏感』，避免可能被視為威脅別人安全的任何行為。這一敏感性來自聲索者之間力量的不均衡及南中國海形勢固有的微妙性質。聲索者必須採取具體和明確的措施，以減少衝突的機會和加強信任。」

他並稱，「南沙群島也將是中國是否有意執行國際法或自行其事的『試金石』。中國當年批准聯合國海洋法時，中國在西沙群島周圍以及沿著東南海岸劃基線——可能是違反聯合國海洋法的一種

行為。聯合國海洋法本身不能解決海洋管轄的糾紛，該海洋法給南中國海諸群島和海洋區域的聲索者一個共同的目標和法律根據，在此基礎上和平、合理解決糾紛。」

他呼籲簽署該海洋法各國確保該海洋法得到「尊重，堅持和實施。」

七、菲三眾議員駕機巡視中業島

一九九七年五月九日，菲眾議院國防委員會三位眾議員和一群記者在管轄範圍延伸至菲國駐有軍隊的南沙群島的西線軍區司令長官黎耶示少將親自駕駛 C-130「大力士」型運輸機陪同下，降落中業島，受到島上工程師、工人及駐軍的歡迎。

這三位眾議員是國防委員會主席亞勿蘭，該委員會委員俞絲·描古那與奧瑪·拉晨洛。

中業島是菲律賓在南沙群島竊據的最大島嶼，因為中國軍艦在其中兩個島礁附近海域巡戈，引起菲律賓強烈反應與抗議。

菲眾議員在中業島一帶作空中鳥瞰，確認已無中國軍艦顯現。黎耶示少將說：「眾議員到達巴牙沙島，已經寫下歷史新頁，吾人無需小題大作，沒有必要製造菲律賓與中國之間的磨擦。」

八、菲軍艦侵入黃岩島，中大使館抗議

一九九七年五月十三日，中國駐菲大使館在一份聲明中指責菲律賓「派遣軍艦到中國中沙群島中的黃岩島（Huang Yan Tao 菲文 Scarborough Reef 即為斯卡伯勒島），錯誤地破壞了中國一非政府團體組織的對該群島定期國際業餘無線電探索聯合活動。」還指責菲海軍

「派人上島，並豎立了旗幟及標誌。」

中國大使館說，這些活動「是對中國領土主權的一系列侵犯。」它補充說，這個島嶼與整個海岸是中國的「主權領土」，根本不容在國際社會中進行爭辯。「我們希望菲律濱方面能抑制任何惡化形的行動，以保持全面的中菲友好關係。」中國大使關登明向菲國就此事件發出了抗議。

但菲律濱外長謝順對中國抗議提出質疑。記者引述謝順的話說，「他們為什麼抗議？那是我們本國的水域。」謝順正陪同羅幕斯總統對美國西岸、墨西哥和巴馬進行為期十天的訪問。

一九九七年五月十六日，菲國部長黎未惹稱：黃岩島屬於菲律濱，因為它位於菲國二百浬的專屬經濟區內。

黎未惹暗示，菲國對黃岩島的主權是有據可依的，當美國的蘇畢克灣軍事基地存在的時候，美國海軍用該島進行投彈和實戰演習，美軍在一九九二年菲國拒絕租借土地後撤出了該基地。

他說，兩艘中國船舶四月三十日前往黃岩島，本來是一場國際無線電業餘愛好者組織的活動，但是中國人在那裡懸起國旗，並樹立了標誌。但菲律賓官員表示，菲漁民此後拆掉了中國國旗和標誌，並懸起一面菲國國旗。」

黎未惹在菲參議院外交與國防委員會舉行的聯席聽證會上說：「就中華人民共和國採取的行動趨勢，暗示北京決心追求其聲索整個南沙群島的主權。我們只需從北京在美濟礁、古達和巴那沓島、史加布羅淺灘所採取的動作，就可以清楚看出北京的意圖。

菲國防委員會主席麥加洛說：「中國可能在聲索南沙群島主權之前，先採取『對話與進取』的戰術，無視其對同樣聲索主權的鄰

邦的承諾。」

麥加洛又說：「這是一種拖延戰術，但是同時暗示亦在進行南中國海戰略的計劃，讓其鄰邦存有和平解決爭端的錯覺。中國在南沙群島的動作不會停頓」，並強調菲律濱需要爭取其他世界強權的支持，以確保一旦出現敵對的環境，不會在最後成為輸家。

參議長歐佩爾於一九九七年五月十七日，在每周的新聞發布會上，建議聯合國來裁決南沙問題，以避免可能的國際爭端。他說如果這樣，可以建議「讓聯合國安全理事會來監管這一敏感地區。」為了避免中方所稱的「將問題國際化，我們用不著在雙邊會晤中與中方爭執不下。」

他補充說，菲、中兩國彼此對對方的正式外交抗議已清楚地說明「僵局已經近在眼前了。」「如果雙方能夠共同遵守一項友好的彼此都能接受的方案，雙方的分歧可以消除的話，很明顯，最好的解決辦法就是將南沙群島置於聯合國安全理事會的監管之下。」

一九九七年五月二十日，中國外交部發言人沈國放說：「菲律濱再次派人登上黃岩島，公然蔑視中國政府主權。中國政府已向菲律濱政府表示了對這一事件嚴重關切。我們希望菲律濱政府要考慮到我們的容忍程度。中國政府希望菲律濱方面維護菲、中友好關係，停止任何公開侵害中國政府主權的行動。黃岩島自古就是中國領土，很久以前就已確定……，國際社會從來沒有因此而異議過。」

一九九七年五月二十日，菲律濱海軍巡邏艇在中沙群島中的黃岩島附近逮捕了二十一名中國漁民，並扣下了他們的漁船。中國外交部發言人崔天凱在一次新聞發布會上說，「扣留中國漁船，干擾

他們在這一海域的正常作業，菲律賓已經嚴重侵犯了中國的主權和中國漁民的合法權益。我們要求菲律賓方面立刻釋放漁民和交還被扣漁船。」

中國外交部一方面譴責菲方侵犯中國主權和中國漁民利益的行為，一方面敦促菲方立即放人，但菲外交部將漁民交給司法部門以「非法入境」的罪名論處。由於外交解決遇到了困難，慈橋基金會蔡金鐘董事長出於人道主義，在了解情況，收集了有關黃岩島法律地位的資料後，主動聘請律師，從司法方面給漁民以援助，蔡金鐘同律師一起研究，先後三次向奧隆加坡地方法院提交辯護書，以大量的證據表明黃岩島歸屬中國的事實以及漁民捕魚的合法性，法院經過四十多天的審理後於七月十日作出判決──「非法入境」罪名不成立，漁民應釋放，有關部門對此判決不滿，要求法院『重新考慮』，奧隆加坡檢察官還準備對漁民再提出「非法捕魚」的指控。所幸的是漁民們在首次判決書下達後及時離開了菲國。

一九九七年五月二十一日，羅慕斯總統不顧中國的抗議，堅持聲索南中國海的黃岩島主權。他在每周新聞發布會上說：「我希望借此機會重申政府的立場：黃岩島位於菲國專屬經濟區，按照聯合國海洋公約，菲律賓對黃岩島擁有探測、開發的主島位於菲專屬經濟區域內，該區域並不是任何其它國家以海洋法為依據，都可以對其行使自主權的。」

一九九七年五月二十二日，中國外交部發言人沈國放就黃岩島問題發表談話稱，中國政府要求菲律賓立即停止對中國領土的一切侵犯活動，以維護南海地區的和平與穩定和中菲友好關係大局。

沈國放在記者招待會說，一九九七年四月底以來，菲律賓方面

多次出動軍艦和軍用飛機在中國黃岩島及其附近海域先後對由中方民間機構組織、由中美日三國業餘無線電愛好者參加的國際聯合業餘無線電探險活動進行無端跟蹤、監視和干擾。菲方還派員數次登島豎旗立碑，並對中方人員進行無理指責。中方從維護兩國友好大局出發，對菲方上述行徑採取了極為克制的態度，同時通過外交渠道，要求菲方糾正錯誤，立即停止對中國領土的侵犯。然而，連日來的事態表明，菲方正變本加厲地加劇對中國領土黃岩島的侵犯。菲方甚至以二百浬專屬經濟區為由，公然對中國領土黃岩島提出所謂「管轄權」。這是中國政府和人民絕不能接受的。

沈國放指出，黃岩島歷來是中國的固有領土，其法律地位早已確定。根據《聯合國海洋法公約》（以下簡稱《公約》）第一百二十一條，黃岩島是「四面環水並在高潮時高於水面的自然形成的陸地區域」，並不是終年不能露出水面的沙洲或暗礁。歷史上中國許多文獻都有中國對該島享有主權的記載。中國政府曾三次正式公布對該島的命名或更改名稱，這些都是對該島行使有效管轄的國家行為。

他說，國際社會也普遍承認黃岩島是中國領土。許多國家的業餘無電愛好者經中國政府批准後登島進行無線電探險活動，目前仍有許多國家向中國政府申請舉行類似活動。該島已作為中國島嶼被美國業餘無線電聯盟列入國際業餘無線電 DXCC 呼號表。

沈國放指出，對黃岩島屬中國領土的立場，菲方並未表示過異議。菲方最近突然提出黃岩島位於菲律賓二百浬專屬經濟區內，菲律賓對其有海洋管轄權。這一主張違反國際法，也違反《公約》的原則。《公約》序言中明文規定，《公約》應「妥為顧及所有國家

的主權。」《公約》有關海洋管轄權的規定並不適用於解決領土主權問題。根據《公約》，沿海國在專屬經濟區內只享有以勘探和開發專屬經濟區內自然資源為目的的權利，他國領土的法律地位並不因此而受到任何影響。

沈國放說，黃岩島的問題是領土主權的問題，專屬經濟區的開發和利用是海洋管轄權問題，兩者的性質和所適用的法律規則都截然不同，不能混為一談。菲方試圖以海洋管轄權侵犯中國領土主權的企圖是完全站不住腳的。根據《公約》，在有關國家的專屬經濟區發生重疊的情況下，一國單方面宣布二百海里專屬經濟區的行為是無效的。中菲之間各自專屬經濟區的範圍也應由雙方依據國際法原則和規則協商劃定。

他表示，中國政府強烈籲請菲律賓方面尊重歷史事實，尊重國際法，尊重中國對黃岩島的領土主權，立即停止對中國領土的一切侵犯活動，以維護南海地區的和平與穩定和中菲友好關係大局。

一九九七年五月二十八日，菲外交部長謝順說中國不應該稱在歷史上就對在中呂宋西部三描禮斯省以西一百七十二哩的黃岩島擁有主權。

「中國人不得不看一下它的實際位置和擁有者」謝順就黃岩島說，這也是中、菲兩國有爭議的最大原因，兩國對在南中國海巴拉灣省以西的南沙群島亦存有爭議。黃岩島並不是南沙的一部分，它在三描禮斯省以西一百七十二哩內國家廣義經濟區內，過去美國海軍在荷浪牙波的蘇比克海軍基地時，是美軍的一個靶場。

謝順並指出菲律賓已使用黃岩島多年，「我們過去在那裡就設有燈塔」，以確保在該海域船隻的航行安全。謝順的聲明是針對中

方最近一次根據數世紀以前的歷史記錄，黃岩島包括南沙群島自古即是中國的領土而作出的回應。同日，印尼外交部長阿里·阿拉塔斯呼吁中國和菲律賓通過對話來解決南沙群島的紛爭。

九、菲起訴中國漁民「非法入境」雙方會商解決

一九九七年五月二十九日，菲律賓當局拒絕北京方面的立刻放人的要求，指控這二十一名漁民非法入境。不顧中國方面的強烈抗議，菲律賓警方以非法入境罪名正式起訴，進一步使中菲兩國之間的南中國海黃岩島爭端升溫。但是美國警告勿用武力解決這場爭議。

中國要求菲國立即釋放這些漁民，並指出，他們是在中國海域作業。兩位船長被關在監獄，其他人連續九天來被拘押在他們的漁船上。

外交部發言人崔元凱在一次新聞通報會上表示：「菲律賓已嚴重侵犯了中國主權。我們要求菲律賓當局立即釋放漁民和歸還漁船。」

隨著這兩個亞洲國家的關係面臨著嚴峻考驗，菲律賓官員和政客呼籲加強馬尼拉與華盛頓的軍事防禦協定。他們知道菲方無法與中國軍隊抗衡。五年前，菲方關閉了兩座美軍基地。但是美國大使胡宓德排除了修改防禦條約的可能性，並警告聲索國勿用武力解決黃岩島爭端。

胡宓德大使會見羅慕斯總統後對記者說：「我們將強烈反對武力解決問題。我們已經向所有各方表示，我們鼓勵他們以和平方式解決問題。」

他說：「美國不會修訂它與菲方的防禦協定，並稱該協定是『一份符合雙邊利益的好文件』，我們對現在的協定感到滿意。」

菲外交部官員說，在北京召開的三天副部長級會議於一九九七年五月二十八日告終，雙方均毫不移動對於索取南沙群島和黃岩島的領土主權的立場。菲國把黃岩島看作是其獨有的經濟特區的一部份。

菲副外交部長西未利諾在一份陳述中說，雙方同意馬上設立一個「信心」工作小組來研討解決兩國因南中國海地區而引起的爭執。他說，這個工作小組將採取措施，確保這些爭執不會造成衝突。

根據聯合國海洋法律大會的認明，非法入境的罪名僅適用於發生在國家領海上的違例，並非在被稱是部份獨有經濟特區的地區內。

十、菲在中業島舉辦「選舉」台北重申主權立場

一九九七年六月九日，菲侵佔的中業島上軍民約二百人舉行村長選舉。

同日，針對菲律賓政府在所謂「加拉耶安群島」（中業島，菲俗稱「希望島」）實行村長選舉一事，國府外交部發表嚴正聲明指出：「中沙、西沙、東沙及南沙等群島，包括菲律賓所稱的『加拉耶安群島』均為中華民國領土不可分割的一部分，中華民國政府已於各種不同立場再三重申對南海上述諸群島的主權，任何國家或人民團體均不得以任何藉口聲索或佔領上述島嶼。中華民國政府信守和平解決國際紛爭的原則，惟必須重申上述堅定立場，強調中華民國對

南海諸群島的主權，包括各項權益，絕不因其他任何國家的任何舉措而有所改變。」

中業島面積是三十二點六公頃，菲國自六〇年代便有六十名駐軍，當地並沒有固定島民，故雖設有社鎮，實形同虛設。島上除兵營外僅有十棟房宅供漁民及訪客借宿。

十一、菲淡化中國漁民事件

在羅慕斯總統結束對歐洲和中東的九天訪問返菲後不久，一九九九年六月二十四日，菲外長謝順在尼蕊‧亞謹諾國際機場對記者說：「我們不會把事態鬧大，我們將悄悄地淡化此事。」

一九九七年六月二十五日，菲國防部長黎未惹致力於淡化該事件，說他希望減輕大家認為這是一個嚴重事件的擔憂，並說，到目前為止，中國政府沒有人抱怨該據報的開火事件。武裝部隊公共新聞官奧班上校附和黎未惹的意見，他引述現場的報告說，該三艘船舶被部隊監視到時還不在菲領海內。奧班說，即使這些船舶將進入菲水域，只要它們僅是通過，也不是問題。「若進入，但僅是轉向另一個目的地，那麼它們有權通過。」

奧班強調，到現在為止，該地區的軍隊受武裝部隊總參謀長的指示，僅是繼續監視，並一直遵守有關接觸的規則。奧班說：「我們繼續監視這些船舶的活動，若它們進入我們負責的地區，我們將用盡各種現有的措施，如使用信號彈、照明彈和所有類似的手段趕走它們。」

同日，菲軍方責怪在有爭議的南沙群島的軍事據點的後勤供應不足，使他們別無選擇，只好向在南中國海菲佔領土犯境非法捕魚

的中國漁民開槍警告。但是，總參謀長亞西第拉提醒指揮部，在開槍警告之前，應先使用各種其他辦法擋開入侵者。

「我們不想處於被誤解為挑釁的局面，因為我們在這裡談論的是有爭議的領土，開槍警告應該是最後的手段。」當戈沓島的駐軍向早些時候被拒絕在該地區捕魚的中國漁民開槍警告時，他們實際上僅是想擋開這些中國漁民，並沒有別的意思。「如果有足夠的橡皮艇，我們至少可派五個人去發出警告，或者有足夠的通訊設施，開槍警告將是最後被考慮的辦法。」

一九九七年六月二十六日，菲外長謝順說，菲律賓和中國正在繼續舉行謹慎的會談，低調的形式是必要的，以避免一旦新聞媒體渲染兩國間的分歧而出現的窘迫的局面。

一九九七年七月三十一日，菲律賓海軍在南沙半月礁海域截獲了一艘因躲避風浪而進入菲海域的中國漁船，搜查中他們發現船上有十七枚雷管及其它捕漁設施，於是菲海軍將漁民帶往巴拉灣交由當地警方處理。八月二十五日，警方向省檢察院提出了非法捕漁的指控。

據報稱：這批漁民（包括三名香港人）純屬為躲避風浪才進入菲海域的。他們在反駁書中寫道：七月二十七日，他們從香港出發前往印尼進行合法作業，途中遇風浪被迫到附近的半月礁躲避。三十一日早上，他們在半月礁附近等候香港傳真颱風預報時遇到一菲國舢板船靠近。舢板主登船索取香煙，臨走時刻意留下一紙盒，當時漁民們全然不知是何物，後發現是雷管，顯然是菲軍方栽贓。

菲方以「找到雷管」為由，對中國漁民提出非法捕漁的指控。經過十多天的調查取證，檢察官馬斯伊達認為，雷管屬於引爆品，

單用雷管達不到炸漁的目的,菲海軍在抓捕漁民時,漁民並沒有從事捕漁活動,而且在船上也沒有找到半點魚蝦,沒有證據表明漁民們在菲海域使用過雷管,即使有,也得通過對魚蝦的科學檢測才能加以證實。因此,提出非法捕漁的指控缺乏法律依據,漁民應獲釋放。

一九九七年九月十日,菲巴拉灣省檢察官馬斯伊達作出裁決:非法捕魚指控證據不足,中國漁民得以無罪釋放。

菲華各界為此事的解決盡了不少力量。慈橋基金會董事長蔡金鐘協同巴拉灣菲華商會理事長王助枝,副理事長蔡和平聘請律師,並擔負起巴拉灣與馬尼拉內聯絡任務。此案的公正裁決與他們的努力是分不開的。

一九九七年十一月四日,菲律濱海軍要求一項九百九十萬披索的情報預算,以加強對菲律賓和中國之間有爭議的南沙群島地區的偵察。海軍中將伊道洛·山道示在參議院國防委員會聽證會上說,該情報系統還將涵蓋海岸地區二百浬的專屬經濟區。至一九九八年,菲軍增加四個海岸監測站。

十二、第八屆南海會議

第八屆南海會議於一九九七年十二月三日在印尼西爪哇本札揭幕,五日正式閉幕,與會者包括來自澳洲、加拿大、印尼與新加坡的天然資源事務主管和代表共一百多人。在會後發表十九點聲明,強調今後將執行共同合作計畫,並繼續加強彼此意見交換。南海討會提到有關執行合作項目為:

㈠目前已準備就緒的三項執行計畫分別是生物多元化、潮汐研

究與海平面變化、以及科學資料庫及資訊網路等；㈡準備繼續討論的是生態系統監測訓練計畫；㈢南中國海地區有關當局與相關國際組織，已紛紛表態願意考慮支持執行已達成協議的諸項計畫。

　　十二月十六日，菲總統羅慕斯與中國國家主席江澤民在吉隆坡舉行會談，雙方同意南中國海應保持原狀，同時又積極謀求「雙贏」的解決爭端機制。

　　菲律賓與中國的元首在金馬大酒店會議三十五分鐘之久，彼此皆重申遵守東盟一九九二年馬尼拉宣言，亦即在有主權爭議的南中國海合作開發天然資源。江澤民被援引說，「情勢的發展，我們現在處於已逐漸接近解決爭端的境地。」

　　江澤民向羅慕斯總統表示，南沙群島主權爭議的課題需要時間來處理，但是又強調相信終將和平解決。

　　一九九八年一月十七日，菲國海軍巡邏艇又在黃岩島附近抓捕了二十二位來自中國海南省環海市潭門鎮的中國海民。並從船上發見了一些珊瑚及海龜。這兩艘標號為瓊海〇〇三七二和瓊海〇〇四七三的漁船被扣留在拉允隆省仙彬蘭洛社，漁民們則被拘禁於船上，通訊設備被沒收，生活苦不堪言。中國駐菲大使館多次交涉。關登明大使親自會見謝順外長，要求儘快釋放中國漁民，傅秉廉總領事長途跋涉，專程到拉允隆省看望漁民，菲地方當局對漁民提出「非法開發菲所屬經濟區海洋資源」的指控，慈橋基金會董事長蔡金鐘再次受托，以民眾促官方尋求司法解決方案，始獲以罰鍰了案。

十三、菲低調處理中國南沙通訊設施

　　菲外交部低調處理有關中國在南中國海有爭議的南沙群島建立新通訊設施的報導。一九九八年二月四日，新華社報導說，中國已經在西沙群島以及南沙群島的某些部份建立電話亭。

　　謝順證實，雖然他對中國船舶在這一有爭議的地區的活動定期得到最新情況的報告，但他知道中國在「自由群島」的舊設施沒有更新。他說，考慮到中國擁有現代化通訊設施的能力和技術，報導中的在西沙群島和南沙群島的設施是意料中事。

　　一九九八年五月二十八日，中國外交部發表「中國海洋事業的發展」白皮書，強調中國作為一個發展中的沿海大國，國民經濟要持續發展，必須把海洋的開發和保護作為一項長期的戰略任務。與鄰國對海島主權的爭議，則重申可擱置主權，共同開發。

　　據新華社報導，中國國院新聞辦公室發表「中國海洋事業的發展」白皮書指出，中國已經把合理利用與保護海洋資源和環境，列入跨世紀的國民經濟和社會發展總體規畫之中，把海洋事業可持續發展作為基本戰略。白皮書說，一九九八年是聯合國確定的「國際海洋年」，中國將積極參與聯合國系統的海洋事務，推進國家間和地區性海洋領域的合作，認真履行義務。中國在海洋事業發展中，堅持維護國際海洋新秩序和國家海洋權益。一九九二年二月，中國全國人大常委會通過的「領海及毗連區法」，是中國海洋領域的一項重要法律制度，為行使領海主權和毗連區管制權，維護國家安全和海洋權益提供了法律依據。

　　中國全國人大常委會於一九九六年五月批准「聯合國海洋公

約」，並鄭重聲明：按照公約的規定，中國享有二百浬專屬經濟區和大陸棚的主權和管轄權；通過協商，在國際法基礎上，公平畫定各自海洋管轄界限。中國強調對「領海及毗連區法」所列各群島及島嶼，均擁有主權。對於中國同鄰國在海洋事務方面的爭議，主張通過好友協商解決，一時解決不了的，可以擱置爭議，加強合作，共同開發。

一九九八年八月五日，中國外交部長唐家璇在馬尼拉與菲外長謝順舉行雙邊會談時提議共同使用中國在美濟礁上建造的設備，表示願意和平解決此項糾紛。但菲副外交部長描哈拒絕此獻議，稱「我們要收回它，它是我們的，雖然此獻議極具引誘力，但我們不能被引誘。」

十四、美、菲在南中國海聯合實彈軍演

一九九八年八月五日，美國和菲國的戰艦以及戰鬥機在南中國海一受爭議的珊瑚礁附近進行一場真槍實彈的軍事演習。菲海軍發言人古描說，此場長達十八小時的軍事演習在菲領海之外進行，原因是兩國沒有簽署一項允許在菲國領地之內進行演習的雙邊協議。發言人說，中國沒有收到有關此軍事演習的通知，因此這是在國際領海上進行的，此舉並非為了恐嚇任何國家。

但一名在匿名情況下發言的菲海軍官員說，此場演習在極為接近黃岩島的一個地方進行。至少有五艘戰艦和四架戰鬥機參與此場演習，同時以榴彈炮轟擊浮於水面的目標。

一九九八年十月十三日，菲國空軍一架 OV 十型偵察機，在南沙群島畢生島上空遭越南部隊射擊，雖未擊中，菲國當局已向越南

表達強烈抗議，南沙群島緊張情勢因此為之升高。

　　菲外長席耶容於當日召見越南駐菲大使表示「嚴重關切」。並就越南擴大佔領南沙島礁及射擊菲軍機提出正式抗議。在越軍射擊菲軍機事件發生前一天，菲國曾針對越南在菲國聲稱擁有主權的兩個暗礁上的最新建築提出第一次外交抗議。席耶容說，上述飛機係奉派前往查證越南在畢生島上增建的報導。結果飛機稍稍往下飛，就遭到砲火攻擊。飛機趕緊往上飛，逃過一劫。偵察機的照片顯示，越南在島上建造了三層樓的混凝土建築，有點類似越南在南沙群島其他島上的建築。這些舉動，特別是射擊菲國飛機的行動，明顯違反菲越各種地區性、多邊和雙邊協定與聲明的文字和精神。菲律賓國防部長卡多拒絕置評，他說：緊張情勢升高可能危及東南亞國家協會高峰會有關南沙行動準則的討論。

　　十月十四日，越南外交部重申越南擁有對南沙群島的主權，但拒絕直接評論射擊菲國飛機的事件。越南外交部發言人說：「越南有歷史證明和法理基礎，表示對西沙和南沙群島有不容否認的主權。」這是一九九六年以來越南第二次射擊菲國目標。一九九七年一月十日，越南部隊曾射擊一群在畢生島附近捕捉海蔘的菲國漁民，射傷其中一人。菲國當時曾抗議，但越南表示越南部隊只開槍示警，並未傷及任何人。

十五、菲軍機低空偵察美濟島，北京警告爲危險動作

　　一九九八年十一月五日，菲外交部次長卡戴召見中國駐菲大使關登明，遞交一封抗議函，指責中國武裝船舶「入侵」南中國海的

美濟礁，侵犯菲律賓主權。

　　同日，菲律賓總統府發言人巴瑞肯在一項新聞簡報中表示：「我們已經獲悉，中國正在美濟礁島上興建若干設施，並派遣了數艘海軍艦艇在那裡，包括兩艘有直升機升降場的軍艦」。

　　此外，菲律賓國防部長麥卡多表示，菲國空軍偵察機於十月廿八日發現包括軍艦、貨船和漁船等七艘中國船舶，在美濟礁附近活動。他說，船隊中最大的三艘船艦「明顯配備機槍，但我們不認為船上配有飛彈。軍艦是用來護送貨船將建築物資運送到美濟礁，目的在強化美濟礁島上的工事，這顯然超越了經濟性的活動。這顯示出中國對菲律賓的主權和領土完整是一個潛在的威脅，我們將要求中方將島上的工事撤除。」

　　北京駁回馬尼拉對於美濟礁中國人活動的抗議後，伊實特拉達總統下令海、空軍加強南中國海美濟礁周圍巡視。菲軍參謀總長那沙禮諾少將說，他下令菲國的軍機不可飛翔在南沙群島的美濟礁島上空低於五千呎。他們耽憂飛得過低，會被人所誤解，而導致對峙。菲國的軍事噴射機 S-211 每天在該礁島的上空一前一後飛翔。中國警告說，如果菲國軍方的偵察噴射機在南中國海一個爭執中的礁島低空飛翔，則可能觸發意外的對峙。中國官員也關懷，此種有時候距離美濟礁及周邊停泊的船舶僅三千公尺的飛航，可能造成亂流，以致發生嚴重意外事故。中國政府認為菲律賓軍機低空偵察，乃一種「不負責任和危險」的動作，可能導致「別的事情發生」。

　　同日，中國駐菲大使館發言人就南沙問題發表講話，全文如下：

　　為了保障在南沙群島海域作業的漁民的生命和生產安全，中國地方漁政部門曾於一九九五年在位於中國南沙群島的美濟礁修建了相應的避風設施。由於不可抗拒的自然因素，上述避風設施已遭到嚴重損壞，中國地方漁政部門不得不對原有設施進行必要的維修加固。

　　中國一向致力於維護南海地區的和平與穩定，這一立場沒有任何變化。中國對美濟礁避風設施進行必要和適當的維修加固是中國主權範圍內的事，完全是為了和平利用的目的。

　　一九九八年十一月十四日，正在馬來西亞首都吉隆坡出席亞太經合組織第十屆部長級會議的中國外長唐家璇與菲律賓外長西亞松舉行了會晤。雙方著重就兩國關係與南海局勢交換了意見。

　　唐家璇說，中菲兩國關係總體上繼續保持良好發展勢頭。中國政府和人民十分珍惜同菲律賓政府和人民之間的睦鄰友好合作關係，中方將一如既往地致力於同菲律賓各個領域的合作。

　　西亞松對唐家璇的談話表示讚賞。他說菲律賓非常重視對華關係。菲律賓對菲、中政治、經貿、文化關係感到滿意。兩國在亞太經合組織事務中保持密切合作，希望兩國友好合作得到進一步加強。

　　兩國外長還就南海局勢及雙方共同關注的問題交換了意見。唐家璇強調，中國的立場是一貫的、明確的。中方始終致力於南海地區的和平與穩定，這一立場沒有任何變化。中國政府真誠希望菲方充分理解中方的誠意立場，冷靜對待和妥善處理有關問題。中方讚

賞伊斯特拉達總統關於通過外交渠道討論解決有關分歧的表態。相信只要雙方都能夠從維護兩國友好關係的大局出發，切實落實兩國領導人達成的有關諒解與共識，這些分歧是可以通過對話得到妥善解決的。

西亞松表示願同中方一起努力，妥善處理分歧，維護和發展兩國友好合作的大局。

十一月十七日上午，——中國國家主席江澤民與菲律賓總統艾斯特瑞達在吉隆坡進行會談，兩人達成了重要共識，即江澤民所指南海局勢整體上穩定，雙方將擱置爭議，尋求共同開發。江、艾兩人已同意把爭議放在一旁，並著手共同發展，因為維護南海區域穩定與繁榮，是兩國以及該區域其他國家的共同利益。

在雙方既有爭議方面，江澤民聲稱，北京一貫立場是按照國際法及聯合國有關規約，通過友好協商解決。艾斯特瑞達表示：「菲律賓與中國有廣泛的共同利益，樂於與中國維持友好合作關係。」

江澤民還聲稱：「中國與菲律賓是近鄰，北京願意擴大與菲律賓在各領域的交流合作，把互信合作的雙邊關係帶入新世紀，以促進區域的穩定與繁榮。」

十六、菲在聯合國談南沙群島與海洋法

一九九八年十一月二十五日，菲總統艾斯瑞拉達接受電台訪問時稱：「菲律賓對中國在南沙群島上進行的工程作出讓步，他們的工作可以完成，但不能加建。」

一九九八年十一月二十七日，菲駐聯合國大使馬比拉在紐約聯合國大會演講，主要提及在南中國海的南沙群島以及聯合國海洋法

會議的實質作用。馬比拉在其演講中說：「各國對聯合國海洋法會議的解釋及應用導致一場潛在的海面主權爭執，尤其是對於一個沿海國家對其獨有經濟區的主權。此事因南中國海最近發生的事而變得極為貼切。我們重申對於南中國海所持的立場，各個有關方面應通過和平途徑，並按照國際法律，包括聯合國海洋法會議來解決彼此之間的異議或爭執。」

他呼籲國際社會繼續注意及關心南中國海問題。因為此事對於聯合國海洋法會議的國際應用、亞太地區的和平協調以及全球的穩定局勢有重大牽涉。馬比拉並促請聯合國參與監聽南沙群島情勢的發展。

中國外交部發言人朱邦照在新聞簡報上說：「我們相信南沙群島的爭議國際化的措施，對解決問題沒有助益，反而使問題更加複雜。」朱邦照重申中國一向站在經由依照聯合國海洋公約和平途徑，友好諮詢解決爭端的立場。

十七、美眾議員洛拉描齊乘機探視美濟礁中國譴責

一九九八年十二月十日，美國眾議院國際關係委員會高級成員達拉·巴齊說：「當我較早乘坐一架空軍直升機飛過南沙群島時，我看見三艘中國『戰艦』停泊在美濟礁。那些中國海軍艦艇的存在是『威脅菲律賓的明顯行為』，菲國海軍和空軍是亞洲最弱的。我將向美國國會報告，並呼籲美國政府在外交和經濟上向中國施壓，以迫使中國放棄使用武力，撤離他們的戰艦和拆毀他們的建築物。」

陪同達拉·巴齊往前的菲眾議員虞禮斯說：「如果那些中國人

不在兩周內,或在一個月內被阻止,我們將看到一座一層的建築,或甚至兩層建築,安裝有雷達,可能有高射砲等軍事設備。」

達拉‧巴齊說,他在返回美國時,將描述在南沙群島發生的侵略行為和使用軍隊。他說:「看到在靠菲律賓海岸那麼近的地方的三艘戰艦將使人驚恐。這是一種無法讓世界上熱愛自由及和平的人容忍的行為,它令人非常驚恐。」

中國駐菲大使關登明會見菲外長謝順,譴責達拉‧巴齊的訪問是對菲、中雙方爭端的「干預」。

關登明在會議後告訴記者說:「中國的立場是我們可通過和平磋商,解決兩國之間的這個問題。因此我們相信任何第三者的干預只會使事情更加複雜,而非更加容易。」

十八、東盟同意以和平方式解決南沙爭端

一九九八年十二月十三日,越南外交部長阮孟琴表示,東南亞國家聯盟的外交部長們已同意,必須以和平的方式來解決區域糾紛。

東盟外長們於十二月十二日在河內舉行的外長會議,討論了南沙群島主權爭執問題。越南副總理兼外長阮孟琴表示,外長們在「河內宣言」中,同意必須以和平的方式解決區域糾紛。有關國家應該自我克制,避免威脅或使用武力,以維持本地區的和平與穩定。

一九九八年十二月,菲律賓派遣一艘水文研究船赴南沙群島,執行繪製海圖任務。

菲國家地圖暨資源資訊局副局長美那說,此舉旨在繪製二百浬

專有經濟海域海圖，完全符合聯合國的海洋公約。

　　菲律賓透過條件優惠貸款五千四百萬美元，向西班牙購買兩艘水文研究船，其中一艘命名「敏杜拉號」，另一艘「畢里斯美地洛號」在蘇祿海和西里比海菲國與馬來西亞及印尼接界海域和南沙群島執行繪製海圖。美那副局長說，菲律賓領海總面積二百萬平方公里，重新繪製海圖及航海圖計劃，預期五年完成。

第十六章　一九九九至二〇〇〇年的南海情勢發展

一、菲軍方承認無法阻止中國在美濟礁上建築房舍

一九九九年一月四日，伊實特拉達總統指示軍方許可在美濟礁的華工完成他們的建造作業，以疏鬆菲佔領的南沙「自由地」群島。他說：「我們必須承認菲國無從遏止他們在該處的活動，中國自一九九五年即在那裡，他們現在不會停工。」菲國防部的官員曾說，菲軍的設備和武器體系不足以應付中國在南沙的威脅。

一九九九年一月五日，美國國務院發言人魯賓呼促中國政府應避免採取行動，以加劇南沙群島主權爭執緊張氣氛。他說「中國政府應恪守過去發表的諾言，以求和平解決此問題，其他國家也都應該保持克制。」美國眾議員羅拉巴克則指出：「美國政府必須停止對中國在南沙群島的軍事擴張保持緘默，我們應當支持菲律賓要求中國撤除他們在美濟礁上的設施，並且尊重菲律賓的專屬經濟海域（EEZ）。」

美國眾院國際關係委員會委員羅拉巴克（加州共和黨）於一九九八年十二月前往菲律賓實地考察回美以後，在華盛頓時報上刊出他

帶回從飛機上攝到中國三艘戰艦在美濟礁的照片，而中國在南沙群島的「軍事動向」也再度引起關切。同日，美國國務院表示，他們曾阻止羅巴拉克前往，基於「安全上之關切」，建議他不要前往美濟礁海域，然在羅拉巴克決定仍要前往之後，美國務院則仍然通知了菲律賓政府請其協助羅巴拉克。中國駐菲律賓大使關登明表示，美國對於北京和馬尼拉之間關於南沙群島所發生的爭端，應置身事外。

一九九九年一月十二日，在秘魯首都利瑪舉行的亞太國會論壇第七屆年會，國際社會首次目睹菲律賓與中國公開對峙。由副參議長胡畢禮率領的菲律賓國會代表團，在會場與中國人大代表團，為南沙群島的爭端，公開發生尖銳的舌戰。舌戰發生在亞太國會論壇常務委員會會議，中國要求菲律賓收回有關南中國海的提案草稿。

菲律賓提出的第十五號決議案草稿，內容抨擊中國在南沙群島的行動，威脅該區域的和平與安定，防礙世界貿易重要航道的航行自由。菲方在回應中國要求收回該決議案草稿時，胡畢禮團長說：「對不起，我們不能接受此種要求，我們堅信南中國海是本年會重要的話題，亦是國際關注的課題。」

二、和平解決南沙問題菲國安會達成共識

一九九九年一月二十一日，菲總統伊斯特拉拉達召開國家安全理事會，主要為討論菲國與中國在南中國海南沙群島的糾紛。

出席國安會議者包括國家安全委員會主席伊斯特拉達總統、前總統藍慕斯和艾奎諾、副總統艾羅育、副參議長歐佩爾、眾議員吳禮斯、眾議長維惹、參議長費蘭和國防部長麥加道。

達成的共識包括菲政府將採取的另一個步驟是通過國際團體提出解決這個糾紛的多邊和平動議，那些國際團體包括東盟，東盟論壇和其它國際論壇。菲國安會還同意需要改善菲武裝部隊的戰力，將其裝備現代化。

一月二十六日，即將離任的中國駐菲大使關登明向伊斯特拉達總統保證說，北京將把它與馬尼拉有關南沙群島的爭論放在一邊，這樣兩國能夠集中精力聯合勘探和開發這個地區的礦藏。關大使在馬拉干鄢告別性禮訪總統，他重申了中國與菲律賓的緊密聯繫，並保證會努力促進兩國之間的友好關係和繼續合作。關大使在禮訪之後說：「關於南中國海問題，兩國政府的領導人已達成了一項協議……那就是，擱置爭議，尋求共同開發和發展。因此我相信，雙方會遵守和執行我們雙方已達成協議共識。」

菲國防部長麥加道對於就南沙問題向中國人民共和國進行群眾性的抗議活動和集會的呼籲已不表贊同。他說，談判應在外交層次上進行。麥加道於一月二十六日強調說，解決南沙群島爭持這個正威脅菲國國家安全的問題的外交談判屬於政府的議程。伊斯特拉達政府將可能地採用外交途徑來解決該問題，菲律賓政府正盡其所能來舒緩緊張局勢，群眾性活動的辦法並不可取。

二月十三日，伊斯特拉達總統堅持，菲將繼續使用外交解決它與中國關於美濟礁的領土爭端。伊斯特拉達在其每周電台電視節目中說，美國不需要介入，因為這是六個聲索國之間的問題。他說：「六個國家對南沙群島提出聲索，所以美國不能介入，我們與美國的互防條約只適用於對菲領土情況。」

此外，伊斯特拉達總統說，仍然沒有確定的證據顯示南沙群島

這個有爭議性的地區是菲領土的一部份。他說：「即使我們與美國有互防條約，我們也不能把它用於南沙群島，因為我們沒有任何有關該地區是我們的領土之證據。」

一九九九年二月十六日，菲國防部長麥加道說：「美濟礁上的設施可以用來讓直升機降落，發射高射炮彈，設立雷達和通訊設備，這些設施已告完成。」

三、美專家認爲應促中國撤美濟島工事

一九九九年二月二十日，美國傳統基金會亞洲研究中心主任費雪指出，美國必須重建與菲律賓之間的防衛聯盟，消除中國一直在利用的權力真空。柯林頓政府也必須明確告訴北京，在美濟礁構築工事等行動破壞東南亞的和平。

費雪在一項背景分析中說，雖然柯林頓政府不必改變不承認任何國家對南中國海島嶼宣稱擁有主權的美國長期政策，它可以並且應當指明中國的行動對區域安定與和平解決主權爭議都是一項威脅，也應當呼籲中國撤除美濟礁的工事。這位資深政策分析家指出，在冷戰期間，美國與菲律賓的軍事聯盟有助於遏阻蘇維埃共產主義在亞洲擴散。然而，自一九九二年美國海、空軍部隊撤離菲律賓基地以來，此一曾經一度堅強的關係在基本上已不存在。美國與菲律賓之間缺乏防衛合作，已造成中國一直在利用的權力真空。例如，自一九九五年以來，由於柯林頓政府少有反應，中國已在菲律賓領土大約一百五十哩之外、但是距離中國大陸超過八百哩的南沙群島美濟礁建築並擴展工事。

費雪表示，柯林頓政府必須明確告訴北京，這種行動破壞東南

亞的和平。它也必須負起領導責任確保美、菲聯盟滿足菲律賓與美國的安全需求。其中一個作法就是在恢復兩國聯盟合作的架構下準備協助菲律賓軍方的整裝計畫。自一九七〇年代中期以來，中國一直在占領主權爭議已久的西沙和南沙群島的島嶼。明顯的是中國有意在未來十年在此一地區增強軍事作戰的設施。中國在西沙已有一個大型的簡易機場，部署目前和未來的戰機，攻擊範圍可達菲律賓和南沙群島。中國最近在南沙群島的美濟礁建造規模更大、可以支援直昇機和戰艦的前哨基地。費雪認為，中國的海、空軍部隊已經優於菲律賓，在不久的將來，也可以向美國的海軍部隊挑戰。這對維持海上自由的重大美國利益構成一項挑戰，喪失美濟礁與菲律賓之間海運線的使用權，可能破壞日本與南韓的經濟，並進而威脅到亞洲和美國的經濟健全。鑑於過去美、菲軍事關係的錯誤，柯林頓政府的當務之急，應當是重建與菲律賓的防衛合作，而要重建防衛合作，美國應當尋求與菲律賓就安全目標達成協議。菲律賓迫切需要協助來重新裝備武裝部隊，而美國需要使用菲律賓的基地來因應亞洲及波斯灣。

菲律賓與中國在南中國海發生「領土爭議」，菲律賓也不滿台灣漁船藉「空船租賃」之名在菲國海域作業而加強海域巡邏。因此，台灣漁政單位呼籲我國漁船不要進入菲律賓海域作業，以免人船被扣，蒙受損失。

一九九九年二月二十四日，高雄縣政府農業局接獲台灣省漁業局轉知的訊息指出，菲律賓與中國在南中國海存有「領土爭議」，菲國已逮捕十名「侵入菲國海域」的中國大陸漁民，當菲國朝野關注南中國海之際，已加強海域巡邏，台灣漁船經過南海時應提高警

覺，以免遭池魚之殃。台灣業者與菲律賓當地漁業界合作，台灣漁船以「空船租賃」的名義在菲國海域作業，引發部分菲國人士不滿，加強取締非法捕魚行為。

菲律賓曾同意兩條水域，讓前往南太平洋作業的台灣漁船無害通過，後來減縮為一條。

四、菲在中業島擴建軍事設施北京表強烈不滿

一九九九年三月二日，中國外交部發言人朱邦造說，中方對菲律賓在南沙中業島修建軍事設施表示強烈不滿。

朱邦造指出：「近年來，菲律賓在南沙地區採取了一系列行動，在其非法侵占的島礁上不斷修建軍事設施，屢屢派出軍艦、飛機赴南沙活動，並在南中國海單獨或與他國聯合舉行軍事演習等，這些行為不利於維護該地區的和平與穩定，只能導致南沙地區局勢進一步緊張。中方要求菲方停止一切擴大事態、製造緊張的行動，以維護南中國海地區局勢的穩定。」

三月三日，菲國駁回中國的抗議，稱菲國有權在南沙群島一個島嶼上加強設施，因為它屬於菲國領土。

菲國稱這些地區為「自由群島」。馬尼拉報紙說，菲國防部計畫擴建希望島上的軍事設施，包括擴建飛機跑道。

菲武裝部隊參謀總長納沙仁諾矢誓，不會放棄在南中國海南沙群島菲駐軍的希望島與加拉淵安島群，主張政府大力發展旅遊業觀光業，注入更多民間活動，他並宣佈軍部已撥出一百萬披索擴建希望島機場，並擴建機庫，停放更多巡邏小型飛機。

五、中菲南沙工作小組首次會議雙方同意自制

　　一九九九年三月二十二日至二十三日，中、菲兩國在馬尼拉舉行建立信任措施工作小組會議。這是一九九六年三月兩國外交磋商的中、菲在南海探討合作的磋商機制下屬三個小組之一。另兩個小組即漁業和海洋環保小組分別於九六、九七年啟動。建立信任措施工作小組中方代表團由外交部部長助理王毅率領，成員包括外交部、國防部、農業部、海洋局的專家。中方本著和平、友好和坦誠的態度，與菲方共同努力，促使會議取得成果，以增進雙方相互了解與信任，為通過雙邊友好協商解決兩國有關爭議創造良好的氣氛。

　　三月二十三日，中國外交部長助理王毅在與菲官員結束一場兩天會議後在記者招待會上說：「我們同意自我克制，不採取我們可能導致事態擴大化的行動。此場會議緩和了兩國間的緊張局勢。」中、菲兩方發出一份聯合公報，同意保持克制。

　　　　中菲聯合公報

　　　　　　根據一九九六年三月中菲磋商達成的共識，雙方建立信任措施工作小組會議於一九九九年三月二十二日至二十三日在馬尼拉召開。

　　　　　　中菲雙方一致同意，通過大量的官方往來和致力於促進各領域關係的共同努力，雙方建立了傳統友誼。雙方就建立信任措施進行了廣泛的探討，雙方還就有關美濟礁的最近事態坦誠地交換了意見。

關於信任措施，雙方重申以下承諾：

1. 遵守繼續通過友好磋商尋求解決分歧方法的諒解。

2. 根據廣泛接受的國際法原則包括聯合國海洋法公約解決分歧。

3. 維護地區穩定與和平，不使用武力或以武力相威脅。

4. 在漁業、海洋環境、氣象、海洋科研、海上生命安全、減災防災和航行安全領域，改善現有的接觸和對話機制。

5. 擴大雙邊軍事對話與合作，包括增加高級防務和軍事官員的互訪，加強信息交流，建立避免海上衝突的措施。

關於美濟礁問題，雙方各自闡述了自己的立場。菲方對近期有關事態表示十分關切，中方表示，美濟礁上的設施屬民用性質。雙方還就緩和緊張、增進信任，包括菲律賓方面提出的利用這些民用設施的設想和中方提出的停止抓扣漁民的要求交換了意見。針對本地區形勢可能出現進一步發展的關切，雙方同意保持克制，不採取可能導致事態擴大化的行動。

雙方認為召開建立信任措施會議本身即是一項信任措施，增進了相互瞭解。

雙方認為，中、菲之間的組磋商渠道是暢通的。他們同意通過協商和平解決爭議，雙方之間的分歧不應影響兩國關係的正常發展。雙方重申將本著建設性、友好和互讓的精神努力解決懸而未決的問題，雙方同意盡早召開建立信任措施第二次會議，中方願意在雙方同意的時間和地點主辦會議。

六、歐亞外長會議拒談南沙問題

一九九九年三月廿九日在柏林舉行的亞歐會議不談南中國海問題，不准菲方代表在亞歐外交部會長議上談論南沙爭執。東道主德國外交部政治司南亞太平洋事務科長史塔克已向菲表達德國的堅定立場。

歐亞外長會議的議程是基於全體成員共識，只要有一個國家反對，便不能列上議程。德國作為東道主，為避免尷尬難堪，南沙問題不僅不列入議程，且要求菲方代表不得在會間隻字提及南沙。德國立場是南沙問題不是歐亞共同關懷的課題，且一旦談論南中國海爭執，將開啟大閘，引進印尼的東帝汶與其他地區爭議，無助於促進歐亞和睦溝通瞭解的主旨。

菲駐德國大使館代辦羅里計斯二月十九日向菲外交部報告，亞歐會議協調籌備會一月廿九日在柏林舉行，菲方希望南沙問題列入議程，史塔克照會菲方，德國作為東道主，反對談論南沙，菲方如堅持提出，中國外交部長唐家璇可能退席抗議，使會場出現不愉快局面。

史塔克態度堅決，表明最好是壓制這一有爭議性的課題，會間不要有意外驚奇，庶免亞歐會議受震撼。

東盟國家與美國對南沙主權爭議反應冷漠，伊斯特拉達總統公開宣稱美濟礁爭議是菲、中兩國間與地域性問題，應由本地區自行解決，但是有些人士仍圖謀使南中國海問題國際化，擴大事件，掀動茶壺裡風波。菲外交部謝順即有意在三月廿九日在林舉行的亞歐會議提出討論。菲外交部說已爭取得荷蘭、希臘與英國支持，泰國

與南韓表示不反對。但德國作為東道主的堅定立場，使南沙不可能列入議程，甚至要求謝順部長不在講話中提及。

史塔克向菲方表明，德國立場不是獨持異見，在普魯塞舉行的歐洲工作會議，出席的其他歐洲國家皆持相同立場。

史塔克建議菲方盡可在亞歐會議場外舉行謝順與唐家璇兩人會談，較合實際。但這不符合菲方國際化南沙議題的本意。

七、菲擬將南沙爭端提交海洋法國際法庭

一九九九年三月三十日，菲律賓總統伊斯特拉達透過新聞秘書瑞斯表示，菲國將與中國爭取美濟礁的主權，並把這個問提交聯合國所屬的海洋法國際法庭。瑞斯指出，菲律賓與中國都是聯合國海洋法公約的簽約國，雙方的爭議將依此解決。據指出，根據海洋法公約，每個主權國家都擁有二百哩的經濟海域，而美濟礁並不是島嶼，且距離菲國領海基線僅一百三十五浬，因此應屬菲律賓所有。

菲新聞部長黎耶斯說，如果把美濟礁的事交國際法庭，菲國的勝算把握很高。因為聯合國法庭認為沿岸國家有權擁有二百哩專有經濟內的海域，而美濟礁離菲海岸只有一百三十五哩。他說：「應該強調的是，我們對美濟礁的聲索並非領海，而是近海，因為菲有權擁有這經濟特區，所以對美濟礁也有主權。馬尼拉將繼續遵守菲、中行為法典，以及聯合國憲章，即是繼續與北京展開談判，並希望能以和平方法解決南沙紛爭。」

黎耶斯補充說：「菲國把這件事呈上聯合國是最後的做法⋯⋯這是如果不能透過和平方法解決，才會要求聯合國插手。」

儘管一九九九年三月下旬中國與菲律賓針對南海主權爭端召開

會議，同意相互克制、不擴大事態。但由於中國不肯拆除位於南海美濟礁上的建物，引發菲律賓軍機在美濟礁超低空飛行抗議。中國外交部透過中國在香港的媒體指稱，菲律賓的這種行動充滿敵對和挑釁的意味，是非常危險的。這番放話顯示出，甫透出緩和曙光的南海爭端，又出現危機升高的態勢。

中國主管亞洲事務的外交部高級官員要求菲律賓停止軍機在美濟礁的飛行行動。他表示，目前所有圍繞南沙群島美濟礁出現的中菲雙邊關係緊張氣氛，是菲律賓製造出來的。

一九九九年四月一日，中國外交部發言人孫玉璽在新聞發布會上說：「中國對南沙群島及其鄰近水域擁有無可爭議的主權。包括美濟礁在內的南沙群島是中國領土，要建什麼，不建什麼，都是中國主權範圍內的事，但中國會採取非常克制的態度。但是，克制應該是雙方的，有關各方面都應採取克制的態度。」他並再次要求菲方停止軍用飛機在美濟礁進行的超低空飛行行動，因為「這種行動充滿了敵對和挑釁的意味，非常危險」。

四月二十日，中國駐菲新任大使傅瑩在馬加智大使館內舉行自她上任以來的首次記者招待會，並在會中闡明，為了解決菲、中南沙群島的領土紛爭，中國政府再次提議將該爭端擱置一邊，共同開發南沙群島。傅大使還表示中國連同其他聲索國及地區，承諾對該事件尋求和平解決的方法，實行自我克制，並避免爭端進一步升級。她還說，希望菲、中兩國對南沙群島的糾紛，不會影響到雙方的外交關係。

傅大使還說，南沙群島的風波，只是中國與菲律濱之間的事，美國及日本並沒有聲明支持任何聲索國，她自信他們能遵守各自的

諾言。

傅大使對菲政府計劃向國際海洋法法庭控訴中國及菲尋求國際支持表示說，國際海洋法法庭只受理捕魚權糾紛，而不是領土糾紛。至於將南沙事件帶到國際會議或論壇上，她說，這是沒必要的，兩國可以坐下來舉行雙邊談判，和平解決問題，不需要將問題帶到國際場合，這是不合適的。因此，中國堅決反對這事件國際化。

五月二十日，伊斯特拉達結束在香港的四天工作訪問，於深夜回到馬尼拉。他在香港應邀於太平洋盆地經濟理事會中演說時，曾提出南沙群島問題。

伊斯特拉達強調馬尼拉與北京之間應進行更多建設性對話，以解決雙方在南沙問題上的歧見，尤其是對位於菲律賓兩百浬經濟海域內的美濟礁主權的爭執。

他強調：「我們將竭盡所有外交手段來解決這個爭議，以保持該地區的和平與協調。」

同日，中國外交部發言人朱邦造重申，中國對南沙群島及其附近海域擁有無可爭辯的主權，這是有著充分的歷史和法理依據的。

五月二十三日，中國瓊海〇三〇一號漁船在黃岩島附近海域（北緯十五度十五分，東經一百一十七度十八分）被菲律賓四十七號軍艦追擊並撞沉。導致十一名漁民落水。此後，八名船員被中方漁船救回，另三名船員被菲方救起，並送往馬尼拉。

一九九九年五月二十五日，外交部發言人朱邦造在記者招待會上說，中國對菲律賓軍艦撞沉中國漁船表示強烈不滿，要求菲方懲辦肇事者，賠償中方漁民的損失，並採取必要措施，制止此類事件

為「嚴重事件」。描利干為菲在南沙群島內受菲聲索的地區加強巡邏作出辯護，稱其他聲索者在佔領的島上樹立標誌。他說：「因此，菲海軍必須嚴謹保護我們對『自由地島群』的主權，並應除去在該島礁上發現的任何外國標誌。」菲外交部長謝順在七月二十日的記者招待會上說：「我們非常慎重的看待此事，我們對此事表示遺憾。我已在與國防部長麥加道的談話中要求調查此事，因為以菲軍艦撞沉友好國家的漁船並非我們的政策。我們將慎重看待此事，因為我們看重與中國的關係。我預期於下周在新加坡與中國外交部長唐家璇會晤。」

他警告說，馬尼拉與北京的調解努力可能因此類事件而「出軌」。謝順指著一張南沙群島的地圖說：「這像一顆地雷，它是一個非常複雜的地區。」

根據馬尼拉電視台七月二十日的英語新聞報導，中國已傳召菲駐北京大使，就撞船事件提出嚴正抗議。

十二、美第七艦隊訪菲

一九九九年七月二十二日，美國第七艦隊的旗艦藍嶺號抵達馬尼拉灣，在馬尼拉作四天訪問。

菲律總總府發言人巴瑞坎說，藍嶺號的來訪是在月初即已決定的例行訪問，與發生在七月十九日南中國海的菲律賓海軍艦艇撞沉中國漁船事件，以及台灣海峽兩岸的緊張情勢完全無關。據了解，美國駐菲律賓大使館於六月三十日向菲律賓提出藍嶺號來訪要求，菲國於七月初表示同意。

巴瑞坎形容藍嶺號的來訪，象徵了菲、美兩國軍事合作的重新

出發。藍嶺號的來訪是自從一九九六年，也是美菲部隊互訪協定自一九九九年六月生效以來，美國軍艦的第一次訪問菲律賓。

他指出，包括有一百名菲裔在內的藍嶺號艦上的九百九十名官兵，他們登岸馬尼拉觀光休假，同時也拜會菲方相關單位。一萬九千兩百噸的藍嶺號，在馬尼拉灣停留四天後於二十六日下午離去。

七月二十三日，菲軍參謀總長禮耶示將軍於亞銀那洛軍營接見中國大使傅瑩時向中國保證，菲律賓海軍將採取最大謹慎，防止諸如七月十九日在爭執中之南沙群島海域所發生涉及一艘菲海軍巡邏艇撞沉中一艘中國漁船事件的重演。他說，「我們將盡可能多加小心，使此種事件不會重演。此乃國防部長麥加道的準則。」禮耶示將軍形容他與傅瑩大使之會面討論撞船事件是很誠懇的。他說，中國大使很冷靜與嫻雅。

他向傅瑩大使說，菲律賓承諾將和平解決對南沙群島之爭執，菲國將繼續在「自由島群」巡邏與執行監察作業，因為「我們如果不如此做是失職的。」

十三、菲、汶共同聲明和平解決南沙爭端

一九九九年八月十七日，菲律賓總統伊斯特拉達前往汶萊訪問，在與汶萊蘇丹單獨會談後，發表共同聲明：「雙方就南中國海問題交換了看法，並重申必須根據經認可的國際法原則，包括一九八二年的聯合國海事法公約和平解決爭端，並在南中國海進行活動時自我克制。」雙方並呼籲對南沙聲稱擁有主權的國家自我克制，以避免在區內出現緊張。

九月十日，伊斯特拉達總統在紐西蘭奧克蘭市說，美國總統向

他保證，華盛頓將確保菲國的安全。

他並說，他同樣在亞太峰會期間碰到中國國家主席江澤民，後者對他說，南沙群島爭端可通過外交途徑進行解決。

十四、中國防長遲浩田與菲海軍司令桑托斯　談加強兩國軍事關係

一九九九年九月十五日，菲律賓海軍司令愛德華多‧桑托斯應邀訪華，會見中國中央軍委副主席、國務委員兼國防部長遲浩田。遲浩田說，南海自古以來是中國的領土，中國對南沙群島及其附近海域擁有無可爭辯的主權。中國政府將堅持按照「擱置爭議、共同開發」的原則和有關國家開展平等對話解決問題。中國始終堅持通過平等協商、友好對話，解決包括中國南海問題在內的歷史遺留問題。中、菲兩國是友好鄰邦、同呼吸、共命運，兩國致力於發展友好合作關係不僅符合兩國人民的利益，也有利於亞太地區的和平與穩定。他同時指出，江澤民主席與伊斯特拉達總統近日在奧克蘭出席亞太經合組織第七次領導人非正式會議期間舉行會晤，為中、菲兩國軍事合作關係的發展注入了新的活力。

桑托斯說，菲、中兩國應避免衝突，維護南海地區的和平，以利共同開發。他同時表示對加強包括兩國海軍在內的兩國軍事關係持積極態度。

十五、越南指控菲侵犯南沙主權

一九九九年十月三十一日，越南共黨報紙《人民報》報導說，越南當局已指控菲律賓嚴重侵犯越南主權，並重申越南對整個南沙

群島擁有主權。該報引述越南外交部的聲明說：「菲律賓空軍飛機不斷飛越南沙群島中的一些島嶼，嚴重侵犯越南主權。」

菲律賓空軍的一架偵察機曾於十月中旬飛越南沙群島中的一個島嶼，偵察越南軍隊在該島嶼上興建建築物的情形，結果遭島上的越軍開火射擊，雖未被擊中，但事後菲律賓曾向越南當局抗議。菲律賓聲稱該島嶼主權屬於菲國。不過越南外交部說：「越南軍隊完全保持自制，僅在菲律賓空軍偵察飛得太低時才開火警告。」

越南外交部發言人表示：「越南有歷史證據和法理基礎主張對西沙群島和南沙群島擁有不可否認的主權。越南始終支持有關各造進行雙邊及多邊談判，謀求根本永久解決此一地區的爭執。」

一九九九年十一月十五日，對最近菲律賓和中國就南中國海的一個礁島再度發生糾紛，伊斯特拉達總統呼籲國人保持冷靜。

伊斯特拉達在其主持的例常廣播節目作前述呼籲，同時亦坦認菲律賓軍事力量薄弱，如與中國為一個島礁而發生武力衝突，太花不來。他說：「我們不必過份反應，亦無需驚惶失措，事情不是那麼嚴重。軍方深知此一問題必須循外交途徑解決，軍方也了解我們不能採取敵對的姿態，無論如何，我們無能力對付中國，這是我們不能挑釁的原因。」伊斯特拉達總統也沖淡稍早下令海軍阻止中國船舶進入美濟礁的新聞報導。

十六、東盟就「南海行動準則」達成初步共識

自柬埔寨加入東盟後首度舉行的十個體制東盟高峰會於一九九九年十一月廿八日在馬尼拉舉行，根據高層事務協商所達成的共識，協商重振經濟政策及如何避免南海主權紛爭的方法。

這次會議最大的焦點在構築東亞的合作體制和協商避免主權紛爭的「南海行動準則」。

在如何避免南海地區的主權紛爭的具體方法上，菲律賓提出禁止新佔領任何環礁以防止新紛爭發生的南海行動準則，並於高層事務協商中進行和各國間的協調。但因南海中的南沙各島主權糾紛除牽扯菲律賓、越南、馬來西亞、汶萊等四個東盟國家外，紛爭地點又不只一處，再加以中國對行動準則的部分內容強烈反對，甚至東盟內部對行動準則的適用範圍是否應只限於南沙及西沙群島有主權紛爭的地點而意見不一，因此雖然東南亞國家聯盟高級官員最後已克服歧見，就防止南沙群島衝突問題的擬議中區域行動準則達成協議，這項行動準則如果要有價值，必須獲得聲稱擁有南沙群島主權的中國接受。

而中國、馬來西亞和越南對擬議中的南海群島「行為規範」適用範圍仍有歧見，也是無法完成這項規範供這次召開的東盟領袖高峰會討論的主要障礙。

十七、北京促菲勿再在南海製造事端

二〇〇〇年一月二十七日中國外交部發言人朱邦造針對菲律賓海軍當天早上再次在黃岩島海域肆意侵擾，登上中國在南沙海域作業的漁船，搶劫中國漁民的財物，表示嚴重關切。他重申黃岩島是中國的固有領土，長期以來，漁民一直在黃岩島附近從事正常捕魚作業，中國對南沙群島及附近海域擁有主權。相關國家海軍在南沙抓捕中國漁船、漁民的做法，侵犯了中國主權。他要求菲律賓尊重中國的領土主權，尊重國際法原則，停止騷擾在黃岩島作業的中國

漁民，並停止菲國海軍在附近水域的巡邏行動，不要再製造新的事端，與北京一起共同維護南海地區的和平與穩定。

二月二日，菲律賓外長席亞松在對北京的一項官方聲明作出回應時說，菲國海軍必須持續不斷在這個地區巡邏，此舉不僅為了保護這地區不讓大陸漁船的侵入造成海洋資源的破壞，同時也是為了確保這個島礁不會成為非法運送毒品和軍火的管道。

席亞松說：「我們非常關切非法走私毒品，在漁船上藏匿這些物品是很容易的。」他解釋說，對菲律賓而言，擔心非法的毒品和軍火經由黃岩島輸入增加是很正常的事，因為大多數的這些毒品和軍火大部份是來自中國大陸。席亞松透露，非法的毒品走私是來自香港、廈門、廣州和中國大陸的其他地區。

十八、台灣自東沙南沙撤軍改由保警守防引發關注

二〇〇〇年一月一日，行政院依據「海岸巡防法」成立「海岸巡防總署」掛牌運作。

依據海岸巡防總署的組織架構，已規劃於東沙、南沙兩個外島設指揮部，顯示示南沙、東沙改由海岸巡防總署進駐。行政院海巡署在東沙群島的東沙島、南沙群島的太平島分別設置「東沙指揮部」與「南沙指揮部」。南沙與東沙防務將由國軍部隊移交「海岸巡防總署」接替駐守。

南沙群島的太平島與東沙群島的東沙島，在此之前均由海軍陸戰隊駐守。太平島駐軍尚不及一個加強營，東沙島駐軍略多於太平島，約有一個加強營兵力。

一九九八年，海軍上將唐飛為了策劃東沙群島及南沙群島的太

平島海軍陸戰隊結束駐守任務，由海岸巡防總署接替駐防，於接任參謀總長之初，曾搭乘海軍成功艦前往太平島視察。一九九九年十月，海軍總司令李傑上將亦曾前往太平島視察。

一九九九年十一月二十三日，國防部舉行記者會，重申國府軍隊不是從東沙、南沙撤軍，而是換防，換防任務在十二月中旬完成。國防部作戰次長室聯合戰處處長張戡平表示，換防計畫是在一九九九年三月、四月經過縝密評估後決定；換防可以達到降低南海海域衝突的政治目的，國府也希望其他國家能善意回應。

一九九九年十二月中旬，東沙、南沙改由海岸巡防司令部接防。二○○○年一月，海防司令部改制成具司法警察身分的海岸巡防總署。

唐飛指出，派駐軍隊或警察駐紮東沙、南沙，都能達到宣示主權目的。主權的維護，不一定要由軍人執行，很多國家也是這麼做的，由軍隊或警察駐守並沒有差別，而且海岸巡防總署具有準司法警察身分。

東、南沙的漁事糾紛多屬民事問題，軍人並不適合出面處理，且東、南沙距離台灣本島太遠，國府對於東、南沙並沒有防守能力，「這種事我們不能打腫臉充胖子」，因此，改由具司法警察身分的海巡總署駐守，遠比軍隊合宜。海岸巡防總署進駐太平島與東沙島，海軍仍執行運補任務。據了解，東沙與南沙島運補，在日常民生用品方面，由軍方租商船每月運補一次，海軍則負責駐軍換防與彈藥運補，每年兩次。

陸委會發言人林中斌副主委強調：「我在南沙與東沙的駐防任務，將由國軍移交新成立的海岸巡防總署負責駐守，這項『軍警換

防』具有減少軍事意涵、增加社會意涵、表達政治善意三層意義。」

　　軍事問題專家、政大國關中心研究員丁樹範表示，從純軍事角度觀察，國軍從南沙和東沙撤軍是現實的考量，因為這些外島特別是太平島易攻難守，再加上台灣缺乏投射能力，後勤補給困難，想長期經營非常困難。

　　丁樹範認為，雖然南沙有主權上的象徵性意義，但距離遙遠，台灣無論海軍或空軍軍力都沒有能力有效固守。同時，台灣不像美軍過去在此區域經營時有盟軍港口可供補給支援，萬一被攻打，實在難以防守。

　　二〇〇〇年一月一日，針對國軍駐東沙及南沙兩島移防，北京對台系統及外交部門分別發表談話，強調「主權」問題。中國國台辦強調，這這些島嶼是中國的領土，希望在那裡的軍隊和人員守衛好這些領土，中國外交部則表示，中國擁有南沙及東沙無可爭辯的主權，「台灣是中華人民共和國不可分割的一部分」，在「一個中國」前提下，兩岸理應為維護國家主權和領土完整共同努力。

　　同日，中國國務院台辦發表談話，強調東沙、南沙自古以來是中國的領土，目前海峽兩岸尚未統一，某些島嶼仍由台灣當局軍隊及人員駐守，但這些島嶼是中國的領土，我們希望在那裡的軍隊和人員守衛好這些領土，至於台灣當局內部管理體制的調整，北京不予置評。

　　中國外交部發言人孫玉璽則表示，北京對於南沙問題的基本政策明確，根據歷史及法律，中國對於東沙及南沙，擁有無可爭辯的主權，「台灣是中華人民共和國不可分割的一部分」在「一個中

國」的前提下，兩岸理應為維護國家主權和領土完整共同作出努力。

　　至於未來南海周邊事態若產生爭戰，北京態度如何？孫玉璽則表示，對於這種假設性問題，一旦發生時，北京會有新的反應，另有關台灣方面曾有金門與馬祖也應「撤軍」的言論，他也表示，屆時會有新的評論，目前不予置評。

　　中國軍事科學院戰略部則認為，台灣守軍撤離南沙及東沙外島，是放棄「主權」的一種做法，他們認為這不是明智的決定，這是台灣方面基於兩岸關係惡化，採取的一種「戰術」，並不是基於「戰略」考量，是「不負責任」。北京認為此舉是企圖給中國在處理南海問題上製造障礙，把南海地區複雜及矛盾糾結的主權問題完全丟給北京。基於南海一直潛在引發周邊國家戰爭問題，如果越南、菲律賓或其他國家「乘虛而入」，北京不會在主權問題上讓步，一定會採取強硬措施。中國處理南海問題，一直是根據國際情勢及國內環境選擇做法，但對於主權，北京不會讓步。

第十七章　二〇〇一至二〇〇八年的南海情勢發展

一、越南在南沙建行政機構

二〇〇一年二月十二日，越南胡志明市一份黨報在頭版報導透露越南海軍和邊界防衛部門開會後得出結論，「需在南沙最大的島上設立行政辦公室，以解決駐軍行政和日常生活問題」。

二、菲海軍再度登中國漁船搜索沒收漁獲

二〇〇一年三月十四日，菲副總統金可那說，菲政府派出軍機，以偵察在南中國海具爭議性之黃岩島離岸兩艘可疑的中國船舶動態。

兼任外交部長的金可那說，他由空軍總司令黎彬麥中將處接獲有關該等船舶之動態報告。三月十五日，他召見中國駐菲律賓大使王春貴，對中國漁船出現黃岩島表示嚴重關切。金哥那在一篇說明中宣明菲律賓政府的立場「黃岩島是菲律賓的領土，並已在該地區行使主權及管轄權」。並警告外國漁船勿非法進入菲律賓領土，勿從事有害海洋環境保育及保護的活動。菲律賓海軍已用最大自制處

理入侵菲律賓管轄範圍的外國漁船。「中國政府應以友善態度與和平共存精神回應菲律賓」。

金哥那呼籲北京遵守二〇〇〇年所簽定菲中雙邊合作準則共同聲明中菲維持南中國海和平與安定的承諾。

另據外電報導，菲律賓海軍搜索十艘中國漁船，並沒收漁船在黃岩島海域捕獲的「瀕臨絕種海產」。

新任菲律賓海軍司令欣科說，中國漁民獲准離去，但他們捕撈的海產被沒收，菲海軍是於接獲中國漁船出現黃岩島的報告後，派奎松艦（PS-70）前往黃岩島。艦上官兵搜索十艘漁船，沒收五十隻「瀕臨絕種巨蛤和數袋蛤肉」。菲海軍並在漁船上發現用以捕撈珊瑚和蛤蜊的炸藥和雷管，以及捕捉熱帶鰻魚的氣化粉。船上的個人物品也被沒收。

欣科強調，菲律賓海軍將嚴格執行菲律賓海洋法及國際公約以保護海洋生態。他說，中國漁船出現此一海域，引起菲律賓對黃岩島珊瑚的毀滅及海洋資源的枯竭極大關切。

中國外交部發言人朱邦造指出，黃岩島是中國固有領土。菲方無權對黃岩島附近海域的中國漁船登臨檢查和採取措施，中方已就此向菲方提出交涉。

三月十六日，針對爭議的黃岩島領土主權，朱邦造指出，黃岩島是中國的固有領土，獲得國際社會的普遍尊重，菲方以兩百浬專屬經濟區和地理鄰近為由，提出領土要求，在國際法上站不住腳。朱邦造並透過新華社指出，黃岩島是中國固有領土，黃岩島海域是中國漁民的傳統漁場，有充分的歷史和法理依據。自古以來，眾多中國歷史文獻都有明確記載，中國對黃岩島擁有主權並實施管轄的

事實，得到國際社會的普遍尊重。黃岩島從來不在菲律賓領土範圍之內。界定菲領土的一系列條約都明確規定，菲領土範圍的西部界限在東經一一八度，而黃若島在此以西，是中國東沙群島組成部分，菲律賓政府出版的地圖也明確標明，黃岩島不在菲領土範圍之內。

另據二○○一年三月二十日《星島日報》報導，菲律賓國家安全顧問高利茲表示，闖入南沙海域黃岩島的中國漁船數量持續增加。菲律賓海軍經常看到大約十三至十八艘中國漁船組成的船隊，侵入此一海域非法捕魚。另外，由於中國潛水人員也經常在黃岩島海域出沒，菲律賓海軍懷疑「中國在此搜集海洋資源或從事探測與間諜工作。」

朱邦造重申：黃岩島海域是中國漁民的傳統漁場，中國漁民在黃岩島海域作業是正當的，也是正常的。中國法律明令禁止漁民使用不利於海洋環境和海洋生物保護的手段捕魚，並禁止捕撈海龜、採集珊瑚。中國政府一貫重視海洋生態環境和漁業資源保護，嚴格遵守「瀕危野生動植物國際貿易公約」。對漁船的任何違法行為，中國政府都將依法予以查處。我們要求菲方尊重基本事實及國際法的基本原則，尊重中國的領土主權，恪守雙方經過多次談判達成的諒解及共識，以實際行動維護南海地區穩定和中、菲友好大局。

三、菲派砲艇長駐黃岩島

二○○一年三月二十八日，菲律賓國家安全顧問高利茲表示，菲國已經派遣一艘砲艇前往有爭議的黃岩島，阻擋中國在這個島礁上構築建物的企圖。高利茲說，黃岩島位於呂宋島西方一百二十浬

的南中國海，馬尼拉對中國在該島周圍從事海洋活動的模式感到不安。菲律賓砲艇將長期駐留在黃岩島附近海域，以確保北京不能伺機登陸該島建構工事。

菲律賓副總統兼外交部長金哥納同日表示，菲律賓政府將設法在發生爭執的南沙群島黃岩島實施禁止捕魚，以維護領土主張和保護海洋資源免遭破壞。禁止捕魚措施細節將由負責政治和國家安全問題的內閣 E 組討論。

菲律賓外交部次長巴哈較早曾表示，菲律賓政府宣佈禁止在南沙群島黃岩島捕魚，違反規定的菲律賓漁船及外國漁船均將被捕。

四、楊應琳特使訪華談黃岩島爭端

二○○一年三月二十九日，菲律賓總統特使楊應琳訪問北京期間，雙方迴避了有關南海地區領土爭議的難解糾紛。

新任菲律賓總統艾諾育就職後不久派遣特使楊應琳，前往中國、日本、南韓訪問。楊應琳出發之前，馬尼拉出動一艘砲艇到南海有爭議的黃岩島，阻擋中國漁船登岸架設建物的企圖。但是楊應琳與包括國務院總理朱鎔基在內的中國領導人會談，重點都放在對雙邊關係具有建設性的議題，特別是加強經貿和農業等領域的合作。據官方新華社報導，雙方概括重申了各自的承諾，表示要通過和平方式，解決南海地區的領土分歧。

朱鎔基說：「希望雙方通過協商，探討解決分歧的途徑，而不要採取使事態複雜化和擴大化的行動。」

菲律賓國家安全顧問高利茲表示，馬尼拉關切中國在黃岩島周圍從事海洋活動的模式。這種先構築建物然後佔領的模式，與數年

前中國在有爭議的南沙群島所使用的如出一轍。菲律賓國家安全的最大威脅來自中國的犯罪集團，其中可能包括解放軍部隊的軍官，他們每年走私總額超過十二億美元的毒品進入菲律賓。

中國駐馬尼拉大使館三月二十九日要求菲律賓政府，約束高利茲發表對雙邊關係有害的談話。

五、「信任工作會議」中菲同意不讓南沙分歧擴大

中菲兩國於二〇〇一年四月三日及四日兩天，於馬尼拉舉行第三次中菲在南沙建立信任措施專家工作小組第三次會議，由中國外交部亞洲司司長傅瑩和菲律賓外交部部長助理威利加主持。雙方在會議中就黃岩島領土爭議相關問題交換意見，同意兩國不應在此地區採取任何可能使事態擴大化和複雜化的行動。

四日，兩國在會中繼續就黃岩島領土爭議交換意見，但除了同意不應在此區採取任何可能使事態擴大的行動外，兩國並未就此爭議提出任何解決方法。

這項信任建立措施會議的主要用意，在於為探討兩國在南海的合作而建立雙邊磋商機制，同時為制訂中國與東盟的「南海地區行為準則」預做準則。在會議中，兩國與會人員同意進一步研究落實專家工作小組前兩次會議所提出的兩項信任措施，包括雙方軍隊就搶險救災和工程技術交流經驗，以及兩國就相互提供、發佈航海通告和航海警報等問題進行磋商，以及相互討論海上航行安全等相關問題。雙方在會議後還確認了關於建立信任措施的十點諒解與共識。中菲雙方在會議後發表了聯合聲明，強調中菲發展友好合作符合兩國人民根本利益，雙方應致力於不讓分歧影響兩國關係發展的

大局。

六、北京鞏固南沙領土

二○○二年七月十七日，《菲律賓詢問者》報報導：「中國近年來鞏固其對南沙群島及其他石油豐富地區的領土，同時以談判和平解決的希望來安撫其他要求領土主權的國家。」這家英文報報導，美聯社獲得的機密軍事報告說「中國的活動使五個領土主張相抵觸的國家成為東南亞衝突的最大潛在引爆點」。這份於三月完成的二十頁報告說，過去四年，中國在其佔領的某些有爭議的島礁上投置通訊裝備，編組改善偵察的軍事單位，並舉行大規模軍事演習。中國在謹慎地加強其勢力以避免可能破壞其經濟利益重大衝突的同時，似乎準備以任何手段維護其領土主張。

中國的行動被普遍地視為是以增進其在區域內戰略目標的雙刃的外交策略。北京利用談判的手段使鄰近國家的政府抱有和平解決的希望，中國軍方繼續在西沙群島構築永久工事。中國一九九八年在南沙群島中菲律賓主張領土主權的美濟島加強工事後，據說又在其佔領的島上設置通訊轉播站，可以與中國海軍巡邏艦艇和中國南海艦隊的陸上指揮部傳達跟聯絡。中國於二○○二年五月設立南海海洋偵察部隊，以維護領土主張和建地海洋及水產資源。

報告中並指稱：「中國建造二十到二十四艘一百公尺長的艦艇，偽裝海關船舶擔任巡邏任務。」

七、六國汶萊會談

二○○二年七月二十四日，中國和其他涉及南中國海主權糾紛

的國家，在汶萊舉行一項「攸關成敗」的會談，以化解彼此對菲律賓所提，旨在緩和該地區緊張情勢的「行為準則」的歧異。

主要爭執地區是南沙群島，不同國家的海軍定期對這個地區進行巡邏，而令相關各造擔心軍艦間的意外和誤會，可能引發衝突與戰爭。這個問題於會談中討論，而東南亞國家聯盟十個成員國，以及中國和此地區其他國家的外長，亦舉行會談。

儘管六個對南沙群島有主權主張的國家，均已同意此一行為準則構想，他們對準則應涵蓋那些地區仍存在歧異。

八、中菲防長會談解決南沙爭端機制

二〇〇二年九月二十九日，中華人民共和國國防部長遲浩田和其在菲律賓的對等官員黎耶示矢誓透過「和平諮詢和談判」來處理南沙群島的領土爭端。兩位官員也都強調在反恐怖和菲律賓三軍現代化方面加強合作。遲浩田離開馬尼拉以前、和黎耶示發表聯合談話作前述表示。黎耶示和遲浩田都承諾透過和平談判使此一區域成為「和平合作的海域」。

來菲訪問四天的遲浩田說，他支持南沙群島所有聲索主權的國家（中國、越南、菲律賓、馬來西亞與汶萊）建立一種「解決爭議的機制」。

黎耶示說，中國願意參與稍早在東盟提出的南中國海行為準則的擬草工作，然而兩位官員都未說明中國在擬定行為準則將扮演什麼角色。菲律賓首次提出南沙群島聲索主權國家行為準則的建議。黎耶示同時表示中國準備對菲律賓三軍現代化的工作提出支援和協助。

九、菲在南沙中業島設社里

　　菲律賓最偏遠的社里，是座落在南中國海南沙群島的一個被菲律賓命名為巴牙沙島上的「加拉耶安社」。巴牙沙意思是「希望」，加拉耶安意思是「自由」，即中國的中業島。

　　巴牙沙島的面積是三十二點七公頃，二〇〇〇年全國人口普查，該社里的居民總數共是二百三十四人。加拉耶安設社長羅辛洛·曼地示過去是菲律賓海軍陸戰隊在巴牙沙島上駐軍的指揮官。曼地示說：「事實上，我的選民大部分的時間住在巴拉灣省會公主港，平常時轄區的士兵要比居民還多。巴拉灣老百姓的生活，大體上還不錯，我們在遙遠的巴牙沙島建社，確實是不切實際，應該說是錯誤的決定。」亦即因為如此，加拉耶安社政府啟動其稱為「加拉耶安徙置方案」，目的在求建立一個人口四百至五百人的理想漁民社區，這也是此一如世外桃源的島所能容納的人口數量。他並說：「我們的理想是把加牙耶安開發成為菲律賓人的格林蘭，在這裡沒有窮苦的人。」

　　二〇〇二年九月下旬，曼地示開始執行第一批的徙置人口，由海軍一艘登陸艦「內湖號」，載到加拉耶社定居，同時還載有二百噸的食品、植物油、建築材料、摩托小舟和捕魚工具，使這個過去是軍事前哨崗蛻變成為社區。「內湖號」軍艦也運抵加拉耶安社一輛房車，這也是本社唯一的汽車，可以在社區唯一的道路行駛。

　　「內湖號」登陸艦的任務，有點像聖經記載那亞大木舟，載人也載禽畜，此次載有二百隻雞，二十三隻豬、二十隻羊、四隻火雞與二隻小狗。曼地示說：「徙置作業有第一批，也就會有第二批、

第三批和第四批，以至達到我們的人口目標為止。

「加拉耶安社」第一家合作社，由社政府經營，二〇〇二年九月二十日正式開業。曼地示坦認即使有許多獎勵，如每月一千五百批索的生活津貼和免費的住宅，也很難說服巴拉灣本土的民眾前來加拉耶安社居住。中業島亦稱地杜島，距馬尼拉五百七十九浬。

「加拉耶安社」有一個軍方建造的迷你飛機場，跑道長一千二百二十六公里，可供輕型飛機起降。從公主港乘飛機到加拉耶安社，需要二個半小時，乘船需要五十六小時，菲律賓除了中業島以外，還佔領周邊八個島礁和淺灘，但是面積太小，不適於移民居住。

十、中國－東盟簽署「南海行為準則」宣言

二〇〇二年十一月四日，第八屆東盟非正式高峰會與第六屆東盟加三（東盟與中國、南韓與日本的對話）在柬埔寨舉行，此次非正式高峰會與東盟加三會議所討論的重要議題除了自由貿易區的成立外，也包括中國與東盟簽署「南海各方行為宣言」的協議，為東盟國家與中國解決南海地區島嶼爭執提出了和平解決的方案，並也緩和了南海地區各國間主權爭議所潛伏的衝突危機。但台灣也主張對南沙群島的主權，卻被排除在簽署協議之外。中國總理朱鎔基十一月二日起程前往柬埔寨參加此項會議，中國與東盟已完成關於「南海各方行為宣言」的磋商，於會後簽署。這是雙方關係的重要進展，不僅標誌中國與東盟政治互信的深化，也有利於維護地區和平與穩定。

宣言中說，「各方同意在進行使爭執升高及複雜化和影響和平

與穩定的活動時彼此自制。包括不佔據無人居住的島嶼、沙洲、暗礁、珊瑚礁，並以建設性態度處理歧見」。宣言中說，東南亞國家聯盟及中國願更加努力，透過國防及軍事官員的對話與意見交換；保證給予危險中或遇難人員公正及人道待遇；自動通知對方任何即將舉行的聯合或混合軍事演習，同時自動交換有關資訊，以建立彼此的信心。

南海準則要求對南沙群島宣稱擁有所有權的各國承諾自制，不採取會引發爭議的行動，如進駐群島上，各國國防與軍事官員交換意見，及在軍事演習前通知其他國家。中國是對這群可能富含石油的岩礁、海灘、小島宣稱所有權的最大國家，如果中國不接受南海準則就毫無作用。

一九九九年，東盟提出通過一份「東盟與中國南海區域行為準則」的建議時，中國採取強烈反對態度。但逐漸的，北京不但不反對，也提出自己的南海行為準則版本，進而希望南海行為準則早日出爐。東盟會員國當中，越南與馬來西亞對菲律賓所草擬，後來經泰國整合修訂的東盟南海行為準則版本的適用範圍，以及部份的文字規定持不同立場。越南堅持將西沙群島列入準則規範範圍之內，馬來西亞有不同意見。後來與東盟各國進行幾輪的磋商，已把南海行為準則內容有爭議的部份逐步消除，所剩困難或歧見已不多。

二〇〇二年七月所舉行的東盟外長會議上，東盟會員國已達成通過一項有關南海政治宣言的共識。二〇〇二年十月十一日，東盟資深官員會議在柬埔寨金邊舉行有關南海政治宣言及行為準則的最後整合磋商，經長時間談判，東盟十個成員國已在和中國達成了一

項南海地區行為準則協議草案，故得以如期在十一月四日簽署。

十一、台北內政部長余政憲視察東、南沙

二○○二年十一月四日東盟各國與中國簽訂「南海各方行為宣言」後，台灣因受制於中國無法簽署，在南海國際地位有邊緣化之虞，因此內政部長余政憲於二○○二年十一月八日，由台北包機直飛東沙島，代表國府宣示領土主權。隨行人原還包括內政部次長林中森，行政院海岸巡防署長游乾賜等人，並邀請媒體記者包機一同前往，這也是繼前內政部長吳伯雄在一九九二年視察東沙島之後余政憲再度登島宣示主權。

余政憲在聽取東沙巡防指揮官陳義和簡報後表示，他造訪東沙有三個目的。㈠是宣示內政部對離島的關心。㈡是慰勉海巡署弟兄辛勞。㈢是宣示中華民國主權。

他呼籲國際社會重視中華民國在南海地區的權益，同時表達台灣願意本於國際合作的精神，積極參與南海開發及安全維護，分享資訊，共創和平。

對於海巡署擬調派二十噸級的近岸巡防艇進駐，有效擴大巡護十二浬領海範圍，需要新台幣一億餘元興建快艇簡易碼頭，余政憲表示高度支持，他當場請內政部次長林中森協調營建署於二○○三年先行補助規劃經費，並向行政院離島建設指導委員會爭取二○○四年度優先提撥工程經費，以早日動工興建。二○○三年元旦副總統呂秀蓮也包機前往視察東沙島。

二○○三年六月九日美國之音英語電台報導，中國一艘導彈護衛艦和一艘掃雷艇六月五日清晨在南海例行巡邏期間，與菲律賓一

艘驅逐艦和兩艘護衛艦發生小規模衝突，菲律賓一艘八百噸級的護衛艦被中國艦艇發射的導彈擊沉，中方掃雷艇亦都中彈，經拖返海南基地。事件發生後，菲律賓曾經出動多艘驅逐艦到出事海域，中方亦出動南海艦隊主力艦出海，事件未有進一步擴大。

七月二十九日，台海巡署南部機動海巡隊所屬花蓮艦，載運漁業署觀察員，出航四天三夜深入南海，前往台、菲經濟水域重疊區，進行保護台灣漁民安全的巡弋任務，宣示台灣對該海域的控制權。行政院長游錫堃表示，為展現政府維護專屬經濟海域權利的決心，已指示國防部及海巡署共同加強台菲重疊經濟海域漁業巡護執行作為，提高護漁密度，立即將巡護頻度增加一倍，由每星期一航次增加為每星期兩航次，確保漁民合法作業權益。

七月二十九日上午九時，海巡署南部機動海巡隊所屬五百噸級花蓮艦，由隊長林萬長帶隊，載著漁業署漁政組主任檢查員蔡天來，啟程往距離高雄港四百八十公里的東沙群島水域出發，漁政人員指出，菲國以巴丹島為北界，劃開二百浬經濟水域，其實就已將恆春十二浬領海納入，長久以來雙方以北緯二十度線為「默契」，約略是雙方重疊水域的中線地帶。

花蓮艦四天三夜的南海護漁任務，沿北緯二十度線以北，東經一百一十九度到一百二十五度，台、菲經濟水域交疊長達三百六十浬內的水域，做反時鐘護漁巡航。游揆呼籲菲國政府應儘速與台北進行漁業合作及處理機制的協商，以共同開發及利用兩國相鄰水域的漁業資源，促進雙方共同利益。

而連日來護漁風波，包括監委黃勤鎮、黃武次、黃慶輝等三人申請主動調查，並組成專案小組，以釐清政府在護漁角色扮演上是

否出現疏失。

　　為重申台灣在南沙主權，內政部長余政憲於二〇〇三年八月十四日前往南沙太平島視察，此次視察規模浩大，不僅出動「武昌」、「西寧」兩艘拉法葉軍艦以及一艘海巡署巡防艦「謀星號」，更邀集了經建會副主委張景森、內政部次長林中森、研考會副主委蔡丁貴、海巡署副署長游乾賜、行政院一組組長尤賜明、高雄市副市長林永堅等政府官員以及記者二十一人前往，總計四十八人。

　　內政部將隨行媒體記者名字以同行官員的頭銜造冊，國防部一看傻了眼，只好心照不宣、裝作沒看到，命令海軍派出兩艘拉法葉級巡防艦擔任專艦任務，由一四六艦隊長袁嘉量少將主觀率對陪同余政憲部長乘坐旗艦，，以單程四十五小時高速，在四十七個小時航程後，拉法葉艦於十六日上午九點多在太平島外海下錨，余政憲等人乘坐海巡署接駁膠筏登上太平島。來回合計約五天的航程中，三艘武力艦全程排列成三角隊形，在旗艦武昌艦乘坐海巡署接駁膠筏登上太平島。來回合計約五天的航程中，三艘武力艦全程排列成三角隊形，在旗艦武昌艦的帶領下，隨時提防鄰國海軍可能對視察團的不友善動作。三角隊形是海軍傳統標準的攻擊防禦隊形。

　　余政憲說此行是代表行政院游錫堃到南沙視察，在踏上太平島時，他興奮形容這是「歷史性的一刻」。這次視察主要目的包括「重申南沙主權」、「宣慰駐島人員」、「提昇我國南沙發聲地位」、「設置一等衛星控制點」。

　　近年各國競爭宣布建軍力與駐防人員，使得此地區被視為亞洲東部爆發衝突的潛在導火線。

　　二〇〇二年十一月，東盟與中國簽定「南海各方行為規範宣言」，台灣被排除在協議之外，引發台灣在南海地位遭「邊緣化」的疑慮，這是促成此行的主因。雖然太平島上有台灣駐防人員，但行政視察具有更強烈的主權宣示意義，這次又一舉出動兩艘最先進的拉法葉艦，對於周邊其他國佔據的島嶼，可以達到軍力展示的威嚇效果。

　　為將島上原有的二等衛星控制點更新為一等衛星，使探測海洋資源的定位更為精準，地政司方域科與測量中心官員特別攜帶大批儀器隨行，並在太平島上舉行動土典禮。

　　余政憲一行還臨時起意於八月十六日搭乘海巡快艇登上距離太平島二浬外的無人島礁中的大現礁，插上中華民國的國旗，隨行官員說，「我們又多佔了一個島。」但由於在無人島礁插國旗動作極富政治敏感性，是否會引發後續政治效應，有待進一步觀察。

　　這是中華民國首位內閣部長親自登上中國最南疆領土，極具政治意義。為了凸顯台北對南海主權主張，余政憲強調此行為「視察內政業務，也是例行業務」，而且在南海政策綱領的指導下，政府對於南海爭端，仍將堅持透過和平協商方式解決衝突，共同開發南海天然資源。

　　一九九五年，當時擔任保七總隊長的楊子敬擬巡弋中國海域，當時計畫率領媒體記者浩蕩前往南沙視察，行前並召開記者會宣布後，隨即引來菲律賓揚言不惜動武，楊子敬一行最後在行抵東沙後即自行折返，因此，這次余政憲特意低調，要求所有媒體配合只能返國後發佈新聞。大現礁由於面積約僅三千二百平方公尺，無法顯示在內政部所繪製的「南海諸島位置略圖」上。由於位於東北方的

敦謙沙洲與西北方的舶蘭礁等二處礁島，現為越南軍隊佔領，附近水域相當敏感，尤其距離只有四浬的敦謙沙洲，島上架有重型機槍砲彈，大現礁位在敵我火砲有效射程範圍之內，且周遭並無任何掩體，平日其他國家船舶也不敢靠近，因此事後有不少人都為這次行動捏了一把冷汗。

二〇〇二年十一月，東盟各國與中國簽定「南海各方行為宣言」後，各國就以鮮少再有登島佔地的行動，而大現礁也沒有其他國家插旗，因此余政憲這次行動實屬一種高度政治敏感性的動作。

為了持續在南沙群島第二座插旗島礁上的主權象徵，余政憲特別商請海巡人員密切觀察後勢動態，如果插旗能維持一段時間，下次運補時就要派員重回島上立碑。

大現礁為一珊瑚與貝殼碎屑堆積而成的島礁，無生草木，面積會隨潮汐不同而改變，沒有人員駐守，但據當地海巡士兵表示，經常會有越南駐防人員登上駐足，我駐防人員平日不會前往該處。

余政憲表示，中國與鄰近國家的領海、經濟海域有多處重疊，導致漁業海事糾紛頻傳，雖然政府頒佈多項海洋法規，但據以管理養護海洋的海域基本圖仍付之闕如。因此，內政部在開始執行的「國家基本測量發展計畫」中，將海域基本圖測量列為重要工作項目。東沙群島在一九九四年已設置一座衛星追蹤站，南沙群島這次更新後，座標系統也將與台灣本島一致。為便利駐員與家人聯絡，島上設有八具衛星電話，撥打到台灣本島以國內長途電話費計算，多餘的費用由海巡署補貼。太平島屬於高市旗津區，電話區碼從零八改成零七，並以市內通話標準計費。近期會為太平島安置專屬的門牌號碼。改成市話計費增加的費用，由高雄市政府買單。

　　由於太平島屬高雄市政府託管，行政區屬高雄市旗津區，因此當天隨行的高雄市副市長林永堅表示，未來高市府將儘速到太平島釘門牌，設籍落戶，同時考慮規劃在島上設置漁民服務中心，並另爭取將目前當地電話區碼（08），改為高市市內電話（07），減輕長途電話費用負擔。

十二、越南漁船闖入太平島海域，台灣守軍驅離

　　二〇〇三年十一月一日，越南警告台灣不得在南沙群島進行驅離越南漁船這種「侵犯越南主權」的活動，並表示這些衝突破壞穩定而且可能危及和平。

　　越南外交部發言人說，台灣最近在南沙群島附近的一些活動「有違本區域和平、穩定和發展的大趨勢，越南對南海諸群島主權不容爭議，這有歷史證據和法律基礎。」

　　越南遵守「一個中國」政策，承認中國不承認台灣，不過和台灣維持相當的經貿往來。台灣也是越南第二大外來投資國。在此次事件中，台灣巡邏艦把越南漁船從太平島附近海域驅離。

　　二〇〇三年七月，越南表示要擴大南沙群島的深海漁業，並準備投資一百三十萬美元，在南沙群島設置補給中心。越南並表示考慮開闢南沙群島的觀光，十一月二日，台灣中華民國外交部發言人石瑞琦指出，外交部在第一時間已要求駐越南代表處瞭解，並與各相關單位全力聯繫中。海巡署官員表示，越南漁船已多次侵入台禁限海域，海巡署日後仍將依法驅離，維護中華民國領土主權。

十三、印度海洋戰線進逼南海

　　二○○四年一月二十日，印、俄簽約，以十六億美元向俄羅斯購買一艘重新整修過的航空母艦「葛西科夫號」和十二架米格 29K 型戰鬥機。戰機將在二○○八年之前交給印度。俄羅斯和印度長期以來關係，一直十分密切。冷戰期間，印度一直與蘇俄聯盟。印度也一直是俄羅斯武器的大買家之一，從一九六○年至二○○四年，印度所購買的蘇聯和俄羅斯武器已超過三百億美元。印度也是俄羅斯武器的第二大客戶，僅略次於中國。

　　印度向俄羅斯購買航空母艦以及十二架米格 29K 型戰機的合約是在談判成功後，簽約儀式卻一延再延。印度購買蘇俄時期的戰艦，在國內一直引發爭議。論者認為，購買這些舊戰艦所費不貲，不如購買更現代化的裝備。

　　印度報界原先猜測，俄羅斯可能提供印度核子潛艦，但塔斯社引述伊凡諾夫的話表示，俄羅斯不準備這麼做，伊凡諾夫說：「我們不會簽任何潛艦的合約。我們已經提供柴油潛艦給印度。」

　　印度海軍表示，「葛西科夫號」的售價包括為該艦重新裝配新裝備，可使用期限大約為 40 年。

　　印度敲定向俄羅斯購買航空母艦「葛西科夫號」，這使本已是亞洲唯一擁有航空母艦的印度海軍軍力大幅提升，成為核武強權中國的心腹大患。

　　印度國防部長費南德茲在宣布此一軍購合約時，意氣風發地表示。印度購得航空母艦和 12 架米格 29K 型戰鬥機，深具歷史意義。費南德茲說：「這紙合約是印俄兩國軍事科技合作的重大里程

碑，有助於兩國未來在國防、科技和雙邊關係方面進一步發展。」

印度目前唯一的航空母艦是「維拉特號」，此艦主要用於防衛，航程有限，但「葛西科夫號」可以讓印度海軍將航空母艦特遣隊推進到南海，距離中國大陸只有咫尺之遙。

俄羅斯花費五年時間重新裝配「葛西科夫號」，此艦將用以暫時替代一九九○年代末葉除役的「維克蘭特號」，直到印度有能力自造航空母艦為止。

印度是亞洲唯一擁有航空母艦的國家，這使一些鄰近小國惴惴不安。印度兩大敵國——巴基斯坦和中國目前也都還沒有航空母艦。

印度正積極整頓海軍軍力，海軍總司令辛哈表示，「葛西科夫號」威力非常強大。可以讓南亞地區景象丕然改觀。印度希望在十年內自建航空母艦，但觀察家認為，需要的時間可能更久。

十四、越南宣示南沙主權招式更新

二○○四年二月六日，越南宣示將舉辦南沙群島觀光旅行。北京怒火中燒。菲律賓靜觀其變。台灣則在南沙興建生態觀測亭。一度被視為亞洲衝突潛在引爆點的南沙群島，上演的是近似小聯盟競賽常見的口水戰。與昔日擊沉船艦、發射警告砲火大異其趣。

越南宣布將載運百人於二○○四年四月中旬前往南沙群島觀光。越南表示，這些觀光客將到越南在南沙的軍事基地一遊並稱這項旅行為「正常」的「民間行為」。北京警告越南勿輕舉妄動，聲稱北京擁有南沙「無可爭議的主權」。菲律賓的態度較審慎，菲國駐河內大使試圖瞭解這一觀光旅行的正當性，且質疑這項行動是否

違反二〇〇二年一項協議。台灣對越南的行動並未多做評論，只是由海巡署在南沙群島上的大現礁建立生態觀測亭。

　　美國戰略與國際研究中心太平洋論壇研究部主任葛羅瑟曼指出，這些外交姿態均屬正常狀態，所有國家都瞭解衝突的風險真實存在，因此只要些外交花樣。這些國家接受以非暴利方式解決衝突，讓他感受到南沙群島已開始出現新的行為準則。過去，主權宣示往往兵戎相向，南沙才有衝突引爆點之稱。最嚴重的一次為一九八八年中國與越南海軍於赤瓜礁發生激戰，越南七艘艦艇遭到擊沉；易一次為二〇〇二年八月，越軍對菲國偵察機發射警告砲火。二〇〇二年底，中國與東南亞十國簽署前所未有的志願協議，避免在南沙爆發武力衝突。現在則是觀光旅行、生態觀測亭取代過去的子彈，成為政府宣示南沙主權的途徑。

　　二〇〇四年二月九日，菲律賓華文報刊《商報》報導，北京當局正在催促菲律賓共同開發南沙群島，並與其他聲索國展開對話打破僵局。《商報》引述中國駐菲大使王春貴說，南沙群島的各聲索國應撇開各自的政治爭議，集中開發這片藏有豐富天然氣的海域。王春貴說：「這是我們的原則之一。有關聲索國中，我們認為目前應將各自的糾紛擱在一邊，並致力於共同開發。」

　　中國副外長王毅於二〇〇四年一月在大雅台市召開的東亞拉美合作論壇中。對南沙問題發表了演講。據說，王毅「強烈」奉勸菲國代表團同意共同開發南沙。

　　隸屬越南海軍的一間旅遊公司，於二〇〇四年四月中組織旅行團到具主權爭議和曾爆發中越軍事衝突的南沙群島遊覽，首團名額一百人。越南政府發言人稱，吸取首團經驗，定期組團前往這些島

礁旅遊。首個南沙旅行團乘船到南沙群島旅遊,並到越南在南沙附近的鑽油井和南威島參觀,再到越南南部的度假區富國島。

二○○四年三月三十一日,中國外交部宣稱:越南在南海珊瑚礁建築高腳屋,並自四月起開放南沙群島旅遊,是侵犯中國主權。

二○○四年三月三十一日,越南外交部抗議台灣在南沙群島修建建築物,稱此舉是嚴重侵犯越南領土的行為。據外電報導,越南外交部發表了一份-聲明,聲稱台灣一艘快艇三月二十四日將八名工人運到南沙群島的一個島礁,並在那裡建起了一間房子。越南稱,台灣此舉妨礙了地區的和平和穩定。並警告台灣要承擔嚴重後果。越南外交部發言人稱:「越南強烈譴責台灣的舉動,要求(台灣)立即停止在越南 Truing Sa 群島的此類行動。

美、菲兩國自一九五一年簽訂防衛協議後,每年均舉行聯合軍事演習以加強菲律賓防禦力量。

二○○四年四月三日,菲律賓總統艾若育透露,近年被派到菲島訓練菲國軍隊的美軍,其任務原本是訓練菲軍保衛南沙,以防止中國攻擊,後來由於阿布沙伊夫游擊隊愈趨猖獗,她才要求美軍變更訓練的目標。

艾若育於四月三日在電台廣播中,首次承認美軍與菲律賓軍隊曾以中國為假想敵。

她說,自從阿布沙伊夫游擊隊犯下多宗綁架和殺害人質的事件後,她要求美國改變訓練菲國軍隊的重點,不再以保衛南沙以防中國入侵為目標,因為這種訓練「不切實際」。反而把軍隊的力量集中對付阿布沙伊夫更為恰當。

二○○四年四月,全中國知識界流傳一篇文章,題目是「戰爭

正在向我們走來」，這篇文章之所以流傳，是據傳其為退休的國防部長遲浩田所作。更值得討論的，是這篇文章重點提到的「三島問題」，所謂「三島問題」，指的是台灣島、釣魚島、南沙群島三島。這三島之成為問題，前一島關係到中國現在面臨的國家統一問題。後兩島則關係到領土完整的問題。國家統一和領土完整，還真是當今北京領導層最頭疼的問題，因其既涉及到國際戰略的布局，又涉及到內部的政治安定，更進一步，就涉及到領導層能不能坐穩位子了。

在三島問題，台灣島的問題最大。因為在中國當今政治概念中，「祖國統一」的地位，要遠高於「領土完整」。而北京領導層一九九〇年代初以來就大力宣傳「祖國統一」的概念，雖然台灣島反而越漂越遠，但大陸民眾對台灣問題的關心度被吊得太高。對這一問題解決的壓力就變得更大。

釣魚島問題，從一九七〇年代保釣運動以來，就是風雲不斷，現在則已開始隨著中國和日本關係產生變化，和日本這個國家產生的變化。及中國民間保釣運動由被禁止到正式註冊合法活動，釣魚島問題將更加複雜化，釣魚島主權之爭增添了更濃厚的政治色彩。

南沙群島問題，本來在北京方面提出的「擱置爭議，共同開發」的主張下，也隨著中國與東盟國家整體關係的改善稍見平緩，但現在事態又有些改變，幾乎每年都要有一至兩次爭端，有時還一波剛平，一波又起，跟菲律賓談好了，越南又鬧起事來。

在北京戰略學界的眼中，解決這「三島問題」是相當複雜的事。最複雜的，還是這「三島」中，不論「一個中國」原則下的台灣島，與日本爭執的釣魚島，還是與東南亞多國爭端中的南沙群

島，其中都有美國因素在。

二〇〇四年四月二十二日，菲律賓傳召越南駐菲大使丁席，對河內決定開放主權備受爭議的南沙群島讓旅客參觀的決定表示不安。丁席沒有承諾越南將停止這樣的旅遊活動。菲律賓外交部副部長伊達林說：「經我們提醒後，他強調越南政府將遵守既定的行為準則。他沒有提及越南是否會停止派送旅客。這將由他們自行判斷。」菲律賓外交部是在越南帶一百名觀光客到南沙群島「旅遊」的一天後，傳召越南駐菲大使。

馬來西亞希望越南海軍艦艇載運遊客，從南部的胡志明市出發到南沙群島「旅遊」，就不會隨著中國、台灣及菲律賓的抗議，而演變成為緊張局勢。馬來西亞副總理那吉說，馬來西亞相信不需要訴諸武力就可解決南沙群島主權問題。「我們一直以來都相信合作解決那個地區的問題，我們很樂觀該地區不會成為戰爭爆發點。」那吉說，爭取南沙群島主權的國家，應該非常了解一些既定的限制。他對越南這項行動，表示不解。

另外，馬國外長賽哈密認為，只要各造遵守所簽訂的宣言，南沙群島問題就不會在馬來西亞與越南之間引發紛爭。他說：「我們必須遵守彼此所簽訂的《南中國海各造行為宣言》。只要各相關的東南亞國家及中國繼續遵守有關宣言，就不會引起紛爭。」他指出，所有簽訂國包括馬來西亞在內，皆受到宣言的內容所約束。「我們希望這將對維持南中國海的和平與穩定有幫助。」

十五、越修復軍用機場，南沙風雲急

二〇〇四年五月九日，印尼和馬來西亞聯手反對美軍在麻六甲

海峽進行反恐巡邏。兩國都認為，應讓麻六甲海峽的沿岸國家負起保護這個航道安全的任務。兩國也堅稱，麻六甲海峽並未面對恐怖活動的威脅。到印尼訪問的馬來西亞外長賽哈密和印尼外長哈山舉行會談後，表示反對美國的建議。

五月初，太平洋美軍總司令法戈說，美國考慮在麻六甲海峽部署軍隊，以防恐怖分子在這個世界最繁忙水道活動。哈山指出，美國不應進行這項巡邏計畫，「這是我們主權和司法權限內的事。」

賽哈密說，麻六甲海峽受到的威脅已被「不成比例地誇大了。過去六個月內只發生一起海盜搶劫事件，這期間沒有恐怖活動的紀錄。新加坡並不是麻六甲海峽的海岸國家，所以它沒有權利決定麻六甲海峽的保安工作。麻六甲海峽的海岸國家只有馬來西亞和印尼，在沒有獲得這兩個國家的同意之前，任何國家不可干預或插手麻六甲海峽的保安工作。」

二〇〇四年，越南在南沙群島動作頻頻，繼組團到南沙群島觀光後，軍方又在其中的南威島（越方稱長沙島）上，修復軍用機場，預計年底竣工。

越南此舉再度引起中國等國家的不滿，並增加南海緊張氣氛。

南海共有東沙、西沙、中沙、南沙四大群島，台灣在其中的東沙島駐軍；西沙群島從一九七四年開始，中國派軍從越南手中全部收復；中沙是暗礁；南沙群島則是主權爭奪最激烈的地區，中國、菲律賓、越南、馬來西亞等都佔有若干島礁，就連未佔有任何島礁的印尼、汶萊也都宣稱擁有部分主權。越南佔有島礁最多，主要島礁上駐軍，配有發電設備和雷達系統，其中二十九個島礁還配備衛星電視系統。這次引發糾紛的南威島軍用機場，是越南在一九五六

年佔有的主要島礁，越方宣稱是旅遊用途，但仍具軍事價值。準備修復的南威島軍用機場，跑道長六百公尺，越南民航局參與投資，可以起降小型雙引擎飛機，開闢往來南沙群島的商業航班。

由越南承傳到南沙群島，需時約二天，二〇〇四年四月十九日至二十五日越南組旅行團到乘船到南沙群島觀光，越南旅遊局人員表示，二〇〇五年可能還會再次組團前往；越南國防部長范文茶稱，外國遊客也允許參加日後南沙旅行團。

越南的「觀光行為」引起中國抗議和台灣關切，中國外交部發言人孔泉表示，越南此舉侵犯中國領土主權，越南應立即停止任何導致局勢複雜化的行動。如今越南欲進一步修復機場，中國抗議的聲浪再度高漲。

在此同時，北京《國際先驅報》報導，在越南國防部和海軍司令部的直接指揮下，越南近期已在南沙群島建立了牢固的「陸地－海洋－島嶼連環陣勢」。越南政府日前並準備採取更佳有力的措施發展海島經濟，加強南沙的經濟建設。

據報導，越南軍方準備發展南沙的海上航空服務，建造大型軍事和民用船隊。軍方呼籲政府要對海島航空服務進行投資，盡早發展能夠適應各種天氣、載重量大的軍事運輸及旅遊船隊，購買或建造一些軍醫、救護和後勤服務的船舶。

越南國防部和越南中央軍委主辦的最新一期《全民國防》雜誌刊登署名文章稱越南正不斷增強南沙群島的基礎建設，同時加強對該群島資源的研究、勘探和開發。

文章更指出，「要把各島嶼，特別是浮島，建設成為牢固的城池和符合作戰要求的據點，而且還要使之成為提供海上服務和生態

旅遊的後勤系統，有效地為遠海捕撈和發展海上經濟服務。在繼續做好諸如海島綠化、確保足夠淡水、糧食、食品儲備、建設各港口碼頭和船隻停靠點等各項工作的同時，必須設立南沙群島民用通信系統，保證每一個島嶼除了軍事通信系統之外，還有一套高質、現代、便捷、能與陸地聯絡的民用通信系統。」

《越南新聞》日報說，越南最主要電信公司、國營越南郵政與電信公司將利用衛星連結提供這項服務。越南國營媒體報導，越南打算在二○○四年年底前提供其駐守在南沙群島的士兵網際網路服務。

十六、舒緩南沙紛爭，中菲簽署協議

二○○四年七月十日，在媒體報導中國的「中國石油天然氣公司」在南沙群島海域探勘石油和天然氣之後，菲律賓要求中國立刻中止在這個主權仍有爭議的地區的挑釁行為。

菲總統府發言人文耶呼籲，中國處理這一事件要透明化，且中止探勘等挑釁行為，否則將會影響大家經由外交、和平解決南沙群島爭端的努力。

在媒體報導中國第一大石油製造商「中國石油天然氣公司」已經獲准在接近南沙群島的南海區域探勘石油與天然氣之後文耶發表這份聲明。文耶表示，菲律賓對中國繼續尊重二○○三年東盟與中國簽署的「南沙群島行為準則」有信心，他呼籲中國避免破壞南海薄弱和平基礎的行動。

但是，文耶也強調，「我們必須在國際社會可接受的法規及手續下，維護與防衛菲律賓的國家主權。」

二〇〇四年九月一日，中國國家主席胡錦濤與來訪的菲律賓總統艾若育在北京人民大會堂舉行會談，就發展兩國關係達成某些共識。雙方就制止中國漁民在南中國海非法捕魚、聯合探勘石油等海洋礦產、旅遊合作、兩國旅遊簽證豁免等簽署五項協議。雙方還討論兩國軍事合作、互通情報方面的問題。

二〇〇四年五月連任總統的艾若育打破了菲律賓前三位總統的慣例，首次出訪的不是東南亞國家而是中國，這說明北京在東南亞的強大影響力。艾若育此次中國行旨在加強菲律賓與中國經濟聯繫，緩解兩國南沙群島問題上的緊張關係。艾若育此行並未向北京提出美濟礁於一九九五年被中國佔領的問題。菲律賓聲稱美濟礁屬於菲律賓所有的卡拉揚群島（Kalayaan Group）。此時，在南中國海捕魚而遭菲律賓警方拘捕的中國漁民，仍在馬尼拉法院受審。

在會談中，胡錦濤讚賞菲律賓政府支持「一個中國」政策。他還表示希望中國與東南亞聯盟十國加快談判，早日達成計畫中的「自由貿易區」。東南亞自由貿易區如果建成，在二〇一〇年將擁有二十億人口，各國國內生產總值（GDP）合計達兩兆美元，將成為是全世界最大的自由貿易區。

菲律賓總統艾若育夫人訪華期間，中、菲兩國的石油公司簽定了共同勘探南海石油的協議，這意味在有主權爭議的南沙群島問題上，中國政府一直倡議的共同開發、和平解決爭端的方式，獲得回應。菲律賓更聲稱這是東盟與中國南海行為準則的首個具體措施，更邀越南加入共同探勘。

在中國國家主席胡錦濤和菲律賓總統艾若育見證下，中國海洋石油公司及菲律賓國家石油公司九月一日在北京簽訂價值七百萬美

元共同探勘南海石油協議，同意以三年時間合作研究南海的石油資源。

　　有關合作為中菲兩國在南海油田問題上打開了合作之門，菲律賓能源部發言人西爾韋特雷發表聲明表示，有關協議不屬於石油開發的諒解備忘錄，只屬雙方合作及共同探勘南海地區石油的協議。根據協議，中國海洋石油公司及菲律賓國家石油公司同意以三年時間，合作研究「南海一些地區的石油資源的蘊藏量」。有關合作屬開發前的研究，只會蒐集、處理及分析地質數據，不會有鑽探及開發的工作。

　　九月二日，菲律賓《商報》報導，菲律賓能源部長佩雷斯在簽署儀式後透露，該項協議不涉主權問題，不代表菲律賓放棄南海的任何權利，只是要研究那裡是否有石油。中央軍委主席江澤民於九月二日在中南海會見艾若育夫人時，對菲律賓政府承諾堅持一個中國政策、反對台獨表示讚賞。江澤民亦提到中、菲在維護南海穩定、促進共同開發方面進行了有成效的合作。

　　菲律賓總統艾若育與中國高層原則上同意進行國防上的合作，但不涉及聯合軍演及軍事援助。

　　九月三日，菲律賓《星報》引述菲律賓總統府聯絡主任亞法貝報導，艾若育與中國總理溫家寶及中央軍委主席江澤民進行個別會談後，已指示國防部長克魯斯就兩國國防合作議題，展開高層會談。

　　亞法貝強調，菲中國防合作旨在促進東亞地區的和平與穩定，並不影響菲律賓與長期盟友美國之間現有的國防及軍事關係，特別是一九五一年的菲美相互防衛合約。

他進一步說明，尚在提議階段的菲、中國防合作，並未著眼於兩國軍隊未來的聯合演習，菲律賓也不尋求中國提供軍事援助，如武器、海軍船艦及其他軍用設備等。

報導說，艾若育一如預期，向中國高層重申菲律賓遵守一中政策，但艾若育也表現出希望台海兩岸問題以及亞洲其他爭端，都能在和平的基礎上解決。

二〇〇五年三月十四日，中國、越南和菲律賓簽署了《在南中國海協議區三方聯合海洋地震工作協議》，為把南海建成和平、穩定、合作與發展地區」邁出了重要的一步，在擱置爭議、共同開發的原則指導下，共同尋找能被各方接受的共同開發方案，為和平解決南沙主權爭端而努力。

十七、太平島修建機場，陳水扁視察東沙及南沙

二〇〇五年七月十一日，美國《世界日報》報導說，七月上旬台灣衛星空照情資發現，有數艘中共海軍主力艦艇在南沙群島主要島嶼太平島海域停留，異於過去出現的運輸艦或小型艦艇。由於太平島上僅由台灣海巡署駐守，防衛火力薄弱，台灣國防部長李傑對此相當憂心，緊急召集軍方高層研商對策，會中提出包括重新駐軍，提供裝備，強化島上軍備等方案，但最後並無結論。軍方認為南海問題已非軍事層面可以解決，須留待層峰從國家戰略面向考量再做決定。李傑關注此事，只是未雨綢繆，並非情勢已緊張到一觸即發，而是認為如未來可能發生，或遲早會發生，應提早做好準備；如要恢復駐軍，就早點做，但軍方認為維持海巡署駐守已足夠，未來可考量開放觀光，不一定要恢復駐軍。

　　二〇〇五年七月二十八日，陳水扁在事前高度保密下，由秘書長游錫堃、國防部、國安會官員及媒體陪同，前往南海東沙群島視察，宣示主權的意義濃厚。這是他第二次以「國家元首」身分登上東沙群島，第一次是在二〇〇〇年十二月二十一日，陳水扁當時也將行程列為機密，僅在當時的參謀總長湯曜明和高雄市長謝長廷陪同下，首度視察東沙島，宣示南海政策。

　　陳水扁從東沙群島返台後，興猶未盡，興起去南沙視察的念頭，國防部長李傑迎合上意，並基於戰略考量，在南海海域規劃兩個潛艦「伏擊區」，以備用兵不時之需，放眼南沙群島，周邊各國都在其所侵佔的島上「起高樓，建高塔」，太平島中央原有的石子路，就可以修建成輕航機的跑道，更因美軍用衛星情資顯示，中共艦艇常在太平島周邊出沒，李傑於二〇〇五年七月底召集軍方高層研商建構機場，國防部軍備局即刻籌劃，動用七億一千萬新台幣，在太平島興建長一一五〇公尺的跑道，供 C-130 飛機起降，所需砂石，由花蓮採運。可是立法院鑒於台灣在太平島修建機場，勢必引發菲、越等國的主權衝突，表示反對，七億一千萬預算在二〇〇六年一月院會中遭到封殺。

　　國防部公開蔑視立法院，無視太平島興建機場追加預算未過，自行依法定程序，由行政院批准，函送立法院備查，動用第二預備金新台幣七・一五億，於二〇〇六年年中，派遣海軍艦艇，秘密運送陸軍工兵部隊第一批工程履勘人員抵達太平島，按照原有規劃，將原有的中央道路拓寬加厚，並採海底沉箱方式加長跑道，使成為長約一一五〇公尺、寬約三〇公尺的水泥道路，平時做為島上人、車的主要交通幹道，緊急時供運輸機起降。依照上述規劃，空軍

C-130 運輸機可執行島上起降運輸任務。施工部隊官兵兩百人在中秋節後抵達，隨即全面施工，總統府明白表示，要求太平島機場跑道，包括介紹南沙八景「歡迎蒞臨」的迎賓牌樓務必於二○○七年年底前如期完工。

完工後東停機坪七八○○平方公尺，可停兩架 C-130 運輸機，西迴機坪一八○○平方公尺，瞭望哨二○公尺高。

與南海各島已建機場跑道比較，太平島機場跑道是最短的：中國的西沙二・五公里；台灣的東沙一・五二四公里；菲律賓的中業島一・四公里；馬歡島一・四公里；馬來西亞的彈丸島一・五公里，越南的南威島一・四公里。

二○○八年一月二十一日，台空軍司令彭竹勝搭乘空軍 C-130 運輸機，首度自屏東基地秘密試航，經過菲律賓飛航情報區，飛抵太平島，成功著陸，同日返航台灣。

彭勝竹此次試航，是以「執行人道救援訓練」的名義，獲得菲方同意飛行一個航次。

一月二十四日，越南外交部發言人在回答日本 NHK 記者所提有關台灣軍機試飛太平島一事時表示，越南對南沙與西沙島嶼主權擁有充分歷史證據與法律依據，要求台灣立即停止在南沙的行動。但台灣軍事當局置若罔聞。

二○○八年二月二日，陳水扁在國防部長李天羽和國安局長許惠祐、國安會諮詢委員林茂蔚、總統府副秘書長陳其邁、內政部長李逸洋、海巡署長王進旺等人的陪同下，從台北松山機場乘總統專機到屏東，再換乘 C-130 運輸機到位於南沙群島的太平島，成為首位踏上中華民國國土最南端的中華民國總統。

　　台軍方為了在沿途維護陳水扁的安全，海陸空全數出動，特別在運輸機飛離台戰機導航範圍後，防空任務就由已經就位待命的成功級、拉法葉級接管，拉法葉艦雷達的偵蒐力和指管通情的能力，使它成為防空艦隊的指揮艦。陸軍則運了一個刺針飛彈班到太平島，以防戰機從空中攻擊。陳水扁視察結束後，帶去的刺針飛彈也跟著修機場的機具運回台灣。

　　陳水扁二月二日在太平島提出四點「南沙倡議」如下：

　　第一、台灣接受「南海各方面行為宣言」所揭櫫的精神與原則，堅持以和平方式解決領土與管轄的爭議。

　　第二、南海的開發應首重環境生態保育，台灣籲請相關各國應優先考慮對南海劃設成海洋生態保育區。

　　第三、定期開放並邀請國際生態學者及環保團體至東沙環礁、太平島及中洲礁進行研究與考察。

　　第四、鼓勵民間成立「南海研究中心」，定期舉辦國際研討會，經由二軌的接觸管道，積極緩和南海不穩定的情勢。

　　陳水扁這趟途中經過菲律賓飛航情報區，是先由民航局和空軍與菲方協調，以「民航呼號」代替「軍機呼號」執行任務，菲方故意忽視扁座機的軍機身分，陳水扁能順利到南沙，就代表雙方有一定默契。但菲參議院外交委員會主席桑蒂雅則視陳水扁此行為「挑釁行為」，痛斥陳水扁此行為「不負責任的政治動作」，極為不智，有違二〇〇二年十一月中國和東南亞國家聯盟十國就簽署的「南海行為準則宣言」，台灣理應遵守而提出抗議。菲外交部長羅慕洛也發表書面聲明，對陳水扁登陸太平島表達「嚴正關切」。

　　陳水扁此行也引發全台人民的高度關注，光護航機艦油料費就

超過四千萬元，加上人員、機械的使用、維修成本等，費用上億，官員直批陳水扁任期即將屆滿下台，仍不惜浪費納稅人的血汗錢做「畢業旅行」，再出口轉內銷做選舉消費，以滿足他的虛榮心。

更可恥的是，陳水扁此行，自始至終沒提過「中華民國」，卻在主權問題上，特別指出「台灣是南沙主權爭議六國之一」，非常巧妙地將台灣是主權獨立國家的論述，推上南沙問題的國際舞台。

十八、菲擴建中業島機場，菲防長親往宣示主權

菲律賓眾議院打算立法將南沙群島正式納為疆土，於二○○七年十二月二讀通過第三二一六號法案，尋求將菲律賓群島基線擴大到南沙群島。但法案提案人昆科披露，中國曾致函菲國外交部，對此表示關切，馬拉坎南宮認為群島基線問題茲事體大，擔心引發國際糾紛，不如將南沙群島視為「聯合國海洋公約的島嶼制度」。在菲總統府介入下，該案在菲國會中遭到擱置。

二○○八年三月二十八日，菲空軍總司令卡登戈下令將菲國所佔領的中業島上的軍用機場擴建，並為菲駐軍的營舍修築工事，菲國海軍艦艇於四月開始運送建材至中業島，將島上機場跑道加長，並將遭海水侵蝕的部分修補，以維護 C-130 軍用機的起降安全，破舊的駐軍營舍亦獲修繕保養。

二○○七年三月二十九日，菲新任國防部長伊布達尼親自率高層軍事人員搭乘 C-130 運輸機運送一座價值二十七萬美元的現代化組裝式淨水設備到菲國所佔領的希望島。

二○○八年五月七日，菲律賓一個包括政府官員和民間各界代表二五○人被冠名為「二○○八年卡拉揚群島（南沙群島）夏日遊」

的觀光團走訪面積三二‧七公頃、作為卡拉揚鎮鎮公所所在地的中業島、可以觀察海龜生態的西月島和適於欣賞海鷗翱翔的馬歡島，此外，菲律賓大學師生亦組團來此考察珊瑚和潛水。

十九、菲美軍演靠近南沙

二○○八年五月二十六日，美國與菲律賓低調展開一年一度的海上戰備與訓練聯合演習，由於演習地點靠近南沙群島，美方於五月二十八日特別澄清說，菲、美軍事演習並無任何針對性，華盛頓在南沙主權爭議保持中立態度。

為期一周的二○○八年度菲、美海上戰備與訓練聯合演習在蘇比克灣展開，之後移到靠近南沙群島的巴拉旺省進行。美國駐菲大使館一等秘書兼新聞參贊湯姆森於五月二十八日向菲媒體說此項演習範圍並不包括具爭議性的南沙群島。

被問及此次演習是否有助提升菲律賓在南沙群島的軍事能力時，湯姆森回應，此次演習並沒有納入這樣的場景及設計，演習的目的僅在於提高海上保安及反恐事務上的相互合作及共同執行任務的能力。

二十、越將南沙劃入行政區並舉辦選舉

二○○五年十月三十一日，中國國家主席胡錦濤抵達河內，展開對越南的三天訪問。越南外交部對法新社透露，中方有意提出租用金蘭灣軍事基地的意願，以加強在東南亞的影響力。此項訊息的故意透露，意味著美國曾一度提出願以每年十億美元租用金蘭灣基地的構想已遭越南否決。

二〇〇六年年終，中國在西沙群島部分領海基點樹立標誌物，受到越南指責，認為「侵犯越南主權」。中國外交部發言人劉建超於二〇〇七年一月初澄清說，根據一九八二年《聯合國海洋法公約》和一九九二年《中華人民共和國領海及毗連區域》，一九九六年中國政府公布了西沙群島的領海基點，中國在西沙群島領海基點上樹立標誌物，完全是中國主權範圍內的事，其他國家無權干涉。

二〇〇七年二月十六日，約三百人在越南首都河內，另外約一百人在胡志明市進行抗議行動，越南警方將他們擋在中國大使館和領事館外。他們在市中心遊行，高呼反中國口號，同時唱著愛國歌曲，展示對此一領土爭執的憤怒。抗議群眾穿著有紅色與金色的運動衫，衫上還印有包括西、南沙的越南地圖。

多年來，越南在南沙群島海域動作頻繁，繼二〇〇四年四月開闢南沙旅遊觀光線路及旅遊活動，二〇〇五年在南沙群島修建機場，二〇〇六年在南沙建立移動通訊電話網絡等之後，更在二〇〇七年四月將我南沙群島劃入越南相關行政區，並在當地舉行所謂的「國會代表選舉」，不斷以實際行動，侵犯中國領土主權，二〇〇七年六月二十九日越官方《西貢解放報》甚至狂妄地聲稱「越南擁有南沙全部島嶼主權，決不放棄一寸土地」，並稱「不惜與中國一戰」。

此外，越南還進一步劃定了南沙部分油氣招標區塊，並與英國BP公司合作，在南沙修建天然氣輸送管道。

二〇〇七年四月十日，中國外交部發言人秦剛在例行記者會上表示，中國對南沙群島及附近海域擁有無可爭辯的主權，任何其他國家單方面對該海域採取的行動，都是對中國領土主權、主權權利

和管轄權的侵犯，都是非法和無效的。

　　他說，在有關各方面的共同努力下，南海局勢總體保持穩定。越南在南沙採取一系列侵犯中國主權和管轄權的新行動，違反了中越雙方領導人就海上問題達成的重要共識，違背了《南海各方行為宣言》的精神，不利於南海地區的穩定，中方對此表示嚴重關注，已向越方提出嚴正交涉。

　　越南國家石油公司不理會中國的警告，繼續在中國與越南存在領土爭執的南沙海域勘探石油，《環球時報》引述澳洲廣播電台二〇〇七年七月二十三日報導，英國石油公司在中國提出警告後，已停止了與越南在南沙海域的原計畫地質勘查，但越方表示，越南國家石油公司作業的區域、天然氣田以及管道工程，都在位於越南領土範圍內。

　　在此同時，越南與美國的埃克森美孚石油公司達成初步勘探石油合作協議，而勘探地域正是南沙海域。中國政府認為此舉是對中國主權的侵犯，已要求美孚石油公司終止該協議。但越南外交部發言人稱黎勇說，簽訂此項協議為越國主權。

　　《環球時報》二〇〇七年七月二十三日並報導說，截至二〇〇七年年中止，越南已從南沙油田開採了逾億噸石油、一億五千萬立方尺天然氣，獲利二五〇多億美元，南海年產油量在五千萬到六千萬噸，而中、越爭執海域年產油量就有八百萬噸，佔越南三千萬噸年產油量的相當比重。

二十一、中國建三沙市，越反華示威

　　中國為宣誓南海主權，於二〇〇七年十二月初，在海南省建立

「三沙市」，下轄西沙、中沙、南沙諸群島，將原有派駐西沙群島辦事處，升格為縣級市的三沙市，海域管轄範圍逾二百萬平方公里，接近中國陸地面積的四分之一。

此一消息引發大批越南青年多次到中國駐越使、領館反華示威。中國外交部發言人秦剛則在十二月十九日說，中國在自己領土內從事有關活動是「正常」的事，希望越南政府切實採取有效措施，防止類似反華事件再次發生，越南外交部十二月二十日呼籲越南民眾不得前往中國駐越使、領館前示威。

香港《南華日報》說，北京批准建立三沙市的消息最早是由越南新聞媒體報導。該報說，中國主流媒體基本未報導建立三沙市的消息。不過，《湖南日報》下屬的網站曾報導，《美國之音》發自香港的報導則說，中國海南省官員否認有建立歸海南省管轄的三沙市的事。

二十二、中國建最大軍用機場、監聽站監測全南海

二〇〇八年九月十日美國《世界日報》駐華特派員林寶慶引據二〇〇八年九月號《漢和防務評論》報導，中國在海南島建設地下核潛基地之際，海、空軍也大幅強化西沙群島的軍事設施，已建成南海最大的軍用機場和超級信號情報監聽站。

《漢和》說，衛星圖片顯示，信號情報監聽站的各式天線、設施已布滿西沙群島的一個小島，島上已建立人工海上走廊，與永興島連接。島上若干大型棒狀高頻監聽天線，幾乎可以檢測整個南海，包括整個越南、菲律賓，及外至馬來西亞的高頻無線電訊號。此外，還有至少兩個雷達訊號定向、接收天線及四間可能做型號情

報的錄音、整理用的平房。天線囊括無線電、雷達波情報的收集，由此龐大規模判斷，該基地應隸屬總參謀部第三、第四部，前者負責無線電情報的收集、拆、密碼的破譯；後者負責電子對抗、雷達波情報的收集。

這個中國最南端的電子情報監聽站，天線重複，全方位面向，顯示分別對不同國家進行相應的雷達信號情報、無線電信號情報進行測向、監聽、記錄。

西沙群島永興島的機場顯然經過翻修、重建，跑道長度超過二五〇〇公尺，部分跑道延伸到海上，機場建有導航雷達站，並有四個大型油庫，意味著 J811（殲 8II）、10A（殲 10 單座型）、SU30MK（殲 12）等戰機可以此為前進基地，進行地面加油。機場還建了四個機庫，每個機庫可以容納兩架戰機，可作維修及戰機轉場使用。

二十三、與美菲互別苗頭，中國在西沙軍事演習

二〇〇八年五月下旬，美、菲在南沙海域舉行大型的海軍艦隊聯合軍事演習。為了互別苗頭，中國也於二〇〇八年九月上旬，在西沙海域舉行大規模現代化艦隊編隊演習，出動包括新型「元」級在內的十二艘先進潛艦。十二艘先進潛艦中，載有 AIP 系統九艘、核動力三艘，及大批 R、W 級老式布雷潛艦。這是中國海軍二〇〇〇年以來首次公開近距離（間隔一百浬）對峙美國海軍。對於二〇〇八年五月下旬在靠近南沙群島海域的美、菲聯合軍事演習，五角大樓發言人稱：「這是我們公正合理地協議性軍事演習，是模擬戰鬥級別。」

報導指出，在中國此次西沙海域演習中，除潛艦外，導彈驅逐

艦 168 號也參加演習，它的部署特點與以前有了變化。在機庫上
方，附加中部桅桿的米平三坐標雷達所組成的簡易相控陣系統，這
是最新裝置，而且安裝兩門中部艦身高速進程武器。在其機庫上方
依舊沒有任何配置，顯然這是中國軍方設計上預留的空間，以便以
後安裝大型垂直系統。其尾部發現大型火控雷達，這部雷達最早見
於俄羅斯海軍大西洋級（基輔級反潛巡洋艦）巡洋艦，是專門控制發
射大型 3 級反潛遠程導彈使用。這說明中國導彈驅逐艦 168 號至少
可以發射這種導彈。

　　報導指出，中國此次演習包含陸地支援在內，可以看出這是中
國一次最大規模對美國艦隊的示威活動。

　　二○○八年十一月十八日，中國海軍「鄭和號」訓練艦首次抵
越南峴港市訪問，越官方對此低調以對，媒體認為和船名有關，因
為中國與越南在南沙、西沙群島的領土爭議，就是因明朝的鄭和而
起。越政府似乎並不願意凸顯「鄭和號」在兩國領土出現爭議時到
訪的重要性。「鄭和號」抵達峴港，不但沒有受到越南媒體的重
視，報導時也沒有提到船名。英國廣播公司（BBC）解釋，越南認
為和中國有主權爭議的南沙群島和西沙群島，中國之所宣稱擁有主
權，就是一四○○年代鄭和七次下西洋經過西沙和南沙的結果。

第十八章　二〇〇九年
南海情勢發展

一、菲領海基線法劃南沙島礁爲菲領土

二〇〇九年二月十七日，菲律賓國會通過「領海基線法案」，將中國中沙的黃岩島和南沙的部分島礁劃爲菲律賓領土。中國政府對菲政府不顧中國嚴重關切和多次反對，執意通過侵犯中國領土的法案表示強烈不滿和嚴正抗議。中國外交部副部長王光亞當日下午緊急召見菲駐華臨時代辦巴伯，重申中國政府的嚴正立場。

中國外交部發言人劉建超受命爲駐菲律賓大使，於三月六日抵菲履新，他表示就任後的首要任務就是處理中、菲兩國間的南沙爭端。

就在劉建超大使抵菲履新的前一天，二〇〇九年三月五日，馬來西亞總理阿都拉又登陸中國南沙群島中的彈丸礁（馬擅改礁名爲拉央拉央島）和光星仔礁，以總理兼國防部長的身份「宣示主權」，妄稱該兩島有潛能開發成以海洋生物爲主題的旅遊中心。

馬新社報導，阿都拉當天乘軍機抵彈丸礁，他沒有在礁上發表主權宣示的聲明，只是進行了一次低調的訪問。彈丸礁位於南中國

海中央，馬來西亞共佔據了中國南沙群島中的五個島礁，並提出主權主張。中國外交部發言人姜瑜嚴正重申中國對南沙群島及其附近海域擁有無可爭辯的主權。中國全國政協委員、解放軍海軍航空兵副政委馬超少將三月六日表示，中國海軍完全有能力完成保衛中國領海和領空的任務。

二〇〇九年三月十日，菲律賓總統艾若育不顧中國的反對，正式簽署「領海基線法」，將菲國索討主權的南沙部分島礁和黃岩島劃入菲領土，三月十一日，馬拉坎南宮文官長厄米塔宣稱：「即使面對中國的強烈抗議，艾若育總統還是簽署了此項法案，正式為菲律賓海上疆域及專屬經濟海域設下界線。」

二、美海軍南海偵察與中國海軍對峙

二〇〇九年三月五日，美國海軍海洋偵察船「無懈號」（USNS Impeccable）在海南島南方約七十哩（一一二公里）的海域執行軍事偵察任務，一艘中國拖網漁船在靠近「無懈號」一百碼船頭駛過。三月七日，又有一艘中國拖網漁船駛過，向「無懈號」喊話，指「無懈號」未經許可，非法進入中國領海，要求立即駛離，否則會有不良後果，未獲正面回應。

三月八日，五艘中國船舶故意直接停泊在「無懈號」前面，相距僅約五十呎（十五公尺），雙方險些相撞，中方還朝美船航道正前方海裡扔下一些木條，用來阻擋美方聲納纜線。為了自衛，美海軍偵察船向中國船舶噴水，中國船舶仍然尾隨，要求「無懈號」離開此海域。美國駐北京大使館因這項「不當騷擾」，向中國外交部抗議。

　　三月十日，針對美方指控，中國駐美大使館發表回應聲明如下：

　　針對美國聲稱一艘海軍船隻遭中方騷擾的說法，中國駐美大使館有關官員表示，近年來，美國海軍有關船隻一直在中國專屬經濟區，進行非法測量活動，中方認為，這違反國際海洋法與中國有關法律。

　　中國多次通過外交渠道，要求美方停止在中國專屬經濟區從事非法活動。中國有關執法部門也一直派船隻前往進行執法行動。美方所謂在公海進行活動，是不符合事實的。

　　中方不能接受美方的無理指責，中方要求美國停止此類非法測量活動，多做有利中美關係穩定發展的事情。

　　同日，中國外交部發言人馬朝旭回批美國的說法是「完全不符合事實和錯誤的」。他說，事發地點在中國的兩百浬專屬經濟海域內，「無懈號」未經中國允許在中國經濟海域進行「非法活動」，違反國際法和中國法律。美國有關說法嚴重違背事實，顛倒黑白，中方完全不能接受。中國政府已就此向美方提出嚴正交涉，要求美方立即停止有關活動。

　　中國全國人大外事委員會主任委員、前中國外長李肇星三月十八日在華府表示，中國解放軍海軍司令員已就近來發生的事，致電美國太平洋軍區總司令基亭（Timothy Keating），提醒他美軍不得進入專屬經濟海域。

　　中國海軍副參謀長張德順表示，「美國人是『惡人先告狀』，把事情弄顛倒了，美國的船隻在中國近海進行有關軍事目的海洋測量，這本身就傷害了中國的主權。」

　　美聯社三月十日引述美國國防部兩名匿名官員說，「無懈號」當時的確是在「搜尋中國潛艦等威脅」。儘管這兩名官員不願透露「無懈號」執行的具體情蒐任務，但表示該艦的設計和裝備就是用於在南中國海搜尋潛艦的，「確切性能很敏感」。美國這類海洋偵察船性能可以發出低頻信號，可以偵測傳統型潛艦。這點可能是中方特別敏感的軍事活動。

　　據《時代》雜誌及《紐約時報》三月十二日報導，在海南島南端榆林，是中國海軍南海艦隊基地之一，有最新建造攜帶彈道導彈的潛艦基地，新的「商」級核子動力攻擊潛艦在此被發現。美國偵察船在南海蒐集數據，想了解那裡的航道等資料，俾必要時能進行反潛作戰，而中國則想防止美國蒐集這類情報。

　　此次與美海軍海洋偵察船對峙的中國五艘船隻，一艘隸屬於國家海洋巡邏局，一艘海軍情報蒐集艦，一艘隸屬海事漁業巡邏局，兩艘是拖網漁船。針對中、美南海船隻對峙，美方派海軍「鍾雲號」（USS Chung Hoong）為「無懈號」護航。

　　自二〇〇九年三月初至九月中，中美艦船對峙，中國公開報導的有三起，而華府公布的黃海和南海對峙事件有六起。

三、美台測繪東沙礁層北京警告

　　一艘名為「馬庫斯・朗塞特」的美國海洋考察船，於徵得日、菲、台灣事先同意後，於二〇〇九年三月三十一日至四月二十八日執行首個航次對日、菲、台附近海底進行地質勘測，但並未獲得中國批准。

　　「馬庫斯・朗塞特」號係美國國家基金會和哥倫比亞大學拉蒙

特－多爾蒂地球觀測站共同擁有。長二三五呎，重三八三四噸，能搭載五十五人，作為學術研究船，具有全球物理學探索能力。

　　台灣為趕在二○○九年五月十二日完成台灣周邊海域大陸礁層測繪，向國際主張台灣經濟海域主權範圍，美國派該研究船協助進行大陸礁層測繪任務。四月十一日，該研究船搭載台、美科學家在南海東沙島海域進行大陸礁層測繪時，中國海監船突然逼近，透過無線電警告美方，研究船已進入中國二百浬經濟海域範圍，未經中國許可，不准在東沙島附近從事研究工作，要求研究船儘速駛離。

　　當時隨船台灣科學家嚴謹反駁表示，東沙島是台灣管轄的經濟海域，美國研究船已獲得台灣許可，合法在該海域進行研究。當時美國研究船所在海域介於台灣海峽南部與東沙島之間，很明顯是台灣的經濟海域，美、台科學家堅持繼續執行研究工作，中國海監八十一號未進一步採取行動，沿路跟蹤監控美國研究船。相關人士研判，中國的舉動純粹是衝著美國研究船而來，而且極可能與二○○九年三月在南中國海引發的中、美海軍對峙有關。所幸在三方各自約束克制下，彼此未採取進一步動作。美、台科學家得以如期完成該海域的測繪研究工作。

四、中美海軍南海摩擦的癥結

　　二○○九年中、美海軍爆出南海摩擦，不少專家直指絕非偶爾衝突，而正是美、中之間已展開有計畫的「貓捉老鼠」海底潛艦的全球跟監獵捕大戰，新型「冷戰」似乎已進入一觸即發的階段。

　　美國科學聯合會（FAS）核武情資專家克里斯坦森（Hans Kristensen）三月九日撰文指出，此一事件是「範圍廣泛、危險極大

的中、美潛艦與反潛艦的貓捉老鼠遊戲」。

　　此一事件發生在海南島南方海軍基地以南七十哩的國際海域上，也不令人意外，因為該海域正是中方演練新型核子潛艦之處，而遭中國「騷擾」的美國海軍「無懈號」正是一艘潛艦偵察船。屬美海軍五艘偵察船之一的「無懈號」直接隸屬在所謂「軍事海運指揮部」（Military Sealift Command），與美國海軍太平洋第七艦隊合作。該船裝配的「低頻聲脈衝聲納」（SURTASS）與「低頻電波陣列」（FLA）設備，讓「無懈號」具備既能探測深海潛艦，又能遠距離偵察淺水潛艦的超強能力。

　　二○○七年直接參與美軍在西太平洋代號「二○○七勇敢之盾」（Valiant Shield 07）美、日、菲海上聯合軍演，擔負重要責任，「無懈號」在反潛作戰上，角色任務分明，小有名聲。

　　克里斯坦森指出，「無懈號」會在此刻出沒南海，應是針對中國新發展的「商」級093型第二代核動力攻擊潛艦而來，「商」級潛艦不僅以核子作為動力，低噪音設計，隱身能力更比舊型潛艦優越許多。美國急於取得這款新式核潛艦的一切資料，熟悉作戰環境，蒐集水文、聲紋等情資。

　　二○○六年，中國已部署「商」級核潛艦在台海海域嚇阻美國航母行動，一艘中國潛艦在美國航母「小鷹號」（Ketty Hawk）前約五浬處現身，使美國驚愕恐慌。

　　二○○八年九月一份衛星資料顯示，有兩艘「商」級潛艦同時停在海南島海軍基地，另外還有「晉」級潛艦進出，二○○八年基地潛艦離岸巡邏次數比二○○七年還要多上一倍，這讓美國大為緊張，才會派出包括「無懈號」在內的各類情蒐船對該處海床地形進

行調查，瞭解如何偵測「商」級核潛艦的存在。

五、美對中周邊海域全面偵監北京抗議促停止

　　二〇〇九年三月二十二日北京《國際先驅報》報導，中國周邊海域一直是美軍的重點偵察地區。實實上，美軍在中國專屬經濟海域的偵察活動，從冷戰時期，一直持續至今，凡屬是中國海軍駐泊地、潛艦出海通道、演習及武器試驗區附近海域，總有美軍各類偵察機、船的身影。只要美國遏制中國崛起的意圖不變，美軍在中國近海的偵察就不會停止。除依托「白雲」系統的十八顆 NRO 海洋監視衛星，以及駐日本沖繩、南韓元山基地的「全球鷹」無人偵察機和 E-2 預警機外，出動艦艇實施海上偵查，始終是美軍的一貫行動。

　　報導說：美軍在黃海、東海、南海的偵察機側重也有所區分。黃海主要針對中國海軍北海艦隊，主要偵察包括核潛艇出海通道附近的海底地形地貌、海洋重力、海洋磁力、海流、潮汐等海洋環境資訊。

　　東海主要針對中國東海艦隊，其中現代級導彈驅逐艦、基洛級潛艦、039 常規潛艦等打擊力量的動向，是美軍偵察船的監視重點。

　　南海主要針對中國南海艦隊，除常規偵察外，三亞亞龍灣興建核潛艦基地成為美軍偵察的重點。

　　美軍已建立起一套先進偵察衛星，以及海底綜合監聽系統三位一體的立體偵察監視體系。美軍不僅能獲得包括中方港口位置、艦艇音響特徵、重要海區潮汐規律等戰略、戰役級別情報，且能獲取

中方艦艇訓練、演習以及新式武器試驗等戰術級別的情報。

目前美國海軍共擁有專業軍事偵察船二十餘艘。根據不同的任務，可分為綜合測量船、水聲探測船、海洋地質勘測船、電子偵察船等，準確詳盡地獲取海底地形、海底地貌、海底淺層剖面、海底表層底質等戰場資訊。

除了類似「無懈號」水聲偵察船，「鮑迪奇號」等綜合偵察船也都是中國海域的常客。鮑迪奇號每年都在黃海、台灣海峽水域實施多次情報偵察、勘測和蒐集情資活動。該船裝備有多波束測深儀、寬波束淺穿透測量聲等大量偵察設備，具有極強的綜合情報蒐集能力。

而且，每當中國海軍進行導彈試驗或大型軍事演習時，號稱「海上情報吸塵器」的美軍導彈監視船就會不請自來，準時到達，對中方艦艇飛機的電子設備技術性能、無線電通訊、導彈發射參數等情報進行情報蒐集和監控。通常美軍偵察船距中國海岸四十哩左右，已十分接近十二浬領海線。近年美軍在中國周邊海域軍事偵察勘測活動呈現上升趨勢。

中國海軍軍事學術研究員李杰大校評論稱，中國應當向廣闊海洋尋找出路，但目前向北、向東、向南所有海上交通要道都不在中國的控制之下。

美國太平洋司令基亭表示，美軍一直在密切注視中國海軍軍力的提升及其潛艦活動，並且將繼續這麼做。二〇〇九年九月十五日中國海監部門向《國際先驅報》獨家披露，美艦在中國海域頻繁活動的詳情，並稱：美偵查船根本不理會中方的反對，無視中國海監船的存在，繼續偵測。

　　二〇〇九年六月十五日參加全國政協小組討論的國防專家金一南就南海中美軍艦摩擦事件回應說：「這是我們對美國長期在我國濱海進行偵查的抗議」。

　　二〇〇九年八月二十七日，「中美海上軍事安全磋商機制專門會議」在北京召開，中美雙方都搬出一九八二年的聯合國海洋公約（United Nations Convention on the Law of the Sea）各自表述。

　　根據公約，沿海國家得以在兩個區域建立主權，一為領海（territorial seas）即從海岸基線算起十二浬範圍內，包括沿海島嶼和海岸基線；二為專屬經濟區（exclusive economic zones）亦即從海岸基線起算二百浬範圍內。

　　美方說，根據公約，其他國家在中國專屬經濟區從事開採經濟資源的活動應受限制，例如開採海底天然氣，但情報蒐集活動不受限制。長久以來，美國的偵察機和偵察船一直在南海活動，離海岸十二浬為公開航行區，美軍監測船在公海上進行活動不需要得到中方允許。

　　中方則認為，美軍在中國專屬經濟區及其上空頻繁的海空偵察測量活動給中國的國防安全造成很大的威脅。而美軍在中國專屬經濟區蒐集情報違反「聯合國海洋公約」，美國船隻在中國近海從事軍事目的的活動，本身就傷害了中國的主權。中國「領海及毗連區法」不承認外國軍艦在領海內有無害通行權。中方要求美方「減少直至停止」在中國專屬經濟區海域及上空「頻繁的」海空偵察測勘活動，美方仍不同意，堅持離海岸十二浬為公開航行區，這是已開發國家對開發中國家採用的一種強勢邏輯。美國絕不允許外國偵監艦艇經常在自己的臨海線活動。

　有趣的是，美國因反對「聯合國海洋公約」有關海床礦產開發的規定，這項公約根本未經美國國會認可，因此美國不是公約的簽署國，中國反倒是公約的簽署國。

六、二〇〇九聯合國海疆重劃起點出現重大紛爭

　二〇〇九年五月中，菲律賓海軍司令高勒茲中將說，菲國將投入一百萬美元，用來提升菲在南沙群島佔領的九個島礁上的軍用設施，意圖通過增大軍事投入來解決所涉侵佔爭端。

　二〇〇九年五月二十五日，越南中央政府正式任命海軍第四區一四六旅副旅長阮日順為「長沙縣（南沙）人民委員會副主席」，另任命鄧公宇為「黃沙縣（西沙）人民委員會主席」。

　二〇〇九年八月一日，日本《朝日新聞》引據東南亞各國國防部及多位軍事專家的話報導說，南海周邊的國家如越南、馬來西亞、印尼、新加坡等國正大力部署及增強潛艦性能，主要是爭奪該海域主權。

　「美國海事分析與諮詢公司（AMI）副總裁紐金特（Bob Nugent）指出，亞洲國家未來五年投入購買軍艦的開銷將和美國不相上下，多功能水面戰艦、能配合航空運作的兩棲作戰艦和潛艦，將是亞洲各國主要想採購的裝備。其中潛艦和護衛艦市場佔有率估計最高，達百分之二十二，其次是兩棲作戰艦，佔百分之十。AMI 預測，中、日、韓將是亞洲未來兩年國防投資最多的國家，印度不斷增高，將晉身三強，越、馬、印尼、新、澳等國也各有具體的國防投資計畫。日、韓、澳等國已在購買能供直升機起降的多功能遠洋艦艇。

　　北京大學國際關係學院副教授梁雲祥指出，根據聯合國海洋法公約，所有締約國必須在二○○九年五月十三日前向「聯合國大陸架界限委員會」提交「外大陸架劃界方案」，對海洋島礁和管轄海域的主權申請，供委員會審查劃界，各國如能在事實上固守住了爭議島礁，便有了勝出其他索求國的籌碼，在委員會審議中將有利於其主權地位。因此，二○○九年是世界海疆重新劃定和出現重大紛爭的起點，故南海周邊國家包括美、日等已開發國家，都在此時擺出強硬姿態。二○○九年二月，《日本時報》鼓動越、菲、馬、汶萊等國，在南沙主權問題上採連橫政策，一起對抗中國，加上美國不願放棄在南沙附近海域，連續偵察、勘測、監控、蒐集情報，造成中、美海軍對峙與摩擦，南沙群島及其海域主權爭執迅速升溫，北京國際問題專家相信，美軍可能已同時向南海派出了攻擊性潛艦，並已做好了在中、美對峙進一步升高時，召喚核動力航母編隊到南海進行軍事恐嚇。

　　英國智庫「皇家聯合軍種研究院」（Royal United Services Institute）亞洲部主任尼爾（Alex Neil）表示：「隨著中國崛起，武力增強，我們將看到這類衝突會持續增加。」

七、南海爭執升溫中國增派漁政船宣示主權

　　從二○○九年的情勢看，南海周邊國家對南海主權立場和美國堅持要在中國周邊海域及空中偵察、勘測、蒐集情報和監控的立場都毫不退讓。在眾目睽睽之下，中國派出更多強大的漁政船到南海宣示主權。漁政船「311 號」於二○○九年三月十日從廣州啟航，十三日抵達三亞，十五日抵達西沙群島，其主要任務為執行南海專

屬經濟區巡航管理、西沙南沙中沙群島的護漁護航、北部灣聯合監管及漁業突發事故的救援工作，為廣東、廣西、海南三省轄區的漁民提供有力保護，同時宣示中國對南海諸群島的主權。

「311 號」總噸位達四四五〇噸，長一一三五米，寬一五五米，續航力為八千浬，可持續航行五十個晝夜，配備現代化的通訊導航設備 GMDSS、最大航速達二十節，原是中國海軍南海艦隊「南救五〇三號」船，二〇〇六年年底調撥給農業部南海區漁政局，作為國家公務船使用，是中國漁政系統船舶中噸位最大、航速最快、通訊導航設備比較先進的漁政執法巨艦，是中國漁政在維護國家海洋權益上的又一件強有力裝備，不但能給持有武器的非法入境捕魚者以強大威懾，在搶救受傷人員方面也大大地提高了工作效率。

據北京《國際先驅報》報導，一直以來，農業部漁政船國家海洋局海監船，對在中國海域作業的外國軍事測量艦一般採取喊話、跟蹤監視等手段，依據現代國際法，中國海軍艦艇很難對其採取登艦、扣留等強制性措施，但「漁政 311」船卻會驅趕、檢查外國的違法船舶，必要時也會實行拘捕。中國派出漁政船前往南海，表明中國希望協商解決紛爭的願望，但如果中國主權受到嚴重侵害，通過外交方式無法解決，不排除尋求武力。

南海區漁政局現有一千多噸的執法漁船四艘，加上現在南海巡航的「漁政311」，一艘排水量二五〇〇噸、可搭載直升機的新型執法船，二〇一〇年將投入使用，在未來三至五年，還將有更多「巨無霸」級中國巡航船出現在南海海域，噸位可與海軍護衛艦匹敵，其中包括五艘三千噸級執法船下水，這些船舶都可以搭載直升機。

二〇〇九年十月二十一日美國《世界日報》報導，越南媒體此

時正加大對南沙群島和西沙群島主權的宣傳攻勢，胡志明市更是充當宣傳的「急先鋒」，十月十七日連續數小時直播名為「歌唱祖國海島」的專題節目，並在「大長沙島」設立直播現場，越南海軍副政委阮共和在接受當地媒體採訪時表示：「此次電視直播拉近了長沙（南沙群島）同越南大陸的距離。」

　　越南總理阮晉勇於二〇〇九年十二月訪問俄羅斯，十二月十五日與俄方簽約，向俄國購買六艘基洛級柴油動力潛艦，總價約二十億美元。此項軍事交易經俄羅斯國際傳真社於十二月十七日證實。新加坡拉惹勒南國際研究學院區域國防分析家畢辛傑說：「越南此等舉動，最主要原因，就是針對南中國海爭執升溫中國增派漁政船宣示主權的回應。」

　　二〇一〇年一月二十五日，中通社引述東方科技論壇的報告說：中國南沙海域含油氣面積達數十萬平方公里，石油蘊藏量有幾百萬噸，天然氣更達十兆立方公尺。但因南沙海域油氣蘊藏深度平均超過一千公尺，而中國尚無法研製出可鑽探超過一千公尺深的石油鑽井平台，被迫坐視周邊各國的一千多口鑽井競相開採，每年奪走約五百多萬噸石油及四百多億立方公尺天然氣，等於中國每年流失一座大慶油田的產量。

第十九章　南海石油為悍鄰覬覦南沙的誘因

　　南海諸群島的領土糾紛，深受國際政治、國際法的發展與資源開發的影響。其中以油礦等資源開發的影響為最大。南海諸群島海域自一九五〇年代發現石油與天然氣後，使南海海域成為鄰近各國兵家必爭之地，國際糾紛也就不斷發生。在各國爭議不休的情況下，南沙群島因為擁有龐大的石油資源，而成為東南亞區域政治上最危險的地域。

　　在一九五〇年代，當南海周邊的汶萊、菲律賓和越南為了尋找能源，而開始在其靠近南海的沿岸地區探勘及開採石油時，南海諸群島的領土主權問題逐漸浮上檯面。

　　菲律賓和越南利用冷戰時期對抗共黨侵略的需要，在美國沒有明示阻止之下，這兩國在南海地區進行了石油探勘活動，而中國此時是在圍堵之列，其力量尚不及延伸到海南島以南的海域，即使西沙群島亦是到一九七四年才從越南手中奪回控制權，因此菲、越等國是利用冷戰時機強權對抗的空隙而將其力量延伸到南海海域。

　　早在一九五五年的菲國、一九五七年的印尼就主張「群島主權」原則，希望以簡單直線的方法畫出其群島的領土範圍，經過二

十七年的努力，此一主張終獲成功，為聯合國多數成員國所接受，成為一九八二年聯合國海洋公約的重要條文。由於該公約同時賦予沿岸國家二百浬專屬經濟區及大陸架（大陸礁層）的權利，此對於南海沿岸國家是一個很大的鼓舞，尤其它們只要佔領南海的任一島礁，加上人工填築，即可獲得一大片的海域，此一新海洋法增加了他們擴張侵佔南海島礁的動機。為了順遂其企圖，東南亞國家聯盟召開了東盟非正式會議，討論南海衝突所造成的區域安全問題。此一策略造成了此一地域的緊張和不安，因此東南亞國家正在整合起來，形成大東南亞集團，擴張或更新武器裝備，同時在南海積極探勘石油和天然氣，然後又大談區域安全威脅。

自二十世紀後半葉一九六○年代開始，世界各國石油需求量激增，引發普遍的尋油熱。一九六六年，聯合國亞洲暨遠東經濟委員會（United Nations Economic Commission for Asia and the Far East）成立「亞洲海域礦產資源聯合探測協調委員會（Committee for Coordination of Joint Prospecting for Mineral Resources in Asia Off-shore Areas）該會於一九六八年提出地質調查報告，證實台灣與日本之間的東海和黃海海域可能蘊藏有豐富石油。其後陸續的地質調查報告顯示越南沿岸附近海域，南沙群島的南端及西南端，海南島與台灣之間海域，及台灣與琉球之間的釣魚台海域均有可能蘊藏大量石油。遂引起沿岸國家的重視，紛紛派兵佔領荒蕪的小島，主張對各小島的主權及其海底下資源開發的權利。紛紛與美、日、歐洲等先進國家的石油公司簽訂探勘石油的協定。

由於海底石油及天然瓦斯開採的技術日新月異，至一九七○年代初葉，世界各國均注重海底石油的開發。據美國眾議院海洋小組

委員會一九七一年八月十一日報告，美國沿海岸外的石油生產，至一九七一年已達每日五百萬桶，約等於全世界石油採獲總量百分之十七。當美國海底石油開發達於飽和點時，便對外發展。亞洲海底遂成為其目標之一。

另一方面，由於中國在一九七〇年代從陸地鑽取大量石油，以「友誼」（優惠）價格售予日、菲、泰、北韓及香港，進而開始進行大陸沿海大陸灘外海石油探勘，鄰近外海島嶼如釣魚台、西沙及南沙等因此受到重視。西、南沙主權之爭，與釣魚台有甚多相同之處。最大的共通點則在於附近海域可能蘊藏豐富的油礦資源。

由聯合國亞洲暨遠東經濟委員會所主持的探勘行動，曾發現自台灣至朝鮮半島的海底可能成為世界上最豐富油藏之一。在中國南海方面的實業界人士，亦確認南沙地區係世界最豐富油藏之一。由一九七一年春季在北婆羅洲沿海掘油成功可為佐證，南沙群島便為所覬覦的目標。

一、菲律賓

㈠菲海岸測量局等建議開發南沙附近油礦

菲律賓為了爭奪南沙群島地區的油礦，而主張南沙主權，使此一地區的情形變為複雜而白熱化。

菲律賓海岸測量局（The Bureau of Coast and Geodetic Survey）局長巴爾馬（Cayetano Palma）及地圖勘製委員會（Board of Technical and Maps）主任委員達頂（Marcedino Tadin）於一九七〇年赴東京參加東南亞海道測量會議（Sea Hydrographic Conference for Southeast Asia）及赴德黑蘭參加亞洲暨遠東區域製圖會議（Regional Cartographic Conference for Asia and

Far Fast）歸來，曾聯合促請馬可仕總統加緊開掘菲國巴拉灣島以西（即指南沙群島附近）的石油，以免為外國所乘，他們並建議：海底水位測量應即進行，海底石油礦藏極有利於菲國，菲政府不應疏忽，依據大陸礁層原則，海底地區礦產，除鄰近國家外，任何外國不能開採，而菲律賓係最接近上述地區的國家。他們並主張菲政府基於出席上述會議的各國代表均對開發該地區的資源具有興趣，應立即測量其油源、魚源及貝殼等蘊藏量。一九七〇年，菲律賓的「東方石油及礦業公司」在巴拉望島西北五十浬處鑽探「巴格沙一-A號井」（Pagasa-1）。

㈡菲各油礦公司受人指使申請開掘南沙油礦

全菲有二十餘家掘油公司，多數倚重美國的技術與設備，分別在七十幾處展開尋油活動，當時菲律賓已有探採石油的狂熱，而眾信南沙群島蘊藏石油，而且藏量豐富，許多石油公司都向菲政府礦務局申請開採權，甚多美國掘油公司，透過「合作」的名義，早經在菲沿海各地普遍進行尋油活動。如一九七〇年十一月二十六日《馬尼拉紀事報》曾透露「白鷹海外石油公司」（White Eagle Overseas Oil Inc.）已首先向菲農業暨資源部礦務局提出在南中國海大陸礁層探勘石油的申請。而其申請範圍，即係在中國的南沙群島。據密報，美國石油公司於太平島以西及菲巴拉灣附近均發現油源，經測定其油脈係經太平島。如由太平島開採，可減少成本十倍。因此，此一美國石油公司慫恿菲國有關當局掠奪南沙群島。

巴拉灣地區的地層及空中磁性探測工作於一九七〇年完成，一九七一年二月開始在大約距南沙群島東端一百浬（亦即離巴拉灣島西側五十浬處）地區開始試探性的鑽探工作。至一九七一年七月，鑽探

工作證明該地區大陸礁層有第三紀岩層組織及貯油結構存在。簡言之，幾乎在菲律賓正式宣告其對南沙群島及水域主權的同時，已確實證明外海有豐富的油藏。

另據密報：有力士礦油公司、白鷹海外石油公司、拓荒礦業公司、東方黎薩銅業公司、及銅帶礦業公司等五家石油公司，曾於一九七一年五、六月間聯合向菲農資部礦務局正式申請探測太平島以西及菲巴拉灣島附近海域石油蘊藏情形，俾作開採之準備。菲礦務局初未因南沙群島不屬菲國而予以拒絕，僅以在此地區測探石油恐引起國際糾紛而暫予擱置。後來菲礦務局竟批准數家與菲政府要人有關的幾家礦務公司，在巴拉灣島以西及西北，亦即南沙群島海域開採石油之權，可知菲律賓政府意圖侵佔中國領土，已昭然若揭。

一九七一年十月十九日，菲律賓日布列克特資源公司（Jabract Resoures Inc.）帝國資源公司（Imperial Resources Inc.）暨馬爾斯特公司（Marsteel Corporation）申請開採石油礦，各該公司所申請開採的石油礦區，均為菲國巴拉灣（Palawan）以西及西北的南沙群島區域。

一九七二年一月二十四日，美國西方運輸工業公司（The Westrans）宣佈已與菲國的東方石油及礦業公司簽署協議書以在菲國巴拉灣島西北及東北地區進行油礦開採，菲東方公司在此地區共擁有三百三十萬英畝的開採特權，並經申請額外的開採權。這家美國公司獲全部盈利的百分之四十。四年後，巴拉灣外海的探勘獲得豐碩的成果。

㈢菲加強掠奪南沙石油

一九七六年一月二十二日，菲律賓石油委員會（Petroleum Board）主席維拉斯柯（G. Z. Velasco）代表菲政府與三家瑞典公司及七

家菲律賓公司簽約，在菲巴拉灣島西方一百浬外的禮樂島（Reed Bank）一帶，大約五千八百六十平方浬，水深不及三百二十八呎的範圍內採石油，約定二年內至少將花費八百萬美元，打鑽至少三口油井，至八千四百呎深。約期長達二十五年，北京與台北均對此甚表關注。

一九七六年三月，斯夫烏石油公司在巴拉望島西北三十五哩的尼多（Nido）礦區發現石油。一九七七年底，鑽探第二口井，一九七八年初在西尼多（West Nido）鑽探第三口井。

一九七六年三月十一日，菲律賓及瑞典兩國的聯合財團進一步在南沙群島地區的禮樂灘進行鑽探。簡目之，在一九七○年代，菲律賓對南沙部份土地主權要求完全與此地區石油之爭有關。

一九七六年五月二十八日，中華民國外交部發言人鍾湖濱在行政院新聞局例行記者會中，對外國報紙透露菲政府與瑞典三家公司及菲國七家公司簽訂合約。擬採南沙群島禮樂灘探勘石油一事，表示：「位於南沙群島內的禮樂灘為中華民國領土完整的一部分，任何國家無權簽訂合約，探採該地區的石油資源。」此項聲明是中華民國再度針對他國在浪潮洶湧波雲詭譎的南沙群島謀取礦業資源的又一嚴厲警告。

一九七六年六月，菲律賓數家石油公司與瑞典的沙能（Salem）石油公司在距離呂宋島西方二百公里的禮樂灘（Reed Bank）鑽探第一口井，稱為「山巴吉塔一號井（Sampaguita No.1）發現濃縮油及天然氣。六月十六日，北京因「菲政府支持各石油公司在禮樂灘勘探石油構成對中國領土完整及主權之不容許的侵略」而對馬尼拉發出嚴厲的警告。

六月十八日，行將退役的美國顧問團團長沙德勒准將告馬可仕總統說，他相信「菲三軍能保衛菲海岸新發現的資源及主權。」沙德勒係在菲總統府接受馬可仕頒贈優功勳章時，表示此項意見，經常反映非官方意見的《每日快報》專欄作家瓦倫西亞稱：「任何國家宣稱擁有這些島嶼的主權，將對其目前實際佔領的島嶼有效，菲將維護其主權。」

六月二十五日，台北國防部軍事發言人李長浩少將在記者上亦說：「我駐守南沙群島國軍，負有固守該地的任務，經常保持高度的備戰精神，並經常與台灣保持密切的通訊聯絡。因此，在遇到情況時，不需要特別指示即可展開行動。」菲政府於一九七六年七月十九日宣佈：「一個由美國、瑞典與菲律賓等公司組成的財團，在禮樂灘的鑽油井工作已接近完成階段，由印第安納標準油公司與瑞典沙倫公司一併參加的這個財團所鑽的油井，深達二三、五〇〇呎。

八月十九日，中國駐菲大使館公使蕭特在大使館會見印度駐菲大使館政務組一等秘書拉茲古瑪時說，南沙群島，包括禮樂灘，是中國不可分割的領土，幾千年來，中國就擁有這些島嶼的神聖主權。拉茲古瑪提醒蕭特，菲律賓政府辯稱，禮樂灘在菲島二百浬海域以內的大陸礁層上，而且禮樂灘不屬於南沙群島，應該是菲律賓的領土。蕭特說，二百浬海域還沒有得到國際承認，不適用於南沙群島主權的爭執問題；再說，就是二百浬海域得到國際承認，那麼，從太平島算起，禮樂灘也在二百浬之內，所以，應該屬於中國。

當時菲律賓與瑞典石油公司合作，正在禮樂灘鑽探石油，分別

引起中國和越南的抗議。一九七六年八月，馬可仕總統曾搭乘專機飛臨禮樂灘鑽油現場上空視察，電視螢光幕上，豁然出現菲律賓海軍軍艦停泊在油井現場保護警戒。馬可仕在視察現場後宣佈菲瑞合作鑽探的禮樂灘油井，已發現石油及天然氣。馬可仕並重申，「禮樂灘為菲國領土」。

八月下旬，據外電報導，菲國防部宣布，菲、泰、越、印尼、馬來西亞及中國曾代表馬尼拉舉行中國南海海道測量會議，未邀台灣及新加坡。八月二十七日，台北外交部發言人鍾湖濱因就此事發表談話，指出「此項會議的目的在討論南沙群島禮樂灘的爭端，我政府對南沙群島有合法主權，故不論此項會議結果如何，我國一律不予承認。」

一九七七年，美國的阿摩可石油公司和葛洛瑪塔斯曼公司在禮樂灘鑽 A-I 和 B-I 兩口油井，因未發現石油，阿摩可石油公司在一九七八年三月十五日退出鑽油活動。一九七八年五月，由沙能石油公司進行第四口井的鑽探工作，稱為「山巴吉塔二號井」，結果也因未發現石油而予以封閉。沙能石油公司在忠孝灘（Temlier Bank）鑽第五口井，稱「卡垃曼西一號井（Kalamansi No.1）」，結果也沒有發現石油，在一九七九年十二月放棄該口井。

一九七八年六月十一日，菲總統馬可仕發佈第一五九六號總統指令，將「卡拉揚群島」（Kalayaan Island Group 亦稱「自由地」亦即南沙群島）劃入巴拉灣省。一九七八年十二月三日，據菲工業界再度透露：一個以菲律賓為基地，以瑞典塞林公司為首的石油探勘財團，將於一九七九年中再在禮樂灘作第三次鑽探，美國務院已正告此財團一份子的美國石油公司說，因南沙主權仍在爭論之中，在此地區

作業，將得不到安全保障。十二月八日，台北外交部再度發表對南沙主權的聲明。

　　加拿大新狄尼遜公司的鑽油船於一九八四年一月十六日抵菲，旋於一週內在南沙群島恢復採油作業。這是此一加國公司在南沙地區的第三次探勘梯次。菲能源發展局透露說，新狄尼遜公司係在巴拉灣島附近的「桑巴奎達三 A」地區進行探勘作業計畫中的探勘油井將深達一萬二千五百呎。

　　一九八五年四月二十五日，東南亞國家聯盟的會員國代表在馬尼拉集會，一致同意進行合作，開發距菲國南部巴拉灣省一百餘浬的南沙群島及險礁區內廣大資源的計畫東盟國家合作開發南沙群島及附近險礁區海底資源，將可減低對石油輸出國家組織所產石油的依賴，每年達五十萬桶。菲律賓、馬來西亞、新加坡、泰國及汶萊等八個東盟會員國家，在這項合資計畫實行後，將可節省至少三十七億美元。不過，東盟國家先需要大約五億美元，以採購補給船、深海潛水設備、聲納設施、氣象追測站、航海及通訊設施等必需設施。

　　一九八九年，美國的西方石油公司（Occidental Petroleum Corp）和荷蘭的皇家荷蘭殼牌公司（Royal Dutch Shell）在巴拉望島西北外海靠近卡德勞（Cadlao）油區進行探勘，在「卡瑪哥一號井（Camago-1）測試，發現含豐富油氣，估計可開採一萬一億立方英呎（約三千三百五十三億立方公尺）的天然氣，相當於一億六千萬桶石油（每桶石油約合七噸）。這兩家公司在一九九一年初在巴拉望島西北部鑽探「馬蘭巴雅一號井」（Malampaya-1）、「伊洛科一號井」（Iloc-1）和「北伊洛科一號井」（North Iloc-1）。結果北伊洛科一號井是乾的。

　　一九九〇年，菲國政府計畫從卡瑪哥一號井建一條天然氣管線，經巴拉望島、民多洛島、巴坦加斯（Batangas）島、拉古納（Laguna）島、馬尼拉到巴丹（Bataan），全長四百公里，將在巴丹不受歡迎的核能電廠改為使用天然氣發電。此外，菲國政府也宣布菲國國家石油公司將在卡加揚河谷（Cagayan Valley）之聖安東尼歐（San Antonio）鑽二口井，據估計該處蘊藏有天然氣，如果成功，將在附近建一座二千萬瓦天然氣發電廠。一九九一年一月中旬，菲羅鑽探公司在靠近西里納巴甘油田的 SC-6 區塊鑽了歐克東一號井（Occton-1），生產一千二百五十萬立方公尺天然氣和日產一〇三七桶凝結油。一九九二年四月，又繼續鑽了歐克東二號和三號井。

　　一九九〇年十二月，美國的阿爾孔石油公司（Alcorn）在巴拉望島西面外海七十哩的西里納巴甘（West Linapacan）油田發現石油，被視為菲國最具前景的油田，據估計石油蘊藏量有一億零九百萬桶至二億桶。在一九九三年初鑽探三至五口井。該油井預估可能有十五年開採壽命。該油田有 A-1、A-2、A-3 號三口井，分別日產五九〇四桶、五九七八桶、六九八六桶石油，總共一八八六八桶石油，佔菲國每天石油需求量的百分之十，從一九九二年六月十九日開始正式投產。在西里納巴甘油田西南方約三十四哩為馬南巴耶（Malampaya）油田，亦於一九九〇年十二月發現。據估計，此一油田較西里納巴甘油田的石油蘊藏量還大。

　　一九九一年三月，柯克蘭石油公司（Kirkland）在民多洛島（Mindoro）南方海域的 GSEC52 區塊鑽探「巴納加坦一號井」（Panagatan-1），無所獲；於一九九二年二月重新申請新合同，在 GSEC59 區塊探勘。阿科石油公司在他隆海峽（Tanon Strait）靠近宿

務（Cebu）的 GSEC51 區塊鑽了「班格斯一號」（Bagus-1），但無所獲。一九九一年四月中旬，英國石油公司在巴拉望島西部的 GSEC54 區塊鑽探「沙拉普一號井」（Sarap-1），也無所獲。英國石油公司乃將 GSEC54 區塊之礦權移轉給克里斯頓能源公司（Grestone Energy& Marine Geoscience），同時也放棄了在巴拉望島西部深海的 GSEC56 區塊。泛亞石油公司（Trans Asia）於一九九一年放棄在巴坦加斯島外海的 GSEC55 區塊探勘權，另於一九九二年二月獲得 GSEC62 區塊的探勘權。PNOC-EC 公司也取得 GSEC60 區塊的探勘權；安德曼史密斯公司（Anderman-Smith）和菲羅鑽探公司（Philodrill）取得民多洛島上探勘權；澳洲全球探勘公司（Australian Worldwild Exploration）取得米賽亞盆地（Visayan Basin）的 GSEC61 區塊的探勘權；基本石油公司（Basic Petroleum）取得巴拉望島西北部 GSEC57 區塊的探勘權；格林博格石油公司（Grynberg）取得蘇祿群島外海的 GSEC58 區塊的探勘權。

一九九一年菲國石油消費量是每天二十二萬桶，自產每天三千桶，主要是來自阿爾孔石油公司的油田。一九九三年，日產一萬八千多桶石油。

一九九四年五月八日，菲國將馬歡島、費信島和北子島一帶水域的礦區授權給瓦爾科能源公司（Vaalco Energy Corp）及其菲國子公司阿爾孔石油公司，在前半年只進行紙上探勘，及將其他石油公司和菲國政府在以前所收集的資料加以整理，無須立即進行探勘，以減少風險。菲國此一作法，引起北京抗議。

一九九五年二月十日，被視為國際法專家的菲外交次長梅仁·馬牙洛那對參議院經濟事務委員會說：「南中國海的估計資源為二

千二百五十億桶石油。在一九九五年，俄羅斯的外國地理研究所估計南沙群島可能蘊藏六十億桶石油，其中百分之七十為天然氣。為了能分到南中國海的二千二百五十億桶石油的一部份，菲律賓把大陸架由二百浬延伸到三百五十浬。根據聯合國海洋公約，如菲國一樣的海島國家，其大陸架可自基線延伸至三百五十浬。

菲眾議長黎‧敏尼舍說，菲國政府將可以從巴拉灣離岸天然氣及油田中賺取二千六百億披索（一百億美元）的款項，包括巴拉灣百分之四十的股份，或在二十年之內獲得一千零四十億披索的款項，這將可為菲律賓製造經濟奇蹟。黎‧敏尼舍宣布，巴拉灣已不再是最後的前線，而是南中國海南沙群島經濟發展上菲律賓的最前線，保衛著南沙群島，以及石油支持的工業。

一九九七年二月二十六日，美國國務院告訴負責探測的美國石油公司 Amoco，在爭端地區惹起麻煩時將難以給予保護。雖然尚無麻煩發生，但美國石油公司已在考慮撤退。

至二○○二年中，在巴拉灣島西北勘探石油與天然氣的蜆殼石油公司決定放棄在南中國海開鑽的里斯沓格洛二號井的測鑽工程。蜆殼是在菲開採油氣的最大公司，能源部說當掘到一萬九百二十呎深時曾發現可能有氣體，唯當挖到一萬二千五百三十八呎時，發現無油也沒有天然氣，故蜆殼已決定放棄這個離開甘馬敖─馬巴耶十公里遙的測試井的開鑽。

二、越南

㈠越南在南沙的探勘活動

南越和北越從一九六○年代末開始分別在湄公河三角洲和東京

灣進行探勘活動。

　　南越政府早在一九八九年春季，即與美國地球物理學公司合作，在越南東南沿海大陸礁層四千哩長的地區進行地震探測。至一九七〇年十二月，西貢給予地球物理學公司專利期限即已在基本上確定，專利區域的分配原預定在一九七一年二月確定，但事實上，此項探測專利直至一九七三年七月二十日才由西貢政府正式授予物理學公司。

　　一九六九年春，南越與美國的國際地球物理服務公司（Geophysical Service International）合作，在南越外海和大陸架進行地震測線。一九七〇年十二月，雙方訂定探勘條件；次年二月完成探勘區的分配工作；一九七三年七月二十日正式實施。北越則在蘇聯協助下從事大陸架地球物理的初期研究，北越也曾與義大利國營的「義大利國家石油公司」（The Italian Nation Oil Company, ENI）簽訂八年為期的技術合作協定，從事石油的探勘活動並負責訓練北越的技術人員。

　　一九七一年，十八家掘油公司在西貢投標，欲獲得南越東部及東南沿海地區探鑽石油的國際投標。探勘工作雖因政治壓力延至一九七三年才開始開始進行，而石油問題早已被認定為越戰主因之一。諸如福爾比斯（Forbes）雜誌即曾以特大號標題及鉅大篇幅報導「外海石油成為導致越南分裂的潛在因素」。此或言過其實，但石油對越南的重要性及越南窺伺中國南海油藏使南沙問題益形複雜則為不爭的事實而無法掩飾。

　　一九七三年春季，正當全世界的注意力集中於美國自越南脫身及水門事件甚囂塵上之際，世界主要石油公司的代表正在西貢與阮

文紹政府暗中舉行一連串的正式會談。經過連續一個多月的談判及交涉，西貢政府於一九七三年七月二十日正式宣佈授予美國歇爾、艾克森、莫比爾（Shell, Exxon, Mobil）三家石油公司及由桑寧德爾（Sunningdale）石油公司為首的一群加拿大石油公司八個石油地區的探勘權。這些地區中，有數區是橫跨中國所屬的南沙西端的領土。

　　兩個月後，西貢政府於一九七三年九月六日將南沙群島併入越南共和國的行政體系。為了便利行使對此地區的統一管轄權，南越當局由內政部長簽署一項行政命令，將南沙十個島嶼併入佛克托（Phuc Tuy）省德社（Dat Do）特區的佛海（Phoe Hai）村，幾乎就像一九四〇年代法國所作的一樣。日本公司曾對北越大陸架的聯合投資表示興趣，並於一九七三年及一九七四年派團至北越，但至一九七四年，迄未有任何具體行動，美國石油公司則在一九七四年四月確知南越政權不保時即緊急撤出南越。

　　一九七三年十月以後，石油生產國重新調整油價結構及阿拉伯從中杯葛釀成世界石油危機之後，菲、越入侵南沙變本加厲，一方面強制軍事佔領，另一方面加強礦藏探勘，雙管齊下。

　　一九七三年十二月，南越派遣一支數百人的特遣部隊至南沙群島的南威及鴻麻島等共五個島嶼，而越軍在南沙的指揮部即設在與中華民國駐有守備部隊的太平島遙遙相對的鴻麻島上。

　　西貢政府中，首先發動兼併及佔領這五個島嶼的機構是石油部，在與有關部會會商時，國防部積極支持，而後由吳廷琰做出最後決定，其目的在於先行佔有越南大陸與南沙之間的大陸礁灘。

　　台北眼見南沙主權被侵，立即提出措辭強烈的嚴重抗議。菲政府亦提出抗議，越共也自河內提出異議，強烈抨擊及反對南越政府

授予美加石油公司以探勘南沙地區油礦的專利。惟並無任何一方訴諸武力干預，南越在南沙的駐軍也就居然安全無恙。

雖然北越反對，在以後證明，可能是基於這些美、加石油公司進行探勘鑽採時在法律上有困難，但至一九七三年末，這些石油公司的探勘工作進行得極為順利，而且對石油採拓充滿希望。一九七四年初，歐爾（Shell）公司首先宣布在〇八號區所開鑿的油井，已開始一天湧出兩千二百桶油。在此同時，莫比爾（Mobil）公司也宣布其在〇四號區所鑿油井，開始一天出產四千四百桶，兩者均係於開鑿後數天內即有發現，並均係在南沙群島的西端。此項發現雖多數被國際標準所低估，但石油冒出水面，證明南沙群島地區這些在戰略上極具價值的石油，蘊藏甚為豐富。

南越與中國於一九七四年一月二十日在西沙攤牌，一場火拼之後才告平靜。領土主權的歷史固為導致這場戰爭的內在因素，但大多數觀察家認為近因係由於一九七三年夏西頁政府特准數家石油公司獲得在西、南沙附近從事石油探勘的專利及其後，企圖將西、南沙的管理併入越南本土行政體系運作所引起。南越甘冒與中國及菲律賓關係破裂的危險，遽爾貿然出兵南沙，一口氣佔領五個島嶼，或謂南越此舉為對中國佔據西沙群島的報復行動，但此項理由亦十分牽強。觀察家們認為，主要原因是菲律賓此時已在南沙地區海域探勘中發現石油，而石油為支持南越打內戰對抗北越最重要的戰略物資之一。

一九七四年三月二十六日菲京《馬尼拉公報》（Bulletin Today）在首頁刊載法新社三月二十五日自南沙群島發出的電訊稱，在法新社記者隨越南海軍前往南沙群島訪問時，越軍方曾告以越南之所以

重新要求南沙主權，其目的在於：美、加四大油礦公司有意在南沙地區勘測油礦，並維持其在此地區的戰略控制。越南認為，河內軍隊在其北面邊界的出現及中國軍隊對西、南沙群島的佔領，將對越南的生存構成威脅。越駐菲大使館所發佈的新聞稱：越杜合（Tuy Hoa）測候署長曾於一九七四年三月二十五日發表一項有關維護越對西沙、南沙主權的文件，就越南在歷史上對西沙、南沙主權的依據有所敘述。

　　一九七四年至一九七五年，殼牌時吽公司在萬安西盆地的「杜亞一號井」（Dua-1）發現原油，日產三〇五・四七公噸，天然氣日產四十九萬八千立方公尺。美孚石油公司在媚公河盆地發現「白虎一號井」（Bach Ho-1），日產三二八・七六公噸原油。一九七五年南越政府瓦解後，美國的石油公司撤出越南。

　　一九七七年五月二十九日，越南宣佈擴大領海範圍，並設置兩百浬經濟區，將西沙及南沙列入越南版圖。翌日，台北外交部發言人發表聲明，重申中華民國對南沙主權的嚴正立場絕非任何方面一項片面措施所能改變。

　　一九七八年三月三日，台灣水產試驗所人員共四批在南沙太平島作七天輪迴實地調查研究共四個月結束後報告稱：南沙礁岩起伏，洞穴滿佈，適合魚類生長棲息，而其周圍又係熱帶深海，故水產種類繁多，產量豐富。他們採集了數十種南沙海洋生物標本分別在放中國文化學院海洋研究所及台灣大學動物系供參考研究。美孚石油公司原油在白虎油田的礦權在一九七九年改由越蘇石油公司接手，並改名為「Bach Ho」，一九八三年發現了石油，一九八四年開始生產，日產五萬桶石油，儲量估計有二億桶。越蘇石油公司也

在一九八五年發現「龍井一號」（Rong-1）。

　　荷蘭皇家殼牌公司（Royal Dutch Shell）的經驗則很糟，一九七四年在「大熊」（Big Bear）油田（靠近白虎油田）探勘，毫無所獲。後改由越蘇石油公司接手，改稱「Big Hong 或 Dai Hung」油田（中文叫大熊），也發現石油，儲量估計在二億五千萬桶，一九九三年開始生產。

　　越南所公布的南海礦區圖，是從西沙群島東邊往南劃一直線到南沙群島的敦謙沙洲，再往南劃到馬來西亞所宣布的大陸礁層線，與之相交，因此幾乎南沙海域一半被劃入越南的礦區內。

　　越南在中國 U 型線內探勘的礦區包括：

　　⑴ 04-1 礦區。一九九二年由英國天然氣公司取得礦權，一九九四年，又由阿科石油公司（Arco）取得一半的礦權。由於該礦區東半部在中國 U 型線內，因此都在西半部進行鑽探。英國天然氣公司在一九九四年七月份鑽一口井。

　　⑵ 04-3 礦區。一九九二年由印尼的阿拉斯特拉公司（Astra）取得礦權，該礦區東半部在中國 U 型線內。阿斯特拉公司在一九九四年底鑽一至二口井。

　　⑶ 05-1 礦區。該礦區分為兩部份，西半部於一九九四年由荷蘭皇家殼牌公司取得礦權，發現大熊油田，因無所獲，改由越南和蘇聯聯營的石油公司接手。一九九三年四月，由布洛肯山業主石油公司取得礦權。估計大熊油田石油蘊藏量約二億五千萬桶。該公司在一九九四年十月正式投產，日產二萬桶石油。該礦區東半部位在中國 U 型線內，一九七〇年代初美孚石油公司曾在該地進行地震測線，後來停止了。一九九四年四月十九日，越南將該礦區的青龍

油田租讓予美孚石油公司以及四家日本石油公司。美孚石油公司在該年八月鑽第一口井，中國也宣布在該年下半年在該處鑽井，嗣後中越為青龍油田發生激烈的爭議，甚至干擾對方的探勘活動。

(4) 05-2 礦區。該礦區完全位在中國 U 型線內，靠近「萬安北21」礦區，一九九二年由英國石油公司和史塔妥勒石油公司（Statoil）取得礦權。一九九三年十月鑽第一口井。

(5) 05-3 礦區。一九九二年由阿拉伯石油公司取得礦權。該礦區一半位在中國 U 型線內。阿拉伯石油公司在一九九三年在該區礦區鑽兩口井，因機器問題及鑽探條件不好而無所獲。

(6)第 06 區塊：一九八八年由印度的石油及天然氣委員會（India Oil & Natural Gas Commission）取得礦權，該區完全位在爭議區內。一九九二年由英國石油公司和史塔妥勒承包地震測線工程。第一口井「06-A-IX」位在南邊，但一無所獲。第二口井「06-D-1X」發生瓦斯突爆，而終止鑽探。

(7)第 123-135 區塊和第 WAB-21 區塊（即萬安北 21 區塊）：該區塊位在爭議區，水深在二百尺以上，其碳氫化合物潛力尚未可知。美孚石油公司和英國石油公司從第 05-1B 和 05-2 區塊鑽探，或可藉以得知其潛力。越南和中國都在該區做了地震測線，但未鑽井。萬安北 21 區塊與越南的第一三三、一三四區塊重疊。越南曾與科諾科石油公司（Conoco）和歐巡尼克石油公司（Oceanic）談判在該區塊鑽探。萬安北 21 區塊包含的面積達二五·一五五平方公里，是亞洲最大的開發區塊之一，克里斯頓能源更司從一九九四年四月開始在該一區塊進行一千二百平方公里地震測量，由中國的南海海洋研究所進行調查。

　　科諾科石油公司是美國化學界巨人杜邦（DuPont）公司的子公司，於一九九六年四月獲得越南所稱的南康松盆地（South Con Son Basin）的第一三三號和一三四號礦區的租借權，面積約有一二〇，〇〇〇公頃，與越南石油公司合作探勘，在合作利潤分配上，該公司享有百分之七十的權益。據知，越南想利用授權給該美國石油公司來制衡另一家跟中國合作的克里斯頓能源公司。而中國亦聲稱擁有第一三三號和一三四號礦區的主權。

　　越南具商業性產油的地方，主要是白虎油田，日產石油十四萬頓，也積極開採「龍（Rong 或 Dragan）油田」和「大熊油田」。越蘇石油公司於一九九二年在「龍油田」開工，一九九四年在「大熊油田」開工。至一九九四年，「龍油田」日產原油三萬公噸，「大熊油田」的平均日產原油五百萬噸。

㈡南海探油難圓越南發財夢

　　越南東南部濱海城鎮頭頓，風光明媚，過去曾是越南富人、法國殖民者及美國大兵的度假勝地。現在，隨著南海石油熱潮興起，這個步調緩慢的小鎮也搖身一變，成為熱潮滾滾的石油城。豪華飯店及濱海別墅雨後春筍般冒出，接待衣履光鮮各國石油公司高級主管，連一九七五年北越征服南越後倉皇撤離的美國石油界人士，亦堂堂在座。

　　當時共有二十七家歐洲、美國及日本的石油公司與越南政府簽約，鑽探南海石油田，美國美孚石油公司的投資尤其龐大，配備先進鑽機及電腦的美國鑽油工人，以取代過去十多年來在越南白虎油田鑽井的數千名俄羅斯工人。

　　越南最早開發的兩個外海油田——大熊油田及白虎油田，就是

美孚公司鑽探的，後來越南赤化，美孚公司連一滴油也未回收就終
止了在南海的探油業務，由俄國人接手。美孚經過談判後，重回越
南鑽油。美孚公司認為，越南能否成為另一個挪威或北海，目前尚
難論斷，希望是很大，但風險亦甚高。

中國不但派軍艦監視越南外海的外國鑽油平台，還曾阻撓若干
對鑽油船的運補。此外，在購自俄國的長程戰鬥轟炸機支援下，中
國也增強了南沙若干島礁的防務。越南如執意在中國聲稱擁有主權
的南海地區發包探勘，將有與中國發生軍事衝突的危險。

同時，由於南海地區海底結構複雜，幾乎每隔八十浬就有改
變，石油公司盲目探勘，也有血本無歸之虞。也趕上越南熱的英國
石油公司就指出，在南海探油，鑽的試井往往須比原計畫要鑽探得
深，多花成本不說，也沒發現油源。

另外，惡劣的氣候也使在越南外海探油風險增加。例如美孚公
司在越南外海三百二十浬處的「颱風巷」承租的鑽油平台，就因氣
候因素至少暫時放棄過三次。以美孚為主的國際財團 MJC 公司在
越南青龍油田鑽坦的兩口井中，也有一口因為鑽機遇到易於尋常的
高壓而放棄。

美孚公司鑽探主管古柏說，這年頭在資料不足的地區盲目鑽
探，成本非常高，除非確有把握能發現油氣，否則還是與人合夥的
好。以全球而言，鑽探成功的機會只有大約十分之一，在越南探油
的機會稍好一點，但成功率也不過五分之一。

美孚公司說，越南政府正大力進行經濟建設，以提高人民生活
水準，這些建設都靠輸出石油到日本賺取外匯來挹注，因此對外海
探油抱很高期望。美孚公司為免越南期望愈高，失望愈大，一直努

力設法降低他們的希望。

三、印尼、馬來西亞、汶萊

㈠印尼熱心推動南海會議居心叵測

　　南中國海蘊藏的豐富資源，尤其是近年來以紅外線及遙感探測證實的石油資源，甚至還有「小波斯灣」之稱。使得鄰近諸國無論是維護領土，或者覬覦資源，使得南中國海的潛在衝突近年來陡直上升，針對衝突的危機，印尼相當積極的圖謀解決之道，一連串的折衝協調，將可能釀生衝突各造拉上了談判桌，，印尼為什麼要這麼熱心？

　　翻開世界地圖，審慎觀察東南亞諸國的區位，會很驚訝的發現，前是多方催生，後又努力推動的南海會議主辦國印尼，竟然不是南海的鄰接國，印尼的爪哇島，北以爪哇海峽接新加坡和馬來西亞，頂多算是間接的和南中國海搭上關係，從「主權」和開發南中國資源的角度來看，印尼幾乎沒有任何地理上的條件可以有發言席次。

　　事實不然，在一九八八年中國為越南有意以南中國海赤瓜礁為基地「積極進取」時，曾迅雷不及掩耳的演出流血事件，把越南勢力逐出赤瓜礁；這一事件後，印尼即積極聯合其他國家的力量，希望尋求和平解決南海潛在衝突的機會，早在一九九〇年一月，便召開東盟六國非正式會議，同時還邀集了區域外加拿大一些機構贊助，當時曾決議由多國共同成立「南沙開發署」，希望所有南海鄰接國能夠暫時擱下主權爭議，先把資源開發出來，貢獻人類、創造福祉。

一九九一年七月第二屆南海會議在印尼萬隆召開，印尼表現出對南海更大的「熱忱」，也對其並未接鄰南中國海的事實，尋找了掩護，首先在會議地址上選上萬隆，這是一九五五年近三十個第三世界國家舉行不結盟國家會議的地點。這個具歷史意義的地址，稍微沖淡了一定要南海鄰接國來開南海會議的敏感問題，另外一個作法，是把同樣和南海扯不上邊的泰國，新加坡也拉進來，甚至明白表示這個會是在加拿大一些機構資助下召開的，的確更進一步的混淆了「南海鄰國談南海事」的認知。

印尼權充魯仲連，大擺其「大哥」架勢，當然有其政治和經濟上的意義，首先在政治面，印尼以其天生的本錢，即具備了參與國際事務的起碼地位，印尼位於亞洲和澳洲中間，橫闊赤道兩邊，東濱太平洋，西臨大西洋，延伸五千公里，大小島嶼一萬八千一百多個，全國總面積一百九十一萬九千多平方公里，東西四個大島橫幅竟達三千五百公里，南北寬也達一千四百公里，算上群島及海域面積，印尼人自豪的說，他們的面積比美國還大；其次是人口，印尼目前人口達二億三千餘萬（2007.7），以往一直是世界人口第五多的國家，蘇聯解體之後，印尼一躍「晉升」為世界第四大國，有了這些「天賦」，希望躋身國際舞台，發揮應有影響力，選擇從東盟國家較關切的南中國海衝突的地區性話題出發，是個可行且可被理解的路子。

印尼躋身全球政治大國的努力，確實是有許多跡象可循，南海會議之外，印尼政府目前更斥鉅資積極整修雅加達市容，為的是這是個「不結盟國家」會議的所在地，這個會議早已引起全球矚目，美國更是瞠目以待——因為，讓美國人恨之入骨的不結盟國家三大

怪客，古巴頭子卡斯楚、利比亞狂人格達費，和伊拉克頭子海珊都曾來雅加達與會。

　　為了「不結盟國家」會議，印尼準備的積極和完善，印尼市井流傳的一則笑話或許可為佐證；利比亞狂人格達費與會的習慣是不住旅館，帶著僕人美女搭帳棚，除了現代交通工具外，另外備馬一匹、駱駝一隻；馬是格達費要騎它進會場，駱駝則是格達費此君怪癖，晚上非得喝駱駝奶之後才肯就寢；面對這麼一位不結盟國家會議的貴賓，印尼傳聞早已選好了搭帳棚的地點，至於馬和駱駝更是準備妥當，一切只求不結盟國家會議的盡善盡美，和賓主盡歡。

　　印尼這個十足的「千島之國」對躋身國際政治舞台的努力，尤其是以其鄰近海洋，擁有水域特質的自我期許，恐怕不該以格達費這麼一個輕鬆的玩笑話來模糊掉；事實上，印尼以其大面積臨海特質，對善盡一個國際海權國的努力，也的確是有目共睹的，目前，印尼在聯合國的資助下，每年選派十位法律系的優秀畢業生赴美國研習海洋法，正是希望能在嚴肅且堅實的基礎下，盡到一個海權應盡責任的踏實作法。

　　政治面的著眼之外，印尼關切南中國海衝突的經濟面意義，恐怕真正毗鄰南中國海諸國，也不能不以小人之心揣度再三；最讓人存疑的一個現象，包括連續多屆的南海會議，都是印尼外交部出面召集，而由加拿大「國際開發總署」和「海洋研究所」出資；印尼和加拿大這兩個機構究竟是什麼樣的一個合作關係，恐怕是所有參與南海會議的國家和學者，心存狐疑，但不便點名的關鍵所在，印尼當然不會承認是利益關係；不過，從許多科學儀器和技術引進作南海資源探測的報告來看，此地區蘊藏豐富資源早已是不爭的事

實，究竟會議出資人和出面人有著什麼樣的協調，這恐怕是當事人間的最高機密，不過，尋求「共同開發」的名義來推動，的確是相當有效的作法。

當然，印尼與加拿大兩個「研究單位」的合作，也並非一無風險；過去許多第三世界國家與先進工業國的技術合作有許多失敗的例子；大抵是鑽探可也，開發則暫緩合作，否則豈不破壞先進國家暨油商的利益。「南海會議」或許沒有這麼複雜，印尼的熱心也誠然讓人佩服，不過，對任何可能的意外肇因，卻不能不事先防範。

㈡印尼在中國南海 U 行線內探勘石油

印尼在中國 U 型線內的探勘地點，是在納土納群島北部和東北部。一九六八年，阿吉普石油公司、科諾科石油公司和佛朗迪爾石油公司分別取得 A、B、C 區塊的礦權。一九七八年，阿吉普石油公司放棄 A 區塊，該區塊被分割為四個小區塊：阿摩西斯石油公司在 C 區塊、埃索石油公司在 D-Alpha 區塊、美孚石油公司在 D-I 和 D-II 區塊、道達爾石油全司在 D-III 區塊。在該一地區鑽探的天然氣井有數口，較具前景的是阿吉普石油公司在 D-Alpha 區塊的 Al-I 號井，惟因含高度二氧化碳。

一九六八年，阿吉普石油公司、科諾科石油公司和福朗狄爾石油公司在西東納土納盆地外別取得 A、B、C 區塊的礦權。阿吉普石油公司在鑽了二十口井後，於一九七八年放棄 A 區塊。一九七三年底，阿吉普石油公司在 AL-I 號井發現天然氣，惟因含高度二氧化碳而予以放棄。阿吉普石油公司較成功的井在「勃沙一號井」（Bursa-I），發現石油和天然氣。A 區塊自阿吉普石油公司撤出後，在一九七九年和一九八〇年被分割為四個小區塊，分別為：阿

摩西斯石油公司在 C 區塊，埃索石油公司在 D-Alpha 區塊，美孚石油公司在 D-I 和 D-II 區塊，道達爾石油公司在 D-III 區塊。

　　科諾科石油公司在 B 區塊鑽了十四口井，雖發現了天然氣，但因含有二氧化碳，而降低商用價值。阿摩西斯石油公司於一九八一年在 C 區塊鑽了兩口井，未有所獲。埃索石油公司繼承了阿吉普石油公司在 D-Alpha 區塊的 AL-I 號天然氣井，於一九八〇年代初在 L 結構中鑽了四個成功的評價井。其中之一是世界最大的天然氣田，縱使含有高度的二氧化碳，該公司在一九九〇年代中期開發。美孚石油公司在一九八一年至一九八二年間在 D-I 和 D-II 區塊鑽了五口野貓井（指對未確切藏油地區進行試探性挖掘開井），包括邦登（Banteng）天然氣井。一九八〇年代中期，美孚石油公司放棄了上述兩個礦區。道達爾石油公司於一九八一年在 D-III 區塊鑽了兩口乾井，一九八六年放棄。

　　據估計，在納土納群島附近海域天然氣儲藏量，約有一五〇萬億立方公尺，惟其中三分之二含高度二氧化碳，印尼國營石油公司與美國埃克森石油公司舉行有關設立一個全球規模最大的液化天然氣廠工程計畫的談判，未獲成果。一九九四年再度談判，十一月十六日雙方達成一項總值四百億美元的協議，簽署合作意向書。一九九五年一月九日，雙方正式簽署協議。美國埃克森石油公司繳交百分之三十五的收益稅率，並以四對六的比例同印尼國營石油公司分享產量。據估計，整個開採計畫總值約三五〇億至四〇〇億美元，每年可開採三千五百萬公噸的液化天然氣，可開採二十年以上。

　　從以上南海周邊國家爭相在南海海城進行石油探勘活動可知，南海周邊國家不僅將它們在南沙所佔領的島礁納入其版圖，而且招

國際標將礦區權利讓予外國石油公司，實際已在進行共同開發，根本無視中國的領土主權主張。

㈢馬來西亞與汶萊的探勘活動

在一九七六年以前，馬來西亞國內原油的供應大都來自殼牌石油公司（Shell Company）。在砂勞越外海的四個近岸油田（Bakan, Baram, West Lutongi, and Baronia），每日產量約九萬三千桶，在 Sarawak 和 Sabah 每日的近岸原油產量很容易達到五十萬桶。在一九七五年 Tembungo 油田在六千呎深處每日可生產原油三千桶。一九七六年殼牌石油公司在 Bintulu 西北方約一百英里處發現天然瓦斯，該處蘊藏量據保守估計達六兆立方英尺。馬來西亞花八億二十萬美元蓋一座年產五百萬公噸的液化瓦斯廠專門供應日本的消費需要，一九七八年，殼牌石油公司在砂勞越西北方外海一百哩處發現天然氣，估計蘊藏量達六兆立方英尺。一九八九年，沙巴殼牌石油公司在沙巴外海鑽「基納巴陸一號井」（Kina-balii-1），發現石油，估計儲量約十八億五千萬桶。日本石油探勘公司於一九八九年在砂勞越外海 SK-10 區塊鑽一口井，次年鑽六口井，日產石油二千五百桶、四千五百桶凝結油、四億立方公尺天然氣。

一九九○年一月，英國天然氣（馬來西亞）SA 公司在沙巴外海 SB2 區塊鑽「卡加希坦一號井」（Gajal Hitamn-l），恩隆石油馬來西亞公司（Enron Oil Malaysia Inc.）在沙巴外海的 SB3 區塊鑽井。一九九二年五月，馬來西亞國營石油公司與賀爾休斯頓石油公司、伊迪斯杜石油公司、卡里加利石油公司在 SB4 區塊進行探勘；同年五月，馬來西亞國營石油公司與沙巴殼牌石油公司、派克頓石油公司、卡里加利石油公司在沙巴外海的「沙馬蘭油田」探勘。

　　汶萊從一九五四年在岸外探勘石油，一九六三年由殼牌國際石油公司和三菱公司合作採「西南安巴」（West South Ainpa）天然氣田。此外，在岸外三十五公里還發現「費爾利」（Fairley）天然氣田，及離岸七十公里的「占賓」（Champion）天然氣。

　　汶萊位於婆羅洲西北部一九八四年脫離英國獨立，面積五七六五平方公里，為台灣的六分之一。人口：約三十七萬（2007.7），和台北縣三重市人口相當。馬來人佔三分之二。一九八四年由英國殖民地獨立成功的汶萊，經歷過西班牙、葡萄牙、英國的殖民地統治，過去一直是個以農漁業為主的窮國家，直到一九二九年，荷蘭皇家殼牌石油公司（the Royal dutch Shell Group）成功地在汶萊的外海鑽探到石油，這個西里亞油田區（Seria Field），從此改變了汶萊的命運；汶萊搖身一變成為國民年平均所得二萬五千六百美元（台灣是二萬九千美元）的富國（2006.7）。

　　據美國《世界日報》二〇〇九年八月二十二日報導：南海周邊國家夥同二百多家西方石油公司大開千餘口油井，不斷搶奪中國南海油氣資源，五千萬噸的石油年產量遠遠超過中國大慶油田四千萬噸年產量，而中國至今卻沒有在該海域產出一桶油。

　　中國社科院國際戰略與外交對策研究中心秘書長薛力認為主要基於三點原因：一是出於顧全大局和平穩定的考慮，未採取針鋒相對的對策。二是中國自身深海開發能力有限，存在技術資金與組織管理等方面的瓶頸，與西方在深海領域仍有差距。三是二〇〇四年前獨享海上勘探對外合作權的中油，面對成本高昂、產量不確定、涉及領土糾紛等因素，對南海深水區的油氣勘探與開發持謹慎態度。為此，他建議，中國應組建「南沙能源開發組織」，謀求多邊

框架下的解決方案，繼續拖延，情況會愈來愈糟。

　　暨南大學東南亞研究所研究員鞠海龍表示，在處理南海糾紛上，中國長期堅持「擱置爭議、共同開發」的政策，而那些非法侵佔中國領土主權的國家卻以「爭議擱置、搶先開發」，夥同西方國家石油公司，蠶食南海爭議地區油氣資源，並在此區域不斷增強己方的軍事與經濟實力，利之所在，將中國的反對、警告、抗議置若罔聞。

第二十章 中國在南中國海的石油熱

一、不斷探勘南沙群島礦產資源

中國自一九五〇年代末至一九六〇年代初，開始在鶯歌海沿岸地區進行地質探勘，在海南島南嶺頭、鶯歌海及三亞一代發現有天然氣苗 31 處。自一九六〇年代中期至一九七〇年代初，因海上石油探勘技術落後，資金不足等，幾乎停頓。一九七三年，重新開探工作。

中國自一九七〇年代開始加強海軍軍備，建造艦艇，改良潛艇性能，擴建沿海海空基地設施，凡此種種，都令外國觀察家意識到中國的「海權主義」已在萌牙。無疑地成為所有與中國有邊界糾紛的國家直接關切的根源。涉及西、南沙的菲、越、印尼及馬來西亞等國只是其中之一。

甚多當代觀察家將中國挑起與南越的西沙之戰歸因於其對外海石油的期盼。儘管在一九七〇年代中期，在中國大陸上尚有甚多更顯著更易於探勘開採的石油礦藏，畢竟在中國南海外海石油的蘊藏已見端倪，而一般咸信海南島至西沙周圍必有石油礦藏，只是尚待

探勘而已。此後不出四年，西沙地區果然成為中國外海石油探勘最熱地區之一。

此外，觀察家認為西沙之戰亦顯示中國基於「民族統一主義」與欲圖轉變為亞洲強權——亞洲海岸國家或海上霸權國家有關。石油為重要戰略物資之一，取得西、南沙，如果以此著眼，不啻一石兩鳥，何樂不為？

中國與南越的西沙熱戰，顯示中國在遇到外來挑釁之時便有不規避戰爭的架式和意願。而且，中國在西沙所採取的軍事行動，在方式上，有其本身的重要性，即因為此一戰役乃是中國海軍武力多年來的首次展示。抑有進者，此項軍事行動的本身，也意味著中國長久以來處心積慮欲圖擴展其海軍實力及海事權益，首次取得一處指向整個南海盆地的海上據點。一九六七年至一九七九年，分別在北部灣盆地、鶯歌海盆地、珠江口盆地、瓊東南盆地展開探勘工作。在一九七九年中國開放石油探勘合作以前，在上述四個盆地內發現了十口油氣井，其中五口是高產井。。

隨著中國改革速度的逐步加大，豐富的海洋資源，成為中國矚目的開發重點。中國的海岸線北自鴨綠江起，南至中、越交界的北崙河口止，全線長達一萬八千公里，海域縱跨溫帶、亞熱帶、熱帶三個氣候帶，有經濟魚類三百多種，有著豐富的捕撈價值。還有十五米等深線以內的淺海和灘涂四千萬公頃，具有耕海、牧海的潛力。大陸架又以豐富油氣資源而聞名於世，據中國官方稱，油氣儲量約一百五十億到二百億噸之間。同時，官方還認為，濱海砂礦、海洋能、海水資源和海洋旅遊資源，都有不可估量的經濟價值。

在一九八二年一月，中國開始在南沙進行各種資源探勘調查，

最遠至曾母暗沙。

二、中國離岸石油探勘的緣由

　　中國在一九七○年才開始注意南海地區石油的開發，其原因有四：

　　㈠中國主要能源來自煤礦，佔百分之八十一點六，石油僅佔百分之十四點一，天然瓦斯戰百分之一點二，水力發電佔百分之三點一。中國煤礦產量豐富足敷國內能源消耗需要，因此不急於尋覓油源。但由於一九六八年聯合國地質調查報告引起菲律賓與南越積極在南中國海佔領島嶼與外國石油公司簽約進行石油探勘活動，遂引起中國抗議與重視。

　　㈡石油開採技術與機械設備的進步及對海洋地理學與物理學的發展，使對海洋深海石油的探測與開採成為可能。

　　㈢中國一九七五年一月宣佈推行四個現代化計畫（農業、工業、國防和科技）因此急需生產石油以供工業化所需的能源消耗。

　　㈣一九七三年中東戰爭後石油猛漲，因此擬生產石油外銷賺取外匯，以籌措四化所需的財源。

　　可是由於周恩來與毛澤東相繼在一九七六年一月和九月過世引起政局的不安，耽擱與外國石油公司合作進行探勘大陸礁層石油的計畫，直至一九七八年鄧小平掌權後推行能源與現代化政策後始與美國六個財團與歐洲石油公司簽約在台灣海峽與東京灣之間進行南中國海大陸架近岸部份之地震測量，外國石油公司亦因中東危機，石油高漲，亟需另覓油源，乃與中國合作簽約探勘南海石油。一九七九年十月十日中國宣佈在珠江口的油井已開始生產含較低硫磺的

原油。此一宣佈引起國際間相當重視，表示南海大陸礁層北部蘊藏有豐富的石油。中國一九七○年原油產量為三○·六五百萬噸，至一九八五年則增為一二四·九○百萬噸，天然瓦斯一二、九三○百萬立方公尺，至一九八五年止，有二十七個煉油廠，二百一十九個油田，七十四個天然瓦斯田，一九八六年原油產量為一三○·六八百萬噸，天然瓦斯為一三、七六四百萬立方公尺。

另據美國中央情報局一九九○年十一月三十日最新統計資料顯示：中國一九八九年每日產油量（不包含天然瓦斯）為二百七十六萬桶，佔全世界每日產油量五千八百三十五萬一千桶之百分之○點○四七，排名第六位，僅次於蘇俄、美國、沙烏地阿拉伯、伊拉克。

中國的石油政策為一九九○年預計原油產量為一五○百萬噸或一、○五○百萬桶，每年平均增長率為百分之三點七；天然瓦斯生產一九九○年預計達到一五、○○○百萬立方公尺，預計每年平均增長率為百分之三點一。最近將來將集中全力於中國東部的開發與生產，至於西部和離岸油田則集中探勘以求查明確實蘊藏量以供將來發展之用，具體的實施辦法：

⑴更新改善現有油田的設備，採用最進步的技術和有效的辦法來發展現有油田的生產量同時開發並發展重油的可行性。

⑵輸入最新外國管理技術和經驗，擷取並運用與外國石油公司合作發展離岸石油的經驗來加強研究管理陸上石油與天然瓦斯的開發與發展。

⑶加強研究石油與天然瓦斯的形成與分配藉以評估其資源並改善地震探勘及資料處理的技術。

⑷加速天然瓦斯的探勘與發展使石油的發展能夠同步進行。一

九九一年中國與英國、德國和日本等國就南海深部地質、南海熱流、油氣探勘等項目進行合作研究。

中國在一九九一年開始的第八個五年計畫其間與外國石油公司合作在南海東部海域建立一個年產二十五億立方公尺天然氣的大油氣區，並已在南海發現兩個大油氣田，蘊藏量達三千億立方公尺。上述年產三十五億立方公尺天然氣如果全部供中國國內使用，可提供十個三十萬噸的合成氨廠使用或五十萬噸尿素廠的足夠原料；如全部民用可解決一千萬戶居民的日常能源問題。由於利用外國資金，大部分天然氣將液化處理後出口。液化廠地址已選在海南島南端海濱。同時海南省亦計畫興建橡膠廠、化肥廠、化工廠等十幾個項目，為這個大油氣區的開發建設作準備，中國海洋石油總公司已與日本有關公司研究合作的可能性。

據中國地質礦產部「海洋四號」船在一九八七年十一月結束對南沙海域進行的「地質地球物理綜合調查」之後說：「南沙群島散布的陸架和陸坡上有著大面積的、相當厚的中生代沈積、蘊藏著豐富的油氣資源。」另外，面積達十八萬平方公里的曾母暗沙盆地也是如此。

中國早在一九八七年下半年就開始實施「海洋、海岸帶聯合開發計畫」，為全方位、大規模開發海洋資源摸索經驗打好基礎。這一計畫到一九九一年底總投資達四千萬元人民幣。據中國官方稱，經粗略計算，經濟收益已達四億多元人民幣。

因南沙群島蘊藏著豐富的資源漁產、礦物和石油等，於一九八七年四月至五月，以南沙群島西南區曾母暗沙盆地為主；一九八九年四月至五月，以南沙群島北部地區禮樂灘為主；一九九〇年四月

至六月，以南沙群島中部地區的赤瓜礁至南薇灘之間；一九九一年五月至六月，以南沙群島西部地區，包括萬安灘盆地，由海洋物理、化學及地質學家組團調查南少群島也質及礦產資源，每於調查期結束後，均召開學術會議，檢討成果。一九九一年五月至六月，南沙群島西部地區及萬安灘盆地調查後的學術檢討會，著重在萬安灘盆地與曾母暗沙之地層結構關係為主。

在一九八八年以前，中國在南沙未曾佔領任何一個島礁，一九八八年三月藉口在南沙設立海洋觀測站，而與越南在赤瓜礁發生衝突以後才陸續佔領領南沙九個小礁，開始在南沙建立據點。

中國地礦部對南沙群島海域進行了綜合地質調查，證實有四個大、中型沉積盆地具有良好的油氣遠景。中國也對台灣海峽西部進行地球物理調查，發現晉江凹陷、九龍江凹陷、台灣淺灘南凹陷、南海北部陸地區凹陷均有良好油氣，又根據對東太平洋近九十萬平方公里海底資源調查，圈定近二十萬平方公里的遠景礦區，提出儲量報告，並會同國家海洋局的調查成果，中國已於一九九一年一月正式向聯合國海底管理局籌委會提出作為先驅投資者的申請，為聯合國海洋公約開發礦區創造了條件。

三、中國與美商合作探勘石油

一九九一年一月二十五日，中國海洋石油總公司總經理鍾一鳴與美國阿果科石油公司在休士頓簽署一項價值五億美元的合約，由中國出資百分之五十一，美方出資百分之四十九，共同開發南海油田，三年後，每天產五萬桶原油。

一九九二年五月八日，中國在北京與美國石油公司克萊斯頓簽

署開採協議，在南海水域成立中、美石油天然氣聯合開採小組。中國政府並向美國石油公司保證，動用海軍武力支持在南中國海域的石油勘探工作。消息一透露，越南首先表示強烈抗議，認為中、美簽署的協定，範圍已侵犯了越南領土。菲律賓則稱，該協議違反了鄰近諸國對爭議地區合作的精神。該地區國家亦對北京積極以武力作為海域主權爭端的後盾感到緊張。

這項合約，為多年來任何一個國家片面開發該海域南部天然資源之首創。除中國外，越南、菲律賓、馬來西亞、印尼、汶萊皆宣稱擁有該海域的主權。以往簽訂類似合約的事，是發生在一九七三年。當時已近垮台的南越政府，將有爭執的領海租給西方石油公司開採，導發一九七四年中國與南越的海上喋血一戰，中國收回那片珊瑚礁構成的西沙群島。

贏得這項合約的克萊斯頓能源公司的總裁湯普森稱，他自然知道海域的主權糾紛，但已獲得中國方面的堅定支持。湯普森對《紐約時報》稱，「中國最高級官員向我保證，他們會以整個海軍力量保護我。談判的時候，他們就這麼告訴我——必要時，整個海軍艦隊會在那裡支持我。」

美國輿論認為，將石油勘探合約給予一家美國公司，足見北京的精明之處。因為在這樣的情況下。越南的任何武力介入，可能同時損及它與華盛頓和北京的關係。越南極力設法與中國改善關係，並且非常希望與美國改善經濟關係，並恢復邦交。湯普森認為該水域採油前途非常看好，但克萊斯頓公司首先要做的是深入的資料分析；一、二年後，亦可能派油輪前往。一九九二年五月八日簽約時，美國大使館的一名官員亦在場。但使館稍後表示並未涉及談判

工作，認為領土的糾紛應循外交途徑和平解決，國際海道的暢通無阻應加以維護。

四、越南指責中國在南沙探油行動

一九九二年七月二日，中國外交部發言人吳建民強調，中國對南沙群島享有不可爭辯的主權，但中國也向有關國家提出擱置爭議、共同開發的主張。此外，中國和越南已準備就南沙群島領土問題進行談判。

越南於一九九二年九月四日聲稱，兩艘中國船舶侵犯越南領海，並妨害東京灣交通，要求其立即撤走。根據越南外交部的說法，上述兩艘中國探油船係分別於八月十九日和三十一日離開港口，前往東京灣探油，中國海岸電台已警告所有船隻避開這兩艘探油船。越南指責中國非法在越南水域設立鑽油平台，強烈要求中國撤離，並主張舉行談判，以解決領土紛爭。

設立鑽油平台乃是中國一九九二年二月通過法律，宣布南沙群島為所轄領土後，所採取的強硬措施。據越南部長會議大陸岩礁委員會說，中國在東京灣設立的鑽油平台，距離越南北部的太平省只有七十浬。中國是在當地進行探油和地震測試。除了兩艘探油船之外，還有其他六艘偽裝漁船實則是和探油有關的船隻。中國外交部發言人於一九九二年九月五日表示，中國石油鑽探船的活動，是在北部灣海域中心線的中方一側，屬中國管轄海域。中國主張和越南通過談判和平解決北部灣海域劃分問題。

中國與美國的克萊斯頓能源公司於一九九二年五月八日簽約在萬安灘盆地北部二十一礦區合作探勘石油（有效期到一九九九年），該

探勘地點為在傳統 U 型疆界線內，與越南正在開採石油的青龍油田（位在第 133 至 135 號礦區）重疊。在開始時，越南只在口頭上批評中國的作法是侵犯其大陸架的權益，雙方進行一陣子的外交抗議戰。至一九九三年十二月，越南與美國克里斯頓能源公司進行會商，要求該公司取消與中國合作探油的合約，認為該合約侵犯了越南的主權。但克萊斯頓能源公司並未改變立場。中國在一九九四年七月宣稱該青龍油田位在其主張的 U 型疆界線內，而引發雙方的口頭警告和抗議。

　　一九九五年四月，克萊斯頓能源公司在一千二百平方公里的範圍進行地震測線，準備在年底鑽兩口井。四月二十五日，越南國營石油公司呼籲克萊斯頓能源公司停止在南沙探油，因為該探油區剛好位於越南專屬經濟區和大陸架上。四月二十七日，中國外交部重申中與美國石油公司簽訂在南沙探勘之合約完全合法，強調：「中國對南沙群島和鄰接海域的主權是無庸置疑的。」越南進而於五月將其青龍礦區的礦權與美國的美孚石油公司合作探勘，此舉激怒了中國，北京抨擊越南在南沙海域開發石油屬於非法、侵犯了中國的權益。

五、北京與河內談判領土爭端

　　中國總理李鵬於一九九二年十一月三十日訪問越南時曾表示，中國與越南最近衝突的焦點之一邊界問題，經雙方總理協議，以中法往昔對邊界的區隔為基礎，透過談判尋求解決。東京灣共同水域，將進行劃界談判，談判沒有結果之前，任何一方不得進入。至於中國與美國公司探勘石油引起越南抗議，中國將與越南尋求解決

辦法。

一九九二年十二月四日，中國和越南發表聯合公報表示，雙方將通過談判和平解決邊界領土爭議，並且在談判解決前，雙方均不採取使邊界領土爭端複雜的行動。

越南一方面指斥中國探油行動，一方面又同意與中國談判解決領土爭執；卻又決定與馬來西亞合作開採新發現的大熊區油田。據台北《聯合報》系一九九三年一月四日駐吉隆坡記者報導：大熊區油田位在越南南方海岸大約一百公里的地方，是大馬在一九九二年十一月探勘時發現的新油藏。

一九九〇年代，有二十二家外國公司在越南岸外有探油區。大馬國家石油探勘公司在與越南國營石油公司簽署的生產條約下，租用了兩個深油地區進行探油，共一萬二千五百平方公尺。

大馬國油先在海底大約三十公尺的地方，發現很好的碳氫化合物，於是繼續鑽探至三千五百公尺的深度，以判斷是否值得作商業性的開採。到了十二月，初步估計這口油井的藏油量不少於八億桶，並藏有大量天然氣。兩國便協議共同開發，並為它取名大熊。

在這項聯營計畫中，越南的破山石油機構占百分之四十三點七五，大馬國油占百分之二十，其餘股權由越南石油及其他集團擁有。兩國在一九九二年十二月二十四日簽訂協定。

大熊區油田是越南自一九八九年要求外國石油公司到領海探油以來，第二次發現油藏，不過，卻是第一個正式開採的油田，一九九〇年發現的油藏不具商業開採的價值。

南沙群島主權劍拔弩張的紛爭，看似已經緩和下來，不過為了經濟利益的主權之爭，並非單靠外交詞令就可解決的。以中國目前

強大的海軍力量，中國當將以拉長談判籌備時間來繼續推進在南海的活動，鞏固南疆海防，以備在未來正式談判中，立於不敗之地。

一九九四年年中，中國自南沙永暑基地向東一百五十浬，進駐「危險地帶」內的美濟礁，除了確保油藏豐富的鄭和盆地並做為南向的屏障外，更可用島礁上的觀通設備遙望監聽周沿各國在禮樂灘及安渡灘的探鑽開採活動，更替中國未來在南沙海域開採油礦預留伏筆。

一九九七年四月八日，中國在中、越之間有爭議的海域探勘油、氣所引發的問題，在僵持多日之後，終因中國宣布自探勘海域撤離其鑽油設施，而暫告一段落，越南在這次對峙中是否曾向東盟或美國借力，以及後者是否發揮影響力促使中國無功而返，殊堪玩味。

這片有爭議的海域位於東京灣以南、約在海南島與越南的中間，咸信蘊藏豐富天然氣。

一九九七年三月七日中國派出勘探三號鑽油平台，進駐這個中、越各自宣稱屬於其經濟海域的地點進行探勘，隨即引發越南的強烈抗議。越南邊界委員會海疆部門主管黃明清說，中國鑽油平台及其補給船已於四月一日撤離，中國外交部也證實勘探三號確已撤回。

中、越雙方外交部皆表示，三月九日在北京舉行談判，以解決這片海域引起的糾紛。

這個糾紛與領土無關，也扯不上雙方對南沙群島的主權之爭，而是中、越雙方爭取這片海域的海事管轄權和石油等資源享有權。照越南的說法，中國的鑽探點距離越南海岸最近只有六十四點五

浬，距離海南島最近則在七十海里以上，而且該地是宋洪盆地的一部份，與越南本土連在一起。北京則稱該地是中國大陸灘的延伸，而且位於中國二百浬經濟海域之內。

石油業人士說，中國已經與美國石油公司合作，在海南島外海亞成油田開採天然氣，並從一月就在離亞成油田五十公里處的這片爭議海域附近探勘，三月派出勘探三號進駐後，越南一再抗議但中國置之不理。據河內媒體報導，中國甚至可能把鑽油設施移往離越南更近的地點。

面對強硬的中國，越南曾向外求救兵。第一步是爭取東南亞國家聯盟的支持——東盟國家對中國在此地域日漸崛起的霸權地位已經很敏感；其次是打美國牌，與美國討論雙方建立軍事關係的可能性——北京一直擔心美國對中國進行軍事圍堵。

越南一九九五年加入東盟以來，這是首度在戰略關係上向東盟家求援。越南已經召見東盟各國大使，這些大使也已草擬呼籲中國在該地停止鑽探的提案，東盟內部對這份提案，意見並不一致，馬來西亞、汶萊、菲律賓宣稱擁有南沙全部或部份主權，星基於同仇敵愾之情，比較傾向支持越南，與中國沒有主權糾紛的泰國、印尼與新加坡，態度比較遊疑。

除了各國個別與中國的主權糾紛外，就整體與長期而言，東盟更擔心中國強大之後，是否會成為不守國際規範的區域霸權。東盟與中國目前有一個一年一度的政治協商會議，一九九五年第一次召開時，東盟否決了中國的反對，發佈一篇有關南沙群島美濟礁的強力聲明。一九九七年的協商會議四月中旬在安徽黃山召開，東盟對越南的求援達成共識，在會中就中、越的爭執聲援越南。

六、南沙開發區迎來新機遇

一九九七年十一月，廣州「南沙經濟技術開發區」，抓住香港回歸祖國和虎門大橋通車兩大契機，開始進入關鍵性建設時期，初具規模的現代海濱新城展現誘人前景，前往投資考察、洽談的中外客商絡繹不絕。

廣州南沙經濟技術開發區隸屬番禺縣，位於虎門大橋西側，是珠江口一個半島，一九九三年五月被列為國家經濟技術開發區，確定以「大港口帶動大工業，推動第三產業大發展」的發展方向，目標是用十五年左右時間建設成為一座以深水港口為中心，交通運輸、現代工業和旅遊服務齊發展、功能齊全、佈局合理、環境優美、文明發達的現代化海濱新城。南沙將成為連接香港與珠江三角洲地區的交通樞紐，成為該區域商貿集散重地、旅遊度假勝地和房地產開發的寶地。

整個南沙開發區，由東部港口新城區、西部工業區和進港大道第三產業區等「三區」組成。經過四年的開發建設，投放基礎設施建設的資金累計達到三十億元人民幣。至此，南沙已初步形成了以港口碼頭為龍頭，新型塑料、電子器材、船舶製造和食品加工為工業主體架構，南沙天后宮、水鄉一條街、鴉片戰爭遺址為主景點，祁福大酒店為旅遊服務代表的港口貿易、工業加工和旅遊服務的新體系。

在南沙開發區的建設中，全國政協副主席、香港知名人士霍英東傾注了大量的心血和資金。他參與南沙東部港口新城區二十二平方公里的開發，投入逾十四億港元，進入實質性建設階段。在霍英

東投資的眾多項目中，迄今已建成的有虎門汽車輪渡碼頭、直通香港的客運與貨運碼頭、南沙新技船廠、萬噸級的東發貨運碼頭、貨櫃車聯檢場基礎設施、七公里長深水港海岸線的護岸工程、兩個二萬五千噸級泊位的南偉貨運碼頭、南沙天后宮、水鄉一條街、南沙輪合客運碼頭等。

此外，霍英東投資的其他項目有國內第一座場地大、洞數多、有燈光的國際標準高爾夫球場，首期十八個洞於一九九七年春天剪綵，，全部工程於一九九七年完成；一座佔地六百畝、投資一億五千萬港元的南沙國際花園，已完成基礎工程；投資二億港元、建築面積十萬平方米的蒲州港國際商貿廣場亦已完成；南沙歷史博物館亦於同年年底竣工。為了使南沙至香港的航程由一小時縮短至三十五分鐘，霍英東還在香港的東涌興建客運碼頭。此外，還有法國玫瑰園、日本花園、蘇州園林、歐洲啤酒屋、日本茶室等項目，已完成建築設計。

南沙的西部工業區已初具規模，一批項目陸續建成投產，進港大道第三產業區也在逐步延伸和擴展。良好的投資環境已吸引美國、韓國、日本、新加坡、法國、奧地利和港澳台等十多個國家和地區前往投資企業。開發區內的三資企業項目達一百六十四個，投資總額近十一億美元，利用外資七億美元。在這些外資企業中，來自香港的資金項目均佔百分之八十六。一九九七年上半年簽約的三十二個外資項目中，香港投資的項目佔了十九個。「三多兩高」可謂是這些項目的特點，即獨資項目多、跨國財團多、工業項目多和資金技術含量高、項目洽談成功率高。

南沙經濟技術開發區因擁有得天獨厚的地理位置，完善的基礎

設施和良好的投資服務，在目前全國各級各類二千多個開發區中，被評為一九九七年中國投資環境優秀開發區五十強之一。

七、中國南海科學考察成果豐碩

二〇〇二年六月十三日，中國科學院南海海洋研究所提供的信息表明，中國南沙綜合科學考察已取得一系列豐碩的成果。

這些成果包括，調查分析了中國南沙群島海區國土資源、礦產資源、油氣資源、漁業及藥用生物資源分佈；研究了區域地質演化與古環境的變遷、海底地球物理與構造地質、海洋大氣物理場等；在相關研究領域發表論文一千多篇，出版專著、文集和圖集四十八部。

海洋權益方面，詳細分析了與南沙海域劃界有關的資源環境與地理地貌的各要素，提供出水道、錨地與港口選址及工程環境等方面的數據。生物資源與生物多樣性方面，發現海洋生物新種六十一種，中國新記錄三百四十七種，發現五處高生物量海區和海底拖網四個漁場。

初步查明南沙海區為全球少有的海上油氣富集區之一，石油儲量三百五十億噸、天然氣十萬億立方米，重點研究了萬安、曾母盆地的油氣潛能，提出勘探有利地區，並發現南薇盆地。

海洋環境規律和熱帶海洋科研方面，基本摸清了南沙海區海洋環流和主要流系的配置格局，觀測發現北南沙東向強流及冬夏季南沙逆風擁的存在；發現南沙暖水；建立珊瑚生長率溫度計，重建百年海面溫度序列，後報百年南海年平均溫度；完成「南永二井」地質鑽探，取得岩心四百一十三米，揭示出南沙群島中新世晚期以來

珊瑚礁發育演變與環境的關係。

中國對南沙群島海域開展大規模實地考察始於二十世紀八〇年代，一九八四年至二〇〇一年連續五次立項，由中科院南海海洋研究所會同四十多個單位的近六百名科技人員，在南沙群島極其鄰近海區開展資源、環境與海洋權益的多學科綜合科學考察和研究。

這五次南沙科考還在考察技術上取得了多項突破：首次採用自行設計的拖網在南沙海區進行岩石拖網採樣，取得具有重要科研價值的岩石樣品；應用當今世界最先進的多波束聲納系統，對中國最南端的曾母暗沙進行了海底地形地貌勘測；首次在南沙考察過程中獲得整個航次的海流資料等。

南沙群島及其鄰近海域位於南海南部，是中國南疆的屏障和門戶。海洋專家稱，對南沙海區進行深入的科學研究與開發和建設，是中國本世紀資源開發與利用的重要組成部分。其研究成果具有廣闊的應用前景，對維護中國南沙群島的主權及海洋權益具有重要科學價值，對海洋資源的開發、海洋科學的發展及海洋技術的應用與創新，有重要學術價值和實踐意義。

據二〇〇四年二月二十九日新華社電訊報導：經過長達四年三十餘種實驗項目共六萬多次的分析，中國科學家從大洋鑽探一八四航次採集的珍貴樣品中，取得了一系列重要的科研成果，使中國南海的深海科學研究一舉進入國際科學前沿。

據大洋鑽探第一八四航次首席科學家之一、中國科學院汪品先院士介紹，南海大洋鑽探所取得的科研成果主要包括：取得了三二〇〇多萬年來的深海沉積紀錄，建立西大平洋地區最佳深海地層剖面；用深海記錄中的多項指標獲得東亞季風的演變歷史，證明和南

亞季風的演變有十分相似的階段；取得南海演變的沉積證據，發現到三百多萬年前南海沉積證環境才出現強烈的南北差異；首次探討了二千多萬年以來氣候周期性的演變，發現了大洋碳循環的長周期等。

中國科學院地質與地球物理研究所劉東生院士還認為，南海大洋鑽探是一次「地質大發現」性質的鑽探，以汪品先院士為代表的中國科學家在理論上的發現更為重要，他們發現大洋碳循環的長周期，可能是地球軌道變化引起熱帶變化過程中的產物。

二○○四年十月十五日，美國《華頓郵報》報導稱：中國在宏觀調控主導下以市場經濟為主的改革開放全面推動下，導致中國渴求初級能源日亟。以原油為例，中國不僅自一九九四年起從原油輸出國變成輸入國，且於二十世紀末每日輸入高達一二○萬桶原油，以維持經濟成長所需。

形成這種發展的部份原因是經濟，中國已取代日本，成為繼美國之後，全球第二大使用者。自二○○○年以來，全球石油消耗的成長，將近五分之二來自中國大陸。（二○○四年，美國市場仍佔全球石油需求的四分之一。）

二○○五年三月二十九日，中國海洋石油公司宣布，該公司在南海西部發現新油氣，可日產原油一九○○桶，天然氣一萬五千立方米。該發現位於南海西部瀾西南凹陷構造上，距潿洲西南三十五公里，鑽井三四七六米，水深三十四米，該公司擁有發現百分之百的權益。

二○○五年十二月二十九日，中國海洋石油公司再度宣布，其合作夥伴義大利埃尼公司在南海東部海域獲得新的油氣發現。

　　二〇〇六年六月十五日，香港富商李嘉誠投資的加拿大赫斯基能源公司（Husky Energy）宣布，與中國海洋石油公司在南海探得一天然氣田，蘊藏量高達四兆至六兆立方公呎，被認為是「中國近海最大的天然氣田」。然而這處油田所在地，距離東沙島二百公里，也就是位於台灣專屬經濟海域內，台灣學者主張，雖然兩岸關係複雜，但台灣仍應該由中油等民間公司出面，尋求開發這處資源。台灣南海問題專家龍村倪指出，台灣方面可以秉持「擱置爭議，共同開發」的原則，要求參與這處氣井開發。至於如何參與共同開發，龍村倪表示，對於兩家公司已經支出的探勘、建設費用，台灣方面應先按比例支付，之後的開發經費，由三方按比例分攤。

　　赫斯基公司的公告指出，這處油田位在南海深水區，編號「29126」，平均水深一千三百公尺，面積約三千九百平方公里，南中國海油氣田將會使中國的天然氣儲備量一舉增加百分之七。

　　由於中海油與赫斯基是合作夥伴，並擁有百分之五十一工作權益，依目前市值計算，價值高達一千三百億元，若能全部開採生產，足夠全香港居民使用一五〇至二二〇年之久。

　　中海油是中國三大國有集團中規模最小的。二〇〇五年，中海油曾準備以一百八十五億美元天價收購美國油商優諾克，但因政治因素做罷。二〇〇六年四月，中海油又以二十七億美元取得尼日一處深海油田百分之四十五權益。

第二十一章　東盟與南海紛爭

一、東盟會員國各顯神通各取所需

　　一九七六年成立的東南亞國家聯盟（ASEAN）簡稱「東盟」，於一九九四年在曼谷召開的二十七屆部長會議及與對話夥伴國進行的區域論壇，無疑是歷年來最受到矚目的一次會議。結合六個東盟會員國、七個對話夥伴、兩個諮商夥伴、三個觀察員國以及兩個貴賓國家參與的擴大區域會議，是全球媒體的焦點。

　　東盟成員國總面積三百萬平方公里、人口三億，並有豐厚資源的這個新興國家集團，本來就是國際舞台的焦點，這次東盟多邊對話還邀集了美國、俄羅斯、中國、越南四個冷戰時期的「霸權」共聚一堂，商討「區域安全」問題；會議主題包括南沙群島爭端、朝鮮半島均勢、東南亞非核化、武力擴張、經貿合作、資源競爭、毒品和人權等，無一不是影響區域穩定的問題。

　　在區域論壇政治對話中，主辦單位認為妥協性的談判有助國與國之間增進瞭解，即使激烈爭辯在所難免，因此各國外長能就地區安全事務和基本國利益向其他國家表達，美國和越南這兩個關係逐漸解凍的昔日敵人，也在會議期間會晤；中國和越南，對南沙群島爭議雖難達成共識，但中國外長錢其琛和越南外長孟琴透過對話，

再次協商談判。

在東盟成員國的眼中，南中國海是婆羅州至越南約六百公里航道，依「海洋公約」新規定，沿岸國家享有外海小島之外三百七十公里的專屬經濟海域。因此，東盟的數國都是南沙的合法主權國，而所謂的「中國領海」，僅是過往歷史的陳腔。

於是，自從南沙索土紛爭浮上檯面之後，越南、馬來西亞和汶萊雖有不同的外交詞令，但都顯示不會放手的基本立場，且為謀求共同利益的前提下，同聲同氣。如今已有以東盟組織的整體力量為籌碼來與中國作長期抗爭的態勢。

這種戰略，另有團結東盟的作用，即是聯合南中國海的「近鄰」，叫「遠親」的中國在外交事務上交鋒時，態度要收斂些。

東盟成立以來，一向缺乏內聚力，對南沙問題共識，實是近年來由多次雙邊會談而逐步統一的，再配合越南的開放政策，存心拉攏「連美國都能打敗」的越南來壯大勢力，以待機分享南中國海潛在資源的各種好處。

越南侵佔南沙廿七個島礁的強悍動作，自一九五九年向中國照會南沙是其領土時的南越時代起，一九七四年，阮文紹政府更掀起西沙大戰，被中國狠狠地修理了一頓；從一九八三年起，不停的指責中國利用越戰後的重建時期，霸佔南中國海島嶼；一九八八年再為赤瓜礁與中國打海戰；接下來數年，除偷偷派軍駐防南沙島礁，一面隔空傳音斥責中國和美國的探油之舉，一面打開自家後院和大馬聯合進行石油探測，並藉著國際石油企業的合作，日本、俄羅斯、西方國家和東盟連成一陣線作後盾，使中國不能再隨心所欲的「教訓」越南。

　　大馬對南沙的醒覺，遲至一九七九年，第一個動作是無聲的，先在出版的地圖上，把十一個珊瑚礁劃入領域，雖然滄海桑田變化莫測，如今僅剩三個，但大馬卻藉著一九八三年起的積極施工，搶先把「拉央拉央島」轉化為尋幽客觀鳥、潛水、垂釣、浮游的名勝區，以聞名的「一窺南沙」為賣點，人賺其錢，加上和越南合作開發大熊油田成功，似已將風雲詭譎的「亞洲波斯灣」變為淘金之海。

　　不過，大馬的外交手腕也夠高明。一九八八年，首先倡議各索土國進行雙邊會談，再舉行圓桌會議，未激起迴響。大馬便開始低調的和各國舉行私下協商，並獲得各國不動武、聯合共享利潤的保證。至於和中國的周旋，大馬以笑臉與北京密談，其後主動為中國擴軍闢謠，駁斥「中國威脅論」一說，另一方面則和越南攜手大撈油錢，再編列預算更新國防重武器、戰鬥機及軍艦，維持軍事均勢。

　　中國在一九九二年公布「領海法」，大馬乃促使冬眠的「五國聯防同盟」恢復每年兩次的海空大演習，讓國際重新認知星馬和澳洲、紐西蘭、英國的聯合防衛力量。

　　汶萊以領海法的解釋，躋身此一紛爭，雖未在南海小島上插國旗，因聲援大馬關係密切，有堅決的袍澤情義，聲援大馬，兼顧自己的福祉，一舉兩得，不亦樂乎。

　　東盟曾在一九九二年呼籲南沙糾紛各造自我約束，以和平手段解決爭端，但在功利主義上的映照中，索土諸國視利之所在，義之所趨，他們對印尼和國際間舉辦的南海學術會議，早已提不起興趣，而傾全力鞏固佔據的島嶼，除駐軍、大興土木建設外，為了對

抗中國的歷史論據，越南還以考古隊發現十五、六世紀越人漁具，佐證南沙原是「故土」，這種詮釋似乎可笑，但足以說明南沙之爭不會輕易干休。

東南亞諸國在南海諸島問題上的態度是非常含混的，所謂含混是指其說法與作法上有根本性的差距，而希望能從其中得到最大的利益，菲律賓的態度自然也不例外，如果用「合縱連橫」來形容，絕不為過。馬尼拉方面在南海主張的權利，基本上大抵多可以從經濟層面來找到答案。

馬尼拉在對外宣稱「支持和平，共同開發」，但若就其多年來的作為來看，與其所宣稱的實在不太一樣；菲國還和美國的某大石油公司就南沙群島的中業島石油探勘開採權利簽約，這與共同開發差得太遠。

其實，馬尼拉對在這個問題上所可能引發的爭議後果也很擔心。菲國在東南亞諸國中，並不是完全沒有潛在對手；如與馬來西亞因島礁問題而有爭執，與汶萊間的關係也並不十分和睦，所以北京的態度其實是馬尼拉很重視的。馬尼拉當局公開的態度是希望共同開發，因為這樣可以避免直接與中國衝突，並且引進東南亞各國的勢力來抗衡中國的壓力。但其實，馬尼拉當局甚至東盟各國的態度都是「東南亞各國共同對抗中國人」，所指的中國人就是台海峽兩岸，這在幾次召開的南海會議中，東盟各國的態度其實是十分明顯的。

二、東盟聯合抗衡中國態勢日明

一九九二年十一月，新加坡的的一位西方外交人士在總結東南

亞國家聯盟各國的軍事情勢時曾說：「東盟各會員會國想單獨與中國談判很困難，因此，聯合各國的力量與中國對抗的趨勢已越來越明顯。」的確如此，東盟各國對美軍撤出菲律賓後中國在南海增強的軍事壓力已非常憂懼，而紛紛投入擴充軍備的行列。

除了中國在南海擴張海權之外，日本、印度亦是東盟國家警戒的目標。特別是日本，就長遠眼光來看，日本終將挾其雄厚的經濟實力與世界第三大軍事預算而成為影響東亞地區的強權。

馬來西亞、新加坡、英國、澳洲、紐西蘭五國所組成的「防衛同盟」於一九九二年九月二十五日舉行包括英國航空母艦參加，為締盟以來最大規模的海、空軍演習。五國同盟自一九七一年創建以來，已三十多年，曾一度被人認為業已瓦解。但隨著南海出現軍事力量的真空，五個同盟又被賦予維持南海地區軍事均勢的新使命。

一九九二年七月底在馬尼拉召開的東盟外長會議上，菲律賓就以「入夏以來，東南亞各國周邊海域突然波濤洶湧」來形容該地區的情勢。而各國無不大肆擴充軍備，先是馬來西亞與俄羅斯簽妥購買三十架米格二十九戰鬥機的合約，接著，印尼向英國購買二十四架獵鷹式戰機，連最窮的菲律賓亦表示有意向台灣購買其已宣告淘汰的 F-104 戰機。

此外，環南海的馬來西亞、印尼、新加坡、菲律賓等國也都大幅增加軍事預算。例如，與一九九一年的國防預算相比，一九九三年度的國防預算分別是：印尼增加百分之十七共十八億美元。新加坡增加百分之十二共二十五億美元。馬來西亞增加百分之十三共十一億美元。菲律賓百分之二十二共八億美元。

另外，據斯德哥爾摩的國際和平研究所一九九二年軍事年鑑指

出，亞洲各國於一九九一年已超過中東成為世界上傳統武器的最大市場。由此亦可見亞洲軍備競賽的激烈。

東南亞是世界經濟成長最快速的地區，諷刺的是冷戰結束，反而促使各國用過去經濟成長所蓄積的財力投入軍備競爭。

三、二〇〇一年東盟金邊會議的後續效應

二〇〇一年十一月五日，在柬埔寨金邊召開的「東盟加三」高峰會，已經演變成此區域裡最重要的東北亞與東南亞對話的管道，然而與其他區域性論壇會議不同的是，美國被排除在此會議之外，台灣無從參與，而中國的影響力卻正在快速增加中。然而此次會議的議程，乃至可能達成的共識，都不能等閒視之。

在會前會裡，中國與湄公河流域五個國家舉行了「大湄公河次區域經濟合作會議」，而高峰會中，中國與東盟簽訂「南海區域行為準則」，同時也確定「中國－東盟自由貿易區」的進程，加速在二〇一〇年達成。這些發展不得不讓各國關切，東盟會不會就此而被納入中國的強權圈內？台灣的「新南向政策」就此受挫，沒有著力點？這些發展當然不是一蹴可幾的，湄公河流域開發從無到有，已經摸索了十多年，南海行為準則也談了三、四年，而自由貿易區自一九九九年朱鎔基提出後，預估至少要到二〇〇六年才會完成，但在此時陸續出現突破，除了中國經貿實力崛起外，北京願意在政治上做出讓步是最重要的原因。

以南海準則的談判為例，中國過去不願意進行多邊交涉，只希望個別與有主權爭議的東盟國家會談，但沒有一個東盟國家願意單獨面對北京，都堅持要以集體形式對中方交涉，最後北京讓步。而

這次「南海行為準則」不提中國向來堅持的「歷史 U 形領域」，以及特別強調美國與國際社會特別在意的「自由航行權」，都顯示中國的妥協。

有論者認為，東盟是以經貿合作為誘因，把南海準則談判與此掛勾，但是正好相反，反而是中國在以讓步換取東盟越陷越深；透露出來的自由貿易區時程中，雙方將在二〇〇四年開始第一批六百項農畜水產品的關稅廢除，這方面中國競爭力不如東南亞，東盟國家將獲益匪淺。

東盟國家傳統上即有「陸地東盟」，與「海洋東盟」的區分，從這些策略手段來看，中國一方面運用進一步的湄公河合作開發計畫，吸引陸地東盟國家，另一方面，同意南海區域準則，消除海洋東盟的敵意，整體上，再以八年後完成的東盟－中國自由貿易區，整體囊括式的，將東盟整體納入中國經濟圈內。

東盟應菲律賓要求，在外長會議中討論南沙群島主權問題。會後東盟重申南中國海主權爭議應和平解決，各國應自我克制。鑒於亞洲金融風暴衝擊，東亞經濟復甦需要一個穩定和平的大環境，而不是妨礙投資拔劍弩張的緊張局面。

菲律賓提議在「南中國海南沙主權問題」上採取較強硬的對抗措施，甚至正式建議創立「東盟地區最高機構，解決此項共同性紛爭」，名為協調增進關係，實則冀求南中國海主權國際化。

由於東盟地區經濟如何早日復甦等問題亟為迫切，菲方所提「南沙群島主權」問題，受到與會各會員的冷漠反應，僅宣稱必須以和平方式解決區域爭喘，有關國家應自我克制，避免威脅或使用武力，以維持此地區的和平與穩定。

至此，菲外長謝順也只好改變改口風，不再談論南沙群島主權紛爭，而表示「我們都應當自我克制。這不只是指中國而已。」他說東盟會利用與中國晤談磋商的機會，從所有在南中國海島礁駐軍的各方冷靜自我克制。

四、東盟第八屆高峰會簽署南海行爲準則啓動「中國－東盟自由貿易區」

東南亞國家聯盟（ASEAN 簡稱東盟，亦稱東南亞國家協會或東協）第八屆高峰會及第六屆「東盟加三」（東盟與中、日、韓對話）年會，於二○○二年十一月四日在柬埔寨的金邊召開，爲期兩天，與會各國官員達一千多人。此次會議成果豐碩。

㈠簽署「中國與東盟全面經濟合作框架協議」，正式啓動「中國－東盟自由貿易區」，被認爲是此次會議的最大成就。這項協議的簽訂，早在意料之中，自亞洲金融風暴之後，東盟各國經濟一蹶不振，中國經濟一枝獨秀，對鄰國的影響力大增。爲了挽救每下愈況的經濟頹勢，迫使東盟採取主動，決定成立自由貿易區（AFTA）的構想提前到二○○五年實施，企盼以東盟爲中心，結合亞洲經濟體「東盟加三（中、日、韓）」的架構早日出爐。此項構想獲中國同意，中國基於整體考量，「東盟加三」架構對中國有似大裨益。

⑴整合東南亞國家的力量。⑵建立經濟上的主導優勢。

⑶確保海外能源供應無虞。⑷突破美國對中國的圍堵。

在雙方的共同需求下，中國也順水推舟，當二○○○年東盟峰會在新加坡召開時，中國總理朱鎔基提出「東盟加一」（即「東盟－中國自由貿易區」）的構想，用以取代「東盟加三」的架構。受到東

盟各國的歡迎。

按二〇〇〇年統計，東盟加中國，人口多達十七億，幾近全球人口的三分之一，國內生產毛額（GDP）總和高達一·七兆美元，對外貿易總額一·三兆美元，將是全球最大的自由貿易區。

「中國與東盟全面經濟合作框架協議」包括貿易、服務及投資，根據此項協議，雙方共組「中國－東盟貿易談判委員會」，協商有關貿易及投資等事宜，預定在二〇〇四年前完成所有關事項的談判。

由於東盟各經濟發展程度差異懸殊，中國預定在二〇一〇年先與新加坡、菲律賓、馬來西亞、印尼、泰國及汶萊等六國組成自由貿易區，而其他四個較落後的國家——越南、高棉、緬甸和寮國，則延至二〇一五年才與中國合組自由貿易區。俾這些落後國家有充分準備的餘裕。

據雙方評估「中國－東盟自由貿易區」成立後，將使東盟各國出口至中國的總值增加百分之四十八，中國出口至東盟各國的總值增加百分之五十四外，也可以使東盟的 GDP 增加百分之一，中國的 GDP 增加到兩兆美元以上。這還會鼓動此區域其他國家加入自由貿易區的行列，對全亞洲經濟整合有所助益，也將改變以美國為主導的美洲自由貿易區及歐盟貿易區為主軸的世界經濟版圖，而成為三分天下的局面，中國則將取代日本，成為亞太地區的經濟龍頭老大。

㈡簽署「東盟與中國南海區域行為準則」。此項準則原係越南與馬來西亞針對菲律賓出兵佔領數個南沙無人島礁所共同擬訂，越南堅持將西沙群島和南沙群島一併列入準則範圍之內，泰國和馬來

西亞對此版本及部份文字規定持反對意見，經泰國修訂整合，主張集體向中國提出交涉，遭到中國強烈反對。中國不願多邊交涉，只願個別與有主權爭議的東盟國家個別交涉，但沒有一個東盟國家願意單獨面對北京。經過了三、四年，北京未再反對東盟所提出的準則版本，但也提出了自己的版本，與東盟各國個別磋商，已把南海行為準則中有爭議的部分逐步消除，所剩歧見已不多。迨至二〇〇二年七月東盟外長會議召開，就以各方協議修訂後的準則版進行商談，達成共識。

二〇〇二年十月十一日，東盟「資深官員會議」最後一次整合磋商，菲律賓、馬來西亞、越南和汶萊四國達成協議。至十月三十一日，經新加坡、泰國、印尼、柬埔寨、緬甸、寮國最後確認，十一月一日，中國正式表示接受。

在此項經各方協議拍版定案的「準則」中，中方未再提中國一向堅持的歷史 U 形領域主權，也未再強調美國與國際社會特別在意的「自由航行權」，都顯示中國的妥協。

「東盟與中國南海區域行為準則」主要內容包括：

(1)簽約國承諾，不採取會引發爭議的行動，包括不佔領無人居住的島嶼、沙洲、暗礁、珊瑚礁等，以避免因主張所有權而引發衝突。(2)保證給予危難中的對方人員公正人道待遇，自動通知對方。(3)如某國擬在海域內舉行軍事演習或聯合演習，自動通知對方，並自動交換資訊，藉以建立互信。

南沙群島引起的緊張情勢，一向被視為此一地區可能的引爆點。此項準則緩和了南海地區各國之間主權爭議所潛伏的衝突危機。

　　二○○三年，中國與東盟簽署「面向繁榮與和平的戰略夥伴宣言」，東盟成為第一個與中國建立戰略夥伴關係的地區組織，中國則是第一個與東盟建立戰略夥伴關係的大國。

　　二○○八年，儘管受到國際金融危機影響，中國與東盟雙邊貿易額仍同比增加百分之十三點九，雙方已互為第四大貿易伙伴。其中中國與泛北部灣國家的貿易額達二二六九點六億美元，佔中國與東盟貿易總額的百分之八九點二美元。

　　不久前，中國政府設立規模一百億美元的「中國－東盟投資合作基金」，用於雙方基礎設施、能源資源、信息通信等領域的重大投資合作項目；中國將在今後三至五年內向東盟國家提供包括十七億美元優惠性質貸款在內的一五○億美元信貸資金，並考慮向柬埔寨、老撾、緬甸提供特別援助；建設加快清邁倡議多邊化進程，擴大區域外匯儲備庫規模和雙邊貨幣互換額度及簽約範圍，推進亞洲債券市場建設。

　　二○○九年八月十五日在曼谷舉行的第八屆中國－東盟經貿部長會議上，中國與東盟十國經貿部長共同簽署了中國－東盟自由貿易區《投資協議》。這標誌著，備受關注的中國－東盟自由貿易區建設的主要法律程序已經成功完成，從而將確保中國－東盟自由貿易區於二○一○年如期建成。

　　中國－東盟自由貿易區是中國與外國建設的首個自由貿易區，也是東盟十國作為整體與外國建設的首個自由貿易區，對雙方都有重大意義。二○○二年雙方啟動了自由貿易區的談判，二○○三年創造性地實施了「早期收穫」計畫，二○○四年簽署了《貨物貿協議》和《爭端解決機制協議》，二○○七年簽署了《服務貿易協

議》，如今又簽署了《投資協議》。至此，中國－東盟自由貿易區的主要法律框架都已建立，一個符合世界貿易組織規定，集貨貿易、服務貿易以及投資自由化和便利化於一體的新一代自由貿易區，即將屹立在最具經濟活力的東亞地區。這雖然是一個由發展中國家組成的「南南型」自由貿易區，但到二○一○年一月建成之時，它將擁有十九億人口，近六萬億美元國內生產總值，其規模之宏大，不容世人忽視。

此項《投資協議》包含了二十七個條款，其中最關鍵的內容有兩條，分別為國民待遇條款和最惠國待遇條款。這是雙方談判中難度最大的部分，但最終還是達成了一致。這兩個核心條款為雙方投資者受公平公正的非歧視待遇提供了法律保障。其他條款，如投資待遇、透明度、投資促進與便利、爭端解決等則為改善雙方投資環境、提高外資政策透明度和加強投資保護等方面提供了有效的法律依據。

隨著《投資協議》的簽署和實施，中國－東盟自由貿易區的投資環境將更加穩定和開放。

《投資協議》為十一個成員國創造了空前的商機。隨著二○一○年的來臨，中國和東盟的十九億人口都將分享到自由貿易區所帶來的利益。

第二十二章　南海周邊國家
軍力比較

　　南沙群島在菲、越、馬來西亞、印尼侵佔部份島嶼之後，已演變為多邊國際領土上紛爭。從表面觀察，浮現在海平面與天際的，是成千累萬的鰹鳥棲息與飛翔，顯得風平浪靜，而各爭端國目前儘管彼此一再發表聲明，重申堅持其本身的強硬立場，仍確尚能自我節制，避免武裝衝突或以過激的行為惱惹對方，好一片寧靜安祥景象，但背底裡菲、越、馬、印尼等國無不動員最精銳的兵力，預期收「不戰而屈之兵」的效果，使對方「知難而退」。因此，隱藏在這一海域深處的，卻是隨時可能突發的決戰與重重的潛在危機。

　　南沙群島當前的情勢甚為複雜。據南沙問題專家狄縱橫先生分析，當前派有軍隊侵佔盤據南沙群島中部份島礁灘者，東有菲律賓，西有越南，南有印尼及馬來西亞。上述四國均在南沙海域中國領海範圍內採鑽盜掘海底油藏；而在此一中國領海及二百浬經濟專屬區內濫捕魚產者，除上述四國外，尚有日本，對南沙群島處心積慮環伺已久，妄圖以「主權未定」為藉口，透過附近鄰國在經濟上、軍事上或戰略上加以實質控制者，則有經濟超霸的日本及軍事強權的俄國，而美國至目前為止，在立場上，仍保持「中立」，雖

並未暗示或鼓勵菲、越以武力侵佔南沙，亦尚未能明確表示「南沙為中國的領土」。如何在當前錯綜雜的國際情勢中及在日、俄環伺而周圍的菲、越、馬、印尼侵越霸佔之下，一舉收復南沙各被侵島嶼，恢復舊觀，的確不是一件簡易單純的軍事行動。現就菲、越等國的軍力臚述如下：

一、菲律賓

總兵力十萬八千五百人。陸軍六萬五千人，裝備有輕型坦克四十一輛，裝甲輸運車二八五輛，各種炮二八二門。海軍二萬五千人，裝備有護衛艦二艘，巡邏艦艇五十一艘，兩棲艦艇七艘，後勤支援艦船八艘。空軍一萬五千五百人，裝備有戰鬥機十七架，海上偵察機二架，救援機四架，武裝直昇機七十一架，運輸機三十五架，聯絡機二十九架，教練機五十一架，運輸直昇機三十二架，專用直昇機十五架。其中五架 F5A 戰鬥機是南韓捐贈的。另有預備役部隊十二萬八千人和准軍部隊九萬人。

菲國海軍實力甚弱，能航至南沙的五百噸級以上艦艇不到十七艘，平均艦齡超過五十一歲且保修品質低劣，幾無戰力可言。

一九九七年七月初，菲律賓以「友誼價格」向英國購買三艘巡邏艦，將改裝為飛彈艦。這三艘國巡邏艦，七月四日，英國王儲查理斯所乘「大不列顛號」遊船抵達描籠涯南碼頭，便移交給菲國，三艘軍艦是英國駐香港巡邏艦隊的一部份，香港回歸中國前已在香港執行任務十二年，每艘以「友誼價」九千三百萬批索賣給菲律賓。

長久以來，菲海軍欲購買的三艘潛水艇，以維護其三百海浬經

濟海域安全，每艘價格約為六千六百六十六萬五千美元，及二十六億六千萬批索，卻未能如願。

菲海軍選擇淺水攻擊性潛挺是因為它只需少數人員駕駛，但具有龐大火力，而且維修保養的成本較低。淺水攻擊性潛水艇可以在海底潛伏數週等待敵人經過，它發射的魚雷可達六公里，同時可運載海陸空部隊對岸上敵方進行突擊。

菲律賓目前控制南沙九個島礁，其中在中業島上建有機場，而在其他八個島礁的主要設施有直昇機坪及海陸兩棲戰車等。

據菲國警備司令部透露，菲侵駐南沙守軍約海軍陸戰隊一千人，為菲海軍陸戰隊總兵力四分之一。約三百人駐中業島，兩百五十人駐馬歡島，約一百五十人駐北子礁。

按菲海軍陸戰隊共有六個突擊營及一個登陸運輸車群，總兵力共四千二百人，訓練精良裝備齊全，係菲國三軍中的精華。

菲軍在中業島建有飛機場及總長六十呎的噴射機跑道。其中百分之五十以上係依附島外珊瑚礁盤所建，俾利於菲新購美製 F-8 型倍音速戰鬥機起降。此為南沙群島上當前最大的建築。菲在中業島駐有 F-8 噴射戰鬥機及 T-28 螺旋槳戰鬥機各一中隊。為便利螺旋槳戰鬥機的起降，菲軍另在馬歡島上修建了一個有短跑道的機場。有了這兩處空軍基地，使菲軍在南沙群島地區有絕對的海、空優勢。中業島與菲、越所侵佔的其他各島相距均不及二十五浬，船團航行僅二小時可及。

尤有甚者，菲國巴拉灣省的各機場，距南沙群島中的馬歡、費信兩島均僅約一百五十浬，菲空軍 F-5 型噴射戰鬥機由巴拉灣任何一機場升空，馳騁南沙各島後，仍可在南沙上空執行巡航戰鬥任務

長達三十分鐘之久，故即使中業、馬歡菲兩機場在戰爭中全遭炮火催毀，菲空軍仍可掌握局部制空權。由於地利之便，菲各型軍艦，不僅經常巡航南沙海域，而且迭經在南沙各島與陸戰隊遂行聯合登陸作戰演習，對中國駐九個島礁的守軍、台灣駐太平島守軍及南沙海域作業的中國漁船構成嚴重威脅。不僅如此，菲國為了支援其侵據南沙島礁的守軍，特地在距馬歡、費信兩島僅一百四十浬的巴拉灣西岸拜爾頓港（Port Barton）修建軍港。就近供應菲駐南沙各島守軍的補給品，並在戰時縮短軍事支援的航程。

綜上所述，菲軍在南沙群島地區，基於得天獨厚的「地利」因素，及仗持美國優異的支援裝備，擁有絕對的海、空優勢，而且，菲政府常挾「非聯防」自重，倘若美國一旦在中國南海或菲海與中國處於武裝對峙狀態，為了爭取美國在此地區的戰略利益，亦不無支援菲軍作戰之可能。

不過，菲國長期駐軍南沙，亦有其弊端。菲國經濟長期萎縮，財力薄弱，菲共散佈全菲各地作亂，構成心腹大患，菲國三軍要保衛極為遼闊分散的七千多個島嶼的國土，其任務已極為繁重；國家預算赤字連年，軍費拮据，早已不勝負荷，繼續駐軍南沙各島，儘管在長期戰略上有其必要，仍不若其菲境內燃眉的剿共之急，兵力與財力分散，無異間接助長菲共聲勢，予菲共以更多作亂之機。菲國一萬一千三百三十九海浬的海岸線，較美國海岸線長約兩倍。

基於菲國境內此一不利情勢，一旦菲、越在南沙胡作非為，惹發戰爭，菲軍事當局能否不顧其境內千鈞一髮的菲共騷亂危局，抽調三軍赴南沙支援，頗有疑問。

菲國與其鄰邦，迭有邊界之爭，諸如菲與馬來西亞爭奪沙巴，

馬來西亞認為位於婆羅洲的沙巴，主權屬於馬國，而形成僵持之局，馬來西亞為抑制菲國領土野心，斷不致助菲掠奪南沙主權而助長其敵國菲律賓的氣焰。印尼為了菲政府歧視及壓迫逼害回教徒因而公開偏袒菲南部回教徒並暗中運送械彈支援菲境內「解放陣線」顛覆菲政府，印尼政府斷不致助紂為虐，支援菲國侵略南沙。菲雖為「東南亞國家聯盟」會員國，然菲與各國貌合神離，菲出師無名，東盟各國斷無支援之理。

　　總之，菲國雖在南沙佔有海空優勢，但基於上述種種不利於菲國擴張領土的因素，菲政府自應從理性中覺醒，儘速撤回其在南沙各島的軍隊，全力圍巢菲共，消除心腹大患。否則，不僅無益，反因軍力財力分散使菲共坐大而貽無窮之後患。

二、越南

　　越南兵力相當強大，三軍總兵力約有七十五萬二千人，另有一百六十萬海防安全部隊和民兵。這支軍隊有豐富的實戰經驗，並擅長於森林戰和游擊戰，很能吃苦耐勞。但是部隊裝備不足，軍人待遇微薄，士兵月薪只有十五美元，士氣不振。陸軍官兵員額有六十八萬九千人，是三軍中最主要的軍種，共編組成三十五個步兵師、三個訓練師、三十九個砲兵團、三個防空飛彈旅、兩個裝甲師、十五個獨立步兵團，主要裝備有九百輛中型坦克，其中大多數都是俄製的 T54 型坦克。另有裝甲人員運輸車約一千輛、軍用卡車一萬二千輛、一五五釐米口徑以下各型大砲二十多門、火箭發射筒一千多具、反坦克飛彈兩千多枚、地對地短程戰術飛彈約一百多枚、防空飛彈一千多枚，並有武裝直昇機一百多架。

海軍兵力三萬三千人，其中海軍陸戰隊佔兩萬七千人。海軍擁有一百六十二艘中、小型艦艇，總噸位約二十八萬噸，另有五百多艘武裝機帆船。最主要的艦隻有七艘老式的巡防艦、一艘潛艇、二十九艘巡邏艇、五艘布雷艇、十一艘掃雷艇、二十一艘登陸艦、三十多艘運輸艦，以及一些小型兩棲登陸艇和輔助艦隻，另有十多架直升機。

空軍官兵員額約三萬人，擁有三百多架飛機，其中作戰部隊共編組成十四個戰鬥機中隊，一個戰術轟炸機中隊。主要的戰鬥機有米格十七、米格十九、米格二十一和米格二十三等，主要的轟炸機是低性能的伊留申二十八型短程攻擊轟炸機。此外，還有教練機、偵察機、運輸機和直昇機等，並且有一百架美製飛機。

越南近年在南海區域活動，相當「積極」，但其海軍實力仍然有限，在東南亞地區並非特別突出。

越南在南沙佔據了二十八個島礁，駐有海軍兩棲偵察隊六百餘人，其中駐偏北的南子、鴻庥及景宏三島者約三百五十人，另約三百人據守偏南的南威、西月及安波沙洲等島。並在景宏、南威等島建有高射砲陣地、機槍陣地、觀察站及隱蔽戰壕等防禦工事。菲軍自空中偵察發現，越軍在南威島已修築完成一條供飛機起降的平整跑道、指揮通訊塔等設施，其他各島亦建有直昇機坪、炮陣地等相關軍事設施，其補給線較諸其他各國具有優勢。與越南最近的南威島，距金蘭灣海空基地兩百四十浬，越南所擁有的俄式米格廿一型戰鬥機，如以金蘭灣為基地，只能往南沙各島上空盤旋巡航十餘分鐘。在制空方面捉襟見肘，勢難維持空中優勢。

另據報導，越南在南子、鴻庥及南威三島各有越軍兩個加強

排，駐軍人數各在一百至一百五十人之間，其他各島則每島各駐數十人作象徵性佔領。自二○○八年初開始，越南已向其在南沙所佔各島礁增派海軍陸戰隊。

越南缺乏越洋攻擊艦艇，在制海方面，勢力非常薄弱。越南用以運送南沙駐軍補給品的艦隻只是海軍用的小貨輪而已。越南的海軍艦艇多老舊不堪，而且缺乏零件，維修困難。南越淪亡時，在南沙遺留下五艘登陸艇，北越接收後，移往他處，未再在南沙出現。綜上所述，越南在南沙群島的制空權、制海權及維繫其南沙駐軍的補給線都很脆弱，一旦戰起易遭全面封鎖。因此，中國所面對的，只有散駐六島的越軍，及其可能馳援，但步調遲緩的支援部隊而已。

越軍所侵據的鴻庥島，與太平島同屬鄭和群礁，兩島相距僅十二浬。

美國《星島日報》二○○八年二月三日引據《中國青年報》報導稱，近年來經濟崛起的越南看到重視海軍建設不僅關係到國防的鞏固和領海、領土主權完整，也關係到國家經濟，特別是海洋經濟的發展。為加強海軍現代化和遠洋化的海軍，越南推出了中期和遠期的海軍發展規畫，計畫在二○一○年前增加新型艦艇，發展海軍潛艇及航空兵部隊，在二○五○年前，形成獨立的遠洋和立體作戰力量。二○一五年前，越南還將不惜巨資，向俄羅斯購買兩艘一一六六一型護衛艦、若干艘「基洛」級柴電潛艇和一套裝配「紅寶石」超音速導彈的岸基反艦導彈系統。值得注意的是，一一六六一型「獵豹」三・九級護衛艦為俄研製的最新型軍艦，具有較強的綜合作戰能力，於二○一○年前交付越方，將改善越南海軍大型水面

艦艇嚴重缺乏的現狀，其遠洋綜合作戰能力也將明顯提高。

此外，越南還投入三十八億美元在越南東北部建造一座佔地三千公頃可停靠四萬噸級戰艦的大型軍港，同時還將更換一批遠程對海警戒雷達，用以加強對南海海面的監控力度。

按越軍目前思路，依託越南南部「S」形海岸線與星羅棋布的南沙侵佔島嶼，可構成相對完整的防務體系，越南海軍則能夠「以點制面」，以地理優勢發揮小噸位艦艇的戰鬥力，從而與本區域內的其他國家強勢海軍抗衡。

除海軍外，越南亦將進行大規模現代化，重點改進和更換其戰鬥機及防空導彈。

越南是個瀕海國家，有三千多公里的海岸線，海洋戰略在國家戰略中佔據十分重要的地位。一九八〇年代後期，為了控制大面積海域，為國家海洋戰略服務，越南海軍制定並實施「以島制海」的戰略，向南海島礁進一步擴展，並以這些島礁為基地，控制周邊大片海域，配合國家有關部門開發南海海域的石油和水產資源，然後在國家經濟發展的基礎上再擴充海軍力量。

三、馬來西亞

馬來西亞三軍總兵力十二萬九千五百人。陸軍十萬五千人。裝備有輕型坦克二十六輛，裝甲偵察車三九四輛，裝甲輸送車六一九輛，裝甲戰鬥車一九〇輛，各種火炮四六〇門及反坦克導彈若干。海軍一萬二千五百人，擁有各種型號艦艇八十四艘，其中巡邏快艇十四艘，飛彈護航艦二艘，反潛艦四艘，兩用艦艇二艘，海軍航空兵有六架直升飛機。空軍一萬二千人，裝備有各型飛機二百二十二

架，其中 F-5E/F 型戰鬥機五十一架。後備軍人二十多萬人，其中警察一萬八千人，地區治安警察三千五百人，邊境偵察部隊一千二百人，人民志願團十八萬人。馬來西亞佔有三個島嶼，其中彈丸礁上建有機場，且已開始從事觀光旅遊及石油探勘，駐軍數十人。

　　馬來西亞在南康暗沙（South Loconia Shoals）盜掘估計約六億立方呎的天然氣；為了維護其既得權益，馬來西亞在必要時自當不惜用武，出動海、空軍保護其設在南康暗沙的採油設施。馬國在婆羅洲拉布安島（Labuan Island）的海空軍基地距南康暗沙僅一百六十浬，佔地利之便。由於馬、泰邊境馬共經常作亂，故馬國海、空軍集結於馬來半島兩側，倘若馬軍在南沙引發戰事，馬國海、空軍能否東調馳援，頗有疑問。

四、印尼

　　印尼總兵力二十八萬三千人。其中陸軍二十一萬五千人，裝備有各類坦克一百四十一輛，各類裝甲車五百三十四輛，各類火炮一千五百四十門，地空導彈若干部，各類飛機一百一十架，各類艦艇三十五艘。海軍四萬三千人，裝備有潛艇二艘，護衛艦十六艘，巡邏艦二十七艘，掃雷艦二艘，兩棲艦艇十五艘，後勤支援艦二十艘。海軍陸戰隊一萬二千人，裝備有輕型坦克三十輛，各類裝甲車九十七輛，火炮約六十門。海軍航空兵一千人，裝備有各類飛機八十九架。空軍二萬五千人裝備有攻擊戰鬥機四十架，戰鬥機十四架，防爆機十二架，海上偵察機九架，其他補助飛機二百一十八架。

　　另有預備役部隊八十萬人和民兵四十一萬五千萬人。

　　印尼佔有南沙兩個島，僅派水警巡防。印尼亦在涉及南沙海域的「經濟專屬海域」內採鑽油源，印尼海軍更經常在南沙海域濫捕台灣遠洋漁船，除掠奪其漁獲量外，並有拘捕、監禁、拷打及殺害台灣漁民的情事發生，其暴戾乖張，形同海盜。印尼布納上納群島的唐莊約濱（Tanjung Uban）海軍基地，為印尼五大海軍基地之一，距南沙群島僅八十浬。印尼經常巡航印尼一萬四千個島嶼的浩瀚海域，護「漁」護航，攔截走私及緝捕海盜，自顧不暇，但若印尼海軍在南沙與中國或台灣駐軍衝突，以其實力及地利之便，勢將難免構成相當程度的困擾。

五、汶萊

　　總兵力四千二百人，陸軍三千四百人，裝備「蠍式坦克十六裝甲輸送車四十八輛，地對空導彈十二部。海軍五百人，裝備導彈快艇三艘，巡邏艇三艘，兩棲艦艇二艘。空軍三百人，裝備防爆直昇機七架，各式直昇機十三架，教練機六架。

　　英國在汶萊駐軍約九百人（包括一個廓爾喀步兵營，一個直升機分隊）。新加坡在汶萊駐軍約五百人（建有一所軍事訓練學校，配備一個直升機分遣隊）。

六、新加坡

　　這個國家陸、海、空三軍的實力及武器裝備，已使這個扼守麻六甲海峽咽喉的城市國家變成「東亞小霸王」。三軍總兵力共約五萬五千五百人，另有後備軍人六十萬人。陸軍共有四萬五千人，共編組為一個裝甲旅、三個步兵旅，一個砲兵旅、六個獨立砲兵營、

一個突擊兵營、六個工兵營和三個通信營。主要裝備有英製百夫長式及法製 AMX-13 型坦克五百五十輛，美製 M-113 等各型人員裝甲運兵車九百七十輛，還有一百多輛一百五釐米口徑的自走砲車。另有一五五釐米口徑以下各型大砲一千二百門，步、機、手槍五萬枝。還有各型直升機、防空飛彈和一些新式電子通信設備，其中很多中、輕型武器都可以自行生產。這支陸軍部隊和一支為數七千五百名武裝保安警察部隊，加上三萬名內政自衛隊，就構成了保衛國土安全和維持國內治安的主要力量。新加坡陸軍另一個主要任務，是保護與鄰邦馬來西亞交界處的水源。

　　海軍兵力約四千五百多人，有一支小型巡防隊，它的主力是三十多艘小型艦艇，其中十艘以上是飛彈巡邏艦，配備「加百利」、「魚叉」等反艦飛彈，以及 OTO 七六釐米快炮。另外有一艘潛艇、六艘中型飛彈巡防艦，以及十二艘兩棲登陸艇、四艘掃雷艇和十二架海上巡邏機。這支小型的海上武力主要任務是維持領海的秩序、防止海上走私及海水污染等。

　　空軍兵力有六千多人，擁有四個空軍基地，共擁有各型飛機約兩百五十架，主要的機種是十七架美製的 F-16 型超音速戰鬥機、一百四十八架架美製的 A-4 型天鷹式低音速攻擊機，四十五架美製的 F-5 自由鬥士式超音速戰鬥機，另有二十五架 C-130 型運輸機，四架具空中預警和指揮能力的 E-2C 型雷達預警機，以及一些直升機、教練機和反潛巡邏機等。這支空軍部隊還聘請來自國外的華人擔任飛行員，一面擔任巡邏領空的工作，一面用以訓練本國的空軍飛行幹部。

　　新加坡政府設有武裝部隊訓練學院，用以訓練三軍軍官人才，

作為建設國防力量的基幹，並聘用以色列軍事顧問。對士兵的訓練，前三個月是在國內實施基本訓練，然後將他們分別送往台灣、以色列、英國、澳大利亞或斯里蘭卡等友好國家或地區代訓，這樣不但能夠使士兵吸收現代化的作戰技術，並且還可以節省許多訓練費用。

新加坡軍人待遇很高，一名陸軍中尉的月薪大約有兩千五百美元，政府還設有婦女補助隊，用來接受女性公民服志願兵役，她們和男性軍人一樣，享有優厚的待遇。

新加坡現在已經成為重要的武器出口國，它所生產的 SAR-8U 型衝鋒槍、阿提麥式輕機槍、無敵八〇和無敵一〇〇輕機槍，八〇釐米口徑迫擊砲和手榴彈等，在國際市場上很受歡迎。它所生產的手榴彈只有美國製的一半大，裡面有兩千五百顆小鋼珠，殺傷力和大手榴彈一樣，售價則低很多。它所生產的衝鋒槍每隻只售五百美元，比美國的 M-16 便宜三分之一。

七、日本

日本自衛隊的人員素質出眾，二十萬官兵的教育程度都在高中以上，全球少見，這說明其海、陸、空軍及後勤的能力都是出類拔萃的，同時也說明了其部隊的訓練水平和素質均屬一流。

日本海上自衛隊的戰鬥力，有六項世界第一。

首先是海上掃雷的能力。日本海上自衛隊掃雷部隊擁有掃雷艇、掃雷艦、掃雷母艦、掃雷管制艇等三十多艘，居世界之冠。事實上，連美國海軍在亞太地區海域的掃雷作業還需依賴日本海上自衛隊。

其次，日本海上自衛隊擁有的 P-3C 反潛機數量僅次於美國，

遠遠超過世界其他國家。海上自衛隊還有五十艘護艦負責反潛，目前擔任日本四個護衛艦群旗艦的「榛名」級和「白根」級艦艇，搭載三架反潛直升機，是世界上罕見的重視反潛作戰的艦種。

第三，日本海上自衛隊目前共擁有十六艘常規潛艇，性能出眾，其中「親潮」級潛艦，除了沒有攜帶核武器和在續航時間方面不及核潛艦艇外，其戰鬥能力與核艇相比，絕不遜色。

第四，日本的 F-2 戰鬥機，技術含量超過 F-16，尤其機身採用最先進的複合材料一體成型，連美國的飛機都比不上，F-2 還是世界上最先裝備主動式相控雷達的戰鬥機。

第五，日本具有高技術先進裝備，以 88 式地對艦飛彈為例，研發期間在美國進行試射，全部命中一百公里以外的目標，令美軍大感吃驚。

第六，日本航空自衛隊擁有全球第一的空軍保飛率，其 F-15 戰機的保飛率高達百分之九十，比美國空軍還高。

二〇〇五年十月二十九日，日、美發表協議，同意在日本部署功能強大的飛彈防禦雷達，並進一步整合雙方軍力，首相小泉純一提議修憲，刪除非戰條款，擴大自衛隊角色，強化日、美同盟關係。

二〇一〇年日本國防預算總額是四兆八千四百六十億日圓（約合九十一億二千一百六十萬美元）。鑑於中國在海上活動頻繁，防衛省要求增建一艘可搭載直升機的航母型驅逐艦。這是日本史上最大航母型驅逐艦建造計畫，新艦可載多達十四架直升機，日本海上自衛隊幹部解釋，這是因為中國軍艦已具發射巡弋飛彈的能力，新艦「有必要加強直升機監跟」，但強調不考慮讓戰鬥機在艦上起降。

日本二〇一〇年的國防預算較二〇〇九年度增加了百分之三，

其中包括要求撥款一千一百六十六億日圓（約十二億五千萬美元），建造一艘可搭載直升機的航母型驅逐艦，全長二四八公尺，排水量一萬九千五百噸，堪稱海上自衛最大級別的軍艦。外形與最大的「日向型」直升機驅逐艦相似，採用航母式的直通甲板。新艦可搭載共十四架艦載直升機、五十輛陸上自衛隊卡車和四千人，同時可供九架直升機起降、可在海上為其他艦船補給燃料、運送龐大物資、加強反潛艦能力。日本現有兩艘航母型驅逐艦，「日向號」二〇一〇年三月開始服役，「伊勢號」於一九一一年建成。日本已計畫將來再建造四艘新航母型驅逐艦。這種新航母型驅逐艦，只要由搭載直升機改載戰鬥機，就完全可以成為航母。

除建造巨型直升機驅逐艦，防衛省並計畫建造五十八輛新型坦克，代替老舊七四式主戰坦克。

八、美國

二〇〇五年，駐日美國正規軍五萬人，隨軍人員五萬二千人，平民僱員五千五百人，日本僱工二萬三千五百人，美正規軍計陸軍一千七百五十人，空軍一萬四千七百人，海軍九千二百五十人，海軍陸戰隊一萬七千八百五十人，第七艦隊一萬三千二百六十九人。

美、日搬遷沖繩美國空軍基地談判十年，於二〇〇五年十月二十六日達成協議，美國已接受日方建議，將沖繩普天間美軍機場移到沖繩較北既有的施瓦布美軍軍營。駐日本美軍五萬人，一半駐在沖繩。美、日協議共組「美日聯合司令部」，部址設在日本神奈縣美陸、海、空軍聯合作司令部的座間營地，日本並將在該基地設「中央應變部隊指揮部，防衛本土及因應「周邊緊急事態」。駐日

本的「小鷹號」航空母艦在二〇〇八年除役後，由「尼米茲」級核子動力航母取代，這是多年來首次有核子動力的航母進駐日本。

　　早在一九七〇年代後期至一九八〇年代前期，越戰期間，中國南海以及整個南沙群島地區是美國經由遠東各地補給駐東南亞美軍所必經之地，整個南沙海域日夜都有美國機艦往返穿梭，猶似美國的內海。當時中國駐榆林港的潛艇部隊為了避免與美國護航艦隊發生不必要的衝突，曾北調黃海。曾幾何時，南越潰敗淪亡，美軍後撤，蘇俄海軍乘虛而入，並緊跟美國的腳步取代美國，租借越南金蘭灣作為蘇俄太平洋艦隊的前進基地。在美、俄相互對壘之下，南沙海域的戰略地位相對提高。任何一方若能取得南沙地區的實地控制，便可取得此一地區的海、空優勢。當南海成了戰略上必爭之地以後，據此推論，越南便將成為俄國的代理人，而菲律賓也將成為美國的代理人，與菲、越任何一方的南沙駐軍衝突，便將引起美、俄的關切。一旦南海爆發戰爭，或武裝對峙的情勢昇高，任何國家在南海地區的軍事活動，舉凡戰備集運、兩棲裝載、放淀出航、船團編組，以迄於登陸出擊，均將在美、俄強權間諜衛星同步追蹤監視網上爆露無遺。當時美、俄兩巨霸的態度與動向，舉足輕重，而美、俄任何一方在此地區有所行動，另一方為維持均勢，勢必跟進，緊張情勢便將昇高。自蘇聯於一九九一年解體後，由俄羅斯取代，美國成為單一超強，俄軍撤出金蘭灣，美、俄軍事對峙趨緩。

　　二〇〇五年十月底中國國家主席胡錦濤訪越，提出願以每年十億美元租用金蘭灣，已遭河內否決。雖雙方已簽署協定，加強在南海地區合作，中方提議中、越海軍在北部灣聯合巡邏及共同勘探北部灣油氣，藉以緩和中、越在南海的爭議和可能的摩擦，但未達成

協議。

　　二○○九年三月二十一日，經美國國會批准，美國海軍的「掃雷作戰」與「反潛作戰」兩個司令部正式合併，在聖地牙哥重新組合成「海軍掃雷與反潛作戰司令部」。同時，駐德州英格賽德（Ingleside, TX）的八艘掃雷艦全部調防聖地牙哥海軍基地。這是美海軍西南軍區二○○九年最大的兵力異動，被指與防範中國向「遠洋海軍」發展有關。

　　冷戰結束後，「掃雷」這種傳統戰術在美軍內部明顯受到冷落，軍方主要的研究與投資幾乎全部發以開高科技武器為重點。但國防智庫指出，中國海軍布設水雷的技能迅速提升，可由潛艦在美國各主要軍港實施布雷，以價格低廉的水雷封鎖美海軍艦隊的出路。美軍應對這種戰法策略有限，水雷已構成潛在的重大威脅。

　　美海軍現有十四艘掃雷艦，分別部署在墨西哥灣（八艘）、日本佐世保（二艘）與中東的巴林（四艘），西海岸各軍港至今沒有一艘。墨西哥灣的八艘全部調防聖地牙哥，顯示掃雷戰略方向已從大西洋轉移到太平洋。這八艘加上駐泊日本的兩艘，足以形成強大的掃雷戰力，對抗闖進大洋的中國海軍。

　　調防聖地牙哥的八艘現役掃雷艦均屬「復仇者級」（Avenger Class），各艦排水量一三一二噸至一三六七噸，艦身長二二四呎，寬三九呎，航速十四節（相較於每小時二六公里），每艦編制成員八四人，均裝備最先進排雷系統，可在短時間內使各種錨雷、沉底雷與漂雷失效。

　　旗艦「復仇者號」（Avenger 舷號 1）一九八五年出廠下水，曾參加伊拉克戰爭；二號艦「捍衛者號」（Defender）一九八七年出廠下

水；三號艦「警戒者號」（Sentry）一九八六年下水；四號艦「優勝者號」（Champion）一九八九年下水，參加過科索伏戰爭；六號艦「劫掠者號」（Devastator）一九九〇年下水，曾作環球遠航；十號艦「勇敢者號」（Warrior）一九九一年出廠下水；十四號艦「軍士長號」（Chief）一九九三年出廠下水。

上述八艘掃雷艦於二〇〇九年五月完成調防。

自從美國傳統動力航空母艦「小鷹號」告別東北亞之後，東北亞即成為美軍核子動力航空母艦活動的舞台。美國「尼米茲號」航母於二〇〇九年八月二十二日停靠神奈川縣橫須賀基地，成為繼「華盛頓號」之後第二艘獲准停靠橫須賀港的美國核動力航母。

據《國際論壇報》報導，美軍派出航母輪番值守西太平洋已經成為慣例，特別是二〇〇八年下半年美軍啟動「小鷹號」退役換防計畫後，美軍核動力航母就不斷出現在東亞海域。「尼米茲號」是在整修一新的橫須賀航母專用大型碼頭停靠。此前美軍航母只能停靠九州島西北角佐世保海軍基地。

二〇〇七年八月總耗資二十八億日圓（約二九七三萬美元）的美軍橫須賀基地疏浚工程正式動工。為使橫須賀港達到核動力航母自由進出所需的十五公尺水深，港內航道平均挖深兩公尺。同時，第八、九號泊位進行海底清淤作業，第十二碼頭由二七七公尺延伸到四四〇公尺，可同時停靠兩艘大型航母。

擴建後的橫須賀基地已成為美海軍在西太平洋地區最大綜合性靠泊港和艦艇維修中心。日本《朝日新聞》透露，除擴建港口設施外，橫須賀還將成為美軍彈道飛彈防禦系統的核心基地之一，不僅將常駐攜帶海基彈道飛彈防禦系統的神盾飛彈巡洋艦，基地周圍也

將部署大量飛彈防禦系統，以確保橫須賀基地安全。

在東亞海域，美軍核動力航母要擔負朝鮮半島、台灣海峽、南海等地區的平時監視任務，還將開展危機時刻的海空軍事威懾，必要時發動傳統武力或核子武力打擊。「盯北韓、懾中、防日」成為進入東亞海域的美軍航母戰鬥群三大戰略作戰任務。

二〇〇九年九月十三日出版的《詹氏防衛周刊》公布二〇〇九年「世界最新軍力」排名，美國仍穩居第一，主要因其軍事科技和軍費開支均為全球之首，領導世界軍事理論變革。此外，美國現在的軍事力量正在向外太空發展，並逐步接近零傷亡。另據美國聯邦國會研究服務處（CRS）在一項名為「對開發中國家的傳統武器銷售」的年底報告中指出：二〇〇八年全球軍售五五二億美元，美國拿下三七八億美元，佔全球軍火市場百分之六八點四，逾全球軍火銷售交易的三分之二，持續擴大武器供應大國的領導地位。

九、中國

根據中國每年公布的國防白皮書，國防預算支出，每年以兩位數百分比成長，二〇〇四年國防預算經費為人民幣二一一七點〇一億元，較二〇〇三年的一九〇七點八七億元增長百分之十二。二〇〇五年三月五日中國公布二〇〇五年的軍費支出調升為百分之十二點六，達到二四七七億元（二九九億美元），已成為僅次於美、日，世界第三大軍費支出國。

中共建政時，有軍力五五〇萬，一九五〇年首次裁軍一五〇萬，一九五二年又將全軍定額為三百萬人至一九五七年維持在二四〇萬人，惟仍不斷增加，一九八七年，再裁軍一百萬人，二〇〇〇年

再裁軍五〇萬人，仍有二五〇萬人，二〇〇五年，再裁減二〇萬人。

　　據極具影響力的國際安全督軍英國戰略研究所二〇〇五年十月二十五日發表，〈二〇〇五至二〇〇六年軍力平衡報告〉說，中國武裝部隊總員額二二二萬五千人：陸軍一六〇萬人；海軍二五萬五千人；空軍四十萬人。

　　在空軍方面，中國解放軍已換裝一百架 SU30MKK/MK2 兩個團的飛豹導彈攻擊機，JH7A 新型殲擊轟炸機。一百四十架 SU27SK、J11、SU27UBK 戰鬥機。中國擁有的蘇式飛機總量已超過二百四十三架，超過了日本航空自衛隊的 F15J 數量，而解放軍擁有的一百架 SU30MK 是亞洲地區最有攻擊力的遠端多用途戰鬥機，即使不考慮戰役戰術導彈尋航導彈的諸多因素，中國方面已經取得了若干非對稱的優勢。

　　二〇〇五年五月，中國向俄羅斯購買八架伊爾－78 空中加油機，這種加油機可攜帶一百一十八噸燃料，可同時給三架飛機加油，一分鐘可加油二千二百多公升，加油後，戰續續航能力可增強三倍。不過與美、俄相比，解放軍戰機仍較落後，甚至落於日、韓之後，數量雖多，卻非現代化。

　　在海軍方面，根據亞洲《華爾街日報》，二〇〇四年十一月二十九日報導，中國擁有各型艦艇二七六二艘，大型作戰艦戰力強大的包括現代級兩艘、旅大級十六艘、江滬級三十一艘，另有潛艦一〇四艘，含傳統動力潛艦羅蜜歐（Romeo）三十艘，明級（Ming）二十艘，宋級（Song）五艘，基洛級（Kilo）四艘，核子動力攻擊潛艦漢級（Han）五艘，核子動力戰略導彈潛艦夏級（Xia）一艘，至二〇一〇年新建服役有傳統動力潛艦宋級九艘，基洛級八艘，核子動力

戰略導彈潛艦○九四級一艘，軍事專家評估，至此，中國有超過二十艘配備先進武器的傳統動力與核子動力潛艦陸續服役，數量遠比美國預計新建的潛艦要高出許多。中國將建立起一支擁有八艘俄製的基洛級潛艦隊，其中四艘還是該級潛艦的最新型，並配備先進的潛射反艦飛彈與主動歸向魚雷。這種魚雷具有主動追蹤能力，將對美國水面艦艇及航空母艦造成極大威脅，美國勢必要花費更多精力才能反制中國潛艦以確保戰鬥群的安全。

北京現正加緊研發下一世代的新型核子動力潛艦，以取代服役多年的五艘漢級核子攻擊潛艦與夏級核子動力戰略導彈潛艦。

加拿大二○○五年八月二十六日出版的《漢和防務評論》證實解放軍海軍正在大連造船廠建造大型船塢登陸艦，排水量九千多噸，研判可能為未來製造航空母艦證實解放軍海軍正在大連造船廠建造大型船塢登陸艦，排水量九千多噸，研判可能為未來製造航空母艦做前期準備，大連造船廠研究俄式航空母艦已多年，船塢登陸艦的若干技術可運用到航空母艦上。

另據二○○五年七月十五日北京官方新華綱報導，中國交通部海軍局的海軍巡邏船「海巡 31」號，已在東海執行巡行任務。「海巡 31」號特巡船已先後對南海、東海和黃海水域的毗鄰區和專屬經濟區海域的國際航線、海上施工作業、油氣平台及海上接駁作業等進行航巡監管。二○○五年二月加入海事監督船舶序列的三千噸「海巡 31」號船是艘適航無限航區的船舶，也是中國第一艘裝備了直升機起降平台、直升機和飛行指揮塔等全套船載系統的民用船舶，足以有效拓展海事監管。

中國在西沙群島中之永興島興建機場，供蘇愷二十七型飛機起

降，派巡洋艦七艘以保護其油源，並在南沙群島九個島礁上駐防，兵力約兩連。在永署礁興建人工島，設有衛星接收站，氣象站及雷達站，港口設備可停泊五百噸級艦艇。

「中國擴軍」之說首先是來自美國。美國假想敵蘇聯已經崩潰，累積赤字已達四兆美元的財政危機的美國，將和美軍在歐洲一樣，遠東也面臨了撤軍的情勢。為了避免撤軍，不時就說中國軍力擴大的危險。還有因美國削減國防經費，在軍需產業方面在二十一世紀以來有二百五十萬人失業，所以美國拼命輸出武器。再加上中國雖然在金額上遠比美國為少，但卻以低價打入了武器市場。其所以宣傳中國威脅論，乃是牽制中國武器的輸出，而使美國武器能夠賣出去的商業戰略上有效的方法。

中國雖努力於軍隊現代化，但以僅及日本五分之一的國防預算來看，現代化裝備猶如高嶺之花，可望而不可及。

二〇〇四年十月十六日台灣國防部副部長蔡明憲為爭取美國打擊中共、刻意透露中國二砲部隊至少擁有六百一十枚導彈，包括射程超過一千五百公里的中程飛彈，攻擊距離可達關島，其準確度甚高，攻擊目標時誤差不超過二十公尺。

另外，北京也致力建立現代化快速反應部隊，因為他們深知對付台灣、日本及美國不能靠傳統戰爭，要以快速首戰決戰取得勝利，也就是「首戰決戰，決戰就要打敗敵人」。解放軍也強化空降及兩棲作戰能力。

早在一九九七年四月四日，日本《產經新聞》引述美國海軍情報局的報告明示，中國已決定獨自建造首艘航空母艦，並在二〇一〇年前完成。二〇〇六年三月十日香港《文匯報》引述解放軍總裝

備部科技委員會副主任汪致遠說，解放軍將自行研究製造航空母艦，發展航母艦隊，相關研製計畫正在執行。航空母艦是大國維護海洋權益時非常重要的工具，完整的航空母艦戰鬥群由母艦、各式艦載機、附屬水上水下艦艇組成。解放軍的艦飛機基本上是中國現有配備的軍用飛機改型而成。相較於航空母艦艇，解放軍研製的艦載機、附屬水上水下艦艇已接近完成。中國建設強大海軍的主張不會因所謂的「中國威脅論」而在建設軍隊上自縛手腳。另外，由海軍將領出任總參謀部高級職務，代表中國重視海軍的趨勢。

軍事專家向媒體透露，解放軍已明白艦載機彈射器的奧妙構造。解放軍的航母甲板將採用美國「尼米茲」的水平模式，這顯示在相同噸位下，解放軍航母將比俄羅斯航母有更大的飛機裝載空間。考慮到南海艦隊所在的能源通道位置重要性，軍方可能首先在此組建航母編隊。

專家認為，有跡象顯示，解放軍正在為航母賦予新的意義：「大國崛起的象徵和海外能源的保護者」。

二〇〇六年五月二日，據美國《世界日報》報導，中國海軍首個航母艦隊將在二〇〇八年成軍，航母基地選在中國熱門度假地海南省三亞市龍灣東側，未來可兼顧台海情勢，應對台海事端。正在組建中的航母基地和航母戰鬥群均為正軍級單位，接受南海艦隊及海軍總司令部的雙重指揮，防潛網工程已基本完工。

航母主體為大連造船廠正在進行裝配的烏克蘭「瓦良格」（Varyag）號航母，輔以多艘護衛艦、驅逐艦及配備蘇愷 27 戰機。

現正改造中的烏克蘭航母並非如外電所描述作為「靶子」的訓練艦，而是具有攻擊功能的戰鬥艦。

　　這支解放軍首度組建的航母部隊主要任務是保衛南沙，因為南沙群島的距離，已超出中國現役戰機的作戰半徑，中國現時的海、空軍力，事實上無法應付在此水域發生的規模化戰事。

　　另據報導，為開發深藍水域海洋資源，中國正醞釀在青島建立國家深海基地。中國將向深海大洋進軍。國家深海基地將包括：深海勘查中心、深海裝備應用技術發展研究，試驗和訊息中心、深海裝備模擬培訓中心、深海技術產業化轉化作業中心、深海科技普及中心等。

　　深海基地初步規劃的土建總面積為二萬六千五百平方公尺，還將建設一個工作母船碼頭和相應配套的試驗室。深海基地計畫在二〇一五年建成。

　　二〇〇八年九月一日美國《世界日報》引據日本《經濟新聞》報導：中國已將最新銳的晉級潛艦部署在最南方的海南島榆林港，裝配有不易探測的巨浪二號彈道飛彈，可直接攻擊美國本土及印度。中國核子飛彈實力已大幅提升，從南海到印度洋的島嶼防衛也已大幅增強。

　　二〇〇九年六月十五日，美國《世界日報》引據美聯社電訊報導說，中國海軍已有二十二萬五千人軍力，其所擁有的潛艦也比任何一個亞洲國家都多。其中十艘是核子動力潛艦，六十艘是柴油動力潛艦。

　　二〇〇九年九月三日，《華盛頓郵報》引述前美國國防部中國、蒙古及台灣科科長石明凱（Mark Stokes）即將公布的報告指出，美國情報單位近年來都在密切關注可能試射反艦彈道飛彈的大連港。中國的反艦彈道飛彈將使美國海基彈道飛彈防衛系統無用武之

地，並迫使美軍航空母艦必須部署於距中國一千五百哩外。

中國的反艦彈道飛彈是東風－21中程彈道導彈的改良型，美國五角大廈視之為解放軍「非對稱作戰」的主力。

早在二〇〇九年四月，美海軍退役少將麥戴偉特（Michael McDevitt）就曾指出，如果中國已經研製成功反艦彈道飛彈，將是重大的技術革新，將破壞美國在亞洲的整體戰略，將使中國不但有阻絕美軍保護盟邦日本和南韓。美國的因應之道，應是破壞中方的偵察系統，美國更應有追蹤中國潛艦的能力。

另外，二〇〇九年九月出版的加拿大《漢和防務評論》報導稱，中國航母建造的準備工作已達到最後階段。

二〇〇九年九月十三日出版的《詹氏防衛周刊》公布二〇〇九年世界軍力排名前五名為美國、法國、俄羅斯、中國和英國，中國排名第四。

「詹氏」使用最多篇幅來談中國，認為中國位居第四，是因為「二十世紀一九九〇年代波斯灣戰爭後，中國決策高層看到中國軍隊和世界的差距，逐步加大軍費投入，引進很多先進軍事技術而收得了很大的成就。中國太空技術和導彈技術領先歐洲，信息化建設、核導彈技術有一定實力。但基礎工業薄弱、工藝加工技術還有待提高，這些弱點直接影響中國武器的質量。中評社認為，面對這些「力捧」中國的言論，說白了，就是製造「中國威脅論」和其他「玫瑰色陷阱」，中國應該保持頭腦清醒，特別小心。

十、台灣

據狄縱橫先生估計：台灣擁有遠東最具威力的海軍——二十三

艘飛彈驅逐艦、及一支能裝載一個陸戰隊加強團的遠洋兩棲船團，經常遂行兩棲登陸演習。台灣曾在東沙島和南沙的太平島上駐有約兩個陸戰隊加強連，自一九九五年起改派保安總隊駐守。狄君並引據菲國警備司令部的觀察透露：台灣在太平島的軍事設施，計有磚砌大型營舍兩幢，搶灘碼頭兩座，柴油發電所、氣象所及通訊站各一及露天砲兵掩體五座：台灣定期運補太平島駐軍的「南威支隊」，經常保持有兩艘飛彈驅逐艦及兩艘中型登陸艦，運補航線距菲軍所侵佔的北子、中業、南鑰及楊信四島及越軍所侵佔的南子島均不及萬碼，全在南威艦隊射程之內。定期運補自一九五六年以迄如今，從未間斷，更未因菲、越、馬進據各島而受滋擾。

　　美國因鑑於台灣軍力及所佔戰略地位，故為美國強有力的「台灣牌」。

　　一九九○年代，台灣將四十二萬兵力裁減為二十四萬，陸軍減至相當英國陸軍的十二萬人規模。台灣空軍以二七○架美製超音速 4 輕戰鬥機 F5F 和 F5E，以及一四○架略微舊式的 F104 戰鬥機為主力，約二五○架國產的現代化戰鬥機「經國號」，並向美國買入一五○架 F16、向法國買入幻象 2000，戰力不但超過中國的六十架蘇愷二十七，也凌駕日本的三四○架戰鬥機。

　　美國繼租給台灣三艘「諾克斯」級巡防艦，第一艘「布魯頓號」（Uss Brewton），第二艘「羅勃、E、皮爾瑞號」（USS Robert E Peary）相繼移轉後，表面上為了平衡中國向俄羅斯購買蘇愷 27 型戰鬥機所帶來的影響；而同意出售一百五十架 F-16 戰鬥機給台灣。而真正促成此項售機決定的因素很多，其中一項是鑑於台灣空軍裝備陳舊，另一因素是考慮到此一交易對美國經濟（包括飛機工

業）有幫助，也影響到布希競選總統連任的選票。而最重要的因素，則是要維持台海地區的軍事均勢。

繼前項美國決定出售 F-16 戰鬥機給台灣，不久，又決定出售可以偵測水下潛艇並施予攻擊的反潛直昇機十二架中程空對空飛彈、地對空飛彈給台灣。增強了台灣防衛能力，對南沙主權的維護更為鞏固。

空軍順利從一九六○年代戰機過渡到現代化的「第四代」戰機，使空軍在質方面仍保有許多對中國大陸空軍的優勢。但戰機駕駛員短缺，人力緊縮，訓練保守，過份強調防禦性的對空任務。

台灣正設法解決軍事弱點，從一九九七年開始進行的縮編計畫把多餘的機構整併起來，並將在二○一二年把軍力削減到二十七萬人左右。在軍隊員額日減的情形下，台北打算逐步擴充志願軍的人數。在二○○二年通過的兩項國防法首次讓文職國防部長掌控全軍，並擴大立法機構的監管權力。在軍事採購方面，未來若干年將強調現代化的指揮、控制、通訊、電腦情報、監視和偵察設備，這些設備將大幅改善各軍種的通訊和情資交換。

台列三千億預算購美艦——繼續推動「潛艦國造」預算需加八百多億元新台幣。

二○○四年九月二十八日行政院舉行秘密會議，做成重要決定，將繼續推動「潛艦國造計畫」，向美方購買八艘傳統型柴油動力潛艦，並由國防部一次編列跨年度預算購艦，約近三千億元，未來將朝漸進方式合作造艦。

第二十三章　兩岸合作
開發南海資源

　　南海是中華民族的生存空間，南海諸群島是祖先遺留給我們的土地，我們能夠掌握南海，就能夠掌握太平洋；能夠掌握太平洋，就能夠掌握亞洲和全世界。如果丟掉了南海，對整個中華民族來說，是一件非常可恥的事。晚清左宗棠講過：「保新疆，所以守蒙古；守蒙古，所以衛京師。」可惜我們已經丟掉了外蒙古。在長達數十年主權之爭的南沙群島，作為一個中國人，站在一個中國統一的立場，我們認為今後海峽兩岸應相互呼應，共同維護南海主權「我們國家的領土」，乃是統一中國的正確步驟。

　　早在一九七○年十月，國府行政院即宣布將台灣海峽及東海之部份大陸礁層劃定為「五大海域石油礦保留區」。該五大保留區的範圍頗廣，且均以中國大陸的海岸作為五大保留區西部界線。但台灣實際上僅在有效管轄範圍所及之海域進行石油探勘活動。而中國大陸方面的海域石油作業，大抵亦迴避了台海附近的海域。由於海峽兩岸在海域石油探採活動方面均作了不同程度的自我抑制，因此雙方在此一能源開發作業上均難以發揮最大的經濟效益。如果海峽兩岸能透過某種形式的合作，來開發更多本身所有的石油資源，減

少對外國油源之依賴，應更能符合海峽兩岸的共同利益。再者，此種能源合作屬於兩岸內部的事務，不至於直接引發與外國之間的主權爭執，其複雜性自也相對減低，因此在不涉及政治因素的前提下，海峽兩岸似可就海洋石油工業的合作問題嘗試建立更為具體的共識。學者認為，兩岸間以合作方式開發海域石油資源有其正面的意義，且能強化海峽兩岸對外的海權主張。此外，也能因此擴大海峽兩岸全體中國人的共同利益。不過此種合作構想在法律及實踐上可能遭遇的種種困難，則仍有待克服，因此，兩岸政府當局應以前瞻性的態度，著手進行審慎的評估與規劃。

海峽兩岸應盡快設法消除雙方的仇恨與敵對意識。以個別或合作方式，積極增加其在南海諸群島及其海域的活動，強化雙方在當地的介入和存在。並分別對前述緊迫情勢發表嚴正聲明或宣言，重申其對各該島群之固有主權，不容許外國入侵，同時循雙邊談判方式，謀求和平解決主權爭端；並且從涉入較淺的國家開始，切忌與東盟國家集體交涉。選擇爭議性較少而又為共同利益所繫的技術性領域進行區域合作。

一、兩岸合作在東沙探油

兩岸合作在東沙群島海域開採石油的重大計劃，早已開始，卻在一九九六年，因李登輝的「戒急用忍」政策硬生生的被阻斷，但後來又重露曙光。「台潮合約區石油合約」在二○○一年底簽署，二○○二年正式進入鑽探階段，深具政治、經濟和國際能源市場「卡位」等多重意義，但以後又因統獨爭議而被擱置。

兩岸計畫合作開採石油的海域，雙方同意以東經一一八度為中

心線，東側的七千六百平方公里屬台灣，西側的七千八百平方公里屬大陸，雖然有形式的區隔，但在暫時擱置主權爭議，基於平等、互惠原則下，成本和利益均享，才取得兩岸政府高層首肯合作，共同開啟石油開發的新里程碑。

據中油高層人員指出，計畫海域的面積廣達一萬五千四百公里，約有半個台灣大，距離高雄和廣東汕頭市各約一百四十公里，在台軍東沙島基地附近，未牽涉第三國主權問題，台灣方面由中油公司代表，大陸由官方的中國海洋石油總公司（CNOOC）代表，雙方各出資一半，已在第三國成立民營子公司，以避免雙方都具官方色彩，而牽扯到國家主權爭議，使合作計畫胎死腹中。

據指出，這塊「台南盆地與潮汕凹陷部分海域協議區」，與兩岸蘊藏石油的構造帶相連，石油專家研判應是塊蘊藏量高的油氣田，過去因兩岸處於對立，雖私下測勘證實具開採價值，但因政治因素一直沒有接觸。直到一九九三年十月間，中油公司副總經理陳瑞祥（當時為台探總處長）前往挪威參加一場國際會議，與大陸的中國海洋石油總公司總經理陳炳騫碰面，兩人相談甚歡，話題直接觸及合作開採東沙群島海域，返國後，各自請示政府高層，獲准「私下」接觸、談判。

一九九四年四月一、二日，在美國 Chevron 石油公司的牽線下，中油董事長張子源和中國海洋公司董事長王彥，雙方在香港製造「不期而遇」機會，正式奠定兩岸合作開採石油的共識和默契。

從一九九四年十月起到一九九五年六月中旬，雙方互派代表查閱海域石油調查資料，台探總處長蘇福欽等人曾赴北京、廣州和河北等地交流，雙方並多次在新加坡、美國等地談判草約內容。

一九九六年七月十一日，王彥到台北與張子源公開簽訂物理探測合約，結果李登輝的「戒急用忍」政策一出爐，合作計畫硬生生被迫停擺，直到一九九八年五月恢復接觸，歷經兩年測探後，使取得海域開採必備資料。二〇〇〇年二月起，中油向陸委會報告後，開始與對岸對「台潮合約區石油合約」進行磋商，至二〇〇一年六月共經過四次談判，合約定稿，台探總處陳報總公司，原定在一九九一年底正式與北京簽約，一九九二年即可鑽鑿兩口油井，台灣方面向大陸租鑿井船等設備，兩岸皆對這塊廣大的「處女地」抱以很高期望。但又因兩岸關係惡化而胎死腹中。

二、瓊台合作開發南海資源

一九九二年，二月十七日，首任主任李永春提出一項瓊台合作設立南海開發基金會的構想，計畫經由「民間合作」的型態，促使台灣與海南島合作，聯合開發南沙群島的天然油氣資源，其具體原則有：「主權認同，一致對外」、「聯合開發，共同受益」，「三點一線，有限開放」；而最終目標，則是使中國逐步收回對南沙群島全部島礁的控制權。據了解，「南海開發基金會」是中國企圖透過「經濟開發」，逐步鞏固中國在南海主權的動作之一，將目光轉注於疏忽已久的南海主權問題上，一九九一年，動作頻仍，已引起國際間的高度注意，它採取「經濟開發」、「政治宣示」同步並進行的策略，一方面提出「瓊台南海開發基金會」構想，復於一九九二年二月二十五日的「人大常委會」通過敏感的「領海法」，向國際宣示對南海的主權，並且不惜引起日本針對釣魚台列嶼主權保有而提出的抗議。這些，都顯示北京對南海主權的立場及決心，關於

這點，兩岸均存有「一個中國」的默契，意即兩岸均認同並堅持南海為中國的固有疆域。

因此，從實質角度思考，中國大陸的「領海法」實際上對台灣的影響極微，反而對於剽佔南海諸島的菲律賓、越南、馬來西亞的衝擊較為明顯；倒是它所提出的「瓊台開發基金會」，其可行性如何在兩岸能接受的條件下合作互利，是比較值得關心及研究的課題。

「瓊台合作設立南海開發基金會」的構想，開宗明義就持「經濟地理」的角度為觀察基點，指陳二十一世紀為海洋的世紀，並標舉中國是全球人口最多的國家，爭取更多的海洋生存空間，「是每一個炎黃子孫的歷史責任」。因而，中共期望透過團結所有的中國人，先對南海進行「經濟開發」，進而逐步恢復中國對南沙群島全部島嶼的實際控制權。

「海南省」所打的算盤是，吸收台灣的資金及技術，而以海南島為「南進」的活動基地，由瓊、台共同設立「南海開發基金會」對南沙群島進行開發，而設立基金會則基於四個原則構想：

一是「主權認同，一致對外」。北京認為，一個中國及中國擁有南沙群島的主權，是兩岸當局的共識；因此，兩岸應「一致對外」以對非法佔領南沙島礁的國家形成強大的壓力。具體作法，則是先在兩岸佔據的島礁的有限區域內進行兩岸合作。

二是「聯合開發，共同受益」。北京的想法，南沙群島的問題其實就是最實際的「資源問題」，南沙周邊各國不斷加強掠奪油氣資源，北京雖然提出「和平解決爭端，共同開發」的建議，沒有具體回應，北京於是將「共同開發」的合作對象轉移到台北，並主張

採取「瓊台合作」的形式聯合開發南沙海域。「海南省對台辦」認為，海南島是大陸最大經濟特區，其經濟體制又以市場調節為主，易與台灣的市場體制銜接；在地理位置上，則可以做為南沙開發的優越後勤基地；海南缺乏的資金和開發技術及設備，台灣非常充裕；而台灣因塑膠化工發達，油氣需求量大，若與海南合作開發南海油氣資源，可以獲得鉅大實質利益。

　　三是「三點一線，有限開放」。「三點一線」，是指將台灣、海南島、太平島三點連成一線，構成開發南海資源的空中及海上運輸通道，海上運輸是高雄港－三亞港（海南）－太平島，或是高雄港－東沙－三亞港－西沙永興島－太平島的「五點一線」，但北京亦強調，無論是海上通道或空中通道，都必須是「直接通航」，它的主張是，在兩岸直接通航仍有很多政治障礙的今天，是否可以先「繞過」這些障礙，先在海南與台灣開放局部的有限通航。這部份可能是瓊台合作的最大障礙，有無克服之道或變通辦法，將影響其整個構想的可行性。

　　四是「設立南海開發基金會」加強研究、規劃和實施南海開發。一九九二年三月，海南省長阮崇武公開表示：南海問題是歷史形成的，北京對主權問題並不退讓，但是現在應擱置爭議，希望與台灣共同開發石油資源。一九九二年八月在廈門舉行第二屆台灣海峽及其鄰近海域海洋科學研討會上，中國國家海洋局副局長葛有信表示願提供研究船舶給台灣，並協助進行各種科學研究，台灣可派研究人員及探測儀器到大陸研究船上進行合作研究，此為兩岸共同開發南海資源奠基。據高雄中山大學胡念祖教授透露，北京早已向台北表達強烈意願，希望兩岸共同合作一致對外爭取南海主權。

在台北方面，國府內政部一九九一年即研擬兩岸開發南海可行性，基於考量國統綱領的階段性，目標不排除與北京共同開發，由陸委會授權海基會進行。經濟部亦早在內部委託中油評估兩岸跨越限制、合作開發南海油氣的可行性，以務實觀點出發。另據研究指出，海峽兩岸在漁業、生物資源方面合作開發是台灣躋身國際社會的有力切入點。現階段處理南海問題，兩岸合則有利，分則失利，共同遏阻外力入侵是根本解決之道。

一九九五年四月十七日《文匯報》報導，中國海南省希望與台灣合作開發南沙群島，當地官員並相信，雖然東南亞多個國家聲稱對南沙擁有主權，但北京沒有打算為南沙群島而開戰。

報導說，雖然東南亞多個國家包括菲律賓、汶萊、越南、馬來西亞都聲稱對南沙部份島礁擁有主權，該區局勢出現緊張，但駐南海的中共守軍稱，他們相信不會打仗，因為中國需要一個和平環境搞好經濟建設。海南省海洋廳長熊仕林表示，他們希望首先與台灣合作共同開發南沙。「我們的政策是共同開發，共同開發就是說他們開發，我們也應該開發。」而海洋廳副廳長曹建修則提出，由海南省向在南沙太平島的台灣駐軍提供補給，運輸路程可縮短一半近四百浬。台灣到太平島的補給船是從高雄出發，但若由海南的三亞經永興島往太平島就近得多了。海南省官員說，目前中國還未開始開採南沙的石油，但兩岸的學者已經開始了對南沙的共同研究，他們希望中共中央能將開採南沙石油的權力下放給南海省，讓他們可以直接與台灣或外國的石油公司合作。

四月十八日，《文匯報》報導，中國國家海洋局局長嚴宏謨強調，南沙群島主權歸屬中國是不容置疑的，對於某些國家近期在美

濟礁的干擾行動，中國採取了克制冷靜的態度，是不願激化矛盾，不要將此看作是中方示弱手軟。他希望能通過協商來解決問題，同時菲律賓應早日釋放被扣留的中國漁民和漁船。嚴宏謨並以大量的史料來證明南沙群島自古以來就是中國的領土。而且南沙群島歸中國是得到國際社會承認的。但到了二十世紀七十年代以來，部份國家出於爭奪海洋資源的目的，提出了主權爭議，有的甚至侵佔南沙，搶佔島礁。

他指出，我們在南沙群島的永署礁建立了海洋站，這是由於一九八七年，聯合國教科文組織政府間海洋學委會著手研究全球海平面綠化，制定了建立全球海平面觀測網一百九十六個站點，並建議中國在南沙群島和西沙群島設立兩個海洋面觀測站。一九八七年底，中國開始在永署礁建站，一九八八年建成，而到一九八八年三月時，有的國家才提出異議。但自那以後，有的國家對南沙群島的侵佔變得明目張膽，並加速了侵佔南沙群島的行動，由拘侷十幾個島礁一下子增加到廿多個。這是一種先發制人強佔他人領土的行為。

嚴宏謨指出，中國在文化大革命時，有些國家用武力搶佔了南沙群島中一些島礁，卻反過來說是屬於他們的。現在還有一個論點，說什麼島礁離某個國家近就是屬於某個國家的，這是完全站不住腳的。島嶼歸屬是否屬於那一個國家的主權，不是以地理上的近和遠來衡量的。例如，關島離美國不是很遠嗎？這能說它就不是美國的嗎？這說明不取決於遠近，而是要從歷史上、開發活動上以及歷史事實上來判斷歸屬問題的。但有些國家不顧主權早屬中國的歷史事實，混淆是非，顛倒真相，甚至搶先佔領。說到底，就是要爭

奪海洋資源。

三、台北稱南海問題須由兩岸官方協商

　　一九九五年四月二十四日，台北陸委會已完成南海問題研究報告建議，兩岸必須由政府出面，協商南海領海基點基線問題，達成一致，各自宣告，以利對海域內的外國人執法。報告同時指出，若政府不便出面，不妨由海基會或相關學者先行交換意見，初步完成一致的基點基線後，再提供由各自政府參考，俟機依法公布。報告強調，因為南海水域礦藏豐富、又是交通戰略要地，東盟各國對南海問題態度趨於複雜。兩岸中國人如能對南海事務進行合作，不致被所有南海鄰國封殺，必能成功地爭得中國人在南海地區較大利益。

　　這份陸委會委託台大法律系教授傅崑成等所作的報告，已完成審查，提供決策參考。南海水域可分三層級，一是整個「半封閉海」的「南中海」；二是一九四七年 U 型線內之中國人的「歷史性水域」；三是西沙、南沙群到以直基線劃出之數塊「群島水域」。

　　傅崑成指出，兩岸均應強調對南海 U 型線內水域的主權，任何國家要在該水域進行生物資源、環境、航運及科學研究事務，應與中國共商。領海基點基線是國家海域管轄基礎，未來若因此一基點基線不一致，致使兩岸對海洋事務執法不同時，可能對外執法不一致，造成困難。因此，兩岸政府應出面協調一致的基點基線。在兩岸合作方面，傅崑成表示，兩岸政府都一致主張追求統一，而在南海的共通立場，是兩岸難得的交集點，應被積極採用。

　　他建議兩岸可進行對等研究的項目：為研究半封閉海周邊國家如何進行合作；研究整理中國在 U 型線內歷史性水域的優先權內容；劃定西、南沙群島水域並管制通行；劃定兩岸一致中國海岸基點基線；進行西沙、南沙打撈、考古工作；海洋科學共同考察活動；氣象資料交換與研究等。

　　四月二十五日，中油公司礦務處長梁時雄指出，兩岸合作開採東海、南海油礦洽商案已達成共識，先評估與南海周邊國家不重複礦區的可行性，大概是在台灣到海南島大陸礁層一帶的「珠江盆地」。中油公司派員赴大陸印證評估資料，希望很快能達成協議。

　　梁時雄表示，陸委會核准兩岸以企業形式協商東海、南海油礦，台灣中油以海外石油及投資公司名義與大陸中國海洋石油總公司在新加坡展開洽商。在不談主權、對等的前提下，一九九四年四月、十月兩次洽商，達成兩岸資料、人員交流；找一適當、油礦藏量豐富區先做評估，再進一步洽談等共識。作有可能的開採地點是兩岸所劃、不與南海周邊國家礦區重複的區域。

　　一九九五年四月二十一日，立委丁守中主持「南海問題與兩岸合作可行性」座談會，多位政府官員、學者專家應邀座談。丁守中指出，兩岸當局在南海問題上沒有著力點，且在內政、外交上進退失據。他認為，兩岸應在南海問題上即早取得共識，這是兩岸共繁共榮的一種方法。但台北要注意北京在南海問題「國際化」趨勢，台北不能被排除在外。丁守中並透露，他到上海時，中共海洋局副局長曾向他表示希望兩岸進行南海問題的資料交換，維護彼此在南海的權益，不會誤打自己人。

　　台北國科會南海科技小組處長張石麟則指出，兩岸應從學者合

作開始，建立長期、整體性的南海科學研究。台大政治系教授張麟徵表示，兩岸在海洋方面的合作是未來合作的重點，她認為，若一開始就談南海資源合作可能太敏感，可以先從台灣海峽油礦合作開始，建立合作溝通模式，再談南海合作問題。

四、中軍方呼籲兩岸南沙合作

　　一九九八年二月二十四日，中國海軍主辦的《現代艦船》月刊呼籲海峽兩岸在南沙問題上，共同點最多，利益衝擊最小，最容易談得攏，很可能成為中國和平統一的連接點。這是江八點提出兩岸共同維護中國主權建議後，中國軍方一次比較公開的表態。

　　一九八二年第三次國際海洋會議通過的「聯合國海洋公約」，擴大了瀕海國家的管轄海域，這使得被劃入各國領海的海域面積，占到全球海洋的百分之三十五點八。而北京宣稱擁有的海域約有三百萬平方公里，其中，南沙群島分佈面積為二十四萬四千平方浬，約八十多萬平方公里，占中國海域面積的三分之一以上，再加上南沙海域蘊藏豐富的自然資源，因此，中國近年來極力加強在此一海域的影響力。上述刊物又進一步表示，「海峽兩岸在南沙的合作，可使海峽兩岸相互對抗的力量轉變為在南沙方向的一股合力，增強中華民族的凝聚力，有利於國家的和平統一。總之，海峽兩岸在南沙問題上共同點最多，利益衝突最小，最容易談得攏，很可能成為國家和平統一的連接點。

五、南海問題專家的看法

　　北京處理南海問題的主要智庫之一、中國國務院發展研究中心

高級顧問的卸任外交官蕭向前在北京接受訪問時，曾再三強調：中國不願南海問題成為「熱點」，也不願因強調兩岸在南海「共同維護主權」、「聯合開發」而造成與東盟國家的緊張。

「與中國共同開發資源」、「與諸國共同維護主權」……這在一九九二年八月間，還是台灣內政部官員對南海政策的官式說法；但自一九九二年十月經「最高決策當局」的「主動關懷」後，不但原訂十月底成立的行政院南海小組，臨時決定延至十二月底成立，「兩岸聯手」的南海政策說法也不再見諸官方。

其實，以亞太情勢而言，所有的多邊合作機制，可能都跳不開海峽兩岸關係的影響。只有在兩岸關係趨於穩定的情況下，多邊合作機制才可能發揮正面的功能。因此北京與台北達成某種程度的諒解，在大家都暫時放棄主權爭議的情況下，共同開發南海資源，或是一個可以思考的方向。只要台北能釐清政策目標，分出主從，並定出所願支付成本的臨界點，也許可以在推動多邊合作架構的同時，和北京進行間接對話。或許南海的多邊合作，最後能反饋而改善兩岸的雙邊關係。對區域安定與繁榮，當然也是個正面的貢獻。

關於南海主權歸屬的問題，諸多研究已證明是中國的歷史性水域，現在的問題已不是理論和證據之爭，而是國力之爭。基於此一認識，南海問題專家俞劍鴻教授主張「兩岸合作對抗東南亞國家」，因為北京單獨對付東盟，實感吃力，兩岸合力，則綽綽有餘，這對兩岸中國人都有好處。再者，這種合作證明台灣走上國際舞台並未傷及對岸利益，可為兩岸未來在其他國際會議上為兩岸中國人的共同利益合作奠立基礎，所以南海問題兩岸合作是最佳選擇。

　　傅崐成教授也認為，在其他南海周邊鄰國互有矛盾的情況下，兩岸如能對南海事務進行合作，不至於被所有的東盟國家所封殺，必能成功地爭得中國人在南海地區較大的利益。尤其是在南海 U 型線的內部，中國人的歷史性水域內，進行合作，不但東協國家無話可說，更有助兩岸關係的良性發展。

　　對南海問題研究極深的楊作洲教授則認為，海峽兩岸合作開發南海的構想，值得積極推動。台灣當局應按一九九二年二月三日通過的「南海政策綱領」實施綱要中第七條兩岸關係；第八條學術研究；第九條資源開發等，務實地提出兩岸關係及資源開發可行的具體方案。今後可透過海基會，由民間出資與中共方面合作開採南海資源。

　　兩岸關係至今仍有許多阻滯和障礙，但兩岸對南海的主權要求應該是一致的。在「一個中國」的理念下，兩岸不應發生海域主權的衝突，而且都主張和平統一。因此，兩岸的政府與人民，在南海問題上實應有一致的立場與有效的作為；或許中國的統一，可以藉由對南海問題建立共識開始。先把「一個中國」的觀念從此付諸實施，建立一個良好的先例。實際上，只要兩岸政府當局在南海主權上採取一致的立場，其他周邊的許多意圖侵占南海主權的國家。也就知難而退了。

　　知名學者俞寬賜教授在其所著〈比較兩岸對南海主權問題之立場與政策〉（載於《理論與政策》一九九五年秋季號）一文中說：從邏輯上言，由於南海諸群島乃是中國固有的領土，因此，台灣海峽任何一方如果自稱代表中國，則它當然也自稱擁有該等群島之主權；從而兩岸在南海主權問題上必然處於對立的地位。不過在實踐上，兩

岸迄今為止，在這方面的關係並非如此對立，而是彼此務實相待。例如第一，台灣有效統治東沙及中沙兩群島和南沙群島的太平島，北京不僅未曾表示反對，而且曾積極支持台灣立場，反對菲律賓要求台灣自太平島撤退。第二，中國不僅佔領了整個西沙群島，及在該群島的永興島興建碼頭和機場，強化海、空軍力，而且在南沙群島佔領了永暑礁、美濟礁等八個島礁，並授權美國克瑞史東能源公司（Crestone Energy C）在萬安灘以西海域探勘石油。台灣對此等主權措施亦未作強烈反制。反之，對於南海其他周邊國家在南沙群島搶奪島礁及提出所謂「主權要求」，北京和台北同樣嚴加譴責和抗議。第三，近年來，國際間為化解南海領土爭端、探討合作途徑而召開各國際會議，台灣不僅欣然與會，而且迄未因「國號」等問題與北京或其他參加會議的國家發生爭議。由於這些會議都是非官方的性質，因此海峽兩岸都表現了頗大的彈性和容忍。北京固然未曾排斥台北；台北也一直以嚴整的態度，秉持「對等、主權和善意」的原則，對待北京及其他與會各國。甚至在領土主權爭端方面，海峽兩岸不僅都表示願意和平解決爭端，而且表示願意擱置主權爭議，探討合作途徑。這充分表現了兩岸彼此之間，甚至他們與其他周邊國家之間，都在南海問題上採取了務實相待的態度。

究其所以如此者，實乃南海現勢使然。因為南海——尤其陷於瓜分豆剖局面中的南沙群島——正處於日益惡化的紛亂情勢。面對此一情勢，台海兩岸既已相互宣示要以國家統一為終極目標，那麼它們在南海問題上以務實態度相互對待，期以合力保護南海諸群島的領土主權，及維持南海地區的和平秩序；是為理所當然。

第二十四章　台海兩岸的南海政策與作為

一、中國海洋戰略目標確保南海主權

一九九二年十二月一日，北京表示將循外交途徑，不訴諸武力和平解決南海領土問題。北京之所以採取和平姿態，主要是因為中國經濟改革和對外開放亟需一個和平的國際環境，可是中國在主張各國共同開發南海之餘，卻從未放棄南海主權的主張，而且擴建海軍是中國既有的國防政策，因此隨著中國的擴軍，在可預見的未來中國極有可能掌握南海。

目前中國海洋戰略最大的目標，就是確保「南海主權」。由於沿海經濟特區的開放成功，配合此一沿海經濟戰略的發展，中國的國防建設也轉向海軍擴建，「面向海洋發展經濟」，為了形成一個能夠「控制海洋」、「利用海洋」進而利用海域創造國富的「海權國家」，中國必須控制海洋能為中國所用，並阻止海洋為敵人所用。

北京為表示不放棄海南主權，多年來北京對南海採取了數項強勢作為，包括一九九二年二月通過新的「領海法」，正式把南海劃

入主權範圍；其次是與一家美商石油公司簽約合作探勘南海石油，第三是一九九二年七月派遣探勘船進入東京灣越南海域內作業，中國並曾宣布所有進入南海作業的外國船隻，事前要得到北京允許。

當然環繞南海的東盟諸國對南海這塊大餅並不會輕易放棄，東盟在一九九二年馬尼拉召開的部長會議通過南海宣言，呼籲各國和平協商解決南海主權問題，當時與會的中國外長錢其琛也贊同這個意見。北京同意的著眼點在於中國推動經濟改革和對外開放，亟須一個和平的國際環境，所以不能對外過份強硬，而且東盟為共同對抗中國，也必須同心協力一致對外。

從軍事戰略來看，雖然中國尚欠缺遠航作戰能力，可是中國最近正針對這項弱點加強，空中加油等技術能力，特別是中國中央軍委第一副主席劉華清中國海軍最有建樹的將領，他的觀念便是擴張海權，所以中國擴建海軍是中國人的固有海疆不能丟掉。而且中國身為地域強權，不會輕易向周邊小國低頭。

二、從美濟礁看中國在南海的擴張行動

中國從一九八六年開始經營南沙群島，先後進行各種科學調查，一九八八年三月在赤瓜礁與越南海軍發生衝突，擊沈二艘越南軍艦。此後，陸續佔領渚碧礁、南薰礁、赤瓜礁、東門礁、永署礁、華陽礁、懇南礁、威南礁、信義礁等九個小島礁。一九九二年五月，與美國簽訂在萬安灘合作探勘石油的合約，此後即與越南發生海上衝突擊及言辭攻擊。至此，在南沙的擴張行動，只有跟越南發生直接的衝突，並未與馬國和菲國有直接衝突。如以中國對越南的作法加以比較，則顯然對於菲、馬兩國的態度是相當自制的，在

公開言辭上都不予點名攻擊，只隱約說某國在南沙侵犯其領土。從菲國的角度來看，過去中國佔領南沙的島礁時，雖然菲國認為係屬於其宣稱的「領土」，但反應似乎不是很強烈。唯有這次中國佔領美濟礁事件曝光後，菲國才做出激烈的反應，可能的原因是菲國自認為東盟國家已在一九九二年發表「南海宣言」，中國不應漠視東盟的集體力量。另一方面，菲國也可能以東盟為靠山，而對中國做出嚴厲的批評。

　　從美濟礁事件的發生，我們可看出一些端倪：第一，美濟礁上的建築物，可能已完工多時，而在海上惡劣的環境下建設工程，也非短期內可以完成，顯見中國在南沙尋找據點持續不斷。

　　第二，中國在南沙所佔領的島礁，過去都未曾被他國所佔領，都是在暗礁上建築房舍或工事，也可看出中國尚無意與周邊國家發生直接衝擊。

　　第三，美濟礁的地點很靠近巴拉望島，如不管菲國所宣稱的「卡拉揚群島」（即將南沙群島劃入其版圖），其亦位在菲國所宣稱的二百浬專屬經濟區內，自然引起菲國的緊張。至於該礁因非位在越南宣稱的南沙領土範圍內，所以與越南無關。

　　第四，雖然東盟在印尼召開了五次解決南沙問題的會議，在菲國舉行了一次有關南海資源合作開發的會議，一九九四年在曼谷也舉行了討論亞太安全問題的「東盟區域論壇」的會議，中國都派了代表出席，但並不能阻止中國繼續在南沙的擴張活動。從而可知，中國控制南沙的意圖並沒有鬆動，反而更為積極。

　　至於菲國在此次事件中所說的該礁屬於其領土，是沒有任何法律依據的，迄今沒有一項國際法或者法律文件可用來證明我南沙島

礁為其所有，如果引用一八九八年美西和平條約或菲國歷來的憲法，反而更可證明菲國不擁有南沙任何島礁。事實上，南海周邊國家為了爭奪南海的天然資源，武力佔領變成了行為的準則，而菲國即是採行此一準則的國家之一。總之，如果中國繼續在南沙擴張勢力，則東盟以集團方式迫使中國讓步的意圖將會落空。

三、中國對南海的經營

南海諸群島包括：東沙、西沙、中沙，及南沙四組群島，中國通稱四沙群島。由於前述南海的戰略重要性，因此南海諸群島已成為周邊各國覬覦掠奪的目標。一九七四年南越入侵西沙群島，觸發西沙海戰；繼而同年復再侵略南沙島礁，當時在海外曾引起中國人一致表示憤慨，掀起一場「保沙運動」。中國旅居美國的愛國人士亦曾發動「保衛南沙」的示威遊行，促使兩岸當局注意，而受到各方的重視。

一九七四年，中國收復西沙之後，南海主權的爭端，很顯然已全部轉移到南沙群島的爭奪上。南沙群島總共約有二百三十個島礁，在以往二十多年間，露出水面的二十五個島礁，幾乎被鄰近國家搶佔一空，並且大部份都有駐軍把守。面對各國瓜分南沙的嚴重局勢，海峽兩岸雖曾不斷對外發表嚴正聲明與抗議，卻難採取更為積極因應的行動。直到一九八八年二月中國海軍登陸赤瓜礁，同年八月在永署礁建立「海洋觀測站」，才奠定了中國立足南沙群島的基礎。

一九八八年中、越三一四南沙衝突之後，在中國海軍司令員軍委副秘書長劉華清親自領導下，曾邀集各方專家學者研究南沙群島

問題，參加研究的尚包括許多高層官員。經過縝密的研究，各界人士痛感南沙問題十分緊迫，已成為關係到國家利益的重大問題。很顯然的，中國海軍試圖將南沙群島問題推到一個國家戰略與民族利益的高度，這在中國軍方可以說是首開先例。中國海軍司令員張連忠亦曾強調：「要真正有效的保衛中國使不受來自海上的襲擊，必須加強海洋的防禦縱深。從南沙群島到中國大陸南端，距離超過一千公里，中國控制了南沙，就能得到一個相當可觀的防禦縱深。」

　　北京認為：「南沙群島是中國國防『大戰略』中的緊密環節。」故而，中國之插手南沙，對南海的經營，中國認為：「南沙群島是中國國防『大戰略』中的緊密環節。」故而，中國之插手南沙，對南海的經營，較之其他國家為更為積極。中國對南海的經營，係採有計畫、有目標、有步驟、有準備的逐步進行。茲將其所採取的主要措施，分述如次：

㈠海南島設省

　　一九八八年四月十六日中國對外宣布：海南島正式建省，劃歸中國統治下的第三十個省級單位，並將南海的四沙群島全部納入海南省的行政區域。海南的建省，乃是中國為配合整個沿海經濟發展的戰略的一環，使海南省與華南閩粵一帶，連為一體。此一「國際大循環」構想的實施，是要將整個中國沿海地帶推向國際市場，實行外向型的經濟戰略。

　　中國海南的建省，並已顯示出中國對南海主權強硬的決心以及經營南海海權意識的抬頭。

㈡建立前進基地

　　一九八八年三月中國與越南在海上衝突之後，派兵進駐南沙七

個島嶼。並應聯合國之要求，在永署礁建立「海洋觀測站」。中國軍隊以「頑強苦幹一百八十九天」的驚人速度，建成「世上罕見的人造海島」，顯見中國早有武力收復南沙群島的準備。

　　永署礁原是一處座落在水下的礁盤，低潮時亦僅有塊桌面大的礁石露出水面。中國以快速的行動，在永署礁上完成了人工陸地、油庫、水庫及一座三百公尺長、可供靠泊四千噸級艦船的碼頭，成為中國在南沙最大的基地。基地上建成一座二層樓房，內設雷達、海洋勘測、天文氣象等工作室，並附有衛星通信地面接收站，及其他指揮與通信設備。此一基地的建成，不僅能執行聯合國要求每日傳送海洋觀測的資料，在軍事上，亦確能監控南海海域全般的狀況。同時亦已顯然說明：中國海軍已克服在南沙群島長期駐軍的技術和補給問題。

　　越南決未料到中國會在永署礁建立永久基地。此一基地的建成，對越南在南沙群島的活動，構成嚴重的威脅。且對今後中國收復南沙群島，實已形成了極有利的態勢。

㈢輪番進駐兵力

　　永署礁建立基地後，中國海軍對遙遠地區建立基地，以得到很多寶貴的經驗。為確保南沙基地的安全性，維持其再補給，並在已佔領的各島礁繼續施工，中國不斷派遣兵力輪番進駐，看守已進駐的七個島礁。中國艦艇部隊一方面在該海域執行偵巡警戒任務，另方面亦在南沙複雜危險的海域，實施各項海上協同演訓與戰術操練。

㈣擴建西沙機場

　　中國為有效支援南沙未來的作戰，除在海南島及西沙群島建立

航管中心，以加強對南沙海域上空飛航管制能力外。並將西沙永興島機場跑道由原有之九百公尺延伸至一千四百公尺，可進駐戰鬥機，支援南沙作戰。縮短作戰半徑一百五十浬，具有極大的戰略價值。

㈤倡共同開發並積極壯大海軍實力

一九九二年十月，美國太平洋空軍司令亞當斯公開提出嚴重警告：「世界發生衝突的下一個地點，可能就在南中國海，南中國海是一個潛在起火點」。

南海問題對後冷戰時代亞太新秩序的形成，具有關鍵性地位；尤其在柬埔寨和平實現後，南海潛在的衝突危機，已成為兩韓問題之外，最令人矚目的焦點。

爭議多年的南沙群島問題，因北京一再高呼以「共同開發」解決爭議使得這片多國環伺的海域，一度露出和平的曙光；然而。隨著中、菲有關部份島嶼主權的爭議日益擴大以及中國海軍一度迅速擴張的動作，南海的風雲依然深藏重重的危機。

南沙群島主權的爭奪，牽涉的不單是國家主權問題，豐富而未知的石油層，更加深了問題的複雜性。多年來，只要有任何一個環伺的國家做出有關海域主權的動作，必定引來其他國家的「嚴正駁斥」。在外交辭令下，血腥的武裝衝突也隨時有爆發的可能，端視國際情勢的變化而定。

冷戰時期，在美、蘇勢力對恃下，任何宣稱對這片海域擁有主權的國家都不敢輕舉妄動。冷戰末期，中國勢力趁機南下，中、越間小規模的武裝衝突也時有所聞。直到一九九一年七月，北京代表在印尼萬隆舉行的「處理南海潛在衝突」會議上宣稱，中國「願與

有關國家和平解決海域爭議和探討共同開發」，才使一向劍拔弩張的南海情勢出現和緩的局面。不過，在「共同開發」的訴求下，中國也不忘強調「中國對南沙、西沙群島及周圍水域擁有不可爭辯的主權」。

事實上，中國在南海問題上所展現的「兩手策略」是十分清楚的。一方面，中國積極發展海軍實力，強化遠洋打擊能力，戰略方針由「近岸防衛」調整為「近洋防衛」，另一方面，外交上則公開表示願意討論共同開發的可能性，以緩和國際上對其擴軍行動的關注。

儘管北京對「共同開發」的內涵並沒有做進一步的說明，不過，從中國官方的發言可以了解，中國對共同開發的定義是：在主權屬於中國的前提下，各有關國家在經濟上進行聯合開發：也就是說，可能的共同開發途徑是比外商在大陸設廠更為優渥的合資形式。這自然不可能為宣稱擁有該海域主權的國家所接受。

要解決錯綜複雜的南海爭議，任何企圖迴避主權問題的方案，事實上都難免落入一相情願的盲點。或是為將來別有所圖所施放的一道煙幕彈。以讓渡部份主權的形式來化解領域衝突，在歷史上並非沒有先例，目前雄踞西歐的歐洲聯盟，就是一個絕佳的例子。

位於德、法邊境、煤鐵蘊藏豐富的魯爾和薩爾區，爭奪該區的主權、歷史上一直是德、法兩國戰爭的導火線。二次大戰後，在兩國領導人的推動下，雙方同意讓渡部份主權，成立一個「高等委員會」共同開發管理該區的煤鐵事務。就在這個「高等委員會」的基礎上，陸續發展出「歐洲煤鐵共同體」、「歐洲經濟共同體」，乃至今日政經實力驚人的「歐洲聯盟」。

　　在東西兩極對抗體系瓦解後，全球各地抑制多年的領土、種族和宗教摩擦再度爆發成為區域衝突的主要形式。對各國領導人而言，要爭霸一時，累積軍事實力自然是不可省略的工夫。然而，若要為世代子孫徹底解決這類盤根錯節的歷史矛盾，恐怕需要的還是當權者的眼光和智慧。

囯 有計畫地經營南沙群島

　　中國自一九八〇年代中開始蓄意經營南沙群島。首先動員全大陸包括軍方在內的有關部門，對南沙群島從事大規模的科學調查，包括水文、天象、與海洋資源等，建立起相當規模的資料庫。其次則涉及開發，最典型的例子為一九九二年五月，中國與美國的克瑞斯通石油公司簽約，共同開發離越南不遠的萬安灘石油。中國此舉引發越南的不快，西方媒體甚而報導，越南派船騷擾中國與美國的石油探勘工作，甚至割斷探勘所用纜繩等。

　　中國在軍事上也有所部署。日本的媒體報導，中國於西沙的永興島上興建機場，足供戰鬥機的起降。如果以中國新購入的 SU-27 戰機而言，此機場可延長其飛航距離至南沙群島，雖然仍然無法大力提升中國軍隊在南沙群島的整體戰力。此外，西方也有資訊指出，中國在所佔領的永署礁上設有雷達設施。永署礁距離越南較近，其雷達可監控越南軍事活動，以及相關國家在南沙海域的各種活動，透過中國的衛星通訊系統，此雷達不啻是中國深入南沙群島的觀測站。

　　這些經營與部署足以顯示中國經營南沙群島的意志。要知道，這些島礁會隨潮汐而淹沒或浮現，在島礁上施工，不論是建立漁船避風設施，或建雷達，均屬不易。況且，海上環境惡劣，而且材料

運補不易，施工也非短期可以完成。更何況，在礁上施工不見得在經濟上有立即明顯的報酬可以回收。此足以顯示中國經營南沙群島的意志。

此外，中國也注意經營的技巧，美濟礁雖被菲國劃入「卡拉揚群島」，但菲國未派人駐守。中國則在礁上蓋永久性建築物，並插上中國國旗，顯示其已為中國所有。這雖表示中國無意與周邊國家發生直接衝突，但間接顯示中國熟悉各相關國家對所稱擁有主權島礁的經營狀況，而利用一些國家未派人駐守的弱點先行開發。這將使相關國家加派軍力駐守其所占領的島礁。

媒體報導，中國願意依據國際法，包括「一九八二年聯合國海洋法公約」所確立的基本原則與法律制度，透過和平談判，與南沙島嶼爭端國解決有關主權爭議。儘管東盟國家對中國外長錢其琛的此一聲明表示歡迎，認為對和平解決南沙爭議有正面作用，但如果東盟國家就此認為北京已改變對南沙主權所持之一貫立場，那是大錯特錯。

事實上，中國主要是以歷史與法律理由主張對南海諸群島與其鄰近水域擁有主權。「一九五八年的領海聲明」與「一九九二年的領海及毗連區法」均明確指出中華人民共和國的領土包括東沙群島、西沙群島、中沙群島與南沙群島。基於島嶼主權之擁有，中國對島嶼四周十二浬範圍內的水域亦主張享有主權。

中國的南沙政策是：「主權屬我，擱置爭議，和平解決，共同開發。」對於南海四大群島以及附近水域，中國強調擁有無可爭議的主權，基此主張，北京一再明確表示反對把南海島嶼主權問題拿到國際會議上去討論，即使有主權爭議，也只能在雙邊會談中談。

由於爭議一時無法解決，中國同意暫時擱置爭議，先進行聯合開發南海資源。有關國際爭端的解決方面，北京一向主張透過協商以和平方式為之。

在政策作為上，北京所採之策略是西方學者所稱的「切割臘腸」（salami slicing）方式，逐步達成控制整個南海的政策目標。有中國學者以下圍棋比喻中國在南海的戰略佈局。為維護南海島群主權與海洋權益，中國除了加速發展遠洋海軍艦隊與提昇空軍續航戰力外，亦以實際主權宣示行動，如佔領島礁、建築軍事工事和機場跑道、建築漁民庇護所、樹立主權碑、進行資源調查、干預外國在海域內進行有關資源探勘開發的活動、對爭端國的主權主張或宣示行為提出外交抗議等，去維護南海主權。

中國外長錢其琛與外交部發言人沈國放在一九九五年汶萊所發表的言論與前述中國的一貫主權主張並無不同。那就是：「中國對南沙群島與其鄰近水域擁有無可爭辯之主權。」但是中國的政策作為似乎有所改變。中國一向反對國際組織（東盟區域論壇）討論南沙島嶼主權問題；主張採雙邊協商方式和平解決爭端。如果媒體之報導屬實，中國願與東盟國家進行多邊協商的表示的確是一個政策上的改變，也是一個讓步。

中國在汶萊針對南沙問題所發表的言論有幾點值得觀察注意：第一，中國本身對國際法，尤其是「一九八二年聯合國海洋法公約」逐漸重視。因此有義務遵守公約之規定。但有關「歷史性水域」、洋中群島採用直線基線劃法的權利、外國軍用船船進入領海須事先通知或經沿海國政府批准的規定，因為一九八二年之公約並無可協助上述法律問題的規定，這可能是中國可以接受依國際法解

決南沙島嶼主權爭議的原因。

第二，中國對發展其與東盟國家的關係愈表重視。根據報導，錢其琛提出依國際法處理南沙問題前，曾事先與泰國、菲律賓和印尼共同商議過。事實情形可能的確如此。早在一九八二年六月三十日，泰國駐北京大使 Sawanit Kongsiri 就提過中國願意依據國際法促進南海領土爭議之解決。七月上旬、中旬與下旬，菲律賓與印尼外長亦一再提出此種說法。中國願意與相關國家進行有關南沙問題之多邊協商，此政策的改變似乎與越南加入東盟有關。

第三，中國對美國的立場與壓力相當重視。一九九五年五月十日，美國國務院發表正式聲明，其中提到：「維護航行自由乃美國之一項根本利益。南中國海內所有船舶與飛機不受妨礙之航行對整個亞太地區的和平與繁榮（包括美國在內）至關重要。……美國對南海的島嶼、環礁、暗礁、岩礁的主權主張及法律論點不採任何立場，但對南海內任何與國際法，包括一九八二年聯合國海洋法公約不符的海上主張或對海洋活動之限制表示極度之關切。」錢其琛有關「中國高度重視南海國際航道的安全及自由暢通」的言論應該是「有感而發」。

第四，就台灣與中國大陸有關南沙立場而言，台灣海峽兩岸的中國人在南海所採的立場是一致的，認為南海諸群島與鄰近水域主權係屬中華民族，此乃無可爭辯的事實。因此，台北並不駁斥或反對錢其琛有關南海島嶼主權之主張。

㈦掀起「南沙熱」宣傳

自一九八八年八月二日南沙永署礁基地建成後，中國一改過去對南沙宣傳的低調姿態，有關南沙方面的報導明顯的增多。首先中

國國務院和中央軍委向南沙工作的海軍官兵公開表揚，賀電嘉獎，並給予「千秋有功國家」極高的評價掀起了一陣「南沙熱」的宣傳，使南沙主權問題引起全國各階層人士的關注與重視。

中國海軍對南沙問題的處理，投入了大量的兵力與助力，扮演了很重要的角色。在南沙局勢緊張期間，中國海軍頻頻與外交，科技界進行聯繫，並且非常及時而巧妙的展開宣傳，其重視的程度，遠超過對西沙問題的認識，將南沙群島處理的情況，不斷的向官兵講解灌輸海洋觀念的認識，將南沙群島處理的強況，不斷的向官兵講解說明，使得海軍官兵更能瞭解未來本身肩負的責任。總之，南沙主權爭端的問題，已經使全中國和全世界各國人士對中國海軍都有了更新的認識。

㈧規復南沙準備

南沙群島是中國的領土，目前已遭菲律賓、越南、和馬來西亞等國瓜分侵佔，很顯然已侵犯到中國的主權。中國為維護南沙群島的主權，其內部曾對收復南沙的方案，展開過認真的研討。中國研究收復南沙可能採取的方法，不外武力收復，或和平談判解決兩種方式。歸納起來，可分為三種模式：(1)瓜島模式；(2)馬島模式（馬島即福克蘭群島）；(3)港澳模式。

「瓜島模式」採逐島爭奪，必然曠日持久，長期對峙則勞民傷財，應儘量避免。「馬島模式」可集中優勢兵力，一戰而勝，避免逐島爭奪戰，顯然較為可行。「港澳模式」則完全以和平談判方式，以不戰而屈人之兵，收復南沙，不過這種可能性較低。眾信中國必然會視本身兵力的條件，採取至當的模式。

中國海軍曾對南沙海域珊瑚島作戰的特性與方式，進行過很普

遍而熱烈的研究與討論。這些研究的心得報告，常見於其內部發行的刊物上。從這種的方面來看，中國對收復南沙已在預作準備。特別是中國在永署礁完成基地建立立足點之後，以為未來使用武力提供了有利的條件。

北京曾嚴正聲名：「中國政府決保留一切權利，在適當的時機收復已被佔領的島嶼」。

四、台灣的南海政策與作為

㈠政府對南海資源亦早有勘察

國府自二次世界大戰後派兵長期駐守南沙太平島，以顯示維護南海諸群島中國主權，除台灣水產試驗所在南海長達七年之久從事研究工作外，中國石油公司亦先後派員前往勘察，並規劃推展地域合作開發原油的方案，據勘查所知：

1.地質概況：南中國海沈積岩厚度自東北方（一千五百公尺厚）向西南漸減。依區域性盆地構及沈積發育情形觀之，沿大陸棚邊緣海域構造帶上，有許多褶曲構高區，高區附近有淺灘或珊瑚礁存在，具儲集油氣的之地質條件。在諸多海底山間的小型沈積盆地，當其沿海底山側逐漸減薄，可能造成地層封閉，亦有儲集油氣可能。

2.南中國海蘊藏油氣潛能：在南中國海周圍的大陸棚有油氣生產及發現者如下：

⑴菲律賓巴拉望島西北海域 Nido 一帶。日產原油四千桶，在 Camaga 一帶鑽獲一·四三〇億立方公尺天然氣蘊藏，兩者皆屬碎屑岩中之塔形珊瑚礁構造。另於 South Bank 一帶，在二十公尺深

度古第三紀砂岩中發現天然氣。⑵印尼於 Natuna 島附近海域發現巨量天然氣田。⑶馬來西亞的沙巴海域日產原油七萬二千桶。⑷汶萊海域日產原油二十二萬二千桶。⑸砂撈越海域日產原油九萬八千桶。⑹越南在南方海域的湄公盆地發現 Bach Ho、Dragon、Big Bear、Dua 等油田。⑺在東京灣的北部灣盆地、鶯歌海盆地、廣東的珠江口盆地均有生油氣發現，如瀾、惠川、流花油田及崖城氣田等，產油層深度約二千公尺，生油母岩為漸新世黑色泥岩。

　　3.據綜合研判：

　　⑴南沙一帶的生油層可能為泥質沈積物，儲油層可能為珊瑚礁所形成的礁狀石灰岩及古第三紀變形前沈積岩中之砂岩。由鄰近地區如婆羅洲西北部、巴拉望西北方海域及禮樂灘等地區均鑽獲油氣，足徵本區確具蘊藏油氣潛能。⑵依莫比油公司測勘資料顯示，南中國海確有許多褶曲構造高區，且構造高區附近均有淺灘或珊瑚礁存在，水深在二百公尺以內海域，值得鑽探。⑶南中國海面積遼闊，僅有一九七一年美國莫比油公司震測粗測資料，中油公司曾於一九八一年在太平島鑽探油井一口，井深五二三・二三公尺，均為破碎珊瑚礁類地層，膠結不佳，呈多孔狀，因井眼崩塌及漏泥嚴重而停鑽，估計該區若有油氣，深度應在二十公尺以下。

㈡台灣在南沙太平島修建小型機場的商榷

　　台灣每年前往馬爾地夫度假的估計約有一、兩萬人，太平島若跑道築成，以國內航線計算，將有潛力以少於馬爾地夫三分之一以上的價格發展為離島觀光點。

　　然而，開發太平島，豈只是觀光的理由而已。南海海域蘊藏的石油與其它未知礦藏恐怕才是周邊國家虎視眈眈，相互監控，甚至

不惜動武的主要理由。遙遠的太平島，是否也會因各國的覬覦而演出台灣的福克蘭事件？

　　一九八二年的福克蘭戰爭點出了太平島的潛在危機，因兩者都算遠離祖國的領土，更讓台灣警惕，如何去扮演高唱凱歌的英國？

　　熟悉太平島形勢的退役將軍指出，太平島小，闢建小型機場固然可以大幅縮短補給時間，卻未必能保證守得人祥。如果刻意攻取，太平島可能守不過一日，只要北京不以太平島為攻擊目標，而環南海諸國忌憚兩岸聯手，料想也不會先動干戈。從軍事角度看，修建機場跑道雖然戰略意義不大，但卻可以擴充監視南沙的範圍。

　　更何況，保有太平島還可維護台灣在南海的交通線與漁場。換言之，保有太平島實仍保有台北在南海問題上的發言權，沒有了太平島，台北將自此失去南沙的主權。

　　南海諸國以先佔擁有權來合理化自己強佔島嶼的行為，其間更有區域外的澳洲提議以「南極模式」來處理南沙問題。南極模式是以無人擁有為前提，以一定期限開放世界各國實驗、探勘之後再討論決定其主權歸屬。以上兩種情況都對台北不利，加緊經營太平島，使之在軍事守備之外也有相當的居民活動，應該比武力的宣誓更切合當今的環境。

㈢從台灣的立足點探討南海問題的解決途徑

　　對海峽兩岸的中國人目前的處境而言，自以和平解決爭端為綱，但仍不應忽視武裝力量之增強，特別是海、空軍。至於和平手段方面，可採取之方式有下述幾種：

　　1.多邊談判：但此一方式會造成對中國不利，因為東南亞國家將會聯合起來。

2.國際法院的仲裁：此一方式也未必對台灣有利，國際法院仲裁須爭端各造同意始能受理，而目下台灣的國際法人格是否被承認也是有疑慮。甚至於由國際法院仲裁，也有困難，近年國際事務大都泛政治化，欲期有客觀公正人士，頗不容易。此一人士難免受到東南亞國家集團的影響，屆時做出之仲裁，若對台灣不利，是否要接受？

3.將爭端提交聯合國安理會。依據聯合國憲章第三十五條之規定，任何聯合國會員國或非聯合國會員國，均可將安理會認為可能引起國際摩擦或惹起爭端之任何情勢，提請大會或安理會注意。但第三十三條又規定，安理會在介人處理該爭端之前，必須涉及爭端之當事國曾試過談判、調查、和解、公斷、司法解決、區域機關或區域辦法之利用，或各該國自行選擇之其他和平方法而未能解決時，才能依第三十七條第一款，將爭端提交安理會。

由於台灣並非聯合國會員國，一旦有國家將南沙問題送交聯合國安理會，對台灣會帶來不便。

尤其更值得注意的，即在印尼召開的四次南海問題會議，以及一九九七年在曼谷召開的官方的「亞洲區域論壇」，如果對南沙問題進行「區域辦法的利用」，可能就符合聯合國憲章第三十三條之一規定，屆時南沙爭端國即可將之提請聯合國安理會處理。因為台灣不是聯合國會員國，則情況會對台灣不利。

4.雙邊談判。如以目前錯綜複雜的南沙情勢來看，與爭端國進行雙邊談判，似乎較為有利。因為如進入多邊談判，中國或台灣將陷入少數，難敵東南亞諸國的聯合力量。

但雙邊談判也有其侷限性，並非沒有障礙。主要的障礙是台灣

與菲、越、馬沒有正式外交關係，無法進行正式的外交談判。即便是進行了協商談判，對手國也可能故意降低協議文件之層次。過去台灣與菲律賓簽訂的「中菲海道通行協定」就是一個例子。其次的障礙，是目前菲、越、馬三國都與中國有邦交，就南沙問題之交涉對象，選擇的是中國而非台灣。台灣如主張願與這些國家談判，可能也無法得到適當的回應。

在解決南沙問題的各種途徑上，和平談判固然是一個途徑，但談判不是靠主觀的願望，而必須依賴實力和情勢。實力指的是是否有一支強大的海、空軍可以到南沙執行主權管轄權，情勢指的是有無成為談判對手國之條件及願意跟你談判的必要性。也就是指在南沙地區有無重大動作以引起周邊國家注意及重視。目前台灣在南沙是「以靜制動」，即使有影響力，也被中國字一九八八年三月與越南之海戰所造成的震撼力所掩蓋，因此台灣如再沒有動作，或未能製造情勢，將愈來愈不受重視。總的來看，雙邊談判固係一個可行的途徑，但不是沒有障礙，要看我們如何加強實力和掌握情勢。

㈣台灣昧於國際現實的南海政策

在其他南海主權爭端國如菲律賓、越南等，積極在南沙落實主權的各種作法之際，台灣顯得相當消極，南海政策的位階一直不高，所以，台北可任由其他國家蠶食南沙的國土。由於政策位階低，南海問題不像大陸政策、外交政策或其他公共政策受到廣泛的辯論，在總統大選，也難以成為爭論的焦點。

台灣一向宣稱南海諸群島為固有領土，在一九五六年重佔太平島，是最早以兵力進駐南沙的國家。但是，由於兵力投射不足，台灣卻只能坐視菲律賓於一九六八年、越南於一九七五年、馬來西亞

於一九八三年、中國於一九八八年起各以軍事力量佔領南沙部份島礁。在四十餘個有各國駐軍的南沙諸島中，台灣只有佔領一個島礁，儘管太平島的面積最大，其他南沙主權爭端國進駐較晚，但佔領的島礁數卻遠超過台灣，可見台北的南海政策是多麼消極。依「中華民國八十二～八十三年國防報告書」，台灣派駐太平島的一個連兵力，亦遠低於中國（二六〇人）、菲律賓（四八〇人）、越南（六〇〇人）在南沙的守軍人數。台灣卻怕增兵會刺激周邊國家。

在中國佔領美濟礁之後，菲律賓總統羅慕斯不但加派分遣隊、海軍艦艇、空軍偵察以確保南沙主權，亦召開國家安全會議尋找對策及要求國會大幅增加國防預算。菲律賓除盼望東盟有一致對抗中國的立場外，也想要將美國捲入爭端。依日本媒體報導，越南在其所佔領的南沙島礁上，增強百分之五十的兵力及火力。但是，台灣的國防部長蔣仲苓卻在立法院表示：除海軍正常性運補之外，並無計畫派兵前往南海地區展示軍威。有許多軍事觀察家，曾對台灣派兵力戍守在軍事上為「死地」的太平島，感到憂心。因為，一旦太平島被襲擊、攻佔，台灣根本無法派兵支援，即使派兵也是緩不濟急，而且風險成本之高，也不是太平島這個彈丸之地的經濟或戰略價值直所能相比的。換句話說，一旦事情發生了，台灣政府也只能捶胸頓足，發表抗議而已。

但是，令人好奇的是，太平島這塊小小的肥肉，既然處於「虎口」，為什麼半個世紀年來還能倖保平安？中國又為什麼不派兵拿下，甚至越南、菲律賓也可以輕易奪取，也許有人認為其中奧妙，只是在於中國既宣稱它擁有南海的全部主權，並曾警告越南等國速將部隊撤出爭議性島嶼，就不會坐視任何一個家在此一地區的軍事

行動，菲、越等國就不敢輕舉妄動。

　　但如果台灣繼續擁有南海島嶼，未來或將無法避免捲入衝突。這些事實暴露出台灣在討論國防事務時的一些盲點；台灣過度將注意力放在對岸，卻常常忽略了鄰國的動態。台灣的國防武力對突發性區域衝突沒有能力應變，政府及相關單位沒有應付危機的程序和心理準備。

　　南海對台灣的重要性不僅是油源蘊藏、對東南亞事務有發言權的管道，更是經貿與戰略物資進出口的生命航線。政府雖有南海小組、南海政策綱，卻未發揮功能，而一再坐視主權遭受挑戰。因此，如何提升南海政策的位階，時刻不容緩。

㈤台灣南海政策的盲點

　　事實上，鄰國已在我國海疆內的巴拉望西北盆地（菲），婆羅乃一沙巴盆地（馬國及汶萊）及曾母盆地（馬國及印尼）鑽井開採，年產量已達二·四億桶油當量！由於石化燃料儲量日漸枯萎，而台灣百分之九十五的初級能源全賴國外採購進口，面對鄰國變本加厲掠奪南海海疆內殘存的油藏，必須從速制止鄰國非法獨吞南海海底資源，以免遭鄰國挖空掘盡，此為台灣南海政策最該檢討的盲點。

　　真正能達到有效利用南海資源，促進國際交流，有效宣示主權的作為，還可令國民達到休閒及教育的雙重目標，乃為適度開發南海的觀光資源。南中國海的旅遊資源是以海洋為總體背景，可由東、西、南沙群礁上的島、洲、礁及海岸線構成全方位的熱帶海島旅遊勝地。就其旅遊品種言，具有廣泛性和多樣化，有鮮明的地理性和時代性。各群礁的觀光資源是以海水、島嶼、熱帶氣候、海洋生物與人文等要素組成。其洋流、潮汐、波浪、水溫、地貌、林

相、植被、沙灘、海底景觀、陽光、空氣等都是觀光業的資本。橫向旅遊如海上運動及縱向觀光如購物中心、賭場及休閒設施的設置，足以吸引遊客前來渡假。各群島礁地處低緯度，季節性變化小，不但景觀相對穩定，而且其有永續性，能與之相比擬者，恐怕只有印度洋的馬爾地夫或泰國的普吉島，台灣視而不見，聽而不聞。

　　台灣的南海政策，長期以來並未妥善規劃經營南沙，長年以來亦僅駐軍太平島，無視於鄰國的逐島侵佔併吞。而主導南海國土規劃開發的「南海小組」，面臨千頭萬緒的問題，如維護主權（內政部）、聯外交通（交通部）、科技研究（國科會）、環境保育（農委會）、處理爭端（外交部）以及保疆衛土（國防部），牽涉的部會既多且各行其事，所有的規劃進度在缺乏共識及無從協調的情況下，南海的經營可以說是牛步化、停滯不前。以太平島為例，棧橋碼頭三年前因浪損破壞後迄今仍未修復，徒增聯外交通之困難，太平島籌劃多年的衛星通訊裝機工程，多次流標無人過問關切，改善兵力結構及戰略優先度軍不受重視。雖然台灣僅在太平島上駐軍，但也不要妄自菲薄，將之視為「孤軍」，太平島不獨是南沙群島當中最大的珊瑚島，更坐落在油藏豐沛的鄭和盆地心臟地帶。根據廣州海洋地質調查局的估測，面積達一萬三千平方公里的鄭和盆地，石油蘊藏量在四十億桶以上（至少可提供台灣地區使用二十年）。另一方面，太平島更是護衛南海航道的前哨站；相對於中國進駐美濟礁，積極經營南海，台灣更應自我檢討。沒有大戰略佈局的思維，沒有長程宏觀的規劃及缺乏危機意識，都反映在台灣的南海政策上。南中國海無論就經濟效益及戰略價值來看，均足以左右台灣生存的榮枯；有

智慧且有遠見的政治領袖，絕不會忽視南海問題，更不會棄之不
顧。

㈥台灣南海政策應有的具體作為

　　台灣的南海發展，無可避免地必需面對南海主權紛爭及資源的
掠奪。台灣憑藉雄厚的經貿實力，打通了南洋政經的困局，但是作
法仍不夠宏觀、長遠；南海政策必需政經合一，以同步雙打的謀
略，用經貿實力紓解南海紛爭，並以經貿資源帶動國際合作。目前
宜暫時擱置主權爭議，以跨國公司合資共同開發南海，讓海底資源
由南海過周邊國家共享共用；適度開發休閒資源，使南海諸島躍升
為旅遊天堂。具體的作為，至少應包括：⑴加強東南亞區域資訊收
集，以掌握相關鄰國對南海諸島之謀略，速擬對策，適時化解國際
紛爭。⑵加強南海及東南亞人文、歷史、海洋、環境及相關科技之
基礎研究，以做為全方位開發南海之依據。⑶從速擴建東沙島及太
平島之聯外交通港埠及機場跑道助航設施，作為積極開發南海之基
地。⑷針對東沙島及太平島之觀光休閒潛力進行全方位整體規劃，
獎勵民間投資，推廣南海觀光並鼓勵國人及國際旅客前往觀光旅
遊。⑸協助民間與東盟及中國在西沙及南沙島礁海域合資開採原
油、天然氣及興建觀光設施，以國際合作模式共享資源，化解爭
端。

　　在與東南亞鄰國建立互信的基礎上，以積極的作為及長程宏觀
大格局來主導掌握南海局勢，才有可能將南海問題從阻力翻轉成助
力，大幅提升南向政策的功效，獲取雙贏的局面。

㈦經營南海需要膽識更要付出代價

　　經營南海不僅需要膽識，更是要付出代價的。有形的代價包括

人力、物力、資金、技術與其他機會成本的投入，無形的代價則包括決策人士智識的提昇、決策機制與過程的重整、社會共識的建立等。以一九九五年台灣保七南海巡弋為例，當菲律賓軍方提出不准台灣船舶進入其島礁「領海」之內，否則不惜動武之恐嚇後，台北外交部即應召喚菲駐華代表，要求其定義、解釋何謂其島礁領海，並立刻加以不承認之駁斥；勞委會應隨即發表聲明，若菲方對台灣保七巡航採取任何軍事行動，則台灣將立刻遣返所有在台菲勞；工商總會領袖亦應表示不惜自菲撤回一切投資；台灣國防部同時應派遣海軍艦艇隨行，並表示不惜一戰。提高緊張情勢，不必然帶來武力衝突，此即為「炮艦外交」的真諦。藉著緊張情勢的提昇，可以增加台北在此一區域爭議中的發言分量與地位；在國際事務曝光後，或許比李登輝、陳水扁的「元首外交」更為有效；並可藉國內的動員，增進國家應付緊急狀況的能力，並贏取對手對我們國家實力的尊重。然而，在長久積弱不振的外交下，決策人士已習於在「外交情勢敏感」的說辭下。逃避一切可能的挑戰，而不經常鍛鍊國家動員的能力，培養壓力下決策及控制緊張情勢的技巧與手段。

　　不願付出有形與無形的代價，又欲享有歷史遺產的權益，是自欺的愚行。就算「共同開發資源」，亦需要藉實力以確保參與利益重分配的機會與分量。英國政府每年在南大西洋的福克蘭群島投資二百多萬英鎊，並不惜與阿根廷一戰，以確保經營此一殖民地及周邊烏賊產量豐富之經濟海域的權益，即為一例。但回顧台北的南海政策，在高層決策人士間，欠缺實質經營南海的企圖心與膽識；在組織上，欠缺高層海洋事務專責機關；在立法上，欠缺基本的海域立法；在執法上，欠缺有力的海域執法力量；在智識上，欠缺海權

觀念與炮艦外交的理念；在決策程序上，欠缺內閣一體的總體觀，閣員亦少政治擔當，遇事互相指責，過由下起。如果南海政策不能被視為事關國家主權、領域民族情感的國家政策，又不能被定位為事關整體國家、內閣榮辱與發展的重大國家政策，連南海巡弋都可被視為「例行警察巡邏」，則台灣不妨正式宣布放棄南海主張算了，以免國家尊嚴一再遭到周邊鄰國的挑釁與嘲弄。

我們為保護漁民安全，南海是失不得的，一旦落入外國之手，台海兩岸中國漁民當會遭到極大的不幸，所以南海諸群島不僅要開發為漁場，更應作為保護漁民的生命艇，她對台海兩岸中國的漁業經濟上有很大的價值。若謂增派南海諸群島駐軍，勢必增加國庫負擔，然南沙既是中國固有疆土，政府有守土之責。中國宋代李綱曾說：「祖先境土，不可尺寸與人，當死守」。金的宰相企弓也曾獻金主詩：「君王莫所捐燕計，一寸山河一寸金」。基於其在經濟土、地略土、軍事上及戰略上價值，既然勢在必守，就必須付出代價。

第二十五章　南海與中國海權

　　二十世紀初，美國國務卿海‧約翰（John Hay）曾經說過：「地中海是過去的海洋，大西洋是現在的海洋，太平洋則是未來的海洋。」此一預言，很顯然已逐漸展現在我們的眼前。在全球已跨入「二十一世紀是太平洋時代」的今天，南海的戰略重要性，正與時俱增，以致南海周邊國家對南海諸群島主權的主張（Claim），愈來愈積極。因此，未來南海主權的爭端，也必然益形嚴重。

　　在此一錯綜複雜的問題中，我們必須瞭解：南海的戰略重要性何在？南海對中國未來前途的發展，究竟關係如何？影響如何？這些問題的探索與掌握，必須就海權的觀點，來加以研討，方能找出南海主權爭端的真正緣由。海權將是主導各國南海未來動向的發展，和政府決策的決定性因素。本研究的主旨，即是以此為出發點，再從中國海權發展的立場，來探討南海主權的問題的根源。

　　南海諸群島自古為中國的國土，國民政府於抗戰勝利後，一九四六年正式接收西沙、南沙群島，一九四九年一度撤回南沙駐軍，復於一九四六年七月再度派軍進駐南沙太平島，堅守以迄於今，此係中國擁有南海諸島主權最有力的證明。進入一九八○年代以後，隨著中國對外政策的改變，中國重返國際舞台，配合國家整個沿海經濟的發展，中國正大力建設海軍，擴張海權，並且積極經營南

海。中國自以武力收復西沙群島，派兵進駐南沙後，在永署礁建立永久基地，並以此為立足點，逐步擴大控制範圍，業已引起舉世的關注。未來南海主權衝突的擴大，任何主權的爭議，都關係到中國長遠的國家利益。南沙的爭端，如不能透過和平方式談判解決，則終將造成軍事衝突，引發局部戰爭。西方觀察家早期預判南海將是一顆「定時炸彈」（time bomb），第二個中東，一個新形成的「戰場」（Battle Ground），戰爭潛在危機，隨時都可能發生。從中華民族未來的生存發展和國家長遠的利益上設想，我們如何因應南海未來的變局，確保中國南海主權的完整，應係海峽兩岸共同邁向國家和平統一的過程中，中國人必須共同一致努力的目標。本此共識，我們從事此一問題的研究才能具有更積極的意義，而能找出至當的答案。

一、海權思想的啓示

自從美國海軍馬漢將軍於一八九〇年出版《海權對歷史的影響》一書，海權思想成為指導二十世紀海洋國家立國最重要的一種戰略思想。馬漢分析歷史上國家興亡盛衰的原因，從歷史的教訓中發現一項寶貴的結論，此即「海權是一個國家成長、發展、繁榮和安全的命脈。」這本鉅著問世以來，迄今已當一百多年。證諸百多年來世局的演變，馬漢的理論基本上極為正確。

歷史上人類利用海洋創造財富，和累積財富。世人譽為「二十世紀的馬漢」——俄國高西可夫元帥，在其傳世的鉅著《國家海權論》一書中，對現代海權的涵義，曾作了這樣的詮釋：「國家海權乃一國經濟及軍事的表徵，也代表其在世界舞台上的地位。現代所

有的強國都是海洋國家。」

　　人類使用海洋，來往交通，從事貿易，創造財富。「利用海洋」（Use of the Sea），必須先要能控制海洋，也就是要掌握「制海權」。一方面要能確保本身使用海洋的權利；另方面則要阻絕敵人使用海洋的權利。因此，海權的遂行，基本的觀念，「在控制海洋能為我所用，並阻止其為敵人所用」，海權代表一個國家控制和使用海洋的能力。無論在平時或戰時，沿海國家都可視國力的強弱，經由海洋遂行政治、經濟、軍事上的用途，以支持國家的政策。

　　一個國家的海權，包括：海洋工業、海洋貿易、海洋運輸、海洋科技和其海洋武力。「利用海洋」的程度，決定一個國家的經濟力。「控制海洋」，則要憑藉國家的軍事力量，正如高西可夫所說：「海軍應被視為海權中最重要的組成部份之一，以作為國家安全的可靠保證，以及保證國家在海上利益的一項重要工具。」準此而言，南海周邊國家為要控制海上交通，掌握「制海權」，及爭奪可資使用的海域，以利達到開發海洋漁業與海洋資源的目的，各國莫不積極經營，介入南沙主權的爭奪，甚至不惜動用武力。

二、海域主權的擴大

　　自從一九五八年在日內瓦第一次海洋會議通過「大陸礁層公約」（亦譯稱：大陸架、或大陸棚）。允許沿海國享有二百公尺水深以內海底區域的天然資源開採權，這項「陸地領土的自然延伸」，擴大了開發海洋資源主權的範圍。

　　一九八二年十月聯合國並正式通過「海洋法公約」，確定海洋使用的權利與義務。該公約明文規定：沿海國可設置二百浬「專屬

經濟區」，享有在該區從事經濟性開發和勘採天然資源的主權。從此，各國管轄海域不斷的擴大延伸，製造了許多海疆界定的糾紛與爭議。

就海洋資源開發而言，經濟區的設置，旨在掌握與保護海洋兩百浬範圍內的生物資源與礦物資源。各國對專屬經濟區的公告，是造成當今沿海國家主權爭端最主要的原因。因為海域主張的範圍愈大，專屬經濟（包括漁業等）區的範圍也愈大。專屬經濟區的面積愈大，各國自海底和海上獲致財富的可能性也就愈高。一九八七年十一月美聯社的一項報導：日本海上防衛廳在距東京一千七百公里最南端海域的一處礁石上，耗資兩億美元建造一座鋼質防波建築物，以防該島遭受海浪沖失。如果這座礁石一旦消失，日本專屬經濟區將會損失四十萬平方公里面積的海域，這是一個人類與大自然搏鬥，開發海洋，爭取生存海域最佳的實例。

沿海國家使用海洋，開發致富最便捷的途徑，就是出租海域，以供外國漁船捕魚，或是開採海底石油與礦產，而無須本國任何的投資，即可坐享厚利，廣闊政府每年固定收入的財源。

因此，自從聯合國海洋公約正式通過後，南海各沿海國家無不競相公告專屬經濟區，擴大海域主權管轄的範圍，以圖取得更多的經濟利益。因此，南海周邊國家任何企圖擴大管轄海域的主張，都有損及中國南海主權的權益。

三、南海在戰略上的重要性

㈠管轄海域

依照聯合國正式通過的海洋公約的規定，濱海國家擁有主權管

轄的海域，包括：領海（十二浬），大陸架（二〇〇～三五〇浬），和專屬經濟區（二〇〇浬）在內的範圍。由於世界人口的增長，能源的危機，陸地資源的消耗與短缺，以及現代海洋開發技術的進步，濱海國家無不競相擴張管轄海域，爭取海洋的權益，增加政府的財富，以增大國家生存發展的空間。

根據中國學者的統計，世界海洋以納入各國管轄的海域約佔全球海洋總面積的百分之三十五點八，其中應歸中國管轄的約為三百萬平方公里，相當於中國陸地面積的三分之一。而美國、俄國、菲律賓、印尼、印度、馬來西亞等國所宣布管轄海域的面積，都相當於本國陸地面積的三倍以上，有的甚至高達十倍。中國陸地面積居世界第三位，但海洋國土面積卻排在大多數之沿海國家之後，這是中國長遠發展不利的因素。南海係屬於中國管轄的海域，約為六十多萬平方公里，佔中國海洋國土總面積的五分之一。此一廣大的海域，是中華民族未來生存發展重要的空間，它既為中國的國土，就應落實悍衛。

㈡戰略位置

南海屬東南亞地區，位居太平洋通往印度洋之間，是亞太地區國家往中東，及歐洲必經的海上交通線。根據統計，自一九八〇年代以來每日通過南海的船隻多達三百艘以上，這條海上交通線是世界最重要的戰略航道之一。南海是一個由眾多周邊島群圍成的盆區，擁有多處狹長險阻的海峽，形成重要的地理咽喉瓶頸。在戰略上，這些要點是必須加以控制的重要航道。其中最重要的是麻六甲海峽，每年約有四萬艘船次通過該海峽，甚中包括八千艘油輪及海軍艦艇，平均每天約有一百五十艘次的船舶經過該海峽。由於麻六

甲海峽水淺，只允許兩噸以下船隻通行，大型油輪都是借道印尼的龍目海峽和巽他海峽。

南海水道對日本、東南亞國家，以及亞洲新興工業國家（NIC），具有極重要的海線戰略價值，也是這些國家經濟發展的生命線。不僅對平時的貿易與工商業發展，關係密切；而且對戰時的油料運輸與後勤補給，亦仰賴此一海線航道的暢通。南海的戰略重要性，很明顯的扮演了很重要的角色。

南沙群島位居南海的中央位置，扼兩洋交通的要衝，誰控領南沙群島，誰即能居有利的戰略位置，掌握南沙的制海權，所以南沙群島必然是兵家必爭的戰略要地。

(三)政治環境

南海周邊國家，大部屬東盟國家。東盟是東南亞的一個很重要的政治組織。東盟國家包括：菲律賓、印尼、泰國、汶萊、新加坡、馬來西亞、越南、緬甸、寮國、柬埔寨等十個國家。一九六七年該組織成立的宗旨：著重區域合作，以加速經濟成長，社會進步和各會員國間的文化。

就政治立場而言，東盟國家中，菲律賓與泰國為美國盟邦，新加坡與馬來西亞在外交上雖標榜不結盟主義，但兩國與英國、澳大利亞和紐西蘭等國同組「五國共同防衛組織」（Power Defense Arrangement），印尼則與其他東盟國家略有不同，仍堅持中立和不結盟主義。東盟十國除泰國、新加坡、寮國、柬埔寨外，都直接介入了南沙主權的爭端。

一九七一年東盟倡議「東南亞和平、自由和中立化區域」（ZOPFAN，簡稱東南亞中立化）的主張，力主對超強及世界上其他的

強國採取等距離姿態，意圖使他們對此一地區的干預減至最低，且對本身有關問題的處理上，採取狹隘的區域主義觀點，不希望任何外力介入，以免本區淪為國際衝突的場所。事實上，菲律賓、越南是侵奪南海西、南沙群島最烈的國家，菲律賓利用它與美國的關係，挾外力以自重，致使南海錯綜複雜主權的爭議，加上美國超強的介入干涉，使得南海的衝突顯得更詭譎多變。

此外，中國自古以來便是亞洲強權，雖然自十九世紀以來國力衰弱，但對東南亞一帶仍有其不可忽視的影響力。美國學者柯白（Evelyn Clobert）認為：「中國乃是基於地緣關係，而使其在此地區影響力超越俄國」，事實上除地緣因素，尚有經濟上及人文上的因素，使得中國對此地區影響力超越其他任何國家，因此東南亞國家對中國多少懷有恐懼感，越南新聞界就曾公開宣稱：「東南亞是屬於東南亞人的天下……中國不是東南亞國家，中國不應對南海海域提出這麼多的主張。」

中國是美國超強之外，在南海駐守實力最強的國家。當然，東南亞國家十分擔心，任何南海主權的衝突，都會影響到他們彼此的利益。我們可以預見：任何強權的介入，必然會促成東盟國家的團結，而對外採取一致的立場。但是，誰能在實質上，控領南海的主權，誰就有更多的發言權，掌握戰略的優勢，主導南海未來的變局。

㈣國防前哨

自一九七九年起，中國採取對外開放政策，在沿海各省普設了經濟特區以來，華南已形成整個中國經濟發展的重鎮。二十多年來，由於華南經濟特區開設的成功，配合此一沿海經濟戰略的發

展，中國國防建設，一改過去重北輕南的政策，並由以往採取的「近岸防禦」，轉變到「近海防禦」。在此一戰略指導下，中國海軍必須向外增大防禦縱深，爭取大縱深的戰略部署。南海是中國的海疆，自然形成中國海防的前衛。中國以南海四沙群島做為南海國防的前哨，即能向前推進，爭取到廣大的防禦縱深。在戰略上，東沙－西沙－南沙三群島自然形成屏障南海的「鐵三角」，東、西、南、北呼應，控領南海全域，故能形成極有利的戰略態勢，以確保華南國土的安全。

㈤經濟價值

南海與南海諸群島及其周邊海域蘊藏天然資源豐富，而其中以南沙群島涵蓋海域分佈最廣，故其資源亦最富庶。此對地區國家經濟的發展，具有極大的助益。

根據聯合國亞洲與遠東經濟委員會對亞洲近海礦產從事聯合勘察提出的報告顯示：南海海域大陸架蘊藏含有石油之沖積物不下二百萬立方浬的油層，油量豐富，相當於中東各國石油蘊藏量的總和。一般估計，其總儲量約為四百五十億噸。此係南海主權衝突真正的焦點。

東南亞地區氣候溫和，土地肥沃，一向是亞洲糧食的穀倉。此區亦是世界人口最稠密地區之一，擁有廣大的勞動人力和市場潛力。號稱亞洲的四小龍，除南韓以外，均係鄰近南海的國家。亞洲四小龍因得海運便捷廉價之利，採行市場經濟，對外開放貿易，鼓勵出口，賺取外匯，故而造成經濟快速成長帶動東南亞後起的新興國家經濟，在二十一世紀此區必然會空前的繁榮。經濟愈繁榮發達，石油需求愈殷切。因此，南海石油的寶藏，必然是各國覬覦的

焦點，亦是未來軍事衝突的導火線。中國力圖在亞洲成為亞太地區經濟起飛的國家。東南亞國家是亞太地區最為龐大的市場，亦是中國邁向經濟起飛競爭的對手。若能確保南海的主權，掌握南海的天然資源，即能使中國更具有強大的經濟競爭力。

(六)海權發展

我中華民族雄踞東亞，面臨太平洋，海岸線長達萬餘里，且良好港灣星羅棋布，具有足夠發展海權的條件。近兩百年來，中國的積弱，種因於明、清兩代實施「禁海」與「鎖國」的結果。因此，海權不張，國勢一蹶不振。以致喪權辱國，列強予取予求，使中國淪為次殖民地的國家。究其原因，實係「不能制海者，將為海所制」所造成的慘痛結局。一九八○年，十四個沿海城市全面對外開放。中國正式擺出了向大海挑戰的態勢。從此中國大力推展的「沿海地區經濟發展戰略」、「黃金海岸計畫」、「國際大循環」，以及加速開放的「閩粵超前實驗區」，終於給中國的前途帶來了新的希望。一九八八年海南省宣佈成立。它與十四個沿海城市連成一體，成為太平洋兩岸的一條經濟巨龍。這一歷史壯舉，創造了新中國文化的特色。一九九○年代，「河殤」電視劇的推出，受到海內外無數中國人熱烈的反應與喝采，造成中華民族心靈的激盪，吐露出一個苦難民族的心聲，也激發了全體國民沉痛的省思。「河殤」喚起了中國人對海洋意識的覺醒，配合中國「沿海地區經濟發展戰略」的實施，的確教育了當代的中國人對海權有了真正正確的認識。這是一本確能影響改造中國歷史的劃時代文獻，中國這條古老的巨龍，的確已睡醒了。從這裡我們看到未來中國海權發展的遠景和藍圖，海南島設省，南海四沙群島正式劃歸海南省管轄。並將南

海領海的邊界向前推進到曾母暗沙，加上海峽兩岸對南沙主權嚴正主張的聲明，此亦顯示中國重振海權的決心。中國經濟建設重心的南移，是中國邁向海洋，走上富強國家必經的過程。

第二十六章　中國國防重心由陸疆轉向海疆

一、中國海軍理念由守勢改爲攻勢

　　根據一位台灣海軍將領一九九五年的一份「中國海軍之建軍與戰略發展的研究」報告顯示，中國大連海軍軍官學校校長林志義，早在一九八九年十一月即指出，中國海軍建設，共分爲兩個階段，第一個階段，是由一九九五年到二〇〇〇年，建立一支攻擊部隊，包括岸基空中兵力、柴油機潛艦，以及可載直昇機的水面作戰艦；第二階段從公元二〇〇〇年到二〇五〇年，建立一支以航空母艦爲核心的攻擊部隊，中國海軍三大艦隊每一艦隊均配屬這種攻擊部隊，惟以南海艦隊爲優先。

　　該份研究報告並指出，中國海軍副司令員張序三於一九九二年四月六日說：「三軍分配的重點在於海軍的現代化，其中包括建立一支強大的深海艦隊在內。」

　　該報告並指出，由於大陸沿海經濟的改善，已激起其向海洋擴張的動機，近十多年來中國海運船隊不斷增長，海洋探測與研究持續推廣，而海軍的整建亦致力於現代化，全般海權正在擴張。中國

近年已大幅調整戰略，並走向海洋發展戰略，其海軍亦全力貫徹並修改戰略為「近海防禦」，配合沿海區域建設，企圖以二〇〇〇年至二〇五〇年為期，建立一支以航空母艦為主的部隊，擴張深海戰力。

一九九五年八月五日，日本《產經新聞》在「中國海洋霸權」的專欄中，引述軍事專家的話說，「中國已經穩固對南中國海的支配，接下來將是正式進入東中國海的階段」。這篇詳述中國改變過去偏重陸軍、現在已改變戰略而朝海洋進出、開始海洋霸權的專欄中，詳細評述了中國擴展海軍的情形。專欄中指出，中國國防部長秦基偉於一九九五年七月三十一日建軍節前夕曾經強調，解放軍的新任務是，「學習鄧小平同志建設有中國特色社會主義的理論，堅決保衛改革與開放和經濟建設」。

八月一日《解放軍報》社論指出，沿著鄧小平想法改變戰略前進，成為改革與開放路線的保護船團，「是黨和人民交給我軍的歷史重任」。在表現上已不再使用毛澤東時代對解放軍所使用的「鋼鐵長城」這個名詞，而使人得到共軍在理念上，自守勢轉為攻勢的印象。

鄧小平曾宣布削減兵員一百萬人之外，並配合裝備的更新，同時以建設禁得住現代戰爭的精銳軍隊為目標而精簡三軍。一如杏林大學教授平松茂雄所指出，「已經沒有來自北方前蘇聯的威脅，中國的戰略已改為在海洋方面找出口」，而繼續擴大在南中國海的勢力。

專欄引述了英國一九九二年版《軍事均衡》所載資料，中國擁有主要艦隻五十六艘、潛水艦五十四艘。這項海軍戰力，早已超過

對主張領有南沙群島主權的、越南、菲律賓、馬來西亞和汶萊，自不在話下。

　　自英、阿福克蘭戰役之後，北京深切理解到海軍的重要性，擴張其對亞太地區乃至於國際社會的影響力，具有海洋作戰能力的強大海軍部隊，對中國國防政策而言，已是當務之急，但是現代化海上武力的整建，並非易事，因為它需要擴大的資產、技術及相關人才的配合，中國在這方面面臨許多的困難，不過近三十多年來，中國仍藉有限的資源，逐步強化其海軍武力，採重點發展方式，例如積極建造核能動力潛艇，以技術轉移方式引進飛彈、直昇機來增強反潛反艦能力，加強艦隊遠洋巡航能力，在這方面中國獲得一定程度的成效，也累積不少的經驗。

　　中國擴張海軍力量，在外部因素上獲得兩個有利時機，一是蘇聯的解體，使得中國來自北方的威脅壓力大減，從一九六〇年代中、俄交惡以後，中國在與蘇聯長遠一萬多公里的邊界上被迫部署強大的兵力，以因應防務所需。在這段時期之間，中國的國防資源絕大部分用於其陸、空軍方面，海軍所分配到的資源比例相對的減少，而今中、俄關係解凍，俄羅斯為國內事務已自顧不暇，北方威脅不再，中國此時調整其國際結構轉向海上發展，是十分自然的趨勢。其二是與做為中國後門的南海海域形勢有關，目前毗鄰的東亞各國為此海域領土資源的歸屬問題時生爭議，在蘇俄撤出越南金蘭灣，美軍自菲律賓蘇比克灣撤退，中國若填補這塊戰略空隙，並對這個海域擁有絕對支配權，建立一支具有遠洋作戰能力的海上武力，自屬必要。在這兩個外在因素之外，獨立國協諸國為解決其內部發生的經濟重建問題，不惜大量對外促銷各類先進武器系統，而

中國此時可以用低廉的價格購進這類武器系統，加速建軍整備，完成其武裝部隊的現代化，尤其是在建立海軍武力方面，更是得到空前未有的契機，從中國首先引進可以在航艦起降的俄式二十七新型戰機，並配屬在海南島，中國的企圖十分明顯。

固然中國急欲建立強大的海上武力並不一定為下次戰爭做準備，但若有如此的武力為後盾，中國至少在爾後面對南海海域甚或台海兩岸的爭議時，將增加其談判桌的發言權，這是勿容置疑的，中國走向砲艦外交之途，對亞太地區各國都構成沈重的壓力。

中國在戰略轉變上之所以有快速飛躍進展的原因，是下列兩個內外條件所導致，㈠因前蘇聯之崩潰，最大的假想敵已經消滅，向烏克蘭購買大量現代化武器已經成為可能，㈡一九九五年初決定加速改革，確保海底油田等海洋權益的主導權，迅即出現。

中國總理李鵬於一九九四在第八屆人大會議中發表政府工作報告，在軍事部份，他說：將以「加強邊防海防建設，維護國家領土主權完整和海洋權益」為主，中外人士都認為李鵬的這項報告，已充分流露中國將「向大洋發展」的決心，加上中國近來逐步擴充遠洋海軍兵力，並向印度洋鄰近國家租借軍事基地，一般咸認「海洋事務」的發展，未來將是中國對外擴展軍力的重點所在。

二、積極籌建中、遠洋作戰兵力及聯合機動艦隊

一九九六年一月九日，台北三軍大學海軍戰爭學院教官梅望祖在一項軍事研討會中指出，鑑於西太平洋地區權力真空，以及南海主權與資源的爭執，中國海軍正積極籌建中、遠海作戰兵力，並建立軍團級「聯合機動艦隊」，同時具備防空、防潛、兩棲、電子戰

等多種作戰能力，以因應可能發生的海上軍事衝突及海上局部戰爭。另空軍前副總司令范里表示，中國戰機全日攻台最大量可能將有約一千六百架次。

根據情報顯示，中國南京軍區自一九七七年舉行「東海一號」演習以來，陸續策劃的登陸作戰演習都是以台灣在台澎金馬的守備為演練目標，不過中國於一九九四年所實施的「東海四號」及「神聖九四」演習，已經將演習地點由浙江境內南移至金馬當面的東山島一帶，演習兵力及涵蓋規模都較以往提升；梅望祖表示，未來中國只要有心，即可假借演習之名，輕易轉變為對台灣的實際攻勢行動，以達到奇襲效果，國人應對此提高警覺。

一九九六年一月八日，台北國家政策研究中心舉辦「國家兵力結構與台海安全」研討會，邀集國內學者及退役將領提出政策評估；海軍戰爭學院教官梅望祖在論文中強調，自從蘇聯勢力瓦解、美國裁減駐日、韓兵力，並撤出駐守菲律賓海空基地後，美國在亞太地區的角色由嚇阻、保護者，轉變為平衡者的地位；在美國一貫的「中國政策」指導下，將不可能以實力保證台灣不受中國武力侵犯。空軍前副總司令范里則在專題演講中指出，中國攻台無論是採行封鎖、攻打外島或登陸作戰，首要必須奪取台灣制空權。目前中國在距台灣二百五十浬內，建有噴射機基地十三處，共可進駐戰機一千三百架；以飛機性能、飛行人員體能及後勤支援計算，中國戰機全日攻台最大量約一千六百架次，以台海平均距離一百浬計算，中國飛機穿越時間只需八至十二分鐘。不過在考量台海空域飛機活動空間限制及台灣飛彈防空火炮及戰機反擊的諸多因素之下，中國空軍在戰術上犯台仍將面對許多困難，並不如想像中的容易。

中國的海洋專家說，中國的海洋防衛將由傳統的「近海防衛」轉向「遠海防衛」。北京權威人士更說，在新形勢下的海洋意識，包括海洋的國土意識、海洋的經濟意識及海洋的防衛意識三方面。

三、加強海上綜合力量，強固海洋國土意識

據中通社引述中國專家指出，中國對國土的防衛已經不是過去的那種僅以保衛陸地領土完整為主要目標的防衛，而應當是以保衛陸地、領海、經濟專屬區的主權和海洋權益為目的的防衛。因此，加強海上綜合力量建設，特別是加強海洋巡航隊和遠海海軍力量，是現代海洋制度下的重要任務。

中國海洋專家指出，在接近二十世紀末之時，人類就曾有了一個新的共識，即「二十一世紀將是海洋的世紀」。中國要充分利用海洋資源，必須提高全民的海洋意識。北京一位權威人士更表示，在新形勢下的海洋意識應包括三方面的內容，即海洋的國土意識、海洋的經濟意識及海洋的防衛意識。中國海洋局一位官員指出，中國是一個海洋大國，擁有廣闊的海域和豐富的海洋資源，必須樹立起海洋國土意識。如果按照傳統的十二浬領海寬度計算，中國的內海和領海有三十八萬多平方公里，它們與九百六十萬平方公里的陸上國土一樣，中國擁有絕對的主權。如果按照已經生效中國在一九九五年五月十五日批准的《聯合國海洋公約》，以及中國實施的二百海浬經濟專屬區，中國管轄海域面積達到三百萬平方公里。在人口眾多、資源匱乏的情況下，海洋國土是中國經濟持續發展的寶貴財富。

四、加強南海艦隊戰力

　　一九九九年二月二十四日，日本產經新聞報導：中國已在其北海艦隊和東海艦隊相比向來裝備比較薄弱的南海艦隊，配備新型潛艦和戰鬥機，顯示它在因應一連串南海領土紛爭與進軍印度洋的企圖。產經新聞發自北京的消息引述北京的報導說，中國一九九七年五月自製完成的「明」級改良型中型新潛艇，已部署在南海艦隊司令部所在地的湛江。

　　「明」級改良型潛艇裝備有新型的衛星導航系統與柴油推進器，潛水排水量達兩千兩百噸，中國目前擁有十六艘，以往只由北海艦隊獨占，現在也已配備於南海艦隊。

　　報導指出，中國電視台報導具有空中加油設備的 J8D 戰鬥機在南海的作戰演習鏡頭，這種戰機被認為已加入南海艦隊的航空戰力，主要任務是護衛戰鬥轟炸機 JH7 和轟炸機 H6。

　　針對中國加強南海艦隊戰力，總部設在加拿大的「漢和情報中心」主任研究員平可夫指出，中國軍方已根本上改變了以往只重視北海艦隊和東海艦隊的傳統看法，這可以由中國大幅增強以南海為作戰範圍的南海艦隊反映出來。這位中國軍事專家指出，中國增強南海艦隊戰力，除為了因應南海的南沙群島領土紛爭外，也為了將沿岸海軍發展為遠洋海軍，使活動範圍擴大至印度洋。另有情報顯示，中國已將自製最大型的第一艘「旅海」級飛彈驅逐艦（六千噸）配備在南海地區。

五、從確保陸疆轉移到重視海疆的安全與完整

二○○一年四月十二日，《國際前鋒論壇報》自新加坡報導，中國領導階層的國防安全觀念，已從最初確保陸疆，逐漸轉移到重視海疆的安全與完整。

亞洲官員與分析家說，由於近幾十年來中國的歷史疆界並未受到威脅或有任何改變，北京政府與軍方開始把注意力轉向強調及確保合法的海疆安全上面。

這些專家說，中國與日本和南韓兩鄰國，一直有海上疆界以及東海與黃海若干小島的主權糾紛，而此番美國與中國的軍機擦撞事件，正好凸顯北京當局認為極具高度敏感性的海上主權問題：北京堅持上述所有爭議的島嶼和位於南海的一些島礁主權都屬於中國。

部份分析家進一步指出，在北京官方認定的中國地圖上，已幾乎把整個南海海域劃歸中國領域。北京認為，根據歷史，南海本來就是中國的水域，外國船舶只能享有無害通過權，而且是否有害，得由北京當局來決定，至於軍機則必須事先獲准才能通行。因此，類似四月一日與中國戰機擦撞而引發兩國關係緊張的偵察機，以及外國潛艇，都不得主張有無害通過權。二○○一年四月九日，中國中央軍委會副主席張萬年在紐西蘭接受訪問時便持此一主張，表示美國「應該從此放棄在中國沿海偵察的行動」。中國國家主席江澤民在此之前也表達了類似的要求。

分析家說，北京當局認為唯有掌控南沙群島，才能進一步主張中國在南海開發石油、天然氣及漁業資源的權利。中國不只對不毛之地提出主權主張，也不只主張捕魚、海上資源或位於海底的油藏

與天然氣權利，事實上，東南亞安全與安定才是北京真正的動機所在。

不過，檀香山《太平洋論壇》主席柯薩則認為，北京一直很謹慎，不敢公然主張南海為其領海，因為這麼做勢必立即引發國際爭執，美國一定據理力爭，而且一定可以成功。

六、中國下一個目標——南海主權

早在二○○○年二月一日，北京放話，如果台灣總統選舉過後，台灣方面仍一再拖延統一對話或從事台獨活動，將招致北京武力犯台，北京這番話讓東南亞國家同感震驚，部分是因攻取台灣後，中國便有軍事資源用作東南亞諸國解決南海主權紛爭。

分析家雖都同意攻打台灣不是易事，但隨著中國經濟與軍事事實力與日俱增，武力犯台可能性也隨之提高，當它發生時，中國對東南亞國家聯盟十個成員國的壓力也將升高。菲律賓政府前國家安全顧問艾蒙特認為，解決台灣問題後，下一個將輪到南海主權問題。艾蒙特說：「如果台灣與中國大陸統一，要求中國解決剩餘為收復國土問題的內部聲浪將會提高。」他說：「國力轉強的中國指控鄰近國家利用中國處於虛弱期強佔中國領土，現已對這些地方重提領土主張。」愛蒙特強調，東南亞國家此時絕不能低估中國主張南沙群島主權的認真態度。

根據艾蒙特的說法，東盟國家將領悟到絕不能讓東盟組織之外的任何一個強權國家掌控南海的重要航道與資源，「掌握南海的大國終將掌控東南亞，並在西太平洋與印度洋扮演關鍵角色。」

七、台灣是中國海權的重要島鏈

二○○四年二月一日，北京《人民日報》下屬的《環球時報》報導，中國海軍軍事學術研究所所長姜志軍宣稱，中國面臨的海洋安全挑戰，第一個來自台灣問題；只要解決台灣問題，中國所有海上安全的戰略問題就都迎刃而解。不過，解放軍國防大學戰略研究所所長楊毅也坦承，中國海軍的作戰能力僅限於近海，對遠海海域的國家安全關注不夠，這與中國外向型經濟發展不匹配。姜志軍表示，中國的海域是被第一島鏈環抱的封閉和半封閉海域。在第一島鏈封鎖下，中國的海上力量很難達到島鏈外防禦，沒多大作戰主動權。台灣是第一島鏈重要的一環，統一台灣後，第一島鏈的封鎖自然會被打破；台灣是中國非常理想的出海口，只要台灣在手，中國東入太平洋就豁然開朗，中國軍隊就可以擴大海防縱深，而台灣海峽將成為中國一條安全的海上運輸通道。

在中國的海洋權益問題上，台灣也具有非常重要的意義。一旦統一台灣後，向北，釣魚台及其海域就在中國的火力保護範圍內；向南，則可以大幅縮短至南海諸島及其海域的距離。姜志軍認為，台灣問題不解決，就會大大牽制中國的海上防禦力量，搞不好就可能成為別人攻擊中國的跳板。

八、中國海軍擴建的戰略涵義

十八世紀法國名將皇帝拿破崙（Napoleon Bonoparte, 1769-1821）曾說：「中國最好讓它睡覺，一旦睡醒，整個世界都會震驚。」很不幸地，百餘年來，中國閉關自守，從未覺醒，因此長時脫離了國際

舞台。

　　中國地處東亞，東南面海，具備有發展海權極優厚的條件，可惜中國始終不曾是一個海權國家。在國防上，自古中國之外患多來自北方，早在公元前七三八至七三三年，周宣王中興之戰，就曾有北逐西戎、玁狁（北狄）的勝利記載。西戎玁狁正是異族南侵中原的開端，事實上中國古代史就是一部中華民族奮力抵抗北方游牧民族侵擾以保有自己生存空間的戰爭史。幾千年來，匈奴、五胡、突厥、契丹、女真、蒙古及滿族人接踵而至，東亞平原上戰火不斷，正所謂：「秦漢而還，多事四夷，中州耗……，無世無之。」漢人以為一勞永逸的長城堅壘，也擋不住北方異族兩次入主中國的命運。此外，在十九世紀以前，中國東南海上從未出現一個真正的強敵，也不曾出現足可超越或對等華夏文明的國家。因此，歷來中國各朝各代國防籌邊都注目於北方陸上的敵人，中國人一向是重陸輕海的。

　　作為東亞唯一的數千年文明帝國，傳統的封建社會遵循儒家的理念所建立的內陸文明，其規範、制度與大同世界的理想，確具有獨特的價值與輝煌的成就。自漢、唐以迄元、明，華夏文明舉世無雙乃是中外所公認的事實。但是從明代中葉之後，中國國力漸衰，民族旺盛的活力不再，就已經埋下了爾後日趨弱敗的禍根了。史家有認蒙古人霸佔中原強加於中國的非傳統變革，使得大明復國後，朝野人士都急於恢復並維護以儒學為中心的社會制度與治國理念。此一強烈的保守作為，乃是中國在不知不覺中倒退的關鍵因素之一。其中最使人惋惜的，乃是明代官方閉海後又開海，開海之後又閉海的矛盾政策。也就是在此一折騰之下，中國人步向海洋利用海

洋而足可富民強國的大好機會竟然喪失，實在是中國歷史上最大的
遺恨。

　　由於我們缺乏海權的認識，坐視中國的「黃金海岸」被列強侵
佔瓜分蠶食鯨吞。隨著二十一世紀的到來，亞太地區國家的繁榮和
經濟的快速成長，舉世矚目的眼光，已由大西洋轉移到太平洋盆地
周邊國家。這是一個新的海權時代開始，告訴我們太平洋世紀已經
來臨。新世紀的到來，有無限的機會，任憑我們發展這是中國振興
海權，邁向國際市場的一個千載難逢的時機。

　　「北海－東海－南海」一線是中國的海疆，也是未來中國生存
發展廣大的空間。南海位居兩洋的要衝，由於南海本身的戰略重要
性，這是一個未來多國衝突的場所。南海潛在的危機，也是今天乃
至今後國際注目的焦點。國立中興大學教授精研海洋歷史學者陳驥
博士曾強調：「南中國海是中國命運之海，誰控制南中國海，誰將
成為太平洋的主人。」證諸東南亞目前已是世界經濟發展最快的區
域，我們相信：誰能掌握南海，誰將掌握未來世界財源的寶庫。

　　南海的主權是中國的，在兩岸邁向和平統一的過程中，維護南
沙主權的完整，應是海峽兩岸雙方共同的責任。海外中國有心人士
一致看好「台灣－香港－中國大陸沿海地區」所構成的「金三
角」，這一個黃金組合，只要中國繼續開放，並且採市場經濟，則
下一個世紀將是「金三角」的天下。在戰略上，以南海的「鐵三
角」，拱衛中國的「金三角」。以南海蘊藏的寶庫，支援華南的
「黃金海岸」，將是未來中國促進國家建設，發展海權最光明的遠
景。中國必須面向海洋，面向世界，面向未來，駛向蔚藍色的海
岸，結合海內中國人的智慧與財富，建設中國強大的海軍，厚植國

家經濟建設的基礎。控制海洋，利用海洋，此乃中國邁向富強國家唯一的途徑！

地球表面，海洋佔五分之四，回顧人類的生存發展，民族文化的興起擴張，都與江河海洋有密切的關係。人類不僅藉海洋交往，傳播文化，發展貿易；更利用海洋逐行戰爭，爭奪權利。因此，自古以來，海洋即成為人類交往的媒介，國運盛衰的主宰。

我中華民族雄踞東亞，面臨太平洋，海岸線長達萬餘里，不僅地大物博，人口眾多，且港灣優良，具有發展海權的優越條件，理應躋入世界強國之列。惟近世紀來，因海禁洞開，國事一蹶不振，從此喪權辱國，割地賠款，列強予取予求，使中國淪為次殖民地的地位。此種積弱的由來，實係「不能制海者，將為海所制」所造成的慘痛結果。中華民國國父孫中山在世之日，早已引以為隱憂，一再強調中國要發展海權。抗日戰爭勝利後，國土重光，鑑於以往歷史之教訓，台灣海權專家劉達材將軍曾謂：「中國海岸線漫長，海洋為吾人生命線和國防線之所在。中華民族的生存，與乎太平洋永久和平的維護，全賴吾人能否建立一海權國是賴。」

為了維護中國主張的海域，中國需要建立海洋武力。此一海域北起黃海，南至中國特別重視的南中國海。在十五世紀明朝的鄭和曾在此建立過中國的海上霸權，南海諸群島中國擁有全部的主權。

中國需要發展「遠洋作戰能力」（Bluewater Capabilities），打從一九八〇年開始，配合中國海軍海上的活動，中國海軍實力已在快速的成長。中國海軍並且已在逐步修正其從以往陸上作戰所引用的「固守基地」、「游擊戰」、以及「海岸防禦」的陸權思想，轉而從事擴張海權、鞏固海權的活動。

　　中國海軍特別重視英國在福克蘭群島的戰爭英國海軍從事遠距離開往目的地的作戰，以及美國攻擊利比亞作戰的成功。

　　北京雜誌的一篇文章報導：根據前述英、美作戰的教訓，中國成立一支「人民解放軍快速反應部隊」，是為了因應世界政治與軍事情勢的發展，中國有關的決策部門早前即已成立類似英國 SAS 的快速反應部隊，以便在臨時引發的局部性戰爭和突發事件時，能採取有效的行動。這些特種任務包括:防止綁架勒索、反制暴力、以及防阻暴亂等等。

　　配合此一精銳的地面部隊發展，中國海軍三個艦隊亦在同時平行建立「快速作戰部隊」，這是一支包括大型和中型的水面作戰艦，以適應未來遠離本土海岸，逐行海上作戰的需要。中國南海艦隊已經配備一個陸戰旅，東海艦隊和北海艦隊亦已各自成立一個陸戰旅，以加強兩棲作戰兵力。

　　當前的國際形勢也許會減緩中國海軍的發展，但是很明顯的中國遠程目標卻是包括了加強南海的控制與影響。有一份分析報告認定：「南海主權競逐的意義，基本上是中國改變角色，走上亞洲海權國家的問題。」過去鄭和船隊的遠征，已經證明中國曾是一個海洋強權，當前的趨勢更足顯示中國必然會再度成為海上強權的國家。

九、中國在不久的將來可掌握南中國海

　　中國海軍的強大戰力隨著一連串的軍備擴充隱約浮現。中外軍事分析家一致認為：不久的將來中國可能完全掌握南中國海，並成為西太平洋的海上強權。

日本《產經新聞》早在一九九二年八月底引述專家意見，認為中國已改變過去偏重陸軍的戰略，並自守勢轉為攻勢，積極朝向海洋發展。尤其是在北方強權前蘇聯瓦解之後，美國駐軍也逐漸撤離亞洲，在這種情勢下，中國海軍可能在十年至二十年即可掌握南中國海。

㈠海軍確保南海主權

中國海洋戰略最大的目標，就是確保「南海主權」。一九九二年二月，中國通過新的《領海法》，正式把南海劃入主權範圍。此舉不啻顯現中國保衛南海的強烈決心。

早在一九八八年三月十四日的中、越「赤瓜礁海戰」中，中國海軍一口氣就佔領了七個島礁，其中較大的一個名叫「永署礁」。中國花費二百八十九天時間，在「永署礁」上搭建起一座人工礁石。雖然這堆礁石在漲潮時是看不見的，退潮時也只露出桌面般的大小而已，但它的戰略地位卻非同小可。由於中國在礁上建立了各種通信設備、氣象、測量、衛星等通訊站，而且也解決了補給問題，更見其堅守南海的意志。

早在中國前任海軍司令員軍委副主席劉華清任內，中國就試圖將南沙群島問題推到一個國家戰略與民族利益的高度。簡單地說，中國認為南海是中國人的海疆，不能丟掉。而且，今天中國已經是個強國，又何需輕易向周邊小國低頭！

中國海軍司令員張連忠也曾經強調說：「要真正有效的保衛中國的國土，不受海上方面來的襲擊和進攻，就必須加強海洋的防禦縱深。」中國大陸從鴨綠江口到大陸南端的海岸線固然很長，但是從大陸南端再延伸到南沙群島的距離僅約一千公里。中國控制了南

沙群島，就能得到一個相當可觀的防禦縱深。南沙群島可以說是中國國防「大戰略」中的緊密環節。

　　國際軍事分析家指稱，中國未來將能完全掌控南海。中國對南海的經營較其它國家更為積極，而且是有計畫、有目標、有步驟、有準備地在進行。

　　中國海軍目前所具備的「遠航能力」，由於欠缺飛機空中掩護制空效能，所以還不算是具備「遠洋作戰能力」。假如現在作戰的話，以中國現有殲八型之類的戰機而言，續航力最遠只有四百公里。可是，從海南島出發到南海也要八百公里遠。一九九〇年代中國的飛機還搆不到目標，又沒有航空母艦配合，當然稱不上有「遠洋作戰能力」。目前，中國已經具備了空中加油和海上加油的能力。而中國向烏克蘭採買航空母艦等現代化武器的計畫，雖然有西方的軍事專家認為，「中國要到二十世紀中葉才有自行建造航空母艦的能力，中國向外國引入攻擊型航空母艦後，其周邊的軍事均勢會有全面性的轉變。

㈡誰是新的假想敵？

　　一九九二年，中國國防部長秦基偉應俄羅斯國防部長邀請到莫斯科訪問，可能已談成購買六十架蘇愷二十七戰鬥機的交易。中國再引進蘇愷二十七，它的作戰半徑就可達一千五百公里，航程最遠可達四千公里。若再加上空中加油，即可從海南島涵蓋南海全部的海域。

　　中國海軍一向注重「飛、潛、快」，也就是飛機、潛水艇和快艇（飛彈、魚雷）。雖然中國的水面驅逐艦並不強，卻擁有可觀的潛水艇，其數量位居世界第三，而且也是世界上第五個擁有配備彈道

飛彈潛艇的國家。

　　中國一九八二、一九八五年分別進行了潛艇水下發射飛彈的試驗。這些核子彈道飛彈的射程可達千里以外，對中國海軍戰力的提升極有助益。當然，中國研發核子潛艇的過程中遭遇過一些問題，中途也曾一度宣布停止進行。後來這些技術問題雖已被克服，但是現在的問題是：中國是否有建造的必要？而主要的攻擊目標又在哪裡？過去，前蘇聯是中國主要的假想敵。現在蘇聯已不復存在，北方的威脅已完全除去。中國再發展核子潛艇似已無實際需要。不過，中國過去的努力，至少代表了這個「大國」在技術方面的不落人後。

　　中國海軍的第一個假想目標當然是台灣——如果台灣有獨立的意圖。第二個是覬覦南海主權的東盟國家。第三個則是日本。他說：「自從日本通過 PKO 法案以後，大家都怕日本逐步走向軍國主義。因為日本侵略惡性未改，對未來的中國而言 ，日本可能仍是最大的敵人。」因此，中國海軍，還是要不斷展示它的軍力和科技水準。

　　中國海軍至今歷任了蕭勁光、葉飛、劉華清和張連忠四位司令員。劉達材認為，其中以劉華清最有建樹。劉華清正是中國海軍中首先倡導「中國要趕上二十世紀太平洋時代」海權觀念的將領。

㈢堅決保衛改革與開放

　　劉華清在一九五四至一九五八年曾在前蘇聯律寧格勒伏羅希洛夫海軍學院進修深造，思想觀念相當新穎。即使在文革期間，他還是主持國防科技方面的工作。在他歷次海軍職務任內，裝備的發展和戰略都有一套完整的作法。特別是在一九八○年代，劉華清擔任

司令員時（一九八二年八月至一九八八年一月）為配合中國沿海經濟的發展，成立了「海軍學術指導委員會」，下設「海軍學術研究所」，以及「海軍裝備驗證中心」兩個重要機構，網羅了許多學者專家研究海軍建軍和發展等問題。

中國國防部長奏基偉在一九九二年七月三十一日建軍節前夕曾強調，中國解放軍的新任務是：「學習鄧小平同志建設有中國特色社會主義的理論。堅決保衛改革與開放和經濟建設。」針對這點，中國海洋戰略的遠期目標，就是形成一個能夠「控制海洋」、「利用海洋」，進而培養綜合國力，利用海域創造無限財富的「海權國家」。而「海權」遂行，其基本觀念就是「控制海洋能為中國所用，並阻止海洋被敵人使用」。

事實上，現在整個中國的經濟發展也是「面向海洋」。自從一九七九年中國採取開放政策以來，「沿海」、「沿江」、「沿邊」的「三沿戰略」已漸見效果。尤其最近二十多年沿海經濟特區，與十四個港口的快速發展，結合了港、台資金的力量，已將華南推向整個中國的經濟前線。

由於華南經濟特區開放成功，配合此一沿海經濟戰略的發展，中國的國防建設已改變過去重北輕南的政策。中國的北海艦隊、東海艦隊和南海艦隊的角色比重也已有所調整。目前中國海軍的整訓工作已轉移到南海，南海艦隊的地位變得日益重要。而且，中國海軍的戰略也已從以往的「近岸防禦戰略」，轉變成了「近海防禦」，逐步爭取更大、更縱、更深的戰略部署形勢。

十、中國海疆防衛危機三伏

　　中國的海洋形勢面臨三大危機，身處當前世界各國調整海洋發展戰略搶佔海洋先機的環境，中國極需有強烈的危機意識，加強海軍軍力，確保自身利益。

　　危機一：島嶼爭端。目前中國面臨的島嶼爭端是，一些島嶼被周邊國家侵佔或控制，主要是東海的釣魚台（中國稱「釣魚島」）與南海諸島。

　　釣魚台列嶼的油氣及漁業資源豐富，且在軍事上是中國的前哨。近年來日本強調對釣魚台列嶼主權，目的不僅在於釣魚台的局部利益，還著眼於更大的戰略意義。

　　而在南海海域，二百五十六個島礁中較大的五十個，越南控制了二十九個，菲律賓控制了八個，馬來西亞控制了五個，中國控制了七個，台灣控制一個。周邊國家除了對南海島礁加強海上軍事力量建設，還進行機場建設、發展旅遊等非軍事化利用，增加解決難度。

　　危機二：海洋劃界。在中國周邊沿海，除了渤海沒有劃界問題，其他的黃海、東海、南海，分別與北韓、南韓、日本、菲律賓、馬來西亞、汶萊、越南、印尼等八個國家有劃界爭端，爭議海域高達一百五十多萬平方公里，佔中國主張管轄海域三百萬平方公里的百分之五十二。

　　其中黃海方面，涉及與南、北的領海、專屬經濟區和大陸棚問題。北韓主張利用海洋半分線和緯度等劃分；南韓要求依中間線原則劃界；中國歷來主張公平劃界原則，即除了考慮中間線外，還有別的因素，如海岸長度等。

南海方面，總面積達三百五十萬平方公里，但周邊國家主張的區域，分別侵入中國的專屬經濟線，其中越南一百一十七萬平方公里，馬來西亞十七萬平方公里，汶萊五萬平方公里，印尼三點五萬平方公里。迄今中國在南海海域劃定界線僅有一條，即北部灣界限，中國與越南大致對半分。

東海方面，涉及南韓和日本。韓國主張不同原則，濟州島以南要求自然延伸，向西要求中間原則；日本主張中間線原則，並且以釣魚台作為基點，單方面在中間劃了一條中間線，並開始對這條線採取實際控制；中國堅持自然延伸原則，主張東海大陸棚一直延伸到沖繩海槽中心線。

中日爭議區達二十一萬平方公里，相當於三個渤海灣，目前兩國各不相讓。

危機三：資源爭奪。東亞大陸棚擁有豐富的油氣資源，成為周邊國家激烈爭奪的目標。

近期爭議最大的是日本針對春曉油田採取一系列的行動。二〇〇四年七月，日本派出強大的團隊到中國海域勘探，不僅租用先進的挪威船舶，還配備八十八艘護衛艦，中方也派出艦艇應對，雙方激烈對峙。

二〇〇五年七月，日本政府宣佈，授予帝國石油公司在東海海域的勘探權。此外，日本還通過了「關於海洋結構安全水域的法案」，撥二十九億美元的經費，用於更新巡邏艇與偵察機。

東海「春曉油田」之爭可稱之為中、日近期的海洋爭端，甚至兩國關係上最嚴重的事件。中國有關人士認為，如果處理不好，在這個海域，中、日兩國恐有爆發激烈衝突的可能。

第二十七章　當前南海情勢的研判與分析

一、南海爭端的特性與各爭端國的策略

多年以來，東南亞地區最難處理的國際爭端之一是南海問題。這個由兩百多個小島所組成的群島，只有二十多個是長期露出海面，由於它具有豐富的漁、礦、石油資源以及可監控印度洋與南中國海的戰略位置，周邊六個國家皆宣稱對此海域有全部或部份主權。

㈠南海爭端的特性

首先試分析南沙爭端之特性如下：⑴軍事性。南沙群島先後遭越、菲、馬和印尼、汶萊以軍隊入侵，實施軍事佔領，不容外國船隻靠近及登陸。馬來西亞更在彈丸礁開發觀光活動，並施行軍事管制。⑵多邊性。南沙群島分別為中國、菲、越、馬、汶等國宣布所有，涉及多邊，為一極端複雜的國際爭端。⑶集團性。涉及南沙爭端的東南亞國家，在印尼的主導下於一九九〇年一月首度在印尼巴里島召開南沙問題會議，至今已召開過多次會議，菲律賓也曾召開南海科技會議。這類會議有一個共同點，即欲以東南亞國家的集團

力量對付台海兩岸的中國。

㈡各爭端國所採取之策略

(1)提出共同開發資源之議。但這項建議似乎只在印尼四次南海問題會議及菲律賓南海科技問題會議上提出，各爭端國政府首長分別訪問中國時，卻未曾提及共同開發之議，僅要求中國做出和平解決爭端之承諾，甚至當李鵬於一九九二年八月二十五日，對來訪的馬來西亞國防部長納吉表示有意與馬國在南沙共同開發，納吉反而表示將加以研究。一九九二年十月，越南代表至北京舉行第二回領土問題談判，中國曾向越南代表建議在領土爭議區進行共同開發，但為越南代表所拒絕。(2)加強軍備，菲、馬、印尼加強海空軍軍備，以保護其在南沙的島礁和油田。馬、菲各在其所佔領的島礁上擴建機場。(3)東南亞國家彼此聲援進行合作。一九八八年四月初，菲國眾議院國防委員會主席何塞·葉率團訪越，與越南外長阮基石達成和平解決南沙爭端的協議。一九九六年四月，越、馬合作在越南外海大熊油田開採原油。越南在一九九二年七月初與法國TOTAL 石油公司簽約，允許該公司在湄公河三角洲外海探勘石油。馬、菲、印尼也是將南沙海域授權與外國石油公司合作探勘開發。(4)菲律賓有意修改一九五一年美、菲共同防禦條約，將南沙群島納入條約內，使美國與菲律賓共同擔負保衛其「自由地」卡拉揚島群的責任。

㈢中國所採取之策略

(1)立法化。中國於一九九二年二月通過「領海及毗連區法」，將南海四群島納入其領土。(2)進行雙邊談判，一再強調反對南沙等問題國際化。(3)主張和平解決南沙爭端、擱置爭議、共同開發。(4)

增強在南海的軍力配備。(5)與美國課李斯頓能源公司簽約，在南沙萬安兩盆地合作探勘。

二、因有外力介入，情勢日趨複雜

　　一九九四年四月六日，一位新加坡分析家說，六國聲稱擁有南沙群島為其所有，南海未來不是不可能出現動武的場面。新加坡國際關係所所長李泰鐸（音）並說，美國若不能充當該地區的政治穩定力量，這六個國家將更不知自制。隨著美國在東南亞的武力部署日漸減少，中國將脫穎而出，成為決定南海戰爭或和平的最重要因素。不過動用武力必然至招致其它強國如美國和日本的干預。若有任何國家通過法律，或採取行動加強它在南沙群島上的軍事設施，其它國家必然提出抗議以表反對，這在今天似已成為一項政治儀式。由於若干國家很難使用司法程序解決此類衝突，理當把主權問題束諸高閣，大家一起尋找共同開發該地區資源的途徑，這才是利己利人的事。

　　印尼外長阿拉塔斯亦警告說，這六個國家對南沙群島的主權主張，有威脅該地區和平之虞。

　　美國已宣稱，它絕不寬貸在南海動武，不過他說，美國目前似乎無意介入南沙群島問題。

　　美國可能也企圖利用南海紛爭刺激中國做出錯誤的決策，中國急於過度擴充海軍而蹈前蘇聯的覆轍把經濟拖垮。不過中國方面似乎洞悉過度擴軍的風險，始終堅持和平開發但是主權無可商量的立場，以謀求軍費支出與經濟成長之間的某種平衡。美國的政策基本上會造成遠東地區長期持續不安，唯其如此，除中國之外的各國才

會更加依賴並聽從美國。

從中國的眼光來看，美國消耗的全球資源遠超過人口比例，反而要求中國以超過全球百分之二十的人口去與人分享佔已知石油儲量僅百分之十二的南海資源，其不公平之處顯然可見。

南海問題是東南亞的潛在衝突所在，但各國兵戎相見的機會並不大，而透過國際協商，共同合作開發南海地區，應是避免衝突的最佳方法。冷戰結束後，美國日益擔憂南中國海的資源納入中國快速成長的經濟體系，使中國變得愈來愈強。假如放著南海局勢不予干預，隨著中國海軍實力增長，這些資源逐漸會由中國掌握，而且因為先佔原則、有效控制運用等的慣例，將來其他周邊國在法理上及實力上都難以置喙。因此，早有人預判美國會利用周邊國家出面不斷滋事，企圖在中國海軍不夠強大時，造成瓜分資源的既成事實。

三、中國的 U 型歷史性水域主權尚難實現

一九九五年四月二日，台灣的中華民國外交部次長房金炎與越南駐台北的代理代表陶德正進行了一次完全近乎是不搭調的會晤。原來陶德正在其政府的授意下，向台北提出有關南海主權的抗議，房金炎則以「中華民國對包括南沙群島在內的 U 型線歷史疆域擁有主權，不容置疑」作答。

原來，南海周邊諸國，自南海及諸群島可能蘊藏有大量石油消息傳出後，突然對南海諸群島宣布擁有主權的國家都冒了出來，至少有印尼、馬來西亞、菲律賓、汶萊和越南。但其中最不構成宣布擁有主權資格的正好就是越南。原來越南早就在一九五六年六月十

五日就已宣佈放棄西沙和南沙群島了，當時它宣布同意中國對此二群島擁有主權。

　　而相對的，房次長以 U 型線的歷史性水域來做主張依據，也有相當的瑕疵。所以這一段對話，只能用「不搭調」來形容。照中國一九八八年五月十二日所公布、且曾在一九八八年四月二十五日為越南政府所承認的文件中表示：㈠一九五六年六月十五日，當時越南民主共和國外交部副部長在接見中國駐越南大使館臨時代辦時，表示「根據越南方面的資料，從歷史上看，西沙、南沙群島應當屬於中國領土」。當時在座的越南外交部亞洲司代司長更進一步具體指出，「西沙和南沙群島早在宋朝時就已經屬於中國了。」㈡一九五八年九月十四日越南總理范文同照會中國國務總理周恩來，表示「越南民主共和國政府承認和贊同中華人民共和國政府一九五六年九月四日關於領海決定的聲明」；而依前述聲明，中國宣布其領海為十二浬；適用範圍為中國的所有領土，其中並明列的包括「東沙群島、西沙群島、中沙群島和南沙群島以及其他屬於中國的島礁」。

　　而其他如越南在一九七四年所編寫的教科書和一九六〇、一九七二年出版的世界地圖，也都把這些劃歸在中國的地圖中，而不屬於越南。很明顯的是，越南很早就放棄了這些南海群島的主權，根本無權置喙。但後來卻又跑出來嚷嚷，原因無他，石油作怪而已。

　　越南對本身這種再度跑出來嚷嚷的作法，在一九八八年四月二十五日由外交部公佈的文件中，給了一個滑稽的奇特藉口，「越南過去所以如此，是出於尋求中國支持越南的抗美鬥爭需要」。

　　對於越南這種大異常規、完全不合乎國際社會運作常軌的做

法，以中國的個性當然不會善罷干休，在其國務院公報中對此藉口著實消遣了一番。一九八八年六月五日的第十二號、也就是總號的五六五號公報中的第三九六頁開始，用了三個整夜來敘述、消遣此事；中國的評語是「這種解釋恐怕連越南自己也難以相信」。

而房次長的 U 型線歷史性疆域的主張，在國際法上站得住腳的機會也實在不大。這個所謂的 U 型線歷史性疆域說法，事實上是由兩個部份組成；即一個 U 型線加上一個歷史性水域。房金炎所指的 U 型線，最早可考的是出自於一九四七年十二月一日，當時中華民國內政部重新審定南海諸群島名稱，並公布地圖，而以英文字母中的 U 字型在南海劃出一條中國的疆界，以此線內的島嶼主權為中國所有。

所以如就嚴格的國際法概念而言，這不妨視同是一條國境線，而非嚴格的國界線，也不要將 U 型線內視為國家的領海，因為如果要把這個 U 型線內視為是領海，則中國根本沒有能力去執行應有的權利。例如，其他國家的軍艦現已把通過該區視為是國際性的公海水道，迄今也不見台北和北京提出過任何抗議。另外，最嚴重的問題恐怕是，U 型線迄今沒有明確經緯度的標示，只是「一廂情願」地把中國認定擁有主權的諸島礁包括進去而已。

另外，房次長所謂的歷史性疆域應是指水域加群島之意，否則就是歷史性水域之誤。但問題在於 U 型線的區域能否構成「歷史性水域」，恐怕還有待商榷。

原來在國際法中，要主張某處為「歷史性水域」並不是一件簡單的事，不只各學說的說法不一，就連有關海洋法的歷史性文獻也是不夠明確。各國政府為此吵嚷不休，至少就有美國、英國、蘇

邊國家均想在此建立據點，以期能享用豐富資源。

　　不過，基於過多國家競爭的因素下，南海駐軍乃成為各國的重要政策，雖然說此地距離其國土甚遠，維持據點的經費支出也相當高，但是各國仍拼老命要在南海各自據點稱王。

　　就當前的情形來看，南海國家都把注意力放在中國的發展遠洋兵力上。除了在西沙永興島擴建機場外，也藉著協助緬甸修築基地的條件，希望租借可可島、海珍島等基地；在寮國，也建立了一些偵蒐站等設施。由這些跡象看來，中國要朝南海以及印度洋發展的目標是極為明確的。但若僅將中國列為對南海周邊國家造成威脅的唯一對象，卻會落入美、日等非南海國家施放的煙幕之中。

　　事實上，就東亞以及南海趨勢發展的情形來分析，非南海國家在未來介入南海事務的可能性極高，同時也可能藉由渲染中國在南海擴張軍力的情形，來達到南海諸國向美、日等軍事大國求援的目的。屆時，包括美、日在內的國家便可堂而皇之在南海擔任協調角色，甚而是南海糾紛的仲裁者，當然，其前提是，美、日等軍事強國必須分享在南海的權益。

　　此外，南海情勢因為這種「可能發生區域衝突」氣氛及中國近年擴張海軍軍力的影響下，各國便開始採購新型軍事裝備以求自保。這個現象在目前世界軍火市場趨蕭條的時期，更是受到某種程度的鼓吹。以馬來西亞、印尼而言，事實上都無法跳出這個氣壓之外。但是對於現今位居全球軍火銷售國首位的美國來說，正是可以出清存貨、研製新型武器、維持其世界軍武霸權的戰略目標。

　　作為一個中國人，維護主權的完整應列在第一要務。台灣現今欠缺與其他國家爭奪南海資源的籌碼，屆時勢必要和中國以「和戰

「兩手」模式，來共同因應南海紛爭，先解決其他國家強勢瓜分資源的難題之後，再就海峽兩岸問題來尋求共識。一般而言，現今南海應尚無發生大型區域衝突的可能，但在美、日積極介入的情形下，未來小規模的紛爭隨時都可能會發生，屆時若無法得到解決，則爆發軍事衝突的機率便為之增加。這一點將是我們在思考國家未來發展方向時，一個必須加以審慎規劃的重點。

十二、中國長期固守南沙太平島的重要性

(1)就法律面而言：由於南海周邊國家刻意忽略中國 U 型線內之海域主權，再加上一九八二年聯合海洋法公約中第五十五條及七十六條有關兩百浬專屬經濟區及大陸礁層的規定，使各爭端國紛紛將沿岸兩百浬內的水域資源劃歸其主權管轄，並且更進一步佔領南沙群島中的低潮高地（low-tide elevation）及岩塊（rocks），再以科學的人工方法改變，使適於「維持人類居住或其本身之經濟生活」，例如：中國現在南沙群島中佔有永暑礁、諸碧礁、赤瓜礁、東門礁、華陽礁及南薰礁、懇南礁等低潮時露出，高潮時沒入水中一至二公尺的岩礁，將這些岩礁以金屬管、板等搭起一些高於岩礁三公尺的高腳屋，讓中國的士兵帶著武器、給養、炊具等駐守在熱、濕、小、擠、缺水的高腳屋中；或將岩礁改造為高潮時不被海水淹沒的人造島，再建築一棟兩、三層樓的平頂營房；雖然海洋法第二一二條第三項規定：「不能維持人類居住的岩礁不應有專屬經濟區或大陸架」及第六十條第八項規定：「人工島嶼，設施與建築物不具有島嶼地位，它們沒有自己的領海，其存在也不影響領海、專屬經濟區與大陸架界線的劃定」，因此中國對永署礁等的改造，要使其擁

有領海與專屬經濟區是不可能的；但中國一直以歷史的觀點認為南海是中國的「領海」，在領海內改造上述岩礁是沒有不能擁有專屬經濟區、大陸架等問題的。而東南亞各國因為第六十條第一項規定：「沿海國在專屬經濟區內有專屬權利建造並授權和管理建造、操作和使用：(A)人工島嶼(B)……」，第 80 條也有大陸架的相關規定，因此各爭端國儘量在專屬經濟區內佔領島礁進行建築機場、跑到及其他軍事、非軍事設備。由此可知，問題的癥結仍是：中國對南海 U 型歷史性水域主張到底可否被其他國家承認？若答案是肯定的，則 U 型線內的島礁主權屬於中國，現佔有島礁的東南亞各爭端國應立刻撤退；若不能被承認，則東南亞各國在其 EEZ 內建造、管轄人工島嶼，於海洋法公約，並無不符。而台灣南海在兵力不如中國大陸，地緣關係不如東南亞國家的情況下，猶能控有真正「適合維持人類居住或其本身之經濟生活」的太平島，若沒有「歷史」淵源，如何能辦得到？因此南沙究竟是誰是「歷史性水域」？應是不辯自明的事。另外，東南亞各國為了滿足國際法中的有效佔領原則，透過長期佔領南沙各島礁，造成主權事實，以獲取國際的承認；例如：菲律賓為了顯示該國的行政管轄權已在中業島實施，特別在國會及地方選舉日將平常住在巴拉望島的一百四十多選民帶到中業島來實際投票應景；但這種作法是難以取得國際法上的「取得領土」的法理基礎，也無法掩飾其侵略事實。一九四五年抗日戰爭勝利，南海諸島日軍及軍屬接受中國指令，撤至榆林港集中，候命遣返日本。至此，南海諸群島在法理上即歸還中國，暫交廣東省政府管轄。但法軍趁中國尚未派兵接收之前，乘虛而入，派各型艦艇威力偵巡，企圖造成「先占」事實，此舉促使中國政府決定進行

武力接收，最後終於成功登陸太平島，同時為「敦謙沙洲」及「鴻麻島」命名，且在太平島立碑；過去數年來，中國在南沙太平島設有南沙守備區，並派兵常駐，但周遭的小島已陸續遭鄰國侵奪。過去菲國副總統加西亞曾宣布，「這些島嶼接近菲律賓，既無所屬又無居民，因而菲律賓發現之後，有權予以佔領，而後其他國家亦會承認菲律賓因佔領而或有的主權。」就如前述，抗日戰爭勝利後，南海諸群島在法理上即歸屬中國，並非「無所屬」；至於「無居民」就如菲律賓許多島嶼一樣，並無居民，但中國不能以其無居民而去佔有。而且中國在太平島早已立有人為國界（artifical boundaries），即「石碑」，上面有中國國徽，並有「太平島」及「中華民國三十五年十二月十二日成立」等字樣。因此，南海群島是屬中國領域，任何國家都無置喙餘地。

第二十八章　南海紛爭的 解決途徑

根據博奕理論學者雷坡布爾特（Anatol Rapoport）的見解，解決國際紛爭的方式，共有兩種，即和平談判與戰爭。

一、以和平談判南海主權爭端的可能性

台北某屆特考外交領事人員高等特考作文題目是「外交人員貴乎專對」。「專對」兩字源出論語。意謂「應對得體，不辱使命」，用現代外交術話來說，「專對」就是「談判」與「交涉」。

一個國家在與他國有雙邊或多邊紛爭時，為了維護本國的利益與價值，貫澈本國的政策，須透過各種管道，與他國溝通，並從中洞察對方讓步及妥協的極限於機先，進而運用技巧，藉說服、條件交換等方式或以嚴峻的態度與對方折衝，使對方調整其對外政策，有所為或有所不為，以符合本國的利益。

談判若想達到所預期的結果，國際政治學者摩根斯魯（Hans J. Morgenthru）所提出五項最基本的原則。第一，提出談判的事項須是相對性的而且是有條件的；如果談判的任何一方認為是絕對的，便失去迴旋的餘地，談判必歸破裂。第二，談判不僅要從本國的利益

著眼，也要從對方的觀點探討問題的癥結，從彼此界線的極限中探求出一條可以相容的途徑。第三，談判的任何一方，在堅持其主要原則之餘，須有就次要問題尋求折衷辦法的意願與準備，意即放棄某些次要的權利，是為了要保持主要的權利。第四，在談判過程中，要隨時注意對方的陷阱，避免陷入進退兩難的困局，儘可能在讓步的程度上做到不失國家的重要利益與尊嚴，在進取的極限上做到對方可以接受。第五，談判並非摧毀對方的意志，而是要在儘可能不過份損及對方的原則下衛護本國的重大利益。在進取時，儘可能以說服甚至施壓力來軟化對方，排除障礙，如果所面臨的障礙不能化解，便須超越閃避或繞道迂迴。

可是，儘管如此，事實上就一般而論，領土主權的爭執，極少能以和平談判方式達成妥協。由此看來，南海紛爭幾乎已淪入「求戰不易求和亦難」的境地。

南海諸群島問題的癥結所在是「主權」問題。中國海峽兩岸均已數度明確宣示南沙主權為中國數千年來所固有，這是主權不容分割的基本立場與原則，雖然已有政治學者認為國際間需要一種「分割主權」的觀念來解決國與國間有關主權的衝突，但至今絕大多數國家仍認為，在同一領土之內，不容有兩個不同權力同時主張同一領土的主權，亦即主權是絕對不可分割的。主權不可分割乃是國際衝突主因之一。在兩個權力不能互容於同一主權時，衝突便無可避免。為了使自己在面臨潛在的衝突時立於不敗之地，各方均將加強自己的實力，並依對方的行動而擴充本身的軍力。由此種軍備與實力競爭的結果，極可能演變成「武裝衝突」。

武裝衝突一旦爆發，雙方均只有面對現實，勇往直前，已無反

顧餘地，如果雙方勢均力敵，戰爭還會昇高；曠時更久，造成更多人員傷亡與更多財物損毀，結果終將超越雙方所能支撐的最大限，雙方人民便會認為再戰下去極為愚蠢，和平談判將是唯一可行的途徑。但倘若一方勢劣，甚至已達無法支撐的地步，戰爭也會停止。但戰爭的結果，戰敗的一方受了屈辱，便造成其國民報仇雪恥的心態，表面上雖隨著軍事的失利而軟化，但在內心上反而更為強硬。因此，戰爭的結果，是否真正解決了問題，全視未來的演變而定。

就南沙群島爭端而言，在爭執未完全表面化之前，中國曾迭申主權固有的嚴正立場，菲、越、馬的強詞奪理，亦多年於斯，互不相讓，各自堅持自己的觀點而斥責對方的觀點為「荒謬」。雖經多方交涉談判，始終不能達成一項彼此較為接近的觀點，彼等索性明目張膽，出兵侵佔。就中國而言，本以為：菲、越、馬正面臨經濟的困難，而南沙群島在歷史上係中國固有領土，彼等自不致不顧道義，尤其菲、越自不致抹煞中國數十年來所給予的深厚友誼與援助，作出侵略友國領土的勾當。詎料彼等不知收斂，反而擺出高姿態，以最精銳的海軍陸戰隊霸佔南沙島礁，據為己有，造成「既成事實」並動輒威脅，以戰迫和，意圖逼使中國委曲求全，接受此一既成事實。

中國人民守土有責，不得不以在南海地區加強軍事實力藉以表明寸土必守必要時不惜一戰的決心。菲、越、馬等國雖然都擺出極高的戰鬥姿態，但也都尚能領悟到戰爭的可怕及相互廝殺兩敗俱傷的悽慘後果，因此也都尚能知所自我束縛，並曾聲言願以和平談判的方式來解決爭端。除非局勢真正惡化到不可收拾，戰爭應是最後關頭非不得已的考慮。

二、循法律途徑解決的探討

　　然則，南沙群島問題能否循法律途徑解決？南沙問題權威學者傅崐成先生對此有其精闢的看法，在他認為：領土主權的爭執，甚少獲得法律的和平解決。就南沙爭端而言，儘管一般均能確信中國在南沙獲有最堅固的法律地位，但不幸由於諸種國際因素，至少在短期內看不出有獲得法律解決的可能性。

㈠新國家自外於國際法

　　當前最不利於南沙問題循法律途徑解決的因素是新國家不願接受國際法的規範。第二次世界大戰結束後三十年，自一九四五年至一九七五年，殖民地紛紛獨立，以致今天國際社會中，三分之二為新國家，這許多新國家，對過去四百年來由基督教文明中所孕育成長出來的國際法，缺乏正確的認識，不知維護國際法，反而挑剔其中對彼等不利的部份，橫加抨擊與抵制，並提出澈底修正之議，非達改弦更張，決不罷休。他們的理由很簡單：他們不曾參與這些國際法形成的過程，也就不應有受拘束的義務，國際法院自一九四六年成立至一九八〇年代初期，受理審判案件僅二十六件，其所提供過的法律性建議案，亦僅有十四次。在全世界一百九十餘國中，使用過國際法院一次的僅二十六國，使用過兩次的僅有八國。在東亞國家中，除泰國及高棉外，沒有任何其他國家進入過國際法院，日本及中國也不例外。

　　由於這些新國家絕大多數是「開發中國家」，故彼等首先以國際法中有關經濟部份，作為開刀的對象，透過這些新國家的提案與支持，聯合國終於採納了「新國際經濟秩序」（New International

Economic Order）並修正了海洋法。

㈡法律「不溯既往」原則

　　國際法關於領土依「時效」（Prescription）而取得的原則，必須具備對一領土「持續不受干預」的主權行為。中國對南海諸群島的主權要求，是否必須合乎此一「時效」原則？答案是：就一般的法律而論，有關權利限制的規定，不能溯及既往，而其意義亦只能依當時的「國際社會秩序規範」來解釋。中國在歷史上雄霸東亞，一國獨大，誠所謂「普天之下，莫非王土；率土之濱，莫非王臣。」在十六世紀以前數百年，中國政府經常派遣高級軍政首長率文武官員，巡航海外，南海形同中國的內湖，古書迭有記載，南海諸群島也就在這一形勢下成為中國的領土，唯獨中國擁有這些群島的固有主權，安南等當時充其量只是中國的屬國，亦斷無與宗主國爭奪領土主權之理。久而久之，中國乃對南海諸群島主權視為當然。當時國際社會有關領土的規範自與現代國際法相去甚遠，故現代國際法的理論與要求，當然不能適用於數百年甚至千年以前。

　　自十六世紀至十九世紀，現代國際法的概念逐漸形成，但因中國閉關自守，未曾接觸到這些概念，自亦不能適用現代國際法的規範。迨至十九世紀中葉以後，中國國勢積弱，列強相續侵華，割地賠款，不一而足，中國自原來宗主國的地位，淪落為中華民國國父孫中山先生所稱的「次殖民地」。整個東亞，除日本與泰國外，均淪為西方列強的殖民地，領土遭受侵奪蹂躪分割，人民全遭奴役驅使，而激發濃厚民族主義思想，至戰後各殖民地獨立後，民族主義情緒更隨之昇高。在此種民族主義激昂情緒之下，要循法律途徑解決南海諸群島主權的爭執，鮮有可能。

三、循軍事途徑解決的探討

南沙之爭，既不容談判，又不能循法律途徑解決，軍事的衝突以武力解決，只是時間問題。北京早已對外明白宣示：「中國政府保留一切權利，在適當時機收復已被他國佔領的島嶼」。我們相信：中國不僅有此決心，而且已在積極進行收復南沙的各項準備。此一時機的選擇，主要的是考量兩個問題，一為本身實力，另一為外交關係。這兩個問題，我們試就戰略態勢的分析，來加以探討。

就各國三軍實力而言，中國遠勝南海周邊國家，居於絕對的優勢。地區的其他任何國家，都非中國的對手。中國海軍自一九四九年開始建軍，經歷六十多年的經營，已經具有相當規模，居世界第四位。近十多年來，裝備不斷更新，遠洋活動不斷增加，使得中國海軍的地位冉冉上昇。為配合國家整個對外經濟的開放，中國海軍的建軍，亦由「近岸防禦」轉向「近海防禦」，其主要任務在確保國家對海洋的開發與利用，並使對外開放政策，得以順利進行。

就全般而言，中國軍隊的裝備，雖然較之太平洋地區美俄部隊的裝備，落後很多。但其實力對付南海地區的國家，仍佔壓倒的優勢。中國自在永署礁建立基地後，顯然以能長期固守南沙，維持補給的能力。

就地理位置而言，中國目前進駐約七個島嶼，主要目標在釘牢越南。此一態勢，顯然已分隔越南佔領的島礁，切入南沙的核心。在軍事上，足能監控南沙的全局，而居有利的戰略態勢。由於中國對各島上在不斷的加強建設，其對鄰近各島的收復，亦如探囊取物。南沙大部的空間可說是已在中國掌握之中。

　　中國海軍實力雖然強大，但是中國空軍兵力現有機種均無法滿足遠距離支援海軍作戰，從海南島基地到南沙的距離，已遠超過岸基空軍有效作戰半徑，因此影響中國海軍空中掩護的制空能力。中國航空母艦及空中加油機未能完成整備前，此係影響中國用兵的最大限制因素。所幸越南空軍亦受作戰距離的限制，同樣無法有效支援南沙地區作戰。惟在相對距離內，中國較為不利。

　　海南島到南沙的距離，約為越南東岸到南沙的兩倍。中國的補給線較長，尤其在不能獲得岸基地空軍有效支援下，作戰至為不利。南海鄰近國家則因距離近，補給線短，增援速度快。在作戰時效上，能以逸待勞，較易採取快速的行動，居於有利的態勢。

　　南沙主權之爭，以中國與越南的爭奪最為激烈。可以預見，未來中、越雙方的衝突，可能性最大。

　　在就南沙海域而言，中國在永署礁建立基地後，對其他孤立困守的據點，已能提供足夠的支援。中國佔據各島之間，距離適度，亦均能相互支援。中國空軍因受距離限制，無法有效支援海上作戰，影響海、空聯合作戰，難以發揮統合戰力。此亦係中國南沙作戰最大弱點。

　　越南與菲律賓佔據的島礁，四處星散，在中國海軍有效監視下，一旦開戰，易遭中國海上的砲擊與封鎖。中國進駐南沙後，輪番派兵駐守各島，一面加強建設，一面實施演訓，官兵已能適應當地的環境。惟長期的進駐，無論兵力與物力的消耗，都會形成極大的負擔。然而中國卻挾雄厚的國力，大力經營。南沙在中國強大海軍支援與掩護下，各項後勤補給，不虞中斷，足能確保持續戰力，可以持久。反之，南海其他國家，駐守兵力薄弱，防禦力不足，易

遭中國海軍的進襲與封鎖。補給線一旦中斷後，則難以長期固守。就雙方作戰持續力而言，中國較能持久。

綜合而論，南海軍事的衝突，中國三軍實力強大，自係居於優勢。惟在作戰時空因素上，對中國並非有利。由於受到空中作戰半徑的限制，中國海空軍很難發揮統合戰力。艦隊行動一旦缺乏空優的掌握，自然會影響海軍戰力的發揮。據各方報導：中國曾考慮建造航空母艦，研發垂直短距起降戰機，以及自力研發空中加油機能力。在未能獲得此問題充分解決前，中國可能不致採取更進一步的軍事行動。

南海周邊國家，除中國外，都是東盟會員國，中國對其中任何一國採取的任何行動，勢將引起世界與東盟的關切。尤其美國、俄羅斯、日本等國，都有其個別的利益，這些國家絕不容坐視「一國獨大」的發展。因此，中國任何進一步的行動，可能會導致東盟，甚至其他外力的介入，並且採取統合的行動，使中國陷入孤立不利、四面受敵的困境。這是中國今後南沙用兵，在外交上，必須考慮的問題。

從以上局勢的發展，東南亞國家至少已在未雨綢繆，紛紛加強海空軍實力，增強本身防衛力量。展望未來，南海地區任何更進一步主權的衝突，勢將會促進東盟國家的團結，並且可能加速促成東盟國家組成共同防禦組織。東盟國家認為：他們未來的威脅是「來自中國與越南」。但是「中國比越南更具威脅性」。東盟國家始終懼怕當地華僑在中國指使下從事內部顛覆活動。

自一九九〇年代以來，中國高層持續一連串訪問東南亞國家，在一片友好合作聲中，從亞洲全局來看，這是中國多年來首次和東

南亞國家建立合作關係。這不但有助於本區域的穩定，而且亦為建立亞洲經濟區域合作，奠定了良好的基礎。中國為要與東南亞國家維持良好經貿關係，可能會緩和一些南沙主權的衝突。

四、中國統一與南海前途

南海風雲，波譎雲詭，目前的南沙群島，已是「四國五分」分割的態勢。南沙未來的爭奪，是一場「多國的衝突」（Multinational clash）。當前台灣駐守太平島，這是南沙最大的一個島嶼，島上有淡水供應，各項設施完備，早已為各國覬覦的目標。在未來軍事衝突中，如遇襲擊，台灣因受距離遙遠的限制，必然是鞭長莫及，難作有效的增援。一九九四年在廣州舉行「紀念收復南沙群島四十二週年座談會」上，中國海軍副參謀長王祖堯表示：中國願意與台灣一起合作保衛南沙群島。並在聲明中強調：「南沙是中華民族祖先遺留的國土，保衛南沙的主權，絕不能讓他人染指，這是歷史給予台灣海峽兩岸的重大任務。」站在中華民族的利益上，海峽兩岸的立場，應是採取一致的，雙方在處理南沙的問題上，是採取一致的立場。

惟在此時北京向台北提出台海兩岸軍事合作，在兩岸統一的過程中，目前顯然尚未到達成熟的階段。而且這樣做的話，亦會刺激鄰近國家，引起世界注目。

毫無疑義的，兩岸都一致認為：南海四群島屬於中國的領土。我們堅信：唯有統一的中國，南海始可能在四沙群島「鐵三角」的屏障下，使中國對南海的掌握，居於最有力的戰略態勢。

第二十九章　面對南海爭端中國人應有的省思

一、以務實態度面對南海主權問題

就理論而言，國際法上所謂的先佔權，是中國主張南海主權的基礎。但二次大戰後，中國處於分裂狀態，海峽兩岸中國海軍均無力護衛在廣大南海區域中星羅棋布的無人島礁，及至石油資源的問題浮現，各島群鄰近國家紛紛提出主權主張，以致造成各國海域主張的重疊，而台灣至一九九三年方由行政院通過「中華民國領海及鄰接區法」及「中華民國專屬經濟海域及大陸礁層法」立法草案。雖然表示台北政府對南海主權的重視，但國際關係畢竟是力與勢的較量，國際法只是在力與勢運作範圍之內的公義而已。尤其是北京在南海的權利主張與台北大抵重疊，因而在處理南海問題之時，又必須顧慮兩岸關係的互動，使問題更形複雜而敏感。台灣保七總隊於一九九五年四月一日巡航南沙宣示主權中途折返，顯然是不願在菲律賓與北京衝突尖銳化的情勢下，再捲入此一漩渦。

就我們的觀察，以目前的情況發展而言，南海主權的紛爭，不可能用武力做為解決的手段，即使中國的海軍日益壯大，但要在南

海遼闊的海域中揚威，恐亦力有未逮，況美國對南海的紛爭亦表示關切，更增加了此區域的「對抗性平衡」的可能性。因此，未來南海問題的解決，必然用和平方式進行。海疆劃界固然是和平解決重疊海域及分配海洋資源開發權的一種方式，但劃界的達成非僅曠日廢時，而且現況複雜，勢不可能。為今之計，最好的方式就是沿海諸國能暫時擱置或迴避海疆劃界的要求，以資源合作開發的方式來解決此一區域的爭端。

海洋主權在國際法上本極複雜，甚至南海沿海諸國對不同海域主張的主權亦不相同。因此在規劃共同開發方案時亦各有利益的考慮，整合極為不易。過去國際性的南海會議，中國亦曾派代表參加，但也就是由於利益的爭取以及主權問題的糾葛，始終談不出一個具體的結論，以致南海資源的共同開發只停留在紙上談兵階段。台北除了重申主權主張以及呼籲和平解決爭端外，亦提不出能讓各國能夠欣然接受的方案。一九九二年，台北成立南海小組，可惜相關單位是臨時任務編組，不免互踢皮球。開會如儀之後，也談不出甚麼結論。一九九五年南海風雲日亟，保七船隊也只能象徵性在南海繞一個圈子後班師回朝，足見台北在南海問題上能著力之處有限。

現在最大的主權爭議，就是中國與南海周邊諸國間的海域主張重疊，而其他申索國亦有相同的問題。此屬於國際性的海疆衝突，欲求一時解決，絕無可能。只要海峽兩岸均主張「一個中國」，在此理念之下，北京與台北間反而沒有海域衝突的困境，即使海峽兩岸在主權宣示範圍上有重疊之處，亦有別於中國與他國間的海域爭執。因此海峽兩岸在南海問題上應求採取一致的立場，為全體中國

人爭取利益。因此我們主張兩岸不妨考慮將南海問題亦列入談判議程，求得共識，為南海的主權與開發共同努力。

關於在南海諸群島駐軍的問題，台灣一位不具名的相關將領表示，中國在南沙群島中的美濟礁建立設施，目的應是為了南海的石油資源，不過，南海海域數不清的珊瑚礁，都有個共同特色，即「易攻難守」，許多小礁被附近鄰國佔領後，時間一久，就會自動撤離，因為長期維持並不容易。

至於台灣在南海的軍事部署和因應，相關將領認為，目前能做的便是維持東沙和太平島的駐軍，代表台灣亦有南海主權，若果南海發現石油，台灣可以共同參與開發。這位將領認為，南海主權問題相當複雜，而台灣僅在東山島和太平島駐軍，是相當務實的做法。

一九九五年一月，清華大學原料所所長鍾堅教授，曾在一場台海安全研討會中，建議台灣駐軍因應南海問題時，應適度增加東沙守備區防務，如增設岸置反潛飛彈、防空飛彈，並改善東沙機場設施，使反潛機和空中預警機能轉場進駐，以擴大海上偵巡範圍。

針對上述意見，其他相關將領表示，東沙進駐戰機並不可行，因為它會完全暴露在威脅下；至於部署岸置反艦和防空飛彈，如果「有餘力」，部署飛彈陣地應是可行。但南海的珊瑚礁，與金馬列島不同，若遇有戰事，這些小礁形同「孤軍」，因此，有關南海駐軍問題，仍應維持現今駐軍的兵力即可，除非南海真的已發現石油。

然而從法律角度觀之，各國在南海無限期陳兵以捍衛其「主權」，可能只是徒然，因為根據一九八二年聯合國海洋公約，

「島」的定義為自然形成、漲潮時仍突出水面的區域，南沙群島中符合資格的僅二十六個；而只有在「島」上，才可能存在司法管轄問題。

　　此外，這些島礁只有兩三個的專屬經濟海域，因為擁有經濟海域的島礁，必須能夠「獨立維持人類起居的經濟生活」。也就是說，其他島礁僅能劃出十二浬領海，而根據國際法案例，上述兩三個島嶼的專屬經濟區，也有可能因與從鄰近大陸延伸出來的經濟水域重疊，而被迫縮減，甚至縮到只有十二浬，而海洋法公約強烈指出，在漲潮線以下的礁岩上刻意搭起建築（如中國在美濟礁的高腳屋舍），並不能變出島嶼，頂多劃出得到五百公尺安全區而已。陳兵南海的國家明知其不可為而為之，原因除了不願落居人後外，更重要的是他們從過去經驗得知，只有以武力為後盾，才足以嚇阻競爭對手。

二、南海爭端力求以安全對話化解

　　區域國家在南海領土發生衝突由來已久，一九九四年夏天中國即曾因萬安灘石油探勘的問題，和越南發生過領土爭執。事實上，只要南海問題一日不解，就一日不會停止對區域國家造成困擾。從某個角度來看，這類摩擦就像人的感冒，雖然每一陣子發作一次，但總還不致於致命。菲律賓國防部長戴維拉雖曾對中國提出指控，但仍表示不會以武力解決衝突，即為最好的證明。在經濟合作的誘因下，區域國家在對外行為上多會自我克制，使衝突縱然發生，但仍不致失控。

　　可是隨著區域軍備競賽的日益升高，前述的樂觀氣氛已像春雪

一般逐漸消融。軍事力量的增強可能誘發一個國家的企圖，也可能使各國在緊張恐懼之中，先發制人以求自保。國際政治的不穩定因素與不可知的變數，在軍備競賽下愈積愈多，南海問題也在情勢逐漸緊繃的情況下，成為武裝衝突的引爆點。各毗鄰國家在海軍現代化上的腳步加快，就是造成不確定因素的來源之一。

　　根據報導，俄羅斯已在一九九五年二月九日將中國承購的四艘攻擊潛艦中的第一艘運交中國。這批潛艦可以停留在海面下數週之久，艇內配有精良的搜尋用和攻擊用聲納，這對中國海軍艦艇的軍力而言，已往前躍進一代，使其與東南亞各國爭奪南沙群島主權時佔有優勢。過去中國向俄國購買二十六架蘇愷二十七型戰機時，已經引起東南亞國家不安，因為蘇愷二十七增長了中國在南海的攻擊半徑，潛艇交運自然更引起區域關切。事實上，中國所展現的是一個完整的海軍戰略。在劉華清的主導之下，中國以潛艇、航空母艦、配合海洋漁業、商船航運的經濟活動，從近海防衛發展成區域性的大洋海軍，逐步建構出二十一世紀的海洋戰略。當然，中國既為強權，其致力於戰略上的跨世紀全面佈局，也完全可以理解，但這種軍事態勢在區域引起的緊張，卻也不容忽視。

　　一九九〇年代以來，東南亞的軍備競賽早已成為區域安全的潛在隱憂。雖然各國在對外政策的聲明時仍倡言經濟合作，但軍備競賽的升高也是不爭的事實。馬來西亞和印尼在軍事現代化上的企圖心早已有目共睹，連一向在國防政策上採守勢「向內看」的泰國，也開始向外發展海軍，準備建立兩洋戰略。中國軍事力量的增強，必然會使現有的國防競賽趨於激烈。區域國家近年來致力雙邊或多邊安全對話，並努力建立制度化的安全機制，其著眼點當也在此。

如果沒有南海衝突，相信區域衝突衝突也可能在別的議題上引爆。

　　所以現在區域國家需要的是兩個層次的安全對話。就近程而言，所有主張南沙主權的國家，應繼續就南海問題進行協商，確實做到擱置主權爭議，全力進行聯合開發，以摘除衝突的潛在引爆點。只要能就南海問題達成共識，台北亦可和北京一起對區域的和平發展貢獻心力。

　　就長程而言，區域國家應致力於區域安全機制的建立。只有安全的機制才能約束各國行為，也才能使各國在無安全顧慮下，致力於經濟合作。現東盟國家與美國、中國等強權，在區域安全機制的設計上，還存在著究竟應為多邊架構或雙邊架構的歧見。但不論最終的設計為何，實應將所有的區域國家都包括在內。只有將相關國家全都包括在內，所建立的新秩序才有正當性，也才能發揮穩定的功能，並且可長可久。

　　東南亞需要安全的新秩序。南海的摩擦，軍備的競賽，都提供了我們一個反省的機會。區域國家在指控、聲明的同時，都應冷靜思考治本的方法，努力建立安全的環境，對區域繁榮與穩定作出貢獻。海峽兩岸都應做好隨時參與、貢獻的準備。

三、用實際行政管轄有效捍衛領土主權

　　近半個世紀來，南海周邊國家紛紛蠶食南沙群島，更在各島礁上駐軍屯兵並設碑立界，致使各國自劃的海疆界線在南沙群島海域多邊重疊，糾纏不清。截至當前為止，在南沙海域，菲律賓已近已進佔包括中業島在內的九個島礁，備有少數駐軍及設施，並將之更名為卡拉揚群島；；越南大肆併吞南子礁等二十五個島礁，更名為

長沙群島；馬來西亞盤踞了南礁等五個島礁，汶萊與印尼雖未侵佔南沙島礁，但其自劃的經濟海域與中國海疆重疊了四萬平方公里，台灣佔有東沙群島、中沙群島及南沙太平島；中國則佔有西沙群島的永興島、金銀島、中建島、永樂島、珊瑚島，並自一九八八年的「三一四赤瓜礁海戰」以來，先後佔領了渚壁礁、南薰礁、墾南礁、赤瓜礁、永署礁、東門礁和華陽礁；美濟礁是中國派遣陸戰隊進駐南沙的第八個珊瑚礁，使得聲稱擁有南沙主權的六國（菲律賓、馬來西亞、汶萊、印尼、越南與中國），更接近衝突的邊緣。

　　一九九五年二月初，菲律賓官方揭露了中國進駐南沙群島「危險地帶」內的美濟礁，並公布中國構築的高腳屋及美濟礁附近駐泊的運補船照片，使得波濤洶湧的南中國海，風雲再起。

　　鄰國侵奪我南海海疆，為的是圖謀南沙的經濟利益與戰略價值；而中國為什麼在廣闊無垠的茫茫南海中，單獨挑中了在高潮時都淹沒在浪濤下的美濟礁，銳意經營？說穿了，也是為了經濟利益及戰略價值。由於南海蘊藏大量石油，周邊菲、越、馬、印尼等國家，都在虎視眈眈的覬覦著，再加上背後日本及西方大國的支援，南海的糾紛很難平息。

　　南海戰略、軍事價值也為各國所覬覦。南海諸群島由於地處太平洋和印度洋之間，自古迄今在交通運輸上始終扮演重要的角色，其中又以南沙群島處於新加坡、香港和達爾文港三角形地帶的中心，為西南太平洋中最佔形勢的群島，素被稱為「南洋心臟」，具有極高的戰略價值。

　　此外，南海的兩條重要海上航道（自台海經南沙西側至新加坡的南海航道，及沿著南沙東側的巴拉望航道），不僅是美、日等經貿強國的海上

運輸命脈，更是中國對外貿易最重要的聯外海上航道。中國近年來積極擴充海軍，意圖在南海建立區域霸權，其著眼點不僅在南海的經濟價值，更在南海的戰略地位。加上國際法新發展認為不適人居的島礁亦可有領海及鄰接區，進而促使各國紛紛入侵、瓜分南海島礁，此外又因台海兩岸對立，無暇照顧這些島嶼，而給各國有搶奪的機會。

　　儘管涉及南海諸島礁領土紛爭的國家，如菲律賓、越南、馬來西亞等國均對其南海諸群島領土主張提出各種理由，但說穿了，近五十年來，南海周邊國家紛紛蠶食南沙群島，圖謀的就是南沙的經濟利益和戰略價值。國家領土主權與尊嚴不該從經濟效益來衡量，也無法以數字來計算。

　　歷史上例子不少，遠有當年英國為福克蘭群島與阿根廷不惜一戰，再以日本為例，日本政府在小笠原諸島中一個只有微露水面的小火山島，在島的外圍興造防波堤。

　　根據聯合國海洋公約法規定，只要高潮時仍落在水面上的土地，都可以稱為島，各國自可依此向外延伸二百浬的經濟海域，這就是日本政府為何在一個微不足道的小島周邊大興土木的原因。

　　一九九○年代，中國更突發奇想，公布一萬多個沿海島嶼可以出租給國內、外民眾，約一萬多美元就可租下一個小島，享有五十年的承租權，其中包括釣魚台，引起日方緊張，各方在拓展海權上的形跡愈發明顯。

　　基於軍隊為國家主權重大的象徵，政府應該重新考慮增派部隊駐防，配合扮演司法警察角色的海巡人員海上巡航處理漁事、民間糾紛，再適度開放當地觀光發展，甚至准許國內或國際民間企業經

營，用實際「行政管轄」的行動，來解決「主權」問題，才是最有效最高明的策略。

此外，南海問題專家學者主張，南海主權主張應該持續不斷，凡是南海爭端涉及主權，都應即時發表聲明表明嚴正立場。一九九五年一月，政治大學外交系教授趙國才在「南海問題討論會」上指出，在南海情勢複雜情況下，主權宣示必須是維持不斷，因此中國若要確保南海主權，基本條件便是，凡是南海爭端涉及主權問題時，政府一定要對外發表嚴正聲明。

四、審慎面對中國海權的擴張

一九九九年七月十八日，日本《時事通訊社》報導說，日本草擬的一九九二年國防白皮書指出，「中國和北韓已逐漸取代原蘇聯，成為遠東地區主要的軍事威脅」。同時法新社也報導說，一九九九年七月二十日在馬尼拉召開的東盟外長會議，也關切北京對南海主權的聲明，並擔心中國會填補美國撤軍與蘇聯解體後所留下的權力真空。

很顯然，一九九○年代亞太的海權，已有了新的變化。一九九九年七月中在台北淡江大學召開的「第二屆二十一世紀海權研討會」中，大體上也集中焦點討論中國海權興起後在亞太戰略上可能引發的影響。與會者很多是台灣退休的海軍將領，他們都憂心中國海權的擴展，可能造成對台海均勢的威脅，並提出若干因應的對策。

中國的海權思想，在清末即以隨著現代化運動而發軔。其間最大的投資便是建立一支海軍與設立馬尾造船廠。當年中國海軍曾一

度在噸位上超越日本。可惜慈禧太后晚年昧於國際情勢，挪用了海軍建軍經費去建造圓明園，以致在中、日甲午之役中敗於日本，使中國的海軍從此一蹶不振，招致列強侵華，國家頻於危亡。

中華人民共和國成立之初，實行鎖國政策，因過份重視陸權，海軍始終在全球戰略地位上無足輕重。今日國際局勢丕變，要大事擴張海權，應是極自然之事，不值得世人過分驚訝，也大可不必將此行動視為以「侵台」為目標。雖然中國在海軍壯大之後，對台海的均勢產生極大的變化，但並不必然會引起軍事衝突。台灣的海疆安全當然重要，但台灣與大陸的關係複雜，以目前情勢而論，動用軍事解決的可能性甚微。因此，台北對中國飛彈對準台灣，並全力建立海軍不必過渡驚恐。

其次，在一般的估量中，中國建立海軍的基本思想目前應該仍是防守性居多。因為海軍是最花錢的兵種，建造一艘大型航空母艦需耗資百億美元，而維護費用尤難計算；況一艘「空母」在作戰時，還必須有一批拱衛與隨行的中、小型軍艦。一個海權國家，若真要具有遠洋作戰的攻擊能力，除航艦外尚需前進基地。我們一定都記得，二十世紀初的日、俄之戰，俄國海軍整體力量遠大於日本，只因俄國在遠東僅有旅順口一個軍港，其波羅的海艦隊東來之時，需經數千里遠航，遂被日本料到將通過對馬海峽，於是在此布陣，以逸待勞，終於把俄軍擊敗。中國在今天的世界上不太可能取得海外基地，以核子航艦為中心的遠程攻擊武力，又非目前中國的國力所能夢想，因此它的攻擊性能力，大可令人放心。這也正是過去中國極力發展以潛艇和魚雷艇作為防衛海岸的基本原因。

中國的潛水艇隊現有三艘左右核子潛艇，雖攜有核子彈頭飛

彈，但配備的飛彈發射管大致上還是短程的。這一部分是中國海軍精華，但顯然不是應付台海衝突之用。我們所應注意的毋寧是它的登陸艦隊。這一部分，台北資訊不多，但海峽兩岸的衝突如果以核武手段為結局，對兩岸都是悲劇，畢竟兩岸都是中國人，相信不會走上這一步。

中國發展海權的必然性，可由近幾年來南海諸群島的衝突中看到一些端倪。

南沙之為中國領土是不爭之論。台灣至今駐防南沙的太平島，在台北與北京的關係最後確定前，堅持台北亦對整個南沙有主權；即使對未佔領的島礁，台北也堅持其主權。從民族大義而論，台北的主張應比當前的釣魚台爭執更為義正辭嚴，絕不能因遷就無邦交的越南與菲律賓就自動放棄南沙主權。北京的想法實質上應與台北十分相近，只不過因其擁有可以多佔領一兩個小島的力量，便採取了行動。於此，尤足見北京要積極發展海軍的動機，並非針對台灣而發。

台北面對這樣的形勢，重要的是如何釐定台灣自己的海軍戰略。我們相信，最基本的原則是，台灣海軍必須以防衛海岸線為中心思想，發展成本較低廉的小型艦艇，大型艦艇則非台灣財力所可建造。台灣的造船公司技術不精，所造軍艦時有品質不良的傳聞。當中國早已自建核能潛艇之時，台灣造船公司連自建一艘普通柴油引擎潛艇的能力尚未具備，一切都要購自外國，則何能談海上防衛？所以，二十一世紀，台灣要建立海軍力量，則非將台灣造船技術能力積極提高不可。

因此，我們對二十一世紀海權的看法是，中國必然會從陸權觀

念轉入蔚藍色的海洋，至於是否會遭遇日本、美國等海洋大國的遏
阻，則是未定之天，而台灣四面環海，面對此一新情勢的發展，首
先就是要徹底增進造船技術，確立優秀造船技術，然後才能確保海
上的防衛能力。

附表一：南海四群島新舊名稱對照表

（本表所列為中華民國內政部於一九四七年十二月一日正式核定公佈之，南海中屬於中國領土的四個群島，及其附屬各島嶼和礁灘的名稱）

一、東沙群島		Pratas Islands
東沙島		Pratas I.　蒲拉他士島，月牙島，月塘島
北衛灘		N. Verker Bank
南衛灘		S. Verker Bank
二、西沙群島		Paraceles Islands
永樂群島	明成祖年號	Crescent Group
甘泉島		Robert I.　呂島
珊瑚島		Pattle I.　筆島、八道羅島、拔陶兒島
金銀島		Money I.　錢島
道乾群島	明神宗時，林道乾率水兵破西班牙海軍於菲律賓島附近海中	Duncan Is.
琛航島	宣統元年，粵都督張人駿派伏波、琛航、廣金三艦赴西沙群島勘查	Duncan I.　燈擎島、大三腳島、燈島
廣金島		Palm I.　掌島、小三腳島
晉卿島	明成祖時，施晉卿出使南洋一帶任拓殖宣撫之責	Drummond I.　杜林門島、伏波島、四江島、都島
森屏灘	明黃森屏使婆羅	Observation Bank　測量灘、天文灘
羚羊礁		Antelope Reef

宜德群島	明宣宗時，經營南洋甚力	Amphitrite Group
西沙洲		West Sand
趙述島	明太祖使趙述至南洋	Tree I. 樹島
北島		North I.
中島		Middle I.
南島		South I.
北沙洲		North Sand
中沙洲		Middle Sand
南沙洲		South Sand
永興島	紀念勝利後參接收本群島之永興號軍艦	Woody I. 林島、武德島、多樹島、巴島
石島		Rocky I. 小林島
親礁灘		Iltis Bank 亦爾剔斯灘
北礁		North Reef 北沙礁
華光礁		Discovery Reef 發現礁、覓出礁
玉琢礁		Vuladdore Reef 鳥拉多礁
盤石嶼		Pasu Keak 巴蘇奇島
中建島	紀念勝利後接收本群島之中建號軍艦	Trition I. 土來塘島、特里屯島、南極島、螺島
西渡灘		Dido Bank 台圖灘
和五島	紀念明末潘和五反抗西班牙人	Lincoln I. 東島、玲洲島
高尖石		Pyramid Rocks
蓬勃礁		Bombay Reef
湛涵灘		Jehangire Bank 則沖志兒灘、怡亭芝灘
濱湄灘		Bremen Bank 勃利門灘、蒲利孟灘

三、中沙群島		Macelesfield Islands
西門暗沙		Siamese Shoal
本固暗沙		Bankok Shoal
美濱暗沙		Magpie Shoal
魯班暗沙		Carpenter Shoal
立夫暗沙		Oliver Shoal
比微暗沙		Pigmy Shoal
隱磯灘		Engeria Bank
武勇暗沙		Howard Shoal
濟猛暗沙		Learmonth Shoal
海鳩暗沙		Plover Shoal
安定連礁		Addington Patch
美溪暗沙		Smith Shoal
布德暗沙		Bassett Shoal
波洑暗沙		Balfour Shoal
排波暗沙		Parry Shoal
果定暗沙		Cawston Shoal
排洪灘		Penguin Bank
濤靜暗沙		Tancred Shoal
控湃暗沙		Combe Shoal
華夏暗沙		Cathy Shoal
石塘蓮礁		Hardy Patch
指掌暗沙		Hand Shoal
南扉暗沙		Margesson Shoal
漫步暗沙		Walker Shoal
樂西暗沙		Phillip's Shoal
屏南暗沙		Payne Shoal
民主礁		Scarborough Reef
憲法暗沙		Truro Shoal

一統暗沙			Helen Shoal	
四、南沙群島			Spratly Islands	
(一)危險地帶以西各島礁(In The West Of Danger Zone)				
Original Chinese Designations			Names in English	Names Changed by Cloma
Shuang-Tzu Chiao	雙子礁		N.Danger 北危島	
Pai Tzu Chiao	北子礁		N.E.Cay	Ciriaco I.(Farola)
Nan Tzu Chiao	南子礁		S.W.Cay	Irenea I (Likas)
Yung Teng An Sha	永登暗沙		Trident Shoal	Pangtao Shoal
Lo Szu An Sha	樂斯暗沙		Lys Shoal	Davis Shoal
Chung Yeh Gun Chiao	中業群礁	紀念勝利後接收軍艦中業號	Thi-Tu Reefs 帝都群礁	
Chung Yeh To	中業島		Thi-Tu L. 帝都島、三角島	Abad Santos I (Pagasa)
Chu Pi Chiao	渚碧礁		SubiReef 沙比島	Narcise Reef
Tao Ming Gun Chiao	道明群礁	明楊道明拓殖三佛齊	Loaita Bak and Reefs	
Yang Hsin Sha Chou	楊信沙洲	明楊化拓撫南洋	Lankiam Cay	Filem on I.
Nan Yao To	南鑰島		Loatia or South I. of Horsbung	Dagohoy I. (patag)
Cheng Ho Gun Chiao	鄭和群礁	明成祖時鄭和出使南洋	Tizard Bank and Reefs 堤灘	
Taiping To	太平島	紀念戰勝後接收軍艦太平號	Itu a ba I. 長島、大島	MacArthur I
Din Chien Sha	敦謙沙洲	紀念中業號艦長	Sandy Cay 北	Trum an I.

Chou		李敦謙	小島	
P'a Lan Chiao	舶蘭礁		Petley Reef	Citizen I.
An Ta Chaio	安達礁		Eldad Reef	Emesto Reef
Khan Cyih To	鴻蔴島	紀念中業號副艦長楊鴻蔴	Namy it I. 南小島、納伊脫島	Nationalista I.
Nan Hsun Chiao	南薰礁		Gaven Reefs	
Fu Lu Shu Chi	福祿寺溪		Westem or Flora Temple Reef	Leon Reef
Ta Hsien Chiao	大現礁		Discovery Great Reef 大發現礁	Godo Reef
Hsiao Hsien To	小現礁		Discovery small Reef 小發現礁	
Yung Shu Chiao	永暑礁		Ficry Cross or N. W. Investigator Reef	Rodriquez Reef
Hsia Yao An Chiao	逍遙暗沙		Dhaullshoal	Carlos Island (Likas)
His Yueh To	西月島		West York I. 西約克島	Congress Reef (Kofa)
Peiheng Chiao	北恆礁		Ganges N. Reef	
Heng Chaio	恆礁		Ganges Reef	
Chin Hung To	景宏島	紀念明成祖王景宏出使南洋	Sin Cowe I. 辛科威島	Lorenzo.I
Fu Po Chail	伏波礁		Ganges Reef	
Fan Ai An Sha	汎愛暗沙		Fancy Wreck Shoal	Laurel Shoal
Kun Ming Chiao	孔明礁		Pennsylvan ia Reef	Don Jose Shoal
Hsien O Chiao	仙娥礁		Alicia Ann ie	News Shoal

			reef	
Mei Chi Tan	美濟礁		Mischief Reef	Catapa Shoal
Hsien Ping An Sha	仙賓暗沙		Sabina Shoal	Don Juan Shoal
Hsin Yi An Sha	信義暗沙		1st tham as shoal	Loon Shoal
Jen Ai An Sha	仁愛暗沙		2nd Tham as Shoal	Free Press Shoal
Hai Kou An Sha	海口暗沙		Investigator N.E.Shoal	Tabloids Shoal
Pi Shan To	畢生島		Perrson	Senators Reef
Nan Hai To	南華礁		Comwallis South Reef	Victoria Reef
Li Wei To	立威島		Lizzie Weber	Times Bank
Nan Hai To	南海礁		Marivels Reef	
His Po Chiao	息波礁		Ardasier Breakers	
Po Lung Chiao	破浪礁		Gloucester Breakers	
Yu Lu To	玉諾島		Cay Marino	
Yu Ya An Sha	榆亞暗沙		Investigation Shoal	
Chin Wu An Sha	金吾暗沙		S.W.Shoal	
Hsiao Wei An Sha	校尉暗沙		N.E.Shoal	Chronicle Isle
Nan Lo An Sha	南樂暗沙		Glasgow	Bulletin Reef
Shin Lin Chiao	司令礁		Commodore Reef	Herald Reef
Tu Hu An Sha	都護暗沙		North Viper Shoal or Sea-	Mirror Shoal

			horse	
Chin Hsiang Chiao	指向礁		Director	
Yung Ting Gun To	尹慶群礁	尹慶與鄭和同時出使南洋	London Reefs 零丁礁	
Chung Chiao	中礁		Central Reef	Rotary Reef
Hsi Chiao	西礁		West Reef	Lion Reef
Tung Chaio	東礁		East Reef owen shoal	Jaycee Reef
Hwa Yang Chiao	華陽礁		Cuarteron Reef	Knight Reef
Nanwei To	南威島	紀念接收時廣東省主席羅卓英	Spratly or Stom I. 西島	
Jih Chi Chiao	日積礁		Ladd Reef	
Ao Yuan An Sha	奧授暗沙		Owen Shoal	
Nan Wei Tan	南薇灘		Riflem en Bank	
Peng Po	蓬勃堡		Bom bay Castle	
Ao Nan An Sha	奧南暗沙		Orleana Shoal	
Chin Ting An Sha	金盾暗沙		Kingston shoal	
Kuang Ya Tan	廣雅灘		Prince shoal	
Jen Chan Tan	人駿灘		Alexandra Bank	
Li Chun Tan	李準灘		Grainger Bank	
Hsi Wei Tan	西衛灘		Prince Consort Bank	
Wan An Tan	萬安灘		Vanguard Bank	
An Po Sha Chou	安波沙洲		Am boyna Cay 安波那島	PMI Island
Yin Tao An Sha	隱遁暗沙		Stay Shoal	
(二)危險地帶以東各島礁(In The East Of Danger Zone)				
Haima Tan	海馬灘		Seahorse or Routh Bank	

Pcng Po An Sha	蓬勃暗沙		Bom bay Shoal	Osmena Shaol
Chian Chung An Sha	艦長暗沙		Royal Captain Shoal	Democrat Island
Pan Yueh An Sha	半月暗沙		Half Moon Shaol	Liberal Islet
(三)危險地帶以南各島礁(In The South Of Danger Zone)				
Po Wei An Sha	保衛暗沙		Viper Shoal	
An Tu Tan	安渡灘		Ardasier Bank	
Tan Yuan Tan	彈丸礁		Swallow Reef	
Huang Lu Chiao	皇路礁		Royal Charlotte Reef	
Nan Tung Chiao	南通礁		Louisa Reef	
Pei Kun An Sha	北康暗沙		North Luconia shaols	
Meng I An Sha	盟誼暗沙		Friendship Shoal	
Nan An Chiao	南安礁		Sea-horse Breakers	
Nan Ping Chiao	南屏礁		Hayes Reef	
Nan Tong Chiao	南康暗沙		South Luconia Shoals	
Hai Lin Chiao	海寧礁		Herald Reef	
Haian Chaio	海安礁		Stigant Reef	
Teng Ping Chiao	澄平礁		Sterra Blanca	
Tseng Mao An Sha	曾母暗沙		James Shaol	
Pa Hsien An Sha	八仙暗沙		Parsons Shoal	
Li Ti An Sha	立地暗沙		Lydis Shoal	
(四)危險地帶以內各島礁(Within The Danger Zone)				
Lilo Tanchung	禮樂灘		Reed Bank	Red Bank

Shu Tan				
	忠孝灘		Tem plier Bank	Inday Bank
Shen Hsien An Sha	神仙暗沙		Sandy Shoal	Quirino Shoal
Hsien Hou Tan	仙后灘		Fairei Queen	
O An An Sha	莪蘭暗沙		Lord Auk land Shoal	
Hung O An Sha	紅峨暗沙		Camatic Shoal	Quezon Shoal
Tsung Tan	棕灘		Brown Bank	Roxas Bank
Yang Ming Chiao	陽明礁		Pennsylvania N. Reef	
Tung Pu Chiao	東坡礁		Pennsylvania	
An Tung To	安塘島		Amy Douglas	
Ho Ping An Sha	和平暗沙		3rd thomas Shoal	Maribojoc Shoal
Fei Hsin To	費信島	紀念明成祖時費信出使南洋	Flat I. 平島、扁	Sikatuna I.(parola)
Ma Huan To	馬歡島	紀念明成祖時馬歡出使南洋	Nashan I.	Tam blot I.(Lawak)

資料來源：蕭曦清，《中菲外交關係史》。

附表二：菲、越擅改名稱並妄稱享有「主權」之島礁中、英、菲、越名稱對照表

中文島名	通用之英文名稱	菲律賓人所賦予之名稱	越南人所賦予之名稱	聲稱享有其主權之國家
南沙群島	Spratly Islands	Kalayaan	Quan Dao Truong Sa	菲、越、馬
安波沙洲	Amboyna Cay	Kalantiyaw	Dao An Bang	菲、越、馬
司令礁	Commodore Reef	Rizal Reef		菲、越、馬
安塘島	Flat Island	Patag		菲、越
太平島	Itu Aba	Ligaw	Dao Thai Binh	菲、越
揚信洲	Lankiam Cay	Panata		菲、越
南鑰島	Loaita	Kuta	Dao Loai Ta	菲、越
鴻麻島	Namyit	Binago	Dao Nam Ai	菲、越
馬歡島	Nanshan	Lawak		菲、越
北子礁	Northeast Cay	Parola	Dao Song Tu Dong	菲、越
畢生島	Pearson Reef	Hizon		菲、越
白蘭礁	Sand Cay		Dao son Ca	菲、越
景宏島	Sin Cowe	Burok	Dao Sin Tonh	菲、越
南子礁	Southwest Cay	Pugad	Dao Song Tu Tay	菲、越
南威島	Spratly Island	Lagos	Dao Truong Sa	越
中業島	Thitu	Pagasa	Dao Thi Tu	菲、越
西月島	West York Island	Likas	Dao Ben Lac	菲、越
西沙群島	Paracel Islands		Quan Dao Hoang Sa	越
東沙群島	Pratas Reef			

資料來源：蕭曦清，《中菲外交關係史》（台北：正中書局，1995），頁 999。

附表三：各國佔領南海諸島概況表

國別	佔領島嶼
台灣	東沙島、太平島（面積零點四八平方公里，為南沙第一大島）共約二百人。
中國	西沙群島的永興島（軍港、機場、電達站）、金銀島（潛艇及快艇涵洞、機場、電達站）、中建島（直升機基地）、永樂島（潛艇基地）、珊瑚島（港埠及電達站）。南沙群島的南薰、永暑、華陽、東門、赤瓜及肯南礁均有探測站。共約二百六十人。
菲律賓	北子礁、禮樂島、中業島、西月島、費島、馬歡島及南鑰島，各有軍力十到十五人及燈塔。（司令島、楊信沙洲）共約一百八十人
越南	南子礁、（軍力四十人、民兵三十五人）、敦謙島、（軍力八十人、戰車四輛、五吋砲、七五及八一砲）、安達島（民兵三五〇人）、舶蘭礁（監測站）、鴻麻島（軍力八十人、戰車四輛）、南威島（軍力二十人）、景宏島（軍力二十人）、大、小現礁、畢生礁、立威島、蓬勃礁、鬼喊礁、奈羅礁、宏婆沙洲、南華礁、瓊礁、大兜礁、六門礁、中礁、東礁、無面礁、口積礁、金輪灘、萬安灘。共約六百人。
馬來西亞	南華礁、彈丸礁、皇路礁、光星礁、南通礁。共約七十人

資料來源：台北三軍大學兵學研究所製表，一九九五年三月六日《自由時報》。

附表四：南中國海南沙海域石化燃料蘊藏現況

南沙海域海區名稱	海底盆地面積 (平方浬)	原油蘊藏量 (億桶)	探明可開採儲量	
			原油(億桶)	天然氣(億立方米)
禮樂灘	7,780	80.9	--	--
巴拉望西北盆地	8,530	99.6	2.2	844
鄭和盆地	3,790	38.1	--	--
萬安盆地	11,560	164.1	2.3	--
中越盆地	6,000	60.4	--	--
安渡灘	7,050	70.9	--	--
婆羅乃沙巴盆地	22,570	498.1	46.6	4080
曾母盆地	53,360	1037.2	3.6	22540
合計	120,640	2049.3	54.7	27464

註一、南沙海域，係指在我國"U"型斷續國界線內屬於南沙群島的海疆。

註二、南沙海域表列各海底盆地的天然氣總蘊藏量達十萬億立方米。

註三、每 198.1 立方米的天然氣能量，相當於原油 1 桶之油當量

資料來源：譯自 *Manila Times*, October 15, 1998, p.9.

附表五：菲一九八七、一九七三、及一九三五年美法有關領土規定的不同點

1987 ARTICLE 1 NATIONAL TERRITORY	1973 ARTICLE 1 NATIONAL TERRITORY	1935 ARTICLE 1 NATIONAL TERRITORY
The national territory comprises the Philippine archipelago, with all the islands and waters embraced therein, and all other territories over which the Philippines has sovereignty or jurisdiction, consisting of its terrestial, flucial , and aerial domains, including its territorial sea, the seabed, the subsoil, the insular shelves and other submarine areas. The waters around, between, and connecting the islands of the archipelao,regardless of their breadth and dimensions, form part of the internal waters of the Philippines. (Art. 1, Sec. 1, The National Territory)	SECTION 1. The national territory comprises the Philippine archipelago, with all the islands and waters embraced therein, and all other territores belonging to the Philippines by historic right or legal title, including the territorial sea, the air space, the subsoil, the seabed, the insular shelves, and the other submarine areas over which the Philippines has sovereignty or jurisdiction. The Waters around, between and connecting the islands of the archipelago, irrespective of their breadth and dimensions, form part of the internal waters of the Philippines. (Art. 1. Sec. 1. The National Territory)	SECTION 1. The Philippines comprises all the territory ceded to the United States by the Treaty of Paris Concluded between the United States and Spain on the tenth day of December, eighteen hundred and ninety-eight, the limits of which ard set forth in Article IIIof said treaty, together with all the islands embraced in the treaty concluded at Washingtion, between the United States and Spain on the seventh day of November, nineteen hundred, and in the treaty concluded between the United states and Great Britain on the second day of January, nineteen hundred and thirty, and all territory over which the present government of the Philippine islands exercises jurisdiction.

Source: Raphael M. Lotilla, "Maritime Boundary Dispute", Aileen san Pablo-Baviera (ED). The South China Sea Disputes, Philippine Perspectives (The Philippine-China Development Resource Center and the Philippine Asociation for Chinese Studies), 1992. P. 13

附圖一：南海地形島瞰圖

(The Topography of South China Sea in Bird's-eye view.)

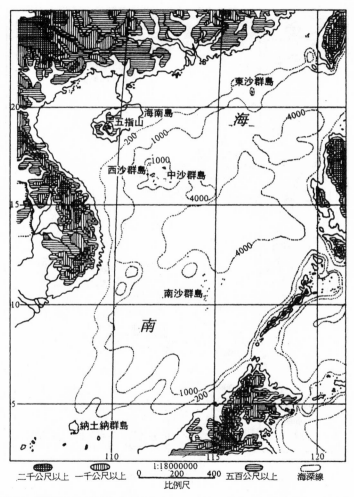

資料來源：蕭曦清，《中菲外交關係史》（台北：正中書局，1995），頁 977。

附圖二：南海諸群島位置略圖
(The Location of South China Sea Islands)

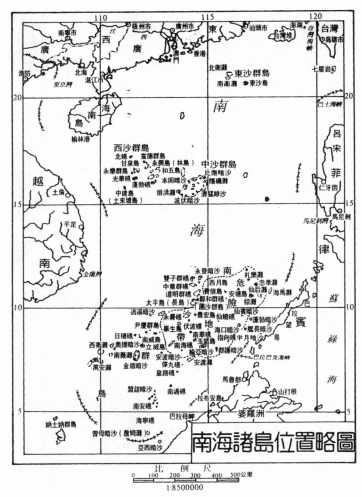

資料來源：蕭曦清，《中菲外交關係史》（台北：正中書局，1995），頁 978。

附圖三：南沙群島各島礁分布詳圖
(The Distribution of All Islets of Nanshas)

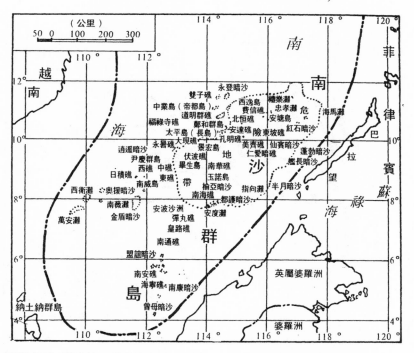

資料來源：蕭曦清，《中菲外交關係史》（台北：正中書局，1995），頁984。

附圖四：悍鄰侵佔南沙島礁相關位置圖
(Claims and Occupations in the Nansha Islands)

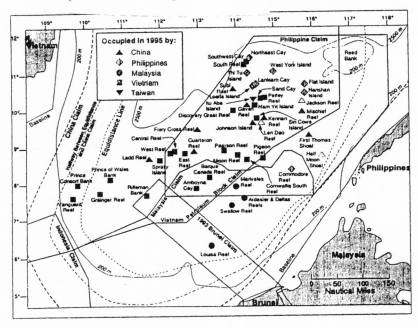

Source: Valencia, Mark; Van Dyke, Jon; Richardson, William and Ludwig, Noel, "The South China Sea Disputes: Approaches and Interim Solutions", in Ramnath, Thangam, ed. *The Emerging Regional Security Architecture in the Asia-Pacific Region*. Kuala Lumpur: ISIS-Malaysia, 1996.

附圖五：南海諸群島與鄰國相隔距離略圖
(The Distance Between South China Sea Islands and the Neighboring Countries)

Source: Hsiao Shi-Ching, "The Nanshas (Spratlys) Disputes" (Manila, Color Lithographic Press Inc. 1999, Second Edition), p.169.

附圖六：南沙群島各主要島礁關係位置圖

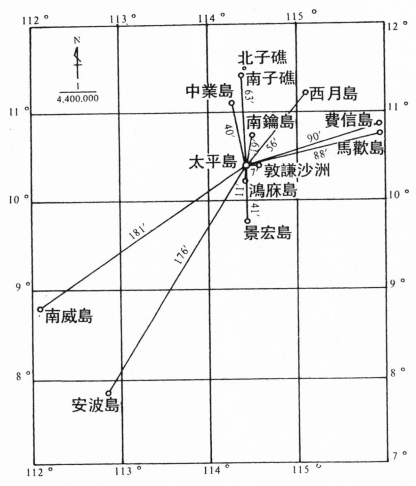

資料來源：蕭曦清，《中菲外交關係史》（台北：正中書局，1995），頁 982。

附圖七：唐書地理誌有關南海諸群島的記載

(The records on South China Sea Islands in the geographical annals of Tang Dynasty (AD 618-907))

盤陀國開元中置守捉安西極邊之戍有寧彌故城一曰達德力
城曰汗彌國曰拘彌城于闐東三百九十里有建德力河東七百
里有精絕國于闐西南三百八十里有皮山城北與姑墨接演凌
山在于闐國西南七百里又于闐東三百里有坎城鎮東六百里
有蘭城鎮南六百里有胡弩鎮西二百里有固城鎮西三百九十
里有吉良鎮于闐東距且末鎮千六百里自焉耆西五十里過鐵
門關又二十里至于術守捉城又二百里至榆林守捉又五十里
至龍泉守捉又六十里至東夷僻守捉又七十里至西夷僻守捉
又六十里至赤岸守捉又百二十里至安西都護府又一路自沙
州壽昌縣西十里至陽關故城又西至蒲昌海南岸千里自蒲昌
海南岸西經七屯城漢伊脩城也又西八十里至石城鎮漢樓蘭
國也亦名鄯善在蒲昌海南三百里康艷典為鎮使以通西域者
又西二百里至新城亦謂之弩支城艷典所築又西經特勒井渡
且末河五百里至播仙鎮故且末城也高宗上元中更名又西經
悉利支井祆井勿遮水五百里至于闐東蘭城守捉又西經移杜堡
彭懷堡坎城守捉三百里至于闐
安南經交趾太平百餘里至峯州又經南田百三十里至恩樓縣
乃水行四十里至忠城州又二百里至多利州又三百里至朱貴
州又四百里至丹棠州皆生獠也又四百五十里至古湧步水路
距安南凡千五百五十里又百八十里經浮動山天井山山上夾
道皆天井間不容跬者三十里二日行至湯泉州又五十里至祿
索州又十五里至龍武州皆爨蠻安南境也又八十三里至儻遲
頓又經八平城八十里至洞澡水又經南亭百六十里至曲江劍
南地也又經通海鎮百六十里渡海河利水至絳縣又八十里至
晉寧驛戎州地也又八十里至拓東城又八十里至安寧故城又
四百八十里至靈南城又八十里至白崖城又七十里至蒙舍城
又八十里至龍尾城又十里至大和城又二十五里至羊苴咩城
自羊苴咩城西至永昌故郡三百里又西渡怒江至諸葛亮城二

百里又南至樂城二百里又入驃國境經萬公等八部落至悉利
城七百里又經突旻城至驃國千里又自驃國西度黑山至東天
竺迦摩波國千六百里又西北渡迦羅都河至奔那伐檀那國六
百里又西南至中天竺國東境恒河南岸羯朱嗢羅國四百里又
西至摩羯陀國六百里一路自諸葛亮城西去騰充城二百里又
西至彌城百里又西過山二百里至麗水城乃西渡麗水龍泉水
二百里至安西城乃西渡彌諾江水千里至大秦婆羅門國又西
渡大嶺三百里至東天竺北界箇沒盧國又西南千二百里至中
天竺國東北境之奔那伐檀那國與驃國往婆羅門路合一路自
驩州東二日行至唐林州安遠縣南行經古羅江二日行至環王
國之檀洞江又四日至朱崖又經單補鎮二日至環王國城故漢
日南郡地也自驩州西南三日行度霧溫嶺又二日行至棠州日
落縣又經羅倫江及古朗洞之石蜜山三日行至棠州文陽縣又
經𦡊𦡊澗四日行至文單國之算臺縣又三日行至文單外城又
一日行至內城一曰陸真臘其南水真臘又南至小海其南羅越
國又南至大海
廣州東南海行二百里至屯門山乃帆風西行二日至九州石又
南二日至象石又西南三日行至占不勞山山在環王國東二百
里海中又南二日行至陵山又一日行至門毒國又一日行至古
笪國又半日行至奔陀浪洲又兩日行到軍突弄山又五日行至
海硤蕃人謂之質南北百里北岸則羅越國南岸則佛逝國佛逝
國東水行四五日行至訶陵國南中洲之最大者又西出硤三日
至葛葛僧祇國在佛逝西北隅之別島國人多鈔暴乘舶者畏憚
之其北岸則箇羅國箇羅西則哥谷羅國又從葛葛僧祇四五日
行至勝鄧洲又西五日行至婆露國又六日行至婆國伽藍洲又
北四日行至師子國其北海岸距南天竺大岸百里又西四日行
經沒來國南天竺之最南境又西北經十餘小國至婆羅門西境
又西北二日行至拔颶國又十日行經天竺西境小國五至提颶

附圖八：北宋「武經總要」由宋仁宗皇帝親作「御序」
記載北宋水師戰艦巡航西沙海域

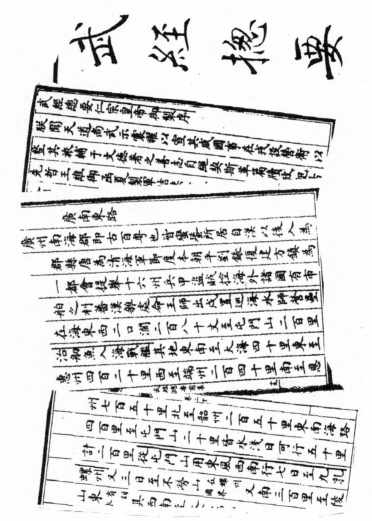

附圖九：明朝「鄭和航海圖」西、南沙位置圖

(On the Zhenghe's Nautical Chart of Ming Dynasty (AD 1368-1644),
on which the Location of Xishas & Nanshas was indicated.)

　　明朝「鄭和航海圖」中列有西沙（石塘、萬生石塘嶼）與南沙（石星石
塘）。（圖印自周鈺森著：《鄭和航路考》中影印之明朝茅元儀著《武備
志》。）

附圖十：十九世紀初，中國古籍「海錄」已清晰標示出中國
「南沙群島」（粗黑線區域內）的地理位置

附圖十一：南沙群島最大島嶼太平島鳥瞰平面圖

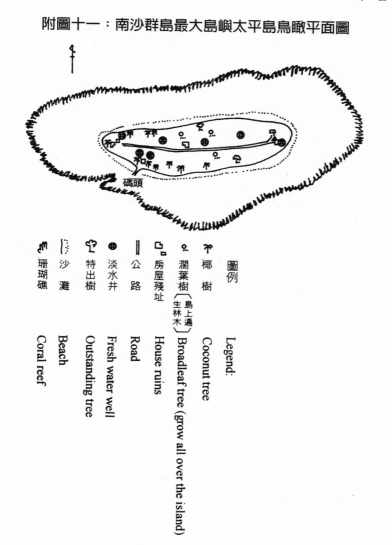

碼頭

圖例　Legend:

椰　樹　Coconut tree

潤葉樹（島上遍生林木）Broadleaf tree (grow all over the island)

房屋殘址　House ruins

公　路　Road

淡水井　Fresh water well

特出樹　Outstanding tree

沙　灘　Beach

珊瑚礁　Coral reef

資料來源：蕭曦清，《中菲外交關係史》（台北：正中書局，1995），頁 985。

附圖十二：菲侵佔南沙主要島礁關係位置圖
(The Islands Occupied by the RP)

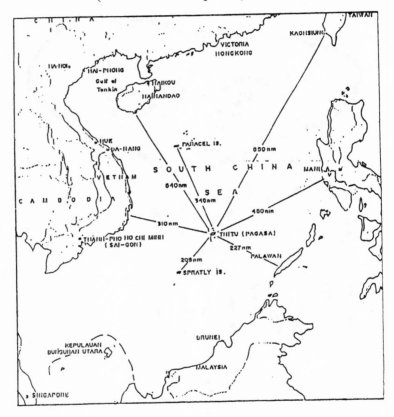

The sizes of the islands occupied by the Philippines are as follows: Pag-asa Island — 45 hectares, Likas Island — 25 hectares, Parola Island — 15 hectares, Kota Island — 15 hectares, Lawak — 4.9 hectares, Patag Island — 1.5 hectares, Panata Island — less than 1 hectare, and Rizal Reef — 1.3 hectares.

Source: The Kalayaan Claims, *The South China Sea Disputes, Philippine Perspective* (Philippine-Chinese Development Resource Center and Philippine Association for Chinese Studies 1992), p.24.

附圖十三：菲竊據「卡拉揚群島」（南沙）分布圖
(Map of the "Kalyaan Island Group" (Part of the Nanshas))

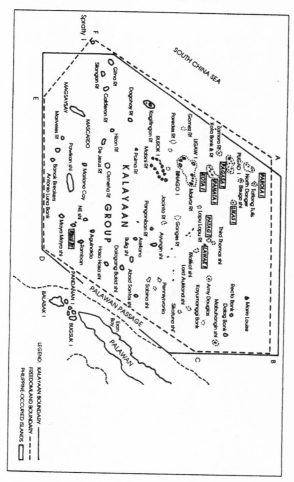

Source: The Philippines and the South China Sea Islands: Overview
and Documents. Manila: Foreign Service Institute, 1993.

附圖十四：自封「自由地」國家「元首」菲狂人克魯瑪
(TOMAS CLOMA (in 1970s))

資料來源：1974 年 Cloma 提供。

附圖十五：菲狂人克魯瑪所「發現」並「佔領」取得之 「自由地」（南沙）區畫圖

(Freedomland -- North of Borneo, Freedomland includes 70,000 miles of Shallow Sea.)

Freedomland

NORTH OF BORNEO, FREEDOMLAND INCLUDES 70,000 MILES OF SHALLOW SEA.

註：原載加拿大多朗多 *The Star Weekly Magazine*, May 31, 1958.

附圖十六：「自由地」（南沙）國旗圖樣
(The Flag of "Freedomland")

1.展翅飛翔之信頭翁：純白色
2.方心底：鮮紅色
3.方邊底：深藍色

資料來源：1976 年 Cloma 提供。

附圖十七：南沙海域油礦分布圖
(Oil Fields and Concessions in the Nansha Islands)

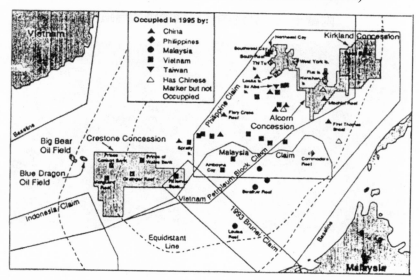

Source: Valencia, Mark; Van Dyke, Jon; Richardson, William and Ludwig, Noel, "The
South China Sea Disputes: Approaches and Interim Solutions", in Ramnath,
Thangam, ed. *The Emerging Regional Security Architecture in the Asia-Pacific
Region.* Kuala Lumpur: ISIS-Malaysia, 1996, p.7.

附圖十八：菲建中業島飛機跑道鳥瞰圖

Courtesy of the Philippine Daily Inquirer

Source: Philippine Daily Inquirer, January 13, 1999. p.2.

附圖十九：菲國會議員一九九七年訪黃岩島
(RP Congressmen's Visit to Huang Yan Tao)

CONGRESSMEN Roque Ablan and Jose Yap and a delegtation of newsmen with the Philippine flag on an islet in the Scarborough Shoal

Courtesy of the Philippine Daily Inquirer

Source: Philippine Daily Inquirer, May 24, 1997. p.16.

附圖二十：中國人民解放軍在南沙美濟島修建碉堡
(Completed Meiji Tao Structure in Photo Taken February 5, 1999 by a Philippine Air Force Reconniasance Plane)

Source: Philippine Daily Inquirer, February 17, 1999. p.2.

附圖二十一：南沙主權紛爭危機四伏（漫畫）

Courtesy of the Philippine Daily Inquirer

Source: Philippine Daily Inquirer, November 29, 1998. p.5.

本書參考資料

(一) 英文參考資料

Jenning, The Acquisition of Territories in the International Law, 1936, P.28.

Manila Bulletin, April 14, 1949.

Manila Evening News, April 8, 1957, P.4.

Letter dated December 14, 1956 from Cloma to President Magsaysay, Resolution adopted by Philippine Foreign Affairs Association on December 20, 1956. Nes from the Philippines, February 8, 1957, P.4.

Letter dated February 8, 1957 from Vice President Garcia to Cloma.

Letter dated February 15, 1957 From Cloma to Vice President Garcia.

Kessing's Contemporary Archives Weekly Daily of World Events (1955-1956). P.15131, also Milton Cloma, "Second Representation" on May 21, 1956.

Letter dated May 22, 1956 from Tomas Cloma to Ambassador Chen Chih-mai, Note R N E No. 12607 dated May 23, 1956 from ambassador Chen Chin-mai to Vice President Carlors P. Garcia.

Resolution date June 4, 1956 signed by Tomas Cloma in the name of "Chief of State" Statement to the press dated July 6, 1956 by Tomas Cloma.

Letter of election dated July 7, 1956 signed by the Cloma's family-Tomas, Filemon, Rizal, Jaime, and Tomas Jr.

Letter dated July 28, 1956 from Tomas Cloma to Ambassador Chen Chih-mai.

Letter dated July 2, 1956 from Vice president Garcia to Ambassador Chen Chih-mai.

Instrument of Notification dated July 6, 1956 signed by Teodoro Agbayani.

Letter dated July 6, 1956 to RP Foreign Secretary signied by "Acting State Secretary" Manuel Aguilar Greetings dated July 6, 1956 signed by "President" Tomas Cloma.

Letter dated December 13. 1956 from Tomas Cloma to Ambassador Chen Chin-mai.

Letter dated March 13, 1957 from Pedro A Cloma to ambassador Chen Chin-mai.

Statement written by Antonio del Carmen, signed by Eleuterio de Lemos, skipper and Camelio Santillan, Chief Mate, witnessed by Benjamin Abueg and Isaac juani of Philippine M/B boat Don Luis on May 24, 1957

Philippine Embassy in Taipei, first annual Report, March 15, 1955 to December 31, 1957, P.78.

A. V. H. Hartendorp, History of Industry and Trade of the Philippines, the Magsaysay (Manila: Philippine Education Company, 1961), PP.210, 210.

Nobuo Muroga, "The Philippines in Old Chinese Maps" Philippine Historical Review, Vol. 11, No. 8.

Artsetes Smpang "Continental Shelf of Asia Drawing International Attention", Manila Times, November 26, 1970.

Willie Ng: Cloma Wants No Less Than sovereign Rights, Manila Bulletin, January 7, 1971.

Remarks made by Cloma at the Manila Overseas Press Club on January 15, 1971.

Cloma speech delivered in Manila Overseas Press Club July, 1, 1971.

Tito V, Carballo: Saigon Renews "Spratly" Claim, Manila Times, August 8

"DFA Hit For Weak Stand on Islands", Daily Mirror, July 10, 1971.

"Taipei Firm On Islands", The Manila Evening News, July 12, 1971.

Manila Times, July 11, 1971.

"CC Tackling Basic Changes; Bid on Sabah, Spratly Set", Manila Bulletin, July 12, 1971.

H. D. Suyko, "People Don't Want To See Another Sabah Burlesque", Philippine Daily Star, July 12, 1971.

Manila Bulletin, July 12, 1971.

D.Y. Caparas: "Territorial Dispute, China Rejects RP Stand on Islands", Manila Times, July 13, 1971.

D.Y. Caparas: "China Reject RP Stand on Islands", Manila Times, July 13, 1971 P.1.

Rosauro Acosta, "Saigon Envoy Joins Freedomland Fray", Philippines Herald, July 14, 1971, P.1.

The Philippine Herald, July 15, 1971.

Manila Bulletin, July 16, 1971.

Manila Chronicle,July 18, 1971.

Philippine Herald, July 19, 1971.

"RP Disputes China Claim", Manila Times, March 12, 1972, P.1.

Daily Mirror, April 12, 1972. Manila

Jo Villorba, "Cloma Bolsters His Claim To Freedomland", Examiner, May 6-13, 1972. PP.7, 22.

Philppine Herald, May 22, 1972.

Amante F. Paredes, "Cloma Marks 16th Year of Freedomland", Manila Chronicle, July4, 1972, P.11.

"The contested Island Groups", Daily Express, January 20, 1974, P.2.

Antonio Nieva, "Freedomland 'Finder' Grieves", Bulletin Today, January 22, 1974, P.1.

Reler Sharrock, "South China Isles Row Is Not Just Simple Confrontation", Bulletin Today, January 21, 1974.

"RP Watching Conflict Over Paracel Isles", Bulletin Today, January 23, 1974.

Vietnamese Embassy in Manila, News Release, No. 416, January 31, 1974. The three islands, in English: Roberto, Money and Pattle: in Vietnamese language: Cam Tuyen, Quany Hoa, and Duy Mong.

"Viet Naval Force, Men Steaming for spratlys", Bulletin Today, Febuary 1, 1974, P.15.

Ramon Tulfo, "The Man Who Discovered Freedomland", Daily Express, February 8, 1974, P.6.

"Gov't States Position on Imbroglio Over Islands", New Philippines, No VI. February, 1974, P.6.

"RP Gets Two Spratly Isles", Bulletin Today, February 13, 1974, P.8.

"S Viets: We Want No War Over Spratlys", Bulletin Today, February 5, 1974, P.1.

"No RP Troops on Spratlys, Says Tatad", Daily Express, February 14, 1974. P.1.

"Those South China Sea Islets", Bulletin Today, February 9, 1974, P.6.

"Taipei Rejects RP Protest on Spratlys", Daily Express, February13, 1974, P.1.

"RP Notes Protest to Vietnam, China", The Times Journal, February 9, 1974, P.9.

"Paracel Dispute" Editorial, The Times Journal, January 21, 1974.

"Peaceful Settlement", The Times Journal, February 16, 1974.

"Paracel Isles Dispute Posses Another Problem", Daily Express, January 22, 1974.

"On Spratlys: Why Talk War?", Bulletin Today, February 17, 1974.

Primitivo Mijares, "RP Will Seek to Avoid Bloodshed in Spratly Dispute", Daily Express, February 12, 1974.

"Viets Okay 'Dialogue' On Spratlys", Daily Express, February 17, 1974, P.1.

Martin H. Katcyhen, "The Spratly Islannds and the Islets of the Sea, 'Dangerous Ground' For Asian Peace", Asian Survey, Vol. XVII, No.12, December 1977, 1167-1181.

China's Indisputable Sovereignty Over the Xisha and Nansha Islands, Document of the Ministry of Foreign Affairs of the People's Republic of China, Foreign Language Press, January 30, 1980.

Day, Allan J. Borderland Territorial Disputes. U.K., Singapore, 1982, PP.329-330.

White Paper issued by the Vietnamese Foreign Ministry on September 27, 1979.

Manila Bulletin, 18 September 1988, P.1.

Chang Pao-min, Contemprorary Southeast Asia, Vol. 12, No. 1, June 1990, P.24.

L.T. Lee, "Managing Potential conflicts in the south China Sea: Political and Security Issues", The Indonesian Quarterly, Vol. XVIII, No.2 (2nd Quarter 1990): 154.

Tunku Shamsul Bahrin and Khadijah Muhamed, Scramble for the South China Sea: The Malaysian Perspective, (2nd Workshop on Managing Potential Conflicts in the South China Sea: Bandung, Indonesia, 1991), P.1

J.W. McManus, "The Spratly Island: A Marine Park Alternative", NAGA, The ICLARM Quarterly, July 1992, P.5.

Merliza M. Makinano, Understanding the South China Sea Disute, Published by Office of Strategic and Special Studies, Armed Froces of the Philippines. 1992, P.13.

Quoting Pan Shiying as cited by Philip Bowring "Hans Across the South China Sea: Drilling Malay Teeth", in South China Sea Conference, Washington, D.C., 7-9 September 1994, P.9.

Ruben O. Cananza Jr., "The Kalayaan Group: Legal Issues and Problems for the Philippines", The World Bulletin, Vol. 10, September-December, 1994, P.57.

Noe L. Caagusan, "The Contest for Energy Resources", The South China Sea Disputes, Philippines Perspectives, (PLDRC & PACS 1992), P.26.

Aileen S. Baviera, ed., "The South China Sea Disputes: The Philippine Perspectives", (Manila: Philippine-China Development Resource Center and the Philippine Association for Chinese Studies, 1992), P.40.

Theresa C. Carino, "The South China Sea Disputes", Philippine Perspectives, (PCDRC & PACS, 1992), P.6.

Mark J. Valencia, "A Spratly Solution". Far Eastern Review, March 31, 1994.

Ruben C. Cananza Jr., The Kalayaan Islands Group: Lega; Issues and Problems for the Pjhilipines", The World Bulletin, Vol. 10, September-December 1994, PP.52-54. Cananza, lecturer, College of Law, U.P.

Chien Jie, "China's Spratly Policy", Asian Survey, October 1994, PP.896-897.

"A Line in the Sand", Far Easter Economic Review, 6 April 1995.

"US Vows to Back RP in Spratly Row", Philippine Daily Inlurier, April 1, 1995, PP.1, 12, 13.

Manila Standard, March 29, 1995, P.3.

Jorge Coquia, "Philippine Position on the South China Sea Issue", The South China Sea Disputes, Philippine Peerspectives, P.52.

"China Seas Huge Oil, Gas Deposit in the Spratlys", Manila Bulletin, 21 May 1995. See also, "China Predicts Huge Oil Deposits under Spratlys", The Philippine Star, 21 May 1995.

Louis J. Samuelson, "Conflict Resolution in the South China Sea", Paper presented at COMDEF '95 Asia and Pacific conference", Vancouver, BC, 8-9 August 1995, P.2.

"European Union urges end to Spratlys Dispute", Philippine Journal, 24 June 1995, P.10.

Statement of US State Department Spokesperson Christine Shelly in "Peaceful Resolution urged for Spratlys Islands Dispute", Manila Standard, 9 June 1995, PP.1-2.

"Peaceful Resolution Urged for Spratlys Islands Dispute", Manila Standard, 9 June 1995, P.1.

"US Studies Need to Deploy Troops off Spratly Islands", Manila Standard, 13 July 1995.

"At Stake in the Spratlys", Philippine Journal, 6 June 1995.

The Straits Times (Singapore), June 23, 1995, P.21.

Regina Yatco, "The Spratlys Dispute: A Bid for Regional Supremacy?" Fookien Times Philippine Yearbook 1995-1996, P.106.

The Philippine Star, December 14, 1996, P.18.

Philippine Star, January 3, 1997, P.1.

Lynda T. Jumilla, "China Beefs Up Spratlys Garrison", Philippine Daily In1uirer, November 30, 1996, PP.1, 14.

Alfredo L. Filler, "The Spratlys Dispute: Issuess and Prospects", Paper Read at the Conference on Security and Gatbility in Southeast Asia and in Europe, St. Augustine, Germany, 17 may 1995, P.19.

Ellen Tordesillas, "RP Offensive in the Spratlys", Malaya, 19 Mary 1995.

The Philippine Star, December 13, 1996, PP.1, 20

"Manila Mulls Refueling Stop in Spratlys", Philippine Star, January 3, 1997, P.1.

"Mavy spies more Chinese Structures on Mischief Reef" Manila Times, 21 May 1997.

Cynthia D. Balan, "RP Won'T Budge on Scarborough", Philippine Daily Inquirer, May 24, 1997, PP.1.

"Chinese Ships Sighted in Spratlys", Manila Standard, April 30, 1997, PP.1, 4.

"RP Accepts China's Reply on Spratlys row", Philippine Star, May 8, 1997, PP. 1, 14.

"G-Y Airs Peace Call on Spratlys", Manila Bulletin, 19 June 1997, P.5.

"Jiang tells Chinese Army: Prepare for Regional War", The Philippine Star, May 24, 1997, PP.1, 6.

"ASEAN seeks Peaceful Solution to Spratly Row to Avert Crisis", Manila Bulletin, July 23, 1997, P.5.

Philippine Star, May 14, 1997, P.10.

See Chinese Embassy Press statement in "History, maps place Huangyan (Scarborough) Outside RP Limits" in Philippine Daily Inquirer, May 24, 1997, P.1.

Fel V. Maragay, "De Villa Bristles at Sino Provocation", Manila Standard, May 19, 1997, PP.1,4.

"RP Action in Spratlys Provoking China", Philippine Daily Inquirer, July 4, 1997, P.1.

Hsiao Shiching, History of Chinese Philiphine Relations, Second Edition, (Manila, 1998), PP.412-413.

"RP not Provoking China", The Philippine Star, August 7, 1998, P.12.

Malay News, November 7, 1998, P.1.

Manila Standard, November 6, 1998, PP.1-2.

The Philippine Star, December 10, 1998, P.2.

"China can finish Spratly Structures", The Philippine Star, November 26, 1998, PP.1, 2.

Johina R. Villaviray, "China Says US Should not Meddle", Manila Standard, December 11, 1998, PP.1, 10.

The Philippine Star, December 14, 1998, PP.1, 4.

Philippine Daily Inquirer, January 13, 1999, PP.2, 5.

Manila Times, January 21, 1999, PP.1, 8.

Washington Times Feb. 11. 1999 P.15.

The Philippine Star, March 11, 1999, PP.1, 3.

The Philippine Star, March 26, 1999. P.2.

The journal, March 17, 1999, PP.1, 6.

Philippine Daily Inquirer, March 17, 1999, PP.1, 6.

The Philippine Star, April 6, 1999, P.2.

The Philippine Star, April 16, 1999, P.2.

The Philippine Star, April 29, 1999, PP.1, 2.

Vito Barcelo, "Of All People, China is for VFA", Manila Standard, May 13, 1999, P.2.

Lynda T. Jumilla, "Allow US Forces to Counter Chinese Aggression-Ople",

Philippine Daily Inquirer, May 24, 1999, P.20.

"Erap Says China Biggest Threat", Philippine Daily Inquirer, May 18, 1999, P.20.

"Spratly's Raised in HK", Manila Standard, May 18, 1999, P.1.

"A lot of Sound", Philippine Daily Inquirer, May 20, 1999, P.8.

"Estrada: Multilateral Talks for Spratly row", The Philippine Star, May 19, PP.1, 4.

Manila Standard, May 22, 1999, PP.1, 4.

Philippine Daily Inquirer, May 27, 1999, PP.1, 20.

Manila Standard, June 8, 1999, PP.1, 2.

The Philippine Star, June 10, 1999, PP.1, 7.

Philippine Daily Inquirer, June 25, 1999, P.2.

Manila Standard, June 30, 1999, P.3.

Philippine Daily Inquirer, July 22, 1999, PP.1, 6.

Manila Bulletin, July 24, 1999, P.5.

(二)中文參考資料

《現代國際法》，一九七三年，丘宏達主編，三民書局。

《中國古代海洋學史》，宋正海等編，海洋出版社。

《我國南海諸島史料匯編》，韓振華等編，東方出版社。

《南海的主權與礦藏——歷史與法律》，一九八一年，傅崑成，幼獅出版社。

《南海風雲：海域及相關問題的探討》，楊作洲。

《南海主權與國際衝突》，一九九一年印行，許長亨。

《西域南海史地考證譯叢》，馮承鈞譯。

《西域南海史地考證譯叢續編》，馮承鈞譯。

《南洋與東南洋群島誌略》，陳壽彭。

《南海諸島地理誌略》，鄭資約。

《海南省「自然、歷史、現狀與未來」》，許士杰主編，商務印書館。

《南沙群島——我們的最南端》，一九五六年，楊作洲。

《南海諸島地理誌略》，一九四七年，鄭資約。

《興邦張海權》，一九九六年，劉達材，海軍學術月刊發行。

《中菲外交關係史》，一九九五年，蕭曦清，正中書局。

《東沙島南沙太平島考古學初步調查》，一九九五年。

《地政叢書第二十九輯》，中央研究院歷史語言研究所，陳仲玉。

《南海四沙群島》，一九八一年，符駿。

《漁業資源之開發與海洋法》，蘇義雄，中興法學。

《南海諸島主權與國際衝突》，一九八七年，陳鴻瑜。

《改變歷史的書》，一九六八年，美國唐斯博士原著，彭哥譯，純文學出版
　　社。

《台灣與四鄰論文集》，一九九八年。

《南海與中國海權》，《南海問題研討會論文集》，一九九一年，劉達材，
　　中山大學。

劉昭民，〈南海古早稱為漲海〉，一九九一年十月十日，中央長河版。

陳嘉驥，〈英國、西班牙、直布羅陀〉，《生力月刊》第一八卷二一一期。

鄭資約：〈南沙群島確屬我國領土〉，一九七四年三月十日，掌故月刊第三
　　一期。

鄭資約：〈南沙群島確屬我國領土〉，一九七四年三月十六日，海外讀者文
　　摘半月刊，第二五六期。

《廣州行轅：南沙群島兵要地誌初稿》，一九四七年印行。

《商業周刊》（台），二〇〇四年八月三十日。

趙送岑主編，一九五六年五月二十八日《地理周刊》第五〇七期。

陳碧鐘：〈我們的南疆〉，《光華雜誌》第四卷第十一期。

張維一：〈國際合作堪測中國南海與南沙主權之維護〉，一九六一年十月一日《文藝復興月刊》第二十二期。

日本昭和十四年《台灣年鑑》，中華民國國防部：日本經營我南沙群島的經過（一九四六年印行）。

羅石圃：〈平中越共南沙武裝衝突〉，一九八八年三月十八日《中央日報》。

徐公甫：〈法國佔領九小島事件〉，《外交評論》一九三一年九月號。

傅崑成：〈南海風雲險惡〉，一九八二年二月二十八日《時報雜誌》第一一七期。

狄縱橫：〈南沙群島必須回到祖國懷抱〉，一九八一年三月一日；《中報》第十四期。

邱家邦：「我國南海疆域絕不容他國染指」，一九七六年《民主潮》第二六卷第六期。

傅崑成：〈從歷史與法律看南海的主權與礦藏之爭〉之二，《時報周刊》（一九八二年二月二十八日）。

邱金勝：〈南沙偵巡記〉，一九八五年九月十日《海軍學術月刊》第十九卷第九期。

鍾堅：〈南海主權紛爭與國際合作〉，一九九五年六月二十七日，《國家政策雙周刊》，第一一五期。

〈羅卓英將軍談南沙群島的情形〉，一九五六年六月六日，《台灣新生報》。

〈南沙群島概要〉，一九七一年七月十九日，《大中華日報》（馬尼拉）。

孫碧奇：〈憶往事，說南沙〉，一九七八年一月《中外雜誌》第二三卷一期。

張振國：〈南沙群島面面觀〉，一九七一年八月七日《大中華日報》。

張振國：〈南沙群島歷史嚴格〉，一九七一年七月三十日《大中華日報》。

〈南海諸島學術討論會報告書〉，一九九一年十月，俞寬賜。

〈南海問題研討會實錄南海爭執與解決方法的法律觀〉，一九九二年一月，
　　國立中山大學，傅昆成。

張維一：〈國際合作勘測中國南海與南沙主權之維護〉（載《文藝復興月
　　刊》第二十二期）一九六一年十月一日。

陳鴻瑜：〈南海之石油資源開發與政治衝突〉，《台灣與四鄰論文集》，一
　　九九八年。

俞劍鴻：〈解決南沙群島問題之道〉，《九十年代》一九九三年二月。

〈國防部威遠計劃〉，行政院新聞局，一九五六年六月按時日《時事參考資
　　料》第三號。

《亞洲周刊》一九九四年七月三日；一九九五年六月四日；一九九四年八月
　　七日。

《黑白新聞周刊》，一九九三年四月九日至四月十五日。

《中國大陸》一九九三年十二月。

陳鴻瑜：〈南沙海戰後的東南亞局勢〉，一九八八年六月二日，《中央日
　　報》。

〈中菲應開誠協商經濟海域的界線〉，一九八〇年七月二十一日，《中央日
　　報》社論。

中華人民共和國外交部：〈中國對西沙群島和南沙群島的主權無可爭辯〉，
　　《人民日報》，一九八〇年一月三十一日。

聯合國立法叢書《關於領海、毗連區、大陸架、公海以及海洋捕魚和生物資
　　源的保全的國內立法和條約》，第一〇六至一一一頁，一九七〇年；
　　《海洋法資料匯編》，第三二八頁。

《中華人民共和國分省地圖南海各島嶼》，一九五三年六月修訂再版，地圖
　　出版社。

《中華人民共和國分省地圖集》，一九八四年六月第二版，地圖出版社。

《人民日報》（北京）：一九七四年一月二十四日。

《大公報》（北京）：一九九七年五月二十四日、十一月十五日。一九九八
　　年十一月十四日，二〇〇一年三月十九日。

《明報》（香港）：一九九九年五月二十七日。

《星島日報》（香港）：二〇〇一年三月二十日。二〇〇三年六月九日。

《遠東經濟評論》（港）一九七三年十二月三十一日。

佐伊洛·姆·加蘭：《菲律賓百科全書》（Zoilo. M. Galang《*Encyclopedia of the Philippines*》第十六卷，歷史，菲律賓領土和人口第二十頁，一九五七年馬尼拉版。

《海南同鄉會新廈落成紀念冊》（菲）》一九六八年十月十日南海同鄉會編印。

《大中華日報》（菲）：一九七一年七月十六日。

《商業新聞》（菲）：一九八七年十二月三日。

《新聞報》（菲）：一九七一年一月二十六日、七月十一日。

《僑報》（菲）：二〇〇一年一月二十一日，七月二十六日。二〇〇二年五月十四日。

《菲華時報》（菲）：一九九七年五月三日、五月四日、五月八日、五月十四日、十一月四日。一九九九年二月一日、四月十七日、四月二十四日。

《世界日報》（菲）：一九八二年一月十九日、四月三十日。一九八三年二月十四日、四月十二日、八月三十日。一九八七年一月五日、五月九日。一九八八年三月三日、四月十一日、五月八日、六月二日。一九九九年一月八日、一月二十一日、一月二十七日、二月十四日、三月三日、六月十日、六月二十九日、六月三十日。二〇〇〇年一月十六日、二月二日。二〇〇二年七月十五日。

《菲華商報》（菲）：一九九五年十二月三十一日。一九九八年四月二十九日、五月一日、五月五日、五月十六日、五月十九日、五月二十日、五月二十一日、五月二十二日、五月二十九日、六月四日、六月十四日、九月十三日。一九九八年二月二十一日。一九九九年一月二十八日、二月二十五日、三月十日、三月十三日、三月二十二日、四月十八日、五月十一日、五月十八日、五月二十三日、五月二十七日、五月二十九日、六月二日、六月八日、六月十日、六月二十八日。二〇〇一年三月二十日、八月十六日。二〇〇二年四月二十九日。

《聯合日報》（菲）：一九九二年二月十二日、四月二十三日、五月二十三
　　　日、七月二十二日、八月二十九日、八月三十日、十一月十日、十二
　　　月十六日。一九九四年七月二十五日。一九九五年一月九日、二月十
　　　一日、四月四日、四月六日、四月七日、八月五日、八月十一日、九
　　　月三日、十一月二十七日。一九九六年一月二十六日。一九九七年四
　　　月三十日、五月十四日、六月十一日、七月四日、十二月五日。一九
　　　九八年五月二十九日、十月二十九日、十一月十二日、十一月十七
　　　日、十一月二十日、十一月三十日、十二月十九日、十二月二十五
　　　日。一九九九年一月一日、一月六日、一月七日、一月九日、二月二
　　　十四日、二月二十五日、三月三日、三月四日、三月十二日、四月二
　　　日、四月十五日、六月四日、六月十三日、六月二十九日、七月十五
　　　日。二〇〇〇年一月二十七日、二月三日、三月十五日、四月二十三
　　　日。二〇〇一年三月十四日。二〇〇二年六月十五日、七月十八日、
　　　九月三十日、十月三十日。二〇〇三年八月十九日。二〇〇四年七月
　　　二十五日。

《新新聞周刊》（台）：一九九五年四月九日至四月十五日。

《中華日報》（台）：一九九四年六月十九日。

《成報》（台）：一九九六年五月二十四日。

《民眾日報》（台）：一九九四年三月二十九日。

《世界論壇報》（台）：一九九四年五月二十四日。

《自立日報》（台）：一九九五年二月十五日。

《自由時報》（台）：一九八二年五月一日。一九九四年三月三十日、五月
　　　十三日。一九九五年三月五日、三月六日、五月十三日、七月十八
　　　日。二〇〇二年十一月十一日。二〇〇三年八月十九日。

《台灣日報》（台）：一九九二年九月十八日、九月十九日、十二月四日。
　　　一九九五年二月二十日。一九九九年四月二日、七月二十一日、七月
　　　二十四日。

《民生報》（台）：一九九五年六月十六日。

《聯合報》（台）：一九七三年三月十一日。一九七四年二月二十五日。一
　　　九八八年二月二十日、三月三日、三月十七日、四月十一日。一九九
　　　一年五月三十日。一九九二年七月二十二日、七月二十六日、十一月

十日。一九九三年七月十二日、七月十三日、七月二十八日。一九九五年四月二日、四月六日、四月二十四日、五月十日、五月十二日、七月八日、七月二十一日、七月三十日、八月一日、八月二日、八月十日、八月十一日。一九九九年一月四日。二〇〇〇年三月七日。二〇〇三年七月二十八日。

《中國時報》（台）：一九七五年四月十六日。一九八八年四月四日。一九九二年六月三日、六月二十一日、七月十九日、七月二十三日、八月三十日、十一月二日、十二月二十七日。一九九三年三月十日、三月十一日、七月二十二日、九月七日。一九九四年三月二十九日、四月二十一日、七月十九日、七月二十九日。一九九五年二月九日、二月十日、二月十一日、二月二十日、二月二十四日、四月二日、四月六日、四月七日、四月八日、四月十八日、四月三十日、五月二十五日、五月二十六日、六月三日、七月二十八日、七月三十一日、八月二日。一九九六年一月二十七日。一九九七年四月八日。一九九八年十二月五日。一九九九年四月五日。二〇〇一年十一月五日。二〇〇二年十一月四日、十一月五日。

《中央日報》（台）：一九五六年六月十一日。一九七六年六月二十六日、八月二十八日。一九七九年九月九日。一九八八年四月六日、四月二十九日、五月二十八日、六月三十日。一九九二年三月二日、六月十一日、六月二十一日、六月二十九日、七月七日、七月十一日、九月八日、十二月二十五日。一九九三年三月十五日、九月七日、九月十七日。一九九四年四月五日、十二月十二日。一九九五年五月九日、五月十二日、五月二十三日、七月三十日、十月三十一日。一九九六年五月二十日。一九九七年六月十四日、十二月十三日。一九九八年十一月五日。

《聯合報》（美）：一九七七年五月三十日。

《大紀元報》（美）：二〇〇四年十月十一日。

孫碧奇：《四海為家》，一九八〇年九月十五日，《少年中國晨報》（美）。

《越華報》（美）：一九八二年五月一日。一九八三年三月十一日。

《西華報》（美）：一九八四年五月二十八日。

《中南報》（美）：二〇〇四年十月二十二日。

《世界日報》（美）：一九七八年二月二十七日、十二月六日。一九九五年
五月二十三日。一九九七年一月二十九日、六月十四日。一九九八年
三月三日。一九九九年五月十四日。二○○一年二月十六日、三月十
五日、三月十八日、三月十九日、四月六日、四月十三日。二○○二
年九月二十九日。二○○三年七月二十九日、十一月一日。二○○四
年一月二日、一月二十一日、二月七日、三月二十四日、四月四日、
四月十日、四月二十三日、五月十日、五月十六日、五月二十九日、
八月八日、九月二日、九月三日、九月六日、十一月三十日。二○○
五年五月四日、十月二十六日、十月二十八日、十一月一日、十一月
二日。二○○六年一月五日、一月十六日、四月二十七日、五月二
日、五月二十日、六月十五日。二○○七年三月二十八日、四月二十
二日、八月三十一日、十二月十七日、十二月二十七日。二○○八年
一月二十日、一月二十三日、一月三十日、二月三日、二月五日、二
月十一日、三月二十九日、四月七日、四月二十六日、五月三日、五
月二十九日、七月二十二日、七月二十四日、九月十日、九月十二
日、十一月十九日。二○○九年二月十九日、三月六日、三月十一
日、三月十四日、三月十八日、三月十九日、三月二十二日、四月十
四日、五月十五日、五月二十二日、六月九日、六月十六日、六月二
十三日、六月二十四日、七月三十日、八月一日、八月十六日、八月
二十一日、八月二十二日、八月二十五日、八月二十八日、八月三十
日、九月二日、九月四日、九月十三日、九月十六日、九月十七日、
九月二十日。

日本昭和十四年《南支那年鑑》。

日本《讀賣新聞》國際版：一九九六年一月二十六日。

日本《產經新聞》，一九九九年二月二十四日。

《星島日報》（美）：二○○五年十月二十二日、十一月二日、二○○七年
六月二十九日、二○○八年二月三日、二○○九年三月十八日。

《人民日報》（美）：二○○五年十一月一日、二○○七年一月五日、四月
十一日、二○○九年四月三日、八月十一日、八月二十一日。

國家圖書館出版品預行編目資料

南沙風雲——南沙群島問題的研判與分析

蕭曦清著. – 初版. – 臺北市：臺灣學生，2009.12
面；公分
參考書目：面

ISBN 978-957-15-1490-1(精裝)
ISBN 978-957-15-1481-9(平裝)

1. 南海問題 2. 領土主權

578.193   98023515

南沙風雲——南沙群島問題的研判與分析(全一冊)

著　作　者：蕭　　　　　曦　　　　　清
出　版　者：臺 灣 學 生 書 局 有 限 公 司
發　行　人：孫　　　　　善　　　　　治
發　行　所：臺 灣 學 生 書 局 有 限 公 司
　　　　　　臺北市和平東路一段七十五巷十一號
　　　　　　郵 政 劃 撥 帳 號 ： 00024668
　　　　　　電　話　：（02）23928185
　　　　　　傳　眞　：（02）23928105
　　　　　　E-mail：student.book@msa.hinet.net
　　　　　　http：//www.studentbooks.com.tw
本書局登
記證字號　：行政院新聞局局版北市業字第玖捌壹號
印　刷　所：長　欣　印　刷　企　業　社
　　　　　　中 和 市 永 和 路 三 六 三 巷 四 二 號
　　　　　　電　話　：（02）22268853

定價：精裝新臺幣九二○元
　　　平裝新臺幣八二○元

西 元 二 ○ 一 ○ 年 一 月 初 版

南海諸島主權爭議述評

沈克勤著　2009 年 4 月出版　266 頁　　精 400 元平 300 元

　　南海諸島是指東沙群島、西沙群島、中沙群島、南沙群島而言，自古以來即是我國最南端的海疆，為閩粵瓊沿海漁民世世代代漁撈生息之所。

　　二十世紀七十年代，發現中國南海海域蘊藏有豐富的石油及天然氣，鄰近國家遂啓窺伺侵奪之心。現越南、菲律賓、馬來亞及汶萊相繼侵佔南沙群島中若干島礁，宣稱屬其所有，各不相讓，引發主權爭議，甚至戰火。

　　本書首先闡明主權意義及其演變，繼述中國擁有南海諸島的史實及鄰近各國侵佔南沙島礁的經過，並予評析及探求解決之道，終結到今日在全球化的趨勢下，各國均在謀求區域經濟整合，化解主權爭議，共同合作開發資源，讓人盡其才，地盡其利，物暢其流，逐漸達成和平繁榮的世界。

使 泰 二 十 年

沈克勤著　2002 年 11 月出版　411 頁　平 420 元

　　在無邦交國家中辦外交，是史無前例的。尤其是中華民國的外交人員，在與我斷交而與中共建交的國家中，如何與駐在國政府從事官方交往，因受到中共的打壓，更是困難重重。中泰斷交後，我國首任駐泰代表沈克勤為維護中泰兩國邦誼，乃另闢新徑，繼續發展兩國友好關係，在國際關係發展史上亦屬一項先例。

　　泰國是一個佛教國家，具有特殊的歷史文化。泰國外交靈活，為世人所稱道。旅泰華僑人數眾多，多數融入主流社會，在泰國政治經濟社會上扮演重要的角色。沈克勤代表在駐泰期間，與泰國朝野交往密切，並協助華僑在當地謀求長遠發展。從他這本工作自述中，可以清楚看出泰國政局的發展，以及華僑在海外謀生發展所獲致的輝煌成就。

台灣紀事六十年

馬全忠編　2010 年 3 月出版　412 頁　平 460 元

　　本書內容係中英文的大事記體例，涵蓋自中華民國三十八年（一九四九）一月一日起，到民國九十八年（二〇〇九）年底為止期間的各類事件，為中華民國歷史的一部分。本書並列舉一九四九年以前的數項重大歷史事件，尤其是中國國民政府在對日本宣戰書中鄭重聲明，對中日兩國間的一切條約、協定、合同等一律廢止，及現今許多文章中常提到的中美英三國領袖開羅會議公報，特將其中文全文刊出，極為珍貴。本書編列的事項係仿新聞標題型式，力求簡明客觀，很少議論文辭。本書包括中英文兩部分，旨在適應國內外讀者的需要，對外籍人士亦較方便。

　　編者馬全忠，退休新聞工作者，原籍河南，一九二三年出生，畢業於南京國立政治大學，一九四八年到台灣，一九七三年全家移居美國舊金山迄今。居台期間曾服務於中央通訊社、聯合報，並參與圖書出版事業。在退休前曾服務於少年中國晨報、星島日報及世界日報。著作除本書外尚有《權把加州作汴州》、《加州地名辭典》、《橋樑工程專家楊裕球回憶錄》、《印地安民族運動史》、《英文新聞》及《英文廣告》等書。